La grande histoire des Français

HENRI AMOUROUX

La grande histoire des Français après l'occupation.

IX

les règlements de comptes

Septembre 1944-Janvier 1945

ROBERT LAFFONT

© Éditions Robert Laffont, S.A., Paris, 1991

ISBN 2-221-00130-3 (édition complète)
ISBN 2-221-07250-2 (vol. 9)

Pour Stéphane, pour Julien toujours présent, pour Aurélie, Pierre, Coline, Marine, Clément et Sylvain, mes petits-enfants dans l'espoir que leur génération ne connaisse pas les mêmes drames.

SOMMAIRE

I. SEPTEMBRE

II. LE PARTI COMMUNISTE A-T-IL VOULU PRENDRE LE POUVOIR ?

III. DE GAULLE : GRANDS DESSEINS, FAIBLES MOYENS

IV. L'HIVER LE PLUS DUR

J'avais pensé, je l'avais même écrit, que ce neuvième tome serait le dernier d'une série qui a pris naissance en 1976. Voici qu'il me faut annoncer un dixième tome. Dois-je m'en excuser auprès des lecteurs? Non, car c'est leur amitié et leur confiance qui sont en partie responsables de cette suite. Les documents qu'ils ont bien voulu m'envoyer, en réponse à mes appels, ont été si nombreux, si intéressants que, sous peine de sacrifier tout ce qui donne à un livre sa chaleur humaine, il me fallait borner au mois de janvier 1945 l'étude d'une période particulièrement riche en événements.

On m'a souvent demandé si l'effort des lecteurs modifiait l'histoire. Fondamentalement, non. Mais il l'enrichit, la rend — dans la mesure où il s'agit toujours de documents d'époque — plus proche, plus exacte, émotionnellement plus intelligible. Le « j'étais là, telle chose m'advint » demeure inappréciable.

C'est à la recherche de la complexité qu'il faut aller; c'est sur le secret des cœurs qu'il faut se pencher. Cette passionnante quête, seule l' « échange » entre auteur et lecteurs la permet. J'ajoute que la période 1940-1945 est sinon la dernière, du moins l'une des dernières où l'écrit règne encore dans les relations familiales. Pourra-t-on, dans un demi-siècle, rassembler sur le temps que nous vivons — qui est celui de la conversation téléphonique — la même masse d'informations personnelles que sur ces années de guerre où parents et enfants, amies et amis, s'écrivent longuement pour conter, à l'instant où ils viennent de les vivre, les drames familiaux ou villageois? A l'évidence cela paraît impensable.

Ce neuvième tome est naturellement sous-titré — comme le sera le dixième — La grande histoire des Français APRÈS l'occupation. *Si la guerre n'est pas terminée en septembre 1944, lorsque commencent les règlements de comptes, ni en janvier 1945, lorsque s'achève le livre, la France est en grande partie libérée.*

11

Mais l'occupation et ses conséquences occupent les conversations, les discours, les esprits. Comment pourrait-il en aller autrement ? Au fur et à mesure que reflue l' « abominable marée » — le mot est du général de Gaulle — les Français découvrent ce qui leur avait été caché par les Allemands comme par la censure de Vichy.

Cette mise au jour des crimes allemands — auxquels des Français s'étaient hélas associés — explique-t-elle l'explosion de la vengeance, ces exécutions sommaires commises, notamment dans l'ancienne zone non occupée, avant et après la Libération ? En partie seulement. Dans des départements sans administration, sans police, il est vrai que s'installent de redoutables féodaux que seul de Gaulle pourra ramener à la raison. Saisissant immédiatement la mesure des problèmes, c'est avec une rapidité déconcertante pour l'historien qu'allant à l'essentiel il met également fin aux menaces que font peser sur le pouvoir central milices patriotiques et, souvent, comités de la Libération, instruments entre les mains d'un parti communiste qui veut moins prendre le pouvoir que s'assurer des pouvoirs.

Et cependant de Gaulle dispose de peu de moyens d'action. Des Alliés réticents ou hostiles, un peuple fatigué, préoccupé d'abord par le ravitaillement et la reconstruction ; une armée victorieuse avec Leclerc et de Lattre mais qui, malgré l'effort des F.F.I., n'occupe encore qu'un créneau modeste sur le front, oui, tout est difficile lorsqu'il s'agit de replacer la France au rang qui fut jadis le sien parmi les nations.

Chaotiques, dramatiques, sanglants, héroïques, exaltants, périlleux pour un pays qui cherche un nouvel équilibre, difficiles pour tous les Français qui attendaient de la Libération la fin des privations au quotidien, les mois qui vont de septembre à janvier 1945 sont l'objet du présent volume.

Le dixième — et dernier — tome conduira le lecteur jusqu'à l'été et jusqu'à l'automne de 1945 qui verront se dérouler le procès du maréchal Pétain et celui de Pierre Laval.

Ainsi sera achevée une œuvre commencée en 1976 avec Le Peuple du désastre, *récit du drame de mai et juin 1940 et de l'appel au maréchal Pétain, de son arrivée au pouvoir comme du début de la longue marche de Charles de Gaulle.*

Paris, janvier 1989-septembre 1991.

PREMIÈRE PARTIE

SEPTEMBRE

1

QUAND REFLUE L'ABOMINABLE MARÉE

« Sous un soleil de plomb, dans le cimetière haut perché de Saint-Genis-Laval, sont alignés 88 cercueils. A la porte, en grand deuil, des hommes et des femmes attendent ; ils essaieront tout à l'heure, parmi des membres et des troncs en putréfaction, de reconnaître ceux qui furent les leurs... »

Publié le 12 septembre 1944 par le journal lyonnais *La Voix du Peuple,* l'article que signe Marie-Louise Barron est ainsi titré :

J'ai vu les « Katyn » de France[1]
à Saint-Genis-Laval : les restes de 110 patriotes
à Bron : entassés par couches dans 3 fosses, 90 cadavres

Les journalistes n'ont pas été les premiers à se rendre à Saint-Genis-Laval. Le dimanche 20 août, jour du drame, M. Girard, maire de la petite commune, et le maréchal des logis-chef Clavel, à qui les Allemands ont interdit l'entrée du fort désaffecté de Côte-Lorette, mais qui ont entendu le bruit des mitraillettes, puis celui des explosions lorsque les Allemands ont incendié et fait sauter la maison du crime,

---

1. *La Voix du Peuple* est un journal communiste. L'on sait aujourd'hui — les Soviétiques eux-mêmes l'ont enfin admis — que les Russes furent responsables à Katyn (à la fin de 1940) du massacre de 4 800 officiers polonais. Mais, en 1944, ce crime demeure imputé aux Allemands, thèse qui sera soutenue par l'accusation soviétique lors du procès de Nuremberg, d'où le titre de *La Voix du Peuple.*

reviennent vers 16 heures sur le lieu de l'exécution abandonné par les Allemands et par leurs auxiliaires français.

La maison du gardien du fort, où le massacre a eu lieu, n'est plus qu'un amas de poutres noircies, de pierres, de blocs de maçonnerie, parmi lesquels on aperçoit des hommes à demi-calcinés et d'où se dégage une odeur de chair grillée.

Le 21 août, les premières équipes volantes de la Croix-Rouge tentent de dégager *un* cadavre, mais doivent y renoncer, tant le corps, comme tous les autres, arrosé d'essence par les Allemands avant leur départ, est brûlant encore. Ce sont les pompiers de Lyon, sous la direction du sergent-chef Riquet, puis du commandant Rossignol, qui, après avoir éteint le feu qui couve, permettront que commencent les pénibles travaux. Entassés les uns sur les autres par couches superposées, mêlés aux ruines de la maison, littéralement « cuits » parfois, les corps se décomposent, laissant aux mains des pompiers, des équipiers de la Croix-Rouge et du frère Benoît, un fragment de bassin auquel pend une cuisse, un thorax vidé de ses viscères, une tête de femme à moitié dévorée par le feu ou encore « des débris non identifiables, comme ces restes qu'on estimait représenter huit corps et qui tenaient dans un seau de grand volume[1] ».

A 19 h 30, une cinquantaine de morts ont été relevés. Une seule victime a pu être identifiée : Mme Bruckner.

Le lendemain, les travaux reprennent. A midi, tous les cadavres retrouvés sont placés dans 88 cercueils, mais l'on sait déjà que le nombre des victimes est beaucoup plus élevé, sans pouvoir le déterminer exactement. Les objets personnels recueillis sur le terrain et dans les décombres : peignes, alliances, boutons, boucles de ceinture, chaussures, sont trop peu nombreux — ils n'ont, en général, pas résisté au feu — pour permettre l'identification des prisonniers qui, le 19 au soir ou le 20 au matin, avaient été extraits de Montluc, « sans bagages »... mots terribles pour qui était appelé hors de la cellule.

Aussi, en septembre et en octobre, les journaux lyonnais publieront-ils, dans leur rubrique « recherches », d'angoissantes demandes[2].

---

1. Rapport du docteur Bernard, de Saint-Genis-Laval. Une photo de l'identité judiciaire montre, en effet, les restes de plusieurs corps placés dans une marmite.
2. *Le Progrès*, 11, 13, 16 septembre 1944. De très nombreux avis de recherches concernent des résistants internés à Montluc.

« A Montluc, prière instante à ceux qui ont connu Jacques Bonvallot de se faire connaître à M. Bonvallot père.

On recherche M. Josserand, cellule 60, et sa femme, cellule 11. Ils étaient encore à Montluc le 19 août, vers 20 heures.

Prière à camarades Montluc ayant vu après le 16 août Paul Chevrel, de Saint-Didier-au-Mont-d'Or, de fournir renseignements à M. Blanc.

Montluc : Les camarades de cellule de Jean Dujean, arrêté le 27 mai cours Morand, kiosque à journaux, sont priés instamment donner nouvelles à Mme Dujean. »

Incertitude, terrible incertitude. Elle durera longtemps.

Le 6 décembre 1944, répondant à une famille à qui il laisse quelque espoir puisqu' « un convoi de travailleurs » aurait quitté Montluc le 20 août en direction de l'Allemagne, le responsable de l'Association des rescapés de Montluc écrit ne pas connaître le nom des victimes de Saint-Genis-Laval.

Mais, si l'on ignore et si l'on ignorera toujours l'identité de la plupart des morts[1], ainsi d'ailleurs que leur nombre exact, ils sont là, soit dans leur cercueil de bois blanc, corps tordus et rongés par le feu, soit étalés à même le sol sur une grande feuille de papier, ossements, fragments de chair, mottes de terre imprégnées de sang, lorsque le 22 août, à 11 heures, le cardinal Gerlier, alerté par le frère Benoît, arrive sur les lieux.

Après avoir assisté, sous le soleil et dans une insupportable odeur, à l'extraction « d'un débris humain dont il était à peu près impossible de déterminer la nature exacte... ossement d'assez grande dimension, entièrement dénudé sur une moitié de sa longueur et auquel adhérait encore, sur l'autre moitié, une sorte de moignon de chair calcinée[2] », après s'être recueilli dans la grande salle aux cercueils, le cardinal Gerlier regagne l'Archevêché pour y écrire d'un trait cette lettre à l'intention du colonel Knapp, chef, à Lyon, de la police allemande.

« Monsieur le Commandeur,
J'arrive de Saint-Genis-Laval et j'ai le pénible devoir de vous apporter, avec l'expression de l'indignation que j'ai éprouvée

---

1. A l'exception de seize d'entre eux.
2. On trouvera le témoignage du cardinal Gerlier dans le livre d'André Jacquelin : *La Juste Colère du Val d'enfer*.

devant un spectacle que les mots ne peuvent traduire, une protestation solennelle contre l'abominable cruauté de l'exécution faite là-bas le 20 août et qui fait suite, hélas, à beaucoup d'autres non moins douloureuses.

. . . .

J'ai soixante-quatre ans, Monsieur le Commandeur, j'ai fait la guerre de 1914 et vu, au cours de ma vie, qui m'a mêlé à beaucoup de choses, bien des spectacles horribles : je n'en ai vu aucun qui m'a révolté autant que celui que je contemplais il y a un instant. Même si l'on pouvait affirmer que tous les malheureux exécutés avant-hier étaient des malfaiteurs — et personne n'oserait le soutenir —, j'affirmerais encore qu'il était indigne d'une civilisation chrétienne ou simplement humaine de les mettre à mort de cette manière. Que dire alors si aucun grief ne pouvait être relevé contre eux ?

Si ces mots vous paraissent excessifs, Monsieur le Commandeur, veuillez aller personnellement vous rendre compte de ce qui s'est passé : je ne puis pas croire que votre cœur d'homme n'en frémira pas, comme en a frémi le mien et celui de tous les témoins de ces horreurs.

Je suis convaincu que vous avez ignoré vous-même les raffinements, la sauvagerie qui ont marqué cette exécution atroce. Mais je n'hésite pas à déclarer que ceux qui en portent la responsabilité sont à jamais déshonorés aux yeux de l'humanité. Dieu daigne leur pardonner. »

Cette lettre, le cardinal Gerlier — accompagné de l'abbé Maury[1] et du frère Benoît — la remettra au colonel Knapp, avec qui il aura, pendant une heure, une violente discussion, Knapp se contentant de répondre aux reproches et aux questions de Mgr Gerlier : « Mais l'on tue aussi des Allemands ! »

Barbie assistait-il à l'entretien ? Le frère Benoît affirme l'avoir vu dans le bureau du colonel Knapp ; Lucien Guesdon, un traître condamné à mort, dira, à la fin de 1947, que, dans l'escorte du convoi quittant la prison de Montluc en direction de Saint-Genis-Laval, Barbie était présent aux côtés du lieutenant Fritz Holler, qu'un

---

1. Plus tard archevêque de Reims.

rapport, reçu le 18 juin 1945 par le chef de la police judiciaire de Lyon, désigne comme le responsable direct d'un crime dont Knapp et Barbie auraient été les organisateurs.

En vérité, faute de témoignages incontestables, il est difficile de reconstituer le drame de Saint-Genis-Laval.

Sur les heures qui ont précédé le départ des résistants voués à l'exécution et sur les circonstances de ce départ, des détails existent, fournis par des compagnons et des compagnes de cellule.

Sur les derniers moments à Montluc de l'abbé Boursier, qui avait mis sa cure de Villeurbanne, où il entreposait des armes et cachait des hommes, au service de la Résistance [1], nous savons qu'après avoir été extrait de sa cellule dans la soirée du 19 août il fut à nouveau emprisonné le 20 à 5 h 30, à la grande joie de ses codétenus qui aimaient tous et respectaient ce prêtre courageux, charitable, fier de sa foi et de son pays. Joie vite retombée. Trente ou quarante minutes plus tard, l'abbé Boursier était de nouveau appelé par un gardien allemand. Ses compagnons devaient se souvenir de sa dernière parole : « Il eût été désastreux qu'il n'y eût pas eu de prêtre ici [2]. »

Des derniers moments en prison de Daisy Georges Martin, l'une des dirigeantes lyonnaises de l'Union civique et sociale, « une sainte », écriront ceux qui ont travaillé avec elle dans la Résistance où elle assurait la liaison entre les maquis, l'on sait simplement qu'à ses compagnes qui lui glissaient des morceaux de pain « pour le voyage », elle dit : « On va peut-être me fusiller. Cela ne fait rien, la Gestapo me l'avait tant promis. »

---

1. L'abbé Boursier, né en 1878 dans une modeste famille de dix enfants, appartenait à deux réseaux de résistance. Non content d'abriter dans son église de Villeurbanne des armes et des explosifs ; de cacher des résistants, parmi lesquels Eugène Chavant, chef civil du Vercors ; de diffuser *Témoignage chrétien ;* de fournir des certificats de baptême à des enfants juifs, l'abbé Boursier était en liaison constante avec son frère Sylvain, propriétaire d'une ferme à Saint-Laurent-du-Pont, ferme relais de la Résistance en Chartreuse. L'abbé Boursier a été arrêté le 16 juin 1944 et, avec lui, le sous-lieutenant radio Hubert Gominet, récemment arrivé d'Alger, son vicaire M. Joffray et sa servante.

Trois jours plus tard, son frère Sylvain Boursier était arrêté par Barbie. On ne devait plus avoir de nouvelles de lui (témoignage de M. Noël Boursier).

Avant d'être exécuté à Saint-Genis-Laval, l'abbé Boursier, torturé par les Allemands, avait subi à quatre reprises le supplice de la baignoire. A son évêque, il avait écrit depuis Montluc : « J'ai un ministère très actif, je confesse et je prêche tous les jours. »

2. L'abbé François Larue, commandant d'un bataillon de chasseurs, incarcéré à Montluc, périra, lui aussi, dans la tuerie de Saint-Genis-Laval.

Mais on ignore tout de la façon dont partit pour Saint-Genis-Laval Jeanine Sontag, qui, à dix-neuf ans, avait été arrêtée le 3 juillet 1944, alors qu'elle participait à la destruction de plusieurs véhicules allemands avec les hommes de ce bataillon F.T.P.-M.O.I.[1] « Liberté Carmagnole » qui, à la Libération, pour 144 survivants, recensait 89 fusillés ou morts au combat.

Sur les raisons qui ont poussé Knapp et Barbie à décider l'exécution de Saint-Genis-Laval, sur le choix, sans jugement, bien sûr, de l'un des internés plutôt que d'un autre, le mystère demeure entier. Il semble qu'ils aient procédé comme, le 6 juin, a procédé, à Caen, Harold Heyns, chef de la Gestapo, responsable de l'assassinat de plus de soixante-dix résistants[2].

Les Alliés avançaient, Anglais devant Caen le 6 juin, Américains et Français devant Lyon le 20 août : il fallait faire place nette, supprimer le plus grand nombre possible de témoins et, puisque, dans une ville comme dans l'autre, les trains et camions faisaient défaut pour un transport, les supprimer par le feu des mitraillettes et le feu des incendies. Détruire tout d'eux afin que, inidentifiables, leurs restes calcinés, dispersés par l'explosion, ne puissent accuser.

Le manque de camions — ceux qui existaient étant réservés par priorité à l'armée en retraite — explique sans doute que plusieurs détenus — ce fut le cas de l'abbé Boursier — furent tirés de leur cellule, pour y revenir quelques minutes ou quelques heures plus tard, avant d'en être extraits de nouveau.

Ernest Raynaud, un journaliste enfermé dans la cellule 67, n'oubliera jamais le drame vécu par Charles Baracel, un garçon de vingt-huit ans, que la Gestapo avait tabassé sans réussir à le faire parler. Le gardien allemand l'avait appelé, tôt le matin du 20 août, puis, trente minutes plus tard, l'avait rejeté dans la cellule 67. Baracel avait eu le temps de dire à ses camarades : « Ouf ! J'ai eu chaud. Nous étions cent

---

1. M.O.I. : Main-d'œuvre immigrée, mouvement créé par les communistes entre les deux guerres et qui jouera un rôle très important au cours des années 1942-1944.

2. *Cf. Joies et douleurs du peuple libéré,* p. 17 et suiv.

cinquante dans la cour. Rien que des types de la Résistance. J'ai reconnu une dizaine de copains de mon mouvement. " Pas d'erreur, nous nous sommes dit, c'est pour la 'sulfateuse[1]'. " Et puis on nous a fait remonter. Drôle d'émotion ! »

Les émotions ne sont pas finies pour Charles Baracel. Dans quelques minutes, le gardien le fera redescendre dans la cour où les Allemands lui attacheront les mains derrière le dos — comme ils attachaient les mains de tous ceux qu'ils allaient conduire à Saint-Genis. Sur les poignets des morts, on retrouvera trace de ces liens...

Chaque prisonnier ficelé est attaché à un autre prisonnier également ficelé. Le couple est hissé dans un autocar où il faut pousser maladroitement les couples voisins afin de trouver place. Deux autocars pour les cent dix — ou cent vingt — prisonniers de Montluc, un troisième pour les gardiens allemands et français qui les escortent. Car des Français — une douzaine — sont présents.

A partir de cet instant, on doit, avec regret mais obligatoirement, suivre le témoignage d'un assassin — Max Payot, tueur de la Gestapo, agent double peut-être, qui, à la Libération, pris, relâché, repris, sera finalement abattu dans sa prison[2] — et celui d'un délateur, René Werlhen, le seul des cent dix prisonniers de Montluc à avoir réussi à échapper à la tuerie[3].

Selon Payot, qui a été convoqué à Montluc le 20 août, très tôt dans la matinée, en compagnie de dix à douze autres miliciens, son chef direct, Fritz Holler, lui aurait dit en se frottant les mains : « Aujourd'hui, belle affaire ! »

---

1. Mitrailleuse.
2. Le 8 décembre 1944 à la prison Saint-Paul. Il se peut que Payot ait été tué au cours d'une tentative d'évasion simulée. Dans la mesure où il avait été résistant, avant de passer au service des Allemands, puis de travailler dans un 2e bureau F.F.I., l'homme connaissait bien des secrets. Mort, il les emportait dans la tombe.
3. Au moment de la tuerie, trois hommes avaient tenté de fuir en sautant par une fenêtre de la maison du gardien du fort. Deux avaient été presque immédiatement rattrapés et abattus. Le troisième, René Werlhen, avait réussi à se cacher. Des témoins l'ayant vu, les journaux de la Libération devaient lancer à son intention des appels qu'il mit longtemps à entendre.
C'est le 11 septembre 1944 seulement, donc 21 jours après la tragédie, qu'il se résigna à parler au journal *La Marseillaise*. Il est vrai que Werlhen, ancien garçon de café et souteneur (d'autres écriront déserteur de l'armée allemande), s'il avait bien été arrêté, avait dénoncé ses camarades de résistance ; il se retrouvera rapidement en prison du fait, cette fois, des autorités françaises.

D'après Payot, les prisonniers rassemblés dans la cour étaient « environ cent vingt dont six ou huit femmes ».

Payot prend place, avec ses complices miliciens, dans un autocar qui suit le convoi formé de six voitures légères remplies d'Allemands et de deux autocars où sont entassés les prisonniers. Après un arrêt à la gendarmerie de Saint-Genis-Laval pour demander la route du fort de Côte-Lorette, le convoi reprend sa marche. Arrivés au fort, où seuls les deux autocars de prisonniers entreront, les Allemands chassent les quelques paysans présents. Dans un moment, ils interdiront l'entrée du fort au maire de Saint-Genis-Laval, alerté par les premiers coups de feu.

Avant d'exécuter leurs victimes, ils inspectent la petite maison abandonnée par le gardien. Ils choisissent attentivement le lieu de l'exécution, cependant que leurs prisonniers, immobiles, attendent toujours dans les cars où ils suffoquent[1]. Au bout de trente ou quarante minutes, l'un des responsables de l'opération s'exclame : « Il faut faire vite[1]. » On appelle alors : « Les six premiers. » Trois couples aux mains liées sont poussés vers la maison. Après la disparition des « six premiers » et les coups de feu, nul, dans les autocars, ne peut avoir de doutes.

> « C'était mon tour, dira René Werlhen. En arrivant dans la maison, il y avait d'abord une première pièce, puis une seconde. Il y avait un petit escalier qui montait au premier étage, puis un petit cagibi d'un mètre[2]... »

Max Payot avait été placé dans la cuisine avec, pour rôle, de faire monter au premier étage des prisonniers terrorisés par les rafales de mitraillettes et par le sang coulant à travers le plancher.

> « A ce moment, avouera Payot aux enquêteurs de la police judiciaire, les prisonniers étaient obligés de monter sur le tas formé par l'amoncellement des cadavres de leurs propres compa-

---

1. Témoignage de René Werlhen.
2. Werlhen, qui ne dit pas comment il avait été détaché de son compagnon — un nommé Pellet —, put se blottir dans « le petit cagibi » d'où il réussit à sortir pour se cacher jusqu'à 10 heures du soir. Au moment de sa fuite du petit cagibi, deux hommes voulurent l'imiter. Ils furent immédiatement abattus, lui-même, étant légèrement atteint à une jambe.

gnons. Le sang coulait à flots à travers le plafond et j'entendais distinctement la chute des victimes, au fur et à mesure de leur exécution. »

Exécution « de deux balles de mitraillette, en principe dans la nuque », dira Payot, mais que ces deux balles n'aient pas toujours entraîné la mort et que certaines victimes aient, plus tard, succombé dans les flammes, c'est vraisemblable.

Lorsque le premier étage est plein de cadavres, le massacre continue au rez-de-chaussée où, selon Payot, la moitié des prisonniers s'étant trouvés dans la même pièce (donc cinquante hommes et femmes), « cela a formé un tas de cadavres d'environ 1 m 50 de haut »...

C'est fini.

Allemands de la Gestapo et miliciens abandonnent le fort pour reprendre la route de Lyon en laissant aux soldats de la Wehrmacht le soin de dynamiter les restes de la maison.

Ces hommes, dont l'uniforme est souillé par le sang et la cervelle de leurs victimes, comment peuvent-ils oublier leurs crimes ? Comment Schmitt pourra-t-il oublier le cri de cette morte vivante passant devant lui pour monter au premier étage : « Je meurs pour la France, mais toi, salaud, tu crèveras » ?

Je ne sais quel fut le destin de Schmitt, mais le massacre de Saint-Genis-Laval aura pour conséquence l'exécution de quatre-vingts prisonniers allemands alors aux mains des F.F.I. d'Annecy. Quatre-vingts, car les résistants ignoraient que cent dix ou cent vingt de leurs camarades avaient été assassinés à Saint-Genis-Laval. Le chiffre de quatre-vingts étant seul connu le 21 août d'Yves Farge, commissaire de la République désigné, c'est ce chiffre de soldats allemands prisonniers de guerre que Farge donnera l'ordre à Guidollet (*Ostier*) et Lambros-chini (*Nizier*), respectivement président du Comité départemental de libération et commandant des F.F.I. de Haute-Savoie, de passer par les armes.

Bien que le fait ait été généralement occulté, des prisonniers allemands ont été à plusieurs reprises — mais dans une proportion inconnue — fusillés par les F.F.I.

23

Prisonniers qu'un maquis se trouvait dans l'impossibilité de surveiller, de garder et, plus encore, de faire suivre lors de périlleux déplacements à l'allure de fuites. Prisonniers que l'on ne pouvait libérer sans fournir aux Allemands de précieuses indications. Prisonniers dont l'exécution vengeait l'exécution de civils tout en augmentant, le plus souvent, la rigueur des nouvelles représailles allemandes.

A Brignais — et malgré les protestations d'un prêtre résistant —, ce sont dix-neuf des vingt et un prisonniers allemands qui seront passés par les armes en représailles de l'exécution, après tortures, de cinq maquisards. Les deux hommes épargnés ont eu le bon esprit de se déclarer polonais.

En Charente-Maritime [1], près de Ferrières-d'Aunis, les F.F.I. ont tendu, le 13 septembre, une embuscade à une patrouille allemande. Ils tuent deux hommes, capturent un soldat qu'ils fusillent « après avoir défilé [*sic*] sur le capot d'une traction exposée à la vindicte populaire [2] ». Pourquoi cette exécution ? Je l'ignore. Elle aura pour conséquence l'incendie, le 16 septembre, de Ferrières-d'Aunis et la mort de six habitants du village.

A Lyon, le 4 septembre, c'est parce qu'il était soupçonné d'avoir tiré depuis les toits et d'avoir ensuite revêtu un habit civil qu'un jeune soldat allemand sera exécuté sous le préau du lycée du Parc. L'un de mes lecteurs, M. René Cararo, qui a vécu la scène, ne l'oubliera jamais.

> « *La Tripe*, un de nos camarades, un peu fanfaron, trapu et portant un collier de barbe, déclare s'en charger, pour montrer qu'il sait se servir d'un pistolet-mitrailleur. L'Allemand se démène, crie, refuse de se coller contre le mur. Quelqu'un l'empoigne par les cheveux. *La Tripe* commence à vider son chargeur, mais le tir manque de précision. La cible fait des bonds pour éviter les balles, pleure, appelle sa mère ; des secondes pénibles et interminables jusqu'à l'écroulement final, aussitôt suivi du coup de grâce [3]. »

---

1. Alors Charente-Inférieure.
2. *Sud-Ouest,* 15 avril 1989.
3. Inédit.

Le 9 septembre, ce sont douze autres prisonniers qui seront exécutés — toujours au lycée du Parc — en représailles de l'exécution au Pont-de-Chéruy de douze prisonniers F.F.I. et F.T.P. Je cite une fois encore le journal[1] de René Cararo.

> « La compagnie François se forme en V autour du peloton d'exécution, douze hommes livides, armés de mousquetons, commandés par un sergent-chef. Un premier groupe de six suppliciés, arrivé au pas cadencé, est aligné le dos au mur, à une quinzaine de pas. Un officier prononce la sentence que traduit un interprète, *lui-même au nombre des condamnés*[2]. Un bref rappel de l'affaire de Pont-de-Chéruy. La règle est dure : œil pour œil, dent pour dent. Les Allemands ne font pas de quartier avec les maquisards. Si nous voulons être enfin protégés par les lois de la guerre, il faut frapper à notre tour, encore plus fort qu'eux.
>
> Pas un murmure, pas un geste chez ces garçons vêtus de vert-de-gris qui, la veille encore, participaient aux corvées avec nous. Ils se laissent bander les yeux sans broncher, affichant un courage sans faille. La salve éclate, les corps s'écroulent accompagnés d'un ou deux cris " Maman[3] ! ". »

---

1. Inédit.

2. Les six autres prisonniers allemands, dont l'interprète, seront fusillés quelques minutes plus tard.

3. En marge des exécutions connues, assez d'exécutions « inconnues » pour que le préfet de la Vienne puisse écrire, dans un rapport du 16 août 1945, que la population garde le mutisme sur les exécutions de prisonniers de guerre, « un incendie de récolte [étant] ainsi venu frapper le témoin qui avait fourni des renseignements intéressants sur l'assassinat de douze Allemands à Saint-Genest, dans la Vienne ».

J'ajoute que, dans des fosses communes où avaient été enterrées des personnes soupçonnées de collaboration, il arriva que l'on découvrît des cadavres de soldats allemands. C'est ainsi que, le 5 février 1945, lorsque fut ouverte, à Apt, la fosse dans laquelle se trouvaient les corps du pasteur Noël Vesper et de sa femme Laure, enlevés par le maquis de Lourmarin le 20 août 1944 et assassinés le 23 dans les bois du Lubéron, on découvrit les cadavres de plusieurs soldats allemands.

« Œil pour œil, dent pour dent. Les Allemands ne font pas de quartier avec les maquisards... Si nous voulons être enfin protégés par les lois de la guerre, il faut frapper à notre tour... » Ce qu'écrit le F.F.I. Cararo, c'est ce qu'a pensé immédiatement Yves Farge, apprenant, dans la soirée du 20 août, non seulement l'exécution de quatre-vingts prisonniers (il n'est question que de quatre-vingts victimes) à Saint-Genis-Laval, mais encore les menaces qui planent sur les mille deux cents résistants toujours enfermés à Montluc.

Aussi adresse-t-il immédiatement une lettre au préfet régional de Vichy, lettre dont il envoie le double au consul de Suède et au président de la Croix-Rouge...

Cette lettre qu'Yves Farge, en finissant avec la clandestinité, signe pour la première fois de son véritable nom, précédé de son titre : « *Le commissaire régional de la République* », constitue un avertissement.

Farge, Maillet et Bourgès-Maunoury (*Berniquet*), également[1] signataires, demandent au préfet, au consul de Suède et au président de la Croix-Rouge de faire savoir aux autorités allemandes que les Forces françaises de l'intérieur ont entre leurs mains, en Haute-Savoie, sept cent cinquante-deux prisonniers, dont quatre cent vingt blessés ou malades, prisonniers, tous « considérés dès aujourd'hui comme des otages dont la vie répond d'ores et déjà de l'existence des patriotes français incarcérés à Lyon, à la prison de Montluc ».

La lettre envoyée à ses trois destinataires, Farge donne l'ordre à Guidollet (*Ostier*) et à Lambroschini (*Nizier*), respectivement préfet et commandant militaire de Haute-Savoie, de fusiller quatre-vingts des prisonniers qu'ils détiennent.

Et, le 21 août — toujours afin qu'elle soit transmise aux Allemands et plus précisément au colonel Knapp, responsable de la police —, c'est une nouvelle lettre qui est rédigée à l'intention du président de la Croix-Rouge de Lyon.

---

1. La lettre est en effet signée de Jacques Maillet, délégué du gouvernement français en zone sud qui a également abandonné son pseudonyme (*Mirabeau*). En revanche, Bourgès-Maunoury, « colonel délégué par l'état-major pour la zone sud des opérations », signataire lui aussi de la lettre, conserve le pseudonyme de résistant *Berniquet,* sous lequel il vient de s'engager dans les Forces françaises libres.

« Lyon, le 21 août 1944

« Monsieur,

Notre lettre du 20 août vous exposait les raisons qui nous obligeaient à considérer comme otages les 752 prisonniers allemands faits par les Forces françaises de l'intérieur en Haute-Savoie, le 17 août dernier.

Dans la soirée du 20 août[1], la police allemande a sorti de la prison de Montluc, à Lyon, 80 Français qu'elle a fusillés à Saint-Genis-Laval. En conséquence, nous avons donné l'ordre à l'état-major des Forces françaises de l'intérieur de Haute-Savoie de passer par les armes 80 des prisonniers détenus dans ce département.

Cet ordre sera exécuté lorsque cette lettre vous parviendra[2]. »

Non, l'ordre n'est pas encore exécuté, même si un *Avis à la population*, sans date, mais apposé à Annecy le 25 août, sous la double signature du préfet *Ostier* et du commandant des F.F.I. *Nizier*, annonce qu' « en conséquence » de l'exécution de quatre-vingts Français « nous avons donné l'ordre de passer par les armes 80 des prisonniers allemands dans ce département ».

Or, l'exécution des quatre-vingts prisonniers allemands aura lieu en deux fois, 40 — ou 44 selon certains témoignages[3] — étant fusillés le 28 août sur le champ de tir de Sacconges, 40 autres le 2 septembre au château d'Habère-Lullin.

La date du 2 septembre a été discutée. Elle se trouve dans le livre de

---

1. On sait qu'il s'agit de la soirée du 19 et de la matinée du 20 août.
2. Dans leur lettre au président de la Croix-Rouge, Farge, Maillet et *Berniquet* ajoutent que les F.F.I. de la Loire viennent de capturer « un contingent de police allemande commandé par un nommé Buhl, accompagné de son interprète Leuman » et que ces hommes sont considérés comme otages.
« Nous vous prions de notifier au colonel Knapp, chef de la police allemande, que Buhl et Leuman sont inscrits en tête de la liste des otages qui seront immédiatement fusillés, dans le cas où d'autres patriotes français seraient exécutés. »
3. Cf. le livre de Michel Germain *La liberté est au bout du chemin*, livre postfacé par M. Lambroschini (*Nizier*) qui cite p. 348 le chiffre de 44 prisonniers exécutés le lundi 28 août.
Cf. également une note de M. Guidollet (*Ostier*), p. 20, qui cite le chiffre de 84 Allemands fusillés.

Michel Germain consacré à la résistance en Haute-Savoie. Elle est confirmée par une lettre, en date du 20 novembre 1951, adressée par le ministère des Anciens Combattants au délégué interdépartemental de Grenoble, lettre concernant la fosse commune où se trouvaient les corps de 40 soldats allemands *fusillés le 2 septembre* sur le territoire d'Habère-Lullin[1].

Que s'est-il passé pendant ces quelques jours où la décision appartient essentiellement à Guidollet *(Ostier)* et à Lambroschini *(Nizier)*, ainsi, pour peu de temps, qu'au nouveau préfet de Haute-Savoie Ulysse Bouvet, qui se réfugiera très vite dans la maladie ?

Quoique munis de l'ordre de Farge, bien qu'ayant signé l'affiche annonçant l'exécution, Guidollet et Lambroschini reçoivent, le 26 août, trois délégués de la Croix-Rouge internationale arrivés de Genève. Face à des hommes qui invoquent le respect des conventions de La Haye, ils acceptent alors de tenter ce que Guidollet appelle, aujourd'hui encore, « un compromis ».

Aux délégués de la Croix-Rouge comme aux représentants français en Suisse du gouvernement provisoire, MM. Jean Payard et Jean-Marie Soutou, présents, mais qui ne prendront pas part aux débats, Guidollet, mais aussi Lambroschini, Renaud du Front national, Rosenthal[2] répondent tout d'abord que, « possédant » des prisonniers allemands, ils ont moralement le droit de « s'en servir » pour que F.F.I. et F.T.P. ne soient plus traités en francs-tireurs et massacrés odieusement.

Comment pourraient-ils oublier que 72 résistants — ou simples passants, comme le docteur Laurent qui se rendait au chevet d'un malade — ont été fusillés par les Allemands entre le 15 juin et le 19 août 1944 dans la seule région d'Annecy et que 25 l'avaient été dans la nuit de Noël 1943 au château d'Habère-Lullin ?

Au cours de la discussion une solution de compromis est cependant arrêtée entre les représentants de la Croix-Rouge internationale et les responsables du C.D.L.

Ostier, approuvé immédiatement par *Nizier,* beaucoup plus difficilement par *Cantinier* et *Renaud,* en sera « l'inventeur ».

---

1. Cette lettre se trouve aux Archives départementales de Haute-Savoie.
2. Dont le pseudonyme est *Cantinier* et dont on sait l'action à Glières, cf. *Un printemps de mort et d'espoir.*

« La convention de La Haye, dit-il en substance, ne peut nous être opposée puisque les Allemands ne nous considèrent pas comme de véritables soldats et fusillent ceux d'entre nous qu'ils capturent. Pour que nous respections la convention de Genève, il est nécessaire qu'il y ait réciprocité. Que les Allemands reconnaissent, dans les 24 heures et *pour la France entière,* tous les F.F.I. comme troupes régulières, et nous épargnerons les 80 prisonniers qui doivent être fusillés. »

L'initiative d'*Ostier* est évidemment une initiative personnelle. Mais il est certain qu'accueillie favorablement elle aurait sauvé la vie à bien des F.F.I. qui, pendant des semaines ou des mois (cela dépend des secteurs), seront toujours traités comme des terroristes.

Les délégués de la Croix-Rouge internationale prennent donc contact avec le consul général d'Allemagne à Genève, qui ne peut que transmettre les informations en provenance d'Annecy à l'ambassadeur en poste à Berne, lui-même les répercutant vers son gouvernement.

Les responsables du C.D.L. avaient demandé que la réponse allemande leur soit donnée dans les vingt-quatre heures.

L'ambassade allemande de Berne conservant le silence, quarante — ou quarante-quatre — prisonniers allemands, sortis de la caserne de Galbert sont interrogés[1] à l'hôtel Splendid. Le lundi 28 août, « embarqués dans deux camions bâchés », ils sont conduits vers le camp de tir de Sacconges, près de Vieugy, où attendent en prières le pasteur Walter Höchstaelker et un prêtre catholique.

Les deux camions arrivent par la route des Blanches. Les maquisards font descendre dix hommes qui sont immédiatement fusillés, « mais d'autres », écrit Michel Germain, ce qui a été confirmé par le récit du pasteur Höchstaelker, « tentent de s'enfuir », comme celui qui essaye de se dissimuler parmi un troupeau de vaches et fut abattu dans une haie.

« Il n'y avait pas de peloton d'exécution, m'écrit M. Roger Garcin, qui a vu les cadavres après l'exécution ; fusillait qui voulait qui il voulait. Ils [les Allemands] furent enterrés dans une fosse commune,

---

1. Interrogatoire d'identité visant à repérer les agents de la Gestapo, les S.S., les policiers qui seront fusillés en priorité. D'après MM. Guidollet et Lambroschini (*Ostier* et *Nizier*), ils auraient représenté 75 pour 100 de l'effectif des hommes exécutés, donc à peu près 60 des fusillés, les 20 autres fusillés étant de jeunes soldats — chasseurs alpins — récemment arrivés d'Allemagne.

sans cercueils, recouverts de chaux vive. La fosse a été creusée par d'autres prisonniers qui pensaient creuser leur propre tombe. »

Cinq jours s'écoulèrent avant que, le 2 septembre, 40 autres prisonniers, enfermés à Saint-Pierre-en-Rumilly, dans une usine désaffectée, soient fusillés « par fournées de cinq[1] » au château d'Habère-Lullin, sur les lieux du massacre, le 25 décembre 1943, de 25 jeunes qui s'étaient assemblés pour fêter Noël. Pourquoi ce délai entre les deux exécutions ? Il m'a été affirmé que plusieurs Allemands avaient dû être transférés depuis Annecy et que l'état des routes, comme l'état des véhicules, avait retardé ce transfert. Il m'a également été dit que l'interrogatoire des prisonniers allemands par Jean Duret, instituteur, officier de réserve et homme scrupuleux, avait nécessité plus de temps que prévu. M. Duret étant décédé, je ne peux aujourd'hui fournir une explication plus complète à ce délai de cinq jours.

Sur ce que furent les derniers moments des hommes exécutés, le pasteur Walter Höchstaelker et M. Anton Gottschaller ont laissé leur témoignage. Le premier a assisté les fusillés après avoir, en vain, tenté d'obtenir leur grâce. Le second appartenait au commando qui dut creuser les tombes de ceux qui allaient mourir.

Comme les Allemands avaient dit aux Français conduits à Saint-Genis-Laval : « Les six premiers », les Français diront aux Allemands, qui venaient d'apprendre de la bouche du pasteur Höchstaelker que leur vie allait s'achever là : « Les dix premiers. »

Du fait de l'inexpérience des jeunes F.F.I., le peloton dut parfois tirer à plusieurs reprises sur ceux qui n'avaient pas été tués sur le coup ou tentaient de fuir. Et ceux qui portaient, dans des cercueils ouverts, le corps de leurs camarades fusillés savaient qu'ils allaient prendre place dans un instant devant le peloton.

Quelques jours après l'exécution, le pasteur Höchstaelker reçut l'ordre de remplir les formules officielles de décès en laissant en blanc la rubrique « cause du décès ».

Les familles allemandes, plus tard avisées, apprirent que leur fils était mort « d'accident[2] ».

---

1. Michel Germain, *op. cit.*
2. Lorsqu'il fut question d'un jumelage entre Bayreuth et Annecy, le *Bayreuth Tageblatt* du 12-13 décembre 1964 publia le récit d'Anton Gottschaller, récit qui provoqua de multiples réactions en Allemagne. Mais le docteur Servettaz

Les exécutions de Vieugy et d'Habère-Lullin ont-elles sauvé de la mort les résistants toujours emprisonnés à Montluc ?

Yves Farge, qui a ordonné l'exécution, et l'historien Noguères, avec lui, l'affirment : « L'exécution des 80 prisonniers allemands, la présence sur la liste des otages d'officiers de haut rang — et surtout d'officiers des services de police [1] — allaient avoir raison de la fureur sanguinaire de Knapp : le soir même du 23 août, le préfet Boutemy [préfet de Vichy pour quelques jours encore] fait savoir à Farge que, s'il le veut, il lui remettra les clefs de Montluc [2]. »

Ce n'est naturellement pas Boutemy qui détient les clés de Montluc, mais l'Allemand Knapp. Il est vrai que, dès la soirée du 21, le 23 en tout cas, pour le journaliste Ernest Raynaud et plusieurs de ses camarades, les portes s'ouvrent sur la liberté lorsque les gardiens crient : « Fini, bagages, vite, vite. »

Sans prendre le temps de lacer ses souliers, Raynaud surgit de sa cellule. Sans argent ni pièces d'identité, le voici dans la rue avec sa barbe de six jours, ses jambes qui flageolent et les poux qui lui mangent le corps.

A la première personne qu'il rencontre — c'est un gendarme, et près de la prison, il n'y a là rien que de banal —, il demande : « Quelles sont les nouvelles ? — « Ils » sont à Grenoble ! »

Pour qui a vu partir vers la mort tant de compagnons de résistance, comme la liberté, en ce matin d'août, a bon goût !

Mais cette liberté, Raynaud et les autres libérés de Montluc la

---

qui, du côté français, avait été à l'origine du jumelage, le maire d'Annecy M. Bosson, M. Karl Bühler ancien prisonnier de guerre à Annecy, le maire de Bayreuth M. Wild, calmèrent le débat, ce qui n'était pas aisé, les veuves des résistants français fusillés étant, cela se conçoit, hostiles à pareil geste de réconciliation. M. Bosson, maire d'Annecy, ayant finalement réussi à convaincre les représentants de tous ses administrés, l'acte de jumelage fut signé le 22-24 juillet 1966 (témoignage de M. Servettaz). Lors du 25e anniversaire de ce jumelage, on avait déjà enregistré 26 000 séjours de part et d'autre, voire quelques mariages franco-allemands (témoignage de M. Adrien Gaillot).

1. Six officiers.
2. Henri Noguères : *Histoire de la Résistance en France,* t. V, Robert Laffont, p. 649.

doivent-ils, le 23 août, à la mort... de quatre-vingts soldats allemands qui n'ont été fusillés que le 28 août et 2 septembre ?

Logiquement, c'est impossible. En août 1944, la logique aurait supposé des relations téléphoniques — aussi bien françaises qu'allemandes — entre Lyon et Annecy. Or, ces relations n'existant pas, il est *vraisemblable* que Farge, commissaire de la République désigné, et Knapp, chef de la police allemande, ont *également cru* que les exécutions de Haute-Savoie avaient eu lieu, ce qui a permis au premier de parler fort[1], de menacer de nouvelles et plus importantes représailles, au second d'accepter de ne pas ajouter à la liste déjà nombreuse de ses crimes.

M. Guidollet, à qui j'ai posé récemment la question : « Le 2 septembre, Lyon et sa région libérés ou à la veille d'être libérés, l'exécution des quatre-vingts prisonniers allemands avait-elle encore un sens ? », m'a répondu : « Oui, je crois que ça a servi. Le 23 août, les Allemands ont bien libéré tous les prisonniers détenus au fort Montluc. Cette " capitulation " prouve que l'annonce des représailles avait porté ses fruits. Ce que nous avons décidé, non pas de gaieté de cœur, a évité ailleurs d'autres drames. »

A Vieugy, aussi bien qu'à Habère-Lullin, des mères, des femmes, des camarades de résistants fusillés étaient présents. On entendait

---

1. Farge (ou *Berniquet* : Bourgès-Maunoury) qui demandera, dès le 20 août, que la décision d'exécution des quatre-vingts prisonniers allemands soit largement répercutée par la B.B.C., recevra, dès le 21 août, cette réponse négative émanant de l'état-major interallié : « Radiodiffusion proposée par vous impossible, car commandant interallié en considérant F.F.I. comme régulières interdit toute politique de représailles. »

Gilbert Grandval, qui a commandé la région C (départements de l'est de la France), écrira qu'il avait proposé à Londres de faire apposer des affiches prévenant les Allemands qu'à toute cruauté il serait répondu par « de terribles représailles (après l'entrée des Alliés en Allemagne, le contexte le prouve) : pour chaque Français ou Française massacré, dix Allemands seraient exécutés ; pour chaque ferme ou village français incendié, dix fermes ou villages allemands subiraient le même sort ».

Ce projet se heurta, sous la signature du général Koenig, à un refus immédiat.

Enfin, le général Leclerc ayant, après la libération de Strasbourg, fait apposer des affiches annonçant qu'à tout attentat répondrait l'exécution de cinq otages, les Américains exigèrent l'arrachage immédiat de ces affiches.

cette petite foule gronder de haine et de sombre plaisir. Parfois, les soldats allemands qui tombaient n'avaient pas tué. Mais, à ceux qui les regardaient mourir, il semblait que leur mort vengeait d'autres morts.

Eût-on appris, à Lyon, les exécutions d'Annecy, elles auraient été applaudies. La tragédie de Saint-Genis-Laval, révélée par les journaux du 12 septembre, se double, en effet, d'une autre tragédie. Le jour même où elle évoque les cent dix morts de Saint-Genis-Laval, la presse lyonnaise se penche sur les fosses de l'aérodrome de Bron.

Les juifs qui vont être massacrés à Bron, les Allemands les ont également tirés de Montluc. Non de la partie « noble » de la prison, si j'ose écrire, partie réservée aux aryens, mais de « la baraque aux juifs » qu'André Frossard, qui y fut interné du 10 décembre 1943 au 16 août 1944, a décrite comme « un long baraquement, espèce de drakkar nordique, la quille en l'air, dans une cour de prison, avec sa cargaison d'immigrants en panne [1] ».

Avec les juifs, les Allemands ont agi, les 17 et 18 août, comme ils agiront avec les cent dix résistants exécutés à Saint-Genis-Laval. Puisque les moyens de transport pour la déportation font presque totalement défaut, l'élimination physique tiendra lieu de cette déportation... qui n'a d'ailleurs pour but que l'élimination.

C'est donc en fin de journée que les juifs seront éliminés, lorsqu'ils auront bouché quelques-uns des cratères des bombes lancées sur l'aérodrome, le 15 août, par les avions alliés.

Un homme promis à la mort a survécu à la tuerie de Saint-Genis-Laval. Un homme également promis à la mort survivra à la tuerie de Bron : Jacques Silber, tricoteur de trente-quatre ans, né en Pologne, arrêté le 25 juin 1944. Par lui, on apprendra que trois camions bâchés, chargés de cinquante juifs, ont gagné le terrain d'aviation de Bron dans la matinée du 17 août. Par lui, on connaîtra les noms des victimes : celui du doyen, l'employé de mairie Alphonse Marx, et celui du benjamin, Jean Levy. Et c'est par lui encore que l'on saura que, pour boucher les trous et gratter le sol afin de découvrir les bombes non explosées, Robert Nahon avait conservé les gants de peau qu'il portait le jour de son arrestation, alors qu'il allait rendre visite à sa fiancée.

Lorsque Jacques Silber s'évade en se glissant dans le troupeau des

---

1. André Frossard, *La Maison des otages*.

33

requis civils, c'est l'un de ces requis, Otto Huber, qui prendra le relais du récit. Interprète d'occasion pour les Allemands, Huber deviendra témoin pour l'Histoire. Sans lui, jamais nous n'aurions su que les Allemands avaient rassemblé en fin d'après-midi les quarante-neuf juifs — Silber s'est sauvé — devant les lèvres de deux énormes trous de bombes et qu'ils les avaient alors mitraillés. Mitraillés ? Le mot est-il exact ? Il suppose des tirs en rafales. Or, plus tard, lorsque les fosses seront ouvertes, on découvrira que plusieurs juifs ont été tués d'une seule balle dans la nuque.

Le 18 août, ce sont vingt-trois juifs qui, de Montluc, arrivent sur le chantier de Bron avec pour mission, eux aussi, de boucher des trous, et pour destin, eux aussi, de mourir.

Le soir même, en effet, ils sont exécutés au bord de cratères de bombes. Il n'en manque pas sur le terrain. Le lendemain, l'adjudant-chef Brau, chef des travaux et responsable de la tuerie, fait déverser un camion de terre sur les cadavres. La terre qui coule dissimule peu à peu les bras, les jambes, les visages, pénètre dans la bouche de ce juif qui n'est pas mort encore et que l'on retrouvera plus tard le larynx obstrué de terre...

A Montluc, dans « la baraque aux juifs », les Allemands demandent au détenu Wladimir Korvin-Piotrowski de rassembler les bagages de ceux qui sont partis.

Il ose interroger.

— Que sont-ils devenus ?

C'est un soldat qui répond :

— Les vingt-trois d'hier sont au ciel et les quarante-neuf d'avant-hier y sont aussi.

A Bron, d'autres encore « monteront au ciel » : trente-sept résistants dont six femmes, tués devant une dizaine de témoins. Parmi les résistants fusillés à Bron, le capitaine de vaisseau Jacques Tolley de Prévaux, important agent de renseignement du réseau F2[1], arrêté le

---

1. Réseau créé et implanté en France par les Polonais. A l'intérieur de ce réseau, le capitaine de vaisseau Jacques Tolley de Prévaux (*Vox*), qui avait été mis en disponibilité par l'amiral Darlan à la fin de 1941, joua un rôle de premier plan en informant les Alliés sur les mouvements allemands dans toute la région méditerranéenne. Les Anglais décernèrent à *Vox* (avant son arrestation) le *Distinguished Service Order,* et de Gaulle fit de Jacques Tolley de Prévaux, promu au grade de contre-amiral, un Compagnon de la Libération. En 1952, la *Revue historique de l'Armée* a publié un très long article (36 pages) consacré à l'activité du réseau F2.

29 mars 1944, avec sa femme Charlotte qui sera exécutée avec lui.

Mme Marcelle Trillat qui avait pu échanger quelques mots avec Charlotte de Prévaux, lorsque les détenues étaient extraites chaque matin pour leur toilette, a dit avoir vu et entendu, par le judas de sa cellule, le samedi soir 19 août, le soldat allemand venu chercher la prisonnière.

> « Elle a commencé par répondre par un cri de joie, croyant sans doute qu'elle allait être libérée, mais elle a immédiatement réalisé qu'à cette heure insolite il était probablement question d'autre chose, car les détenues qui l'ont vue partir ont remarqué l'expression tendue et tragique de sa physionomie. »

Vêtue d'une blouse rouge et d'une jupe à carreaux, Charlotte de Prévaux abandonnera pour toujours sa cellule de Montluc, où elle avait le privilège de vivre seule et de pouvoir conserver la photo de son mari et d'Aude, sa fille de dix-huit mois.

Les cent neuf juifs de Bron — ou cent quinze, là encore on ne peut indiquer un chiffre exact — sont enterrés dans cinq fosses que l'on découvrira en septembre. Les trous de bombes étaient profonds : plus de 4 mètres, et, sur les morts, les Allemands, avec la terre, avaient jeté des blocs de ciment, de la ferraille arrachée aux hangars détruits par les bombes. Les « sauveteurs » — le mot est impropre, car nul n'a survécu — diront que les corps « jetés en fosse ou non encore morts, ou dans les spasmes de l'agonie, étaient terriblement enchevêtrés ».

S'il n'y a personne à sauver, ceux qui travaillent sous un soleil de plomb, dans l'incessant bourdonnement des mouches, dans la puanteur qui monte d'une véritable boue cadavérique, recueillent le moindre objet familier, le plus petit morceau d'étoffe, tout ce qui, plus tard, servira à identifier les morts.

Dans une salle de la préfecture du Rhône, on alignera un jour cent neuf chaises et, sur chacune de ces cent neuf chaises, on placera une enveloppe contenant la description du corps, reconstitution médicale sommaire d'un homme avec toutes les cicatrices encore visibles de sa vie, ainsi qu'une description précise des objets trouvés sur lui. Cent

35

neuf chaises, cent neuf présences invisibles. Une à une, les enveloppes disparaissent des chaises. D'avoir été ouvertes puis refermées par des mains tremblantes, celles qui restent sont sales et froissées. Certaines demeureront toujours en place : la famille entière a disparu, et personne ne recherche personne. D'autres ne seront enlevées qu'au mois de juin 1945, lorsque rentreront les déportés.

Libérée des camps en mai 1945, Mme Jeanne Kahn ira ainsi, en août, ouvrir l'une après l'autre les enveloppes encore présentes : une trentaine. Mme Kahn cherche passionnément à connaître le sort de Robert, son mari, arrêté par Barbie en mars 1943 et interné à Montluc. Tout à la fois, elle craint et espère. Un espoir ténu. Sa fille — leur fille — a raconté ce moment terrible où l'espoir bascule, anéanti[1].

> « De chaise en chaise, elle arrive à la dernière, et un fol espoir l'envahit, comme une vague brûlante, une onde de choc qui lui donne des fourmillements dans les mains et lui coupe le souffle. Et si tout le monde s'était trompé ? Si mon Robert était en vie, amnésique dans quelque hôpital de campagne ; on le retrouverait tôt ou tard.
>
> Dernière étape de son calvaire. Et ces quelques lignes dans un style administratif parfait : « N° 106, X..., sexe masculin, 1 m 70 ; cheveux châtain moyen ; chemise beige très clair ; slip de coton blanc ; chaussettes de fil gris-vert ; deux mouchoirs initialés " R "... »

Les mouchoirs, l'un bordeaux, l'autre marine, décorés d'initiales à l'anglaise, que Jeanne lui avaient offerts pour Noël 1939.

Ainsi, à Lyon, septembre est-il le mois des horribles découvertes.

Tout ce que l'on *ne savait pas,* tout ce qui avait été caché, tout ce dont les journaux de la presse sous contrôle de Vichy et sous contrôle allemand ne parlaient jamais, éclate, explose, occupe les « unes » de la presse libre, fait les gros titres, devient sujet des conversations, thème des imaginations.

---

1. Dans un livre très émouvant, *Robert et Jeanne.*

Les cent dix — ou cent vingt — tués de Saint-Genis-Laval ; les cent neuf — ou cent quinze — assassinés de Bron ; les fusillés de la caserne de la Doua[1], que des équipes de prisonniers allemands extraient des fosses communes où ils ont été nonchalamment ensevelis : trois fosses dans la petite cour à tomates, une fosse dans le bâtiment de l'intendance et plusieurs tombes à droite du champ de tir, où l'on cultivait pommes de terre et choux. Un certain M. A... avait le droit d'entrer dans la caserne « pour venir soigner son jardin ». Il a assisté à une exécution : « Ils les ont fait descendre du camion ; après deux rafales rapides, ils les ont remontés, et le camion est reparti. Un peu de sang est resté par terre[2]. »

Le sang est resté par terre place Bellecour, lorsque, le 27 juillet 1944, en représailles d'un attentat de la Résistance qui n'a provoqué que des dégâts matériels, les Allemands ont abattu, en plein midi, devant Le Moulin-à-Vent — l'un de leurs restaurants préférés —, Dru, Chirat[3], Pfeiffer[4], Chambonnet[5] et Bernard, cinq résistants dont les corps sont restés exposés trois heures durant, sous la garde de sentinelles, pour l'édification de la population lyonnaise.

Le sang est resté par terre rue Tronchet, où, le 24 août, les Allemands ont tiré sur une foule de trois cents femmes, enfants, vieillards, qui se disputaient des draps, des couvertures, des boules de pain, lancés depuis les fenêtres du groupe scolaire, transformé en hôpital militaire, et qu'ils venaient d'évacuer : il y aura trente-six morts, dont certains achevés systématiquement.

Le sang est resté par terre place de la Bascule, à Villeurbanne, où, le 26 août, après avoir repris la localité, les troupes, qui ne sont plus

---

1. On estime à soixante-dix-sept le nombre des résistants fusillés à la Doua pendant l'occupation.
2. En juillet 1945, les fouilles ne sont pas terminées sur le terrain de la Doua. *Le Progrès* annoncera ainsi, dans son numéro du 23 juillet 1945, la découverte du corps de deux jeunes gens : Jacques Mautret, dix-sept ans, et Henri-Michel Thomas, dix-huit ans, fusillés le 4 février 1944.
3. Gilbert Dru et Pierre Chirat étaient deux militants de la Jeunesse chrétienne.
4. Léon Pfeiffer, militant de l'Union des juifs pour la Résistance, portait, lors de son arrestation, quelques chargeurs de mitraillette.
5. Chambonnet-*Didier,* chef régional F.F.I., a été arrêté le 13 juin 1944.
Aucun de ces cinq résistants n'avait été mêlé, contrairement à ce qu'écrira la presse de l'occupation, à l'attentat contre Le Moulin-à-Vent.

troupes d'occupation que pour quelques jours, assassinent rue des Émeraudes un épicier, sa femme, une concierge, son fils, un homme qui tentait de fuir l'incendie du café de la Terrasse et trois personnes qui, derrière leurs volets mi-clos, observaient le drame.

Comment les Lyonnais qui lisent l'état civil, et ils sont nombreux, « l'état civil » étant l'une des rubriques les plus lues d'un quotidien de province, ne seraient-ils pas alertés, émus, en septembre et octobre 1944, par le nombre des « victimes de la barbarie nazie » ?

Dans *Le Progrès* du 13 septembre, sept des vingt-sept nécrologies — soit plus d'un quart — concernent des hommes ou des femmes tués par les Allemands.

Ainsi en ira-t-il, presque tous les jours, pendant de longs mois. Le 24 octobre 1944 — ce n'est là qu'un exemple —, toujours dans *Le Progrès,* M. et Mme Henri Martin rappellent « au pieux souvenir » des lecteurs leur sœur Mlle Marguerite Martin[1], « morte pour la France, assassinée et brûlée par les Allemands à Saint-Genis-Laval le 20 août » ; Mme Hencinski fait part du décès de son mari Paul, fusillé lui aussi à Saint-Genis-Laval ; la famille Pellet annonce les obsèques de M. Pellet, docteur ès lettres, directeur de l'Institut des sourds-muets et aveugles du Rhône, exécuté le 23 août, à l'âge de trente-trois ans ; et l'on apprend que Roger Meyer, Jean Schwab, Aron Wolf, Raphaël Horowitz, Charles Cwang seront inhumés à 14 heures au cimetière de la Mouche.

Le 3 novembre, le général de Gaulle assiste, en l'église Saint-Polycarpe, de Lyon, aux funérailles du journaliste René Leyraud qui, avec dix-neuf autres de ses camarades, a été abattu le 13 juin, à Villeneuve-sur-Ain, à la limite d'un champ de blé et d'un petit bois de peupliers.

Les fusillés de Villeneuve-sur-Ain, comme le seront ceux de Bron, de Saint-Genis-Laval et de tant d'autres champs de morts, ont été extraits de Montluc.

Montluc, vivier où les Allemands puisent, quand bon leur semble,

---

1. *Cf.* p. 19.

qui bon leur semble. Et sans que nul ne soit informé désormais de l'identité de ceux qu'ils tuent. Aussi, les incertitudes qui planent longtemps sur des cadavres, démunis de papiers d'identité, sur des visages défigurés ou des corps rongés par le feu, ne peuvent-elles être levées qu'à la suite de longues et pénibles recherches.

Des bruits courent, que le temps confirme ou dément. C'est ainsi que la presse du 22 septembre 1944 annoncera que Georges Villiers, ancien maire de Lyon, nommé par Vichy en juin 1941 et révoqué le 31 décembre 1942, avait été fusillé à Villeneuve-sur-Ain par les Allemands dont il avait, depuis toujours, annoncé au maréchal Pétain et à Pierre Laval qu'ils perdraient la guerre. Or, si Georges Villiers, à qui de Gaulle avait demandé de rejoindre Londres puis Alger, a bien été arrêté, le 5 juin 1944, et si son nom se trouvait effectivement sur une liste de résistants à supprimer, il n'a pas été exécuté mais, de Montluc, conduit à Compiègne, puis à Dachau[2].

L'ouverture de fosses donnera toujours lieu au même affreux spectacle, aux mêmes réactions indignées. Il arrive que la découverte ait lieu quelques jours seulement après le départ des Allemands.

Ce sera le cas à Périgueux, où, très vite, des prisonniers de guerre exhumeront quarante et un fusillés enterrés dans la caserne du 35e R.I. avec des cadavres de chevaux.

Ce sera le cas à Servas, où, dans le puits d'une mine de lignite abandonnée, les Allemands jetèrent, en juin 1944, les corps de trente-deux fusillés qui devaient être exhumés en septembre et devant lesquels les miliciens devront s'agenouiller avant d'être exécutés.

Ce sera le cas à Saint-Hilaire, dans une oseraie située à deux kilomètres environ d'Alès, où, après trois quarts d'heure de travail, des prisonniers allemands exhumeront, le 3 octobre 1944, les corps d'une femme et d'un homme, puis, vingt mètres plus loin, ceux de

---

1. En juin 1946, Georges Villiers deviendra président du Conseil national du patronat français. C'est à la suite d'une intervention de Boutemy, préfet du Rhône, que Barbie acceptera de joindre Villiers à un départ pour Compiègne et l'Allemagne. Ses compagnons de cellule devaient être fusillés quelques jours plus tard.

deux femmes et de deux hommes et, dans une autre fosse, de deux hommes fusillés le 15 juillet, au cours de ce que les Waffen S.S. avaient annoncé au fermier Trouillas, en lui recommandant de ne pas s'inquiéter, comme devant être « des exercices de nuit ».

Avant de mourir, les fusillés de Saint-Hilaire ont dû creuser leur tombe. Les quarante-cinq de Castelmaurou — en Haute-Garonne — ont dû également creuser le trou dans lequel ils allaient s'effondrer. Les hommes fusillés de Castelmaurou[1] avaient d'abord été enfermés à la prison Saint-Michel, de Toulouse, comme y avaient été enfermés les quarante détenus politiques qui seront exécutés le 19 août à Buzet, après avoir transporté huit stères de bois dont ils savaient qu'ils serviraient à brûler leurs corps.

Montluc, à Lyon, vivier dans lequel les Allemands puisent ceux qu'ils veulent tuer ; Saint-Michel, vivier à Toulouse ; les Baumettes, vivier à Marseille. C'est après être passé au siège de la Gestapo, 425, rue de Paradis, puis aux Baumettes, que vingt-neuf résistants, parmi lesquels Georges Cisson, de Draguignan (chef régional du noyautage des administrations publiques), le capitaine Rossi, (chef régional des F.F.I.), François Cuzin (professeur de philosophie à Toulon) seront fusillés le 18 juillet sur le territoire de la commune de Signes, où, le 12 août, neuf autres résistants, parmi lesquels François Pelletier, un officier parachuté en prévision du débarquement du 15 août, seront également exécutés.

Rien, en 1940, ne laissait supposer que le village de Signes — à une vingtaine de kilomètres de Toulon — puisse devenir pour la Résistance un haut lieu et, pour les Allemands, un cimetière clandestin où ils dissimuleraient leurs victimes. Avec un peu plus de mille habitants — agriculteurs en majorité ; il n'y a que dix-neuf commerçants, six fonctionnaires et trois membres des professions libérales —, Signes vit des ressources des forêts et de la vigne. La commune a voté à droite en 1935, à gauche en 1936 et, sur quatre-vingt-quinze anciens combattants, quatre-vingt-sept se sont immédiatement inscrits à la Légion des combattants.

Pour quelles raisons Signes a-t-il été choisi pour lieu d'exécution et d'enfouissement de trente-huit résistants transférés des prisons de

---

1. Parmi eux, le colonel Guillaut, un proche du général de Lattre, et le lieutenant Prunetta.

Marseille et de Toulon[1] ? Vraisemblablement parce que les Allemands, en le dissimulant, souhaitaient faire oublier leur crime.

C'est une même spéculation sur l'oubli qui les a guidés lorsque, activement aidés par Lécussan et quelques-uns de ses miliciens, ils ont jeté, dans les puits de Guerry[2], puis recouvert de moellons, vingt-huit juifs et huit juives. Ce drame, qui s'est joué les 24 et 26 juillet, ainsi que le 8 août, sera découvert le 20 octobre seulement, un juif, Charles Krameisea, ayant miraculeusement réussi à s'enfuir quelques secondes avant l'exécution. Obstiné, il s'est entêté à répéter à des « autorités » qui le considéraient comme mythomane que la plupart des juifs raflés à Bourges, dans la nuit du 21 juillet, pourrissaient dans trois puits proches d'une ferme abandonnée dans une forêt isolée.

La farouche volonté de vérité d'un homme, juif parmi les juifs qui se trouvaient dans la camionnette allant du siège de la Gestapo de Bourges jusqu'à la ferme de Guerry, a seule permis la découverte des restes des trente-six suppliciés.

Mais, lorsque aucun survivant n'est là pour porter témoignage, alors le hasard décide seul. Et c'est le hasard qui, le 15 décembre 1944, au cours d'une battue — la première entreprise depuis la Libération —, conduit quelques chasseurs des Deux-Sèvres dans les bois de Rom. Ces paysans remarquent d'anormales levées de terre ainsi que des branches aux feuilles sèches piquées sur ces buttes. Elles leur font penser au camouflage utilisé l'été précédent par les Allemands déplaçant leurs véhicules sous un masque de verdure.

Et c'est bien d'un camouflage qu'il s'agit.

Dans trois fosses — sans doute creusées par les victimes — reposent

---

1. Vingt-neuf résistants seront fusillés sur le territoire de Signes le 18 juillet, neuf autres le 12 août. Près de Signes, plusieurs maquisards ont été exécutés : dix le 2 janvier 1944 ; huit autres le 5 juin. Le jeune Marcel Lapied sera tué le 10 août.
   Les maquisards, qui se cachaient peu et mal, ont vraisemblablement été dénoncés. Le 4 mai, les F.T.P. exécuteront le receveur-buraliste de Signes, dont le fils était accusé d'avoir guidé les Allemands.
2. On trouvera le récit du drame dans *Joies et douleurs du peuple libéré*, p. 400-404.

trente des cinquante-cinq parachutistes anglais largués, soit dans la nuit du 5 au 6 juin, soit dans la nuit du 11 au 12 juin.

Sous le commandement du capitaine *Tonkin,* et avec l'aide des maquis du capitaine *Dieudonné,* ils s'apprêtaient à se regrouper, le 3 juillet, en forêt de Verrières, lorsqu'ils furent capturés — peut-être sur dénonciation d'un radio belge — et enfermés à la prison de La Pierre-Levée, à Poitiers[1].

Le 7 juillet, les trente Anglais et le lieutenant pilote L. Bundy, de l'U.S. Air Force, étaient fusillés sur la commune de Rom, en forêt de Saint-Sauvant. Pour ne pas faire l'aveu du crime, les Allemands, après avoir camouflé les tombes, devaient remettre à la Croix-Rouge les plaques d'identité des fusillés en affirmant qu'ils étaient morts au combat.

C'est également par hasard que cinq cadavres seront découverts et exhumés en février 1945 dans les bois des Moutiers-en-Cinglais, à proximité de Caen. Cadavres ? Débris humains sur lesquels on recueille quelques débris d'objets familiers ou de tissu, qui pourraient, un jour, aider à l'identification.

Si tous les cadavres avaient la mâchoire ou le crâne fracassé par un projectile, le premier était vêtu d'un pantalon gris et d'un blouson à la couleur indéfinissable ; le deuxième d'un complet sport en tissu chiné gris foncé avec martingale et poches appliquées ; le troisième portait sur lui un chapelet en perles blanches, ainsi que la moitié d'un petit peigne de poche bleu ; pour le quatrième, *Liberté de Normandie* du 8 février 1945 précise que rien ne permet d'espérer l'identifier un jour ; quant au cinquième, voici les quelques indications relevées au cours de l'exhumation et portées à la connaissance du public.

> « Crâne complètement fracassé, une incisive manquant devant à la mâchoire supérieure ; culotte côte de cheval nuance foncée ; vareuse col chevalière ; caleçon blanc ; ceinture faite d'un bout de " feuillard " ; chaussures cuir, semelles cuir avec fer circulaire au talon. »

---

1. Sept maquisards furent immédiatement fusillés.

Parlant des tueurs de la Gestapo, André Frossard écrira : « Ce sont des gens qui sèment des charniers le long de leur chemin, comme les Romains semaient des théâtres et des temples[1]. »

Le chemin passe par trop de villages français pour être suivi tout au long mais, de *La Gazette vosgienne* du 20 décembre 1944, feuille modeste et dont les articles n'ont pas dépassé les limites du département, j'extrais trois informations qui, dans leur brièveté, permettent de comprendre l'ampleur d'un drame qui a touché ces communes où, d'ordinaire, il ne se passait rien.

« ESTIVAL-CLAIREFONTAINE

Encore trois. On a retrouvé à Neufmaison les corps de trois Estivaliens assassinés par les Allemands : MM. Marcel Dumoulin, 36 ans ; Georges Petitdemange, 25 ans, et Jean Ropebach, 19 ans, *disparus depuis le 4 septembre*[2].

SENONES

On découvre quatre cadavres

On vient de découvrir, au lieu-dit " Chartron ", dans les ruines d'une maison incendiée par les Allemands, les cadavres de quatre Senonais. Ces quatre Senonais, qui faisaient partie de la Résistance, avaient été arrêtés par la Gestapo le 12 octobre.

MOYENMOUTIER

Découvertes de cadavres

M. Camille Léger a découvert, dans les ruines de la scierie Baraudet que les Allemands ont incendiée, des ossements humains.

Appelé à faire les constatations d'usage, M. le docteur Thomassin a conclu qu'il s'agit de 6 ou 7 cadavres. Il y a celui d'un ou deux militaires, peut-être des forestiers. »

---

1. *La Maison des otages.*
2. Donc depuis trois mois et demi.

Les drames qui ont eu pour théâtre Estival-Clairefontaine, Moyen-moutier, Senones ne sont pas passés et ne passeront pas à l'Histoire. Mais comment ces petites communautés rurales n'auraient-elles pas été profondément marquées par la découverte de fosses communes ?

L'information restant bloquée aux limites du département et ne pouvant être contrôlée, il arrive que l'on prête aux Allemands — sans se soucier de vérifier — plus encore qu'ils n'ont fait.

Les journaux parisiens du 11 et du 13 octobre[1] évoqueront ainsi un autre Oradour : le petit village bourguignon de Comblanchien, près de Beaune, dont toute la population — cinq cent dix habitants sur cinq cent vingt — aurait été massacrée par des S.S. composant la garnison d'un train blindé stationné au voisinage du village.

Depuis le château, des coups de feu ayant été tirés, vraisemblablement par des Allemands en cantonnement, en direction du train blindé, les occupants du train avaient envahi Comblanchien, incendié cinquante-deux maisons, poussé deux cents personnes en direction de l'église qui, par bonheur, était fermée. N'ayant pas découvert la clé — il est 21 heures —, les Allemands mettront le feu à l'église, tueront *huit personnes* et rafleront vingt-trois habitants qu'ils enfermeront, jusqu'au petit matin, dans le train blindé. Douze de ces vingt-trois prisonniers seront plus tard déportés[2].

Mais, pour UN Comblanchien, où le chiffre des morts indiqué par la presse (510) est considérablement exagéré, combien de Maillé, combien de Rouffignac, combien d'Oradour, combien de Tulle, dont la presse parisienne ne parle d'ailleurs que le 6 septembre[3] pour Oradour (le drame est du 10 juin, la libération de Paris du 25 août[4]), que le 12 septembre pour Tulle (les pendaisons sont du 9 juin).

---

1. 11 octobre pour *L'Humanité,* 13 pour *Le Populaire.*
2. Je dois ces renseignements à l'amabilité de M. Pierre Bougaud, maire de Comblanchien.
3. Des photos d'Oradour (les premières vues à Paris) paraissent dans *L'Humanité* du 20 septembre. La plupart des journaux de province ne parleront d'Ouradour que le 30 septembre.
4. *Le Populaire* du 6 septembre annonce que 1 200 personnes ont été tuées à Oradour. Or, 583 personnes ont officiellement été portées disparues, mais seuls 52 corps ont pu être identifiés, et le chiffre de 583 est certainement sous-évalué.
Sur Tulle et Oradour, *cf. Joies et douleurs du peuple libéré,* p. 123-183.

Qui parcourt aujourd'hui la collection des journaux *de province* est frappé par l'importance donnée aux crimes allemands. Importance qui permet de mesurer les drames vécus par toute une population rurale. Plus que les grandes agglomérations, ce sont, en effet, les villages et les petites villes qui ont été touchés par l'action de ces colonnes allemandes de représailles ou de ces bandes de fuyards qui, accrochées par les F.F.I., se vengeaient sur femmes et enfants.

Dans les journaux — on ne le répétera jamais assez — à la surface réduite et qui consacrent toute leur page 2 — ils n'ont d'ailleurs que deux pages — à la vie de tout un département, ce sont les événements sanglants qui occupent la place la plus large. Ceux qui les ont vécus n'ont nul besoin que l'on réveille leur mémoire, mais, portés à la connaissance de tous les habitants du département, ils bouleversent d'autant plus profondément les consciences qu'ils sont rédigés, sans recherche de style, par de modestes correspondants : facteur, instituteur, curé, à l'écriture d'autant plus émouvante qu'elle reste naïve.

Voici comment *France libre* du 25 septembre 1944, paraissant à Bordeaux, rend compte des « atrocités commises dans le bourg d'Azerat (en Dordogne), situé sur la route 89, entre Périgueux et Brive ».

> « Le jeudi 30 mars, à huit heures du matin, passait la division B de S.S. " das Reich ". Ils eurent vite fait d'encercler le bourg, en plaçant canons et mitrailleuses sur les hauteurs, et de mettre leur P.C. dans le restaurant Chez Debord. Quelques instants après, un nuage de fumée apprenait aux habitants que la maison de M. Longueville brûlait et que celui-ci ainsi que son fils du Mans venaient d'être fusillés. Ce fut ensuite au tour du beau château de Rouffignac d'être la proie des flammes[1].
>
> Puis, revenant à toute allure, l'auto des bandits vint chercher notre vieux et bon maire, M. Couton, ainsi que son brave adjoint, M. Lacoste, et la secrétaire, Mme Bonnefond. Mais, là, se

---

1. A Rouffignac, proche d'Azerat, cent cinquante maisons devaient être incendiées par les Allemands. Seize hommes furent envoyés travailler en Autriche, puis en Yougoslavie.

Le général de Gaulle devait se rendre à Rouffignac en mai 1945 pour décorer la petite ville de la Croix de guerre.

produisit un acte sans précédent. Son mari, qui était facteur, prit sa femme par le bras et, tout en l'embrassant, lui dit : " Je vais à ta place, reste auprès de ton petit pour l'élever, car il a besoin de toi. " Ils furent emmenés à 2 kilomètres de là et fusillés dans un fossé. Pendant ce temps-là, d'autres barbares sont allés tuer M. le général-major de la guerre 1914 Trassagnac. L'après-midi, ce fut au tour de deux juifs d'être tués au cimetière.

Le vendredi, ils amenèrent les hommes de Rouffignac et le triage eut lieu devant la mairie. Parmi eux se trouvait un juif agrégé de l'École normale qui fut lui aussi tué à son tour.

Dimanche 2 avril au matin, ils amenèrent à nouveau trois pauvres juifs dont un mutilé et décoré de la guerre 14-18, et eux aussi connurent le même sort, tués par-derrière d'une balle dans la nuque à la façon de la " forêt de Katyn "...

Le dimanche 11 juin, à 18 heures, lors du passage de la fameuse colonne blindée dite " Hitler ", six autos de la Gestapo ayant aux portières une mitraillette blessèrent Mme Vincenot, âgée de 70 ans, qui gardait ses moutons. Elle mourut deux heures après dans d'atroces souffrances... A la sortie du bourg furent tués, à leur tour, M. Chaminade et le cordonnier de Saint-Rabier, qui circulaient à vélo ; il en fut ainsi pour tous ceux qui se trouvaient sur le passage de cette horrible police. »

On a certainement remarqué la mort de cinq juifs à Azerat le 30 mars et le 31 mars. A Sainte-Foy-la-Grande (en Gironde), une foule recueillie assistera, le 10 septembre, aux obsèques de six juifs, massacrés le 5 août dans les bois du Fleix. A La Bachellerie (en Dordogne), ce sont sept juifs qui ont été fusillés le 30 mars dans une prairie appartenant à M. Marckel[1]. Cyniques, les Allemands exécuteront, avec quelques minutes de retard, le jeune israélite qui leur a servi d'interprète !

---

1. Au total, quatorze personnes seront fusillées à La Bachellerie et trente déportées. Les événements de La Bachellerie se produisent après l'enlèvement et l'assassinat de Mme Denoix, femme d'un chef milicien de Périgueux.
Le 21 mars, les miliciens sont intervenus et ont arrêté une dizaine de personnes qui seront relâchées.
Le 30 mars, c'est une colonne d'Allemands qui sera responsable des incendies, des meurtres et des arrestations.

Des juifs sont fusillés en Dordogne. Il en va ainsi dans tous les départements ruraux de l'ex-zone libre où, nombreux, avant et surtout après juin 1942, les juifs avaient trouvé un incertain refuge. Ils seront en 1944, souvent sur délation, parmi les premières victimes de ces colonnes allemandes et miliciennes lancées dans des opérations de représailles qui exigent des otages.

Lorsqu'ils évoquent les jours tragiques du printemps et de l'été 1944, les paysans français le font — et le feront à l'occasion des anniversaires — en n'oubliant rien de ces détails, pour nous mineurs, mais qui, faisant partie de leur quotidien, ont impressionné leur mémoire.

Pierrette Labrugère, qui avait dix-sept ans et habitait Rouffignac, près d'Azerat, n'oubliera jamais que les Allemands — « il y en avait de petits, de type asiatique » — sont venus à elle avec des paniers pleins d'œufs.

> « De 11 h 30 à 5 heures environ, ils m'obligèrent à faire cuire des œufs, les faisant passer dans des gamelles, des assiettes à leurs camarades vautrés dans le fossé, qui mangeaient les quartiers de canard à pleines mains en riant et en chahutant. Lorsque je baissais le rythme pour me reposer, je sentais une pointe dans le dos qui me rappelait à l'ordre, et les œufs succédaient aux œufs. »

Mme Laroumagne se souvient qu'en entendant l'ordre d'évacuation de Rouffignac elle s'est précipitée pour camoufler de l'huile de noix et des conserves dans le fumier.

M. Gabriel-Marcel Soulier a fait le récit — dont je respecte le style et l'orthographe — de l'arrivée des Allemands dans le petit village lot-et-garonnais de Lacapelle-Biron.

> « En ce jour de 21 mai 1944, jour de la fête des mères, je montais à Lacapelle-Biron faire des commissions lorsque, arrivé à Coussance, j'ai vu un barrage à Falcon. C'était des Allemands avec une mitrailleuse, ils m'ont dit halte-là, ils m'ont pris mon vélo, mes papiers, ils m'ont emmené sur la place, là avec tous les

47

camarades on nous a emmenés dans le pré de Monsieur Souchal. Nous sommes restés toute l'après-midi avec les mitrailleuses braquées sur nous. »

C'est au son du tambour du garde champêtre, Mme Nadal, hissée sur la plate-forme d'un camion allemand, que tous les hommes de Lacapelle-Biron ont été rassemblés sur la place du Foirail, d'où quarante-quatre partiront pour la caserne Toussaint, à Agen, puis pour Compiègne et Dachau[1].

Avec Oradour, Tulle, Comblanchien, Tourouvre[2], Robert-Espagne[3], Villars-sous-Écot[4], Étobon[5], Maillé est l'un des neuf ou dix villages ou villes dont la presse parisienne fait mention en septembre et octobre 1944.

Si, pour Comblanchien, elle avait indiqué des chiffres considérablement exagérés, pour Maillé, en précisant[6] que les Allemands ont tué, le 25 août, cent vingt-six personnes dont cent seize femmes et enfants,

---

1. Le 1er mai 1944, un groupe du maquis avait défilé dans le village, ce qui a pu provoquer l'intervention allemande que certains attribuent cependant à une délation. Les habitants de Lacapelle-Biron, auxquels avaient été joints des habitants de Vergt-de-Biron, commune limitrophe, devaient rester enfermés à Agen, durant dix jours, dans l'ancien manège du parc d'artillerie du 117e, période pendant laquelle certains d'entre eux, après avoir été menacés d'exécution, furent maltraités par la Gestapo.
Le 1er juin, quarante-quatre habitants de Lacapelle-Biron, rejoints en cours de route par des détenus de la centrale d'Eysse, près de Villeneuve-sur-Lot, étaient transportés jusqu'à Bordeaux. Après soixante-douze heures de voyage, de nombreuses voies étant coupées par les bombardements alliés, ils arrivaient à Compiègne d'où ils partaient, le 18 juin, pour Dachau et Mauthausen. Vingt-deux d'entre eux devaient périr dans les camps.
2. Dans l'Orne. 18 personnes y ont été exécutées le 13 août (presse parisienne du 12 septembre).
3. Dans la Meuse. 52 personnes ont été fusillées le 29 août (presse parisienne du 12 septembre).
4. Villars-sous-Écot, dont 22 habitants ont été fusillés à Montbéliard (presse parisienne du 5 octobre).
5. En Haute-Saône, où 40 personnes ont été exécutées (presse parisienne du 10 octobre).
6. Le 10 octobre.

elle est malheureusement dans le vrai. Il y a eu cent vingt-quatre morts à Maillé ; quatre-vingt-douze des victimes étaient des femmes et des enfants.

A 40 kilomètres au sud de Tours, les deux cent quarante et un habitants du bourg de Maillé[1] avaient vu leur nombre grossir avec l'arrivée d'une trentaine de réfractaires au S.T.O. et leur inquiétude croître, le 24 août, lorsque, comme dans bien d'autres villages, un camion de F.F.I., trop tôt arrivé, avait donné l'alerte aux Allemands. Quelques coups de feu tirés de part et d'autre firent-ils des victimes ? Pour « justifier » ce qui devait suivre, les Allemands affirmèrent avoir eu un mort, mais ce qui suivit fut horrible.

Le 25 août au matin, il est interdit d'approcher de Maillé, comme il avait été interdit d'approcher d'Oradour. Et, lorsqu'ils arrivent en vue de Maillé, d'où monte une épaisse fumée, l'adjudant Pierre Cubeau, les gendarmes Paul Chatel, Jean Guichard, Étienne Richard et Édouard Beringue, « revêtus de [leur] uniforme et conformément aux ordres de [leurs] chefs », sont stoppés net par des soldats allemands qui les menacent de leur mitraillette.

Un incident de guerre empêche d'ailleurs les habitants de Maillé de se rendre compte qu'ils sont pris au piège. Le 25 août, les Alliés, qui ont la maîtrise totale du ciel, mitraillent un convoi de munitions sur la route proche du village et bombardent un canon de 88 mis en batterie en direction de Maillé. Le passage des appareils anglais, l'explosion des munitions, ce vacarme et cette « distraction » détournent les villageois de la manœuvre d'encerclement de soldats qui tirent bientôt sur ceux qui approchent de Maillé, comme sur tous ceux qui vont tenter de fuir.

Le massacre ne sera pas collectif, comme à Oradour, où les victimes avaient été rassemblées dans des granges et dans l'église.

Presque systématiquement, les Allemands passent d'une maison à l'autre, tuant, souvent d'une balle dans la tête, et sans respect pour l'âge ou le sexe, *tous* ceux qui sont présents : Gérard et Étienne

---

1. La commune compte 627 habitants dont 87 en âge scolaire.

Guitton, qui ont respectivement quatre et six ans, ainsi que leur mère, Yvonne Blanchard, qui croyait avoir trouvé protection derrière un tas de planches ; Julia Champigny qui a soixante-treize ans, sa belle-fille Roberte et ses deux petits-fils, Jacques, dix ans, qui, dans la mort, n'a pas laissé échapper son jouet, et Jean-Pierre, quatre ans. Huit morts chez les Confolent, neuf chez les Creuzon, cinq chez les Didelin, treize chez les Guitton, cinq chez les Martin, cinq chez les Métais...

Quelques mois seulement après la tragédie, l'abbé Payon, desservant la paroisse de Maillé, rassemblera ses souvenirs et recueillera des témoignages bouleversants[1]. De Mme Chedozeau, qui a suivi toute la scène, il apprendra comment tous ceux qui s'étaient réfugiés dans la cuisine des Guitton, treize personnes dont cinq enfants, avaient été tués, les femmes et les enfants adossés au mur avant d'être mitraillés par des soldats rigolards.

Dans chaque maison ont agi, semble-t-il, deux ou trois soldats. Parfois un seul.

M. Confolent racontera : « Comme un fou, un soldat fait irruption dans la cour et me tire une rafale de mitraillette. Croyant à une méprise, j'avance les bras levés et crie : " *Civil, kamarad, civil* ", quand la brute épaule de nouveau et les coups crépitent. Juste à temps pour ne pas être atteint, je me suis jeté brusquement à la renverse. »

Son fils Yves, qui a dix-neuf ans, se précipite alors : « Papa, tu n'as pas crié assez fort, il n'a pas compris. » Les bras levés, Yves s'adresse au soldat : « *Hier, civil, kamarad, civil, civil.* »

Il s'écroule, tué de deux rafales de mitraillette.

Dans la cuisine, le soldat fou tue René Confolent, un garçon de dix-sept ans. Comme il vient d'être rejoint par un complice — il n'y a pas d'autre mot —, les deux hommes fouillent la maison à la recherche de tout ce qui vit : ils tuent Hélène Confolent — vingt-quatre ans — et sa mère ; descendent à la cave pour mitrailler Jehanne — vingt ans — et ses deux petits frères, Jean-Louis, treize ans, et Claude, onze ans.

Encore des coups de feu. Tirés à l'intérieur des pièces où les deux Allemands brisent la vaisselle et vident les bouteilles. Tirés de l'extérieur contre les volets clos de la maison.

Encore des morts. A René (seize ans), le dernier de ses enfants et le

---

1. *Un village martyr : Maillé,* ouvrage publié sous le patronage du comité de libération d'Indre-et-Loire (1945), par l'abbé André Payon, curé de La Celle-Saint-Avant, Draché et Maillé.

dernier membre de sa famille à mourir, à René, qui a récité son acte de contrition, son père dira : « Mon petit René, tout à l'heure, tu seras devant le bon Dieu, tu vas être avec tous, tu penseras à ton papa. »

Lorsque l'abbé Payon arrivera en vue de Maillé incendié, il aura plus de chance que les gendarmes refoulés, on s'en souvient, et qui doivent se contenter d'observer les événements depuis une ferme voisine. Au soldat qui veut l'empêcher de passer, il déclare : « *Ich bin Pfarrer von Maillé* » ; à un officier qui s'est approché, il montre sa carte d'identité et une carte aux armes de l'Archevêché. Autorisé à poursuivre sa route, l'abbé Payon, reprenant sa bicyclette, arrivera d'abord devant les ruines de la maison Confolent. Surpris par le silence, il appelle à plusieurs reprises. M. Confolent paraît, le visage bouleversé.

— Alors, monsieur Confolent ?

— Je suis tout seul.

— Vous êtes tout seul ? Les enfants ont pu se sauver ?

— Non, ils les ont tous tués. Venez les voir.

Conduit dans le jardin, l'abbé Payon découvre, sous des draps blancs, des corps allongés.

Faisant le tour des cadavres, soulevant drap après drap, il appelle en sanglotant :

— Pierre !

— René !

— Yves !

— Claude !

— Jehanne !

— Hélène !

....

— Et Mme Confolent ? demande-t-il.

— Aussi.

— Et la grand-mère ?

— Aussi, mais elle brûle encore.

— Quelle horreur, mon Dieu, quelle horreur !

Ce n'est pas « revenir en arrière » que de rappeler les drames de l'été 1944, mais mieux aider le lecteur d'aujourd'hui, qui vit les événements en direct sur sa télévision, à comprendre l'émotion qui s'empare de toutes les régions de France lorsque des drames, jusqu'alors tenus secrets par l'occupant, sont brutalement révélés.

Émotion le plus souvent limitée à un, deux ou trois départements, ceux que dessert le journal local ou régional, mais émotion d'autant plus vive que le nom de ces capitales de la douleur — Tulle, Oradour, Argenton, Azerat, Signes, Saint-Genis-Laval, Maillé, Brantôme, Mussidan, La Brosse-Montceaux[1], où six religieux, coupables d'avoir caché des armes, ont été abattus le 24 juillet et quatre-vingt-six envoyés en déportation[2], Avon, où, en janvier 1944, vingt-trois personnes, parmi lesquelles dix-huit ne reviendront pas, dont le maire, Rémy Dumoncel, et le père Jacques, dont je dirai dans le tome X, l'héroïsme et le sacrifice — et de tant d'autres petites villes et de tant d'autres villages, « parle » à toute la population voisine qui avait souvent, avec les victimes, des liens d'amitié, parfois des liens de parenté.

Le 29 août 1944, depuis Paris libéré, le général de Gaulle déclarait : « A mesure que reflue l'abominable marée, la nation respire avec délices l'air de la victoire et de la liberté. »

Elle respirait aussi l'odeur fade du sang et la puanteur des charniers. Et, plus encore que de la liberté recouvrée, c'est de la mort découverte que parlaient les journaux parisiens, notamment *L'Humanité*, alors le plus important des quotidiens par la diffusion, le plus important par l'influence, puisqu'il annonçait, préparait, relayait d'imposantes manifestations populaires, le plus « éloquent » dans l'appel à l'épuration, appel quotidiennement renouvelé.

Ne parlant que très peu des événements de province qu'il ignore encore comme ses confrères, ou dont il ne sait que peu de chose, le quotidien communiste évoque, en septembre et octobre, les drames qui se sont déroulés à proximité de Paris : la mort de vingt-six résistants fusillés le 17 août dans les fossés du fort de Vincennes[3], l'exécution le même jour à la cascade du bois de Boulogne de trente-cinq jeunes, arrêtés après avoir été trahis[4], l'enfouissement sommaire, dans un fossé, de douze hommes de La Celle Saint-Cloud[5].

---

1. En Seine-et-Marne.
2. Ils seront sauvés le 25 août du train qui les emmène en déportation par le bombardement de la gare de Péronne. Ils réussiront alors à se placer sous la protection de la Croix-Rouge.
3. *L'Humanité* du 30 août.
4. *L'Humanité* du 30 août. *Cf. Joies et douleurs du peuple libéré*, p. 638.
5. *L'Humanité* du 12 septembre.

L'Humanité donne la parole, le 1ᵉʳ septembre, à Raymond Valeriot, arrêté le 22 juin 1944 et torturé par les inspecteurs des brigades spéciales. « Comme je ne parlais pas, les inspecteurs m'insultèrent, me menacèrent de me broyer les testicules entre deux planchettes et de me livrer à la Gestapo. » *L'Humanité* publie, le 16 septembre, la photo du cadavre d'Yves Gaillot, torturé par les miliciens qui « lui ont arraché les yeux avec une fourchette » ; la photo, le 17 octobre, des tombes de dix-sept résistants fusillés à Monsterlin, près de Quimper ; quatre photos d'Oradour le 20 septembre ; deux photos, le 22 octobre, de corps remontés du puits de Guerry[1] ; trois photos, le 25 octobre, sous le titre « *Leur barbarie, ils pendaient en riant* », qui montrent des grappes d'hommes pendus à des arbres, photos dont la légende assure qu'elles ont été prises à Sarlat, et découvertes sur un S.S. fait prisonnier, mais qui ne correspondent à aucun événement ayant eu lieu à Sarlat — où aucun résistant n'a été pendu — et n'ont pas davantage de rapport avec les pendaisons de Tulle.

Pour la première fois sans doute, et sur trois colonnes, paraît, le 17 septembre, dans un journal français, une photo de déportés qui, nus, misérables, squelettiques, prêts à basculer dans la mort, viennent d'être libérés par les Soviétiques près de Lublin, à Maidanek[2].

Photo qui, le 18 octobre, sera suivie, toujours dans *L'Humanité*, d'un article consacré à la déportation sous le titre « *Chambre à gaz, Ecartèlement, Chasse au lapin* », la chasse au lapin étant le tir à vue sur des déportés juifs à qui le S.S. de garde donnait l'ordre de fuir.

---

1. Cf. *Joies et douleurs du peuple libéré*, p. 403, 491-492.
2. *L'Humanité* donne à ces photos le titre suivant : *Un million et demi d'assassinés dont de nombreux déportés français au camp de la mort près de Lublin.*
Maidanek se trouve à 2 kilomètres de Lublin. Le 3 novembre 1943, l'administration S.S. organisera, sous le nom de code « Erntefest » (fête des Moissons), le massacre de 18 000 juifs, abattus en un seul jour et brûlés sur d'immenses bûchers. Le nombre des victimes sera estimé pour Maidanek à un chiffre qui ne saurait être inférieur à 360 000.
Le 20 octobre, *Le Parisien libéré* publiera une photo d'ossements découverts à Maidanek

Mais, pour *L'Humanité* et pour le Parti communiste, seul parti de masse structuré, septembre et octobre seront essentiellement des mois de commémoration.

Commémoration, le 20 septembre 1944, des fusillés du 20 septembre 1941 ; les avocats communistes Pitard, Rolnikas, Hajje et dix autres otages, dont sept arrêtés par les services français, en mai ou juin 1941, ont été, ainsi que l'indique une note française du 20 septembre 1941, « mis à la disposition des Autorités allemandes ».

Commémoration, le 24 et le 25 septembre, du supplice du député Jean Catelas, de l'architecte Jacques Woog et de l'ouvrier plombier Guyot. Condamnés à mort par le « tribunal d'État » créé par Vichy, sous la pression allemande, à la suite de l'attentat commis par Fabien au métro Barbès, attentat auquel ils étaient totalement étrangers, Catelas, Woog et Guyot ont été guillotinés le 24 septembre 1941 dans la cour de la prison de la Santé[1].

Commémoration, le 6 octobre, devant six mille personnes, de l'exécution de vingt-sept communistes au Mont-Valérien.

Compte rendu, le titre occupant toute la largeur de la première

---

1. On se trouve, une fois encore, en présence d'une situation dans laquelle le gouvernement de Vichy est « pris dans l'engrenage ». Les Allemands ayant menacé, à la suite de l'attentat commis, le 21 août, par Fabien, de fusiller cinquante otages, Pucheu, ministre de l'Intérieur, proposera (en réalité la proposition a été faite la *veille* de l'attentat) la création d'une cour spéciale devant laquelle seront traduits « six principaux chefs communistes actuellement internés ».

« Dans l'esprit du gouvernement français », précise la note de Pucheu en date du 22 août 1941, « ces mesures [la condamnation et l'exécution de six chefs communistes] seraient exclusives de toute sanction générale frappant l'ensemble de la population. »

La vie de six innocents épargnerait ainsi la vie de cinquante otages.

Les Allemands ont exigé que la section spéciale condamne à mort *rétroactivement* six communistes, qui devront être exécutés avant le 28 août. Trois communistes « seulement » — Bastard, Trzebucki et Brechet — ayant été condamnés à mort par la cour spéciale, une loi de Vichy créera, le 7 septembre, le Tribunal spécial, qui condamnera à mort, le 20 et le 21 du même mois, Catelas, Woog et Guyot.

Pucheu, ministre de l'Intérieur ; Gabolde, le procureur de la République ; Barthélémy, le garde des Sceaux ; Benon, le président du Tribunal spécial, et ses assesseurs, assumeront en cette affaire des responsabilités morales effroyables, puisqu'ils se sont mis non seulement au service de l'ennemi mais l'ont, en quelque sorte, déchargé du crime.

Qu'ils aient épargné la vie d'otages ne saurait excuser la condamnation à mort d'innocents.

page, dans le numéro du 10 octobre, de la manifestation au cours de laquelle deux cent cinquante mille personnes, selon *L'Humanité*, ont « rendu, au Père-Lachaise, un pieux hommage aux martyrs de Paris ».

Commémoration surtout des vingt-sept fusillés communistes du 22 octobre 1941 à Châteaubriant, le silence étant gardé d'ailleurs sur les vingt et un autres Français exécutés le même jour, à la suite de l'attentat de Nantes[1].

Cet appel à l'hommage paraît dans les numéros du 20 octobre sur trois colonnes, du 21 sur deux colonnes, du samedi 22 sur les quatre colonnes de tête. Le lundi 24, *L'Humanité* donne le compte rendu des manifestations qui ont eu lieu dans de nombreuses villes de France et précise en titre :

80 000 à Châteaubriant avec Marcel Cachin et Charles Tillon
40 000 dans le XIᵉ
20 000 à Vitry
20 000 à Gennevilliers
20 000 à Saint-Denis

A Lyon, si l'on en croit les chiffres de *La Voix du Peuple,* ce sont 25 000 personnes qui ont écouté plusieurs discours, dont ceux du leader communiste Julien Airoldi et du cardinal Gerlier, avant de défiler devant le cénotaphe installé place Bellecour.

S'il est vrai que la presse communiste accorde une place très importante au récit des atrocités allemandes et que, pour d'émouvants anniversaires, le Parti communiste rassemble des foules nombreuses, loin d'être uniquement composées de militants, il serait inexact d'imaginer que les communistes ont le monopole de l'émotion, de l'évocation patriotique, de l'exaltation des sacrifices et même, ouvertement ou implicitement, de l'appel à la vengeance.

Dès le 24 août, et dès que la bataille de Paris s'achève, *Le Parisien libéré* publie une photo de la mise en bière, au fort de Romainville, de

---

1. *Cf. Le Peuple réveillé,* p. 366.

« 11 victimes françaises que les Allemands ont mutilées avant leur départ », et, le 31 août, le même journal évoque longuement (dans la mesure où le papier est rationné) le charnier découvert boulevard Victor. Au pied de trois poteaux d'exécution on a trouvé un chapelet, un peigne et du linge de femme ainsi que des vêtements de très jeune enfant. Dans la chambre de torture, précise le journaliste, « on peut voir des traces de mains crispées à environ 2 mètres au-dessus du sol. Sans doute, les bourreaux nazis avaient-ils disposé, le long des murs, des plates-formes grillagées parcourues par l'électricité où ils plaçaient leurs victimes. Celles-ci étaient rabattues par des coups de fouet ou de bâton vers le mur dont le tapis d'amiante était brûlant. »

Le 1er septembre toute la presse parisienne a été « conviée » à visiter les locaux de la rue des Saussaies abandonnés par la Gestapo. Comment cette visite, au cours de laquelle les journalistes découvrent la « cellule salle de bains », ne contribuerait-elle pas à exaspérer les colères contre les criminels et, plus encore peut-être, contre ceux qui, directement ou indirectement, se firent leurs complices ?

Dans *L'Humanité* du 24 octobre, Georges Cogniot, après avoir évoqué l'hommage populaire rendu aux vingt-sept communistes fusillés à Châteaubriant, écrit : « C'est peut-être un million de vengeurs qui ont participé à la prestation du serment solennel : " *Châtier les traîtres* ", " *Réaliser l'épuration impitoyable* ". »

Ces slogans seront, on le verra dans les pages qui suivent, les mots d'ordre du Parti communiste qui dispose alors de nombreux arguments pour les imposer.

Je pense toutefois qu'il est impossible de « comprendre » *aujourd'hui* ce que fut, dans ses incohérences et ses excès, la justice souvent sommaire de septembre, si l'on ne prend pas en compte les horribles révélations qui submergent un pays où le départ de l'occupant coïncide avec la découverte et avec l'ouverture des fosses communes.

Sans doute les Allemands et, avant tout, la Gestapo et les S.S. étaient-ils responsables, non seulement de la plupart des actes de représailles consécutifs à des attentats ou à des sabotages, mais aussi des tortures infligées aux prisonniers, de l'assassinat des femmes et des enfants, de la déportation de dizaines de milliers de juifs. Mais les

Allemands en retraite ou en fuite, la marée se retirant, la vengeance allait s'abattre sur ceux qui, à des degrés divers, et avec des responsabilités diverses, avaient été leurs collaborateurs... les plus engagés de ces collaborateurs ayant d'ailleurs, lorsqu'ils en avaient eu la possibilité, gagné l'Allemagne.

La comparaison que certains établissent systématiquement aujourd'hui encore entre le chiffre des victimes de l'épuration et le chiffre des victimes de l'occupation est une fausse comparaison. Acceptée, elle minimiserait singulièrement les responsabilités allemandes.

Elle continue cependant à être faite. En septembre 1986, M. Marcel Baudot écrira, page 50 du bulletin de l'*Institut d'histoire du temps présent,* en parlant des exécutions sommaires : « Les chiffres sont à mettre en parallèle avec le nombre de résistants fusillés, morts en déportation ou morts aux combats *[sic]* et des déportés raciaux non rentrés partout beaucoup plus élevé. » En 1990 et 1991, au moment de la sortie du film *Uranus,* un débat ayant mis aux prises[1] M. Guy Penaud, auteur d'une importante *Histoire de la Résistance en Périgord,* qui estime toujours à « plus de mille le nombre des individus exécutés en Dordogne par le maquis », et M. Roger Ranoux, *Hercule* dans la Résistance, ancien responsable F.T.P., ce dernier, pour contredire M. Penaud et critiquer le chiffre avancé, jugé par lui très excessif, déclarera : « On ne peut pas aborder la question de l'épuration sans parler de la répression allemande. De novembre 1942 à la Libération, les Boches ont fait régner la terreur en Dordogne. Sur cette période, il y a eu mille cinq cents victimes et trois mille cinq cents bâtiments brûlés[2]. »

Mais combien des mille cinq cents victimes sont de la responsabilité des agents français au service de l'Allemagne, dont M. Ranoux assure qu'ils étaient cent quatre-vingt-dix-sept en Dordogne, de la responsabilité des miliciens, des délateurs? Combien de la responsabilité *directe* des Allemands? Voici ce qu'il faudrait établir. Tâche pratiquement impossible, même s'il est vrai d'écrire que, sans la collaboration d'un certain nombre de Français avides, dévoyés, ou passionnément anticommunistes, la Gestapo et les S.S. auraient remporté moins de tristes succès.

---

1. *Sud-Ouest,* 29 décembre 1990, 4 et 17 janvier 1991, 12 février 1991.
2. *Sud-Ouest,* 4 janvier 1991.

Car, s'il se trouve parmi les victimes de la Justice de septembre et des mois qui précédèrent des innocents ou des demi-coupables, tous ne sont pas innocents comme une légende à rebours tendrait à le faire croire.

Les réactions de vengeance de septembre 1944 ne sauraient être dissociées de la découverte et de la douleur. Malgré la B.B.C. et les journaux clandestins, la France de septembre demeure le pays de l'ignorance.

Ignorance des fosses cachées dans quelques bois, des résistants enterrés dans un trou d'obus, mais aussi ignorance de ce qui s'est passé dans des lieux voués à de grands et réguliers massacres.

Lorsque *Dalsace* (Gaston Wielssler), chef d'une compagnie de F.T.P. de la banlieue ouest de Paris, reçoit l'ordre, le 19 août 1944, de se rendre à Suresnes, il fait tout d'abord cerner le Mont-Valérien pour empêcher la garnison de fuir. Certes, il n'ignore pas que des résistants ont été fusillés dans les fossés du fort, mais il ne découvrira l'ampleur du massacre — il y a eu quatre mille cinq cents exécutions au Mont-Valérien[1] — que le 26 août, lorsque, les Allemands s'étant rendus au colonel Rémy, qui commande le régiment de spahis de la 2e D.B., il pourra, en compagnie du sergent Dorr, avec qui il a hissé le drapeau français sur le toit de l'un des bâtiments du fort, déchiffrer, dans la chapelle, les derniers messages des résistants et, par un petit chemin de ronde, parvenir à la butte où avaient eu lieu les exécutions[2].

Comment cette *découverte* ne bouleverserait-elle pas tous ceux — ils vont être nombreux — qui, l'apprenant, reporteront sur les collaborateurs leur haine des Allemands?

---

1. Chiffre le plus souvent cité. Dans son livre *Les Fusillés du Mont-Valérien*, Arsène Tchakarian parle de 6 800 exécutions. Il cite environ 2 300 noms de fusillés dont certains (une centaine) ne l'ont pas été au Mont-Valérien.
2. *Dalsace* deviendra le premier commandant du fort.

La douleur.

Pour l'intelligence de l'époque, je veux citer un extrait du journal tenu par mon amie le docteur Marcelle Wetzlar, dont le frère, André, arrêté le 26 août 1944, à quelques jours de la libération de Lyon, a péri dans des circonstances toujours ignorées.

Envoyée le 4 septembre — Lyon est libéré — à la prison de Montluc pour constater l'état de santé des miliciens et miliciennes qui, dans les cellules, ont remplacé les résistants, le docteur Wetzlar n'éprouve alors aucun sentiment de pitié devant des êtres cependant pitoyables.

Le souvenir de son frère disparu, le souvenir de tant d'êtres chers, de tant de juifs, dont le sort demeure inconnu, submerge tout. A travers les prisonniers, elle ne voit que des coupables et l'écrit le soir même dans son journal[1].

> « C'est le cœur soulevé de haine et de dégoût que je pénétrai dans les chambres de l'infirmerie pour examiner les détenus qui s'y trouvaient : je vis les femmes rasées, souvent le visage boursouflé par les coups reçus, je revis les hommes ensanglantés par les lynchages de la foule. Mon indignation à leur égard était si grande que je n'éprouvais aucune pitié pour eux. Je ne pense pas, pourtant, que mon cœur se soit endurci, mais, en les regardant, l'image et le sort d'André me poursuivaient. »

Quelques heures plus tard, face à une dizaine « d'hommes ensanglantés alignés contre un mur » de la prison, Marcelle Wetzlar essaiera « de faire comprendre à un correspondant américain la raison de la haine qu'elle éprouve devant ces traîtres ».

Des maquisards ayant combattu au Vercors s'étant indignés des quelques soins apportés par la Croix-Rouge à des prisonniers dont la culpabilité n'est pas encore établie, Marcelle Wetzlar partage leur sentiment. « Je comprenais, écrira-t-elle, leur désir de vengeance et j'éprouvais presque de la honte à me dire que, même médecin, je leur donnais raison... J'allai serrer la main de celui qui venait de faire cette exhortation pour lui dire mon accord avec lui. »

Le 8 septembre, cependant, Mlle Wetzlar notera sur son carnet :

---

1. Inédit.

« Germaine R... [1] et moi dûmes aller voir deux cadavres affreusement mutilés : des miliciens tués par des F.F.I. ou F.T.P. Comme de telles opérations risquent de se reproduire, les autorités prennent des mesures sévères pour les enrayer, car elles sont indignes des Français et de la France[2]. »

Tous ceux qui ont souffert (je ne parle pas de ceux qui, n'ayant pas souffert, appellent à la haine et se forgent à bon marché une âme de vengeur) n'auront pas la morale de Marcelle Wetzlar.

Et comment l'auraient-ils pu ?

Côte à côte, le lundi 4 septembre, dans le numéro des *Allobroges,* journal communiste imprimé à Grenoble, le récit de la condamnation à mort de six miliciens par la cour martiale de l'Isère ET l'annonce que quatre des six résistants fusillés par la Gestapo le 21 juillet à Seyssinet viennent d'être identifiés. Identifiés également trois des quatre F.F.I. dont les corps avaient été jetés dans une fosse commune à Fontaine, deux des victimes d'un charnier découvert sur le polygone de tir, et le dernier des fusillés du cours Berriat, M. Marcel Jules Ronza-Pascal, un cultivateur de vingt-quatre ans que les Allemands avaient capturé au Vercors.

Le 29 novembre 1944 — la guerre est loin d'être achevée — un journal de Bourges, *Le Berry républicain,* rend compte ainsi de l'atmosphère dans laquelle s'est ouverte la première audience de la cour de justice du Cher, appelée à juger Louise Holmgren :

   « Bien avant l'heure la foule s'écrasait aux portes du palais de
   justice.. A 13 h 45, quand les portes sont ouvertes, c'est la ruée

---

1. Il s'agit de Germaine Ribière, avec qui Marcelle Wetzlar a œuvré, pendant l'occupation, au sein d'organisations chrétiennes.
2. Le sort du frère de Mlle Wetzlar demeurera toujours ignoré. Les notes inédites que je reproduis m'ont été communiquées par le docteur Wetzlar, décédée en 1986.

vers la salle d'audience. Les meilleures places sont prises d'assaut. Des chaises craquent sous le poids des gens qui veulent mieux voir[1]. »

Scène identique, à Nîmes, où, selon *Le Parisien libéré* du 22 décembre, les places, pour assister au procès de l'ancien préfet Angelo Chiappe, qui sera condamné à mort et fusillé, se sont vendues jusqu'à 3 000 francs... au marché noir.

Sept mois plus tard, le 3 août 1945, alors que la guerre est terminée, la Justice rétablie dans ses formes, voici en quels termes un journaliste de *Sud-Ouest* décrit le climat de la *dernière* audience de la cour de justice de la Dordogne. L'accusé est le milicien Lapuyade, qui sera condamné à mort.

« Depuis 13 heures la foule périgourdine se presse devant le palais de justice, non par curiosité, mais par désir de justice. L'accusé fait son entrée au milieu des clameurs de haine d'une foule hostile et déchaînée. La mort est réclamée par tous ceux ayant souffert des agissements du traître. »

En juin 1946, à Paris, un an après la fin de la guerre, au procès des tortionnaires du service de répression des menées antinationales : Delmar, Boutout, Collonges, Dubuc, Jouan, Lafouche, qui jouaient à la balle avec leurs victimes nues, exigeaient qu'à « quatre pattes » et sous les coups elles fassent le « petit chien » ou, agitant les bras jusqu'à épuisement, la « libellule », un témoin, après avoir dit qu'il était incapable de témoigner sans haine, répliquera aux avocats de la défense manifestant leur étonnement : « J'aurais voulu vous y voir ! Songez que, pour une personne qui vient témoigner ici, six sont mortes. »

Le 27 juin 1947, deux ans après la fin de la guerre, alors que, devant la cour de justice d'Orléans, se déroule le procès d'André Lacote, responsable de nombreuses arrestations dans la région de Loches, Beaulieu et Tours, un témoin, Aristide Tellier, se précipite en

---

1. Louise Holmgren fut condamnée à mort. Sa peine commuée, elle devait être assassinée le 22 décembre 1944, la prison ayant été envahie par un groupe de soldats du 1er régiment populaire berrichon, formation issue des F.T.P.

direction du box et blesse Lacote de deux coups de feu. Désarmé, Tellier expliquera qu'il a voulu venger son frère mort en déportation, après avoir été dénoncé par Lacote, ainsi que sa mère morte de douleur[1].

Avant d'aborder les excès de la « justice de septembre »... et des mois qui suivirent, il fallait rappeler que l'époque, comme toute époque révolutionnaire, n'incitait ni à la modération ni au jugement serein, mais à la passion, à la vengeance et, fréquemment, à des manifestations de haine collective qui réveillaient et ravivaient les souvenirs des drames vécus par tant de familles dans tant de villages aux ruines noircies par le feu et aux tombes neuves.

---

1.   Jugé à nouveau, en janvier 1949, Lacote sera condamné à mort à Toulouse.

2

LES EXÉCUTIONS SOMMAIRES :
ESSAI DE BILAN

En septembre 1944, la ville d'Antibes devait être le théâtre d'un crime sordide, longtemps maquillé en acte de résistance et de bonne justice.

Le drame éclate le 23 septembre.

Il prend naissance non à Antibes, mais à Juan-les-Pins, où quatre hommes masqués, appartenant à la garnison F.T.P. de Cannes, interpellent M. Ange Angeli, un septuagénaire qui, vers 22 heures, regagne son domicile au Palais des fleurs.

— Vos papiers !

— Je ne les ai pas sur moi, mais je m'appelle Angeli. Si vous voulez venir à la maison, je vous les montrerai.

Escorté par Jean Demiquelis — un garçon de dix-huit ans —, Angeli pénètre dans l'appartement qu'il partage avec sa fille, Mme Marie Carboni, et avec son gendre, Pierre Carboni, directeur des halles et marchés d'Antibes, que le Comité départemental de libération a envoyé, ce jour-là, collecter du ravitaillement dans les villages voisins. Lorsque Demiquelis, poussant Angeli avec sa mitraillette, arrive dans la cuisine, il se trouve en présence de Mme Carboni et de deux voisins, Mme Audisio et M. Gabriel Brondeau. Surpris par l'arrivée d'un garçon masqué et armé, M. Brondeau lui crie :

— Que viens-tu faire ici ? Pourquoi ce masque ?

Le foulard qu'il arrache lui révèle l'identité de l'agresseur.

— Quoi ! C'est toi, Demiquelis. Mais tu es fou ; qu'est-ce que tu viens faire ici ? Baisse ta mitraillette et...

Brondeau n'a pas le temps de poursuivre. Demiquelis vient de le blesser d'une rafale de mitraillette. Le bruit de l'arme a été entendu par les complices de Demiquelis, postés en face de la fenêtre aux volets clos de la cuisine. Qu'imaginent-ils ? Certainement que Demiquelis a été agressé. Alors, tirant à travers les volets de bois, l'Italien L... tue Angeli, sa fille Mme Carboni et... Demiquelis.

C'est avec la découverte des quatre corps — celui de M. Brondeau, qui, avant de mourir à l'hôpital de la Fontonne, pourra dire à l'un de ses amis quel fut son assassin, ceux d'Angeli, de Mme Carboni... et de Jean Demiquelis — que débute une tragique opération de maquillage.

L... et ses camarades, ne pouvant avouer la vérité, inventent un roman à épisodes qui, dans le climat de l'époque, trouvera immédiatement crédit : M. Angeli est un « fasciste notoire » qui a tué le « jeune patriote » Demiquelis. Mais celui-ci a été vengé par l'un de ses camarades « qui, s'approchant de la fenêtre, put voir le corps du F.T.P. baignant dans le sang. Sans hésiter, il tira sur les occupants de la pièce qui venaient d'assommer Demiquelis et de l'abattre lâchement ».

Ce texte, on le trouve dans le journal niçois *L'Aurore* des 24-25 septembre, comme dans tous les autres journaux locaux.

A l'occasion des obsèques religieuses de l'adolescent, la thèse du meurtre de Jean Demiquelis est reprise par M. Cauvi, qui parle au nom du Comité de libération, et par le commandant Marceau, chef des F.F.I. de Cannes-Antibes[1].

Un mensonge pourrait suffire aux meurtriers de Juan-les-Pins. Mais « *on* » a tué l'un de leurs camarades. Et le sang crie vengeance. Aussi vont-ils « convaincre » P... — ancien caporal, cassé de la coloniale —, devenu « capitaine » et responsable de la garnison de Cannes, que les « fascistes » détenus au Fort-Carré d'Antibes, où ils sont en instance de jugement, doivent payer, et payer cher, la mort de Demiquelis... dans laquelle ils ne sont évidemment pour rien.

---

1. Jean Demiquelis aura son nom inscrit parmi ceux des « maquisards et martyrs morts pour la France », ce qui suscitera une vive protestation de M. Carboni, enregistrée en date du 30 août 1945 sur les registres des délibérations de la municipalité.
Dans sa lettre au maire, M. Carboni écrivait notamment : « Je pourrai à mon tour, devant l'abus qui a été fait sur le choix des noms, vous demander l'inscription de mes morts et de celui de mon ami Brondeau qui, eux, ont été de véritables martyrs, mais ce serait déshonorer leur mémoire que de voir leurs noms inscrits à côté de celui d'un assassin. »

A la tête de ses hommes, P... fonce donc, le 23 septembre, en direction de Fort-Carré. A la sentinelle qui lui barre le passage, il réclame cinquante otages !

Courageusement, la sentinelle s'obstine à refuser l'entrée de la prison à cet officier qui se présente sans ordres et menace même d'ouvrir le feu.

P... prend alors le chemin de la mairie et il obtient finalement de M. O..., président du Comité de libération, qui marchande, qui ergote, non pas cinquante mais huit hommes et deux femmes, à fusiller dans les minutes qui suivent.

Qui ? Un directeur de clinique, Georges Borel, chargé, à la Milice, du ravitaillement ; un photographe, François Biondo, une Antiboise de vingt ans, Carmen Raven, l'horloger Sylvain Aimar et quatre Italiens, Russa, Fallara, Pavesi, Orlandini, respectivement boulanger, garçon livreur, matelassier et métayer. Enfin, un ancien receveur d'octroi, Jacques Marconnet, et sa femme Jeanne — dont il sera dit et écrit [1] que le plus grand crime était d'avoir disputé à l'un de leurs voisins irascible *l'usufruit d'un figuier.* Cette querelle de voisinage portée avec d'autres (des choux arrachés, l'accès à un compteur à gaz !), devant la justice, avait, malheureusement, vu la victoire des Marconnet.

Avant d'être exécutés, hommes et femmes doivent défiler devant leurs codétenus, et c'est l'un après l'autre qu'ils sont abattus.

Comment expliquer ce qui est une exécution d'otages semblable — puisque aucune des victimes n'a été jugée — aux exécutions d'otages pratiquées par les Allemands ? Une fois de plus, par le mensonge. A ceux qui s'inquiètent du scandale possible, M. O..., président du Comité de libération d'Antibes, affirme « que les bruits qui circulent en ville, et selon lesquels une exécution sommaire a été faite au Fort-Carré, sont dénués de tout fondement. Les otages dont il s'agit ont été fusillés après jugement ».

Aux familles des victimes, M. O... fera d'ailleurs savoir, le 25 septembre, que les exécutions ont eu lieu en vertu « d'un jugement rendu le samedi 23 septembre », et, le 28, les journaux locaux feront état de la réunion d'un tribunal militaire à Antibes.

---

1. *L'Éclair,* 25 septembre 1948.

Il n'y a naturellement eu ni tribunal militaire ni jugement[1], mais exécution sommaire dans un département — les Alpes-Maritimes — qui sera l'un des *sept* départements français où les exécutions sommaires ont été *plus nombreuses* APRÈS *qu'avant la Libération*[2].

On aurait pu espérer que la Libération mettrait rapidement un terme aux exécutions sommaires. Il n'en sera rien.

Si l'on en croit les chiffres des enquêtes effectuées par la gendarmerie, *plus d'un tiers* des exécutions sommaires ont été commises *après* la Libération.

Exécution sommaire. Le mot recouvre bien des raisons de meurtre. Il est acceptable. Il est inacceptable.

Pendant l'occupation, l'exécution sommaire pouvait être l'unique moyen de mettre fin, sur ordre, à la trahison d'un délateur, à la carrière d'un tortionnaire, au zèle pro-allemand d'un policier.

Ce pouvait être également l'occasion de prendre sa revanche sur le concurrent heureux, de dérober l'argent du paysan enrichi par le marché noir, de supprimer des témoins gênants, alors même qu'il s'agissait d'enfants au berceau[3].

Mais, après la Libération, qu'elles soient la conséquence de la

---

1. A l'annonce faite par M. O..., le colonel Lanusse, commandant le groupe de subdivision, réagira par un communiqué à la presse démentent la constitution d'un « tribunal militaire ».

Le 5 octobre, un tribunal militaire se réunira bien pour examiner l'affaire d'Antibes et juger le capitaine P... « Prenant en considération le fait que le C.D.L. d'Antibes avait livré librement et sans contrainte les otages », il décidait « que le capitaine P... n'était pas coupable de meurtre » et prononçait « son acquittement pur et simple ».

En 1976, M. Girard, correspondant du Comité d'histoire de la Deuxième Guerre mondiale, évoquant le drame d'Antibes, écrira, dans une étude consacrée à l'histoire de l'épuration dans les Alpes-Maritimes, qu'il avait eu lieu « à la suite de circonstances mal définies ». En 1976, les « circonstances » étaient — et depuis longtemps — parfaitement « définies ».

2. Selon les chiffres du Comité d'histoire de la Deuxième Guerre mondiale et de l'Institut d'histoire du temps présent. Les autres départements concernés sont les Hautes-Alpes, l'Aube, les Bouches-du-Rhône, le Gard, la Loire et le Rhône.

3. *Cf. Un printemps de mort et d'espoir* (p. 496), dans lequel est raconté l'assassinat de la famille Jourdan.

décision de « tribunaux », baptisés « tribunal du peuple » ou « cour martiale » pour masquer d'un sceau républicain leur impatiente incompétence ; du choix d'hommes, scandalisés par les verdicts trop indulgents des cours de justice ou par les grâces accordées par de Gaulle ; du réflexe du déporté qui, en 1945, retrouve son délateur libre et prospère ; de l'association de quelques voyous qui espèrent — ils n'ont pas toujours tort — qu'un brassard leur tiendra lieu de passeport face à une police culpabilisée, les exécutions sommaires, les troubles qu'elles provoquent, les débats qu'elles suscitent marquent profondément et durablement l'époque.

Dans mes livres précédents, j'ai parlé des exécutions sommaires qui ont précédé la Libération, justifié les unes, dit l'horreur des autres.

Le chapitre qui va suivre évoquera les exécutions sommaires de l'après-Libération — il en fut d'aussi horribles que celles d'Antibes —, c'est-à-dire, essentiellement, les exécutions de septembre et d'octobre 1944.

Car, s'il est vrai que *plus du tiers* des exécutions sommaires eurent lieu après la libération du territoire, c'est en deux mois principalement qu'elles furent commises.

Dans l'histoire des exécutions sommaires, septembre et octobre 1944 « pèsent » certainement plus lourd que *toute l'année 1943 et que les quatre premiers mois de 1944.*

Encore faut-il en connaître les chiffres.

Ceux de *l'avant,* ceux de *l'après*-Libération.

Alors que les passions ajoutent des difficultés sentimentales aux recherches dans d'incomplètes archives, le bilan demeure difficile à établir.

S'agissant de l'occupation, tous les chiffres ont prêté à contestation. Mais c'est sans doute le chiffre de la répression extra-judiciaire, celui des exécutions sommaires, qui fut le plus souvent discuté et avec le plus d'âpreté.

Les uns ont longtemps affirmé que plus de 100 000 Français avaient été sommairement exécutés entre 1942 et 1945, soit par des tueurs, soit par des juges « politiques » aussi indifférents à l'instruction qu'à la plaidoirie.

Les autres, au terme d'études menées département par département, mais avec un soin inégal, par la gendarmerie, et, plus tard, par les correspondants du Comité d'histoire de la Deuxième Guerre mondiale, relayé, le 1ᵉʳ janvier 1980, par l'Institut d'histoire du temps présent, limitent à un peu plus ou un peu moins de 10 000 le chiffre des victimes de ce qu'il est convenu d'appeler justement l'épuration sauvage.

Pour une période aussi proche de nous, comment a-t-il été possible d'écrire *et* plus de 100 000, soit un Français sur 400, *et* moins de 10 000 ?

Passion de la part des proches des victimes de l'épuration, portés à ne retenir que le chiffre le plus élevé ?

Souci pour des chercheurs, ayant souvent appartenu à la Résistance, travaillant sous la direction de M. Marcel Baudot, alors inspecteur général des Archives de France, mais ancien chef des F.F.I. de l'Eure, de ne pas avancer de chiffres susceptibles de ternir la Résistance qui, quelques années après la Libération, ne manquait pas de violents détracteurs ?

Il se peut. On verra qu'il y eut, d'une part, très forte surestimation, d'autre part sous-estimation, que les erreurs nombreuses n'ont pas toutes été innocentes et que, dans un domaine où l'incertitude est la seule certitude, l'auteur de ce livre, au contraire de beaucoup d'autres, n'avancera que des probabilités.

Comment est « né » le chiffre de 105 000 — et même de 112 000 — victimes de l'épuration sauvage ? D'une extrapolation à partir d'un texte du journaliste Donald B. Robinson, qui avait été, à Marseille, officier de liaison pour les affaires civiles de la 7ᵉ armée américaine, avant de rejoindre l'état-major du général Eisenhower.

Ce texte, publié en avril 1946 dans *The American Mercury*, sous le titre *Bain de sang en France,* a été largement reproduit — 370 lignes — dans *Réalisme* du 1ᵉʳ septembre 1949, une revue qui prenait la défense des victimes de l'épuration ; cité plus succinctement — 20 lignes — par Robert Aron[1] et toujours évoqué (pour le révoquer) par les historiens qui traitaient de l'épuration.

---

1. R. Aron : *Histoire de la libération de la France,* p. 649.

Qu'écrivait Robinson ? Après avoir fait l'éloge des résistants qui avaient combattu les Allemands lors du débarquement franco-améri- cain du 15 août, il s'appesantissait sur la « terreur communiste » et sur un certain nombre de crimes commis dans le Sud-Est. Ce qu'il écrivait sur Antibes et sur Nice était, j'ai pu le vérifier, parfaitement exact. Mais comment, de quelques centaines d'exécutions, passer à 50 000 ?

Voici la phrase telle que rapportée par *Réalisme,* et dont on allait faire un usage abusif. « *Des officiers de la Sécurité militaire m'ont dit qu'ils estimaient le nombre des victimes à 50 000.* » Robinson ajoutait : « La majorité d'entre elles furent exécutées par les communistes. »

Quatre ans plus tard, le 7 janvier 1950, dans la revue anglaise *The Tablet,* Franck MacMillan, reprenant le total de Donald Robinson, ajoutait des précisions qui ne se trouvaient pas dans le texte initial. « Il fut calculé, écrivait-il, par le chef de la Division historique de l'armée américaine, que 50 000 personnes environ furent mises à mort dans la zone méditerranéenne au cours des seules années 1944-1945. »

Ainsi, la caution du « chef de la Division historique de l'armée américaine » — qui n'apparaissait pas dans le texte de Robinson — était-elle apportée à une thèse que ne fondait aucune preuve mais à laquelle elle donnait de l'éclat.

Ainsi, la notion de « zone méditerranéenne », qui ne se trouvait pas davantage dans le texte de Robinson, allait-elle permettre l'extrapola- tion : 50 000 dans la zone méditerranéenne, ce chiffre n'impliquait-il pas, logiquement, plus de 100 000 — 112 000 affirmaient certains — pour la France entière...

Ceux qui avaient souffert de l'épuration adoptaient d'autant plus volontiers les chiffres de Robinson et de MacMillan qu'ils leur semblaient confirmés par Adrien Tixier, ministre de l'Intérieur de De Gaulle en 1944, et par le colonel *Passy* (M. Dewavrin) alors directeur technique de la D.G.E.R. (c'est-à-dire du contre-espionnage).

A une date difficile à préciser — soit avant la fin de novembre 1944, soit entre le 15 et le 25 février, mais, plus vraisemblablement, en novembre[1] —, Adrien Tixier *a dit* en effet au colonel *Passy* que

---

1. Pourquoi avant la fin de novembre ? Parce que le colonel *Passy* part à la fin du mois de novembre pour une mission aux Amériques. Pourquoi entre le 15 et le 25 février 1945 ? Parce qu'entre son retour de mission et son départ pour l'Inde et l'Indochine le colonel *Passy* ne reste que quinze jours à Paris. (Témoignage de M. Dewavrin, le 3 juillet 1991.)

« d'après les renseignements en sa possession » il estimait à 105 000 le nombre des exécutions sommaires.

Dans l'état de désordre où se trouvait la France dans les quelques mois suivant la Libération, et alors que les responsables des exécutions sommaires étaient peu portés à faire des confidences aux gendarmes, comment Tixier avait-il pu être si rapidement et si précisément renseigné ? Il ne le dira pas au colonel *Passy,* qui, dans l'été 1945, citera ce chiffre au général de Gaulle, et se verra répondre que Tixier s'était trompé, et que le nombre des exécutions n'avaient pas dépassé 10 000 à 15 000[1]. Dans une conférence donnée plus tard à la demande d'Émile Roche devant un comité radical-socialiste, le colonel *Passy* reprendra cependant le chiffre de 105 000.

Il confirmera plus tard par écrit la confidence de Tixier à M. Montigny, et la confirmation sera publiée dans le numéro des *Écrits de Paris* d'août 1950[2].

A un moment où sont diffusées les affirmations de Robinson, de MacMillan et où, psychologiquement, le vent ayant tourné, de nombreux journaux français n'hésitent pas à faire campagne contre les excès de l'épuration et, parfois, contre les crimes d'une certaine résistance, M. Deshors, député indépendant de la Haute-Loire, mettant en cause le colonel *Passy,* reprendra, en séance, le 4 novembre 1950, le chiffre de « 100 000 environ » sans être contredit, je l'ai vérifié, si ce n'est par M. Péron, député communiste de la Dordogne, qui se contentera d'une interruption de deux mots.

Voilà, d'ailleurs, ce que l'on peut lire au *Journal officiel* du 5 novembre 1950. M. Deshors, qui intervient dans le débat consacré à l'amnistie, parle des collaborateurs, ou supposés tels, abattus par des résistants, ou supposés tels...

> « — ..., sans tribunaux, sans jugements. Ils sont une centaine de mille dans ce pays de France.
> (*Interruption à l'extrême gauche*)
> *M. Yves Péron.* — C'est inexact.

---

1. Témoignage de M. Dewavrin, le 3 juillet 1991, qui ajoute que le Général lui a demandé de ne pas citer le chiffre indiqué par Tixier dans le livre qu'il écrivait alors.

2. « Je ne vois aucune difficulté à vous confirmer qu'Adrien Tixier, ministre de l'Intérieur, m'a, dans son cabinet, en février 1945, déclaré que, d'après les renseignements qu'il avait en sa possession, il y aurait eu cent cinq mille exécutions sommaires entre juin 1944 et février 1945. »

M. Deshors. — Vous rétablirez les chiffres si je ne dis pas la vérité. Je cite le chiffre avancé par M. Tixier dans la lettre[1] qu'il a adressée à M. Dewavrin, dit colonel *Passy.* Vous pouvez contester ce chiffre, c'est votre droit... »

M. Péron gardera le silence.

Le plus étonnant n'est pas là, mais dans le fait, je pense que cela n'a jamais été relevé, que M. Pierre-Henri Teitgen, ancien garde des Sceaux, qui intervient longuement[2] sur l'amnistie[3], donc sur l'épuration, *immédiatement* après M. Deshors, ne relève pas, ne discute pas, ne contredit pas le chiffre de cent mille cité par son collègue.

Comment peut-on comprendre, sur ce point essentiel, le silence de l'un des hommes les mieux informés, qui expose par ailleurs le mécanisme de la répression de la collaboration ; accuse les communistes (la France est en pleine guerre froide) d'avoir voulu « faire de l'épuration l'instrument d'une subversion politique » ; explique les raisons qui justifient désormais une amnistie et ne cite aucun chiffre de victimes, alors que, bien des années plus tard, il est vrai, dans son livre *Faites entrer le témoin suivant,* publié en 1988, il affirmera « extravagant » le chiffre de « plus de 100 000 innocents... assassinés à la Libération par les terroristes de De Gaulle », chiffre mis en avant « par les revanchards de la collaboration[4] » ?

Dans son livre toujours, l'ancien garde des Sceaux se dira convaincu par le chiffre de 9 675 exécutions sommaires, chiffre provenant de l'enquête menée, en 1948, par la gendarmerie à la demande des préfectures, enquête sur le sérieux de laquelle nul ne s'est véritablement jamais interrogé et dont il sera question plus avant.

---

1. Il n'y a pas eu de lettre de Tixier au colonel *Passy,* mais de celui-ci à M. Montigny.
2. Son intervention occupe quatre pages et demie du *Journal officiel* du 5 novembre 1950.
3. A laquelle, au nom du Mouvement républicain populaire, il se déclare favorable.
4. P. 233. M. Teitgen, pour dire « extravagant » le chiffre de 100 000 morts, ajoute qu'il serait « celui qu'en juin 1944 Adrien Tixier aurait fourni au colonel *Passy...* » Comment Tixier, qui à l'époque était encore à Alger et n'est devenu ministre de l'Intérieur qu'en septembre 1944, aurait-il pu l'établir ?
   Or, c'est en novembre 1944 ou *février 1945* et *non en juin 1944* qu'Adrien Tixier a parlé à M. Dewavrin. Il n'était plus à Alger, mais, depuis les premiers jours de septembre 1944, à Paris, ministre de l'Intérieur.

M. Pierre-Henri Teitgen n'était-il pas en séance au moment du bref échange entre MM. Deshors et Péron? Présent, n'y a-t-il pas prêté attention? Ou bien, le chiffre de 100 000 *paraissant alors vraisemblable,* alors qu'il ne l'est absolument pas [1], étant repris par une partie de la presse (il sera même repris, le 10 juin 1951 [2], dans un numéro spécial du *Populaire,* quotidien socialiste), M. Pierre-Henri Teitgen, n'ayant aucun élément précis d'information [3], a-t-il préféré s'abstenir dans la querelle? Autant de questions sans réponses, mais qui méritaient d'être posées.

Les « revanchards de la collaboration », pour reprendre le mot de Pierre-Henri Teitgen, vont, toujours dans la revue *Défense de l'Occident* où ils ont cité et *The Tablet* et Tixier, affirmer que le chiffre de 100 000 est confirmé « *par la statistique officielle des pertes humaines dues à la guerre de 1939-1945, communiquée par M. Mitterrand, ministre des Anciens Combattants, le 16 juin 1946* (Figaro *du 17 juin 1946)* ».

A l'appui de leurs dires, ils publieront un tableau que l'on trouvera en note [4] et dans lequel la ligne « *Victimes civiles pour causes diverses : 97 000* » semble bien correspondre, dans son imprécision (voulue ou non), au chiffre des exécutions sommaires qui, lui, n'a droit à aucune mention particulière.

---

1. Tous les historiens s'accordent à reconnaître que, dans la majorité des départements, le nombre des exécutions sommaires ayant été peu élevé, le chiffre de 100 000 signifierait — Robert Aron l'a fort bien dit dans son *Histoire de la libération de la France* — que, dans chacun des vingt départements où il fut élevé, il eût atteint voire dépassé 3 000.

2. La France est en pleine campagne électorale. Le résultat des élections législatives du 17 juin donnera 26,9 pour 100 des suffrages aux communistes; 14,6 pour 100 aux socialistes; 10 pour 100 aux radicaux; 12,6 pour 100 au M.R.P.; 21,6 pour 100 au R.P.F.; 14,1 pour 100 aux modérés.

3. Le rapport des préfectures et de la gendarmerie, de 1948, pouvait lui être inconnu. Il ne sera publié au *Journal officiel* qu'en septembre 1951.

4.

Combattants 1939-1940	92 233
Combattants des armées de la Libération 1940-1945	57 221
Combattants des FFI	24 440
Incorporés de force dans la Wehrmacht	27 000
Disparus des catégories différentes	10 000
Prisonniers de guerre	38 000
Déportés	150 000
Victimes civiles pour causes diverses	97 000
Victimes civiles par bombardements	55 000
Victimes civiles (dossier à ouvrir)	36 000
Fusillés	30 000

Or, en juin 1946, M. Mitterrand n'est pas ministre des Anciens Combattants, il ne le sera qu'en janvier 1947, et surtout, la statistique officielle ne se trouve pas dans *Le Figaro* du 17 juin 1946, cité en référence par *Défense de l'occident.*

J'ai consulté la collection du *Figaro.* Aucun tableau statistique, le 17 juin 1946, sur les deux pages du quotidien[2], occupées d'ailleurs par le discours que le général de Gaulle a prononcé la veille à Bayeux. Rien concernant l'épuration, à l'exception de l'annonce de l'arrestation du « colonel *Pierre* », ancien matelot, qui s'était retrouvé à la Libération chef de la sécurité à Angoulême, où il avait quelque peu torturé, et de la condamnation à cinq ans de prison de l'abbé Albert F..., accusé d'avoir dénoncé un maquisard.

Aucun tableau statistique, d'ailleurs, dans les numéros du *Figaro,* entre les 12 et 21 juin 1946...

C'est le 26 mai 1948 que, pour la première fois, à ma connaissance, paraît, au *Journal officiel,* page 2938 — et cette fois M. Mitterrand est bien, pour près de deux mois encore, ministre des Anciens Combattants —, un tableau statistique d'une lecture si compliquée (il se trouve en note, tel que publié au *Journal officiel*[3]) qu'il faut, non le simplifier, mais le clarifier.

Ce tableau répondait à la demande du député Paul Theeten qui, le 22 juillet 1947, avait désiré connaître « *les statistiques suivantes : 1° Combattants des unités régulières tués dans les différentes campagnes 1939-1945 ; 2° F.F.I. tués de 1940 à 1944 ; 3° Déportés morts en Allemagne ; 4° Fusillés de 1940 à 1944* ».

Pour les soldats de *la seule armée de terre,* tombés au cours de la campagne 1939-1940, les chiffres étaient de 88681 morts, 1000 dossiers restant à ouvrir.

Pour l'*armée de la Libération* (Forces françaises libres, armée d'Afrique ayant combattu en Tunisie, en Corse, en Italie, en France, en Allemagne, y compris les F.F.I. l'ayant rejointe par amalgame après septembre 1944) : 60073, plus 2000 dossiers à ouvrir.

Pour les *Forces françaises de l'intérieur :* 24709, mais, 5381 de ces

---

1. On trouvera le document dans un ouvrage collectif publié sous le titre *L'Épuration.*
2. Les journaux passeront à quatre pages — et augmenteront leur prix — le 26 juin, donc deux ans après la Libération.
3. Voir ce tableau page suivante.

24 709 F.F.I. ayant été fusillés, le chiffre des F.F.I. tombés au combat s'élevait donc à 19 328, 1 000 dossiers restant à ouvrir.

Le nombre des *Français* (Alsaciens « malgré nous », en majorité) *tués dans les rangs de la Wehrmacht*[1] était estimé à 28 481, 6 000 dos-

	DOSSIERS ouverts	DOSSIERS à ouvrir
Armée de terre[1]		
a) Campagne de 1939-1940	88 681	1 000
b) Armée de la libération	60 073	2 000
c) Forces françaises de l'intérieur[2]	24 709	1 000
d) Corps expéditionnaire de l'Indochine	10 137	—
e) Français incorporés dans la Wehrmacht.	28 481	6 000
f) Prisonniers de guerre en captivité	39 062	2 000
Décédés après réforme ou démobilisation	4 326	
Population civile		
a) Déportés (sur un total présumé de) :		
100 000 déportés politiques ;		
120 000 déportés raciaux[3] ;		
600 000 déportés du travail,		
soit 820 000 déportés sur lesquels 598 000 seulement ont été rapatriés	55 188	167 000
b) Victimes civiles par faits de guerre :		
Par bombardements. . . . . 56 896 ;		
Par autres causes . . . . 26 294 ;		
Fusillés[4] . . . . 9 806 ;		
En cours d'enquête 7 773,		
soit au total (non compris 6 296 étrangers).	100 769	40 000
c) Fusillés après internement[4]	10 500	5 000
	421 926	224 000
	645 926	

1. Les renseignements concernant la marine et l'armée de l'air sont détenus par le ministère de la marine et de l'air.
2. Dont 5 381 fusillés.
3. Y compris les étrangers.
4. Les fusillés se trouvent répartis en trois groupes, selon leur situation au moment de leur décès : 9 806 civils, 10 500 civils internés, 5 381 F.F.I., soit 25 687 + 5 000 dossiers au moins à ouvrir.

1. « Malgré nous » mais aussi, vraisemblablement (?), soldats de la L.V.F. et engagés dans la Waffen S.S. (division « Charlemagne »).

siers restaient à ouvrir, l'incertitude régnant toujours sur le sort de nombreux soldats capturés par les Soviétiques.

43 388 *prisonniers de guerre* sont morts soit en captivité, soit après réforme ou démobilisation.

En 1948, il reste — pour les prisonniers — 2 000 dossiers à ouvrir.

Le *Journal officiel* passe ensuite à l'examen des *pertes civiles*.

Pour les *déportés*, sur un total *présumé* de « 100 000 déportés politiques ; 120 000 déportés raciaux, y compris les étrangers ; 600 000 déportés du travail, soit 820 000 déportés sur lesquels 598 000 seulement ont été rapatriés », le ministère indique que 55 188 dossiers ont été ouverts mais que 167 000 restent à ouvrir.

Vient ensuite la liste des *victimes civiles* par faits de guerre : 56 896 par bombardements ; 26 294 « *par autres causes* » ; 9 806 fusillés, chiffre qui ne correspondrait pas au chiffre de 30 000 généralement retenu, si l'on omettait de préciser (la note 4 de la statistique du ministère des Anciens Combattants le fait) que les fusillés sont répartis en trois groupes :

> 9 806 civils (les otages raflés dans des villages ou des villes, notamment en juin-juillet-août 1944), 10 500 civils internés avant d'être fusillés, 5 381 F.F.I. capturés et exécutés,

et qu'il reste au moins 5 000 dossiers à ouvrir[1].

Pour le ministère des Anciens Combattants, le chiffre des victimes civiles par faits de guerre serait donc (non compris 6 296 étrangers[2]) de 111 269[3], 45 000 dossiers restant à ouvrir[4].

Ces chiffres sont ceux du 26 mai 1948. J'en ai demandé confirmation le 18 juin 1991 au ministère des Anciens Combattants et Victimes de la guerre. Il m'a été dit qu'à l'exception des décès enregistrés par l'autorité militaire la complexité des méthodes rendait toute comptabi-

---

1. Le total serait donc, si tous les dossiers à ouvrir étaient retenus, de 30 687 fusillés.

2. Dont on se demande pour quelle raison ils n'ont pas été répartis entre les différentes catégories de victimes. Parmi ces étrangers, le nombre des fusillés devait être élevé.

3. J'ai additionné les 100 769 victimes civiles et les fusillés après internement (10 500) classés sous la même rubrique : « Population civile ».

4. J'ai additionné le chiffre de 40 000 dossiers à ouvrir pour les victimes civiles par faits de guerre et les 5 000 dossiers à ouvrir concernant les fusillés.

lité — si j'ose employer ce mot — des victimes civiles de la dernière guerre difficile, voire impossible.

Un exemple a été cité : celui des morts en déportation. Au 18 juin 1991, l'ordinateur du ministère n'a enregistré que 78 000 décès dont celui de 45 000 juifs, alors que le chiffre réel est bien plus élevé : entre 125 000 et 130 000 morts, dont 75 000 juifs, ce dernier chiffre ayant été retenu après une longue étude par Serge Klarsfeld. Mais, pour que l'ordinateur enregistre un décès, il est indispensable qu'un membre de la famille ou que les services de l'armée fassent officiellement une déclaration. Des familles juives ont disparu en totalité. « Ressuscite-ront-elles » un jour... au moins dans les dossiers du ministère ? Ce qui est vrai pour les déportés l'est également pour les victimes des bombardements, pour les fusillés, pour les garçons du S.T.O., etc.

Voilà les chiffres. Il fallait les citer dans le détail, dans la mesure où cette statistique officielle, *totalement déformée dans les revues et journaux hostiles à la Résistance, a donné naissance à la légende selon laquelle M. Mitterrand aurait détaché du total des victimes* « *le chiffre de 97 000 morts pour "causes diverses"* ». « Cette nébulosité, écrit M. Paul Valayer dans *La Revue politique et parlementaire,* citée dans *La Revue de Paris*[1], porte à craindre qu'il s'agisse de Français tués par d'autres Français ! »

Or, ainsi qu'on peut aisément le vérifier, le chiffre de 97 000 « *victimes civiles pour causes diverses* », dont on dit et écrit qu'il a été cité par *Le Figaro* du 17 juin 1946, et qui ne s'y trouve pas, ne se trouve pas davantage dans la statistique officielle du 26 mai 1948.

Il existe une ligne « *victimes par autres causes* ». Leur nombre est de 26 294. Que l'on ajoute à ce chiffre *une partie* des 40 000 dossiers « à ouvrir[2] », ainsi qu'*une partie* des 7 773 dossiers « en cours d'enquête », soit, mais, de toute façon, on reste éloigné de ce chiffre de 97 000 dont on ignore comment il a pu apparaître.

« *Autres causes* » ? Que voulaient dire ces mots ?

Dans les « autres causes », les exécutions sommaires devaient obligatoirement être comprises. Mais dans quelle proportion ?...

---

1. Numéro de novembre 1948. Cité par *Réalisme,* numéro daté du 1er mai 1949.

2. Qui concernent également les victimes des bombardements, le chiffre de 56 896 étant notoirement sous-évalué puisque, en *octobre 1961,* on retrouvera à Rouen (ce n'est qu'un exemple) les squelettes de trente victimes de bombardements.

C'est en mai 1948 que paraît, au *Journal officiel,* la statistique du ministère des Anciens Combattants. La même année, une enquête est demandée aux préfets qui sollicitent Renseignements généraux et gendarmeries. Elle va conclure à 9 673 exécutions sommaires, dont 5 234 antérieures à la Libération ; 3 144, sans jugement, pendant et après la Libération ; 1 325 après jugement d'un tribunal de fait.

Les chiffres de cette enquête seront cités, en septembre 1951, par le ministre de l'Intérieur, en réponse à une question écrite posée le 19 juillet 1951 par Mᵉ Isorni, ancien avocat du maréchal Pétain et député de Paris.

Robert Aron écrit[1] que la réponse était suivie d'une liste de départements classés en deux catégories : ceux qui comptaient les exécutions les plus nombreuses ; ceux où elles avaient été les plus rares. Mais il ne donne l'exemple que de quatre départements (Dordogne, Bouches-du-Rhône, Rhône, Haute-Vienne) alors que la réponse ministérielle en citait trente-sept.

Ayant retrouvé cette liste[2] qui comprend dix-huit départements où les exécutions sommaires furent nombreuses et dix-neuf départements où leur nombre fut peu élevé, je l'utilise pour le tableau comparatif que l'on trouvera en page 84. Elle est instructive, on le verra.

En 1952, toujours de source gouvernementale, de nouveaux chiffres, proches des précédents, seront connus.

Ils précisent que *5 143 personnes* soupçonnées de collaboration ont été exécutées *avant la Libération,* avec ou sans jugement.

Et qu'*après la Libération* le chiffre des exécutions sommaires a été de *3 724.*

A ces *8 867* victimes de l'épuration sauvage, la statistique de 1952 indique qu'il est nécessaire d'ajouter 1 955 personnes (dont 1 532 avant et 423 après la Libération), victimes d'exécutions dont le mobile n'avait pu être établi.

Au total donc, et jusqu'au 1ᵉʳ janvier 1945, date arbitrairement choisie : 10 822 victimes.

---

1. *Histoire de la libération de la France,* p. 651.
2. Grâce à l'amabilité du service des archives du Sénat.

C'est ce chiffre, à vingt unités près, que le général de Gaulle retiendra et citera dans le tome III de ses *Mémoires de guerre.*

> « Parmi les Français qui ont, par le meurtre ou par la délation, causé la mort de combattants de la résistance, il en aura été tué, sans procès régulier, 10 842 dont 6 675 pendant les combats des maquis avant la libération, le reste après, en cours de représailles[1]. »

Deux remarques s'imposent à la lecture de ce texte qui fait foi abusivement.

Lier *à l'assassinat ou à la délation,* responsables de « la mort de combattants de la résistance », la mort « sans procès régulier » de 10 842 Français, comme le fait le général de Gaulle, ne correspond — c'est un devoir de l'écrire — à aucune réalité historique. Lisant le général de Gaulle, on peut croire, en effet, que *toutes* les victimes d'exécutions sommaires ont, par leurs actes ou leurs paroles, provoqué « la mort de combattants de la résistance ». Ce n'est naturellement pas exact.

Si, parmi les victimes de l'épuration sauvage, il se trouvait indiscutablement des hommes et des femmes coupables de la mort de résistants, que ce soit par meurtre ou par délation, il s'en trouvait aussi dont la culpabilité était réduite, voire nulle lorsqu'il s'agissait d'adversaires politiques embarrassants pour l'avenir ou de bourgeois à piller. Il en existait aussi, s'agissant de femmes et d'enfants, dont l'unique péché était d'appartenir à la famille du milicien, du P.P.F., du « collabo ». Ils mouraient simplement pour que, de l'assassinat, aucun témoin ne survive.

C'est ainsi que Louis C... et Gaston C... « exécutèrent », en février 1944, un bébé de dix-huit mois[2]; que trois résistants vosgiens, liquidant dans la nuit, en 1945, deux familles de collaborateurs, ne firent pas grâce aux enfants « qui dormaient dans leur lit[3] ».

Il est bien évident, par ailleurs, que, pour fournir à son lecteur une

---

1. P. 38. Le tome III des *Mémoires de guerre* a été publié en septembre 1959.
2. Ils furent acquittés en juin 1949 par le tribunal militaire de Lyon, le commissaire du gouvernement ayant admis que « c'était une nécessité monstrueuse » exigée par la situation militaire de l'époque.
3. *Le Matin,* 8 décembre 1960.

statistique de l'épuration, le général de Gaulle n'a entrepris aucune recherche personnelle.

Lorsque le Général évoque les faits vécus, les personnages rencontrés et, plus encore, ses sentiments devant le drame français, les réactions qu'il lui inspire, les actions qu'il lui commande, son récit est de la plus haute importance historique.

Mais aux chiffres qu'il cite d'après les fiches que ses collaborateurs lui ont communiquées, il ne faut accorder aucune valeur sacrée.

Dans son livre *L'Épuration française,* auquel on se réfère souvent, en oubliant les réserves de cet historien scrupuleux, l'Américain Peter Novick note avec raison qu'en 1948 et en 1952 le gouvernement avait insisté « sur la nature approximative et provisoire des renseignements recueillis ». Il ajoute même : « Ces chiffres (9 673 et 10 822) sont à prendre ou à laisser, puisque l'accès aux archives concernant ce problème n'a pas été autorisé, pas même à des chercheurs habituellement privilégiés. »

Écrivant ces lignes, qui se trouvent dans l'édition française de 1985[1], Novick, pour une raison que j'ignore, ne fait aucune allusion à l'enquête qui était menée, depuis 1967, par le Comité d'histoire de la Deuxième Guerre mondiale, à l'inspiration de Henri Michel et sous la direction de Marcel Baudot. Enquête effectuée dans tous les départements français par des correspondants ayant eu, plus ou moins libéralement, accès aux rapports officiels, aux registres d'état civil — valables lorsqu'ils n'avaient pas volontairement été maquillés — et, naturellement, à la presse. Dès 1969, les résultats de cinq enquêtes départementales étaient publiés dans le bulletin du Comité d'histoire de la Deuxième Guerre mondiale. Huit autres enquêtes paraissaient en 1971. Avec d'importants retards, les parutions allaient se succéder. Elles atteindraient quatre-vingt-quatre en 1989.

Les résultats, présentés en tableaux d'une parfaite lisibilité, fournissent notamment des informations détaillées sur la répression extrajudiciaire (responsable des exécutions sommaires) ; sur la répression judiciaire ; sur l'état civil et la profession des personnes sanctionnées.

Le souci de la recherche avait naturellement inspiré Henri Michel et Marcel Baudot.

Mais ils désiraient également — Marcel Baudot l'écrira — « mettre

---

1. La première édition du livre de Peter Novick, *The Resistance Versus Vichy, The Purge of Collaborators in Liberated France,* a paru en 1968 à New York.

un point final à une querelle où l'honneur même de la Résistance française se trouvait gravement en jeu ».

Il s'agissait pour eux de prouver que Robert Aron, qui venait d'affirmer, dans son *Histoire de la libération de la France*[1], que le nombre des exécutions sommaires aurait été de 30 000 à 40 000, s'était lourdement trompé.

Robert Aron, à qui l'histoire des années 1940-1945 doit d'être moins manichéenne — ce qui ne convient pas à tout le monde —, est, au même titre que ses détracteurs et que ses amis, capable d'erreurs. Mais sa démarche mérite d'être expliquée.

Lassé de ne recevoir des autorités préfectorales auxquelles il s'était adressé que des réponses stéréotypées : « *Aucune exécution sommaire n'a eu lieu* », « *Nous ne détenons aucune documentation sérieuse sur les exécutions sommaires*[2] », Aron avait entrepris une enquête personnelle dans plusieurs départements. Au terme de cette enquête, il était arrivé à la conclusion que, si, pour les départements *peu concernés* par l'épuration, les chiffres fournis par le ministère de l'Intérieur étaient vraisemblables, ils ne l'étaient plus s'agissant des départements où les règlements de comptes avaient été les plus nombreux. Cette constatation devait le conduire à estimer à 30 000 ou 40 000 le nombre des exécutions sommaires.

Conviction renforcée, le 28 février 1959. A l'instant même où il donnait le bon à tirer de son livre.

Ce jour-là, en effet, Robert Aron recevait, de la Direction de la gendarmerie et de la justice militaire, une réponse à la lettre interrogative qu'il avait adressée le 17 novembre 1958. A peine trois mois plus tôt !

Cette peu banale célérité administrative avait supposé une très rapide recherche. Rapidité excessive à l'origine d'erreurs indiscutables, mais malheureusement indiscernables et irréparables, puisqu'il était et puisqu'il est toujours impossible d'en connaître et l'origine et le nombre.

C'est le *27 décembre 1958*, en effet, que le sous-directeur de la gendarmerie avait demandé, par lettre, aux commandants régionaux, de lui fournir, *avant le 15 février 1959*, un état statistique des exécutions sommaires commises de 1942 à 1945.

---

1. Publié en 1959.
2. Dans son *Histoire de la Libération*, Aron écrira avoir reçu de dix-huit préfectures, dont il donne les noms, des réponses aussi désinvoltes.

La plupart des brigades ayant adressé leur réponse *avant la fin du mois de janvier 1959,* les enquêtes n'avaient pu être partout menées avec le sérieux nécessaire, même si la gendarmerie demeurait l'organisme le mieux placé pour connaître le quotidien des villages et des petites villes qui rassemblaient, entre 1940 et 1945, plus de la moitié de la population et qui, plus que les cités importantes, avaient été le théâtre de règlements de comptes.

En s'abstenant de préciser dans sa demande qu'il s'intéressait uniquement aux exécutions sommaires dont *les résistants avaient été les auteurs et les collaborateurs les victimes,* le commandement de la gendarmerie avait d'ailleurs laissé champ libre à la confusion.

Dans leur réponse, un certain nombre de chefs de brigade s'étaient, en effet, contentés d'indiquer, sans autre précision (voici un exemple) : « *Exécutions sommaires ayant eu lieu sur le territoire de la circonscription de la brigade de 1942 à 1945... six.* » Quelle conclusion aurait-il été possible de tirer de pareille « information » ? S'agissait-il de collaborateurs tués par des résistants, de résistants tués par des miliciens ?

D'autres réponses, en apparence plus précises, n'en étaient pas moins inutilisables... même si elles furent utilisées. « *Exécutions sommaires commises de 1942 à 1945 : huit, soit cinq Français et trois Allemands.* » Certes, mais à quel camp appartenaient ces cinq Français ?

En revanche, de nombreux commandants de brigade avaient parfaitement compris ce qui leur était demandé sans leur être expliqué. Ils avaient établi des tableaux précisant dans quelles conditions (avec ou sans jugement d'un tribunal de fait) étaient intervenues les exécutions sommaires; distingué collaborateurs « notoires » et collaborateurs « présumés ». *Certains* avaient ajouté aux exécutions sommaires commises par les résistants celles dont les Allemands et les miliciens étaient responsables.

C'est ce que fera le lieutenant B..., commandant la compagnie de Rochechouart, en Haute-Vienne.

Le 2 février 1959, il adressera à ses supérieurs le tableau suivant.

	NOMBRE DE PERSONNES EXÉCUTÉES PAR			TOTAL	OBSERVATIONS
	les Allemands	la Milice	Résistance		
Compagnie de Rochechouart	652[1]	11	29	692	1. Y compris 642 victimes d'Oradour-sur-Glane.

Ce tableau allait naturellement jeter la suspicion sur toutes les recherches de Robert Aron comme sur tous les renseignements que la Direction de la gendarmerie lui avait transmis le 26 février 1959[1] !

Ces renseignements, on les trouvera — département par département — deux pages plus loin. La Direction de la gendarmerie avait indiqué que les agglomérations de Paris, Orléans, Lille, Limoges, Toulouse n'étaient pas comprises dans l'étude et que, pour les villes de Metz, Dijon, Lyon, Marseille, les renseignements demeuraient fragmentaires.

Et, dans la colonne concernant le département de la Haute-Vienne, en face du chiffre « *850 exécutions sommaires* », se trouvait l'indication : « *Victimes d'Oradour-sur-Glane (642) comprises.* »

Du chiffre total des exécutions sommaires, 15 110, qui lui était fourni par la gendarmerie, Robert Aron avait naturellement soustrait les 642 victimes d'Oradour dans « l'annexe » de son *Histoire de la libération de la France,* où il commentait les renseignements reçus quelques jours plus tôt. Il indiquait donc un chiffre de 14 468 victimes (15 110 — 642), sans faire mention de l'erreur commise en Haute-Vienne.

Dans la mesure où la gendarmerie n'avait fourni aucun renseignement, ou seulement des renseignements fragmentaires, sur neuf grandes villes dont quatre au moins, Paris, Toulouse, Limoges, Marseille, avaient été des villes « chaudes » ; dans la mesure surtout — mais qui y avait prêté attention ? — où Robert Aron avait sollicité des informations « permettant de contribuer à une évaluation du nombre d'exécutions sommaires (ayant) eu lieu *au moment* de la Libération[2] », l'historien avait donc — et il l'écrit[3] — *évalué* à 20 000 le chiffre des exécutions commises *au moment de la Libération.*

---

1. Le tableau concernant le département du Bas-Rhin comportait la même erreur, mais elle n'avait pas été signalée à Robert Aron. Ainsi, sur les 45 exécutions sommaires recensées par la gendarmerie il s'agissait pour 29 d'exécutions de résistants (8 venant de la prison de Buhl, 12 de celle du Rastadt, 9 de la Gestapo de Strasbourg).

2. C'est en ces termes qu'il présente, le 17 novembre 1958, sa demande à la Direction de la gendarmerie.

3. *Cf. Histoire de la libération de la France,* p. 723.

A ce chiffre de 20 000, il estimait nécessaire d'ajouter un chiffre au moins égal pour les exécutions commises *avant* la Libération.

On trouve là toute l'explication de son raisonnement fondé, en partie, sur des indications erronées.

Constamment amical envers ses confrères, Robert Aron avait volontiers communiqué à Peter Novick, qui s'en était montré curieux, le tableau de la gendarmerie, tel qu'il l'avait reçu.

La choquante addition faite dans la Haute-Vienne n'avait pas échappé à l'historien américain. Elle ne pouvait échapper à personne. Mais, l'ayant rendue publique, Novick en tirait la conclusion, et bien d'autres avec lui, que Robert Aron avait, dans son livre, « *inclus toutes sortes d'exécutions* [1], quelles qu'en soient la date ou l'auteur ».

Aron ainsi accusé, le Comité d'histoire de la Deuxième Guerre mondiale allait mobiliser une centaine de correspondants à qui aucun délai n'était fixé pour rendre « leur copie ».

Certains résultats départementaux seraient connus en 1969, d'autres en 1981 seulement.

Encore n'étaient-ils pas tous à la disposition des historiens, puisque l'Institut d'histoire du temps présent, qui avait remplacé, je le rappelle, le Comité d'histoire de la Deuxième Guerre mondiale, avait seulement publié 50 tableaux départementaux.

En septembre 1989, la parution de tableaux concernant 26 nouveaux départements, l'existence de dossiers, en vérité très sommaires, pour 14 autres départements, devait permettre de travailler sur 90 départements... ou, plus exactement, sur 84 puisque, pour 6 d'entre eux, dont le Lot-et-Garonne, il n'existait et il n'existe aujourd'hui encore aucune statistique concernant les exécutions sommaires.

Voici donc, *pour la première fois,* un tableau mettant en parallèle les chiffres établis par la gendarmerie en 1948 pour 37 départements, ceux de la Direction de la gendarmerie, tels qu'ils ont été fournis en 1959 à Robert Aron [2], et ceux du Comité d'histoire du temps présent.

Mes commentaires suivront.

---

1. Je souligne intentionnellement.
2. Le classement adressé à Robert Aron était établi région militaire par région militaire (il y en avait neuf). J'ai établi un classement départemental de lecture infiniment plus aisé.

	Chiffres du ministère de l'Intérieur d'après l'enquête de 1948 (février 1951)	Chiffres de la Direction de la gendarmerie (février 1959)	Chiffres du Comité d'histoire de la Deuxième Guerre mondiale et de l'Institut d'histoire du temps présent (1969-1981)
AIN	247	524	188 dont 9 après la Libération
AISNE		24	40 dont 11 après la Libération
ALLIER		79	123 dont 38 après la Libération
ALPES (BASSES-) aujourd'hui DE HAUTE-PROVENCE		335	210 dont 16 après la Libération
ALPES (HAUTES-)		82	34 dont 19 après la Libération
ALPES-MARITIMES		104	145 dont 80 après la Libération
ARDÈCHE	627	510	255 dont 31 après la Libération
ARDENNES		43	9 dont 2 après la Libération
ARIÈGE		127	128 dont 42 après la Libération
AUBE		466	197
AUDE		50	38 dont 28 après la Libération
AVEYRON		149	65
BOUCHES-DU-RHÔNE	310	87 renseignements fragmentaires pour Marseille	151 dont 127 après la Libération
CALVADOS		131	12
CANTAL	12	11	61 dont 5 après la Libération
CHARENTE		109	55 dont 11 après la Libération et 16 date inconnue

	Chiffres du ministère de l'Intérieur d'après l'enquête de 1948 (février 1951)	Chiffres de la Direction de la gendarmerie (février 1959)	Chiffres du Comité d'histoire de la Deuxième Guerre mondiale et de l'Institut d'histoire du temps présent (1969-1981)
CHARENTE-MARITIME		68	77 dont 36 après la Libération
CHER		220	146
CORRÈZE		277	85 dont 11 après la Libération
CORSE	20	21	5
CÔTE-D'OR	287	239 renseignements fragmentaires pour Dijon	276 dont 5 après la Libération
CÔTES-DU-NORD aujourd'hui CÔTES-D'ARMOR	215	364	229
CREUSE		110	26
DORDOGNE	528	1 104	375 dont 46 après la Libération
DOUBS		116	153 dont 8 après la Libération
DRÔME	232	413	278 dont 46 après la Libération
EURE		98	61
EURE-ET-LOIR		46	7 dont 1 après la Libération
FINISTÈRE	402	290	117 dont 6 après la Libération
GARD		152	92 dont 52 après la Libération
HAUTE-GARONNE		102 agglomération de Toulouse non comprise	104 dont 16 après la Libération
GERS		71	139 dont 24 après la Libération

	Chiffres du ministère de l'Intérieur d'après l'enquête de 1948 (février 1951)	Chiffres de la Direction de la gendarmerie (février 1959)	Chiffres du Comité d'histoire de la Deuxième Guerre mondiale et de l'Institut d'histoire du temps présent (1969-1981)
GIRONDE		105	143
HÉRAULT		33	Pas de statistiques concernant les exécutions sommaires
ILLE-ET-VILAINE		42	11 dont 5 après la Libération
INDRE		193	58 dont 1 après la Libération
INDRE-ET-LOIRE	17	162	32 dont 4 après la Libération
ISÈRE	183	289	207 dont 2 après la Libération
JURA		319	188 dont 15 après la Libération
LANDES		50	Pas de statistiques concernant les exécutions sommaires
LOIR-ET-CHER		85	61 dont 4 après la Libération
LOIRE		184	116 dont 61 après la Libération
HAUTE-LOIRE		42	51 dont 8 après la Libération
LOIRE-INFÉRIEURE aujourd'hui LOIRE-ATLANTIQUE	10	70	Pas de statistiques concernant les exécutions sommaires
LOIRET		27 agglomération d'Orléans non comprise	Pas de statistiques concernant les exécutions sommaires
LOT		146	114 dont 24 après la Libération

	Chiffres du ministère de l'Intérieur d'après l'enquête de 1948 (février 1951)	Chiffres de la Direction de la gendarmerie (février 1959)	Chiffres du Comité d'histoire de la Deuxième Guerre mondiale et de l'Institut d'histoire du temps présent (1969-1981)
LOT-ET-GARONNE	213	314	Pas de statistiques concernant les exécutions sommaires
LOZÈRE		102	19 dont 5 après la Libération
MAINE-ET-LOIRE	2	29	46 dont 1 après la Libération
MANCHE	1	19	0
MARNE	20	25	19 dont 5 après la Libération
HAUTE-MARNE		51	10
MAYENNE	5	39	6
MEURTHE-ET-MOSELLE	10	187	12
MEUSE	19	187	17 dont 4 après la Libération
MORBIHAN	193	440	200 dont 46 après la Libération
MOSELLE	4	56 renseignements fragmentaires pour l'agglomération de Metz	2 dont 1 après la Libération
NIÈVRE		172	109 dont 13 après la Libération
NORD		84 agglomération de Lille non comprise	156 dont 22 après la Libération
OISE		60	Pas de statistiques
ORNE		64	43 dont 4 après la Libération
PAS-DE-CALAIS		99	175 dont 34 après la Libération
PUY-DE-DÔME	174	93	83 dont 22 après la Libération

	Chiffres du ministère de l'Intérieur d'après l'enquête de 1948 (février 1951)	Chiffres de la Direction de la gendarmerie (février 1959)	Chiffres du Comité d'histoire de la Deuxième Guerre mondiale et de l'Institut d'histoire du temps présent (1969-1981)
PYRÉNÉES (BASSES-) aujourd'hui PYRÉNÉES-ATLANTIQUES	20	21	3 dont 1 après la Libération
HAUTES-PYRÉNÉES		129	115 dont 24 après la Libération
PYRÉNÉES-ORIENTALES		16	16 dont 3 après la Libération
BAS-RHIN	0	45	18
HAUT-RHIN	3	6	9
RHÔNE	294	528 renseignements fragmentaires pour l'agglomération de Lyon	170 dont 101 après la Libération
HAUTE-SAÔNE	178	86	106 dont 5 après la Libération
SAÔNE-ET-LOIRE	370	310	208
SARTHE	16	25	17 dont 1 après la Libération
SAVOIE		420	252 dont 67 après la Libération
HAUTE-SAVOIE	312	655	316 dont 37 après la Libération
SEINE		139 agglomération de Paris non comprise	208 dont 57 après la Libération
SEINE-MARITIME	15	47	12 dont 1 après la Libération
SEINE-ET-MARNE		228	7
SEINE-ET-OISE		97	28 + 17 cas douteux. Après la Libération : 27 + 20 cas douteux

	Chiffres du ministère de l'Intérieur d'après l'enquête de 1948 (février 1951)	Chiffres de la Direction de la gendarmerie (février 1959)	Chiffres du Comité d'histoire de la Deuxième Guerre mondiale et de l'Institut d'histoire du temps présent (1969-1981)
DEUX-SÈVRES	7	24	11 tous tués avant la Libération
SOMME		78	35 dont 10 après la Libération
TARN	12	41	54 dont 15 après la Libération
TARN-ET-GARONNE		35	51
VAR		102	97 + 13 (?) dont 24 après la Libération
VAUCLUSE		353	146 dont 60 après la Libération
VENDÉE	8	19	14 dont 4 après la Libération
VIENNE		117	68 dont 7 après la Libération
HAUTE-VIENNE	260	850 agglomération de Limoges non comprise. Victimes d'Oradour-sur-Glane (642) incluses	250 dont 20 après la Libération
VOSGES		174	52 dont 13 après la Libération
YONNE	285	234	63 dont 12 (?)
TERRITOIRE DE BELFORT		41	27 dont 1 après la Libération
TOTAL		15 110 pour 90 départements	8 142 exécutions sommaires pour 84 départements 1 459 de ces exécutions (au minimum) ont eu lieu après la Libération

Ce tableau, aux chiffres souvent contradictoires, mérite un certain nombre de commentaires.

• Le chiffre d'exécutions sommaires obtenu par les correspondants de l'Institut d'histoire du temps présent (8 142), ne portant que sur quatre-vingt-quatre départements, est le plus faible de tous : 9 675 pour l'enquête de 1948 ; 10 822 pour celle de 1952 ; 10 842 pour de Gaulle ; 15 110 en 1959 pour la gendarmerie, 30 000 à 40 000 pour Aron.

• Il est regrettable qu'aucune statistique n'ait pu être établie par le Comité d'histoire du temps présent pour le Lot-et-Garonne, l'Hérault, les Landes, le Loiret, la Loire-Atlantique et l'Oise. Dans ces départements, la gendarmerie avait recensé, en 1958 — la ville d'Orléans n'étant pas comprise —, 554 exécutions sommaires. Deux de ces départements, Lot-et-Garonne et Loiret, avaient été pris en compte par l'enquête de 1948 : 213 exécutions pour le Lot-et-Garonne, 10 pour le Loiret. Pour quelle raison ces deux derniers chiffres n'ont-ils pas été utilisés ?

• En 1959, écrivant à Robert Aron, le directeur de la gendarmerie, M. Lebègue, précise que « la gendarmerie n'a pu obtenir de renseignements objectifs sur les faits qui auraient pu survenir dans certaines agglomérations », ces agglomérations étant Paris, Orléans, Limoges, Toulouse, sur lesquelles il n'existait aucune information fiable ; Metz, Dijon, Lyon, Marseille, pour lesquelles les renseignements étaient « fragmentaires ». La gendarmerie possédant des archives (elles se trouvent au Blanc), il est plus que vraisemblable que ces neuf villes importantes n'ont pas été prises en compte par les enquêtes de 1948 et 1952, qui reposaient évidemment, sinon essentiellement, sur les procès-verbaux de la gendarmerie.

• Si, dans certains départements, les chiffres des trois tableaux présentent des différences négligeables, il en est d'autres où les différences sont considérables. Pour l'Ariège, les Bouches-du-Rhône, le Finistère, le Puy-de-Dôme, la Haute-Saône et l'Yonne, les chiffres recueillis par la gendarmerie en 1948 sont *beaucoup plus élevés* que ceux communiqués à Robert Aron par la même gendarmerie en 1958 et que ceux collectés par les correspondants du Comité d'histoire de la Deuxième Guerre mondiale. Or, nul n'a jamais discuté les résultats de l'enquête de 1948, alors que la proximité des dramatiques événements aurait dû les rendre plus que discutables.

• Dans l'enquête de la gendarmerie de 1948, le chiffre de 528 exécutions sommaires est cité pour la Dordogne. Ce chiffre n'est plus que de 375 dans l'enquête du Comité d'histoire de la Deuxième Guerre mondiale. Pareille différence n'aurait-elle pas dû intriguer ? De même, pour les Bouches-du-Rhône, le chiffre de 310 victimes, cité en 1948, n'est plus que de 151 pour le correspondant de l'Institut ; pour le Rhône, il passe de 294 à 170. Des différences de 30, 50 et 40 pour 100 ne sont-elles pas troublantes ? N'auraient-elles pas mérité explication alors qu'il s'agit de différences avec l'enquête de la gendarmerie faite en 1948 et non avec celle que la même gendarmerie a réalisée dix ans plus tard à l'intention de Robert Aron ?

• Les résultats fournis, en 1959, par la gendarmerie à Robert Aron sont entachés d'erreurs malheureusement indécelables. Les résultats des correspondants du Comité d'histoire de la Deuxième Guerre mondiale, puis de l'Institut d'histoire du temps présent peuvent-ils être absolument tenus pour fiables ?

Malgré le sérieux apporté par la plupart des correspondants à leur travail, certaines sous-estimations sont évidentes. Il arrive qu'elles aient parfois été rectifiées. Le chiffre des exécutions sommaires n'était que de 49 dans le Var jusqu'à l'instant où M. Jean-Marie Guillon, nouveau correspondant, l'a fait passer à 97 plus 13 cas douteux... Ce qui doublait les affirmations initiales et rejoignait presque, ou dépassait, si l'on inclut les 13 cas douteux, les chiffres (102) indiqués par la gendarmerie à Robert Aron. Très loyalement d'ailleurs, la rectification a été publiée, en 1982, par le bulletin de l'Institut d'histoire du temps présent. D'autres « mises à jour » ne pourraient-elles pas être entreprises pour une quinzaine de départements ?

Plusieurs correspondants ont tenu, en effet, à souligner les difficultés de leur tâche. Les recherches dans l'Ariège ont inspiré cette réflexion à M. Laurens : « Une marge d'indécision demeure cependant concernant la répression extra-judiciare, et les chiffres que nous présentons sont sans doute inférieurs à la réalité[1]. »

M. Guy Labédan, commentant un article consacré à la répression dans la région de Toulouse, écrit, de son côté : « Aucun correspondant ne prétendra avoir fait un travail exhaustif dans son recensement des exécutions sommaires[2]. »

---

1. *Revue d'histoire de la Deuxième Guerre mondiale*, janvier-février 1980.
2. *Revue d'histoire de la Deuxième Guerre mondiale*, juillet 1983.

Pour certains départements, d'ailleurs, la sous-estimation est évidente. Que penser du résultat donné pour la Dordogne, département où le problème de l'épuration demeure sensible ? Les anciens résistants eux-mêmes ne retiennent pas le chiffre de 375, qui est celui de l'Institut d'histoire du temps présent. Ils adoptent et citent celui de 528[1], fourni par l'enquête de 1948, tandis que Guy Penaud, qui a qualité pour mener une enquête, puisque inspecteur divisionnaire à l'antenne de la police judiciaire de Périgueux, maintient, dans son importante *Histoire de la Résistance en Périgord,* qu'il y eut plus de 1 000 exécutions sommaires dans un département que tous les historiens s'accordent à reconnaître comme « champion » des exécutions sommaires.

Les réticences et scrupules exprimés par Mme Viaud, correspondante du Comité d'histoire et de l'Institut du temps présent, dans son excellent rapport, n'auraient-ils pas dû alerter ceux qui, refusant d'introduire le doute dans un domaine où il régnait en maître, voudraient fournir des chiffres à l'unité près ?

Qu'écrivait Mme Viaud ? Ceci : « *Le total des exécutions sommaires est très élevé : 375, mais c'est un chiffre minimum*[2]. »

Et Mme Viaud précisait qu'aux exécutions, « confirmées par plusieurs sources d'information », on pourrait ajouter :

11 *exécutions,* dont elle n'a trouvé aucune trace dans les registres d'état civil, alors qu'elle avait des indications de lieux et de dates.

5 *morts* qui ont fait l'objet de jugements déclaratifs de décès par le tribunal civil de Nontron, mais dont elle n'a pu vérifier l'appartenance politique.

2 *morts* à Jumilhac-le-Grand.

10 *cas de mort violente* (sans autre précision).

9 *miliciens* exécutés dans la région de Thiviers « vers le 6 juin 1944, période où la Milice a été en opérations dans cette zone : en effet, dans les papiers de la prison de Beynac, une liasse de lettres leur étant

---

1. On l'a vu il y a quelques mois à l'occasion d'un débat provoqué par le film *Uranus,* débat qui a suscité plusieurs articles et interviews dans l'édition de la Dordogne du quotidien régional *Sud-Ouest.*
2. Souligné par Mme Viaud, comme tout ce qui, s'agissant de son rapport, est souligné par la suite.

destinées et datées du 6 juin et jours suivants porte la mention " Fusillés " ».

7 *exécutions* « dont je suis certaine, écrivait-elle, mais qui n'ont laissé aucune trace dans les registres d'état civil[1] ».

« *Soit,* au total, *44 cas,* ce qui permettrait de situer *la statistique entre 375 et 419.* Mais même ce dernier chiffre, poursuivait Mme Viaud, peut être inférieur à la réalité. Les registres d'état civil comportent des lacunes : il n'y a pour s'en convaincre qu'à pointer les petites minutes des tribunaux civils ; des jugements déclaratifs de décès révèlent des décès que les registres ne mentionnent pas. Par ailleurs, je n'ai que très rarement retenu, pour le décompte des exécutions, des " inconnus "... »

Certains correspondants n'ont pas comptabilisé des attentats sous prétexte qu'ils avaient été commis par des « bandes » sans lien direct apparent avec des organisations de Résistance. M. Jules Vigile a agi ainsi dans son excellente étude sur l'épuration dans le département de l'Orne, ce qui l'a conduit à ne pas prendre en compte l'activité de onze « bandes ».

Le raisonnement peut se défendre, à condition que ces bandes ne se soient *jamais* réclamées — à tort — de la Résistance ; n'aient *jamais* tué de « collaborateurs » et que leurs crimes aient *toujours* été des crimes « crapuleux ».

Dans quelle catégorie fera-t-on entrer le capitaine *Le Coz* qui totalisait, avant 1944, trente-trois condamnations et devait régner par la terreur et le meurtre sur une zone située aux confins de l'Indre-et-Loire et du Loir-et-Cher ?

Le Coz, de son vrai nom Georges Dubosq, avait d'abord servi les Allemands avant de passer à la Résistance dans la région de Loches. A la tête d'un maquis de 150 hommes, il exécutera *personnellement* au moins dix-huit hommes et femmes... dont certains appartenaient d'ailleurs à la Résistance.

---

1. Ces exécutions, ajoute Mme Viaud, ont pu être comptabilisées sur des départements voisins.

Ce personnage, qui s'est battu courageusement contre les Allemands, sera, grâce à Michel Debré, alors commissaire de la République, difficilement arrêté le 21 octobre 1944, jugé en octobre 1945, condamné à mort et exécuté le 14 mai 1946.

Mais, dans les statistiques de l'épuration, sous quelle rubrique classer les victimes de ce fou dangereux?

En Charente, le chiffre de 55 victimes est évidemment « erroné ».

Le maquis installé au château de Pressac, maquis dont j'ai longuement parlé dans *Joies et douleurs du peuple libéré*[1], fut, à lui seul, responsable de plus de 75 exécutions sommaires. Les noms de toutes les victimes sont connus. Le jour de leur exécution également[2].

Quant au maquis « Bir Hakeim », il a exécuté, principalement près de Cherves, 35 personnes, ce chiffre ne comprenant d'ailleurs pas une dizaine d'Allemands... ou d'ex-prisonniers soviétiques au service de l'Allemagne. On le voit donc, à supposer qu'aucune autre exécution sommaire n'ait eu lieu en Charente, le chiffre de 55, retenu par les statistiques de l'Institut d'histoire du temps présent, n'est pas acceptable.

Comment ont été comptabilisés les corps d' « inconnus » retirés du Rhône et de la Saône? *Ont-ils d'ailleurs été comptabilisés?* Je ne le crois pas. *Le Progrès* — mais non point généralement *La Voix du Peuple,* journal communiste[3], ce qui laisse à penser qu'il s'agit bien de collaborateurs ou supposés collaborateurs — fait mention à treize reprises, entre le 13 septembre et le 8 décembre 1944, de ces macabres découvertes.

En trois mois, d'après les très brefs comptes rendus du *Progrès*[4], entre vingt-six lignes, le 13 septembre, pour les sept corps retirés du Rhône et de la Saône, et neuf lignes, le 8 décembre, pour la découverte d'une femme dont « *l'immersion prolongée n'a pas permis*

---

1. P. 475 et suiv.
2. Je possède naturellement noms et dates.
3. J'ai également consulté les collections de ces deux journaux.
4. Les journaux paraissent sur une seule feuille.

l'identification », mais qui portait une blessure à la poitrine, ce sont ainsi *29 cadavres d' « inconnus » qui ont été retirés de l'eau.*

Le journal donne, *presque toujours,* des précisions écartant l'hypothèse d'un suicide. La femme trouvée en aval du pont de l'Université a été tuée de plusieurs balles de revolver et elle avait, attaché aux pieds, un pare-chocs d'automobile. Près du pont de la Boucle, le premier des trois hommes découverts avait le crâne broyé, le deuxième la face écrasée, le troisième portait des blessures au côté droit du visage[1].

Les trois inconnus retirés du Rhône le mardi 26 septembre[2] portaient tous des traces de balle ; le cadavre repêché dans le Rhône la veille avait la tête enfermée dans un sac, les deux pieds liés par du fil de fer ; l'homme découvert le 17 novembre quai Saint-Gobain, à Saint-Fons, avait les mains attachées et n'était vêtu que d'un lambeau de chemise. Si *Le Progrès* précise *toujours* que les victimes n'ont pu être identifiées, le journal ajoute *toujours* qu'une enquête a été ouverte, mais ne donne *jamais* le résultat de cette enquête. Et mes recherches à Lyon ne m'ont pas permis de savoir si ces 29 cadavres avaient été finalement identifiés et s'il avait été possible de connaître non seulement leur identité, mais encore les raisons politiques de leur assassinat.

Or, dans l'étude qu'il a réalisée dans le Rhône pour le Comité d'histoire de la Deuxième Guerre mondiale, M. Thomas indique 101 exécutions sommaires *après* la libération du département. Il précise les mobiles de ces 101 exécutions : 85 pour des motifs relevant de la collaboration militaire (appartenance à la Milice, à la L.V.F., à la Waffen S.S.), 16 pour les faits relevant de la collaboration politique. M. Thomas, que j'ai rencontré et avec lequel j'ai correspondu avant sa mort et qui, ancien procureur général de la République, avait toutes facilités d'accès aux dossiers, n'a évidemment pas comptabilisé et classé, « suivant la nature des faits reprochés », 29 noyés que leur état de décomposition rendait impossibles à identifier... politiquement.

Il existe d'ailleurs d'autres « inconnus » que ceux que charrie le Rhône. C'est ainsi qu'au mois d'octobre et de novembre la police découvre, à Lyon et dans sa proche banlieue, les « cadavres de cinq hommes sans papiers mais qui, selon les témoignages recueillis, ont

---

1. *Le Progrès*, 13 septembre 1944.
2. *Le Progrès*, 5 octobre 1944.

tous été amenés sur le lieu de l'exécution par trois ou quatre hommes circulant dans des voitures sans numéro matricule[1] ». Ces inconnus ont-ils été pris en compte par M. Thomas dans sa statistique — et sous quelle rubrique ?

On est, en vérité, en droit de se demander si le chiffre de 101 exécutions sommaires recensées par M. Thomas après la libération du Rhône peut être retenu comme valable et exact.

Ne faut-il pas lui ajouter *au moins* la quasi-totalité des 29 exécutés découverts dans le Rhône et la Saône et, sans doute, plusieurs de ces « inconnus » que la police ramasse au hasard des rues ?

Le chiffre des exécutions sommaires *après* la Libération serait donc, dans le Rhône, non de 101 mais, *au minimum,* de 140 à 150.

A Marseille, selon Robert Aron, « 800 corps non identifiés auraient été jetés dans le Jarret ». Le chiffre est, bien entendu, invérifiable. Mais, en février 1949, le procès d'un certain « commandant » Gonzalès, qui avait régné en maître, à partir d'août 1944, sur le quartier Saint-Just, permit d'établir que, sur onze prisonniers, exécutés le 23 août par Gonzalès et sa bande, puis précipités dans le Jarret, seuls *quatre* avaient pu être identifiés.

Quatre sur onze (un peu plus d'un tiers), cela ne devrait-il pas inciter à la prudence les chercheurs amoureux de chiffres « garantis » ?

On a fait grief à la gendarmerie (et à Robert Aron) d'avoir comptabilisé les chiffres des exécutions sommaires sans s'inquiéter suffisamment de leurs auteurs. Or, le préfet de police de la Seine, répondant, en 1984, à une demande de M. Marcel Baudot, précisait

---

1. C'est par neuf « inconnus » armés que M. et Mme A..., propriétaires d'un café à Vaulx-en-Velin (Rhône), ont été enlevés, conduits près du pont du Change, jetés hors du véhicule, mitraillés puis lancés dans le fleuve. M. A..., blessé, réussit à regagner la rive. Le corps de son épouse n'a jamais été retrouvé. *Le Progrès,* 20 octobre 1944.

qu'il ne lui était pas possible « *au terme des investigations entreprises, de parvenir à un résultat probant* ». Dans la lettre où il indiquait que ses services avaient recensé, entre l'automne 1940 et décembre 1944, 501 homicides pour *l'ancien département de la Seine* — il n'en retenait que 121 ayant eu un lien avec la guerre. « La plupart, ajoutait-il, concernant des faits paraissant nettement et directement liés à la Résistance : *exécutions de soldats allemands, de collaborateurs*, d'agents de la Gestapo ou de personnes au service de l'occupant. »

« *Soldats allemands... collaborateurs* », cet amalgame n'est-il pas aussi critiquable que celui reproché à la gendarmerie en 1958 et à Robert Aron ? Que le résultat obtenu par les services de la Préfecture de police n'ait pas été « probant », c'est l'évidence, et le préfet a eu raison de le souligner.

Jusqu'en 1964, l'ancien département de la Seine comprenait, avec les vingt arrondissements parisiens, les deux tiers environ des actuels Hauts-de-Seine, Val-de-Marne, Seine-Saint-Denis. Que, dans cette énorme agglomération, il n'ait été enregistré que 121 exécutions sommaires, dont 83 pour l'année 1944, est évidemment d'autant moins crédible que parmi les victimes recensées se trouveraient des soldats allemands. J'ajoute ne pas savoir grâce à quelles informations le Comité d'histoire du temps présent a pu passer de 121 exécutions sommaires (chiffre indiqué sous toutes réserves par le préfet de police) à 208, chiffre cité dans le tableau de la page 88.

Enfin, ceux dont on ignore ce qu'ils sont devenus, comment figureraient-ils sur les statistiques ?

Le 21 mars 1947, Mme X..., qui habite Darnets, écrit au préfet de la Corrèze pour lui dire que, malgré toutes ses recherches, elle n'avait pu découvrir le lieu où son mari, enlevé par le maquis le 9 juillet 1944, avait été enterré.

Elle ne désirait qu'une seule chose : « Connaître cet endroit précis... afin de pouvoir joindre les pauvres restes de mon cher mari à ceux des siens dans le caveau de famille et aux côtés de notre fils unique tué le 20 août 1944 par les Allemands[1]. »

---

1. Inédit.

Mme X... savait — et indiquait — tout : le nom du conducteur de la voiture, le nom de l'un des ravisseurs, celui du chef de camp vers lequel son mari avait été initialement dirigé. Prudente, elle ajoutait : « La famille ne demande pas qu'il soit fait du tort à quiconque... »

Malgré l'enquête réclamée par le préfet de la Corrèze, les restes de M. X... devaient demeurer introuvables, les Renseignements généraux se bornant à conclure : « L'on peut supposer qu'il a été exécuté par les forces de la Résistance. »

Sait-on combien d'années étaient parfois nécessaires avant que ne soient retrouvés et exhumés les squelettes des victimes des exécutions sommaires ?... Vingt-sept ans dans le cas de sept personnes, fusillées le 4 juillet 1944, en Charente, dans un bois de Cherves-Chatelars, puis jetées dans une fosse « située dans un pré isolé, sur le territoire de la commune, et d'accès relativement peu aisé. Creusée sur l'emplacement d'un point d'eau à sec au moment des événements, elle est noyée de novembre à avril-mai. Aucun signe apparent n'indique qu'il y a là une sépulture [1] ».

C'est le 25 août 1971, en effet, que les recherches, commencées la veille, aboutissaient à la mise au jour des sept squelettes.

Inidentifiables, ils étaient placés dans un cercueil unique, et la restitution aux familles était opérée le 31 août au cimetière de Couture. Restitution dans la plus grande discrétion.

« En dépit des rancœurs qui restent toujours lourdes, dit l'enquête effectuée auprès du préfet de la Charente, personne ne souhaite que l'on fasse resurgir devant les jeunes générations une affaire qui a tellement troublé toutes les consciences et dans laquelle chacun se sent un peu responsable.

Dans les milieux résistants et de la déportation, qui sont très imprégnés par les souvenirs de la guerre et de l'occupation, on éprouve à peu près les mêmes sentiments, mais on ne manquerait

---

1. Rapport inédit.

pas cependant de considérer comme une injure à la Résistance toute publicité qui se ferait autour de la restitution des corps[1]. »

L'identité des fusillés étant connue, puisque leurs veuves firent, en 1947, des demandes de pension qui leur furent finalement accordées le 19 janvier 1957 par la cour régionale des pensions de Poitiers, nous avons cité cet exemple moins pour discuter du nombre des exécutions sommaires en Charente que pour montrer combien les zones d'ombre sont longues à dissiper. Qu'il ait fallu vingt-sept ans pour découvrir les corps des sept fusillés du 4 juillet est d'autant plus surprenant que les exécutions auraient eu lieu « après jugement », puisque les victimes étaient accusées d'avoir dénoncé cinq maquisards de « Bir Hakeim » venus chercher un fusil-mitrailleur, et que ni ceux qui avaient fusillé ni ceux qui avaient jeté les corps dans un trou ne pouvaient ignorer la situation géographique du drame.

Pourquoi ce silence aurait-il été exceptionnel ?

Dans d'autres départements, des maquisards se sont comportés de façon aussi discrète que les maquisards charentais[2]. Pour une fosse commune découverte, peut-être en reste-il quelques autres à découvrir.

---

1. Inédit.
2. Discrétion, puisque dans le récit quasi officiel : *Le Maquis charentais* « *Bir Hakeim* », les faits sont exposés ainsi (p. 129) : « Bientôt, après l'enquête, un, puis deux, puis trois sympathisants de la Milice seront arrêtés par les soins des maquisards de Bir Hakeim... Aussi dramatique que cela soit, car il s'agissait de Français, il devient cette fois nécessaire d'éliminer physiquement ces traîtres. »

L'arrêt de la cour régionale des pensions de Poitiers, en date du 19 janvier 1957, a estimé que les fusillés avaient été « soupçonnés à tort d'avoir collaboré avec l'ennemi, faits qui n'ont jamais existé ».

3

TRIBUNAUX DU PEUPLE
ET COURS MARTIALES

> *Certains historiens contestent la sévérité de l'épura-*
> *tion. Ils devraient mieux se renseigner sur ceux qui la*
> *faisaient.*
>
> Alphonse BOUDARD

« Tribunaux du peuple », tribunaux populaires, cours martiales ne dépendent pas d'autorités nouvelles à peine installées, souvent discutées. Leur création n'a pas davantage été inspirée, encore moins ordonnée, par Londres. Ils surgissent, dès les premières heures de la Libération, de la volonté répressive et, dans bien des cas, politique, de chefs de maquis ou de « résistants » locaux, qui leur fourniront, quand ils ne les présideront pas, juges et pelotons d'exécution.

C'est dans l'ancienne zone non occupée — dans l'Ariège, l'Aude, la Charente, la Dordogne, l'Isère, la Haute-Garonne, la Lozère, la Haute-Savoie — que cours martiales et tribunaux populaires auront eu une véritable existence.

Dans l'ancienne zone occupée, soit ils n'ont pas existé — c'est la majorité des cas —, soit ils ont rendu fort peu de verdicts.

En ex-zone non occupée, la cour martiale de la Lozère sera ainsi responsable de quarante-sept des cinquante-cinq exécutions qui auront lieu à la suite des verdicts rendus par les différentes juridictions qui se sont succédé : cour martiale, tribunal militaire, cour de justice. Pour l'Aude, les chiffres sont de trente-deux sur quarante, pour le Rhône de trente-huit sur cent une, pour la Drôme de douze sur quatorze, pour l'Ariège de dix-sept sur vingt-trois.

Sur la « naissance » des cours martiales, voici d'ailleurs un document inédit et révélateur. Le 20 avril 1946, le colonel Duperron, commandant du groupe de subdivision de Nîmes, demande au capitaine Georges T..., de l'organe liquidateur F.F.I., un certain nombre de précisions sur la constitution de la cour martiale qui, le 28 août 1944, après qu'ils eurent défilé sous les ordres du « commandant B... », ancien vendeur de cacahuètes et de pierres à briquet, a condamné à mort et fait exécuter neuf miliciens en public, devant les arènes [1].

Le Cri du Gard du 31 août a rendu compte en ces termes de l'exécution dont la photo fut prise par un garçon de dix-sept ans : Fernand Pervenchon [1] :

> « Dans Nîmes libérée, nos magnifiques francs-tireurs et partisans ont ramené, avec la liberté, la justice. Les sinistres bandits notoires, condamnés de droit commun, souteneurs et assassins, payent le prix de leurs crimes... Le 28 août, à Nîmes, neuf voyous ont été fusillés en public. La population, qui a souffert à la vue des Jeunes Patriotes, pendus il y a quelques mois, est heureuse de constater la rapidité avec laquelle ses valeureux soldats punissent les coupables. »

Le colonel Duperron aimerait en savoir davantage.

A sa lettre du 20 avril 1946, le capitaine Georges T... répondra le 28 février 1947.

Pour la commodité de la lecture, j'ai mis en parallèle les questions du colonel Duperron et les réponses du capitaine Georges T...

---

1. La photo de la page de couverture de ce livre représente l'exécution des miliciens devant les arènes. Elle fut prise, en effet, par le jeune Fernand Pervenchon qui utilisait, m'a-t-il dit, « un vieil appareil à plaques ». Les parents de M. Pervenchon tenaient un commerce à deux cents mètres des arènes, et le jeune garçon était passionné par la photographie.

Le colonel Duperron pose, le 20 avril 1946, les questions suivantes	Le capitaine Georges T... répond le 28 février 1947
1. Conditions dans lesquelles s'est installée cette cour martiale.	1. En réponse à la réaction des éléments fascistes du Gard qui désiraient semer la perturbation.
2. Nom de l'officier qui a désigné les membres et assuré la présidence.	2. Le peuple et toute la vraie France.
3. Lieu de la réunion.	3. Devant les arènes.
4. Son fonctionnement.	4. Normal, expéditif et légal.
5. Nombre et nom des juges, nature des faits reprochés aux condamnés.	5. Le peuple de France et les victimes du fascisme.

Le capitaine T... affirme que le fonctionnement de la cour martiale de Nîmes a été « normal, expéditif et légal ». Expéditif, certainement. « Normal et légal », cela ne paraît pas être l'opinion du commissaire de la République qui, après avoir signalé le 22 mars 1946 au ministre de l'Intérieur qu'aucun renseignement n'a pu être recueilli sur les conditions de la création de la cour martiale de Mende, ajoute : « Il en est également de même pour les juridictions du Gard (Nîmes et Alès[1]) dont l'institution n'a pas été le fait de l'autorité administrative. »

Pour être complet, j'ajoute que cette même cour martiale de Nîmes a décidé, en septembre, « en représailles d'attentats commis contre des F.F.I. et des F.T.P. », l'exécution de dix puis de dix-huit miliciens qu'il faut bien, en la circonstance, considérer comme des otages.

Le Midi libre des 15 et 21 septembre 1944, qui rapporte les exécutions — sans rien dire de la nature des attentats —, précise que, dans un cas comme dans l'autre, les décisions ont été prises à la suite de la réunion d'une « cour martiale extraordinaire ».

Qui juge ?
Qui décide ?
Plus tard, Pierre-Henri Teitgen, alors garde des Sceaux, citera[2] le

---

1. A Alès la cour martiale était présidée par un déserteur qui avait été volontaire pour le travail en Allemagne.
2. Le 6 août 1946 devant l'Assemblée nationale.

cas de deux frères condamnés à mort « par une cour martiale, plus ou moins régulière, pour avoir dénoncé aux Allemands un garagiste qui leur avait vendu de l'huile au marché noir ». Or, une enquête tardive a démontré que le garagiste était un collaborateur notoire, qu'il commerçait avec les Allemands et que la dénonciation était restée sans effet.

Teitgen cite également le cas de Prébost, condamné à mort, en août 1944, par une cour martiale composée « de trois personnages [qui] sont tous, à l'heure actuelle, sous le coup de mandats d'amener pour vol, assassinat et pillage ». Prébost, poursuit Teitgen, avait publié sous l'occupation un petit journal « à tirage presque confidentiel ». Dans la même ville existait un grand journal dont le directeur avait été condamné à deux ans de prison. C'est à une peine identique — deux ans de prison — que le général de Gaulle avait ramené la peine du condamné à mort.

Mais bien souvent le mystère demeure entier.

A Limoges, le tribunal militaire, qui ne chôme pas, puisque, selon Guingouin[1], il « travaille » dix à douze heures par jour, samedi et dimanche compris, a prononcé six condamnations à mort le 24 août, vingt et une le 25 août, cinq le 26, deux le 27, trois le 28, cinq le 29, quatre le 30, trois le 31.

Tous les condamnés ont été immédiatement exécutés, à l'exception d'une femme et de M. Gasquet, « honnête et paisible » directeur départemental du Ravitaillement, ayant aidé les résistants, « communistes compris ». Le pasteur Chaudier[2], qu'un conflit d'ambitions entre socialistes et communistes a, fort heureusement pour les Limougeauds, porté à la présidence du Comité de libération de la ville, ira tirer Gasquet d'une prison « dirigée » alors par un « capitaine » de circonstance, « proxénète et terreur du milieu marseillais ».

---

1. *Documents et récits sur la libération de la ville de Limoges.*
2. Pasteur Albert Chaudier : *Libération de Limoges.* Le pasteur Chaudier a été informé de la situation pitoyable de Gasquet par ce « commandant Gandhi », que l'on a vu apparaître au château de Pressac dans le maquis « Bernard » (*cf. Joies et douleurs du peuple libéré,* p. 475 et suiv.), et par M. Henri Yrissou, alors secrétaire général aux affaires économiques. Grâce à leurs interventions, les « juges » de M. Gasquet annuleront le verdict et accepteront qu'un supplément d'information soit ouvert.
Les efforts du pasteur Chaudier pour établir un minimum de justice ont été notamment secondés par l'abbé Reminger ; par Reynes, représentant, au C.D.L., des démocrates chrétiens ; par Luc Estang, critique littéraire du journal *La Croix,* mais, ce qui est infiniment plus important en la circonstance, représentant du Front national.

Sur le fonctionnement du tribunal de Limoges, qui prononcera soixante-quatorze condamnations à mort entre le 24 août et le 15 septembre, il est *impossible* d'obtenir aujourd'hui des précisions, les archives administratives ayant été détruites « *en exécution des instructions en vigueur*[1] ».

On sait toutefois, grâce au témoignage du pasteur Chaudier, que le tribunal militaire était présidé par un capitaine F.T.P. de vingt-cinq ans, assisté de deux lieutenants de vingt-trois ans dont on ne connaît que les pseudonymes ; que les premiers accusés qui lui furent présentés n'ont pas eu de défenseurs[2] et qu'il a siégé du 24 août au 12 septembre, soit *neuf jours après l'arrêté du commissaire régional de la République mettant légalement fin à son existence,* puisqu'une cour de justice devait le remplacer.

On ne sait officiellement presque rien sur les conditions de fonctionnement du tribunal militaire de Limoges. On ignore tout du « tribunal populaire » de Pamiers qui a siégé clandestinement entre le 19 et le 31 août.

D'après M. Robert Fareng, l'un des premiers en France à avoir étudié les problèmes de l'épuration dans un département aussi « chaud » que l'Ariège[3], « la terreur [que] souleva [le tribunal du peuple] fait que les rares personnes qui en connaissent quelque chose sont absolument réticentes ». Ces mots, M. Fareng les a écrits en 1946.

En 1986, il précisera qu'il n'a trouvé *aucune trace* dans les archives de documents relatifs aux tribunaux antérieurs à la cour de justice de l'Ariège.

Correspondant du Comité d'histoire de la Deuxième Guerre mon-

---

1. Lettre en date du 27 octobre 1961 du général de corps d'armée Deltheil, commandant la IVe région militaire, au procureur général près la cour d'appel de Limoges.
2. Le pasteur Chaudier avait demandé au bâtonnier en exercice, Me Pommaret, de pressentir quelques-uns de ses confrères afin que la défense des accusés soit assurée sans tarder. Me Pommaret et deux autres avocats acceptèrent immédiatement, à condition « qu'il ne soit jamais question d'honoraires ».
3. M. Fareng publiera une fort intéressante thèse de doctorat d'histoire du troisième cycle.

diale, il n'a pu recueillir que des bribes d'informations émanant de l'ancien préfet de l'Ariège, M. de Nattes, d'un commissaire spécial de Foix[1], du procureur de la République de Toulouse[2], informations selon lesquelles le « tribunal populaire » de Pamiers, « conçu et animé par Joselovitz, alias Jackie... composé d'étrangers à la région », aurait condamné à mort « environ cinquante-cinq personnes » toutes immédiatement exécutées. Parmi les fusillés se trouvaient douze des vingt adhérents de la Milice de Varilhes : « Record de l'épuration en Ariège », écrira *L'Ariège socialiste* le 21 janvier 1945[3].

Dans un département orienté à gauche avant la guerre et où, sous prétexte d'anticommunisme, P.P.F. et Milice avaient facilité des arrestations et participé à des assassinats, ces miliciens de Varilhes étaient rendus responsables de la capture, par la police allemande, en janvier 1944, de vingt personnes dont quatorze devaient périr en déportation.

Aucun dossier n'ayant été établi (ou conservé), aucun acte officiel n'ayant été dressé, le chiffre de cinquante-cinq condamnations à mort par le « tribunal populaire » de Pamiers demeure invérifiable. Pour Pierre Bertaux, commissaire de la République, ce sont soixante à quatre-vingts collaborateurs qui auraient été fusillés, à la suite des jugements de ce tribunal ; pour Robert Aron, trente ; pour M. Laurens, correspondant, comme M. Fareng, du Comité d'histoire de la Deuxième Guerre mondiale, trente-trois ; mais M. Laurens admet qu'une marge d'indécision demeure et que les chiffres qu'il avance « sont sans doute inférieurs à la réalité ».

On est plus exactement renseigné sur les jugements qui vont suivre. Tandis que les prisonniers encore enfermés à Pamiers — soixante-cinq hommes et vingt-quatre femmes[4] — sont transférés à Foix le 31 août, officiers et sous-officiers de la 310ᵉ compagnie F.T.P. de Saint-Girons — où l'activité milicienne a été redoutable — *exigent* du président du

---

1. Témoignage en date du 6 mars 1946.
2. Témoignage en date du 2 novembre 1945.
3. Deux autres miliciens de Varilhes ayant été exécutés à Foix, un autre s'étant pendu quelques heures avant son arrestation, on se trouve devant un cas unique où l'épuration conduit à la disparition de plus des trois quarts d'une unité milicienne. Situé dans l'arrondissement de Pamiers, Varilhes compte environ 1 600 habitants.
4. A la Libération, 116 hommes et 42 femmes ont été arrêtés à Pamiers.

Comité de libération de la ville, ainsi que du capitaine Gardelle, commandant la place, une justice expéditive et qui, pour arracher des aveux, ne regardera surtout pas aux moyens.

> « Les traîtres ayant combattu contre la France les armes à la main devraient être passés par les armes dans les vingt-quatre heures.
> Nous ne saurions admettre que des " aveux spontanés " demandent des semaines d'interrogatoires et nous nous faisons fort de parvenir en trois heures à obtenir le nom de leurs complices.
> En conséquence, nous serons heureux de leur exécution immédiate ou de leur livraison entre nos mains. »

Quant au colonel *Aubert,* commandant les F.F.I. de l'Ariège, il adresse au capitaine Gardelle une lettre manuscrite ainsi rédigée :

> « Je vous prie de convoquer d'urgence un tribunal militaire de 4 membres que vous présiderez pour juger sommairement tous les Français ayant collaboré directement avec l'ennemi et de faire exécuter les coupables dans les 24 heures. »

Le capitaine Gardelle ayant obtempéré, un tribunal militaire condamnera à mort, le 2 septembre, huit auxiliaires des Allemands rendus responsables de l'assassinat, le 13 juillet 1944, du sénateur Laffont et du docteur Labro, meurtres pour lesquels, le 16 juillet, douze collaborateurs avaient déjà été tués par les F.T.P. et les guérilleros. Une heure après le jugement, ces hommes seront fusillés dans un pré longeant la route de Saint-Lizier.

Le préfet de Nattes, soumis à de multiples pressions, mais désireux de rétablir un minimum de légalité dans le département, ordonnera le remplacement des tribunaux populaires par un « tribunal militaire spécial » qui ne siégera que deux jours — les 5 et 6 septembre — pour condamner à mort sept collaborateurs dont la jeune Antonia N..., âgée de dix-sept ans, très jolie fille employée dans un hôtel de Foix, enceinte des œuvres d'un sous-lieutenant allemand qui avait sollicité l'autorisation de l'épouser.

Le 6 septembre, un arrêté du commissaire de la République créera la « cour martiale de l'Ariège » qui ne tiendra qu'une seule audience, au cours de laquelle Henri B... et son épouse, Élise, seront condamnés à mort.

Le 19 septembre, la « cour martiale » dissoute, c'est un « tribunal militaire permanent » qui siégera. Il prononcera treize condamnations, dont quatre à la peine de mort, avant de céder la place à la cour de justice.

Entre le 19 août et le 25 octobre 1944, le bilan, pour l'Ariège, des différents tribunaux qui demeurent, par leur composition, des tribunaux d'exception [1], même lorsqu'ils sont créés sur décision préfectorale, est donc le suivant :

Tribunal du peuple de Pamiers	19-31 août	entre 30 et 80 condamnations à mort. Chiffre moyen retenu : 55
Tribunal militaire de Saint-Girons	2-4 septembre	8 prévenus — 8 exécutions
Tribunal militaire spécial	5-6 septembre	8 prévenus — 7 exécutions
Cour martiale de l'Ariège	13-14 septembre	2 prévenus — 2 exécutions
Tribunal militaire permanent	19 septembre-25 octobre	13 prévenus — 4 exécutions

Pour mieux faire comprendre la différence existant entre la « justice populaire » (« révolutionnaire » serait un mot plus exact, car de nombreuses références sont faites dans la presse aux discours comme aux méthodes des hommes de l'an II) et ce que peut être une justice plus sereine, qu'il suffise d'écrire — j'y reviendrai — que la cour de justice de l'Ariège, ayant à juger, à partir de novembre 1944, cent soixante-douze prévenus, en condamnera à mort quarante-trois, dont onze contradictoirement, et que trois seulement de ces onze condamnés à mort seront exécutés.

---

1. M. Brossette, substitut du procureur de la République, qui présidait le « tribunal militaire spécial », était assisté d'officiers et d'hommes choisis parmi les formations F.F.I.

Il en allait de même pour la « cour martiale du département de l'Ariège », présidée par le chef de bataillon Gardelle.

Le nom de Montpellier revient souvent sous la plume de ceux qui souhaitent une justice intraitable et toujours plus rapide.

Il est vrai que la cour martiale, présidée par le commandant *Petit-Louis,* assisté de deux officiers et de deux soldats du maquis de Haute-Lozère, pourrait faire sienne la phrase de Couthon : « Les tribunaux ne sont destinés qu'à punir les ennemis de la République... On ne doit prendre que le temps de les reconnaître. »

Elle condamne en effet à mort, le 6 septembre, dix-sept des vingt miliciens qu'elle doit juger.

Le 8, la même cour martiale condamne à mort dix-neuf miliciens sur vingt.

Selon le témoignage de Me Henri Antoni, confié au *Monde* le 17 juin 1980, les accusés étaient assistés d'avocats qui plaidaient deux à trois minutes.

> « J'ai assisté à l'un de ces procès, écrit Me Antoni. Je ne pourrai jamais oublier l'interrogatoire de l'un des accusés.
> — Quel âge avez-vous ?
> — Quinze ans.
> — Vous étiez milicien ?
> — Oui.
> — Avez-vous porté les armes contre les maquis ?
> — Jamais. J'avais suivi un stage d'infirmier.
> — Si vous étiez allé en opération contre les maquis, auriez-vous soigné les *miliciens* blessés ?...
> Que pouvait-il être répondu ?...
> Le milicien de quinze ans, infirmier, fut condamné à mort. Je l'ai vu mourir. »

Peut-être pourrait-on récuser le témoignage de Me Antoni, avocat de plusieurs des accusés et s'exprimant trente-six ans après le drame.

Mais voici, à chaud, celui du correspondant de guerre Marcel Picard, qui a débarqué le 15 août en Provence avec les troupes américaines et qui sera, en 1946, le premier prix Albert-Londres de l'après-Libération.

Il se trouve à Montpellier le 8 septembre, il a vu juger vingt miliciens dont dix-neuf seront fusillés — il se montrera d'ailleurs d'accord sur les méthodes comme sur les verdicts — et il écrit dans un reportage consacré à l' « audience » :

« Je vous jure que ça a de la gueule.

Ça a même une gueule énorme. Ce n'est plus le cadre sévère du vieux palais de justice, une simple cour martiale qui siège là : c'est le tribunal révolutionnaire. Celui de 1793. Pas besoin de cartes pour entrer. Pas besoin d'être Monsieur X... ou Madame Z... pour avoir droit à la tribune.

Les premiers arrivés choisissent leur place et c'est maintenant une foule qui se presse dans toutes les enceintes, débordant le prétoire, envahissant les bancs du jury. Là, aujourd'hui, il n'est pas besoin de jury[1]. »

L'idée que l'on se trouve en présence d'un tribunal révolutionnaire, Marcel Picard la reprend lorsqu'il s'agit de « mettre en scène » un prévenu au visage tuméfié. « Et l'on sent, écrit Picard, que le passage à tabac a dû être correct. »

Comme l'homme déclare n'avoir pas fait partie de la Milice et n'avoir avoué que sous les coups, il s'attire cette réplique du président :

« — Je vous conseille de ne pas parler des coups que vous avez reçus ! Nous savons ce que vous avez fait aux nôtres ; estimez-vous encore heureux !

Et je pense à la belle envolée de manches d'avocat devant une cour d'assises d'avant-guerre, si l'accusé s'était plaint d'avoir été rossé par les gendarmes... Mais aujourd'hui nous sommes au tribunal révolutionnaire. On juge des fauves, et l'avocat ne relèvera pas les paroles du président. L'accusé lui-même, dompté, n'insiste pas.

Les débats sont courts. On a supprimé la fastidieuse lecture de l'interminable acte d'accusation, et il n'y a pas de témoins : les témoins, c'est toute la salle.

Et elle sait à quoi s'en tenir. Quant aux plaidoiries, elles s'inspirent de l'atmosphère ; elles sont courtes, ce qui ne les empêche pas d'être éloquentes. Tous les avocats ont été désignés d'office.

---

1. On trouvera ce texte dans *Grands reportages* (Éditions Arléa).

Mais le record de la brièveté est détenu par l'accusation. Le réquisitoire tient en dix mots. Pas un de plus.

— Je demande la peine de mort contre tous les accusés. »

Le 11 septembre, à Montpellier toujours, présidée cette fois par le lieutenant-colonel Thomas, la cour martiale, devant qui comparaissent dix-neuf miliciens, en condamne dix-huit à mort.

Le 13 septembre, sous la présidence du commandant Poitevin, ce sont huit miliciens sur dix-neuf qui sont condamnés à mort.

Ainsi, en quatre séances, la cour martiale ayant à juger soixante-dix-huit miliciens en a-t-elle condamné soixante-deux à mort.

Toutes les exécutions ont eu lieu dans un délai qui n'a jamais dépassé quarante-huit heures.

En réalité, les sentences qui auraient dû, aussi souvent que possible, être en rapport avec le délit ou le crime, varient selon le département, l'intensité de pression populaire et, surtout, s'agissant des cours martiales qui s'installent au lendemain de la Libération, suivant l'appartenance politique du président et des membres du tribunal.

J. Larrieu, correspondant du Comité d'histoire de la Deuxième Guerre mondiale, a étudié cette évolution pour les Pyrénées-Orientales.

Le commandant F.T.P. Fradin présida deux audiences — les 8 et 12 septembre — au terme desquelles, sur onze miliciens, sept devaient être condamnés à mort et quatre aux travaux forcés.

Le commandant Delpont, membre du Mouvement de libération nationale, présida une audience le 14 septembre. Sur dix-huit miliciens et auxiliaires de la Gestapo, huit étaient condamnés à mort, cinq aux travaux forcés, deux à des peines de prison, deux étant acquittés et un renvoyé devant une autre juridiction.

Le capitaine Coll, également membre du Mouvement de libération nationale, préside l'audience du 15 septembre. Sur les sept inculpés[1], un seul, un curé de village, dont je vais dire quelle fut la fin, sera condamné à mort trois miliciens seront condamnés aux travaux forcés, deux à des peines de prison, un verra son procès renvoyé.

Le prêtre condamné à mort, pétainiste éloquent et convaincu, était

---

1. Les miliciens étaient accusés d'avoir participé à l'attaque du maquis Henri-Barbusse dont le chef, le capitaine Julien Panchot, avait été blessé, torturé, puis abattu.

accusé d'avoir fait arrêter par la Milice plusieurs jeunes résistants de Tautavel. Or, une étude « approfondie du dossier devait montrer, selon Larrieu [1], qu'aucune preuve formelle » n'avait été apportée lors du procès et que l'intervention de la Milice ne devait rien à la dénonciation, mais tout au hasard qui avait mis en présence des miliciens revenant, le 10 août 1944, de chercher du vin et des résistants qui, contrairement aux ordres, « jouaient avec des armes [2] » récemment parachutées.

Alors, pourquoi un verdict aussi sévère ? Larrieu pense que la présence, le 15 septembre, au sein de la cour martiale, du chef des jeunes résistants de Tautavel n'y aurait pas été étrangère. Ayant désobéi aux ordres de ses supérieurs, qui avaient interdit que les armes soient sorties de leur cachette, donc en conscience responsable d'un affrontement inutile, il aurait, pour se dédouaner, « pesé beaucoup sur le verdict [3] ».

Quoi qu'il en soit, les esprits étaient si échauffés que, le 16 septembre, la foule faillit lyncher le prêtre que l'on conduisait au supplice. Après l'exécution, « des femmes se précipitèrent pour tremper leur mouchoir dans le sang et frapper le cadavre [3] ». Ces scènes d'hystérie devaient inciter le C.D.L. à mettre fin aux exécutions publiques. Ces exécutions publiques qui, en septembre, dans plusieurs départements, avaient été la règle.

Ainsi dans la Creuse où, le 23 septembre, dix inculpés sur treize avaient été condamnés à mort par la cour martiale.

L'hebdomadaire *L'Embuscade* ayant « rendu compte » des procès, on demeure confondu par la disproportion existant entre la légèreté de l'accusation et l'énormité de la peine.

> « PATRAUD Roland, cultivateur à Saint-Sébastien, né en 1923, prétend être entré à la Milice pour être dispensé des Chantiers de jeunesse et pour ne pas être pris par la Gestapo (sic). Il a fait de la propagande. Peine de mort.
>
> SARCIROS Martial, né le 16 août 1893 à Évaux-les-Bains, agriculteur, célibataire, milicien, affirme, suivant ses déclarations, ignorer les activités de son organisation. Peine de mort.

---

1. *Revue d'histoire de la Deuxième Guerre mondiale,* n° 112 (1978).
2. Le mot se trouve sous la plume de J. Larrieu.
3. Larrieu.

Th... Léonie, épicière à Mainsat, faisait travailler chez elle un milicien. Cela lui valut d'avoir son nom dans des dossiers de la Milice, mais aussi *des bons de ressemelage* pour la Noël de 1943, " petits avantages " *qui lui valent aujourd'hui huit ans de travaux forcés*[1]. »

Ces « bons de ressemelage » accordés par la Milice à ses adhérents, il en sera fait état dans quatre des « procès » de Guéret. L'accusation les retient parfois comme la pièce essentielle, et l'on peut écrire, sans forcer la vérité, qu'ils constituent une circonstance aggravante pour ceux qui les ont reçus en un temps où le cuir faisait défaut.

Tel est le cas du coiffeur Louis Frétet qui, le 23 septembre 1944, sera l'un des dix hommes condamnés à mort par la cour martiale de la Creuse.

D'après la copie de l'arrêt, Frétet est accusé d'avoir appartenu au Service d'ordre légionnaire et à la Milice, de s'être abonné au journal milicien *Combats,* d'avoir détenu des armes qui, selon lui, auraient appartenu à des réfugiés, d'avoir reçu de la Milice cinq cents francs en dédommagement d'un attentat ayant causé quelques minces dégâts à sa boutique, enfin d'avoir « *touché à différentes reprises des bons de ressemelage qui ne sont donnés qu'aux miliciens en activité* ».

Selon la cour, ces faits (aucun autre n'est retenu, et nulle part il n'est fait allusion à une dénonciation, à un quelconque usage des armes, à la participation de Frétet à une opération de la Milice dont il a démissionné en avril 1944[2]), ces faits « constituent le crime prévu et réprimé par l'article 75-5 du Code pénal ».

Peine de mort donc[3].

Et peine de mort subie en public, à 7 h 30, le 24 septembre, devant trois cents personnes — femmes et enfants compris — venues là comme au spectacle.

---

1. Je souligne intentionnellement. Et je cite, faut-il le préciser, *l'intégralité du texte* paru dans l'hebdomadaire résistant.
2. La cour reconnaît la démission datée d'avril, mais ajoute, dans son arrêt, « que, les activités criminelles de la Milice datant de janvier 1944, il [Frétet] en a certainement été complice ».
3. L'arrêt de la cour martiale de Guéret sera cassé et annulé par un arrêt de la Cour de cassation du 27 octobre 1955. A partir de 1952, la famille de Louis Frétet avait recueilli de très nombreuses attestations favorables, notamment celle de M. Camille Durand, maire communiste de Bussière-Dunoise.

Il s'agissait bien d'ailleurs de spectacle... au moins dans les jours qui suivirent la Libération. De la tonte publique des femmes à l'exécution publique, il y avait ainsi progression dans les « divertissements » offerts à la foule.

A Aix-en-Provence, trois pendus se balancèrent pendant plusieurs jours aux arbres du cours Mirabeau.

A Grenoble, dix miliciens passèrent en cour martiale le samedi 2 septembre. Ils avaient été capturés — sans véritable combat — à l'École d'Uriage dont ils assuraient la garde et n'avaient — du moins en ce qui concerne les plus jeunes — jamais participé à une opération contre le maquis.

A la lecture du quotidien communiste *Les Allobroges*[1], on ne discerne pas qu'il leur ait été reproché d'autre crime que d'avoir appartenu à la Milice. L'audience a commencé à 9 heures, elle s'est terminée à 13 heures, après qu'au terme d'une délibération de « quelques instants », selon un quotidien, assez longue selon un autre, six des dix miliciens eurent été condamnés à mort, deux aux travaux forcés à perpétuité et deux à cinq ans de prison.

A 19 heures, Robert Musnier de Pleignes, trente-sept ans, de Poitiers ; Georges Azana, dix-neuf ans, de Perpignan ; Jacques Gombert, vingt ans, d'Antibes ; Maurice Perriault, vingt ans, du Creusot ; Fernand Bouvery de Noys, dix-neuf ans, de Pau ; Robert Chanay, vingt ans, de Lyon, étaient exécutés cours Berriat « en présence d'une foule nombreuse, à proximité du lieu où les Boches ont assassiné 23 patriotes français[2] ».

Mme Denise M... écrit dans son journal :

> « On a choisi, pour cette cérémonie expiatoire, le petit square jouxtant notre rue du Drac. Je double, cours Berriat, le cortège des enfants des écoles, en colonne par deux sous la conduite de leurs instituteurs, qu'on mène au spectacle. De notre 4e étage, j'entends les salves. Le soir, je descends dans le square. Il y a

---

1. Qui invite à la répression : « *Miliciens ! Futurs fusillés !* peut-on lire dans le numéro du 4 septembre, *il faut couper la tête aux traîtres.* Toute faiblesse serait fatale au relèvement de la Patrie. »
2. *Les Allobroges,* 4 septembre 1944.

encore la foule et les cercueils. Des sadiques s'interpellent, courbés sur l'herbe, se montrant les traces de sang[1]. »

En 1792, Jean Némery, écrivain public, confiait à son journal :

> « Venant de la rue Saint-Paul, je vis de nombreux curieux à l'entrée de la rue des Ballets et j'appris qu'on massacrait à la Force. Le spectacle ne me tentait guère ; mais il faut bien avoir vu quelque chose en ces temps où il y a tant de choses à voir. »

En un temps où il y a « tant de choses à voir », mais aussi tant de crimes à venger, les autorités auront parfois bien du mal à priver la foule de spectacles auxquels elle estime avoir *légitimement droit*. C'est ce qui se passera à L'Isle-en-Dodon, une petite ville proche de Saint-Gaudens qui avait cruellement souffert du massacre du maquis de Simorre[2]. Vingt-six familles étaient en deuil, certaines avaient perdu deux et même trois parents, dont on savait qu'achevés à coups de crosse et de baïonnette ils étaient morts dans des conditions atroces.

On comprend qu'une partie de la population de L'Isle-en-Dodon se soit transportée le 11 septembre à Toulouse pour entendre condamner à mort Paul Laffont, l'agent de la Gestapo dont les indications avaient permis la capture des maquisards.

L'arrêt de la cour martiale de Toulouse portait que le condamné serait exécuté le lendemain sur la place publique de L'Isle-en-Dodon, ce que Pierre Bertaux, commissaire de la République, allait immédiatement désapprouver, comme le désapprouveraient les quatre membres du Comité local de libération qui lui rendirent visite dans l'après-midi.

Fort de l'accord de ces personnalités locales, ayant obtenu d'elles un document signé, Bertaux décidait donc de faire exécuter discrètement Paul Laffont à Toulouse.

Cependant, le 12 septembre, dès 10 heures, la foule s'était rassemblée sur la place publique de L'Isle-en-Dodon. Nul ne l'ayant informée

---

1. Encore faut-il savoir que le Comité départemental de libération protesta vivement contre la modération du verdict, s'étonnant que tous les miliciens n'aient pas été condamnés et fusillés.

2. Simorre est situé dans le Gers ; L'Isle-en-Dodon en Haute-Garonne.

qu'à la même heure Laffont tombait, à Toulouse, sous les balles du peloton d'exécution, elle allait, au fil des heures, s'impatienter, et, apprenant au début de l'après-midi qu'on lui avait volé la mort du coupable, son impatience se muait en fureur.

Laffont lui ayant échappé, elle se portait vers le domicile du pharmacien Barthe, le nouveau maire de la localité, rendu responsable de la non-exécution de Laffont, car, ne l'ayant pas vu mort, la foule imaginait qu'il avait été grâcié[1]. La vitrine de la pharmacie ayant volé en éclats, M. Barthe, sérieusement molesté, était entraîné, pieds nus, vers la place où aurait dû avoir lieu l'exécution.

Il allait être dégagé par une compagnie de maquisards qui devait également protéger un des membres du Comité local de libération, tandis que les deux autres responsables de la non-exécution en public jugeaient plus prudent de quitter momentanément la ville.

Commentant l'événement dans le journal communiste toulousain *Le Patriote,* où, pour justifier son pseudonyme de « Docteur Guillotin », il réclamait presque chaque jour la mort en invitant les Français « à pratiquer le nettoyage nécessaire », Wurmser allait écrire que M. Barthe et ses trois amis du Comité local de libération avaient été « saisis de terreur ».

« Si l'on fusillait l'agent de l'ennemi sur le théâtre de ses crimes — poursuivait Wurmser —, cela allait peut-être pousser le peuple de L'Isle-en-Dodon à des manifestations, à des cris de joie et de colère ! Ces messieurs s'épouvantèrent. Ils intervinrent auprès des autorités toulousaines. Et celles-ci dirent : " Mais comment donc ! " Car une décision de justice pèse moins que la peur d'une manifestation populaire. »

A Périgueux, si l'on ne fusillait pas en public, la cour martiale, réunie pour la première fois le 7 septembre, n'en était pas moins sévère dans un département durement touché par l'occupation, puisque sept cent soixante-huit résistants ou otages, dont deux cent soixante-neuf pour le seul mois de juin 1944, y avaient été fusillés.

---

1. Les familles en deuil exigèrent plus tard de voir le cadavre du supplicié

Mais très peu de miliciens et d'auxiliaires de la Gestapo avaient attendu sur place une Libération dont ils savaient qu'elle leur serait impitoyable. A partir du 12 août, c'est en trois convois qu'ils étaient partis en direction de l'Allemagne.

Aussi la cour martiale, qui, jusqu'au 21 octobre 1944, jugera cent soixante-douze inculpés et en condamnera trente-trois à mort[1], aura-t-elle surtout à examiner le cas des « seconds rôles ».

Ainsi ce Richard P..., accusé d'avoir eu des relations avec des membres de la Gestapo, « d'avoir tenu des propos défaitistes et menacé des patriotes » ; ainsi ce maraîcher de Périgueux, Lucien C..., qui nie avoir été un agent de la Gestapo. « Il nie, indique le compte rendu du journal *Sud-Ouest,* mais il dépensait beaucoup d'argent et a été vu sortant de la cave de la Gestapo » ; ainsi le chef de la Légion, Maurice H..., devenu milicien, mais dont la démission date de janvier 1944. Tous les trois seront fusillés.

Les dossiers étant « squelettiques », selon le mot de Mme Viaud, correspondante du Comité d'histoire de la Deuxième Guerre mondiale, il faut, pour la Dordogne — comme pour les autres départements —, il faut, si l'on désire connaître la nature des faits qui entraînaient la condamnation à mort, se reporter aux comptes rendus, forcément succincts, des journaux de l'époque.

On est, en effet, en droit de penser que les accusations les plus graves ont été mentionnées dans ces brefs articles.

Si l'on comprend mal la sévérité de certaines condamnations qui, examinées plus tard par le procureur de la République de Périgueux, mériteront ces mentions : « Condamnation et exécution hors de proportion avec les griefs formulés », « Jugement un peu hâtif », « N'aurait pas été condamné à mort s'il avait été jugé par la cour de justice », d'autres verdicts s'expliquent mieux. Le 9 octobre, Yves B..., qui se serait engagé à la Milice par amour de la fille d'un chef milicien, est condamné à mort car sa passion l'a conduit à participer à

---

1. Tous exécutés, à une exception près. Les habitants du village du condamné à mort Fluvio R... intervinrent en effet en sa faveur et démontrèrent que l'un des principaux témoins à charge avait déposé uniquement dans un esprit de vengeance. La condamnation à mort devait être commuée, le 8 janvier 1945, en cinq ans de travaux forcés.

En Dordogne, les « grands procès » eurent lieu à la fin de 1944 et surtout en 1945.

des opérations contre le maquis à Saint-Yrieix et à Thiviers[1]. Le même jour, Wolf D..., qui a procédé à treize arrestations et a combattu le maquis en Haute-Savoie et en Dordogne, est condamné à la peine capitale, comme le seront l'inspecteur R..., accusé de plusieurs dénonciations, et des miliciens ayant tous pris part à la lutte contre le maquis.

Le tribunal militaire de Périgueux devait se montrer particulièrement sévère pour les « horizontales » — les femmes représenteront d'ailleurs 32,49 pour 100 du total des condamnés — et surtout pour « les filles à bicots », nom donné alors aux auxiliaires nord-africains de la Gestapo recrutés à Paris par El-Maadi, que l'on retrouvera bien plus tard, en Algérie, parmi les responsables du F.L.N.

Sous la direction de Chamberlin (dit Lafont), de Bonny et de Villeplane, que Périgueux connaîtra sous le nom de lieutenant *Alex,* ces auxiliaires avaient été formés en cinq sections de quarante à cinquante hommes envoyées respectivement à Belfort, Montbéliard, Tarbes, Tulle et Périgueux.

Commandés par Mathieu Fiovarenti, dit *Napo* ; Jean Del Capo, dit *Dumas,* et Jean Vinas, trois repris de justice — Del Capo a déjà sept condamnations pour vol à son actif —, les « bicots » de Périgueux feront régner la terreur dans toute la région.

Pillant, violant, tuant, ils opéreront à Bergerac, à Ribérac, à Périgueux, comme dans d'humbles villages où le souvenir de leur passage n'est pas encore oublié. Mais c'est à Mussidan qu'ils « s'illustreront » le plus tristement, et c'est le drame de Mussidan qui sera le plus souvent évoqué lorsque, le 23 mars 1945, leur procès viendra enfin devant la cour de justice de Périgueux.

Au cœur d'une région où la forêt de la Double abritait des maquis nombreux et actifs, Mussidan allait être, à plusieurs reprises, l'objectif des troupes allemandes.

---

1. Le procès de B... donnera lieu à un incident peu ordinaire. A l'audience, le commissaire du gouvernement demandera l'arrestation d'un gendarme qui garde les accusés, mais a participé à des opérations contre le maquis.

Chaque fois, des otages arrêtés (trente-sept, dont trois femmes[1], le 16 janvier ; deux cent cinquante le 26 mars[2] ; soixante le 16 avril[3]) ; chaque fois des maisons pillées ; chaque fois, l'incendie des bois voisins et des bruits de fusillade laissaient imaginer que le pire était atteint.

Le pire se produira le 11 juin après l'attaque, dans les faubourgs, d'un important convoi allemand. Face aux F.T.P., les Allemands ont perdu une quinzaine d'hommes et huit prisonniers.

Ne pouvant atteindre le maquis qui s'est replié à l'abri de la forêt proche, c'est à Mussidan et aux Mussidanais qu'ils s'attaquent. Trois cent cinquante hommes de tous âges sont parqués, à partir de 15 heures, dans la cour d'honneur de la mairie.

Ce n'est qu'à 19 heures que les mutilés et les hommes de plus de soixante ans seront libérés.

A 20 h 30, Humbrecht et Willy, deux des chefs de la Gestapo de Périgueux, arrivent à Mussidan, accompagnés d'une trentaine de mercenaires nord-africains. Une demi-heure plus tard, les « bicots » feront sortir les otages de la salle de classe où ils ont été enfermés. Après leur avoir volé portefeuilles, montres et bagues, ils les dirigent, par la rue de Bordeaux, vers le chemin de Gorry et, à deux mètres de distance, les mitraillent dans le dos. Cinquante cadavres seront relevés quelques heures plus tard...

Deux hommes, Antoine Villechanoux et Marcel Charpentier, bien que grièvement blessés, survivront et viendront témoigner lors du procès de Périgueux[4], procès au terme duquel Fiovarenti, Jean Del Capo, Jean Vinas seront condamnés à mort par une cour de justice qui demandera — vœu qui ne sera pas exaucé, pas plus qu'il n'a été exaucé, on l'a vu, à L'Isle-en-Dodon — que les trois hommes soient fusillés à Mussidan « sur les lieux de leur principal forfait[5] ».

En attendant le jugement de ces criminels et de leurs complices

---

1. L'une d'elles laissait trois enfants de douze, quatre et deux ans.
2. Transférés à Périgueux, enfermés dans le manège du 35ᵉ d'artillerie, certains de ces otages, les juifs notamment, allaient être envoyés dans des camps de déportation, d'autres requis pour le travail en Allemagne, la majorité étant relâchés.
3. Il s'agissait, cette fois, d'ouvriers de l'usine Bois et Fer, réquisitionnés pour des usines allemandes ou des chantiers Todt.
4. Audience du 13 septembre.
5. Les trois hommes seront fusillés le jeudi 2 mai 1945. Plusieurs Nord-Africains seront exécutés en mai et juin 1945.

nord-africains qui les suivront sur les bancs des tribunaux, comme Haddek ben-Keddi, dit *Blanchette,* condamné à mort le 12 avril 1945, ce sont les maîtresses — souvent des prostituées — de ces misérables prudemment en fuite qui paieront à leur place devant une cour martiale de la Dordogne impitoyable pour les « collaboratrices horizontales ».

Ainsi, Blanche B... « a été la maîtresse d'un " bicot " qui revenait du massacre de Tulle. Comme il était habillé en civil, elle prétend qu'elle ne savait pas que c'était un des sinistres tueurs. Elle lui a acheté une robe pour 500 francs. Elle est condamnée à vingt ans de travaux forcés ».

Sud-Ouest, qui rapporte le verdict du 8 septembre en ces termes intégralement reproduits, n'en dit pas davantage sur les responsabilités de Blanche B... Pour les mêmes raisons : « relations intimes » avec un bicot et achat d'une robe ou d'un tissu quelconque, Jeanne D... et Jeanne G..., dite *Carmen,* tenancière du bar des Alliés, seront respectivement condamnées, le 16 septembre, à vingt et dix ans de travaux forcés. Vingt ans encore à Raymonde L..., trente-cinq ans, veuve avec quatre enfants en bas âge. « Elle a été employée, écrit *France libre,* au bureau de la L.V.F. de Périgueux. Elle a même reçu des vêtements pour ses enfants[1]. »

Lorsque les cours de justice et les chambres civiques auront rétabli une justice plus sereine, les femmes resteront encore nombreuses à comparaître. Dans plusieurs départements, elles seront même majoritaires : ainsi en Eure-et-Loir, 265 femmes et 163 hommes ; dans l'Eure, 452 femmes et 340 hommes ; dans la Marne, 513 femmes et 405 hommes ; dans le Morbihan, 239 femmes et 231 hommes.

A Caen, le 3 février 1945, lors de l'audience de la cour de justice, cinq des six inculpés sont des femmes ; les 23 et 24 février 1945, sur vingt inculpés, dix-huit sont des femmes dont onze d'ailleurs seront acquittées.

Plusieurs sont accusées de « coucheries » avec des occupants,

---

1. La cour martiale de Brive ne sera pas plus indulgente pour les femmes. Ainsi, la maîtresse d'un milicien condamné à mort sera-t-elle frappée d'une peine de vingt ans de travaux forcés. Comme aucun acte criminel ne lui était reproché, un décret du 1er mars 1946 commuait la peine en deux ans de prison, à compter de l'incarcération de fait, et la jeune femme retrouvait la liberté.

« coucheries » qui, leur ayant valu de s'être fait traiter de « poules à Boches », les ont amenées à se muer en délatrices.

Les Français de 1945 punissent d'ailleurs parfois plus sévèrement que n'ont puni les Allemands de 1942.

Mme F..., qui habite Livarot, ayant dit à Mme H..., dont elle jugeait la conduite méprisable : « Va-t'en avec les Boches », a été condamnée à deux mois de prison par les Allemands, mais, en janvier 1945, la peine infligée à Mme H... sera de deux ans de prison.

Marcelle C... et ses deux filles, accompagnées de deux trop galants soldats allemands, s'est vu refuser, en août 1941, l'entrée d'une fête de charité organisée au profit des prisonniers de guerre d'Amblic, près de Caen. Le responsable du service d'ordre, auteur de cette interdiction, M. Masson, sera condamné à trois mois de prison. Marcelle C..., qui l'avait dénoncé aux Allemands, sera condamnée à trois ans de réclusion en janvier 1945, sa fille Juliette à deux ans de réclusion. Quant à Catherine, qui avait seize ans au moment des faits, elle sera acquittée comme ayant agi sans discernement et confiée jusqu'à sa majorité à un établissement d'éducation surveillée.

En Côte-d'Or, la jeune Paulette M..., qui éprouve une trop grande sympathie pour les soldats allemands, a la surprise, en août 1942, de découvrir l'une de ses poules « ornée » d'une croix gammée. En 1943, elle reçoit des os de poulet accompagnés de ces quelques mots : « Préparez-vous à être mise à une sauce pareille, sale Boche ! » Dans l'espoir de mettre un terme à la persécution, Paulette... dénoncera trois de ses voisins qui seront simplement interrogés. Après la Libération, la cour de justice de Dijon condamnera Paulette N... à deux ans de prison.

La petite histoire locale est pleine de ces condamnations de filles — parfois des gamines, car l'on trouve, en 1944 et 1945, des accusées de seize et dix-sept ans [1] — ayant cédé aux soldats allemands par appétit de l'argent et qui céderont bientôt aux Américains, au grand scandale des Comités de libération, réagissant à l'exemple d'un Comité de l'Oise qui s'indigne de ce que, « le cantonnement des Américains se trouvant le même que celui des Boches, il est à craindre que les soldats américains, ignorant ce qui s'est passé ou n'en tenant pas compte, se

---

1. C'est ainsi que, dans le Calvados, cinquante-quatre filles mineures et quarante-cinq garçons seront sanctionnés par les tribunaux de la Libération.

laissent attirer dans ce bouge »... un café-bordel dont la propriétaire et les deux filles ont été tondues et provisoirement emprisonnées.

Et puis il existe — pourquoi le nier ? — de véritables histoires d'amour.

Devant la cour de justice de Caen, Jeanne L... revendiquera « fort crânement », selon *La Liberté de Normandie,* l'amour qu'elle porte à son fiancé, le soldat Oscar B..., prisonnier au Canada, dont elle attend qu'il soit libéré pour l'épouser. Le sera-t-il avant elle ? « Grâce à la remarquable plaidoirie de Me Carle, écrit le journal local, elle ne passera que deux ans en prison. »

Les années de guerre et d'occupation virent, malgré les lois de Vichy punissant sévèrement les séducteurs de femmes de prisonniers, une progression constante des naissances illégitimes.

Pour quatre-vingt-dix départements, elles sont au nombre de 38 000 en 1938. Pour quatre-vingt-six départements, elles atteindront 46 000 en 1943 et 56 000 en 1944[1].

De combien de ces enfants, dont la grande majorité ne sont pas reconnus (37 945 enfants non reconnus par le père en 1942 pour 5 759 reconnus), les occupants ont-ils été les géniteurs ? Il est impossible de le dire, mais il est évident, et j'en ai reçu le témoignage, que des hommes et des femmes, proches aujourd'hui de leur cinquantième année, s'interrogent encore, leur mère n'ayant pas voulu leur donner d'information précise, sur le mystère de leur naissance.

Il ne faudrait pas cependant imaginer que les sanctions n'ont frappé que des « horizontales ».

Il a existé d'horribles bonnes femmes qui, pour se débarrasser de leur mari, n'ont pas hésité à le dénoncer comme communiste aux Allemands.

Il a également existé des femmes qui, autant que les hommes, se montraient sensibles aux primes offertes par l'occupant et parfois par les autorités françaises. Après que Brustlein Spartaco et Bourdarias

---

1. Le chiffre sera de 56 220 en 1951, mais pour quatre-vingt-dix départements et alors que prisonniers, déportés, S.T.O. sont rentrés en France, ce qui a augmenté la population masculine de plus d'un million et demi de jeunes hommes.

eurent tué, à Nantes, le 20 octobre 1941, le lieutenant-colonel Hotz, ils furent dénoncés par une restauratrice. *Pendant près d'un an,* cette femme s'obstinera à réclamer au préfet de la Loire-Inférieure l'importante prime promise. Elle menacera même le préfet — je possède les documents — d'un procès... et obtiendra finalement « son » argent !

En septembre 1944, l'obscurité régnait sur l'identité de certains « juges » de circonstance. Il en allait de même pour certains « policiers » de circonstance. Des mystères subsistaient. Des révélations sont désormais possibles. A Nice, le 31 août, au cours de la séance du C.D.L., M. Bousquet, représentant le Mouvement national de libération, déclara qu'il y eut, en *deux jours,* « dans la ville et la région, vingt-deux assassinats contre lesquels la police a été impuissante ».

Que pourrait-elle faire d'ailleurs contre le groupe de gangsters, basé à l'hôtel Adriatic, qui, sous la direction d'un certain *Max,* arrête puis relâche ou exécute selon que le « collabo » paie ou ne paie pas la rançon.

« *Il y a 200 tueurs à gages dans le groupe*[1] ou, tout au moins, parmi eux des tueurs..., déclare le docteur Spir lors de la séance du C.D.L. du 27 septembre. Qu'on les arrête, qu'on constitue des dossiers, qu'on ne les relâche pas. »

Arrêter *Max* n'est pas si facile. Les prochaines séances du Comité départemental de libération en apporteront la preuve. Toute opération étant susceptible d'entraîner des pertes (estimées à 20 pour 100) parmi ceux qui tenteraient de prendre d'assaut l'hôtel Adriatic, on aboutira à un compromis qu'un membre du C.D.L. résumera en ces termes au cours de la séance du 4 octobre : « *Max* est arrêté, mais il jouit d'un régime tout à fait spécial. D'ordre du commandant Chasuble (un officier venu d'Alger et qui a la responsabilité des F.F.I.), on doit considérer M. Max comme un officier supérieur, alors que nous considérons M. Max comme un faux F.F.I. »

Le problème des « rançonneurs » et celui des prisons clandestines sera à l'ordre du jour de nombreuses séances du C.D.L. qui, le

---

1. Je souligne intentionnellement.

13 octobre, émettra le vœu que tous les détenus se trouvant dans des prisons clandestines soient immédiatement conduits dans des prisons officielles.

Sans doute l'inconfort de ces prisons officielles était-il grand, puisque, le 30 septembre, le docteur Marino avait signalé au C.D.L. que les prisonniers y vivaient, « les uns à côté des autres, pouilleux, galeux, remplis de morpions, sans parler des odeurs qui rendent les lieux inabordables[1] ». Du moins y végétait-on plus en sécurité qu'à l'hôtel Napoléon, qu'à l'hôtel Adriatic, qu'à l'hôtel Monty, qu'à l'hôtel Scribe d'où partaient, le soir venu, des voitures dont les passagers étaient tués et enterrés dans les vallées de l'Esteron, de la Tinée ou de la Vésubie. De ces quatre prisons clandestines niçoises le journal résistant *L'Ergot* écrira[2] qu'elles étaient le théâtre de scènes rappelant « un peu trop les procédés barbares de la basse police de Hitler, de Mussolini et de Darnand[3] ». Parlant des scènes qui se déroulaient dans ces hôtels-prisons, le préfet Escande en avait, bien avant les journalistes, dénoncé l'horreur.

---

1. Le docteur Marino apporte d'autres précisions. Le ravitaillement, dit-il, est « absolument inexistant ; aujourd'hui il y a eu de l'eau salée avec un peu de courge dedans... Les cuisines ont été prévues pour 250 détenus, mais il y en a 600, il n'y a pas de vaisselle, beaucoup de prisonniers n'ont ni gamelle, ni cuiller, ni fourchette ». Aux Nouvelles Prisons, d'après le rapport de l'intendant militaire Tissarand (séance du C.D.L. du 13 octobre 1944), il y a un robinet d'eau et cinq tinettes pour 250 détenus.
2. Dans son numéro du 9 juillet 1945.
3. Ces prisons clandestines sont nombreuses dans la France de la Libération J'ai cité celles de Nice. A Lyon et à Villeurbanne, à la fin du mois d'octobre, dix d'entre elles sont toujours en activité.
Selon Gérard Chauvy *(Les Années bleues)*, « la chasse aux prisons clandestines connaît des résultats variés ».
Le 29 octobre 1944, une commission d'enquête, ordonnée par le commissaire de la République Yves Farge et par le colonel Descour, visitera les caves de l'hôtel de Normandie. Selon le rapport officiel, elle découvrira des détenus hommes dans une grande cellule « sans aération... Il n'y a ni lit, ni paillasse, ni couverture, et le lieu est froid et humide. Plusieurs détenus ont le visage tuméfié des coups reçus avant leur incarcération ».
La prison des femmes est analogue à celle des hommes : sans dallage au sol, froide, mais toutefois « ayant trois grabats. Sur l'un de ces grabats est allongée une femme, blessée dans la région du cœur, qui a déjà subi deux opérations et devait à nouveau être opérée mardi. Sur un banc, trois autres femmes sont assises et l'une d'elles, dont le mari est aussi détenu à l'hôtel de Normandie, pleure et se plaint ».
Les dix-neuf détenus recensés dans les caves de l'hôtel de Normandie seront transférés dans des prisons « officielles ».

« Les procédés employés pour les interrogatoires, déclare-t-il dans la séance du 26 décembre, ne le cédaient en rien à ceux dont tant et tant de patriotes ont été les malheureuses victimes : immersion dans une baignoire d'eau froide, brûlures de cigarettes, " passages à tabac[1] ". Toutes ces opérations conduites au nom de l'épuration, si elles permirent parfois d'arrêter de vrais coupables, portèrent aussi sur des personnes innocentes, ou bien faiblement coupables. Or, certains sont encore détenus actuellement dans les centres d'internement. »

Dans cette même séance, le préfet Escande s'opposera à ce que les membres de la « *police de la Commission d'épuration* », qui vient d'être dissoute par décision du ministre de l'Intérieur, soient intégrés dans la police officielle.

Aux membres du C.D.L. qui ont soutenu cette requête, tout en n'ignorant rien des méfaits de cette « *police de la Commission d'épuration* », Escande répliquera sèchement en affirmant que *vingt-deux au moins* des quatre-vingts « policiers » ont un casier judiciaire chargé. Quant aux quatre hommes de la « brigade de confiance » du chef P... — sans oublier le chef P... lui-même —, ils ont tous été condamnés pour vol !

Escande peut le dire. Il pourrait difficilement le prouver : les dossiers de P... et de M..., son adjoint, condamné à dix-sept ans de prison pour vol, ont miraculeusement disparu des archives de la police au lendemain de la Libération !

Le préfet Escande a également parlé de ces « dons volontaires » destinés, « bien entendu », à la Résistance ou aux familles des victimes des Allemands. « Ce qui n'empêche pas, a-t-il poursuivi, que quelques-unes d'entre (les personnes arrêtées) furent à nouveau appréhendées quelques jours après leur libération » pour être à nouveau rançonnées.

Sur ces « dons volontaires », on en saura davantage en 1947 ou 1948 lorsque les plumes se libéreront.

---

1. Le 7 septembre 1944, M. Alexander (qui m'a communiqué son témoignage) a donné sa démission de la « police de l'épuration » après avoir vu dans une salle de bains de l'hôtel Colombie une fille nue, une règle dans l'anus, fouettée à coups de ceinturon.

Documents à l'appui, des articles du journal niçois *L'Éclair* expliqueront ainsi, en octobre 1948, comment le corps du docteur Comès a été retrouvé par des enfants, le 9 septembre 1944, dans le canal de la Vésubie. Ils diront aussi que le non-paiement d'une somme de 100 000 francs, exigée par les « policiers » de l'hôtel Splendid, a été à l'origine de l'assassinat. Ils évoqueront le sort malheureux de M. Corvette, abattu le 8 octobre 1944 pour n'avoir pas versé 500 000 francs à ses ravisseurs. Ils consacreront plusieurs articles[1] au transporteur Antoine German, arrêté à trois reprises, deux fois relâché, ce qui lui a permis de consigner, avant d'être trouvé le crâne fêlé, les membres rompus, dans la cour de l'hôtel Scribe[2], ses longues tractations avec des hommes qui ont exigé 500 000 francs et lui ont précisé : « Nous ne sommes que des exécuteurs. Lorsqu'on nous donne un nom et une adresse, c'est pour tout ramasser. »

Lorsque le préfet Escande — et avec lui, sur ordre du ministre de l'Intérieur, tous les autres préfets de France — décide que, « désormais, tout *particulier* procédant à des arrestations irrégulières ou détenant illégalement une personne fera l'objet des sanctions prévues par la réglementation en vigueur », quels sont donc ces « *particuliers* » ?

Il y a bien sûr les étranges policiers de la « police de la Commission d'épuration » des Alpes-Maritimes. Il y en a d'autres. A plusieurs reprises — et sans recevoir de démenti ni de demande de rectification —, le journal *L'Éclair* évoquera « le sinistre B... » qui faisait régner la terreur dans la région de Cagnes.

---

1. 30 octobre, 5, 7, 8 novembre 1948. La campagne de *L'Éclair* avait reçu l'approbation de Mme Lauff, résistante déportée à Auschwitz et dont trente-deux membres de la famille étaient morts en déportation.
2. Antoine German, membre du P.P.F., n'aurait assisté à aucune réunion et, d'après les attestations publiées par *L'Éclair,* aurait rendu service à la résistance non communiste.
Sa mort semble relever d'une mise en scène. En effet, alors que l'homme souffrait, depuis 1914, d'une ankylose du coude gauche qui lui interdisait presque tout mouvement du bras, et alors que sa cellule du troisième étage du Scribe était plus que sommairement meublée, on devait retrouver à sa fenêtre des draps liés, indices évidents d'une tentative d'évasion.
L'Éclair, et d'autres journaux avec lui, allaient s'étonner qu'un homme pesant cent quinze kilos, n'ayant pas l'usage du bras gauche, ne disposant pas de draps en nombre suffisant, ait pu tenter une aussi difficile évasion.
L'affaire German avait été évoquée par l'hebdomadaire résistant *L'Ergot* le 9 juillet 1945.

Voici les premières phrases de l'article publié par *L'Éclair* le 20 novembre 1948, article consacré à la « disparition », à la fin de septembre 1944, de M. Jean-Antoine Tolosano, un tonnelier de La Colle-sur-Loup, qui s'était trouvé dans l'impossibilité de verser les 20 000 francs réclamés par ceux qui l'avaient — illégalement — arrêté et conduit dans le repaire de B... :

> « Cagnes-sur-Mer. Le vieux château des seigneurs de Grimaldi, avec ses oubliettes, ses légendes peuplées des souvenirs du Prince, sa grande salle d'armes et, au milieu, son trône. Son trône ! C'est de là, perché, que B... — ce sinistre épurateur dont la bande, à la Libération, eut vite fait de submerger les " mous " parmi les résistants — rendit ses ukases. Tout le monde, à Cagnes, se souvient de B... Venu d'on ne sait où, il est reparti on ne sait quand. Mais il était le chef. C'était lui qui présidait aux conseils de guerre. En vertu de quels pouvoirs ? On se le demande encore. La faconde, peut-être. La faconde qui, avec un pistolet, fut pendant un temps le meilleur des arguments.
>
> Qu'on essaie d'imaginer ce que purent être ces " conseils de guerre " dans la grande salle du château, le " jury " noyé dans une obscurité confortable et, sous la lumière crue du faisceau lumineux des lampes électriques, seul, sans avocat, l'accusé. »

B..., terreur de Cagnes ? Dans son étude sur la répression dans les Alpes-Maritimes, J. Girard, correspondant du Comité d'histoire de la Deuxième Guerre mondiale, ne signale qu'une seule exécution sommaire à Cagnes après la Libération.

S'agit-il de l'exécution de Tolosano, en septembre 1944, ou de celle du boulanger Jacques I..., arrêté à Cagnes par la bande de B..., rançonné, libéré le 5 novembre 1945, et dont on devait, le 9 mars 1946, retrouver le corps criblé de balles dans son fournil ? Mais, à Cagnes, M. et Mme Chastagner, lui grand invalide de guerre, amputé des deux jambes, étaient enlevés dans la nuit du 23 au 24 octobre et ne devaient jamais être retrouvés, bien que l'on ait signalé leur « passage » à l'hôtel Monty.

Alors, pour Cagnes, une, quatre exécutions sommaires... ou davantage ? Après la Libération, plusieurs personnes, dont un adjoint au maire de Cagnes et l'ancien trésorier du Comité d'épuration, devaient être arrêtés par le commissaire Pivot de la brigade mobile de Nice, notamment pour le meurtre des époux Chastagner. Dans le même temps, Félix P..., « ex-lieutenant *Ginette* », détenu à la prison de Grasse, était impliqué dans des exactions qui, selon la presse locale, auraient eu lieu dans « les sous-sols du château de Cagnes... qui gardent encore des secrets ».

Apparemment, ils les conservent toujours, la mairie de Cagnes m'ayant assuré, en 1991, ne rien savoir de ces ténébreuses affaires.

Les raisons qui ont motivé — dans les Alpes-Maritimes — les exécutions sommaires de l'après-Libération sont souvent obscures et difficiles à préciser[1].

Les tableaux de la répression extrajudiciaire qu'avaient à remplir les correspondants du Comité d'histoire de la Deuxième Guerre mondiale comprenaient six colonnes, suivant la nature des faits reprochés. Ces faits, ayant entraîné une condamnation à mort, pouvaient avoir pour cause la collaboration militaire, la collaboration politique, la collaboration économique, l'action autonomiste, des « causes diverses », ou encore des causes qu'il n'avait pas été possible de déterminer.

Sur les quatre-vingts exécutions sommaires recensées dans les Alpes-Maritimes *après* la libération du département (il y en eut, je le rappelle, soixante-cinq *avant* la Libération), M. Girard en comptabilise trente-cinq, soit près de la moitié, dans la rubrique des causes « indéterminées ».

Dans quelle rubrique a-t-on classé les sept cadavres retirés, entre le 25 septembre et le 1er octobre 1944, de la rade de Villefranche, cadavres aux mains et aux pieds liés, au crâne troué d'une balle, au cou entouré d'une corde à laquelle se trouvait attachée une pierre et qui, pendant quelques jours au moins, furent présentés comme cadavres de résistants[2] ?

Dans quelle rubrique a-t-on classé M. Bayle, adjoint au maire de Lantosque, arrêté le 28 août 1944 par un plombier niçois promu

---

1. L'observation est vraie pour d'autres départements.
2. En 1948, trois de ces cadavres avaient été identifiés : celui du coiffeur Joanny R..., celui de Paul-René P..., un ancien du P.C. passé au P.P.F., celui de Virginia S..., qui vivait de ses charmes.

« capitaine », dont on retrouvera le corps un an plus tard au fond du gouffre du Saut-des-Français[1] ?

Escande, dans les Alpes-Maritimes, n'est pas le seul préfet à tenter une reprise en main qui ne peut être immédiatement effective, mais qui a le mérite de redonner espoir (sinon confiance) à des populations qui détestaient l'occupant et ses méthodes, mais craignent bientôt certains de leurs libérateurs et leurs méthodes.

Un sondage d'opinion effectué en mai 1944, selon des méthodes discutables, puisque seuls les Français favorables à la Résistance étaient (discrètement) interrogés, avait d'ailleurs montré que 44 pour 100 de la population souhaitait que « les autorités puissent empêcher toute immixtion de la masse dans la répression des actes de trahison » ; 28 pour 100 désirant que des mesures fussent prises pour éviter toute action extrajudiciaire ; 28 pour 100 seulement se montrant favorable à une large participation à la répression populaire[2] ».

Aussi est-ce avec attention que des paroles d'apaisement étaient guettées dans les départements les plus agités.

Il faut du courage à Maxime Roux, « préfet du maquis », parlant à Périgueux le 26 août devant les quarante cercueils de maquisards et otages fusillés par les Allemands avant leur fuite, cercueils entourés de

---

1. En même temps que M. Bayle, l'un de ses amis était enlevé. Jamais le corps de cette seconde victime ne sera retrouvé.

2. Le sondage est cité par Marcel Baudot dans un article consacré à « la Résistance française face aux problèmes de répression et d'épuration » publié dans le numéro 81 (janvier 1971) de la *Revue d'histoire de la Deuxième Guerre mondiale*.

Bien que Marcel Baudot ne cite pas de référence, il s'agit vraisemblablement d'un sondage effectué pour Max Barioux dont les enquêteurs interrogèrent environ 450 personnes en éliminant toutes celles qui leur paraissaient proches de la collaboration. Dans *Un printemps de mort et d'espoir* (p. 69-70), j'ai évoqué l'action du résistant Barioux et cité (à propos de Philippe Henriot) le résultat de l'un de ses sondages.

familles en deuil et de camarades de combat justement irrités, non seulement pour calmer les douleurs et les passions, mais encore pour dénoncer les excès.

> « Une chose me tient à cœur, déclare-t-il, c'est de dire que jamais personne, chez nous, ne doit s'abaisser à de pareils actes. Nous les réprouvons profondément. S'ils ont jamais été commis, ils l'ont, à coup sûr, été à notre insu et contrairement à mes ordres et à mes sentiments profonds, car nous pensons qu'ayant combattu pour le respect de la dignité et de la personne humaine nous devons donner l'exemple de ce respect, juger sans crainte et sans passion, condamner sévèrement, mais en tout cas *nous respecter nous-mêmes* pour ne donner dans aucun excès de cet ordre. »

« *Nous respecter nous-mêmes* » : quel beau mot en une période aussi trouble et difficile !

C'est d'ailleurs ce thème qu'avait développé Maurice Schumann, onze mois plus tôt, le 28 septembre 1943, lorsque, parlant sur la B.B.C., et répudiant certains appels haineux et excités, il avait dit : « Si l'ennemi vaincu parvenait à nous faire oublier les principes mêmes au nom desquels nous lui avons tenu tête..., il aurait remporté contre nous la victoire morale, qui seule compte en définitive... »

Mettant ses actes en accord avec ses paroles, le préfet Maxime Roux, en compagnie du maire délégué, des membres de l'état-major F.F.I., des principaux responsables des Comités de libération, ira visiter les locaux du 35ᵉ régiment d'artillerie. Les collaborateurs et collaboratrices y sont entassés. Quelques jours plus tôt, les résistants — souvent en attente de déportation ou d'exécution — étaient enfermés dans les mêmes locaux. Après la visite de Maxime Roux et des autorités nouvelles, le communiqué du Comité communal de Libération affirme : « Aujourd'hui, ceux-là mêmes qui ont souffert veulent que les conditions de vie des prévenus ne soient pas exemptes de toute dignité ; ils ne voudraient pas, s'il s'était glissé par mégarde un innocent, que cet innocent soit torturé et endure ce qu'ils ont souffert [1]. »

---

1. Dans le souci de dédramatiser une situation particulièrement tendue, Maxime Roux s'élèvera bientôt contre les affirmations « fantaisistes » qui courent

A Périgueux, les cours martiales poursuivront cependant leur existence jusqu'au 22 octobre. La situation aurait été plus difficile encore sans l'intervention d'hommes comme Maxime Roux.

Voici un autre exemple. Le 18 septembre 1944, Yves Farge, commissaire de la République pour la région Rhône-Alpes, fait savoir à la population, mais aussi à des résistants scandalisés par son initiative, qu'il vient d'ordonner l'arrestation et la mise aux arrêts de forteresse du colonel *Romans*-Petit, chef des F.F.I. de l'Ain, l'un de ceux qui passera à l'histoire d'une période troublée comme un chef de guerre habile et courageux, soucieux — dit-on — du sort des populations civiles[1], et tenant solidement en main ses troupes dont l'encadrement a été son premier souci.

Quel reproche Farge adresse-t-il à *Romans*? Celui « d'avoir usurpé des pouvoirs qui n'appartiennent qu'aux autorités civiles ». Cette accusation, qui paraît à certains relever d'un coup de tête et d'un coup de vanité du commissaire de la République[2], s'explique mieux à la lecture de la déclaration que Farge fera le 24 septembre — c'est-à-dire

---

dans une ville traumatisée par les fusillades qui ont accompagné la Libération, plusieurs exécutions sommaires et le défilé des femmes tondues.

Il dira alors qu'il n'y a pas eu — comme le bruit en court — 3 000 arrestations mais, du 20 au 28 août, 293. Sa déclaration paraît, le 7 septembre 1944, dans le journal *Sud-Ouest*. Il est vrai que le récit de la libération de Périgueux, publié par ce même quotidien, a pu justement donner l'impression d'une véritable chasse à l'homme... et à la femme.

1. Je dois signaler que j'ai reçu, venant des localités dans lesquelles l'activité de *Romans*-Petit et de ses troupes avait été la plus intense, des informations sur ce point moins élogieuses.

2. *Romans*-Petit et Farge s'étaient violemment heurtés lors d'une visite qu'au mois de juillet 1944 le commissaire de la République désigné avait rendue au chef des maquis de l'Ain qui ignorait tout des titres de Farge et avait très mal pris ses observations.

Avant d'être mis aux arrêts, le 18 septembre, *Romans*-Petit s'était rendu à Londres à l'invitation du général Koenig, chef suprême des Forces françaises de l'intérieur. Il y avait été reçu comme un héros.

Enfermé dans une cellule du fort Lamothe, *Romans*-Petit devait multiplier les protestations sans jamais obtenir d'éclaircissement sur les « usurpations » de pouvoir dont il était accusé. Après cinquante jours de détention, il sera transféré à Paris et reçu par le général Koenig qui lui fera rendre sa liberté. *Romans*-Petit avait toujours refusé d'être « délivré » par ses hommes qui, à plusieurs reprises, lui avaient fait savoir qu'ils étaient décidés à l'enlever du fort Lamothe.

D'après Ruffin, *Les chefs de maquis qui gênaient,* l'arrestation aurait eu pour but de discréditer un chef de maquis trop populaire, peut-être gênant dans les proches batailles politiques.

dix jours après le bref passage de De Gaulle —, déclaration qui a pour but de marquer que, dans une région longtemps troublée, il n'existe désormais qu'une seule autorité, celle du représentant du pouvoir central, la sienne.

« Il faut qu'on sache :
— Qu'il n'est pas possible d'incarcérer sans mandat régulier.
— Qu'il n'est pas possible de perquisitionner sans mandat régulier.
— Qu'il n'est pas possible d'épurer sans que les préfets, les premiers présidents et les procureurs généraux commandent l'épuration en s'entourant de la légitime opinion des Comités de libération qui incarnent la douleur de la France martyre.
. . . .
Qu'il soit dit une bonne fois pour toutes qu'il est formellement interdit à des hommes qui ne sont pas détenteurs de la puissance publique d'imposer des amendes, de les percevoir et de les encaisser.
La justice est rendue par les juges.
Le gouvernement de la République possède des percepteurs.
Le commissaire de la République détient des pouvoirs qui lui permettent d'agir. »

Yves Farge s'élèvera quelques jours plus tard contre les méfaits des « bandes échappant à tout contrôle et terrorisant la population ». Il réclamera qu'il soit mis fin sans tarder à ce qu'il appelle le « régime des fonds secrets », ces subventions distribuées encore aux différentes organisations de résistance grâce à l'argent « piqué » avant la Libération, ou à l'argent « tombé du ciel » lors des parachutages et détourné par la suite.
La Voix du Peuple du 9 novembre ayant dénoncé comme « *un scandale révoltant* » l'arrestation du capitaine des gardes civiques républicains M... et de plusieurs de ses hommes, ayant écrit que leur action de « récupération » de bijoux au domicile de M. Richard, dans la banlieue lyonnaise, n'avait eu qu'un but : permettre au capitaine M... et à ses hommes d'obtenir « les moyens d'existence [leur] faisant défaut pour mener à bien la période insurrectionnelle indispensable à [la] Libération », Farge répliquera immédiatement au quotidien communiste.

« Démontant », dans les journaux du 10 novembre, une action qui tenait du banditisme plus que de la Résistance, il précisait les noms des destinataires des bijoux volés. On apprenait ainsi que des bijoux valant, en 1944, un million de francs avaient été donnés à une habitante de Villebois, dans l'Ain ; que M. S... avait offert une bague de 400 000 francs à sa femme ; que M. M... avait reçu une bague et un bracelet d'une valeur de 150 000 francs ; Mme Léonie D..., une bague de 700 000 francs ; M. Louis J..., bijoutier, 400 grammes d'or provenant de la fonte de quelques bijoux volés.

Dans son communiqué à la presse, Farge ne dissimulait nullement les noms et les adresses des receleurs et il achevait sur ces mots :

« Ni le passé militaire, s'il y en a eu un, ni certaine solidarité de mouvement ou de groupement n'empêcheront les autorités d'accomplir une double mission : pourchasser les pillards et éviter que ceux-ci ne jettent le discrédit sur les authentiques et honnêtes combattants de la Résistance. »

Alors qu'en province les autorités s'efforçaient avec plus ou moins de bonheur de rétablir l'ordre et de freiner les cadences des cours martiales, les excès de la province « faisaient envie » à Paris ou tout au moins à ceux qui, à Paris, s'impatientaient des lenteurs de l'épuration.

Dans *L'Humanité,* Georges Cogniot consacre, presque quotidiennement, son éditorial à la façon expéditive dont la province règle le sort des collaborateurs.

Et lorsque, dans le numéro de *L'Humanité* du 28 septembre, Marcel Cachin prend le relais de Cogniot, il fait de la justice populaire un éloge assez semblable à celui qu'en faisait Gorsas écrivant, le 3 septembre 1792 : « Le peuple furieux, qui sait que le crime et les vengeances l'environnent et que les prisons sont pleines de conjurés, en fait une justice terrible, mais nécessaire. »

Voici le texte de Marcel Cachin.

« La justice populaire de l'armée des F.F.I. aurait pu servir d'exemple à la justice officielle. En maints endroits, lorsque les volontaires du maquis avaient libéré une ville ou un village, ils procédaient à une préliminaire épuration qui répondait aux exigences de la conscience publique. Ils fusillaient les traîtres avérés qui avaient désigné à l'ennemi les maquisards, les anticollaborateurs et leurs familles. On rasait la tête des misérables filles du ruisseau qui s'étaient livrées aux occupants. *On pourra épiloguer à perte de vue sur la légalité, la légitimité de ces exécutions rapides*[1]. Ce que l'on ne pourra contester, c'est qu'elles étaient une garantie d'ordre dans la cité qui n'aurait pu vivre au contact de ces membres pourris. »

En octobre, presque chaque jour, *L'Humanité* citera donc en exemple la « justice populaire » de province pour mieux clouer au pilori la faiblesse de la « justice officielle » parisienne.

Dans le numéro du 13 octobre, le quotidien communiste, évoquant Draguignan où un délateur a été condamné à mort, Cherbourg où six collaborateurs ont été exécutés en septembre, Rennes où les F.F.I. ont permis l'arrestation de plusieurs policiers, déplore qu'à Paris seules quelques arrestations — dont celle du responsable de cinquante déportations qui « se promenait en uniforme de colonel F.F.I. » — aient été opérées.

Le journal ayant reçu la visite de Jean Chaintron, préfet communiste de Haute-Vienne, voici l'occasion de signaler, le 14 octobre, que, dans ce département, « trente traîtres ont été condamnés à mort et exécutés », l'occasion de regretter qu'il n'y ait en France que deux préfets communistes[2] et d'attaquer le commissaire de la République de Poitiers coupable d'avoir gracié deux miliciens de haut rang, mais aussi d'avoir frappé d'interdit les meetings du Parti communiste.

Deux titres donneront une idée de l'impatience du quotidien communiste, alors le plus influent et le plus important, à Paris, qu'il s'agisse du tirage et de la vente.

---

1. Je souligne intentionnellement.
2. Monjauvis est, de son côté, préfet de la Loire.

TRIBUNAUX DU PEUPLE ET COURS MARTIALES

Le titre du 19 octobre paraît sur deux colonnes en première page.

L'ÉPURATION EN PROVINCE

Cinq traîtres
vont payer leurs crimes

A Nice, une délatrice
est condamnée à mort[1]

A Paris, il n'y a encore aucune
condamnation à mort de prononcée

Quant au titre du 20 octobre, il est le suivant :

Quand la justice n'est plus un vain mot
Cinq traîtres exécutés
Trois autres condamnés à mort
A Paris, on ne signale même pas
d'arrestations importantes[2]

L'exemple de la Belgique, où « 900 traîtres ont été immédiatement fusillés » et 56 000 suspects emprisonnés[3], sera, avec celui de la province, souvent mis en avant.

Il serait inexact de croire que seule la presse communiste s'indigne des lenteurs de la justice officielle : celle de Paris.

Le Populaire, organe socialiste, fait naturellement écho, le 5 octobre, à la démarche que la commission de la justice du Comité national de la Résistance a effectuée auprès de François de Menthon, ministre de la Justice. Il faut, a-t-elle dit au ministre, « à l'instar de ce qui se passe à Marseille, Montpellier, Toulouse, agir vite et frapper fort ».

Des titres (et des textes) alertent les lecteurs sur la répression telle qu'elle est menée dans une province « exemplaire ».

---

1. Les condamnés à mort l'ont été à Vichy, Tarbes et Nice où Yvonne D..., qui aurait livré treize Français, a été condamnée à la peine capitale.
2. A Montauban, deux miliciens sont exécutés. À Bordeaux, le lieutenant-colonel Franc, chef de la Milice, et le commissaire de police Poinsot ont été exécutés. A Nice, Yvonne D..., dont le cas a été évoqué par *l'Humanité* du 19 octobre, a été passée par les armes.
3. *L'Humanité* l'affirme dans son numéro du 10 novembre 1944.

Celui du 7 octobre :

*15 condamnations à mort
en deux jours à Clermont-Ferrand
Marseille suit...*[1]

Celui du 14 octobre, plus significatif encore :

*L'épuration en province
Le préfet de la Lozère*[1] *est fusillé
En Bretagne, on sévit
Dans le Midi, on exécute
A Paris... on époussette*

Dès le 14 septembre, *Le Parisien Libéré,* de son côté, ironisant sur la mince condition sociale des premiers internés, écrit : « Ne lit-on pas que furent mis hors d'état de nuire rien moins que : Mme X..., cantinière collaboratrice (*sic*) ; Mme Y..., cuisinière, et M. Z..., ajusteur. Bravo et toutes nos félicitations pour d'aussi magnifiques résultats. En réalité de qui se moque-t-on ? »

Le 27 septembre, *Le Parisien libéré* affirmera, avec la même force que la plupart des autres journaux de la Résistance : « *On ne discute pas avec les tortionnaires, on les abat.* » Le journal prendra part à la campagne réclamant l'arrestation de Louis Renault[2], dénoncera les faveurs dont jouissent les internés de Drancy[3], et, en octobre, pratiquement aux mêmes dates que L'*Humanité* et que *Le Populaire*[4], insistera, pour s'en féliciter, sur la rapidité avec laquelle la justice est rendue en province.

---

1. En dix jours, précise également *Le Populaire,* les deux sections de la cour de justice ont prononcé six condamnations à mort.
2. Le 22 septembre, l'éditorial est intitulé : « *Arrêtera-t-on Renault ?* » Le 25, le journal annonce : « *Louis Renault est arrêté.* »
3. *La Parisien libéré* évoque le cas de M. Pierre B..., président du conseil d'administration de la Société anonyme du Claridge, qui reçoit chaque jour des colis de nourriture.
4. Notamment dans les numéros des 14, 19 et 26 octobre.

Face aux journaux communistes qui, à Paris comme en province, réclament que l'épuration soit toujours plus rapide et plus sévère ; face au conformisme ou à l'hypocrisie d'autres titres, un seul contre-pouvoir journalistique se dresse : celui de François Mauriac.

C'est à partir du 4 septembre 1944, donc très rapidement, que Mauriac décide de prendre position dans *Le Figaro*.

Après avoir évoqué plusieurs des graves problèmes qui se posent à la France libérée et partiellement détruite, il écrit : « Il en est un qui, tous ces jours-ci, m'obsède : celui de la justice. Oh ! Je sais bien que ce terrain brûle. Raison de plus pour s'y engager. Vivre dangereusement signifiera pour nous, désormais, écrire dangereusement. »

Dès le 8 septembre — son éditorial du *Figaro* est bi-hebdomadaire —, Mauriac commence donc à écrire « dangereusement », mettant en cause ces « Marat », — référence obligée de beaucoup d'éditorialistes communistes — qui « nourrissent leur verve[1] » d'accusations vagues et terribles et font honte à Paris « de sa lenteur à frapper les coupables ». « Il se peut, écrit-il, que leur plainte soit en partie justifiée. Mais préfèrent-ils la justice hâtive de certaines provinces[2] ? »

Lu avec passion, recevant de nombreuses informations — c'est ainsi qu'un membre influent de l'Union catholique de Provins, père de sept enfants, lui raconte l'humiliation infligée à l'archiprêtre de la ville[3] ; sollicité constamment d'intervenir auprès du général de Gaulle et auprès de François de Menthon, garde des Sceaux ; tourmenté aussi par le sort de son frère, le doyen Pierre Mauriac, alors emprisonné à Bordeaux, François Mauriac, que protège son attitude pendant l'occupation et son appartenance au Front national, fera preuve d'une audace toujours plus grande en un temps où l'audace était mesurée.

---

1. *Le Figaro,* 13 octobre 1944.
2. *Le Figaro,* 19 octobre 1944.
3. Les F.T.P. avaient arrêté et promené dans la ville l'archiprêtre de Provins avant de le jeter en prison. Selon le correspondant de Mauriac, on lui reprochait « d'avoir prêché l'union autour du gouvernement du maréchal Pétain ». A la suite d'une campagne de signatures, le commissaire du gouvernement, convaincu de la légèreté de l'accusation, donnera l'ordre de libérer l'ecclésiastique. Décision dénoncée le 22 décembre 1944 par le journal local *La Marseillaise.*

Ils étaient peu nombreux, en effet, ceux qui allaient à contre-courant, ceux qui osaient, comme Mauriac, dénoncer le « journal unique » — « oui, unique, car, autant que nous ayons de journaux, il n'en existe qu'un seul : celui de la Résistance [1] » — et mettre en cause, sans le nommer, certes, mais qui s'y serait trompé, le Parti communiste — « le parti unique, la presse unique et les milices armées [2] ».

Mauriac — lui qu'on appellera désormais saint François des Assises — prêche donc « le retour à la politique d'Henri IV, en 1593, et à celle de Louis XVIII en 1814 » et développe longuement, le 2 janvier 1945, la phrase prononcée par de Gaulle dans son allocution du 31 décembre 1944 : « Dans cette guerre qui dure depuis trente ans, il n'est que trop facile de découvrir les erreurs et les fautes des autres. Car qui donc en fut exempt ? » Mais l'important de son action journalistique est ailleurs.

Il est, en effet, l'un des seuls journalistes — sinon le seul — à poser clairement une *question essentielle : celle de la date à partir de laquelle il devenait coupable de suivre Vichy.*

On sait que, pour de Gaulle, donc pour les législateurs de la Résistance, c'est à partir du 16 juin 1940, date à laquelle Paul Reynaud donne la démission de son gouvernement — un gouvernement auquel appartenait de Gaulle —, date à laquelle le maréchal Pétain, appelé par le président Lebrun, lui succède et demande les conditions d'un armistice.

Les actes d'accusation des vedettes, comme des humbles de la collaboration, s'achèvent donc le plus souvent sur cette phrase : « En conséquence, le nommé X... est accusé d'avoir, entre le 16 juin 1940 et la date de la libération du territoire (ou encore " postérieurement au 16 juin 1940 "), entretenu, en temps de guerre, des intelligences avec une puissance étrangère ou avec ses agents en vue de favoriser les entreprises de cette puissance contre la France. »

« Postérieurement au 16 juin 1940. » Pour ceux qui avaient à juger, c'est donc le 16 juin 1940 qui devait être choisi comme « ligne de départ » de toute inculpation.

« Décision arbitraire, écrira Robert Aron [3], elle résulte de la

---

1. *Le Figaro,* 19 octobre 1944.
2. *Le Figaro,* 3 novembre 1944.
3. *Histoire de l'épuration,* t. II, p. 89.

conviction, exprimée et répandue par de Gaulle comme un acte de foi, qu'à dater de la demande d'armistice le seul organisme gouvernemental légal est celui qui refuse de s'y prêter, et qui continue la lutte, c'est-à-dire, en l'occurrence, son Comité national en préparation à Londres. »

Aron écrit cette phrase en 1969 dans son *Histoire de l'épuration*. Mais c'est en décembre 1944 que Mauriac pose à de Gaulle une question brûlante et qui ne recevra jamais de réponse.

Le 12 décembre 1944, sous le titre : *Justice,* François Mauriac écrit en effet :

> « Ne pourrait-on pas réduire le nombre [des prévenus] si on s'entendait, *une fois pour toutes*[1], sur un point qui n'a jamais été clairement éclairci ? Les Français qui ont cru à la légalité d'un gouvernement auprès duquel étaient accrédités, entre beaucoup d'autres diplomates, l'ambassadeur des États-Unis, celui de l'U.R.S.S. et le nonce apostolique, sont-ils sans aucune excuse ? »

Quelques jours plus tard — le 27 décembre — il reprendra le même thème.

> « Un ancien combattant, un officier de carrière est-il sans aucune excuse d'avoir cru sur parole un maréchal de France, chef de l'État légal ?
> C'est tout de même une question qu'il faudra poser jusqu'à ce qu'elle ait reçu une réponse précise. »

Évoquer le problème d'une date — par exemple, l'invasion de la zone libre le 11 novembre 1942 — à partir de laquelle nul n'avait plus le droit de suivre Vichy sans trahison, admettre la légalité momentanée de l'État français, était alors, politiquement, infiniment plus audacieux, plus compromettant que de protester contre la condamnation à mort de l'écrivain Henri Béraud[2], que d'intervenir auprès du

---

1. Je souligne intentionnellement.
2. Article du 4 janvier 1945 : « Mais grâce à Dieu, et pour notre honneur à tous, Henri Béraud n'a pas trahi... » *Cf.* p. 228 et ss.

général de Gaulle pour tenter d'arracher la grâce de Robert Brasillach, que de dénoncer l'encombrement des cours de justice — « Dix-huit mille sept cents affaires sont en cours : les hors-d'œuvre. Plus de cinquante mille dossiers occupent, cette année, les veilles de six cent vingt-trois magistrats. On voit bien le commencement de l'histoire, c'est la fin qu'on imagine mal. »

Claude Mauriac, fils de François mais aussi, en septembre 1944, secrétaire particulier de De Gaulle, note, le 21 janvier 1945[1], que son père approche, dans certains articles, les « lisières de l'opposition » et que Le Figaro lui est un extraordinaire « porte-voix ».

Dans ce quotidien dont le tirage, faute de papier, est limité arbitrairement à 230 000 exemplaires[2], l'épuration n'est, à l'exception de quelques grandes affaires, d'ailleurs jamais « mise en vedette ». C'est l'article de François Mauriac dont on parle. C'est son article qui a la faveur d'une opinion dont Mauriac semble avoir su capter — et même devancer — les réactions et les évolutions.

Ses positions ne sont toutefois pas facilement acceptées par ses confrères.

Parle-t-il de pardon, il s'entend répondre par Camus, dans Combat, que le pardon « aurait des airs d'injure » ; par Georges Izard, dans Le Parisien libéré, que « la charité peut sauver une âme mais [qu']elle tuerait la France » ; par Florimond Bonte, dans L'Humanité, que les « plaidoyers larmoyants » ne sont pas de mise.

Il serait erroné cependant de croire que Mauriac est seul, en France, à dénoncer les excès de l'épuration.

Dans Sud-Ouest, publié à Bordeaux, Jacques Lemoîne, son directeur, écrit, le 15 septembre 1944 : « La France n'entend pas présenter

---

1. *Aimer de Gaulle.*
2. En janvier 1945.

au monde l'aspect d'une furie échevelée, ivre de vengeance et la torche au poing... Elle n'entend pas, pour châtier la barbarie et sa séquelle, se faire barbare à son tour. »

Quelques semaines plus tard — le 11 octobre —, Lemoîne, dans un éditorial intitulé « *Les rois nègres* », dénonce *à la grande satis-faction de la majorité des lecteurs* « ces petites autorités locales qui érigent des dictatures de chef-lieu de canton ou même de préfecture », ces « rois nègres » qui, « plume à leur béret » ou « anneau de grand chef aux narines », disposent de tout et de tous, ces « Enguerrand de Fouilly-sur-Boutonne, Aldebert de Carpentras, Hugues de Bouillac-sur-Boise », en vérité de plus en plus mal supportés.

Dans un domaine plus douloureux encore, *Le Progrès de Lyon* s'indignera, le 20 octobre 1944, de la publication de certaines photos d'exécutions sommaires sur lesquelles les enfants sont non seulement spectateurs, mais encore acteurs, puisque l'un d'entre eux tient la chaîne de deux collaborateurs captifs.

Le 29 décembre 1944, dix jours après la naissance du *Monde,* Hubert Beuve-Méry, son directeur, prendra position dans un éditorial non signé, les éditoriaux n'étant signés qu'à partir de février 1945. « Aujourd'hui encore, écrira-t-il, plusieurs milliers de détenus atten-dent une décision régulière. Cette situation très regrettable est imposée par les circonstances. Tout doit être fait pour y porter remède le plus tôt possible. La justice ne sera jamais trop prompte ni trop dure pour les traîtres. Mais l'internement administratif hérité de Vichy n'est qu'un retour aux lettres de cachet si justement honnies autrefois. »

Mais si Mauriac n'est pas le seul, il faut souligner qu'il est le plus constant et le plus efficace.

Les articles de Mauriac ont-ils quelque influence sur de Gaulle qui se défend d'être sensible à l'influence ? Lorsqu'il recevra l'écrivain, par exemple le 4 février 1945, au moment où le sort de Brasillach est en question, il se gardera de louanges aussi bien que de critiques. Mais il n'en reste pas moins que les appels à l'indulgence de Mauriac le servent en lui ralliant bon nombre de ceux dont la fidélité allait toujours au maréchal Pétain, tandis que l'écho qu'ils reçoivent lui montre avec quelle impatience le peuple attend le retour à l'ordre.

Mais, pour être informé de l'état de l'opinion, il dispose de sources autres que les articles de Mauriac : lettres arrivant en si grand nombre (12 097 entre le 17 novembre 1944 et le 31 janvier 1945) qu'il ne pourra en lire, chaque jour, qu'une sélection et devra se satisfaire du résumé de Claude Mauriac[1] ; rapports qu'il n'a cessé de recevoir de ceux qui, en province, représentaient le gaullisme de Londres et d'Alger ; états de situation dressés par les ministres d'après les communications, peu fréquentes encore, des commissaires régionaux de la République, et bulletins quotidiens du préfet de police de la Seine.

A prendre connaissance de ce qui se passe à Paris, comment ne serait-il pas inquiet des événements qui se déroulent loin du pouvoir, dans ces provinces où l'autorité appartient encore à ceux qui s'en étaient emparés dans le trouble en espérant la conserver par la terreur ?

Il n'est pas interdit de penser que, le 14 septembre, quittant en avion Paris pour Lyon, première étape avant Marseille, Toulouse, Bordeaux, de Gaulle ait eu sous les yeux le rapport de la préfecture de police de la Seine sur les événements de la veille[2]. Rapport qui commence sur ces phrases :

> « La population attend beaucoup des décisions du général Koenig concernant l'interdiction du port d'armes.
>
> Elle souhaite ouvertement que la police régulière redevienne sans retard seule dépositaire de l'autorité sur la voie publique.
>
> En certains points du ressort — notamment à Puteaux, Courbevoie et Colombes —, on se plaint même de ne pas voir assez de gardiens de la paix.
>
> Il est de fait que la police jouit actuellement d'une rare faveur dans l'esprit populaire. La part qu'elle a prise aux événements d'août et les excès qui ont été commis ultérieurement — par des éléments plus ou moins investis —, dans un domaine qui lui était notamment propre, l'ont sensiblement grandie. »

Le rapport fait ensuite mention de la découverte de sept cadavres : un dans le bois de Vincennes, deux sur la voie publique, deux dans la

---

1. Sur le courrier du général de Gaulle, on lira avec intérêt *Aimer de Gaulle,* de Claude Mauriac, pp. 55, 59, 68, 69.
2. Ce texte, daté du 14 septembre, est inédit.

Marne, un dans la Seine, un dans le canal Saint-Martin. « Tous portaient des plaies produites par arme à feu. Le premier seul a pu être identifié. »

Au chapitre des « agressions », il est relaté qu'une bagarre a opposé trois membres d'un « corps franc », installé rue Copernic, au lieutenant Ferrer du corps franc M.L.M. de Courbevoie. L' « enjeu » de la bagarre : un nommé Lucien S..., d'Épinay-sur-Orge, en qui les trois membres du commando de la rue Copernic avaient cru reconnaître un milicien. Ils allaient l'achever lorsque le lieutenant Ferrer est intervenu.

La voiture de M. Deschamps lui a été « prise sans la moindre formalité, elle est actuellement conduite par le commandant M... demeurant boulevard de Magenta ».

Deux hommes se disant membres de la « Brigade spéciale de l'hôtel de Crillon » ont perquisitionné au domicile de l'ancien secrétaire de Fernand de Brinon et emporté deux bicyclettes ainsi que des denrées alimentaires.

Sur instructions du commandant R..., des F.T.P. d'Issy-les-Moulineaux ont arrêté un médecin des hôpitaux demeurant rue du Faubourg-Saint-Honoré. « Les agissements délictueux du commandant R... ont été signalés à plusieurs reprises. »

Le rapport de la préfecture de police, que je cite paragraphe après paragraphe, signale la réquisition par des F.F.I. de la voiture de M. Argence, 12, avenue Rachel ; le refus du commandant Jean, chef des Milices patriotiques du XIe arrondissement, de remettre les armes dont il dispose ; l'irruption, dans un cabaret de la rue Pigalle, de trois « individus armés portant le brassard F.F.I. » ; l'arrestation de deux gardiens de la paix du VIIIe arrondissement « par des éléments de la Milice patriotique les accusant de détournement d'armes » ; l'enlèvement du « sieur Q... Marcel, par deux individus disant appartenir aux F.F.I. », l'arrestation par des F.F.I. du maire de Créteil, ce qui « a soulevé de vives protestations parmi la population locale ».

Le chapitre *Épuration,* aussi curieux que cela puisse paraître, rend principalement compte... de l'arrestation de F.F.I. !

A Saint-Maur-des-Fossés, « les nommés F... et J... (respectivement commandant et capitaine des F.F.I.), prévenus d'extorsion de fonds et d'arrestation illégale », ont été mis sous les verrous.

A Levallois-Perret, ce sont trois F.F.I. qui ont été placés à la disposition des autorités militaires pour avoir tenté « de vendre une voiture dont ils avaient la garde ». A Vanves, le nommé S... « se disant membre des Milices patriotiques » a été envoyé au Dépôt sous l'inculpation de port d'arme prohibée et menaces de mort ».

Il y a plus grave : l'arrestation de cinq membres des Milices patriotiques — ils seront envoyés au camp de Drancy — qui, « sous les ordres du capitaine des F.F.I. C... (en fuite), avaient procédé à des arrestations et surtout à des saisies. On évalue à 4 millions de francs le produit de leurs rapines ».

Quant au commandant *Marcel,* chef des Milices patriotiques du XIIIᵉ arrondissement, et Abdhalla L..., ils ont été envoyés au Dépôt par le commissaire de police du quartier de la Goutte-d'Or pour s'être fait remettre « dix mille francs et une reconnaissance de dette (fictive) d'un montant de cent dix-neuf mille francs par le nommé Z... Mohamed, restaurateur, qu'ils avaient préalablement amené au 106, rue Oberkampf (XIᵉ) pour l'y soumettre à de mauvais traitements ».

Et les collaborateurs ?

Dans ce rapport, écrit dix-neuf jours seulement après la libération de Paris, trois lignes indiquent que « les détenus qui se trouvaient au centre Bertin, 184, boulevard de Créteil à Saint-Maur-des-Fossés, ont été transférés à la prison de Fresnes » ; trois lignes, encore, signalent l'arrestation, par les policiers du XIVᵉ arrondissement, de « cinq personnes prévenues de complaisances coupables envers l'ennemi » ; sept lignes enfin précisent que le commissaire de police d'Alfortville a catégoriquement refusé de céder aux exigences du tout nouveau maire d'Alfortville qui demandait qu'on lui livrât Capron, l'ancien maire (communiste mais ayant chargé de camp) qui venait d'être arrêté. « Pour qu'il fût paré à toute éventualité[1], Capron a été aussitôt conduit au Dépôt. »

Mais Paris n'est pas toute la France.

Paris, qui donne généralement le branle au désordre, est, en septembre, paradoxalement plus calme que le reste du pays depuis que de Gaulle, chagrinant les romantiques de la Résistance, mais faisant

---

1. C'est-à-dire, en clair, pour éviter une exécution sommaire.

sentir sa loi aux apôtres de la révolution, a, dès les premiers moments, montré avec hauteur dans le ton, rapidité dans les attitudes, mépris affiché pour la marée des ambitions, qu'il entendait au plus vite établir, partout, l'autorité de l'État, indissociable, pour l'heure encore, de son autorité.

C'est dans l'agitation de quatre grandes villes de province qu'il lui faut plonger.

4

LES VOYAGES DE LA REPRISE EN MAIN

> « A ceux qui supposent qu'à la libération la
> France pourrait en revenir à l'époque féodale et se
> répartir entre plusieurs gouvernements, nous leur
> donnons rendez-vous un jour prochain, à Marseille
> sur la Canebière, à Lyon sur la place Bellecour, à
> Lille sur la Grand-Place, à Bordeaux sur les Quin-
> conces, à Strasbourg sur le cours de Broglie, à Paris
> quelque part entre l'Arc de triomphe et Notre-
> Dame ! »
>
> Général de Gaulle à Tunis, le 7 mai 1944.

A quel moment de Gaulle a-t-il décidé, pour reprendre la formule des *Mémoires de guerre,* de se rendre « aux points les plus sensibles [c'est-à-dire à Lyon, Marseille, Toulouse, Bordeaux] pour mettre la machine en route dans le sens qui convenait » ?

Si l'on en croit les *Mémoires,* ce serait dans les jours qui ont suivi la formation de son gouvernement, le 8 septembre, formation sur laquelle je reviendrai[1], et dans les heures qui ont suivi la réunion du palais de Chaillot du 12 septembre.

Réunion qui aurait comblé tout autre que lui.

Huit mille résistants l'ont enveloppé de vivats ; le long discours dans lequel il a exposé la politique qu'il entendait conduire a été haché

---

1. Cf. Chapitre 13 : De Gaulle choisit Pleven.

147

d'ovations, mais, attentif à tout, il a surveillé, pesé, soupçonné et, dans les approbations de l'heure, discerné les fissures du lendemain.

Le trébuchet de sa sensibilité lui a permis, au « dosage des applaudissements », aux « signes et coups d'œil échangés entre les assistants » de deviner les réserves et critiques qui bientôt se feront jour.

Mais sa décision de courir « aux points les plus sensibles » est déjà prise. Elle date vraisemblablement du 9, le gouvernement à peine installé, certainement du 10 septembre puisque, ce jour-là, le cabinet du général établit, les grandes lignes du voyage.

On connaît les raisons qui ont hâté le « raid » de De Gaulle sur Lyon, Marseille, Toulouse, Bordeaux, quatre grandes villes du Sud et du Sud-Ouest turbulent, quatre villes dont trois, s'étant trouvées, jusqu'au 11 novembre 1942, en zone non occupée, étaient graduellement passées du pétainisme fervent à une active, bouillante et bruyante résistance, souvent dominée par les communistes.

Ces raisons, de Gaulle les a exposées dans les *Mémoires de guerre*. Elles ne surprendront pas le lecteur.

> « Trop d'indignations accumulées depuis quatre ans fermentaient sous le couvercle pour qu'il n'y eût pas d'explosion dans le bouleversement qui suivait la fuite de l'ennemi et la déconfiture de ses complices. Beaucoup d'éléments de la Résistance entendaient procéder eux-mêmes aux sanctions et à l'épuration. Des groupes armés sortant des maquis cédaient à l'impulsion de faire justice, sans autre forme de procès, à l'encontre de leurs persécuteurs. ... Les autorités locales avaient d'autant plus de peine à dominer la situation que la force publique leur faisait gravement défaut[1]. »

---

1. A la date du 12 septembre, Claude Mauriac note dans *Aimer de Gaulle* avoir entendu Claude Guy, qui sort de la table du Général, lui dire que « le gouvernement n'a aucun contrôle sur certains groupements insurrectionnels de F.F.I. dans le Centre et le Midi ».

Ce sont donc bien les excès de l'épuration qui précipitent son voyage vers ces bruyantes, impulsives et, dans les mots souvent, dans les faits parfois, révolutionnaires capitales provinciales qui se grisent d'indépendance et d'anarchie.

Sans doute de Gaulle aurait-il pu diriger vers les régions les plus troublées des contingents prélevés sur l'armée d'Afrique. Mais c'eût été soustraire une partie de l'armée française à la bataille décisive et « compromettre la participation de nos armes à la victoire[1] », participation dont, chef de gouvernement provisoire, il attend qu'elle aide notre diplomatie à reconquérir la place perdue depuis 1940.

C'eût été également retarder le moment où Anglais et Américains reconnaîtraient un gouvernement qu'ils jugeaient toujours instable parce que toujours menacé.

« Renoncements désastreux » auxquels de Gaulle ne saurait se résoudre.

Il choisit donc d'affronter — et d'affronter seul — les « bouillonnements plus ou moins violents » qui agitent plusieurs villes, bouillonnements importants, à ses yeux, dans la mesure où, « pour saisir le pouvoir en province, comme il avait essayé de le faire à Paris[1] », le Parti communiste, grâce aux nombreux comités dans lesquels il s'était assuré la majorité, avait pris à tâche et à cœur d'exploiter les troubles et de profiter du mécontentement qui, déjà, se faisait jour.

Qu'il y ait eu beaucoup d'improvisation dans la préparation du voyage, c'est évident, et Glaude Guy, officier d'ordonnance qui accompagne le Général, le dit le 13 septembre à Claude Mauriac qui, lui, demeure à son poste à Paris : « Le Général... part demain matin en avion : il restera absent quelques jours et parlera à Lyon, Marseille, Toulouse, Bordeaux... En temps de paix, il n'eût pas fallu moins de vingt jours de préparation policière pour organiser les seules cérémonies de Marseille, et nous partons comme cela, sans que rien soit prévu. »

« En temps de paix... », mais, en septembre 1944, c'est l'urgence qui commande. De Gaulle court au feu.

D'ailleurs, l'inquiétude de Claude Guy est quelque peu excessive. Il y a improvisation, mais non négligence. Pratiquement identiques pour

---

1. *Mémoires de guerre.*

toutes les villes, les mesures de sécurité sont précisées sur neuf pages, où se trouvent indiqués aussi bien la position des motocyclistes d'escorte que la portière que le Général devra emprunter pour monter dans sa voiture (celle de gauche) et pour en descendre (celle de droite), les contrôles et les fouilles à effectuer, le nombre des convives à inviter au déjeuner...

Le programme, cependant, sera bouleversé dès le 14 septembre. Lorsque *France,* l'avion blanc du Général, se pose à Bron, sur un terrain dont les hangars ont été détruits par les bombardements, il est près de 15 heures. Depuis 10 heures, Farge, commissaire de la République, Longchambon, nommé le 4 septembre préfet du Rhône, le colonel Descour et quelques autres guettaient en piétinant, en bavardant, en refaisant sinon le monde, du moins la France et, certainement, le programme prévu pour les manifestations, l'apparition d'un appareil dont les conditions météorologiques avaient retardé le départ.

On connaît les premiers mots échangés entre de Gaulle et Farge, qui les a complaisamment rapportés[1].

Comme le chef du gouvernement provisoire l'interroge sur l'organisation d'une journée déjà écourtée, le commissaire de la République répond :

— Les chefs de maquis vont vous accueillir. Vous verrez nos équipes de jeunes : les agents de liaison de la Résistance. Ce soir, vous dînerez avec tous les résistants de la première heure...

— Et les autorités ?

— En prison, mon général.

Selon Farge, le Général, tout à la fois attristé par les prises de position maréchalistes — quand elles n'étaient pas collaboratrices — de ceux qui, dans son esprit, comptaient naturellement au nombre des élites et inquiet par le foisonnement d'hommes jeunes, indisciplinés, volontairement hors des hiérarchies et dont la force pouvait être captée et utilisée par d'autres que lui, se serait cabré « dès le premier contact avec le renouveau français ».

En vérité, si Yves Farge a, pour l'instant, pris déjà de nombreux arrêtés[2], publiés dans un bulletin pompeusement baptisé *Journal*

---

1. *Rebelles, Soldats et Citoyens.*
2. Il signera au total 1 260 arrêtés.

officiel du Commissariat de la République (Région Rhône-Alpes), s'il a nommé assez de collaborateurs pour que son cabinet de commissaire de la République ressemblât à un ministère « dont il aurait été le président du Conseil[1] », remplacé les membres de la délégation spéciale de Vichy, maintenu la taxation des prix, abrogé les lois raciales et tenté de mettre un frein au « bazar[2] » qui règne dans la ville, le commissaire de la République a, le 14 septembre, mis en prison peu d' « autorités[3] ».

D'ailleurs, lorsqu'il jugera Farge, de Gaulle, dans ses *Mémoires de guerre,* en parlera comme d'un homme « s'accommodant volontiers de ce que la situation avait de révolutionnaire, mais se gard[ant] des actes extrêmes » et, lorsqu'il jugera les Lyonnais « dans leur ensemble », il en parlera comme d'une population qui « ne méditait nullement de bouleverser la vie nationale », ce qui est bien vu pour Farge, journaliste anarchisant, courageux, vaniteux, brouillon, habité de grandes idées qu'il se révèle souvent incapable de traduire en actes ; ce qui est bien vu également pour la population d'une ville qui aspire à retrouver très vite l'équilibre et à reconstruire — ponts, usines, gares, immeubles d'habitation détruits par les bombardements des 29 mars et 2 mai 1944 ou sabotés par les Allemands pendant les dernières heures de l'occupation.

De Gaulle ne s'est pas attardé à Bron. Très vite, par l'avenue de Saxe et la rue Servient, le cortège a gagné la préfecture où la foule — selon un journaliste du *Progrès* — l'acclame « à tout briser ». A l'allocution d'*Alban* (Vistel) qui revendique pour le Comité départemental de libération, qu'il préside, le droit d'être le « lien nécessaire » entre le gouvernement et la nation, de Gaulle répond : « Nous devons nous engager sur des chemins nouveaux. Il faut le faire dans l'ordre, et nous ne manquerons pas à l'ordre. »

« L'ordre » à Lyon aujourd'hui, comme hier à Paris, comme demain à Marseille, à Toulouse, à Bordeaux, thème central de tous les discours de De Gaulle, qu'il parle à quelques-uns ou s'adresse aux foules, comme bientôt à cette foule lyonnaise qui, place des Terreaux,

---

1. Selon le mot de Claude Morgan.
2. Le mot est du général Brosset, commandant de la 1re division française libre qui est entrée dans Lyon.
3. A l'exception du procureur Ducasse, de Charles Maurras, de Maurice Pujo, de Marius Berliet et de ses quatre fils.

devant l'hôtel de ville, a patienté pendant des heures et lui fait une inoubliable ovation. Ovation qui va permettre aux journalistes de prendre avec la vérité historique bien des libertés en affirmant que, « depuis *quatre ans*[1], elle [la foule lyonnaise] lui donnait sa reconnaissance et sa confiance ».

Par la rue de la République, de Gaulle a tenu à venir à pied jusqu'à l'hôtel de ville, ce qui ralentit la marche du cortège, mais lui permet de voir et surtout d'être vu sans jamais, tant il en impose, que « la mer humaine ne déborde la frêle ligne du service d'ordre[2] ».

Les autorités — car il reste tout de même des autorités à Lyon, quoi qu'en ait dit Farge — attendent à l'hôtel de ville. Autorités nouvelles comme les cinquante-sept conseillers municipaux nommés par le commissaire de la République ; autorités de fondation comme le cardinal Gerlier, cardinal du « *La France, c'est Pétain* », mais aussi de l'aide apportée aux juifs[3] ; autorités anciennes et nouvelles à l'image de Justin Godart, maire « provisoire » qui occupe la place en attendant le retour de déportation d'Édouard Herriot et que son âge — il a soixante-treize ans — ainsi que sa carrière politique menée depuis 1906, toujours au sein du parti radical socialiste, empêchent de compter au nombre de ces « hommes neufs » dont, avec plus ou moins de raison, la IVe République célébrera l'irruption aux postes de commande.

Après avoir salué Godart, le cardinal, les conseillers municipaux, les représentants de l'industrie, du commerce, des syndicats ouvriers, des professions libérales et de l'artisanat, de Gaulle s'adresse à la foule. Il est 17 h 45.

Charles de Gaulle écrit-il *tous* ses discours, les apprend-il *tous* par cœur ? Je doute qu'il en soit allé ainsi pour le discours de Lyon et pour ceux de Marseille, de Toulouse, de Bordeaux, tous coulés dans le même moule, tous reprenant les mêmes trois thèmes : les ruines à relever ; la grandeur de l'armée française ; l'ordre indispensable à la

---

1. Je souligne intentionnellement.
2. *Le Progrès,* 15 septembre 1944.
3. De Gaulle, très attentif aux personnes et aux mots, signale, dans les pages des *Mémoires de guerre* où il relate ses premiers voyages, la présence du « cardinal Gerlier » à Lyon, du « vaillant archevêque Mgr Saliège » à Toulouse ; de « l'archevêque Mgr Feltin » à Bordeaux. On remarquera que seul Mgr Saliège bénéficie d'un adjectif élogieux, récompense de sa prise de position officielle contre les persécutions antisémites en septembre 1942.

restauration de l'État républicain, thèmes qu'il fait précéder de quelques phrases d'inspiration « locale », dites pour montrer aux foules qu'il n'ignore rien de leurs souffrances passées et de leurs espoirs présents, espoirs dont il lui faut, parfois, couper les ailes car il sait, et le dit, que la Libération ne peut être — en aucun domaine — le retour à la vie « d'avant ».

Le discours de Lyon comprendra des idées et des phrases qui se retrouveront — parfois au mot près — dans les discours futurs, mais il s'ouvre sur ce sacre : « Comment dire à Lyon toute l'émotion, toute la gratitude que j'ai l'honneur de ressentir en me trouvant dans cette capitale gauloise qui fut ensuite la capitale de la Résistance française et qui est aujourd'hui une très grande ville de notre France, couverte de blessures et emportée par son espérance ? »

En quelques mots, tout est évoqué, des massacres d'otages qui, depuis le 11 janvier 1944 et presque jusqu'au dernier jour de l'occupation, ont endeuillé la ville et le département ; en quelques mots, les Lyonnais, qui n'ont « jamais cru que la France était autre chose que ce qu'elle est, c'est-à-dire une grande nation, notre chose à nous... », sont lavés de leur passé pétainiste ; en quelques mots, l' « espérance de Lyon » se trouve rattachée à l'espérance de la France : « Avenir meilleur, voilà tout ! » dira de Gaulle, ajoutant cependant, afin de ne duper personne, que « ce ne sont pas des phrases qui réparent les injustices, que ce ne sont pas des phrases qui font le travail ».

C'est un homme satisfait qui repart le 15 septembre de Lyon, après avoir passé en revue les « forces de l'intérieur » que lui présente le colonel Descour, commandant la région militaire. Du colonel Descour, Henri Noguères écrira, dans son *Histoire de la Résistance en France,* que, si nul ne pouvait mettre en doute ses « sentiments profonds », il s'agissait d'un « officier " classique " n'ayant pas l'habitude de penser en termes de guérilla et de guerre révolution-naire ».

Chef de bataillon à Lyon, à la fin de 1942, lorsque les colonels Henri Zeller et Pfister, à la recherche de responsables pour l'Organisation de résistance de l'Armée, prennent contact avec lui, il deviendra, un an plus tard, chef d'état-major de Chambonnet, le chef régional de l'Armée secrète, et jouera un rôle important dans la constitution du Vercors en « citadelle », puisque c'est de lui qu'émanera, le 8 juin 1944, l'ordre de « mobilisation générale ».

Plus tard, on le rendra responsable d'une mobilisation précoce de maquisards voués à ne pouvoir se défendre contre un assaut en règle de l'armée allemande, mais de Gaulle, qui sait les malheurs du Vercors, ne lui tiendra pas rigueur d'avoir voulu un combat sans espoir. Le 15 septembre, il lui adressera une très belle lettre de félicitations et, dans ses *Mémoires,* il complimentera les troupes qui ont défilé à Lyon de s'être efforcées « en dépit de leur disparate, de prendre l'aspect d'unités régulières. La tradition militaire, ajoute-t-il, imprégnait cette force qui s'était créée elle-même. »

Ce n'est certes pas au responsable du défilé militaire F.F.I. de Marseille que de Gaulle adresserait des félicitations[1].

Lucie Aubrac, épouse du commissaire de la République, assise non loin de De Gaulle, l'a entendu grommeler au passage de F.F.I. décontractés et de jolies infirmières du maquis posées sur les ailes d'une traction avant : « Quelle mascarade ! Quelle mascarade ! »

Avant le défilé, Lucie Aubrac avait refait le plan de table du déjeuner. Dans son innocence de résistante qui a bravé mille périls et pour qui la camaraderie du combat est sacrée, elle croyait légitime de placer près du « premier résistant de France » les hommes qui avaient lutté dans la clandestinité de préférence aux ministres, Diethlem, Billoux, qui accompagnent le Général. « Ceux-là, lui dira-t-elle, vous les voyez tout le temps. »

Cette initiative ne sera pas récompensée, de Gaulle n'ayant pas prononcé un mot durant tout le repas. A Lucie Aubrac qui le prie de l'excuser de son « impair », il déclarera seulement : « Il y a des choses, madame, qu'un chef d'État doit respecter, et le protocole, c'est le protocole. »

Dans la conception que de Gaulle se fait de l'État, de l'autorité rétablie dans un État rétabli, le « protocole », pour reprendre son mot, veut qu'il reçoive non ceux qui se sont couverts de gloire, hier,

---

1. Il faut noter que de Gaulle arrive prévenu contre Marseille et contre Aubrac. Il a reçu le commissaire régional de la République le 10 septembre tout à la fois pour préparer le voyage à Marseille et pour demander à Aubrac de faire preuve de davantage de fermeté.

dans la Résistance, mais ceux qui, aujourd'hui, représentent « quelque chose » dans l'État.

Son mot de Marseille : « Le protocole est le protocole » est symbolique, comme est symbolique la demande qu'il adresse également à Mme Aubrac : « Nous prendrons le café au salon, je m'installerai dans un coin, et vous m'amènerez les préfets de quart d'heure en quart d'heure. » Comme à confesse. Et de Gaulle tient effectivement le rôle du confesseur bien décidé à infliger des pénitences sévères aux pécheurs : Aubrac et ses collaborateurs[1].

> « A lui [Aubrac], aux préfets de la région, à leurs collaborateurs réunis à la préfecture, je marquai *sur le ton voulu*[2] que le gouvernement attendait d'eux qu'ils *fassent leur métier*[2], qu'il s'agissait désormais d'appliquer les lois et ordonnances, en un mot d'administrer, qu'ils en étaient responsables à l'exclusion de tous les tiers. »

Les exactions qui se poursuivent, de Gaulle en rend les communistes responsables : « Ils avaient établi, écrit-il, à Marseille une dictature anonyme. Celle-ci, prenant à son compte des arrestations, procédait même à des exécutions, sans que l'autorité s'y opposât avec vigueur[3]. »

Il est vrai que, dans une ville où il avait obtenu 22,5 pour 100 des voix aux élections de 1936, et où il en obtiendrait 32 pour 100 aux élections législatives d'octobre 1945, le Parti communiste a le vent en poupe.

Appuyé sur des résistants souvent de la dernière heure, quand ce n'est pas de la dernière minute[4] ; sur une police dont les cadres

---

1. Mais enfin, le soir venu, alors qu'il le conduit à sa chambre (celle qu'avait occupée Napoléon III), Aubrac aura la surprise d'entendre le général de Gaulle lui dire : « Vous avez donné un dîner de 40 couverts mais vous n'avez pas de crédits, alors voici pour vous. » « Il a tiré, m'a dit M. Aubrac, un carnet de chèques et a signé un chèque de 40 000 francs environ. »
2. *Mémoires de guerre.* Je souligne intentionnellement.
3. *Mémoires de guerre*, t. III, p. 11.
4. Le 19 août, jour où débute l'insurrection à Marseille, les résistants armés sont entre 500 (chiffre pessimiste) et 1 500 (chiffre optimiste). C'est l'action de l'armée de Lattre et, particulièrement, de la 3e division d'infanterie algérienne qui a délivré Marseille, mais des résistants, notamment en servant de guides ou en réduisant des petits points d'appui, ont aidé à cette libération.

traditionnels ont été chassés mais dont les Milices patriotiques sont venues grossir les effectifs; sur les syndicats et notamment ceux qui contrôlent le port; sur trois quotidiens hurlant quotidiennement à la mort et tirant ensemble 240 000 exemplaires[1]; mettant à profit l'énorme pagaille qui règne dans la ville, le mécontentement d'une population affamée, la peur d'une bourgeoisie parfois compromise et qui tremble en apprenant que, si, dans les salons de la préfecture, « des femmes barbouillées de vin et de tricolore curent avec leur couteau le fond d'une boîte de conserve[2] », dans les caves de cette même préfecture on torture et l'on tue[3], les communistes ont-ils trouvé en Raymond Aubrac, commissaire de la République, un allié au moins passif?

De Gaulle le laisse entendre dans ses *Mémoires* lorsqu'il reproche à l' « autorité » — et l'autorité c'est Aubrac — de ne pas s'opposer avec vigueur à la « dictature anonyme » des communistes.

En vérité, l'affrontement, à Marseille, est moins entre l'État et les communistes qu'entre les communistes et les socialistes.

Aubrac — Raymond Samuel —, qui a été un résistant courageux, n'hésitant pas devant les risques, n'est pas communiste, et les communistes auraient voulu qu'à Marseille le poste de commissaire de la République fût attribué à Gaston Monmousseau, l'un des leurs.

En revanche, Lucie Aubrac, sa femme, qui, pour le délivrer de la prison lyonnaise où Barbie l'a enfermé, n'hésitera pas à organiser le coup de main le plus romanesque et le plus audacieux qui se puisse imaginer[4], a appartenu, avant la guerre, aux Jeunesses communistes. Elle a rencontré alors Georges Marrane, qu'elle reverra à plusieurs reprises pendant l'occupation et qui se départira, en sa faveur, du mystère dont les communistes s'enveloppent avec raison. Et des communistes ont aidé à l'évasion de son mari.

Le couple, dans lequel, par son dynamisme, son éloquence et la

1. *La Marseillaise,* 125 000 exemplaires; *Rouge Midi,* 90 000; *Midi Soir,* 25 000.
2. Notes de M. André Ducasse. *Cf. La Libération de Marseille,* p. 112.
3. « Les caves de la préfecture, par les tortures qu'on y inflige, poursuivent la tradition des geôles allemandes... Les disparitions vont de pair avec les arrestations. » (Pierre Guiral, *Libération de Marseille*). Le livre a été préfacé par Gaston Defferre.
4. *Cf.* Lucie Aubrac : *Ils partiront dans l'ivresse, Lyon-mai 1943; Londres-février 1944.*

156

passion qu'elle porte à son mari et qu'elle lui inspire, Lucie joue sans doute un rôle déterminant, n'a donc aucune raison d'être hostile aux communistes. A Marseille plus qu'ailleurs, ils représentent une force populaire à laquelle il serait d'ailleurs vain de s'opposer directement.

Nommé tardivement commissaire de la République et alors qu'il avait quitté l'Assemblée consultative d'Alger pour s'engager dans les parachutistes ; mal préparé, selon la formule de De Gaulle, à adopter la « psychologie du haut fonctionnaire », ayant d'ailleurs refusé tout traitement, ne connaissant presque personne à Marseille, sensible aux discours qui lui semblent les plus proches de ceux que tenaient les résistants pendant la clandestinité, Aubrac, ne recevant presque aucune instruction de Paris avec qui les liaisons sont rares, sera tenté d'appliquer des solutions qui, pour paraître improvisées, n'en ont pas moins été longuement mûries par les hommes du Parti communiste auxquels il fait une large place sans imaginer qu'il met le doigt entre l'arbre (communiste) et l'écorce (socialiste).

Dans les notes qu'il rédigera trente ans après l'événement — on les trouve en annexe du livre de Guiral, *La Libération de Marseille* —, Aubrac reconnaîtra d'ailleurs avoir « refusé de s'écarter de la C.G.T. dont les dirigeants étaient à prédominance communiste », et avoir « symboliquement » nommé le communiste Jean Cristofol à la présidence du Comité régional de Libération[1].

Mais, lorsque de Gaulle arrive à Marseille, le 15 septembre, il est surtout reproché à Aubrac d'avoir immédiatement intégré les Milices patriotiques dans les « Forces républicaines de sécurité » — les futures C.R.S. —, mal maîtrisé l' « épuration sauvage » dans des départements où son pouvoir est encore symbolique et réquisitionné quinze entreprises régionales qui, toutes, sont des filiales d'entreprises nationales[2], ce qui lui vaudra de sévères admonestations (« cordonnier pas plus haut que la chaussure ») des ministères parisiens.

Approuvé par les communistes, comment Aubrac pourrait-il l'être par les socialistes locaux qui, politiquement en perte de vitesse, s'appuient, pour le critiquer rudement auprès du ministre de l'Inté-

---

1. Il est vrai que le socialiste Francis Leenhardt est président du C.D.L. et qu'Aubrac nommera Gaston Defferre, le 21 septembre, président du conseil municipal de Marseille.

2. Aubrac fera remarquer que le premier ordre de réquisition a été signé par Pierre Tissier, conseiller d'État.

rieur, *son* ministre, le socialiste Tixier, sur les modérés d'hier qui ont massivement rejoint les rangs du M.R.P. naissant ?

Le socialiste Leenhardt précisera plus tard à l'historien Charles-Louis Foulon que ce sont bien les socialistes qui ont obtenu le départ d'Aubrac[1]. Départ effectif en janvier 1945, de Gaulle ayant demandé au préfet Paul Haag de « rétablir la légalité républicaine et de *conserver à la France une région qui lui échappe*[2] ».

Y a-t-il eu menace de scission, d'éclatement, de « république de Marseille » ? Aubrac, qui a été appelé à Paris, sans être informé que l'y attend un décret le mettant en position d'expectative, l'a toujours nié. Mais de Gaulle, dès le 15 septembre, semblait bien craindre le pire, puisqu'il a prescrit au général Chadebec de Lavalade, qui commande depuis dix jours la région militaire[3], de diriger vers le front d'Alsace les F.F.I. de bonne composition et de dissoudre sans tarder les « fractions soumises à une obédience cachée[4] », tandis que le ministre de la Guerre reçoit l'ordre d' « envoyer tout de suite à Marseille un régiment d'Algérie pour faciliter les choses[4] ».

Quittant Marseille la « tumultueuse », où il a compris que le renouveau de la France ne se réaliserait jamais « si la liberté se confondait avec le désordre[4] », de Gaulle fait une brève escale à Toulon. La vue de 40 navires arborant le grand pavois le console un peu du spectacle affreux de tous les bâtiments sabordés le 27 novembre 1942. Puis il s'envole pour Toulouse, capitale d'une région historiquement turbulente, où dominent maquis F.T.P. et brigades espagnoles, où des autorités, presque toutes de la gauche extrême, ont immédiatement occupé les postes essentiels, tandis que les passions exaspérées

---

1. *Le Provençal,* quotidien socialiste, a mené campagne contre « quatre mois d'indécision, de négligences, pour tout dire de carence de l'autorité ».

2. Je souligne intentionnellement.

3. Le général Chadebec de Lavalade, avant de faire partie du jury qui condamnera à mort Pucheu, a publié à Beyrouth, en juin 1943, sous le titre *Pétain ?,* une brochure qui niait assez bassement et fort servilement les capacités militaires du général Pétain entre 1914 et 1918.

4. *Mémoires de guerre.*

par les exactions allemandes et miliciennes se traduisent en représailles désordonnées et parfois répugnantes.

Il faut s'arrêter à Toulouse[1].

De la journée de Toulouse, on peut en effet dater la grande désillusion de la Résistance maquisarde, qui avait délégué pour rencontrer de Gaulle quelques-uns de ses représentants les plus audacieux, les plus « tête près du bonnet », les plus méprisants des hiérarchies décidées par d'autres qu'eux-mêmes.

Dans leur ignorance des traditions et règles de l'armée, ils s'attendaient à découvrir, en de Gaulle, un homme un peu à leur image, décontracté, tape sur l'épaule, accolade, oreille offerte à des récits glorieux et avantageux, un « grand frère », suivant le mot du colonel F.F.I. Georges. Ils auront en face d'eux un « grand chef » glacial, un homme en armure, roi à la reconquête d'un royaume qui, jusqu'au 14 septembre, ne dépassait pas celui des premiers Capétiens.

Remâchant sa déconvenue, le colonel Serge Ravanel dira, quarante ans plus tard, que les choses se sont passées, ce 16 septembre, d'une « façon dramatique » et que « le général de Gaulle a laissé échapper [à Toulouse] une occasion très importante[2] » que, selon lui, la France paie encore aujourd'hui.

Les mesures prévues pour le trajet entre l'aérodrome de Blagnac et la préfecture de la Haute-Garonne avaient été calquées sur les mesures adoptées à Lyon et à Marseille : voiture éclaireur, voiture pilote, motocyclistes pour encadrer la voiture (sans marchepied) du Général, stricte surveillance des immeubles proches de la préfecture, F.F.I. et gendarmes mobilisés pour contenir une foule à qui, de l'horaire des déplacements du chef du gouvernement provisoire, on ne fera connaître que l'heure du discours.

---

1. Sur les événements de Toulouse, nous possédons trois témoignages de valeur et qui concordent : celui de Pierre Bertaux, commissaire de la République ; celui du colonel Ravanel, commandant la région militaire ; celui du commandant Georges, patron des F.F.I. du Lot mais, depuis le 24 août, chef de la sécurité militaire de Toulouse.

2. Jean Lacouture, *De Gaulle ou l'éternel défi.*

Sur le papier, tout devrait se dérouler parfaitement.

Mais l'humeur des hommes ne se règle pas sur le papier.

Il est 11 heures, car de Gaulle, qui arrive de Marseille, a pris du retard. Sur l'aérodrome de Blagnac, où l'aviation F.F.I. — cinq avions de chasse rafistolés, deux bombardiers abandonnés par les Allemands — a été mise en bonne place, cent cinquante à deux cents personnes — des « autorités », clandestines l'avant-veille — attendent depuis plus d'une heure, en battant la semelle, car il fait froid.

De l'avion marqué de la croix de Lorraine, le lieutenant Guy, officier d'ordonnance du Général, descend le premier. Paraît de Gaulle.

Récit de Serge Ravanel à Jean Lacouture, récit qu'il m'a confirmé en juin 1990.

« On s'attendait à ce qu'il y ait une certaine fraternité. On s'attendait à ce qu'il s'adresse à nous comme à des hommes qui s'étaient battus. Qu'il y ait une petite affection, de la sympathie, des sourires, qu'on se tape un peu sur l'épaule... Et on voit arriver un homme très fermé. Il serre les mains à toute vitesse, et on s'embarque aussitôt dans les voitures. »

Ravanel — « le colonel Asher, alias *Ravanel,* écrira de Gaulle dans ses *Mémoires de guerre,* qui avait pris le commandement de la région militaire et exerçait une autorité aussi vaste que mal définie » — n'est ni un courageux analphabète ni l'habile bénéficiaire d'exploits inventés.

Polytechnicien, il s'est engagé très tôt dans la Résistance. Comme bien d'autres à Lyon, il a distribué des journaux clandestins. Des journaux, il est passé — ils sont moins nombreux à le faire — aux bombes et à l'action au sein des groupes francs de « Libération ». Arrêté, il s'est évadé en mai 1943, et a repris le combat. Arrêté à nouveau, il s'est encore évadé. Son itinéraire de résistant l'a conduit à la tête de groupes francs dans le nord de la France. Revenu à Paris, il a attaqué le Palais de justice pour délivrer le patron de « Libération », Jean-Pierre Lévy, et a participé à la destruction du fichier de la classe 1942, ce qui a évité à de nombreux jeunes Parisiens d'être envoyés en Allemagne au titre du S.T.O. Enfin, Ravanel a rejoint Toulouse — « par accident », me dira-t-il — pour y reconstituer, en avril 1944, le commandement militaire F.F.I., avant d'être nommé par le général Koenig chef régional des F.F.I. [1].

Est-il communiste? On l'a beaucoup et souvent dit. Il l'a toujours démenti, se définissant comme un « homme d'unité » et affirmant que la confusion n'avait été faite — et volontairement faite — que dans la mesure où il avait toujours associé les communistes à son action.

En tout cas, cet homme de vingt-cinq ans, passionné de courses en montagne [2] et d'engagements violents, est, le 16 septembre 1944, un homme profondément atteint car l'image de De Gaulle, qu'au fil des années de lutte il s'était construite, vient de se briser.

Déçu, il ne sera pas le seul.

Dans la voiture, encadrée de motards, qui conduit de Gaulle à Toulouse, Pierre Bertaux, commissaire de la République, a naturellement pris place à côté du chef du gouvernement provisoire.

Pourquoi lui parle-t-il de ce colonel *Hilaire* ou, plus exactement, de ce major George R. Starr, qui a été, dans le Sud-Ouest, l'un des meilleurs agents des services secrets britanniques [3], l'organisateur du réseau Weelwright, et, grâce à ses liaisons avec Londres, le « fournisseur » en armes et munitions du bataillon « Armagnac » ?

Pourquoi lui raconte-t-il, avec une faconde amusée, l'entrée dans son bureau de commissaire de la République « d'un petit bonhomme, sec comme un coup de trique, martial, brinquebalant de ferrailles diverses, pistolets, poignards de commando pour « Silent Killer » ?

Pourquoi lui répète-t-il les propos que lui a tenus *Hilaire* dans un sabir anglo-franco-espagnol : « Je suis le colonel *Hilaire,* j'ai sept cents hommes armés, j'ai dans ma poche un ordre signé Churchill et de Gaulle et, s'il y a le bordel ici, je tape sur la table et je dis : " Ici, c'est moi qui commande. " »

---

1. Sur quelques-uns des traits de courage — je préfère la formule au mot « exploits » — de Ravanel, il faut lire l'ouvrage de Lucie Aubrac : *Ils partiront dans l'ivresse.*

2. Il a choisi pour pseudonyme *Ravanel,* du nom d'un pic qui domine Chamonix. Ravanel était le guide de l'alpiniste anglais Numery. Il avait été décidé que le chef du groupe franc, dans lequel se trouvait Ravanel, aurait pour pseudonyme *Numery,* mais *Numery* ne devait jamais prendre ses fonctions.

3. Selon R. D. Foot, sévère historiographe des services secrets britanniques, Hilaire fut l'un des trois meilleurs parmi les vingt-cinq chefs de réseau du « Special Operations Executive ». Henri Noguères écrira (*Histoire de la Résistance en France*) que, grâce à Hilaire, « des milliers de maquisards gascons, avec lesquels il a combattu sans prétendre les commander, ont tous reçu armes et matériel ».

Croit-il vraiment amuser de Gaulle ? Quelle erreur !

« Et vous ne l'avez pas fait arrêter sur-le-champ ? » demande le Général.

Non seulement Bertaux n'a pas fait arrêter *Hilaire,* mais de Gaulle apprendra, une fois arrivé à la préfecture, qu'il l'a invité au déjeuner qui, autour du chef du gouvernement, réunira moins de trente convives. « Eh bien, vous le décommanderez ! Il ne déjeunera pas avec nous. »

Toutefois, le Général acceptera, à la demande de Bertaux, de recevoir *Hilaire* en tête à tête une fois le déjeuner terminé.

L'entretien durera une dizaine de minutes. Lorsqu'il sortira, de Gaulle dira à Bertaux : « Vous donnerez vingt-quatre heures au colonel *Hilaire* pour quitter le territoire français. Passé ce délai, vous le ferez arrêter[1]. »

Quant à *Hilaire,* qui sort, lui aussi, du bureau du commissaire de la République, mais par une porte différente, il confie sobrement au chef de cabinet de Bertaux : « J'ai dit merde à de Gaulle ! »

A l'un de ses amis, également l'un de mes lecteurs, M. Pierre Péré, il aurait déclaré : « J'ai dit à de Gaulle : " Je suis un militaire britannique en opération. J'ai un commandement à exercer. Je ne le quitterai que sur ordre de mes supérieurs à Londres. Je vous emmerde ; vous êtes le chef d'un gouvernement provisoire que les Alliés n'ont pas reconnu ! " »

Dans son livre consacré à la libération de Toulouse, Bertaux, après avoir raconté l' « épisode Hilaire[2] », ajoute : « Je n'avais pas alors compris pourquoi et à quel point de Gaulle était chatouilleux en tout ce qui touchait l'intervention des Alliés en France libérée. »

---

1. « Pour comble, écrira de Gaulle dans ses *Mémoires de guerre,* en évoquant son voyage à Toulouse, un lieutenant-colonel anglais intitulé " colonel Hilaire " (...) tenait sous sa coupe des unités qui n'attendaient d'ordre que de Londres. »
2. Bertaux fit dire à *Hilaire* qu'il prenne tout son temps pour faire ses adieux et ses bagages. Après avoir rendu visite à plusieurs de ses amis français, anciens de son réseau ou parents de fusillés et de déportés, après avoir également pris contact avec ses supérieurs à Londres, Hilaire rejoignit Bordeaux le 25 septembre, d'où il prit un avion à destination de l'Angleterre. Décédé le 3 septembre 1980 à Coye-la-Forêt (Oise), *Hilaire,* colonel Starr, est enterré en France.

Il y avait bien des traits de caractère du Général que Bertaux n'avait pas encore compris.

Et, cependant, le trajet entre Blagnac et Toulouse aurait dû l'éclairer.

Depuis Paris, on avait demandé au commissaire de la République que le général de Gaulle pût faire son entrée à Toulouse dans une voiture découverte. N'ayant pas trouvé le véhicule souhaité[1], c'est dans une voiture banalement close que Bertaux a invité le général à prendre place.

Impatience de De Gaulle qui, les faubourgs atteints, commande : « Faites arrêter la voiture, je descends et je vais à pied jusqu'à la préfecture. C'est loin, la préfecture ? »

Bertaux, qui pense que chaque seconde écoulée assure encore quelques minutes de sécurité, feint de ne pas entendre. Alors, c'est au chauffeur que de Gaulle ordonne : « Arrêtez. »

Est-ce à ce moment que de Gaulle aurait dit à Bertaux qui, au souvenir de la fusillade de Paris et de toutes les fusillades qui avaient troublé Toulouse, lui faisait part de ses craintes : « Pour éviter les attentats, monsieur le préfet, il suffit d'un peu d'autorité. Et, pour acquérir cette autorité — que je ne suis pas certain que vous possédiez, monsieur le préfet —, il convient de la montrer... » ?

Bertaux n'en souffle évidemment pas mot et nous ne connaissons la phrase désagréable que par le texte de Claude Mauriac rapportant ce que lui a dit Claude Guy, toujours dans l'ombre de De Gaulle[2].

Quoi qu'il en soit, voici de Gaulle place Esquirol, mais comme, sur le passage, la foule est maigrelette, après cent mètres de marche à pied il demande sur un tout autre ton, un ton où il entre un peu de déception : « C'est encore loin, la préfecture ? »

Bertaux fait signe aux voitures d'avancer. Le Général et son entourage prennent place, et, sans encombre, le cortège pénètre dans la cour de la préfecture, au grand soulagement du commissaire de la République.

Au grand soulagement également de Ravanel qui a effectué le

---

1. Il existe toutefois une photo montrant de Gaulle, à Toulouse, dans une voiture découverte. A ses côtés, Bertaux.
2. En mai 1988, M. Claude Guy rapportera de façon différente les propos du général de Gaulle. Il me dira, en effet : « Le Général a dit à Bertaux : " Pour s'imposer, il faut se montrer ", et il est sorti de la guimbarde. »

parcours dans la voiture affectée à Diethlem, ministre de la Guerre, « son » ministre qui, pas une seule fois, ne lui a adressé la parole, ne lui a demandé si les combats avaient été rudes, ne l'a interrogé sur le comportement des F.F.I., ni sur le nombre des hommes qu'il pourrait diriger vers le front. Rien. Le mutisme le plus complet.

Heureux de quitter un ministre aussi glacial, Ravanel espère sans doute que les choses s'arrangeront, après le déjeuner, lorsque, dans le grand bureau de la préfecture, il présentera son état-major au général de Gaulle. Comme il se trompe ! Il aurait dû écouter plus attentivement le discours que de Gaulle a prononcé, vers 15 heures, devant quarante ou cinquante mille Toulousains massés place du Capitole.

Dans les phrases lancées à la foule, pas un seul mot d'éloge à l'adresse des maquisards. De Gaulle parle bien de la « gloire de nos armées », mais quelles armées : « Celles qui sont venues de l'Empire et celles qui, *les unes et les autres*[1], ne font qu'une seule et grande armée française, indivisible comme la France elle-même. »

Pour le reste, de Gaulle parle, comme dans toutes les villes qu'il visite et toutes les villes qu'il visitera, des difficultés de l'heure, des perspectives d'avenir et du but à atteindre : « La République, la démocratie, la grandeur de la France ».

Ce but, comment y toucher un jour ?

> « Comme on fait tout ce qu'il y a de grand, dans l'ordre républicain, le seul que l'on puisse admettre, c'est-à-dire l'autorité de l'État, *qui est la seule qui vaille, la seule qui puisse être admise à partir du moment où les batailles en désordre ont cessé*[1]. »

Les « batailles en désordre »... Certes, les F.F.I. présents n'ont pas le sentiment de s'être trouvés à Bir Hakeim — bien qu'ils aient donné ce nom glorieux à certains maquis — non plus qu'à Cassino, mais, « en désordre » ou pas, leurs batailles — embuscades serait un mot souvent plus exact — ont bien eu pour résultat de tuer, de capturer, de mettre en fuite des Allemands.

Éliminés de l'histoire militaire — celle qui aura droit aux manuels —, voici qu'ils seront écartés de la politique.

---

1. Je souligne intentionnellement.

De Gaulle poursuit, en effet : « Oui, l'autorité de l'État républicain, de tous ceux qui le représentent, voilà ce que la nation veut pour achever de se libérer des difficultés dans lesquelles elle se trouve et de celles qu'elle rencontrera demain. »

Et le Général achève sur des phrases faussement évidentes ; phrases où chacun met ce qu'il veut avoir entendu, phrases qui déchaînent un enthousiasme irréfléchi et sont, déjà, comme le brouillon — non, comme le canevas — de phrases que, bien plus tard, il prononcera en Algérie.

« Je vous ai entendus et vous m'avez entendu, je vous ai vus et vous m'avez vu.

N'est-ce pas que nous sommes bien d'accord pour aller où nous voulons aller, pour y aller ensemble... »

« Je vous ai vus et vous m'avez vu... » Il va « voir » maintenant les officiers F.F.I. qui piétinent dans un grand salon de la préfecture. « Une belle trentaine de militaires, une belle brochette de colonels. Nous sommes joyeux et nerveux à la fois », écrira Robert Noireau (colonel *Georges*). « On était enthousiastes, me dira Ravanel, c'était pour nous un événement fantastique. De Gaulle, enfin ! »

« Une belle brochette de colonels », de vingt-quatre ou vingt-cinq ans.

A quel âge de Gaulle est-il devenu colonel ? A quarante-sept ans accomplis.

Des hommes dont les galons ont poussé sur des uniformes de maquis, c'est-à-dire un peu sur des uniformes d'opérette pour de Gaulle et sa suite d'officiers de carrière, qui ne comprennent rien à cette révolution maquisarde et s'indignent secrètement que l'apparition du Général n'ait pas figé dans un garde-à-vous collectif ces hommes qui vivent toujours dans la familiarité de la clandestinité et seraient tentés de parler d'égal à égal au chef de la Résistance, eux qui sont des chefs de résistants.

165

Le silence, cependant, se fait très vite.

Depuis longtemps, par méthode plus encore que par caractère[1], de Gaulle sait à la fois demeurer silencieux pour montrer à tous qu'il est le chef et obtenir de ses subordonnés le silence qui les maintient dans leur condition.

Bertaux et Ravanel présentent, l'un après l'autre, des officiers à qui, pas une fois, de Gaulle ne demande ce qu'ils ont fait pendant l'occupation, ce qui leur donnerait l'occasion de justifier brièvement d'étonnantes promotions.

Il se contente d'interroger :

— Quel était votre grade dans l'armée ?

Capitaines, commandants, colonels répliquent avec une fureur humiliée :

— Deuxième classe, mon Général.

— Adjudant, mon Général.

— Caporal, mon Général.

Arrivé devant le colonel Georges, hier chef des F.T.P. du Lot, de Gaulle lance :

— Rectifiez la position.

Georges blêmit, serre les poings et, « au bout de deux ou trois longues secondes, rectifie la position mais en gardant les poings serrés, ce qui n'est pas réglementaire[2] ».

> « Ce Général, qui était notre chef, je dirais presque bien-aimé, c'est-à-dire auquel nous attachait une affection presque charnelle malgré des points de léger désaccord, a été, ce jour-là, l'homme du mépris. Et l'homme du mépris pour des hommes qui l'accueillaient avec fraternité et amitié et qui étaient prêts à tout. Si de Gaulle nous avait dit : " Écoutez, c'est formidable ce que vous avez fait. Maintenant, il y a un travail extraordinaire à accomplir. Mettez-vous-y ", on était enthousiastes, on ne demandait que ça. Au lieu de quoi il nous a humiliés. »

---

1. Dès 1916, il écrit : « Il faut parler peu, il le faut absolument... Chez l'homme de valeur, la réflexion doit être concentrée. Autrui ne s'y trompe pas. Et, dans l'action, il ne faut rien dire. Le chef est celui qui ne parle pas. »
2. Récit de Pierre Bertaux, *La Libération de Toulouse et de sa région.*

Voilà ce que Ravanel dira à Lacouture[1].

En d'autres termes, il évoquera devant moi les mêmes réactions : « Demander à chacun quel était son grade dans l'armée en 40, c'était profondément humiliant. Nous n'étions pas des gens du passé, nous étions enthousiastes, nous avions le sentiment que le pays était à reconstruire en le transformant. Notre force était une force qui se donnait. On attendait une accolade et puis " au boulot[2] ". »

Romanesque Ravanel ! De Gaulle est ménager des accolades. On trouve bien, chez lui, un « je vous embrasse », mais c'est à Leclerc, à la veille de l'entrée dans Paris.

Après avoir salué, les officiers quittent un à un la pièce pour un petit bureau voisin. Scandalisés par la hauteur de ton de De Gaulle, par son avarice sentimentale, ils élaborent les projets les plus insensés, l'un d'entre eux déclarant : « Cet homme est fou, il faut l'interner », d'autres imaginant de l'enlever pour le conduire dans un maquis afin de « lui montrer sur place », de lui « faire toucher du doigt » les réalités, la vie quotidienne de ces hommes à qui il vient de faire rectifier la position.

Avec infiniment moins de retenue, mais autant de surprise peinée, les maquisards de Toulouse réagissent comme, avant eux, ont réagi tant de résistants qui, arrivant à Londres au terme d'un dangereux voyage, étaient blessés par l'indifférence feinte ou réelle de De Gaulle et le soin avec lequel il les entretenait de son combat politique contre les Anglais et contre les Américains, sans s'inquiéter de leur combat contre l'Allemand et ses complices.

Pour de Gaulle, il est vrai, qu'il s'agisse des résistants de 1942 ou des maquisards de 1944, ces hommes n'ont fait que leur devoir. Dans l'univers gaullien, « faire son devoir » ne mérite pas d'éloges, puisqu'il s'agit de la chose la plus naturelle du monde.

Il le dit à Bertaux qui lui fait part de l'exaspération des F.F.I.

— Ils ne sont pas contents.

— Pas contents ? Et de quoi, pas contents ?

— Mon général, ils ne s'attendaient pas à être traités comme ça après des mois et des années de maquis.

— Quoi ? Ils n'ont fait que leur devoir !

---

1. *De Gaulle ou l'éternel défi.*
2. A l'auteur, le 7 juin 1990.

— Oui, mon général, mais, quand on fait son devoir, mettons rien que son devoir, on aime bien qu'à l'occasion on vous dise : votre devoir, vous l'avez bien fait... Vous allez les recevoir encore une fois.

— Non[1].

De Gaulle recevra cependant une fois encore les vingt ou trente « colonels », les vingt ou trente grognards qui fulminent dans la salle de billard et que, passant outre au « non » du Général, Bertaux fait entrer dans le salon où ils se mettent en carré. Et de Gaulle leur parlera. Le même de Gaulle ? Un autre de Gaulle ? Le même et un autre. Un grand artiste de la parole dont il se sert en psychologue, comme il a su se servir du silence.

A ces hommes rudes, simples, mais politiquement formés, qui comptent beaucoup de baroudeurs mais peu de « petits saints », de Gaulle, de sa voix lourde et solennelle, parle du long effort accompli depuis 1940, des difficultés qui obscurcissent l'avenir, de l'impérieuse nécessité de l'ordre afin que la France retrouve bientôt son rang et sa grandeur.

Il achève sur des mots qui lui concilient brusquement un auditoire rétif. « Et maintenant, vous allez retourner auprès de vos hommes, vous leur direz... que je les aime... bien. »

Analysant beaucoup plus tard la méthode de De Gaulle, méthode qui prend racine dans sa conception globale de l'Histoire[2], dans son caractère et l'idée qu'il se fait des autres, de lui-même ainsi que de la France, la France et lui formant un couple, Robert Aron écrira[3] qu'en visitant les villes libérées le Général donnait le sentiment de voir choses et gens comme depuis un avion volant à très haute altitude. Allant plus avant dans son étude, Aron explique alors que de Gaulle utilisait trois « ressorts » : « vigueur, force, carrure, voire brutalité » ;

---

1. Pierre Bertaux, *La Libération de Toulouse et de sa région*, p. 91.
Le général Chevance-Bertin dira s'être trouvé auprès de Bertaux lors de l'intervention du commissaire de la République. « Je suis venu le revoir avec Bertaux et je lui ai dit : " Mon Général, vous avez été mauvais (..). Les gens venaient avec amour vers vous et j'ai l'impression que vous les avez déçus. " » (Numéro spécial de *Sud-Ouest* (1990) consacré au général de Gaulle.)
2. C'est ainsi qu'il dira à Robert Aron : « Vous n'y êtes pas, la crise politique française remonte à 1425 ou à 1513. » 1425, c'est Charles VII avant Jeanne d'Arc ; 1513, la défaite de Novare, qui entraîne, pour Louis XII, la perte des possessions italiennes, défaite dont on ne voit pas comment elle a pu être à l'origine de la « crise française ».
3. *Dossiers de la Seconde Guerre mondiale.*

puis, à l'inverse, mais non point en contradiction : « souplesse, d'où dérive un certain emploi de la ruse » ; enfin, « élévation du débat ». Lorsqu'un problème lui semble difficile à résoudre au plan même où il se pose ou lorsqu'il ne parvient pas à convaincre son interlocuteur, de Gaulle, ce sont les mots qu'il a employés en d'autres circonstances, « prend du champ et de la hauteur, gagne quelque nuage[1] ».

Avec les « colonels » de Toulouse, de Gaulle a procédé selon la méthode que devait décrire Aron : brutalité, puis souplesse et transfert du débat du plan personnel au plan national. Mais que l'on ne s'y trompe pas : la souplesse n'est qu'apparence et ruse. Faite pour dissiper momentanément la mauvaise humeur des « colonels », elle ne détourne pas de Gaulle de son jugement sur le « désordre » qui règne aujourd'hui à Toulouse, comme il a constaté qu'il régnait hier à Marseille, ni de son intention d'y mettre fin.

A Ravanel, qu'il recevra une heure durant en fin d'après-midi, et dont il ne discute pas les galons puisqu'ils ont été attribués par Koenig, il répète : « Ici, c'est le désordre le plus effroyable. Il faut y remédier ! »

Avec la bonne foi et l'aveuglement des gens en place, face aux certitudes des nouveaux venus, Ravanel évoque la qualité de la réception faite par Toulouse à de Gaulle. Pas un instant l'ordre n'a été troublé. Et ce qui est vrai pour Toulouse l'est pour le département. De Gaulle n'est nullement convaincu, dans la mesure où il est informé des troubles du Midi et de ces exécutions sommaires qui sont encore le triste « privilège » des provinces du Sud-Est et du Sud-Ouest. Il ne sera pas davantage convaincu à l'heure des *Mémoires,* lorsqu'il écrira « qu'au tour de Ravanel des chefs de fractions armées constituaient un soviet ». Il se contente donc de répondre à Ravanel qui lui a demandé quelles étaient ses « sources d'information » : « Cela ne vous regarde pas. »

Et il annonce :

— C'est fini ! Je vous envoie le général Collet qui va maintenant prendre le commandement de la région. Vous serez sous ses ordres.

— Collet des Tcherkesses !

Oui, Collet des Tcherkesses, celui qui avait maté la révolte des Druzes et qui, en juin 1941, avait, à la tête de ses escadrons, rallié de

---

1. Ce sont les mots qu'il emploiera dans ses *Mémoires de guerre* pour parler de sa réaction à la suite du « mauvais accord » conclu, contre son gré, entre Français de Vichy et Britanniques après les combats de Syrie en juillet 1941.

Gaulle quelques jours avant le début de la guerre menée en Syrie et au Liban par les anglo-gaullistes contre les troupes de Vichy commandées par le général Dentz.

La réaction de Ravanel est celle de tous les autres F.F.I. : « On nous envoie un colonial qui, toute sa vie, a eu affaire aux indigènes ; c'est donc qu'aux yeux du pouvoir, qu'aux yeux de De Gaulle nous ne sommes que des indigènes avec qui l'on pourra employer un langage sommaire et la manière forte. »

En vérité, les choses se passeront infiniment mieux qu'imaginé.

Collet — gueule et passé de baroudeur, mais intelligence orientale des situations — séduira le colonel Georges en lui disant au moment où ils échangent leurs souvenirs de guerre : « Moi, j'ai peu tiré, mais (geste sec de la main) j'ai tué avec la main. Dans les escadrons tcherkesses, les combats se terminent souvent à l'arme blanche. »

Une prise d'armes a été prévue pour le 17 septembre à 7 heures, de Gaulle devant quitter Toulouse pour Bordeaux à 8 heures. Toute la nuit, Georges — commandant d'armes — a mis sur pied, avec les chefs des unités les mieux encadrées et les mieux équipées, un « programme » qui puisse faire que de Gaulle emporte de sa visite une impression moins détestable que celle qui, visiblement, était la sienne.

Georges gagnera son pari puisque, avant la fin du défilé, le général se tournera vers Bertaux pour lui dire : « C'est la première fois que je vois des F.F.I. Ce que j'ai vu à Marseille, une mascarade. » Dans ses *Mémoires de guerre,* le Général, touché par les « regards », les « larmes » des F.F.I. qui défilaient en ordre devant lui et « montraient combien la règle militaire a de vertu et d'efficacité », leur rendra d'ailleurs hommage.

A deux reprises, toutefois, de Gaulle et ceux qui l'accompagnent ont dû être surpris.

La première fois, lorsqu'ils ont vu défiler des hommes « courtauds, râblés, [le] teint jaune, les yeux bridés ; puissants, disciplinés, l'arme à la hanche », précédés « d'un immense drapeau tout rouge descendant jusqu'à terre [1] ».

---

1. Pierre Bertaux, *La Libération de Toulouse et de sa région.*

— Qui c'est ? demande de Gaulle.

— Qui c'est ? demande Bertaux à Ravanel, son voisin.

— Les Vlassov.

— Les Vlassov, mon général.

Ceux qui passent devant de Gaulle sont effectivement des anciens prisonniers de guerre soviétiques qui, par hostilité au communisme, ou pour ne pas crever de faim, se sont ralliés au Comité national russe créé par le général Vlassov.

Étrange destinée que celle de ce fils de tailleur de village, engagé dans l'Armée rouge à dix-huit ans. Le plus jeune de tous les commandants d'armée soviétique — il a quarante et un ans en 1941 —, il a tenu tête aux Allemands devant Kiev, puis contribué à sauver Moscou. Staline l'a alors décoré de l'ordre de Lénine et de la médaille du Drapeau rouge. Capturé en juillet 1942, Vlassov changera brutalement de camp et de « religion ». Nationaliste, certainement, peut-être tsariste, il lance, avec l'appui des Allemands, qui ne cesseront de le contrôler, d'incessants appels à la désertion et recrute dans des camps où les captifs sont misérablement traités, mais aussi dans des régions où les paysans ont longtemps souffert du communisme, assez d'hommes pour former une trentaine de divisions. Mais Hitler, méfiant, et pour qui les Russes demeurent des « sous-hommes », n'acceptera jamais que les « Vlassov [1] » agissent autrement que dispersés par bataillons au sein des unités allemandes. En 1944, il les éloignera du front de l'Est, les envoyant en Yougoslavie et en France derrière le mur de l'Atlantique, mais aussi dans le Centre et dans l'Est où ils se signaleront par leurs brutalités plus que par leurs qualités militaires.

Lorsque la partie est perdue pour l'Allemagne, de nombreux « Vlassov », vingt mille environ, désertent et rejoignent les maquis où leur connaissance des armes allemandes est appréciée, leur courage et leur endurance justement estimés. Mais que ceux qui terrorisaient la

---

1. Le nom de « Vlassov » sera donné par erreur à toutes les troupes russes combattant du côté allemand. Le terme véritable, *Osttruppen* (troupes de l'Est), s'appliquait aux hommes qui avaient rejoint Vlassov, les sept généraux et les soixante colonels constituant son état-major, mais aussi aux supplétifs *Hiwis* (en principe sans armes), aux volontaires des bataillons de sécurité et aux soldats des légions nationales levées en Ukraine et en Biélorussie lors de l'avance allemande : au total, environ un million d'hommes.

veille villages et petites villes soient présentés en libérateurs, voici qui surprendra et irritera des paysans constatant que, occupants ou libérateurs, rien n'a changé dans le comportement des Russes.

C'est ainsi qu'Ingrand, commissaire de la République en Auvergne, signale, en février 1945, qu'au Puy libéré se trouve, toujours encaserné, un bataillon de six cents ex-S.S. ukrainiens qui, sous l'uniforme allemand, « s'étaient montrés particulièrement odieux avec la population », et que Cordesse, préfet de la Lozère, se plaint d'avoir reçu, en mars 1945, mille cent ressortissants soviétiques dont treize ont déjà été arrêtés à la suite d'agressions. « L'instruction en cours, ajoute-t-il dans son rapport, permettra vraisemblablement de relever à leur encontre d'autres méfaits commis dans le nord de la France où ils se trouvaient avant la Libération. »

Un tract publié le 21 août par la section du Parti communiste d'Albi [1] expliquait que les officiers soviétiques, voulant racheter « la faiblesse qu'ils [avaient] eue en endossant l'uniforme boche pour échapper au bagne des camps de prisonniers... demand[aient] des armes et voul[aient] être encadrés par les Partisans français ».

D'après ce tract, les officiers soviétiques avaient affirmé à leurs troupes : « *Le maréchal Staline* vient de nous faire savoir que *seront amnistiés les soldats soviétiques qui iront se battre aux côtés des Partisans français contre les Allemands. Pour revoir notre Pays, pour rester digne de notre Peuple, pour participer aux victoires de l'Armée rouge :* PAS UN ALLEMAND NE DOIT ATTEINDRE ALBI ! »

Selon les rédacteurs de ce document, le maréchal Staline aurait donc promis d'amnistier les Russes qui déserteraient les rangs allemands pour combattre du côté des partisans français. En réalité, quelle qu'ait été leur attitude, les « Vlassov » devaient, en vertu des accords de Yalta [2], être rapatriés de force en U.R.S.S. où la pendaison attendait

---

1. Inédit. Les passages soulignés dans mon texte le sont dans le tract communiste.

2. Les accords de Yalta prévoyaient le retour dans leur pays d'origine des prisonniers délivrés par les armées alliées, ainsi que leurs ressortissants capturés au cours des opérations militaires. Mais, avant Yalta — 5 février 1945 —, plusieurs

les chefs, le bagne les gradés, l'exil en Sibérie, les soldats et leur famille[1].

Les « Vlassov » et leur drapeau rouge ayant défilé, une compagnie de guérilleros espagnols « au pas rapide et saccadé » ferme la marche[2].

C'est en songeant à ces hommes que de Gaulle, revivant le voyage à Toulouse, écrit dans ses *Mémoires de guerre* : « Une " division " espagnole se formait [prétendant] marcher sur Barcelone ».

A la fin de la guerre d'Espagne, cinq cent mille républicains, soldats et civils, s'étaient réfugiés en France. Recueillis dans des camps improvisés et mal équipés ; hébergés, nourris et soignés de façon détestable ; cédant, certains d'entre eux, à la tentation de revenir dans une Espagne franquiste qui leur semblait moins hostile que la France de la IIIᵉ République, ils s'étaient retrouvés cependant trois cent quatre-vingt mille environ en 1940 sur le territoire français.

Naturellement hostiles au fascisme, n'ayant aucuns liens sentimentaux avec les villageois proches des camps de travail où Vichy les cantonnait, habitués à la violence des corps-à-corps, aux ruses de la guérilla, aux atrocités de la guerre civile, ne craignant ni de recevoir ni de donner la mort, bon nombre de ces hommes avaient, à partir de

---

« cargaisons » de Russes prisonniers avaient déjà été expédiées de Grande-Bretagne à Mourmansk. On estime que 1 393 902 Soviétiques prisonniers, mais aussi travailleurs forcés en Allemagne, furent livrés à la Russie pour les seuls mois de juin et juillet 1945. Au total, deux millions d'hommes et de femmes auraient été rapatriés, le plus souvent de force.

1. Sur ce qui fut une tragédie, à l'époque insoupçonnée, il existe un ouvrage contesté, celui de Nicoloï Stoltoï, *Les Victoires de Yalta,* ainsi que le livre de Nicolas Bethel, *Le Dernier Secret. Historama* a publié également, dans son numéro 15, des articles d'Eddy Florentin et Georges Coudry sur le sujet.

A Beauregard, en région parisienne, le camp de rassemblement des Soviétiques bénéficiait, selon le mot de Roger Wybot, *La Bataille de la D.S.T.,* « de privilèges diplomatiques exorbitants, son statut (était) pratiquement celui de l'exterritorialité ». En France, il exista jusqu'à vingt-cinq camps de rassemblement pour soldats soviétiques.

2. D'après Pierre Bertaux.

D'après de Gaulle *(Mémoires de guerre),* le bataillon des « Vlassov » ouvrait la marche ; il était suivi des Espagnols « conduits par leurs généraux ».

1943, rejoint les maquis F.T.P. ou s'étaient regroupés en unités indépendantes pompeusement baptisées « brigades », voire « divisions », avec le sentiment qu'en travaillant à la libération de la France ils œuvraient ainsi pour la reconquête de l'Espagne.

Dans le Gard, la Lozère, l'Ariège, le Gers, le Lot, le Tarn, les Pyrénées-Orientales, les Hautes-Pyrénées, la Dordogne, l'Aveyron, la Haute-Garonne, départements où se trouvaient toujours leur état-major[1] et environ la moitié de leurs combattants[2], les Espagnols allaient jouer un rôle dont l'efficacité dépendrait de la qualité de leurs chefs.

Ils pouvaient être écumeurs terrorisant les campagnes, pillards, assassins à la solde de quelques « résistants » spéculant sur leur « savoir-faire » et leur indifférence, ou soldats habiles à la confection et au maniement des explosifs, supportant sans plaintes les souffrances du froid et de la faim, ayant de la mort une tout autre conception que leurs camarades français.

Dans *Joies et douleurs du peuple libéré,* j'ai rappelé[3] les éloquents témoignages du capitaine Bigeard et du capitaine Aussaresses. Parachutés dans l'Ariège, ces officiers eurent sous leurs ordres des guérilleros espagnols qui, bien qu'appartenant à la Fédération anarchiste ibérique, n'en avaient pas moins, avec un courage à toute épreuve, le sens de la discipline et de la hiérarchie.

A la Libération, c'est tout naturellement que Toulouse est devenue leur « capitale » provisoire. Ayant hissé le drapeau républicain sur le consulat d'où le chancelier franquiste s'est enfui pour rejoindre l'Espagne, en compagnie du chef de la Gestapo de Foix ; occupant des casernes et de nombreux locaux ; éditant des journaux ; s'affrontant parfois les armes à la main entre groupes rivaux : Union nationale espagnole qui regroupe communistes *et* traditionalistes contre Agrupación Democrática Española socialiste, ils contribuent à accentuer le désordre naturel à toute grande ville récemment libérée et à donner de Toulouse, surtout aux yeux des Parisiens, une détestable image.

---

1. État-major d'abord situé dans l'Ariège, puis dans les Hautes-Pyrénées (Bagnères-de-Bigorre), le Tarn (Gaillac) et la Haute-Garonne (l'Isle-en-Dodon).
2. Pierre Bertaux, commissaire de la République de Toulouse, écrira que, présents dans 41 départements français, ils auraient été au total 60 000 le 1er juillet 1944, chiffre qui paraît considérable, sans doute excessif, le même Bertaux estimant à 300 000 le nombre des maquisards.
3. P. 207-209.

Bertaux, commissaire de la République, que les fonctionnaires parisiens appelleront pendant quelques mois : « Monsieur le commissaire de la République... (un temps) de Toulouse », comme si Toulouse, le département, la région étaient en sécession, Bertaux, qui soutiendra toujours les Espagnols républicains à qui le lie une vieille amitié non exempte de complicité résistante, sera obligé de reconnaître que l'Union nationale espagnole, forte de huit à dix mille hommes en armes dans les seuls départements pyrénéens, se trouve entre les mains du Parti communiste français[1]. C'est le Parti communiste français qui organisera d'ailleurs à Toulouse, du 5 au 8 décembre, le congrès à « grand orchestre » du Parti communiste espagnol, congrès au cours duquel les généraux Modesto, Lister, Fernandez ainsi que Dolores Ibarruri — la *Pasionaria* — et André Marty viendront, devant des auditoires passionnés, réclamer que la libération de l'Espagne suive celle de la France.

Comme eux, d'ailleurs, bon nombre de Français pensaient alors que la fin de l'hitlérisme devait avoir pour conséquence logique la fin rapide du franquisme.

Dans ses *Mémoires de guerre,* de Gaulle, évoquant son voyage à Toulouse le 16 septembre, écrit qu'il fit connaître « aux chefs espagnols que le gouvernement français n'oublierait pas les services qu'eux-mêmes et leurs hommes avaient rendus dans nos maquis, mais que l'accès de la frontière leur était interdit ».

Il n'est pas douteux que le Général ait « fait connaître ».

Il n'est pas douteux qu'il n'a pas été entendu.

Le 10 octobre 1944, le colonel Pierre de Chevigné, qui revient d'un voyage dans les Basses-Pyrénées, signale, dans une longue note adressée au chef du gouvernement provisoire, que s'est constituée dans le département une « armée espagnole antifranquiste de dix à douze mille hommes ». Sur son P.C., l'hôtel Bristol de Pau, flotte le drapeau républicain espagnol. « Les officiers espagnols, ajoute Chevigné, portent les insignes de grades français et circulent dans des

---

1. *La Libération de Toulouse et de sa région.*

voitures arborant les deux pavillons. Le recrutement se fait au grand jour et à grand bruit pour la libération de l'Espagne. L'intendance F.F.I., épaulée par la préfecture (le préfet vient de faire une avance de quarante millions aux F.T.P.), assure la subsistance de ces brigades espagnoles, ce qui ne les empêche pas, bien entendu, de réquisitionner quand elles en ont envie. »

Chevigné ajoute que des groupes armés sortent constamment de France pour aller attaquer les forces franquistes, et que l'unique moyen d'empêcher des incidents graves serait de créer, à la frontière, une zone interdite aux Espagnols et de mettre en place des unités de gendarmerie, de gardes et d' « unités F.F.I. spécialement triées », dont le commandement relèverait de Paris[1].

Ce ne sera pas fait et, avec l'accord tacite de Pierre Bertaux, qui s'abstint de prévenir Paris et donna aux gendarmes du Pont-du-Roi l'ordre de ne pas intervenir (ils n'auraient d'ailleurs pas été en force), plusieurs milliers de guérilleros devaient, à partir du 19 octobre, tenter d'envahir le val d'Aran.

Ces entreprises militaires, vouées à l'échec, allaient souvent s'achever en tragédie.

Ceux qui avaient échappé à l'encerclement par les troupes franquistes, à la prison, à la mort par strangulation, revenaient en France, physiquement épuisés, mais surtout profondément désabusés de n'avoir pas reçu d'une population, lasse de la guerre civile, l'accueil et les secours attendus.

J'ajoute, sans pouvoir, on le comprendra, en apporter la preuve écrite, mais avec une conviction fondée sur des entretiens anciens, que les autorités franquistes avaient été alertées et informées des points de passage des guérilleros par des sources gouvernementales françaises.

En 1365, Charles V avait ordonné à du Guesclin de conduire en Espagne les Grandes Compagnies, moins pour soutenir la cause de Henri de Trastamare contre celle de Pierre le Cruel que pour se débarrasser de mercenaires devenus insupportables à la population.

Les temps et les méthodes avaient changé.

Les motivations demeuraient les mêmes.

---

1. Le département des Basses-Pyrénées fait partie de la 18e région militaire (Bordeaux), mais se trouve encore rattaché à la 17e région (Toulouse) qui refuse de l'abandonner, d'où la suggestion faite par Chevigné de faire provisoirement dépendre de Paris la zone interdite aux Espagnols.

En secret, à Paris, certains se féliciteront de voir s'éloigner, pour des combats perdus d'avance, des hommes dont ils pensaient qu'ils ne pouvaient plus, désormais, qu'être cause de désordre.

Le 17 juin 1940, Charles de Gaulle s'était sinon clandestinement, du moins discrètement, envolé de l'aérodrome de Bordeaux-Mérignac.

Il revient à Bordeaux-Mérignac le 17 septembre 1944.

Mais il n'y a plus ni mystère ni discrétion.

Au pied de l'appareil qui vient d'atterrir, la 1re compagnie d'un bataillon de la demi-brigade de l'Armagnac rend les honneurs. Et toutes les autorités — souvent éphémères — que compte la ville sont présentes.

Secrète, faussement prude, modérée quels que soient le régime et le siècle, commerçante à qui l'occupation n'a pas nui, Bordeaux devrait être l'antithèse de Toulouse l'exubérante, la rose virant au rouge.

En septembre 1944, passant d'une capitale régionale à l'autre, de Gaulle peut cependant croire n'avoir pas changé de ville. La responsabilité en appartient moins aux autochtones qu'à des milliers d'étrangers à la ville, porteurs de mitraillettes, qui prouvent leur patriotisme et soutiennent leurs ambitions

Les Allemands ont quitté Bordeaux le 28 août au matin sans combattre et sans mettre à exécution leurs projets de faire sauter les installations portuaires, le pont de chemin de fer et le pont — alors unique — sur la Garonne, destructions qui eussent représenté, pour la ville et pour toute la région, un désastre économique.

Les négociateurs d'un accord providentiel oubliés, écartés, parfois arrêtés — s'agissant des Français[1] —, se repliant aussi rapidement que

---

1. Sur les négociations qui sauvèrent le port et les ponts de Bordeaux, *cf.* Robert Aron, *Histoire de la libération de la France,* p. 383 et suiv.

Jouèrent un rôle essentiel, du côté français, MM. Louis Eschenauer, « aristo-

possible vers l'est — s'agissant des Allemands —, ou allant s'enfermer derrière les fortifications de la pointe de Grave, Bordeaux restera l'objet de convoitises nombreuses.

Vers la ville convergent les quatre à cinq mille F.F.I. de *Léon des Landes*. Représentant de commerce puis modeste quincaillier dacquois, court de taille, exalté, bavard et doté d'une très belle voix, dont il fera profiter ses compatriotes lors des fêtes données après la Libération, Léonce Dussarat peut faire songer à quelque Tartarin landais. Mais c'est un honnête homme, un résistant courageux, un chrétien convaincu. Grâce à lui l'épuration dans les Landes, où cependant le sang est chaud, n'a pas été sanglante[1]. En octobre 1944, il se trouve au sommet d'une gloire qu'il ne monnaiera pas localement, se contentant de devenir plus tard président de la Fédération des chasseurs des Landes... ce qui n'est RIEN que pour les Parisiens.

Il va jouer un rôle à Bordeaux. Joueront également un rôle les douze mille F.T.P. et F.F.I. accourus de Dordogne et des départe-

---

crate » du vin ; Caussade, chef de cabinet d'Adrien Marquet, maire de Bordeaux ; Rougès, commandant l'un des maquis de la Gironde ; le général Morraglia, commandant les F.F.I. de la région B ; Cusin, futur commissaire de la République ; du côté allemand, le major Kühnemann, responsable de la marine, antinazi et surtout, depuis vingt-cinq ans, en relations d'affaires (il dirigeait avant la guerre une importante maison de vins de Berlin) avec Louis Eschenauer qu'il appelle « oncle Louis » ; le général Nake, commandant les forces combattantes à Bordeaux, et le lieutenant Dornemann, chef de la Propaganda Staffel.

Il ne faut pas oublier l'intervention d'un modeste artificier allemand, Heinz Stahlschmitt, qui, dès le 13 août, s'est offert à empêcher la destruction des installations portuaires et fit effectivement sauter des explosifs destinés primitivement à certains sabotages.

Entre Français et Allemands, Jean-Philippe Larrose, professeur agrégé d'allemand, chargé de cours à l'École de santé navale et interprète de la mairie de Bordeaux. Les « libérateurs »... qui, en la circonstance, n'avaient rien libéré, devaient faire montre, par la suite, de beaucoup d'ingratitude envers Larrose qui avait mis sa force de conviction, son talent et ses amitiés universitaires au service de la ville... Du péril qu'il peut y avoir à parler parfaitement l'allemand en 1944 !... Larrose ne sera pas le seul interprète victime d'études menées à bien ou de connaissances acquises en captivité entre 1914 et 1918.

1. A l'exception des meurtres commis par un maquis espagnol installé à Saint-Lon-les-Mines, près de Dax. Le 24 août, après la Libération de Dax, *Léon des Landes*, chef départemental F.F.I., impose le couvre-feu total à 21 h 30, interdit la circulation de tous les véhicules autres que ceux destinés au ravitaillement et aux services publics, les rassemblements, la détention d'armes et de munitions, les arrestations et interpellations illégales.

ments voisins, ainsi que six mille Espagnols. Unités hétéroclites — une quinzaine au moins — qui suivent plus ou moins fidèlement leurs chefs. Importe moins leur nombre que les appétits et les choix politiques de ceux qui les conduisent, parfois à coups de gueule.

Il est évident que des chefs qui, en Dordogne, par la mitraillette et le revolver, se sont taillé une réputation de cruauté, hélas! souvent justifiée, voudraient traiter Bordeaux la Bourgeoise comme une ville où il ferait bon s'attarder...

Il est clair que, pour d'autres — les colonels Martel, de Milleret, Duchez, Adeline et leurs troupes —, l'objectif demeure l'Allemand et qu'ils se mettent sans barguigner en marche en direction de la pointe de Grave afin d'établir un barrage contre tout retour offensif adverse.

Il est certain que, pour les responsables communistes, à qui ne font défaut ni les hommes, ni les armes, ni l'argent, la mainmise sur les bâtiments qui incarnent et abritent le pouvoir, ainsi que sur les moyens qui diffusent ses ordres, est prioritaire. Lorsque, sous le commandement du lieutenant Gaston Vincent, une section de Sénégalais, libérés d'un camp de prisonniers de Villeneuve-sur-Lot, sera postée, en armes, par le colonel Druilhe près de l'entrée du journal *Sud-Ouest,* ce ne sera nullement pour empêcher l'irruption de quelques introuvables soldats allemands ou de quelques miliciens, mais bien pour faire échec à l'occupation d'une imprimerie convoitée par les communistes[1].

Que la liaison politique entre Limoges, Marseille, Montpellier, Toulouse — où les communistes sont maîtres — et Bordeaux s'établisse, et ce sont trente départements qui échapperont plus ou moins durablement à l'autorité d'un gouvernement fraîchement installé à Paris.

Mais, à Bordeaux, dans la course de vitesse engagée, comme partout, entre les prétendants au pouvoir, ce sont les non-communistes : Cusin, commissaire de la République ; Delaunay, président du C.D.L. ; le général Morraglia ; le colonel Druilhe, chef des F.F.I. locaux, qui, les premiers, ont occupé les bâtiments officiels.

Non sans difficultés, puisque les communistes ne sont pas leurs seuls concurrents. Jacques Chaban-Delmas, qui a effectué, le 6 septembre,

---

1. Cette section appartient au bataillon *Marsouin* constitué à Belvès (Dordogne) et commandé par le chef de bataillon Fourtaux (témoignage de M. Gaston Vincent).

une rapide liaison à Bordeaux[1], affirme avoir délivré Cusin de la chambre d'hôtel où il avait été enfermé[1] par *Triangle,* délégué militaire régional[2], et par *Aristide,* agent anglais qui joue, à Bordeaux, le rôle joué à Toulouse par *Hilaire.* Et qui tient le même langage autoritaire. Trois mois avant la Libération, n'a-t-il pas dit à Gabriel Delaunay et au général Morraglia : « N'oubliez pas que je suis officier de l'armée anglaise, décoré des plus hautes distinctions de Sa Majesté (il a vingt-six ans) et que tous les Français, quels qu'ils soient, doivent m'obéir » ?

Nous retrouverons ces deux personnages, à qui la presse locale, facilement influençable, fait une publicité sans doute excessive en un temps, il est vrai, où il n'est ni aisé ni recommandé de s'interroger longuement sur le passé de qui porte brassard et tient mitraillette.

A Bordeaux, et bien que, pour fêter l'événement, la population ait reçu une troisième décade de tabac[3], de Gaulle a trouvé les « esprits tendus ».

Tendus, car la présence de troupes allemandes à la pointe de Grave, c'est-à-dire à moins d'une cinquantaine de kilomètres de la ville, paraît constituer une menace sérieuse ; tendus, car la multiplicité et la diversité des groupes de résistance accroît l'instabilité dans une ville dont la population, suivant en cela sa pente, aspire au retour à l'ordre.

Il est symptomatique que, dans son éditorial de *Sud-Ouest,* Jacques Lemoîne, membre du C.D.L. et directeur du quotidien, ait lancé, le 16 septembre, cet appel au général de Gaulle :

« Vous seul pouvez asseoir solidement les assises d'une démocratie réclamée impérieusement par le peuple tout entier et éviter les poussées sporadiques mais troublantes *d'un fascisme qui tend*

---

1. *Sud-Ouest,* numéro spécial publié en 1990.
2. Délégué militaire régional, *Triangle* (Gaillard) a tardivement remplacé à Bordeaux le colonel Claude Bonnier (*Hypoténuse*), qui, pour ne pas parler, s'est suicidé dans sa cellule.
3. Cette libéralité a été étendue par le commissaire de la République aux populations des Landes et des Basses-Pyrénées.

toujours à renaître d'un côté ou d'un autre, sous un nom ou sous un autre[1], au moment même où il semblerait terrassé. »

Il est symptomatique qu'à Bordeaux, dans le discours prononcé par le général de Gaulle depuis le balcon de la préfecture, les phrases les plus applaudies aient été celles qui insistaient sur le retour à l'ordre.

Pour parler des réactions de la foule, *Sud-Ouest* a employé dans son compte rendu trois mots qui suggèrent une gradation dans l'enthousiasme : *applaudissements,* voire *longs applaudissements, acclamations, ovations,* ce dernier mot réservé à la phrase qui précéda le chant de *La Marseillaise.* Six fois, les *applaudissements* ont interrompu le discours du Général. Les *acclamations* ont été réservées à ce passage :

> « On ne fait rien que dans l'ordre (*acclamations*). On ne fait rien et surtout rien de grand que dans l'ordre. L'ordre, quel est-il ? C'est celui de l'État, celui de la République, celui que représente et que doit faire exécuter le gouvernement de la République (*acclamations*). »

Que penserait cette foule si elle savait que, dans quelques minutes, alors que de Gaulle s'est retiré pour conférer avec le commissaire de la République Cusin, haut fonctionnaire socialiste à qui est allée immédiatement son estime, une douzaine de maquisards armés ont fait irruption dans le grand salon de la préfecture, « la mitraillette sous le bras et le doigt sur la détente[2] » ? Accompagnés de *Triangle*[3], ils menacent Diethlem, le ministre de la Guerre, en lui disant quelque chose comme « On va te faire ta fête[4] ». Que lui reprochent-ils ? A lui et à de Gaulle — ou, plus exactement, à de Gaulle et à lui — d'avoir « infligé au colonel *Triangle* et au major *Aristide* des affronts immérités[4] ». Affronts qu'ils entendent « venger[5] ». De quoi s'agit-

---

1. Je souligne intentionnellement.
2. Témoignage écrit de M. Léonce Dussarat *(Léon des Landes),* le 18 mars 1966.
3. Témoignage de M. Claude Guy.
4. Témoignage de M. Claude Guy.
5. *Aristide,* de son véritable nom Roger Landès, est un agent britannique envoyé de Londres dans la région bordelaise en mars 1942 et qui, comme *Hilaire* à Toulouse, a contribué efficacement à l'armement des maquis... Armement dont les Allemands devaient partiellement s'emparer à la suite de la trahison de

il ? De l'hostilité que de Gaulle a manifestée à Bordeaux, comme il l'avait fait à Toulouse, à l'égard des agents anglais, *Aristide* n'ayant pas été mieux traité que ne l'a été *Hilaire ;* de son refus d'admettre que certains « chefs » puissent se montrer trop complaisamment réfractaires à la discipline... force principale des armées.

Léon des Landes, le colonel de Rancourt, Claude Guy s'étant interposés, *Triangle* incitera ses hommes à se retirer, alors que de Gaulle, alerté par le brouhaha, sort du bureau de Cusin et, peu amène, demande : « Qu'est-ce que tout ce bruit ? »

Conclusion de De Gaulle au temps des *Mémoires de guerre :*

> « [A ces chefs], j'offris le choix immédiat entre deux solutions : ou se soumettre aux ordres du colonel commandant la région [Druilhe], ou bien aller en prison. Tous préférèrent la première. En quittant Bordeaux, il me semblait que le sol s'était raffermi. »

Et il est vrai qu'à Saintes, où il est arrivé après avoir quitté Bordeaux, les choses ont meilleur aspect, les hommes souvent meilleur visage. La présence de l'ennemi y est pour beaucoup, puisque les Allemands, abandonnant Bordeaux, se sont partiellement regroupés à la pointe de Grave, et que, de l'autre côté de la Gironde, ceux qui occupaient Royan, l'île d'Oléron, ainsi que La Rochelle, n'ont pas bronché.

Un instant on a pu croire que l'ennemi, acceptant de considérer la partie comme perdue, abandonnerait les gages qu'il détenait encore. Et peut-être l'eût-il fait s'il avait eu, en face de lui, des blindés américains et si quelque bombardement, en précisant la menace, avait précipité le mouvement amorcé. Mais les maquisards qui affluent, « formés en bandes comme ils l'étaient au maquis[1] », pour reprendre

---

Grandclément, exécuté plus tard sur ordre de Landès. De Landès, Robert Aron écrira : « Anglais de très fraîche date, il n'en épouse pas moins les intérêts de la Couronne avec une opiniâtreté très britannique : on croirait presque que, pour lui, la guerre de Cent Ans dure encore et qu'il veut maintenir à Bordeaux une enclave insulaire. » *(Histoire de la libération de la France.)*

1. De Gaulle, *Mémoires de guerre,* t. III, p. 16.

l'expression de De Gaulle, mal armés, mal ravitaillés, commandés par des chefs que le colonel Adeline a bien de la peine à tenir en main, ne pouvaient, malgré leur désir de se battre, qu'établir, dans des conditions que l'hiver rendra particulièrement pénibles, on le verra dans un prochain chapitre, un barrage fragile.

Troupes diverses que celles du front de l'Atlantique en septembre 1944. Il y a là des hommes du maquis « Foch », ceux du groupe « Soleil », les F.T.P. de Ricco et ceux de Demorny, la demi-brigade d'Armagnac, la brigade R.A.C., la brigade « Bertrand », venue du Cher, comme le groupe « Parizot », les soldats de la colonne Roland, qui arrivent de Dordogne, et ceux venus des Hautes-Pyrénées.

J'en passe en plus grand nombre que je n'en cite.

Troupes dans lesquelles « tout le monde était orateur, prêchait, discourait, chantait des chants patriotiques », pour reprendre la phrase de Michelet sur les volontaires de 1792, mais dont le colonel Adeline, qui s'emploie « à faire cesser la confusion[1] », a réussi à ordonner le désordre, à dissimuler la misère, à mettre en valeur la fierté, pour que de Gaulle, serein d'apparence, ému devant cette force en devenir, se retire satisfait de la revue qu'il vient de passer dans une vaste prairie proche de Saintes.

A Saintes, de Gaulle a vu des « soldats de l'an II », fiers et débraillés, commandés par des chefs galonnés au gré de leur fantaisie, de leur ambition ou de la nécessité du combat, car il serait injuste d'oublier que la plupart des officiers improvisés doivent leur « promotion » à la dérobade des officiers d'active.

A Orléans, où il se rend ensuite, de Gaulle, « par contraste avec ce qui se passait sur les rives de la Garonne », trouve, dans une ville bouleversée par les bombardements, une population « fort modérée » et des maquisards qui servent de « recours au bon ordre ». De ces maquisards, de Gaulle ne verra d'ailleurs qu'un « beau détachement[2] », les colonels Bertrand et Chomel, commandant les F.F.I. de la Beauce, du Berry et de la Touraine, ayant entraîné leurs troupes

---

1. Le général de Gaulle, venant de Bordeaux, est arrivé à Cognac à 9 h 50. De là, il s'est rendu à Saintes où il est arrivé à 10 h 25. Après avoir passé les troupes en revue et reçu différents chefs de secteur, il a conféré une heure durant avec le colonel Adeline.

2. *Mémoires de guerre*, t. III, p. 17.

dans des combats victorieux contre des troupes allemandes refluant du Sud-Ouest[1].

Dans la soirée du 18 septembre, de Gaulle est de retour à Paris.

C'est le 19 et le 20 qu'il signe les décrets relatifs à l'organisation des Forces françaises de l'intérieur, décrets qui les placent, ainsi qu'il n'avait cessé de le vouloir, malgré les oppositions que l'on connaît, malgré les critiques de la presse communiste[2], sous la seule autorité du ministre de la Guerre.

Le 6 septembre, il avait demandé au général Eisenhower quelles unités françaises il avait l'intention d'employer pour la campagne d'Allemagne, imaginée alors comme très proche.

Le 13 septembre, Eisenhower a répondu qu'il engagerait en Alsace d'abord, en territoire allemand ensuite, l'ensemble des forces françaises constituant l'armée B, c'est-à-dire l'armée commandée par le général de Lattre. Il a prié de Gaulle de lui faire savoir quels éléments de ces forces il laisserait à sa disposition. « Toutes », répond de Gaulle, le 21 septembre, à l'exception de la 1re division blindée du général du Vigier qui devrait être utilisée à réduire les résistances allemandes, qui bloquent toujours le port de Bordeaux, et de la 1re division motorisée d'infanterie, dont la présence « peut être nécessaire dans la région de Paris », où elle se trouverait placée dans la zone de commandement du général Koenig, gouverneur militaire de Paris.

Sa décision, concernant la 1re division motorisée d'infanterie, a-t-elle été inspirée à de Gaulle par les images de désordre qu'il rapporte de Marseille et de Toulouse ; par les rapports qui lui parviennent sur la résistance communiste aux décisions gouvernementales ; par les difficultés que posent et poseront l'intégration et la formation des F.F.I. ou par la volonté de montrer sa force pour n'avoir pas à s'en servir ? Eisenhower l'a soutenu, semble-t-il, avec raison. Selon lui, le général Juin chargé, par de Gaulle, d'une démarche secrète aurait insisté sur le danger communiste, notamment autour de Limoges et de Toulouse, et sur la nécessité d'avoir des forces régulières dans ces zones.

Quoi qu'il en soit, le fait est là.

Face aux journalistes, le 25 octobre, au cours de sa première conférence de presse tenue à Paris à l'intention des correspondants français et alliés, il fera tout pour dédramatiser une situation que les

---

1. *Cf.* p. 473 à 478.
2. *Cf.* p. 422 à 436.

journalistes, étrangers surtout, ont tendance à noircir. Il se servira de questions qui se veulent embarrassantes pour affirmer l'autorité de l'État et, dans la mesure où il espère être entendu en province, pour bien montrer à tous que, s'il comprend les raisons des désordres passés, dont il minimise d'ailleurs la portée, il n'est pas décidé à admettre leur répétition ou leur poursuite.

— Est-ce que vous pourriez nous parler un peu de la situation des F.F.I. en province, parce qu'il y a des bruits un peu bizarres à ce sujet ?

— Il y a toujours beaucoup de bruits. Les F.F.I. en province. Dans quelles provinces ?

— Le Sud-Ouest ? Toulouse ? Bordeaux ?...

— Les F.F.I. sont presque tous des jeunes gens d'une certaine qualité et dont la France fera, vous verrez, une armée impressionnante. C'est l'affaire encore de quelques mois...

Ces F.F.I. — c'est une chose qu'on a rarement vue dans l'Histoire — se sont formées spontanément, sur le terrain, dans leur pays. Naturellement elles ne sont pas formées toujours d'une manière régulière, et c'est pourquoi leur aspect, leur organisation, furent assez divers et même disparates.

Là-dessus est venue l'autorité de l'État. L'État, au fur et à mesure qu'il fait régner son autorité, rend régulières ces forces françaises *qui appartiennent seulement à l'État*[1]. Je vous dirai, par exemple, qu'il y a trois jours je suis allé voir la première armée du général de Lattre de Tassigny dans les Vosges et devant Belfort. Il y a trois semaines, j'y étais passé, et il y avait alors sur le terrain plus de 50 000 F.F.I. venus pour combattre. Je les ai revus il y a trois jours, il n'y a aucune comparaison avec ce qui était il y a trois semaines.

. . . .

Restent les autres, ceux qui sont encore dans l'intérieur. C'est une question d'habillement et d'armement. Leur habillement progresse lentement parce que nous sommes dans des difficultés incroyables à ce sujet. Leur armement ne progresse malheureuse-

---

1. Je souligne intentionnellement.

ment pas, nous en avons dit les raisons[1]. Que cet armement vienne et le gouvernement français garantit que l'armée française sera en mesure de prendre, aux batailles finales de l'année prochaine, une part considérable.

— *On peut dire, mon général, que des bruits disant qu'il y avait des désordres et qu'on faisait des réquisitions locales sont sans fondement?*

— Il y a eu des réquisitions, cela est vrai. Mais comment voulez-vous qu'il en fût autrement? Les troupes sortaient du maquis et avaient pris l'habitude de se nourrir comme elles pouvaient. Puis sont venus les combats de libération. Ces éléments avaient certaines habitudes, et il a fallu du temps pour organiser les services, en particulier l'Intendance, dans les régions et les départements. Dans l'intervalle, il est vrai qu'il y a eu des réquisitions.

Avant de répondre à des questions sur l'action passée et le rôle présent des F.F.I., de Gaulle, à qui un journaliste avait demandé quelles étaient, « après ses voyages en France », ses impressions sur la situation morale et sur la situation économique du pays, avait précisé que « la France [était] un pays en ordre » et qu'elle le resterait, ajoutant : « Je vous garantis que l'ordre continuera et que la France prendra le chemin de la démocratie nouvelle sans aucun bouleversement et parce que c'est la volonté générale. »

Il peut le dire avec d'autant plus d'assurance qu'après ses rapides visites de mise au point et de mise au pas dans des villes du Midi, chaudes encore de la Libération, il s'est rendu dans l'Est, dans le Nord, où son discours de Lille sur les nationalisations a marqué une étape économiquement importante[2], dans l'Ouest, auprès de populations dont l'attitude n'a pas démenti les qualités de stabilité et de sagesse qu'on leur prête traditionnellement.

Il faut dire que l'accueil de la Normandie est différent de celui des autres provinces françaises. L'enthousiasme est aussi grand, mais les

---

1. Répondant au début de sa conférence de presse à une question sur l'armement des troupes françaises, de Gaulle a déclaré : « Je puis vous dire que, depuis le commencement de la bataille de France, nous n'avons pas reçu de nos alliés de quoi armer aucune grande unité française. »
2. *Cf. Grands desseins, faibles moyens,* p. 547 et suiv.

plaintes sont plus faibles comme si d'avoir beaucoup souffert voilait de pudeur les revendications.

J'ai comparé le discours de M. Guillou, président de la délégation spéciale de Caen, aux discours prononcés par les différentes autorités à Lyon, à Marseille ou dans d'autres villes.

Dits au milieu de ruines « festonnées de têtes humaines et d'où monte une énorme clameur de joie » ; publiés sur des pages au verso desquelles — en octobre — on trouve toujours des avis de messe à la mémoire des morts des bombardements des 6 juin, 14 juin, 7 juillet, les mots d'Yves Guillou sortent des banalités, des jérémiades ou encore des affirmations concernant la légitimité de tel ou tel comité, entendues ailleurs.

> « Notre cité a payé un lourd tribut à la cause de la liberté. Elle pleure ses morts. Elle contemple avec tristesse les vestiges des monuments qui faisaient son orgueil.
>
> Mais aucune plainte ne s'élève de nos lèvres. Quel que dût être le prix de la liberté, nous étions prêts à le payer.
>
> Oui, nous sommes dans le malheur. Oui, nous avons tout perdu. Mais, à votre exemple, une chose nous reste, que nous garderons toujours : la fierté. »

Comment de telles paroles, dégagées du quotidien chez des hommes pour qui le quotidien fut tragique, ne toucheraient-elles pas de Gaulle ? J'ajoute qu'à ma connaissance il n'a nulle part été accueilli par un texte aussi chaleureux et « pur » de toute allusion politique que celui que publie, les 8 et 9 octobre, *Liberté de Normandie,* « premier quotidien régional paru en France libérée », article dont le titre « Acclamez le Chef » s'achève sur ces mots empreints d'une patriotique ferveur : « Pavoisez tous ! Cloches, carillonnez ! Voici venir celui qui nous apporte, au plus profond de notre âme, l'espoir qu'il n'a jamais perdu, le gage de la victoire, l'assurance du triomphe de la France... »

Attardons-nous un instant sur les premiers voyages — ceux de la reprise en main — dans les quatre grandes villes, turbulentes capitales de provinces plus remuantes encore.

Vichy s'est évanoui, selon le mot de l'historien américain Crane Briton, « comme le chat de Lewis Carroll, sans même laisser une trace », mais que penser de ces foules dont de Gaulle écrira que, dans le trouble où elles étaient plongées, elles discernaient d'instinct qu'elles seraient à la merci de l'anarchie, puis de la dictature « s'il ne se trouvait pas, solide, impavide, prêt à leur servir de guide et de centre de ralliement » ?

Quatre ans, trois ans plus tôt, les foules de Lyon, de Marseille, de Toulouse, étaient-elles moins nombreuses, moins chaleureuses, moins avides d'être rassurées et, fût-ce bien imparfaitement, d'être protégées par un homme paré, lui aussi, des vertus que donne l'autorité silencieuse, l'uniforme orgueilleusement sobre, le physique souverain, la légende, la légende surtout ?

De Gaulle, en ces heures de gloire où les foules sont comme autant d'amoureuses qui s'abandonnent, est-il totalement dupe ?

A Lyon, devant cinquante mille personnes qui l'acclament, il a lancé à Yves Farge, commissaire de la République, un « Hein ! » satisfait auquel Farge a répondu :

— Oui, mon général, les mêmes.

— Quoi, les mêmes ?

— Les mêmes qui acclamaient le Maréchal l'an dernier.

Yves Farge, qui a rapporté ce court échange, dira à Bertaux, son collègue de Toulouse, que de Gaulle, vexé, ne devait plus lui adresser la parole avant le lendemain matin, jusqu'au moment où, traversant un petit village, il avait été reçu par un très vieux maire qui avait commencé son discours par la formule longtemps consacrée : « Monsieur le... » et s'était repris pour balbutier : « Pardon, mon général... »

Alors, de Gaulle s'était retourné vers Farge pour simplement lui dire : « Vous aviez raison, mon cher. »

« Les mêmes ? » Oui, en majorité. Les mêmes et d'autres. Quoi qu'il en soit, dans un cas comme dans l'autre, pour le Maréchal comme pour le Général, des foules considérables.

Il faudrait analyser les photos prises sous le même angle, visionner tous les films tournés à Lyon, à Marseille, à Toulouse, pour dire, des deux hommes qui se sont disputé les Français, lequel a reçu, des masses les plus nombreuses, l'accueil le plus enthousiaste. A Lyon, en tout cas, lors de l'enterrement d'Édouard Herriot — en 1957 —, on ne dira pas : « Il n'y a jamais eu autant de monde depuis la venue de De Gaulle », mais : « depuis le voyage du Maréchal ».

S'il est illusoire de vouloir comptabiliser les foules qui se sont pressées pour acclamer, successivement, le « Sauveur de la France » et le « Libérateur de la France », ce qui, du Maréchal au Général, ne change pas, ce sont les mots employés par les journalistes pour décrire, sur les mêmes places, dans les mêmes rues de Lyon, de Marseille, de Toulouse, des scènes dont seul le premier rôle semble avoir changé, les figurants, au visage illuminé d'une joie passagère, en 1940 ou 1941 comme en 1944, ne s'étant guère renouvelés.

Passons sur les comparaisons avec la « mer humaine », sur les allusions aux « immenses ovations ». Leur banalité ne surprendra personne.

Mais voici Pétain à Lyon, les 17 et 18 novembre 1940. Une foule estimée par la presse à cent cinquante mille personnes l'attend place Bellecour.

> « La population est maintenue par une fragile barrière de lattes, qui, sous la poussée, paraît à tout instant sur le point de céder. Néanmoins, son attitude est calme et digne, et il ne se produit pas de bousculade. »

De Gaulle est à Lyon le 14 septembre 1944. Il se rend à l'hôtel de ville

> « On croirait que la mer humaine va déborder la frêle ligne du service d'ordre et battre de son ressac les murs de l'hôtel de ville. Il n'en est rien. La maîtrise impressionnante que Charles de Gaulle a de soi gagne la multitude et la discipline. »

Même lieu — il s'agit de la place des Terreaux —, quatre années plus tôt, c'est Pétain qui paraît ·

> « On s'écrase aux fenêtres, et, à chaque bec de gaz, un groupe humain est accroché. Chaque fenêtre des immeubles est occupée par des visages dont la voix descend vers la voiture du chef de l'État. » (Voyage de Pétain, le 18 novembre 1940.)

Même lieu, quatre années plus tard, de Gaulle a remplacé Pétain :

> « Les kiosques, les lampadaires servent de support aux plus agiles et aux plus hardis. Pas une fenêtre qui ne soit garnie, qui ne déborde. » (Voyage de De Gaulle, le 14 septembre 1944.)

189

A Marseille, les « foules frémissantes formant des haies denses » au passage du Maréchal, dont parle *Le Petit Provençal* du 3 décembre 1940, frémissent également le 15 septembre 1944 au passage du Général.

A Toulouse, le 15 juin 1942, deux ans donc après la défaite, deux ans avant la Libération, à un moment charnière, *La Dépêche*, « journal de la démocratie », parle de « la ferveur et de l'enthousiasme indescriptible » de la foule. Sous la plume de Joseph Barsalou, et à vingt-sept mois exactement du voyage également triomphal du général de Gaulle, on peut lire, toujours dans *La Dépêche* : « Quant à l'accueil de la population vis-à-vis du Maréchal, *pour nous qui l'avons suivi dans tous ses voyages*[1], il reste l'un des plus chaleureux auxquels il nous ait été donné d'assister. »

Après que bien d'autres eurent parlé de son voyage à Toulouse, le général de Gaulle l'évoquera dans ses *Mémoires de guerre*

> « Quant à la foule, criant sa joie sur la place du Capitole où elle s'était massée pour m'entendre ou bien rangée dans les rues en deux haies d'acclamations, elle avait fourni la même démonstration [de confiance que les notables et les troupes]. »

Que conclure ? simplement que l'évolution des sentiments populaires, le transfert d'adhésion patriotique d'un homme à l'autre, de Pétain à de Gaulle — leur politique restant hors du champ affectif — exigea infiniment plus de temps que ne l'ont affirmé certains simplificateurs d'une histoire dont la complexité fait tout l'intérêt.

---

1. Je souligne intentionnellement.

5

LES COURS DE JUSTICE

Le 14 septembre 1944, alors que le général de Gaulle atterrit à Lyon, Jules Jeanneney, ministre d'État, à qui délégation de signature a été donnée la veille, et François de Menthon, garde des Sceaux, ministre de la Justice, signent une ordonnance qui paraîtra le lendemain au *Journal officiel*.

Modifiant l'ordonnance du 26 juin 1944 relative à la répression des faits de collaboration[1], l'ordonnance du 14 septembre simplifie la procédure de l'établissement des listes des jurés, étend la compétence des cours de justice *aux actes postérieurs au 16 juin 1940*, lorsque ces actes peuvent être considérés comme ayant servi les intérêts de l'ennemi, et décide, en son article 3, qu'il n'y aura plus seulement une cour de justice au chef-lieu de chaque ressort des vingt-six cours d'appel, mais une cour de justice par département, cette cour de justice pouvant être divisée en sous-sections.

Cette multiplication des cours de justice (elles atteindront le chiffre de cent vingt-cinq) correspond à une volonté gouvernementale et à une prise de conscience.

Volonté de mettre un terme à l'existence des cours martiales installées le plus souvent en toute illégalité[2], au lendemain de la

---

1. Le gouvernement provisoire se trouvait toujours à Alger.
2. Étudiant, en 1978, l'arrêt de la cour martiale de l'Ain qui, le 22 septembre 1944, avait condamné Joseph D... à cinq années de travaux publics pour trahison, l'avocat général Dullin devait conclure à la cassation en se fondant sur l'incompé-

Libération, dans les départements du Sud-Est et du Centre. Prise de conscience : à considérer le nombre croissant d'internés, l'espoir d'en finir rapidement avec l'épuration s'évanouirait si les cours de justice demeuraient aussi peu nombreuses.

Le risque aurait été grand alors, soit de voir les procès d'épuration occuper les tribunaux et troubler les esprits pendant six ou sept ans, soit d'offrir aux résistants désabusés un prétexte pour régler expéditivement leur compte aux collaborateurs en liberté provisoire ou même en attente de jugement derrière les barreaux... ce qui se produira d'ailleurs, ici et là, pendant l'hiver 1944-1945 [1].

Dans la clandestinité, la plupart des résistants avaient imaginé que deux ou trois mois sanglants suffiraient à régler le sort de tous les collaborateurs.

C'est d'ailleurs ce qu'avait suggéré Émile Laffon, homme de droite, « homme des trusts » selon certains, qui, chargé d'établir les liaisons entre Alger et Paris occupé, avait joué un rôle important dans la nomination des commissaires de la République et se prononçait, dans un étonnant rapport du 20 juillet 1944, sur la politique d'épuration.

---

tence de la cour, constituée en application d'un arrêté signé à Lyon le 8 septembre 1944 par Yves Farge, commissaire de la République.

Arrêté — la remarque est valable pour la quasi-totalité des cours martiales — postérieur à l'ordonnance du 26 juin portant création des cours de justice dont les décisions pouvaient faire l'objet d'un pourvoi en cassation.

L'arrêté d'Yves Farge n'avait d'ailleurs pas tenu compte de l'ordonnance d'Alger du 10 janvier 1944 précisant et limitant les pouvoirs exceptionnels, temporaires, mais *uniquement administratifs* des commissaires de la République.

Enfin, le procureur général Dullin, après avoir relevé plusieurs irrégularités de la part de la cour martiale de Bourg, signalait que la peine de « travaux publics », peine prévue par l'article 186 du Code de justice militaire de 1857, applicable aux seuls hommes de troupe — ce que n'était pas D... —, ne figurait plus dans notre arsenal juridique !

Le 5 janvier 1979, la cour de cassation, présidée par M. Faivre, faisant siennes les conclusions de l'avocat général Dullin, cassait et annulait la décision de la cour martiale de l'Ain.

Ce n'est là qu'un exemple.

1. *Cf.* le chapitre 16.

« Qu'on le veuille ou non, avait-il écrit, les sanctions auront un caractère politique. *En politique, il n'y a qu'une peine qui compte : la peine de mort.* Il faudra éviter les nombreuses peines d'emprisonnement afin que la question de l'amnistie n'empoisonne pas la vie française pendant des années.

Dans les trois mois qui suivront la Libération, *tous les miliciens, les chefs et les sous-chefs des groupes et organisations pro-allemandes (R.N.P., P.P.F., etc.), les présidents des groupes Collaboration, les membres de l'actuel gouvernement, les dénonciateurs dont les dénonciations ont entraîné l'exécution de patriotes, les policiers et les fonctionnaires qui ont pris une part active à la répression doivent être passés par les armes*[1]... Tous les autres Français seront absous, à l'exception des quelques rares qui seront déclarés d'indignité nationale et dont les biens seront confisqués... »

Combien la proposition d'Émile Laffon aurait-elle entraîné d'exécutions « légales » succédant aux exécutions sommaires ?... Trente mille à quarante mille sans doute. Dans quelles conditions ces condamnés « a priori » auraient-ils été « jugés » ? Les accusés auraient-ils été exécutés — comme le réclamaient d'ailleurs certains communistes — après simple vérification de leur identité et de leur appartenance à la Milice ? Autant de questions qui resteront sans autres réponses que les réponses des cours martiales.

La pensée d'Émile Laffon, qu'inspirait peut-être la phrase de Danton : « Soyons terribles, pour dispenser le peuple de l'être », il la formulera, de façon plus noble, en conclusion de son étude : « Ralliement de l'immense majorité des Français, châtiment exemplaire d'une très faible minorité. »

Vue de l'esprit. En supposant que l'œuvre d'épuration ait pu être achevée en décembre 1944, n'eût-il pas fallu la reprendre de la même façon expéditive à partir de mai et juin 1945, c'est-à-dire à l'instant où les miliciens et les responsables de la politique de collaboration, qui avaient fui en Allemagne (15 000, dira François de Menthon, garde des Sceaux), étaient capturés et ramenés en France ?

---

1. Je souligne intentionnellement.

Ce qui était *peut-être* imaginable, réalisable (?) dans l'automne 1944 ne l'aurait certainement pas été dans l'été 1945

Mais bien d'autres résistants que Laffon souhaitaient que l'on en finît au plus vite avec l'épuration, ce qui supposait des décisions radicales radicalement appliquées.

De trop longs délais avaient, à leurs yeux, l'inconvénient d'alimenter et de ranimer les passions, de détourner les esprits de l'effort de reconstruction, de défavoriser les uns — ceux qui passaient en justice dans les premières semaines — et de favoriser ceux à qui protections, relations, argent parfois, permettaient d'attendre des jours meilleurs et des sentences plus douces.

Lorsqu'il installera, le 11 septembre, dans les Bouches-du-Rhône, les premières cours de justice de France, Raymond Aubrac, commissaire régional de la République, le fera « par souci d'arrêter et d'empêcher l'action de toute juridiction illégale » dans une région « aux passions particulièrement vives ».

Il répondra ainsi aux vœux des hommes qui, dans la clandestinité, avaient établi les projets dont devait s'inspirer le Comité français de la Libération nationale pour rédiger l'ordonnance du 26 juin, socle de toute la législation relative à la répression des faits de collaboration.

Dans *Joies et douleurs du peuple libéré*[1], j'ai notamment cité la phrase du rapport de 31 pages, rédigé, en France occupée, par le Comité général des études et par le Comité national judiciaire (ou Comité des juristes), qui mettait le mieux en évidence les contradictions d'un texte ayant l'ambition de faire que l'épuration soit tout à la fois *rapide* et *équitable*.

Il est nécessaire de la citer de nouveau pour l'intelligence de ce qui va suivre, en précisant que les rédacteurs du rapport avaient eux-mêmes signalé aux responsables d'Alger les deux difficultés entre lesquelles il leur avait fallu évoluer.

> « La répression malheureusement indispensable doit, dans toute la mesure du possible, concilier deux exigences contradictoires. Il faut qu'elle soit *efficace et rapide*[2], pour satisfaire la conscience nationale et empêcher des réactions spontanées, forcément sommaires, qui risqueraient d'être injustes ; il faut qu'elle soit *équitable*[2], c'est-à-dire proportionnée à la culpabilité,

---

1. P. 467 et suiv.
2. Je souligne intentionnellement.

et organisée de façon que celle-ci puisse être déterminée avec exactitude et que les droits de l'accusé et de la défense ne soient pas sacrifiés. »

« Efficace et rapide », les deux mots convenaient à la justice de ces cours martiales qui ne s'intéressaient ni au degré de culpabilité des inculpés, ni à leurs droits, ni à ceux de la défense lorsque l'on admettait qu'elle fût présente autrement que symboliquement.

« Équitable », *relativement* équitable, dans la mesure où les passions et les partis pris de l'époque le permettaient, c'était la justice des cours de justice.

Concilier équité et rapidité étant impossible, le Comité général des études et le Comité national judiciaire, en repoussant la tentation des solutions extrêmes, conseillaient à Alger l'équité, c'est-à-dire, fatalement, la lenteur, une lenteur qu'une partie de l'opinion publique, établissant des comparaisons avec la sévérité révolutionnaire des cours martiales, reprocherait longtemps aux cours de justice.

Comité général des études et Comité national judiciaire avaient donc, selon le mot de Robert Aron, servi « d'amortisseur ou de filtre entre le maquis et Alger, entre les revendications brutales qu'entraîne le combat clandestin et les soucis de légalité dont doit toujours tenir compte une action gouvernementale ».

Ce faisant, les magistrats et juristes qui composaient ces deux comités[1] répondaient aux souhaits du général de Gaulle. Au fur et à mesure qu'approchait l'instant où il n'aurait plus de loin et par le verbe à soulever les passions et les âmes mais, sur le sol de France, à rétablir l'ordre, de Gaulle se montrait moins soucieux de châtier que de rassembler.

A ceux qui auraient voulu que *tous* les fonctionnaires ayant servi Vichy soient soumis aux mesures d'épuration, de Gaulle répliquera d'ailleurs le 25 juillet que le gouvernement « n'avait nullement

---

1. Le *Comité général des études,* né à l'initiative de François de Menthon, et aux travaux duquel Jean Moulin accordait le plus grand intérêt, était composé de Paul Bastid, qui représentait le radicalisme ; Robert Lacoste, syndicaliste socialiste ; de Menthon, démocrate-chrétien ; Alexandre Parodi, maître des requêtes au conseil d'État, auxquels vinrent se joindre Pierre-Henri Teitgen et René Courtin.
Le *Comité national judiciaire,* émanation des mouvements de résistance, comprenait sept membres : trois magistrats — l'avocat général Rolland, Vassard, Monguillon — et quatre avocats — Jacques Charpentier, Joë Nordmann, délégué

l'intention de faire tout à coup table rase de la majorité des serviteurs de l'État[1] ».

Dans le même esprit, à Alger, lors de la séance du 26 juin 1944, au cours de laquelle l'Assemblée consultative provisoire avait, par son vote, rétabli la légalité républicaine et proclamé la nullité de tous « les actes constitutionnels, législatifs ou réglementaires ainsi que les arrêtés pris pour leur exécution... promulgués sur le territoire métropolitain à partir du 16 juin 1940 », de Menthon, commissaire à la Justice, avait déjà mis en garde ses collègues contre le « désordre » — c'est le mot qu'il emploiera — qui résulterait de « l'annulation effective et immédiate de toutes les règles du droit introduites depuis quatre ans dans notre pays ».

Les suggestions du Comité général des études et du Comité national judiciaire seront donc à l'origine de l'ordonnance du 26 juin 1944 relative à la répression des faits de collaboration, ordonnance prise à Alger et publiée au *Journal officiel* du 6 juillet.

Dans ce qu'elle aura de légal, de « conventionnel », comme dans ce qu'elle aura d'arbitraire, de « révolutionnaire », cette ordonnance réglera la procédure selon laquelle seront jugés les inculpés qui comparaîtront devant les cours de justice.

L'article 6 de l'ordonnance assimilait, sous réserve de dispositions nouvelles, les cours de justice aux cours d'assises, c'est-à-dire aux juridictions appelées à juger les infractions les plus graves, celles qui peuvent (pouvaient jusqu'en septembre 1981[2]) être punies de la peine

---

par le Parti communiste, Jacques Rebeyrol, de l'Organisation civile et militaire, André Boissarie. Après l'arrestation de Boissarie, le procureur général Mornet prendra sa place.

1. Il faut rappeler que le Conseil national de la Résistance, dans un appel adressé aux fonctionnaires en janvier 1944, avait exprimé sa confiance au Comité français de la Libération nationale « pour assurer avec énergie l'œuvre d'épuration entreprise, pour écarter de l'armée et des administrations tous ceux qui ont failli. La nation se souviendra, pour leur réserver ses plus extrêmes rigueurs, des fonctionnaires indignes qui, traîtres à leur mandat et sous prétexte d'obéir à un prétendu gouvernement sans qualité pour obtenir l'obéissance, se sont servilement transformés en complices de l'oppresseur ».

2. La peine de mort sera supprimée le 18 septembre 1981.

la plus élevée de toutes : la peine de mort. Contre la « collaboration », qualifiée de crime, les commissaires du gouvernement requerront donc en demandant l'application de l'article 75 du Code pénal.

Terrible article 75 !

Me Isorni, avocat de Brasillach, rapporte que, dans sa prison de Fresnes, Henri Béraud — qui devait être condamné à mort — avait proposé de fonder une association des détenus, qui organiserait un banquet annuel des « anciens du 75 ». Il y avait renoncé, ne voulant pas que l'on puisse confondre avec une association d'anciens artilleurs les inculpés en vertu de l'article 75[1].

Qu'il y ait eu dans les prisons de la Libération, comme dans toutes les prisons où, à travers les siècles, furent enfermés des politiques, des moments de détente, voire de gaieté, c'est certain, mais les conséquences de l'article 75 ne prêtaient pas à rire.

Remanié et renforcé par le décret-loi du 29 juillet 1939 — à quelques semaines de la déclaration de guerre —, il prévoyait la peine de mort pour tout Français ayant porté les armes contre la France ou entretenu « des intelligences avec une puissance étrangère en vue de favoriser les entreprises de cette puissance contre la France ».

L'article 76 punissait également de la peine de mort ceux qui avaient livré des secrets de la défense nationale, détruit ou détérioré volontairement du matériel militaire, participé à une entreprise de démoralisation de l'armée ou de la nation.

Quant à l'article 83, il sanctionnait des travaux forcés à temps les atteintes à la sûreté extérieure de l'État, définies par les articles 78 (communication de renseignements d'ordre militaire, diplomatique, économique ou industriel), 79 (enrôlement de soldats pour le compte d'une puissance étrangère), 80 (atteinte à l'intégrité du territoire), 81 (livraison de secrets de la défense nationale).

A ces textes — existants, classiques en quelque sorte — s'ajouteront des articles de l'ordonnance du 26 juin 1944.

Ainsi, selon l' « énoncé des faits », qui tient lieu d'acte d'accusation, l'écrivain Robert Brasillach sera-t-il inculpé d' « intelligence avec l'ennemi ».

« En participant de façon consciente, active, suivie et prépondérante, aux thèmes de la propagande allemande, susceptibles de diminuer les forces de résistance à l'oppression de notre pays et de

---

1. Jacques Isorni, *Le Procès de Robert Brasillach*.

diminuer l'action et les possibilités des armées alliées et des armées de la France dans leur lutte pour la libération du pays... », Brasillach, selon l'accusation, s'est rendu coupable, dans des conditions déterminées aux articles 1 et 2 de l'ordonnance du 26 juin 1944, d'intelligence avec l'ennemi[1], prévue par l'article 75, paragraphe 5 du Code pénal[2].

Et, lorsqu'il sera condamné à mort, Brasillach le sera en vertu du même article 75, paragraphe 5, du Code pénal, mais aussi des articles 36, 37, 38 et 39, des articles 63 et 77 de l'ordonnance du 28 novembre 1944, ce dernier article précisant, aussitôt que la peine sera devenue définitive, c'est-à-dire après le rejet du recours en grâce, les conditions de l'exécution par fusillade.

Tous les textes, à l'exception, bien entendu, de ceux de l'ordonnance d'Alger, qui, entre juillet 1940 et juillet 1944, avaient permis de juger et de condamner les gaullistes accusés de s'être mis « au service d'une puissance étrangère » (l'Angleterre) ou encore, après le ralliement de plusieurs colonies, d'avoir « porté atteinte à l'intégrité du territoire », se retournaient maintenant contre les collaborateurs et contre les dirigeants et les partisans de Vichy.

Ce ne sera pas le seul exemple de textes utilisés, à quelques années ou quelques mois de distance, pour punir des hommes ayant servi des causes fondamentalement opposées.

Devant les cours de justice, les droits des prévenus sont en principe, les mêmes que ceux des prévenus jugés par les cours d'assises.

Une instruction a lieu. Elle sera plus ou moins longue : une seule séance pour Brasillach, plusieurs journées pour Lafont, Bony et les tueurs de la « Gestapo française ». Face au tribunal, présidé par un magistrat entouré de quatre jurés tirés au sort, un avocat assistera le

---

1. L'article 1 de l'ordonnance du 26 juin 1944 établit les conditions dans lesquelles les cours de justice sont instituées « pour juger les faits commis entre le 16 juin 1940 et la Libération ». L'article 2 précise que les auteurs des infractions visées à l'article 1, commises au préjudice des nations alliées en guerre contre les puissances de l'Axe, sont punies des mêmes peines que si les infractions ont été commises au préjudice de la France.

2. « Tout Français qui, en temps de guerre, entretiendra des intelligences avec une puissance étrangère ou avec ses agents en vue de favoriser les entreprises de cette puissance contre la France (...). »

prévenu ; en sa faveur, des témoins à décharge pourront être entendus, et l'audience se déroulera selon le même cérémonial et avec le même respect de la légalité qu'une audience de cour d'assises : lecture par le greffier de l'exposé des faits rédigé par le commissaire du gouvernement ; lecture de la liste des témoins, priés de se retirer dans les pièces qui leur sont réservées afin qu'ils ne soient pas influencés par le déroulement des débats ; interrogatoire contradictoire et public, l'inculpé étant libre de s'exprimer comme il l'entend ; déposition de témoins qui ont juré « de parler sans haine et sans crainte, de dire toute la vérité, rien que la vérité » ; réquisitoire et plaidoirie, l'accusé ou son conseil ayant droit à la dernière déclaration.

Les débats terminés, le président, comme en cour d'assises, donne lecture des questions auxquelles la Cour, qui se retire dans la chambre du conseil, devra répondre par un vote secret portant sur le fait principal, les circonstances aggravantes, les excuses légales, les circonstances atténuantes.

Si la culpabilité est retenue, le vote étant acquis à la majorité, président et jurés délibèrent sur l'application de la peine. Après un nouveau vote au scrutin secret, le président, revenu en séance, donne lecture des réponses faites aux questions posées — sans toutefois préciser le nombre de voix qui se sont exprimées par « oui » ou « non » —, puis il prononce la sentence.

Puisque j'ai déjà évoqué le procès de Robert Brasillach, voici en quels termes il s'entendit condamner à mort le 19 janvier 1945.

« *Le président :* Voici les réponses aux questions posées à la Cour : Oui, à la majorité sur les deux questions [1].

La Cour,

Vu la déclaration de la Cour portant qu'à la majorité Brasillach Robert s'est rendu coupable du crime d'intelligence avec l'ennemi ;

Ouï le commissaire du gouvernement en ses réquisitions, le Conseil de l'Accusé, l'Accusé lui-même qui a eu la parole le dernier ;

Vu les articles 75 § 5, 36, 37, 38, 39 du Code pénal, les articles 63 § 3 et 77 de l'ordonnance du 28 novembre 1944 ;

---

1. « 1° Brasillach est-il coupable, depuis le 16 juin 1940, d'avoir entretenu des intelligences avec l'Allemagne ou avec ses agents, en vue de favoriser les entreprises de toute nature de cette puissance étrangère contre la France ou l'une quelconque des nations alliées en guerre contre les puissances de l'Axe ?

« 2° L'action ci-dessus spécifiée sous la question n° 1 a-t-elle été commise avec l'intention de favoriser les entreprises de l'Allemagne... »

En exécution de ces dispositions, la Cour, à la majorité, condamne Brasillach Robert à la peine de mort ;

Dit qu'il sera fusillé ;

Prononce la confiscation, au profit de la nation, de tous les biens du condamné, suivant les modalités prévues aux articles 37, 38, 39 du Code pénal ;

Dit que le présent arrêt sera imprimé par extraits, publié et affiché conformément aux dispositions de l'article 36 du Code pénal ;

Condamne Brasillach aux frais envers l'État.

Brasillach, vous avez 24 heures pour vous pourvoir en Cassation contre l'arrêt qui vient d'être rendu contre vous. Passé ce délai, vous ne serez plus recevable.

L'audience est levée. »

Les formes sont respectées.

Les principes sont saufs.

La réalité est infiniment plus complexe.

Des instructions bâclées conduiront le président à commettre, au cours de l'interrogatoire, de multiples erreurs. Ce sera le cas lors du procès d'Henri Béraud.

Le président : Vous êtes devenu ensuite rédacteur en chef du *Canard enchaîné.*

Henri Béraud : Non !

— On vous retrouve à l'*Éclair-Ouest,* est-ce *Ouest-Éclair* ?

— Non, jamais.

— En 1927, vous devenez directeur littéraire de *Paris national.*

— Non.

— En 1930, vous prenez la direction littéraire de *Marianne...* C'est ce qui ressort du dossier.

— Non.

— Remarquez que cela n'a aucune importance...

Effectivement, ces erreurs de détail sont de peu d'importance. Elles témoignent toutefois de la hâte et du désordre du moment et peuvent cacher des erreurs infiniment plus graves.

L'inculpé est libre de s'exprimer. Encore faut-il se souvenir que le public, malgré les rappels à l'ordre du président, manifeste parfois (surtout en province) sa partialité par des interpellations et par des applaudissements à l'énoncé du verdict, lorsqu'il s'agit de la peine capitale.

Le journaliste Suarez — la presse parisienne du 24 octobre 1944 en fait la remarque — réagit « devant l'hostilité du public en serrant de ses mains crispées la barre ». Il sera condamné à mort.

Mais si le verdict ne répond pas à l'attente, alors des cris : « A mort » fusent de la foule. C'est ce qui se produira le 6 novembre 1944 lorsque le général Pinsard, héros de 14-18, mais propagandiste de la L.V.F., ne sera, suivant le titre du *Parisien libéré* du 7 novembre, « condamné qu'*aux* travaux forcés à perpétuité ».

La presse, d'ailleurs, peut prendre une part active aux décisions du jury. Comment peut-on imaginer qu'elle soit sans influence lorsqu'un journal aussi modéré que *Le Parisien libéré,* où se retrouvent les résistants de l'Organisation civile et militaire, après avoir dénoncé le 31 octobre la « faiblesse inattendue du jury » qui vient de condamner Stéphane Lauzanne, éditorialiste du *Matin,* à vingt ans de réclusion, écrit, plusieurs jours avant le procès de Robert Brasillach : « Il faut espérer que la cour de justice saura se montrer ferme à son égard » ?

Les témoins jurent de parler sans haine et sans crainte.

Encore faut-il qu'ils soient présents. Beaucoup de ceux qui pourraient être favorables à l'accusé, craignant pour leur liberté ou, plus simplement, pour leur emploi et leur tranquillité, se dérobent. Des trois cent quatre-vingts témoins convoqués lors du procès de Suarez, il en viendra cinq !

Par ailleurs, comment des témoins se trouvant face aux responsables de leur arrestation, de leur détention, de leurs tortures, de la mort d'êtres chers ou de compagnons de lutte ; ou même, plus simplement, d'adversaires politiques, de journalistes collaborationnistes, pourraient-ils parler sans haine ?

Le garde des Sceaux Pierre-Henri Teitgen dira avec raison, le 7 mars 1946, devant une Assemblée nationale qui, en l'applaudissant unanimement, revendique en quelque sorte le devoir de partialité :

> « S'agissant de juger des hommes qui, pendant quatre ans, ont fait passer sur la France une honte pire que la défaite, les juges et les jurés ne peuvent oublier que ce qui était en jeu, c'était leur patrie, leur famille, leur avenir, leur espérance. Oui, cela est

vrai : le tiers absolument impartial n'existe pas en de telles circonstances... »

Il pouvait d'autant moins exister que, si l'article 9 de l'ordonnance du 26 juin 1944 disposait que la juridiction des cours de justice serait composée d'un « magistrat des cours et tribunaux, président, et de quatre jurés », l'article 10 précisait que les jurés seraient tirés au sort sur une liste dressée par une commission composée du premier président de la cour d'appel, assisté de deux représentants des Comités départementaux de libération, et que le jury ne pouvait comprendre « que des citoyens qui n'ont cessé de faire preuve de sentiments nationaux[1] ».

La formule, « n'avoir cessé de faire preuve de sentiments nationaux », sentiments qui sont attestés par les responsables des Comités de libération, met évidemment en péril l'équilibre de cet édifice judiciaire que les juristes de la Résistance avaient voulu équitable.

Équitable, il ne l'est plus et ne peut plus l'être, dès l'instant où, au contraire de ce qui avait été voulu par la loi du 21 novembre 1872 qui déterminait la façon dont devait être établie la liste du jury, les jurés, au lieu de pouvoir être considérés comme un reflet assez fidèle de la population française dans sa diversité sociale, politique, religieuse, sont les représentants d'une partie de la population.

Le prévenu est donc jugé par des adversaires politiques, et par « ceux-là même qui auraient dû être récusés », selon le mot du philosophe Gabriel Marcel.

Marcel Baudot, dans son étude sur « la Résistance face aux problèmes de la répression et de l'épuration[2] », voit bien le grief majeur qui peut être adressé à une justice née des circonstances et influencée par les circonstances, justice dont le bâtonnier Jacques Charpentier devait écrire qu'elle fut « un drame, un drame atroce qui déshonore notre pays ».

Baudot voudra donc décharger la Résistance du reproche de partialité dans le recrutement du jury, reproche qui lui sera adressé non seulement par les victimes (ce qui serait compréhensible), mais aussi par le Conseil de l'ordre des avocats de Paris[3].

---

1. L'âge requis pour appartenir au jury a été abaissé à vingt-cinq ans, et les femmes ont le droit, au même titre que les hommes, de faire partie du jury.
2. Revue d'histoire de la Deuxième Guerre mondiale, n° 81, janvier 1971.
3. Délibérations du 27 janvier et du 15 octobre 1945.

Il écrit donc que les préfets insistèrent auprès des C.D.L. « pour que [leur choix] se tournât vers des hommes intègres, de bon sens et bien équilibrés, qui avaient manifesté un patriotisme constant durant toute l'occupation ». Il ajoute d'ailleurs une phrase étrange qui laisse entendre — sans en apporter la preuve — que le « tirage au sort » des membres du jury n'aurait pas été exempt de « manipulations » et de trucages.

> « D'autre part, il semble que le hasard, s'il faut exclure toute autre intervention, ait fait que le nom des jurés passant pour avoir des opinions extrémistes ne sortait jamais de l'urne. »

Cela reste à prouver. Et nul ne le prouvera jamais. Si, en revanche, il est vraisemblable, comme l'écrit également Baudot, que la modération « était encouragée dans la plupart des cas par les magistrats », il n'en reste pas moins que certains verdicts déconcertants sont sans doute le reflet de la composition des jurys.

Comment expliquer, par exemple, que, le 2 janvier 1945, Simone D..., ancienne employée de Radio-Paris où elle gagnait 3 000 francs par mois pour dactylographier les articles de Jean Hérold-Paquis, soit condamnée *aux travaux forcés à perpétuité* par la cour de justice de la Seine, alors que l'accusation lui reproche uniquement d'avoir eu, dans sa chambre, la photo dédicacée de l'officier allemand qui supervisait Radio-Paris et, lors du départ de Paquis pour l'Allemagne, d'avoir brûlé des documents lui appartenant ?

Et comment expliquer que, le même jour, le 15 décembre 1944, la 2e sous-section de la cour de justice de la Seine condamne à sept ans de travaux forcés Roger L..., dont le rôle s'était borné à *lire* des communiqués à Radio-Paris, cependant que la 4e sous-section condamnait à une peine d'indignité nationale André S..., qui avait eu, lui, une véritable activité journalistique ?

On pourrait multiplier les exemples.

Les prévenus qui se présentent devant la cour de justice se trouvent face à des jurés de la Résistance. Ils se trouvent également face à une législation de la Résistance inspirée de principes qui leur interdisent un certain nombre de moyens de défense.

Reprenons le procès de Robert Brasillach, en soulignant que les arguments employés *contre* ou *pour* lui seront utilisés dans tous les procès de collaboration.

Que dit, notamment, l'exposé des faits dont le greffier donne lecture ?

« Pour sa défense, Brasillach reprend les arguments classiques des collaborateurs, à savoir la légitimité du gouvernement de Vichy, de l'armistice, caractère légal et obligatoire des mesures prises... »

Que dit Me Isorni, lorsqu'il dépose des conclusions ?

« Attendu qu'il n'est pas douteux que l'Assemblée nationale, réunie le 10 juillet 1940 sous la présidence de M. Jules Jeanneney, avait régulièrement donné au maréchal Pétain tous pouvoirs, même constitutionnels ;

Attendu que Robert Brasillach n'a fait que suivre la politique voulue par le chef de l'État, qu'il n'a donc été que l'exécutant des consignes du gouvernement légal diffusées par la radio et par la presse ;

. . . .

Attendu qu'il est contraire à une bonne administration de la justice et d'ailleurs à la plus élémentaire logique de juger le citoyen qui a obéi avant que le gouvernement qui a commandé ait été déclaré judiciairement coupable ; »

Que réplique M. Reboul, commissaire du gouvernement, pour demander à la Cour de justice de rejeter les conclusions de la défense (ce qu'elle fera) ?

« Brasillach est ici poursuivi pour crime de trahison sous l'égide de l'article 75 du Code pénal. C'est un procès qui se suffit à lui-même...

Il est absolument évident que ce procès est indépendant de tous ceux qui sont faits, se font ou se feront. La Cour n'a donc à s'inquiéter d'aucune espèce de subordination.

D'autre part, les ordonnances du gouvernement provisoire de la République, sous l'égide duquel vous jugez, ont *proclamé la nullité du principe des actes du gouvernement de fait, dit gouvernement de Vichy.* »

Ainsi, tous les procès de la collaboration seront-ils placés sous ce double principe : le gouvernement de Vichy est un gouvernement illégal ; l'armistice de juin 1940 n'a pas mis fin à l'état de guerre entre la France et l'Allemagne.

Le premier de ces principes interdit aux prévenus « détenant des postes de direction[1] ou de commandement » de se réclamer de l'obéissance aux ordres du « gouvernement de fait », lorsqu'ils ont eu « la faculté de se soustraire à leur exécution par [leur] initiative personnelle ».

Le second de ces principes rend justifiables de l'article 75 tous ceux qui ont « collaboré » de quelque façon que ce soit avec l'Allemagne, puisque la guerre entre la France et l'Allemagne n'a jamais cessé...

Après la condamnation à mort du journaliste Georges Suarez, c'est en vain que ses défenseurs plaideront devant la Cour de cassation l'existence des conventions d'armistice des 22 et 24 juin 1940 signées avec l'Allemagne et l'Italie. La Cour repoussera le pourvoi en déclarant que, malgré la signature des armistices, qui ne constituaient qu'une suspension provisoire des hostilités, la France restait en guerre avec l'Allemagne.

Aujourd'hui, il n'est pas un historien qui ne reconnaisse l'arbitraire de ces principes. C'est un débat que nous ne rouvrirons pas, l'ayant largement évoqué dans *Quarante millions de pétainistes*.

Que Charles de Gaulle, voulant « démonétiser » Philippe Pétain, ait tenu pour rien le vote du 10 juillet, la présence à Vichy des ambassadeurs des États-Unis, de la Russie soviétique, du Canada, de vingt autres nations et surtout, en 1940, l'incontestable adhésion de l'immense majorité du peuple français, est compréhensible dans la mesure où, *pour qu'il existe, il fallait que Pétain n'existât point*.

C'est donc le 16 juin 1940 — date à laquelle Pétain a formé son gouvernement à l'appel du président Lebrun, mais « illégitimement » pour de Gaulle, dont la réaction a été presque immédiate[2], et pour le professeur Cassin, chargé de démontrer cette illégitimité et cette

---

1. Ordonnance du 26 juin 1944 relative à la répression des faits de collaboration, article 3, §2.
2. C'est le 27 octobre 1940 à Brazzaville que le général de Gaulle a proclamé l'illégitimité de Vichy. « Il n'existe plus de gouvernement proprement français. En effet, l'organisme sis à Vichy, et qui prétend porter ce nom, est inconstitutionnel et soumis à l'envahisseur. » De Gaulle crée alors « au`nom du Peuple et de l'Empire français », un Conseil de défense de l'Empire.

illégalité[1] — qui sera retenu pour date-seuil des accusations d'intelligence avec l'ennemi.

Pour ceux qui comparaissent devant les tribunaux de l'épuration, la suspicion de culpabilité débute le 16 juin 1940. Encore ignore-t-on que les communistes — ils le demanderont le 26 juin 1944 par la voix de M. Mercier, parlant devant l'Assemblée consultative provisoire — auraient voulu faire remonter l' « illégalité » des textes et décisions... au 1er septembre 1939, date après laquelle, pour cause de pacte germano-soviétique, des mesures avaient été prises par le gouvernement Daladier contre le Parti, ses dirigeants, ses militants !

A la requête présentée par Mercier, le professeur René Cassin, alors président de la Commission de la réforme de l'État, répliquera en attirant l'attention de l'Assemblée sur les « difficultés énormes qu'il y aurait à improviser un anéantissement d'ensemble de la législation des dix premiers mois de la guerre ». Et il proposera à l'Assemblée un « procédé » (c'est son mot) consistant « à annuler des dissolutions ou à amnistier des condamnations, à faire en sorte un " anéantissement " de décisions... Il suffira, poursuit-il, d'introduire très rapidement, en même temps que la loi, certaines ordonnances pour mettre fin à des situations délicates comme celles où se trouvent certains de nos collègues communistes ».

Dans quelques mois, de Gaulle « *anéantira* », en effet, la condamna-

---

1. L'étude sur l'illégalité de la « nouvelle Constitution dite de Vichy », réalisée par le professeur Cassin, sera publiée dans le numéro de décembre 1940-janvier 1941 de la *France libre*.

On est toutefois en droit de se demander les raisons qui poussent de Gaulle, assuré de l'illégitimité et de l'illégalité de Vichy, à poser, le 18 janvier 1941, aux membres du Conseil de défense, trois questions dont la première est la suivante : « Dans la situation actuelle, c'est-à-dire tant que Vichy acceptera de vivre sous le régime de l'armistice et de la collaboration, même mitigée, avec l'ennemi, estimez-vous que nous devons, en ce qui nous concerne, exclure toutes relations avec Vichy ? »

Là où l'on s'attendrait, en janvier 1941, donc après Montoire, à une réponse négative unanime, les avis des sept membres du Conseil de défense sont partagés, trois recommandant de ne pas attaquer le Maréchal.

René Cassin, résumant les positions, écrit : « Plusieurs des membres du Conseil se prononcent en faveur de relations non officielles avec certains membres du gouvernement de Vichy, certains grands chefs ou gouverneurs et des gens de leur entourage. »

Sur ce point, *cf. Quarante millions de pétainistes,* p. 400 et suiv.

tion pour désertion de Maurice Thorez et permettra au chef communiste de revenir à Paris pour le plus grand bénéfice du signataire comme du bénéficiaire du décret.

Cet « anéantissement » à la demande de textes de loi, ces arrangements avec le ciel, ouvrent toutes grandes les portes à une détestable initiative : la rétroactivité des lois.

Il est vrai que le nouveau pouvoir ne faisait que suivre, en ce domaine, le mauvais exemple donné par Vichy.

Se moquant de l'article XIV de la Déclaration des droits de l'homme : « Nul ne doit être jugé et puni... qu'en vertu d'une loi promulguée antérieurement au délit ; la loi qui punirait des délits commis avant qu'elle existât serait une tyrannie ; l'effet rétroactif donné à cette loi, un crime », fermant les yeux sur l'article 4 du Code pénal : « Nulle contravention, nul délit, nul crime ne peuvent être punis de peines qui n'étaient pas prononcées par la loi avant qu'ils fussent commis », Vichy, où ne manquaient cependant pas les légistes, s'était allègrement et criminellement engagé sur la voie illégale de la rétroactivité. C'est ainsi que la loi du 13 août 1940 contre les francs-maçons permettra de chasser de l'administration ou de l'armée toute personne appartenant à des sociétés secrètes, licites lorsqu'elle y avait adhéré, mais que le bon plaisir du prince vient d'interdire et de déclarer illégales.

Les cours de justice (la Haute Cour également créée pour juger chef de l'État français, ministres, secrétaires d'État, grands chefs militaires), sanctionnant le crime de collaboration par les lois pénales existant le 16 juin 1940, ne cèdent pas au péché de rétroactivité. Mais les ordonnances du 26 août et du 26 décembre 1944, en créant l'inculpation d' « indignité nationale » et en ressuscitant le « délit d'appartenance », dont Vichy s'était servi pour frapper les francs-maçons, se trouveront en contradiction totale avec tous les textes condamnant la rétroactivité des lois, puisque les hommes et les femmes frappés d'indignité nationale le seront pour des faits accomplis, des adhésions données, des articles écrits quatre ans parfois avant la parution au *Journal officiel* de ces ordonnances d'août et de décembre 1944 que les magistrats et les jurés utiliseront pour les bannir de toute vie publique et les réduire à une existence financièrement, civiquement, moralement, souvent misérable.

Il sera question plus avant de l'indignité nationale qui frappera la piétaille de la collaboration.

Ne quittons pas les cours de justice.

Aussi imparfaites qu'elles aient été — mais un jugement ne saurait être séparé du « climat » de l'époque —, elles représentent, pour la plupart des prévenus, un « progrès » considérable sur les expéditives cours martiales.

En voici le meilleur exemple.

Dans un chapitre précédent [1], j'ai évoqué le bilan de la cour martiale de l'Hérault qui, ayant à juger soixante-dix-huit miliciens, en a condamné à mort soixante-deux en quatre séances seulement.

Le 15 septembre, la cour de justice de l'Hérault est installée dans la salle d'audience du palais de justice de Montpellier. Présidée par M. Chante, conseiller à la cour, M. Taurines, substitut général siégeant en qualité de commissaire du gouvernement, elle comprend des jurés dont le sort fera que, s'ils ont été obligatoirement choisis parmi des hommes et des femmes favorables à la Résistance, ils sont plus indépendants d'esprit, plus libres de jugement que les F.T.P. et F.F.I. qui encadraient les présidents des cours martiales.

Les accusés qui comparaissent devant la cour de justice sont-ils différents de ceux qui ont comparu quelques jours plus tôt devant la cour martiale ? *En apparence* [2], il ne le semble pas, mais les audiences seront plus longues, les verdicts infiniment plus nuancés.

Le 21 et le 22 septembre, neuf « indicateurs de la Gestapo [3] » vont être jugés. Le premier inculpé, Dominique C..., est accusé d'être à l'origine de deux arrestations, et le commissaire du gouvernement réclame la peine de mort. Mᵉ Chardonneau ayant plaidé l'insuffisance de preuves, C..., après une heure de délibération, sera condamné à cinq ans de réclusion et dix ans d'interdiction de séjour.

L'audience du 21 septembre a tout entière été consacrée à Dominique C...

Le lendemain, trois inculpés inscrits au groupe Collaboration seront

---

1. « Les cours martiales », p. 101 et suiv.
2. Les dossiers n'existant pas, il faut se fier aux comptes rendus fatalement sommaires que donnent alors les journaux (notamment *Le Midi libre* pour Montpellier).
3. *Le Midi libre* en parle dans ces termes.

condamnés à des peines allant de un an à cinq ans de prison. Vient le tour de trois miliciens. Quinze jours plus tôt, ils auraient *vraisemblablement* été condamnés à mort. L'un d'entre eux sera puni d'une peine de dix ans de travaux forcés, les deux autres de cinq ans de la même peine.

Qu'entre le 11 septembre, où dix-huit prévenus sur dix-neuf sont condamnés à mort, et le 21 septembre, où Dominique C... est puni de cinq ans de réclusion, la « justice » ait pu, à Montpellier, changer si radicalement d'orientation ne manque pas d'alerter et d'inquiéter le Front national.

Aussi, le dimanche 24 septembre, au terme d'une réunion organisée au théâtre municipal, fait-il voter « par acclamations » un ordre du jour dénonçant l'« attitude de faiblesse » de la cour de justice, réclamant que les jurys soient composés « de victimes de la répression nazie et vichyssoise », exigeant non seulement que le rythme des arrestations de suspects soit accéléré mais « que tous pouvoirs dans ce domaine soient attribués aux F.F.I. ».

Ces protestations auront-elles quelque effet sur les magistrats et les jurés ?

Il ne le semble pas. La cour de justice, qui se réunit le 28 septembre pour juger quatorze miliciens, des cultivateurs de Florensac et de Cournonsec, condamne l'un des inculpés aux travaux forcés à perpétuité, un autre à cinq ans de réclusion, deux à trois ans de prison, quatre à deux ans, six à un an de la même peine.

S'interdit-elle pour autant de condamner à mort ? Non. Le 29 septembre, trois accusés — deux Belges et un souteneur marseillais, agent de la Gestapo — sont condamnés à la peine capitale ; le 5 octobre, Louis R..., qui a participé à trois expéditions contre le maquis et passe en jugement avec treize autres miliciens, est condamné à mort, comme le sera, le lendemain, le franc-garde Gabriel B... à qui les mêmes faits seront reprochés.

La cour de justice de l'Hérault rendra ses premiers jugements le 15 septembre, ce qui constitue un cas de rapidité assez exceptionnel.

La cour de justice de la Dordogne fonctionnera seulement à partir du 22 octobre, celle de la Seine, qui a été installée le 17 octobre, verra paraître devant elle le premier inculpé — le journaliste Suarez — le 23 octobre.

Pourquoi pareils retards alors que le garde des Sceaux, François de Menthon, avait, lui aussi, imaginé que tout serait « réglé » en trois mois, période qui, le 25 octobre, passera à cinq mois dans une circulaire qu'il adresse aux premiers présidents et procureurs généraux, en leur demandant, « nonobstant toute autre considération », que l'épuration, « cette tâche de salut public », soit achevée partout en mars 1945 ?

Étrange illusion de la part de l'homme qui aurait dû le mieux connaître les problèmes qui entravaient la marche de la justice.

Problèmes bêtement techniques.

Problèmes moraux.

Problèmes de surpeuplement des camps et des prisons.

Problèmes techniques.

Pierre-Henri Teitgen, qui a succédé à François de Menthon, énumérera, le 6 août 1946, les difficultés matérielles rencontrées pour la mise en place des cours de justice : peu ou pas de locaux (la cour de justice de la Seine en a recherché pendant six semaines) ; peu ou pas de crédits (300 000 francs seulement pour les achats de matériel) ; peu ou pas de machines à écrire ; peu de personnel, qu'il s'agisse des secrétaires ou des magistrats, bien que le tiers de l'effectif judiciaire ait été affecté aux cours de justice et que, le 13 novembre, le tribunal de grande instance de la Seine ait supprimé provisoirement les deux sections des 3e, 4e, 10e chambres, ainsi qu'une section des 6e, 7e, 9e et 18e chambres, afin que les magistrats, n'ayant plus à régler les procès de divorce — cependant fort nombreux au lendemain de la Libération —, puissent se consacrer aux procès de l'épuration.

Problème moral, infiniment plus grave.

A une exception près, M. Didier — qui, le 2 septembre 1941, avait, devant le président Lemaire, prononcé cette phrase courageuse : « *Je refuse de prêter serment*[1] » —, TOUS les magistrats ont en effet prêté

---

1. M. Didier sera révoqué et interné.

serment de fidélité au Maréchal lorsque le serment, d'abord limité par l'acte constitutionnel n° 7, du 27 janvier 1941, aux secrétaires d'État ainsi qu'aux hauts fonctionnaires et aux hauts dignitaires, avait été étendu, le 14 août 1941, par les actes constitutionnels nos 8 et 9, à l'armée et à la magistrature [1].

C'est donc à des hommes ayant non seulement prêté serment au chef d'un gouvernement que le général de Gaulle a, dès juin 1940, jugé illégal et illégitime, mais encore à des hommes ayant, hier, jugé et condamné des communistes et des gaullistes que l'on demande aujourd'hui de juger et de condamner des collaborateurs et des pétainistes!

Situation que la défense, après la Libération, ne se fera pas faute d'exploiter.

En janvier 1945, lors du procès de Robert Brasillach, Me Isorni dira au commissaire du gouvernement Reboul, qui vient de réclamer la peine de mort :

> « Votre institution — le ministère public — sonne aujourd'hui les fanfares de la Résistance. C'est bien. Mais vous avez été, pendant quatre ans, le parquet de la collaboration. Que vous le vouliez ou non, vous êtes solidaire de ce ministère public un et indivisible qui, pendant quatre ans, a poursuivi et fait condamner les juifs, qui a poursuivi et fait condamner les réfractaires, qui a poursuivi et fait condamner les communistes.
>
> Et, quand je songe que, bien souvent, les Allemands choisissaient leurs otages parmi ceux que votre ministère public avait fait condamner, je ne vous reconnais plus le droit d'invoquer les victimes ou de prendre leur défense. C'est moi, au contraire, qui ai le droit de me tourner vers elles... et de [leur] demander : " De quoi avez-vous le plus souffert : des écrits d'un journaliste ou des actes d'accusateurs, aujourd'hui impitoyables, et qui sont marqués, de manière indélébile, dans votre douleur et dans votre sang [2]? " »

---

1. Le 4 octobre 1941, l'acte constitutionnel n° 10 exigera ce serment « de fidélité au chef de l'État » des « fonctionnaires de tous ordres, ainsi que du personnel de direction des services publics concédés ».

2. Dans le tome I de ses *Mémoires,* Jacques Isorni ajoutera à cette citation ce commentaire : « Je posais là tout le problème de l'importance des poursuites. Les accusateurs demandaient un châtiment et le méritaient autant que ceux qu'ils accusaient. »

Pierre Laval, quelques mois plus tard, criera à ses juges : « Mais oui ! vous étiez aux ordres de mon gouvernement il y a peu de temps encore. Aujourd'hui, on m'outrage, on m'insulte, on me traite de mauvais Français. Vous n'en avez pas le droit. Vous pouvez me faire périr. C'est tout. »

A l'occasion du procès du maréchal Pétain, la « question du serment » et des positions prises ou des jugements prononcés pendant l'occupation par certains des magistrats présents sera à l'origine d'un violent incident.

Le lundi 23 juillet 1945, alors que s'ouvre la première audience, le bâtonnier Payen — l'un des trois défenseurs du Maréchal —, après avoir déploré la situation « intenable et impossible » de magistrats qui ont prêté serment de fidélité à ce « Maréchal de France qu'on leur demande aujourd'hui de juger et de condamner », ajoute que ces mêmes magistrats, « éminemment respectés », « ont rendu des jugements et prononcé des condamnations au nom du Maréchal de France, chef de l'État français [et que], parlant au nom de celui-ci et en vertu des pouvoirs que celui-ci leur avait confiés, ils ont ordonné aux représentants de la force publique d'exécuter les jugements qu'ils rendaient ».

Le procureur général Mornet, qui sait qu'au Palais on l'accuse, et que bientôt l'accusation courra tout Paris, d'avoir accepté de faire partie de ce tribunal désigné par Vichy pour juger les « responsables de la défaite [1] » et qui entend à la fois se dédouaner et plaire à la Haute Cour de justice, niera toute valeur à un serment qu'étant à la retraite depuis mars 1940 il n'avait effectivement pas prêté, mais, ajoutera-t-il, qui a été « imposé à des fonctionnaires publics par les détenteurs d'une autorité exercée sous le contrôle de l'ennemi ».

---

1. Je rapporterai l'incident qui éclata quelques jours plus tard, le 28 juillet 1945, entre le premier président Caous, qui avait présidé à Riom la Haute Cour, et le procureur général Mornet dans le tome X de cette *Histoire des Français sous et après l'occupation*. La candidature du procureur général Mornet n'avait pas été retenue, mais son accord avait été recueilli.

Il me faut immédiatement préciser que si le procureur général Mornet avait par ailleurs fait partie d'une commission chargée de prononcer les déchéances de la nationalité française, cette commission avait retardé au maximum ses travaux et que le 26 août 1943 le S.S. Sturmbaunführer Hagen avait signalé à ses supérieurs l'attitude hostile du « conseiller national Mornet » dont la sous-commission sera supprimée (note de De Brinon à Hagen le 28 août 1943).

Les avocats des collaborateurs ne seront pas les seuls à mettre en contradiction les magistrats de 1945 avec leur serment de 1941 et leurs jugements des années d'occupation. C'est ainsi que les communistes attaqueront à plusieurs reprises des magistrats qui les ont condamnés entre 1940 et 1944 et dont ils ont le sentiment que, chargés, après la Libération, de réprimer la collaboration, ils ne le font qu'avec réticence et mollesse.

Le député communiste Pierre Villon mettra en cause Maurice Rolland, président de l'Association des magistrats résistants, qui a rejoint en 1943 Alger où, selon Teitgen, il a été « accueilli à bras ouverts ».

Que dit Villon ?

« Je ne savais pas que M. Rolland, qui est devenu subitement un résistant... était celui qui, en décembre 1940, après ma condamnation devant un tribunal de Paris, avait requis contre moi *a minima*. Il estimait que je n'avais pas été assez condamné... probablement parce qu'il trouvait que j'avais dit trop de mal de son maître Pétain. »

Les communistes devaient faire grief au même Maurice Rolland d'avoir demandé et obtenu des peines très sévères contre Bastard et Trzebucki, ce qui les aurait désignés à l'attention de ce tribunal d'exception français dont les Allemands, après la mort de l'aspirant Moser, tué par Pierre Georges, futur colonel *Fabien,* sur le quai du métro Barbès, ont exigé de Vichy qu'il soit immédiatement constitué pour condamner à mort six communistes incarcérés préalablement à l'attentat[1].

---

1. Les Allemands ont d'abord menacé d'exécuter cent ou cinquante otages. Au cours des discussions qui suivront, ils se livreront à un chantage qui conduira le gouvernement de Vichy à prendre sur lui l'odieux du crime. Certes, ce ne sont ni cinquante ni cent otages qui sont exécutés. Mais Vichy acceptera — sur ordre allemand — de faire condamner à mort puis exécuter plusieurs communistes parfaitement innocents. Les premiers : Bastard, Trzebucki, Bréchet, seront guillotinés le 28 août 1941. Sur l'insistance des occupants, qui exigeaient six condamnations à mort, Woog, Guyot et Jean Catelas, député communiste d'Arras, seront guillotinés le 24 septembre. Le gouvernement de Vichy, Pucheu, ministre de l'Intérieur qui refusera la grâce, et les magistrats ayant accepté de s'associer à cette parodie de justice, pour laquelle il avait fallu, le *23 août 1941,* rédiger une loi à effet rétroactif parue au *Journal officiel* du 24 août, datée du 14 août (c'est-à-dire sept jours avant l'attentat contre Moser) ont, devant l'Histoire, une responsabilité morale que rien ne pourra faire oublier.

Ils s'attaqueront également à M. Zambeaux, dont Villon dira qu'il a, « pendant deux ans, participé, comme magistrat des cours spéciales, à la lutte contre les patriotes communistes ».

Répondant aux critiques, Pierre-Henri Teitgen reconnaîtra — comment faire autrement ? — que « beaucoup des magistrats ont servi dans les tribunaux de Vichy, que beaucoup d'entre eux ont participé à la répression organisée par Vichy contre le communisme, la Résistance, le gaullisme, les Français », mais, sur 2 200, 418 n'ont-ils pas été déférés devant une commission d'épuration, 297 n'ont-ils pas été sanctionnés [1] ?

Et puis les choses sont-elles aussi simples qu'on le dit pour tenter de le faire croire ? Zambeaux, dont Villon a parlé, a siégé, il est vrai, au tribunal spécial de Paris. Avant son arrivée, une dizaine de condamnations à mort avaient été prononcées. Après qu'à la demande de la Résistance il se fut porté volontaire pour appartenir à une juridiction méprisée, « la peine la plus forte prononcée par le tribunal pendant les deux années où [il y] est resté a été la peine de deux ans de prison [2] ».

Le Comité national judiciaire, organisation de résistance du Palais, tout en réclamant des sanctions contre ceux qui « avaient attaché leur nom aux condamnations à mort prononcées par ordre », n'avait-il pas, d'ailleurs, repoussé une proposition tendant à « condamner en bloc » les magistrats qui avaient appartenu aux sections spéciales ?

Selon le mot d'un homme politique — Robert Lecourt —, qui deviendra un jour garde des Sceaux [3], il fallait distinguer entre ceux qui, « en pleine conscience », avaient collaboré avec le régime de Vichy, et surtout avec les Allemands, et ceux qui, « par nécessité professionnelle, *pour gagner leur vie* [4], [avaient] été obligés de rester dans les cadres de la magistrature ».

« *Pour gagner leur vie...* » Quelle étonnante excuse que cette phrase lancée, en février 1945, devant une assemblée de résistants. Et comme

---

1. Il faut également signaler que, si, au 1er janvier 1945, 370 postes sont sans titulaire dans les cours d'appel, l'épuration est à l'origine de 131 de ces vacances mais que, de 1941 à 1944, le chiffre des candidats au concours de la magistrature n'a cessé de baisser.

2. Pierre-Henri Teitgen, le 6 août 1946, devant l'Assemblée nationale constituante.

3. Lecourt, qui appartient au M.R.P., parle, le 21 février 1945, devant l'Assemblée constituante provisoire.

4. Je souligne intentionnellement.

beaucoup de « collaborateurs » — des journalistes écrivant « pour gagner leur vie », mais aussi des engagés à l'Est pour « la gamelle » — eussent souhaité qu'elle fût entendue de leurs juges !

Il y a plus honorable. Si tous avaient prêté serment à la personne du chef de l'État, rares étaient les magistrats qui estimaient, ce faisant, avoir prêté serment à la collaboration, *ce qu'on ne leur demandait d'ailleurs pas.*

A ceux qu'ils devaient juger ou jugeront, plusieurs d'entre eux éviteront le pire, soit par indolence calculée — Teitgen citera le cas d'un département où, dans le cabinet du procureur de la République, mille six cents dossiers de résistants dormaient dans des placards —, soit en leur évitant de comparaître devant des juridictions allemandes aux sanctions terribles. De cette aide indirecte mais incontestable à la Résistance, le garde des Sceaux citera un exemple.

Le 10 juillet 1943, près de Rennes, trois F.T.P., Delattre, Meriot et Chollet, qui appartiennent au groupe du commandant Louis Pétri, provoquent le télescopage d'un train de permissionnaires et d'un transport de troupes. Les pertes allemandes s'élèveront à 8 morts, 30 blessés graves et un peu plus de 50 blessés légers[1]. Arrêtés par la police française, Delattre, Meriot et Chollet verront venir à leur secours Mᵉ Fernand Daucé, du barreau de Rennes, qui appartient au Front national et a demandé à plaider une affaire, qui, portée devant le conseil de guerre allemand, entraînerait une triple condamnation à mort. Comment faire pour éviter que les Allemands ne se saisissent du dossier de cet attentat, l'un des plus importants jamais commis dans la région ? Tout repose sur le courage et l'esprit de décision du juge Garnot. Après avoir promis aux autorités d'occupation la comparution immédiate des trois communistes devant une cour de justice française, le juge Garnot restreint l'accusation aux faits d'appartenance à des groupements paracommunistes — délit de moindre gravité —, en ignorant volontairement les pertes que le déraillement a provoquées dans les rangs allemands. Mᵉ Daucé et Mᵉ Pierre de Felice, un avocat parisien venu le seconder, obtiendront alors que la condamnation soit limitée aux travaux forcés à temps.

Delattre, Meriot et Chollet, tenus pour bien et définitivement jugés,

---

1. Je mets à profit l'évocation de cet attentat pour rectifier une erreur que j'ai commise dans le tome VI (p. 223-224) en l'attribuant à *Résistance Fer,* alors qu'il a été indiscutablement commis par les F.T.P. du commandant Pétri.

quitteront le régime de la prévention pour la prison de Vitré, dont le commandant Pétri les fera évader en compagnie de tous les détenus politiques.

Citant cet exemple, et s'appuyant sur une lettre que Me Fernand Daucé a envoyée, le 19 novembre 1945, au juge Garnot, afin qu'elle soit versée à son dossier d'épuration, Pierre-Henri Teitgen, garde des Sceaux, pourra dire :

> « Lorsqu'on prend un dossier comme celui-ci... on doit, en conscience, considérer qu'une seule mesure s'impose : le classement, quelles que soient les dénonciations erronées de gens qui ont peut-être cru que ces magistrats servaient l'Allemand, parce que, souvent, ces magistrats résistants et patriotes ont dû faire un certain nombre d'actes de procédure, qualifier les faits sous des termes qui n'entraînaient que des condamnations légères, faire semblant de poursuivre une instruction et, quelquefois même, faire semblant de requérir une condamnation [1]. »

Teitgen, défendant les magistrats — non pas tous, mais la majorité d'entre eux —, aurait pu citer les reproches adressés, le 12 novembre 1943, par Pierre Laval aux présidents des cours d'appel.

C'est dans la mesure où les magistrats — menacés d'ailleurs de représailles par la Résistance — font preuve à ses yeux de trop de faiblesse, une faiblesse constamment dénoncée par les journaux parisiens de la collaboration, que le chef du gouvernement de Vichy a modifié la loi du 5 juin 1943 instituant les sections spéciales. Le nouveau texte prévoit, en effet, que, dans les cas les plus graves, siégeront désormais, aux côtés de deux magistrats, trois juges choisis parmi des officiers de la gendarmerie, de la garde, de la police. N'est-ce pas la preuve que le serment à la personne du chef de l'État n'a pas engagé la conscience des magistrats dans une politique de répression systématiquement favorable aux exigences des Allemands et des extrémistes de la collaboration ?

Ce que Teitgen dit de la magistrature, on pourrait le dire de l'administration française, dont bien des membres, faute de pouvoir tout empêcher — mais comment tout empêcher lorsque l'on a perdu la

---

1. Séance du 6 août 1946 de l'Assemblée nationale constituante.

guerre ? —, ont ralenti, parfois saboté la mise en œuvre d'instructions venues de Vichy, instructions elles-mêmes assez souvent tempérées par rapport aux volontés de Berlin.

Mais il est vrai qu'en 1944-1945 il est difficile, voire impossible, de faire admettre que tout ne soit pas noir ou blanc. Le temps des nuances, des explications, n'est pas encore venu, et l'on comprend l'émotion des résistants apprenant que, dans le ressort de Rennes, par exemple, seize des vingt-trois magistrats qui jugent des collaborateurs jugeaient des résistants quelques mois plus tôt !

L'on comprend également l'émotion scandalisée de policiers ayant, en 1942 ou 1943, arrêté des communistes ou des gaullistes sur réquisition de juges d'instruction devant lesquels ils se retrouvent inculpés après septembre 1944... pour avoir, sur leurs ordres, arrêté des communistes ou des gaullistes !

Situation dramatique et ubuesque moins rare qu'on ne le pense.

Ce sont ces problèmes, à la fois techniques et moraux, qui ont ralenti — dès l'instant où l'on ne cédait pas à la fureur de punir des cours martiales — la mise en place des cours de justice, notamment dans le département de la Seine où la cour, installée le 17 octobre 1944, tiendra sa première audience le 23 octobre seulement, deux mois après la libération de Paris, et alors qu'il avait été imaginé par certains qu'en trois mois l'épuration serait achevée !

Combien d'affaires la cour de justice de la Seine[1] examinera-t-elle entre le 23 octobre 1944 et le 19 janvier 1945 ?

Exactement soixante-neuf affaires jusqu'au 29 décembre 1944 et quarante-sept entre le 2 et le 19 janvier 1945.

Qui sont ceux et celles qui comparaissent devant les sous-sections de la cour de justice de la Seine ?

Sur les quatre-vingt-deux inculpés jugés entre le 23 octobre — procès de Suarez — et le 29 décembre — procès de Béraud —, on trouve, certes, les douze gestapistes de la bande Bonny-Lafont, les trois miliciens qui ont assisté à l'assassinat de Georges Mandel, un poseur de tapis, une « ménagère », un expert fiscal, deux comptables, un avocat — il sera acquitté —, une femme de ménage, mais aussi et surtout vingt journalistes ou speakers à Radio-Paris, auxquels il faut certainement ajouter le capitaine de vaisseau Paul Chack et le colonel Pinsard, condamnés essentiellement pour leur activité journalistique,

---

1. Elle comptera jusqu'à dix sous-sections.

ainsi, très vraisemblablement, que quatre « artistes dramatiques » dont le tort est de s'être produits dans des émissions ou des spectacles compromettants[1].

Entre le 23 octobre et le 29 décembre la cour de justice de la Seine acquittera treize inculpés, dont un seul est journaliste. Et si l'on fait exception de huit des gestapistes de la bande Bonny-Lafont et de deux des trois miliciens, seuls des écrivains ou des journalistes (il y en aura quatre) seront condamnés à mort dans les dix premières semaines d'existence de la cour de justice de la Seine.

« Prestige » et risques de l'écrit !

---

1. Je dois ces précisions à l'amabilité du greffe de la cour d'appel de Paris.

6

DE SUAREZ À BRASILLACH

C'est Georges Suarez, ancien directeur d'*Aujourd'hui*, qui comparaît le premier, le 23 octobre, devant la cour où quatre jurés de la Résistance, dont une femme, encadrent le président Ledoux.

Privés de grands procès depuis la Libération et n'ayant pu se déplacer en province pour assister aux expéditives séances des cours martiales, deux cents journalistes ainsi que de nombreux photographes — et, parmi eux, on découvre plusieurs correspondants de guerre en uniforme — se sont agglutinés dans la salle de la cour d'assises.

Ils ne pourront consacrer qu'une cinquantaine ou une centaine de lignes à l'événement. Ils savent que bien peu de photos seront publiées ; n'importe, ils sont là, lorsque Suarez apparaît, vêtu d'un costume de tweed que dissimule, pour un moment, un manteau de poil de chameau dont il se débarrassera rapidement.

Cet homme, qui s'était caché successivement chez deux de ses maîtresses, se défend d'autant plus mal qu'il était l'une des « vedettes » de la presse de la collaboration et que le public, hostile, manifeste bruyamment à la lecture de l'un ou de l'autre des cent trois articles qui sont au dossier.

Au lendemain d'une condamnation à mort demandée par M. Raphaël, commissaire du gouvernement, et décidée en quinze minutes par le jury, *Le Parisien libéré* donnera, par son titre, une idée du climat qui avait régné au long des débats :

SUAREZ SERA FUSILLÉ.

TEL EST LE VERDICT

DES JUGES POPULAIRES DE PARIS,

ACCUEILLI PAR DES APPLAUDISSEMENTS,

C'est vrai la salle a applaudi. Après l'avoir écrit, le chroniqueur de *L'Humanité* enchaîne sur ces mots : « *Cependant, on est indigné qu'il soit laissé au misérable la faculté de se pourvoir en cassation. Le jugement devrait, pour avoir toute sa portée, entraîner une exécution immédiate. D'autre part, il est inadmissible qu'il ait fallu tout un après-midi pour prononcer une sentence que justifiait amplement une lecture de 15 minutes de quelques extraits de la prose du sinistre personnage*[1]. »

Rappelant que le condamné avait jadis cité Joseph de Maistre : « Le bourreau est la clef de voûte de la société moderne », les journaux fourniront le maximum de renseignements sur l'exécution qui a eu lieu le 8 novembre, à 7 h 53, au fort de Montrouge.

Après Suarez le glorieux, l'homme aux 65 000 francs par mois — dont 40 000 de frais de représentation —, qui ?

Un ancien colonel de l'armée Wrangel, le Russe Theodossienko, qui se présente en uniforme de commandant F.F.I., alors qu'il est accusé d'avoir fait de la propagande antibolchevique. Theodossienko « s'en tire », pour reprendre une expression souvent utilisée par la presse lorsque la mort ne sanctionne pas le crime, avec sept ans de réclusion.

A ce personnage sans envergure ni intérêt succèdent Paul Boero, Neroni et Lambert, qui ont escorté Georges Mandel dans la voiture qui le conduisait sur le lieu de son supplice et ont assisté à son assassinat.

L'enquête a prouvé, le président l'a reconnu, qu'ils n'avaient pas tiré sur Mandel, que seul Mansuy avait tué l'ancien ministre d'une rafale de mitraillette. Boero et Neroni — complices à l'évidence et n'ayant rien tenté pour sauver Mandel du piège dans lequel on le faisait tomber[2] — seront condamnés à mort[3], tandis que Lambert, défendu par Me Mollet-Viéville, commis d'office, comme ses deux confrères, sauvera provisoirement sa tête[4].

Dès le 27 octobre, avec Lucien Felgines, speaker à Radio-Paris, mais si intimidé devant ses juges que le président Ledoux lui demandera à plusieurs reprises de parler plus fort, de parler plus haut, les journalistes font leur réapparition. En vérité, Felgines intéresse moins l'auditoire que le pick-up installé, pour la première fois, dans un

---

1. Je souligne intentionnellement.
2. *Cf. Joies et douleurs du peuple libéré.*
3. Boero et Neroni seront fusillés au fort de Montrouge le 28 novembre.
4. Il sera, en effet, quelques mois plus tard, condamné à mort pour une autre affaire, et exécuté.

tribunal. La police a retrouvé quatre disques. On entendra donc la voix de Felgines réclamer « une relève massive qui enverrait en Allemagne tous les jeunes gens pour leur apprendre à réfléchir et à se viriliser ». Felgines, contre qui le commissaire du gouvernement a réclamé la peine de mort, sera condamné à vingt ans de travaux forcés.

Vingt ans de réclusion frapperont le 30 octobre Stéphane Lauzanne, l'ancien éditorialiste du *Matin,* dont on entend également la voix — le pick-up est demeuré en place — affirmer, aux rires de l'assistance : « Ceux qui annoncent le très prochain débarquement sont des idiots. » Que ce soit à cause de son âge — soixante-dix ans —, de l'influence dictatoriale qu'exerçait sur tous ses collaborateurs Bunau-Varilla, directeur du *Matin,* influence dont il fut beaucoup parlé comme d'une possible circonstance atténuante, ou encore parce que deux femmes se trouvaient dans le jury, « la châtaine à droite en manteau de loutre, la brune à gauche, les épaules couvertes d'un renard[1] », Stéphane Lauzanne, selon l'opinion générale, « s'en tire à bon compte ».

Le lendemain, 31 octobre, et comme par un sévère jeu de bascule, un obscur fabricant de lettres confidentielles favorables à la collaboration, le comte Armand-Marie-Louis de Puységur, aura, lui, moins de chance. Malgré ses soixante-seize ans, il sera condamné à mort. Ce personnage, dont la production (chaque lettre confidentielle était tirée à 2 000 exemplaires) était subventionnée par le président de l'Office permanent des banques, avait également écrit *Les Maquereaux légitimes,* livre dans lequel il dénonçait les aristocrates pauvres qui épousaient des juives fortunées... ce qui avait été son cas, ainsi que le lui fera remarquer le président Ledoux. La salle s'esclaffera. Le verdict n'en sera pas moins impitoyable[2].

La cour de justice de la Seine condamne ensuite Claude Maubourguet, que ses quatre enfants, sa sincérité et le talent de Me Naud sauvent de la mort, alors que, milicien et journaliste à *Je suis partout,* il avait participé aux combats de Glières, dissimulé dans son reportage le rôle capital des Allemands et accablé les maquisards malheureux.

Après Maubourguet, la cour condamne à dix ans de réclusion un journaliste de Radio-Paris, puis elle aborde le cas du général d'aviation Pinsard.

---

1. *Franc-Tireur,* 31 octobre 1944.
2. Puységur, doyen des condamnés à mort, restera six mois aux fers avant de voir sa peine commuée.

L'homme paraît dans le box des accusés avec toutes ses décorations : plaque de grand officier de la Légion d'honneur, médaille militaire, Military Cross, croix de guerre aux dix-neuf palmes récompensant trente victoires officielles, trois évasions ainsi qu'une grave blessure reçue le 7 juin 1940. Ce n'est pas un intellectuel — et il le dira d'ailleurs pour sa défense —, ce général qui a commencé sa carrière dans l'armée comme maréchal des logis, mais un « fils du peuple », un homme d'action.

Pourquoi Pinsard a-t-il accepté de faire partie du Comité central de la Légion des volontaires français contre le bolchevisme et, à ce titre, de s'occuper des œuvres sociales, de prononcer quelques discours, de « prêter » son nom et surtout son glorieux passé ? Pour 12 000 francs par mois ? Certainement pas. Par vanité, par antibolchevisme, par confiance aveugle accordée au Maréchal. Ses décorations lui ont-elles épargné la mort[1] ? Il est vraisemblable qu'elles ont joué un rôle dans la réaction de certains jurés qui gardaient encore assez de bon sens pour établir une différence entre les médailles gagnées lors de la Grande Guerre et les galons d'août 1944, mais elles ont beaucoup agacé de jeunes journalistes qui reprocheront âprement à Pinsard d'avoir arboré « toute sa ferblanterie ». Cela leur vaudra cette apostrophe de Galtier-Boissière, l'écrivain de *La Fleur au fusil,* le grand blessé de la guerre précédente : « Ils devraient se rappeler que ce vieux con fut tout de même un héros. »

Les journalistes se succèdent à partir du 7 novembre : dix ans de travaux forcés à un speaker de Radio-Paris ; cinq ans de réclusion au journaliste qui tenait la rubrique « Le quart d'heure du travail » ; dix ans à Marcel B..., coupable d'avoir *illustré* deux textes de propagande allemande contre l'Angleterre et, notamment, « La mirifique histoire de Churchill sur l'air de Marlborough » ; cinq ans de réclusion à Jean C..., rédacteur en chef de *L'Information permanente;* dix ans de travaux forcés à Marcel de M..., ancien secrétaire général des *Nouveaux Temps,* dont plusieurs linotypistes et cyclistes de presse sont cependant venus dire qu'il s'occupait uniquement des problèmes techniques.

Le 15 décembre, Eugène A..., auteur, dans *La France socialiste,* de trois articles « assez anodins » — ils devaient l'être pour qu'ils soient jugés tels à l'époque —, et Arthur A..., qui a parlé sur Radio-Paris,

---

1. Le général Pinsard sera condamné aux travaux forcés à perpétuité.

sont condamnés respectivement à l'indignité nationale et à huit ans de travaux forcés.

Le 18 décembre, c'est au tour du capitaine de vaisseau Paul Chack de comparaître devant la cour de justice de la Seine. Jamais son destin n'aurait dû conduire le président des Anciens Combattants, l'auteur de *Ceux du blocus, La Guerre des croiseurs, On se bat sur mer* et d'autres ouvrages consacrés à la guerre de 1914-1918, l'homme dont on parlait dans certains milieux comme du Kipling français, devant un tribunal pour crime de trahison.

Le 13 octobre 1939, sous le titre *Qui tient la mer tient la terre*, n'avait-il pas exposé lucidement l'une des lois de toutes les guerres ? Que ne s'était-il écouté, que ne s'était-il relu, avant de s'engager dans le combat antianglais et antibolchevique (il présidera le Comité d'action antibolchevique) et de prédire à la radio comme dans les journaux parisiens la victoire de la terre (allemande) contre la mer (anglo-américaine) !

Après la déposition de deux témoins acerbes, Paul Chack sera accablé par M. Vassard, commissaire du gouvernement.

> « Je réclame la peine de mort contre vous, Paul Chack, qui avez trahi, malgré votre talent, vos cheveux blancs et vos décorations. Jurés de la Résistance [1], vous réserverez le châtiment suprême à un officier français félon : mourir sous les balles françaises. »

En entendant le verdict qui le condamne à mort et à la dégradation, Chack, dont les journalistes ont écrit qu'il avait été, pendant l'audience, d'une « affreuse platitude », portera à ses lèvres l'insigne de commandeur de la Légion d'honneur et le remettra à son avocat, Me Perrin.

Il sera exécuté, de Gaulle ayant refusé la grâce.

Henri Béraud, qui se trouve, lui aussi, dans une cellule de condamné à mort, a été tiré de son sommeil, le 9 janvier, par une voix forte et calme : « Adieu Béraud ! »

---

1. Les choses sont nettes. Les jurés ne sont pas les jurés émanation du peuple français, mais ouvertement les « jurés de la Résistance ».

Il fait à peine jour. Depuis sa couchette, Béraud ne reconnaît pas le visage qui apparaît un instant devant le guichet. Sans doute un ami que l'on relâche. C'est en vain que Béraud recherche ses lunettes. Alors, impatient, il lance en direction de l'inconnu :

— Eh bien ! adieu, mon cher, et soyez heureux.

— Comment ? Vous ne me reconnaissez donc pas ? Je suis Paul Chack. On vient me chercher et je vais mourir !

Traînant les sept kilos de ses chaînes de condamné à mort, Béraud fait les quelques pas qui le séparent du guichet.

— Chack !... Est-ce possible ?

— C'est moi.

— Mon ami, mon cher ami... Au revoir, Chack, je vais prier pour vous.

— Au revoir, cher Béraud, et moi aussi je vais prier pour vous...

Prier pour lui ? Combien de jours Béraud a-t-il encore à vivre ? Dans sa cellule de Fresnes — une cellule aux carreaux intacts et où la chasse d'eau fonctionne[1] —, l'écrivain du *Martyre de l'obèse,* de *La Gerbe d'or,* mais aussi le polémiste de *Gringoire,* refait avec ses avocats, Mes Naud, Leroy et Michaud, un procès dont Galtier-Boissière, qui hait Béraud[2] et ne l'a plus revu depuis le 6 février 1934, écrira, dès 1946[3], qu'il n'avait été qu'un « tissu d'erreurs grossières ».

Condamner à mort Béraud en vertu de l'article 75 — trahison à l'égard de la France —, alors que l'écrivain détestait « le Boche » qui avait mis ses œuvres à l'index dès l'occupation de notre pays et pillé son logement parisien ; qui, au contraire de tant d'autres journalistes, n'avait célébré ni les vertus militaires ni la politique de l'Allemagne ; jamais publié en zone occupée, où l'hebdomadaire *Gringoire* était d'ailleurs interdit de vente[4], paraissait difficile sinon impossible.

---

1. Ce qui n'était pas le cas de toutes les cellules. Béraud passera sa première nuit de condamné à mort dans une cellule aux carreaux brisés où il fait − 15°.

2. « Il me haïssait et je le lui rendais bien. »

3. *Mon journal depuis la Libération. Cf.* p. 92, d'où sont extraits les passages de l'interrogatoire de Béraud cités dans le chapitre précédent.

4. Même après le franchissement de la zone non occupée, le 11 novembre 1942.

Aussi est-ce surtout l'article 2 de l'ordonnance du 26 juin 1944 qui sera appliqué à son cas ; article 2 punissant les infractions « commises au préjudice de l'une quelconque des nations alliées en guerre contre les puissances de l'Axe » des mêmes peines « que si les infractions avaient été commises au préjudice de la France ».

Avoir attaqué dans la presse, ou sur les estrades, la Russie soviétique, les États-Unis ou l'Angleterre pouvait être en effet, pour l'accusation, un motif suffisant pour que le commissaire du gouvernement réclamât l'application de la peine de mort.

Or, s'il n'aimait pas l'Allemagne, Béraud détestait l'Angleterre.

Sa haine remontait loin dans notre histoire et dans l'histoire. Jeanne d'Arc, Napoléon, le commandant Marchand étaient ses héros. Et plus encore peut-être les Boers, ces descendants des colons hollandais, mais aussi des protestants français, qui, en Afrique australe, luttaient depuis 1877 contre les Anglais et dont la défaite à Paderberg, en 1900, avait été ressentie par beaucoup de Français comme une défaite nationale.

Évoquant Paderberg, Béraud écrira, le 4 décembre 1942, dans un article intitulé « 1900 » : « Je sais pourquoi, dès mes jeunes ans, le peuple anglais m'est apparu comme le plus exécrable des peuples, la nation anglaise comme la plus cruelle des nations. »

Il n'a donc pas attendu la guerre pour poursuivre l'Angleterre d'une vigilante hostilité. Ses trois articles : « Faut-il réduire l'Angleterre en esclavage ? », qui seront d'ailleurs publiés en livre à succès, datent de 1935, c'est-à-dire au moment où l'Angleterre mène contre l'Italie, qui vient de s'emparer de l'Éthiopie, une politique de sanctions risquant de conduire à un conflit armé.

Il paraît — l'accusation le dira lors du procès — qu'avant l'offensive allemande de mai 1940, lorsqu'elle se contentait encore de lancer sur notre sol des tracts antianglais, l'aviation allemande avait parachuté « du Béraud » et notamment cette phrase : « Je dis que je hais ce peuple, que je le hais en mon nom et au nom de mes anciens, par instinct autant que par tradition. Je dis et je répète qu'il faut réduire l'Angleterre en esclavage puisque, en vérité, la grandeur de l'Empire a pour condition l'oppression et l'abaissement des autres peuples. » Mais s'ils avaient utilisé Béraud contre l'Angleterre, — naturellement sans son accord — les Allemands avaient utilisé et utiliseront aussi pour leur propagande Napoléon, Victor Hugo et Clemenceau.

Toutefois, la guerre se poursuivant après la défaite de la France,

Béraud peut-il être *hostile à l'Angleterre sans être favorable à l'Allemagne ?* Voilà la véritable question. Je l'écris après avoir lu les articles qu'à partir de novembre 1940 jusqu'à la fin de 1943 Béraud a publiés, à la cadence de deux par mois environ, dans *Gringoire.*

Comment, en temps de guerre, ne pas favoriser indirectement l'Allemagne si l'on attaque l'Angleterre et ceux qui la soutiennent dans son combat ?

La révoltante agression de Mers el-Kébir inspire donc à Béraud, le 20 novembre 1940, sous le titre « Traîtrophiles », une diatribe contre de Gaulle, contre le « Moi-de-Gaulle » qui sera l'une de ses cibles, parmi bien d'autres. Ses articles s'intitulent : « Les riverains du Léthé » ; « Tiens-toi droit » ; « Six pence » ; « Adieu aux étoiles ». Ce dernier texte, indulgent et mélancolique, a été publié le 27 novembre 1942, donc après le débarquement américain en Afrique du Nord. Dans son article, Béraud évoque le souvenir de son ami d'errances journalistiques Thomas T. Topping, envoyé spécial d'Associated Press, avec qui il a couru le monde, l'aventure, les bars, les filles.

Si les Américains trouvent grâce à ses yeux, son talent de polémiste (et non de délateur) s'exerce au détriment de ces Français qu'il regroupe, en septembre 1942, dans « Le Syndicat des autruches » : James du Pont, l'anglophile ; Fourtout-Testecomble, le salonnard, collectionneur de tracts clandestins ; Victor Laresquille ; Baruch-Zylberfin « qui sait si bien dire en poldévo-cracovien : " Je suis vrançais zent pour zent " » ; Planqué, gréviculteur en chômage ; Vindonneur, ancien député, ancien ministre.

Sans doute Béraud n'aurait-il pas été condamné à mort[1] sans l'imprévisible intervention de l'amiral Muselier, que le polémiste avait traité « d'amiral de bateau-lavoir ».

Pour entendre cet officier supérieur, qui, le premier, avait rallié de Gaulle (avec lequel d'ailleurs il s'était très vite brouillé, leurs ambitions et leurs caractères étant contradictoires), la cour avait accepté de renvoyer le procès Béraud du 26 au 29 décembre.

Muselier devait accabler l'écrivain en le rendant moralement responsable de la mort au combat des marins de la France libre.

Après avoir dit que l'insulte, « amiral de bateau-lavoir », lui importait peu, Muselier allait en effet poursuivre :

---

1. Selon Galtier-Boissière, l'avocat de Béraud prévoyait une peine de cinq à dix ans de travaux forcés.

« Mais il s'agit des marins qui, à cette époque, étaient allés faire respecter notre souveraineté à Saint-Pierre-et-Miquelon et qui sont morts. J'avais avec moi le *Surcouf,* notre orgueil, qui repose avec tout son équipage au fond de la mer des Caraïbes ; l'*Alysse,* détruit par une torpille allemande ; le *Mimosa* et l'*Aconit* qui coula deux sous-marins allemands en moins de dix heures [1]. Il ne reste que 80 survivants sur les 835 marins de mes " bateaux-lavoirs ", mais nous avons lavé de notre sang la honte de la trahison. »

Poursuivant son témoignage-réquisitoire, l'amiral Muselier, après avoir déclaré que seuls quatorze habitants de Saint-Pierre avaient voté en faveur de la collaboration, lors du plébiscite qu'il avait organisé le 27 décembre 1941 à la demande de De Gaulle, avait ajouté : « Il y avait juste *quatorze* abonnés à *Gringoire* dans ces îles. » Rapportant ce « rapprochement », dont la preuve ne pourra jamais être fournie, la presse du lendemain devait écrire qu'il avait fait « sensation ».

Elle ne pouvait savoir que Muselier, en demandant aux habitants de choisir entre le « *ralliement à la France libre* » et la « *coopération avec les puissances de l'Axe* » était assuré du résultat !... Elle ne pouvait savoir qu'il n'y avait eu que onze bulletins (et non quatorze) en faveur de la coopération avec l'Axe, ce dont Muselier aurait dû se souvenir puisque c'est lui-même qui avait télégraphié les chiffres à de Gaulle [2].

Elle ne pouvait savoir — et il lui importait alors peu de savoir — que la prise de Saint-Pierre-et-Miquelon s'était effectuée sans effusion de sang [3] ; que le sous-marin *Surcouf* avait sombré, dans la nuit du 18 au

---

1. U 444 et U 432.
2. *Cf.* Vice-amiral Muselier. *De Gaulle contre le gaullisme,* p. 288-289 et 297-299. Le 26 décembre 1941, Muselier télégraphia à de Gaulle les résultats suivants concernant St-Pierre : « 615 voix pour France Libre, 11 pour collaboration avec Axe, 140 nuls dont environ 120 avaient barré les deux questions posées soit par erreur, soit par opposition. Ai proclamé résultat 98 % des suffrages valablement exprimés. »
3. *Cf. Forces navales françaises libres,* p. 431. En octobre 1941, le général de Gaulle décide de rallier Saint-Pierre-et-Miquelon dont il sait la population favorable à la cause de la France libre. Canadiens et Américains, soucieux de leurs relations avec Vichy, se montrent hostiles à l'opération que tentera et réussira cependant l'amiral Muselier le 24 décembre 1941. S'il n'y eut, de la part de Vichy,

19 février 1942, après avoir été abordé *par un cargo allié* dans la mer des Antilles[1] ; et que les pertes, entre le 1ᵉʳ juillet 1940 et le 3 août 1943, date à laquelle la marine de la France libre et celle qui avait rallié Darlan, puis Giraud, après le débarquement américain en Afrique du Nord, avaient fusionné, ne se montaient pas à 755 morts, comme l'avait affirmé Muselier, mais à 594[2].

Ces contre-vérités, qui avaient accablé Béraud, puisque c'était au nom des « unités de la Croix de Lorraine » que Muselier avait demandé aux jurés de se montrer « impitoyables », n'avaient, à l'exception des avocats du prévenu, indigné ouvertement qu'un seul homme : François Mauriac. Le 4 janvier 1945, dans *Le Figaro*, Mauriac écrivait un émouvant article, dont on peut penser qu'il ne fut pas sans influence sur la décision du général de Gaulle de gracier Béraud.

Il faut citer ce texte. Il rompt heureusement avec le silence des lâches, l'applaudissement des frénétiques et l'acquiescement des jaloux, car Béraud, ayant connu de grands succès de librairie, était aussi puni pour ses bonheurs passés.

« Henri Béraud n'a pas besoin de protester qu'il est innocent du crime d'intelligences avec l'ennemi. Les débats l'ont prouvé avec évidence. Certes, son anglophobie, en pleine guerre — et bien qu'elle ne se manifestât qu'en zone libre —, constitue une faute très grave. Mais, si le fait que l'ennemi a utilisé certains de ses articles suffisait à le charger du crime de trahison, la salle des Assises serait trop petite pour contenir la foule des coupables. Au vrai, tout Paris sait bien que ce jugement est inique, et certaines

---

que des réactions verbales, la « prise » de Saint-Pierre-et-Miquelon faillit provo-quer une intervention des forces américaines et elle contribua à gâcher le climat entre l'entourage de Roosevelt et de Gaulle.

1. Le bâtiment a disparu avec les 126 hommes de son équipage. Le *Surcouf* était, en 1939, le plus grand sous-marin du monde. Échappé de Brest le 18 juin 1940, il avait rallié Portsmouth où les Anglais l'avaient saisi le 3 juillet (dans le cadre de l'opération qui devait provoquer la saisie de tous les navires français présents en Grande-Bretagne et l'attaque de Mers el-Kébir). Par la suite le *Surcouf* allait être armé par les Forces navales, françaises libres.

2. *Cf. Forces nuvales françaises libres*, p. 127. L'année 1942 est celle où les pertes furent les plus nombreuses : 384 morts dont 281 perdus en mer lors de la disparition de l'*Alysse*, du *Surcouf*, du *Viking*, du *Mimosa* et du *chasseur 8 Rennes*.

circonstances qui l'entourent, et qui seront connues (et qui sont incroyables[1]), ajoutent encore à cette iniquité...

Grâce à Dieu, et pour notre honneur à tous, Henri Béraud n'a pas trahi...

Qu'on déshonore et qu'on exécute comme traître un écrivain français qui n'a pas trahi, qu'on le dénonce comme ami des Allemands, alors que jamais il n'y eut entre eux le moindre contact, et qu'il les haïssait ouvertement, c'est une injustice contre laquelle aucune puissance au monde ne me défendra de protester. »

L'article de Mauriac lui vaudra d'être attaqué, le 8 janvier 1945, par *Le Populaire.*

Le 13 janvier, après l'annonce de la grâce, le journal du Parti socialiste écrira que « le chef du gouvernement était, depuis quelques jours, l'objet de pressions », puisque, en faveur de Béraud, s'étaient agitées les « congrégations littéraires », ainsi que de « nobles âmes ».

La décision du général de Gaulle — critiquée par toute une partie de la presse — donnera d'ailleurs l'occasion au socialiste Daniel Mayer de mettre en cause, le 2 mars 1945, devant l'Assemblée consultative, non certes l'exercice du droit de grâce, mais la façon trop généreuse dont, selon lui, de Gaulle en faisait profiter les collaborateurs[2].

En décembre 1944, deux événements ont vraisemblablement contribué à durcir les verdicts des cours de justice et les exigences des journalistes et des résistants.

---

1. Peut-être Mauriac songe-t-il à la récusation du substitut Rimbaud, désigné pour soutenir l'accusation, mais qui, écrit Béraud dans son livre *Quinze jours avec la mort,* « n'a pas accepté les ordres du garde des Sceaux ».
Rimbaud a été remplacé par un ancien avocat, M. Lindon, impitoyable bien souvent.
Peut-être Mauriac songe-t-il aussi à la déposition de l'amiral Muselier.
2. Sur le dialogue Mayer-de Gaulle, *cf.* le chapitre 16.

Le premier : la surprenante, choquante et cynique intervention de la Wilhelmstrasse ; le second, les succès initiaux de l'offensive allemande des Ardennes.

Alors que l'Allemagne est responsable de millions d'exécutions sommaires, alors qu'elle tient encore enfermés dans des camps, où ils souffrent et meurent dans d'atroces conditions, des millions d'hommes et de femmes de toutes nationalités et, parmi eux, plus de cent mille Françaises et Français *arrêtés pour faits de résistance,* le consul d'Allemagne à Genève remet, le 4 décembre, au Comité international de la Croix-Rouge, une note qui contient les éléments d'un véritable chantage et ne peut d'ailleurs que compromettre ceux qu'elle entend préserver.

> « Ces derniers temps, de nombreuses informations ont annoncé qu'en France des personnes avaient été tuées ou poursuivies parce qu'elles avaient collaboré avec les autorités d'occupation allemandes. Ces Français ont été soit assassinés par des bandes de partisans communistes sans aveu, soit déférés à de prétendus tribunaux...
>
> . . . .
>
> Toutes ces poursuites sont des actes de pur arbitraire et de brutalité. Le gouvernement ne peut rester passif en présence de pareils faits... Il y a en Allemagne un très grand nombre de gaullistes qui ont été arrêtés en France, soit parce qu'ils avaient contrevenu aux ordonnances d'occupation allemande, soit en raison de leur attitude hostile à l'Allemagne. Si les poursuites continuent en France et *dans les régions occupées d'Alsace-Lorraine*[1], le gouvernement du Reich se verra obligé de prendre des mesures correspondantes contre les gaullistes qui se trouvent actuellement en Allemagne. »

Dans son commentaire, le porte-parole de la Wilhelmstrasse ajoute que le gouvernement du Reich usera de mesures de représailles si les dirigeants français ne modifient pas leur attitude et, notamment, s'ils prennent des mesures « contre des partisans français, comme le général Dentz ».

---

1. Je souligne intentionnellement. Pour l'Allemagne, l'Alsace, où les arrestations sont nombreuses, et une partie de la Lorraine libérées demeurent territoires allemands.

Quelle terrible intervention ! Elle ne pouvait que se retourner contre Dentz, seul nommé, comme si ce général, qui, obéissant aux ordres du maréchal Pétain, avait conduit, au Liban et en Syrie, le combat contre les anglo-gaullistes, était la plus haute figure de la collaboration militaire[1] !

A la sortie du conseil des ministres du 5 décembre, François de Menthon, garde des Sceaux, précisera naturellement que rien ne pourrait empêcher le gouvernement français d'assurer, à l'égard des Français « coupables de trahison ou d'intelligence avec l'ennemi, le cours de la justice. Il en est ainsi, bien entendu, avait-il ajouté, du cas du général Dentz, qui se trouve nommément désigné dans la note allemande ».

Comment le texte allemand, qui indignait la presse et l'opinion, n'aurait-il pas eu d'influence sur la décision de certains juges inclinés alors non aux atermoiements — sauf dans un cas très précis, à Dijon[2] — ou à l'indulgence, mais à davantage de sévérité ?

Ceux qui, jusqu'en août 1944, avaient spéculé sur la victoire allemande, fondaient leur confiance — Laval était de ceux-là — sur les armes secrètes.

Et, certes, elles existaient, qu'il s'agisse des premiers missiles antichars filoguidés ; des canons à chambres multiples capables de lancer un obus de 83 kilos à près de 300 kilomètres ; des V1 et surtout des V2 ; des fusées antiaériennes « Wasserfall » ou « Enzion », guidées sur l'objectif grâce à un système à infrarouge ; du Messerschmitt 262, premier avion à réaction, ou encore de l'Arado 234, premier bombardier quadrimoteur à réaction.

---

1. Le général Dentz sera condamné à mort le 20 avril 1945 par la Haute Cour de justice. Sa peine sera commuée par le général de Gaulle le 24 octobre 1945 en travaux forcés à perpétuité. Le 13 décembre de la même année, le général Dentz décédera à l'infirmerie de Fresnes.
2. Le 14 février 1945, la cour de justice de Dijon accédera à la demande de Me Vieillard-Baron, défenseur du policier Marsac, qui a demandé le renvoi du procès jusqu'au jour où des patriotes dijonnais, toujours enfermés dans des camps de concentration, ne craindront plus les représailles dont les Allemands les ont menacés par la note du 4 décembre. Le procès sera effectivement renvoyé, mais Marsac sera arraché de sa prison et lynché par la foule. *Cf.* le chapitre 16.

Mais, à l'exception des V1 et des V2, toutes ces armes secrètes demeuraient encore à l'état de prototypes. A moins, comme ce fut le cas d'un canon antichar révolutionnaire, mis au point par Krupp, et déjà en service en 1942, que leur fabrication n'ait été interrompue à la suite de la pénurie en tungstène dont souffrait toute l'économie de guerre allemande, ou encore retardée par la volonté de Hitler qui exigera, par exemple, que le Messerschmitt 262 soit transformé de chasseur en bombardier rapide de représailles contre l'Angleterre.

Ainsi, la première escadre de « Me.262 » — 870 kilomètres à l'heure contre 650 aux chasseurs et 580 aux bombardiers alliés — ne sera-t-elle opérationnelle qu'en novembre 1944. Elle aurait pu l'être six mois plus tôt. D'autres escadres de « Me.262 » étant alors engagées, les conditions de la bataille de Normandie auraient été profondément modifiées.

A 5 h 30, le 16 décembre 1944, lorsque commence, sous un clair de lune artificiel, l'offensive allemande étudiée et mise au point par Hitler pour faire subir aux Alliés un « nouveau Dunkerque », ceux-ci, qui s'apprêtent à attaquer la ligne Siegfried, ne voient là qu'une opération destinée à contrarier leurs préparatifs.

Communiqués et commentaires sont d'abord rassurants. Ils le resteront d'ailleurs pendant toute la durée de la bataille des Ardennes, comme, du côté français, ils l'étaient restés, en 1940, lorsque les chars allemands avançaient en direction des mêmes objectifs.

Quel est, le 20 décembre 1944, le titre du *Monde*? « LA BATAILLE DES ARDENNES. *Sur une largeur de 80 kilomètres tout le front est en mouvement* ». Mais quel était le titre du *Temps*?... le 17 mai 1940? « LA BATAILLE DE BELGIQUE. *Les opérations ont pris le caractère d'une guerre de mouvement.* »

Cette similitude dans le camouflage des périlleuses réalités donnera bientôt aux « rumeurs » et aux « bruits » plus de valeur qu'à la conformiste littérature journalistique, dont on sait bien qu'elle a au moins quarante-huit heures de retard sur les événements.

Que le plan allemand de décembre 1944 ressemble au plan Manstein de mai-juin 1940; que la Meuse soit en vue; Dinant menacé; Liège à quarante kilomètres seulement des chars de la VIᵉ Panzer; que la bataille enfin se déroule sous un ciel de nuages qui empêchera, jusqu'au 23 décembre, l'intervention de l'aviation alliée alors que le ciel limpide de mai 40 avait favorisé les Stukas, tout, ressemblances comme différences, peut laisser craindre le pire. Et il se trouve des esprits sains pour imaginer Paris « tombant pour la seconde fois, avec ce qu'un tel événement eût comporté de tragique[1] ».

Encore ignorent-ils — car rien ne perce de ce secret — que la panique n'est pas seulement affaire de foules sensibles aux tristes rappels historiques, qu'elle a touché de son aile l'état-major d'Eisenhower, jeté le désordre dans certaines grandes unités et que les commandos de Skorzeny, habillés en G.I., utilisant des véhicules capturés, aiguillant les unités américaines rencontrées dans de fausses directions, semant, grâce à d'habiles nouvelles truquées, le trouble et la confusion, semblent aussi menaçants qu'une armée blindée.

Bien que, le 26 décembre, Hitler ait accepté que von Manteuffel, dont la IIe Panzer a été détruite devant la Meuse, amorce son repli, il suffit que l'offensive des Ardennes se trouve brutalement relayée, le 31 décembre, par l'offensive de sept divisions allemandes en direction de Saverne et de Strasbourg, pour donner aux images d'un exode qui recommence toute leur dramatique efficacité.

En voilà assez pour effrayer les uns, la majorité.

En voilà assez pour redonner confiance aux autres, quelques centaines (ou milliers ?) de collaborateurs, non pas tous, certes, mais les plus en péril et les plus engagés, qui se voient demain libérés à la suite du chaos provoqué par une irrésistible poussée allemande.

La prison n'est pas un monde clos. Les prisonniers arrivant de Drancy apportent aux prisonniers de Fresnes, vraies ou fausses, des nouvelles qui, amplifiées, déformées, vont courir de cellule en cellule. Brasillach fait mention de ces rumeurs dans plusieurs lettres à sa sœur. « Toute la " maison ", lui écrit-il le 22 décembre, est pendue aux nouvelles de l'offensive. » Et le 7 janvier il lui apprend que certains clients de Me Isorni ont demandé à leur avocat de « supplier le juge d'instruction de brûler leur dossier en cas d'avance allemande, car ils ont dit trop de mal des Fritz ! »

Cette fébrilité des prisons n'est pas sans influence sur les verdicts.

---

1. Claude Mauriac, *Aimer de Gaulle.*

Lorsque Lucien X... est condamné le 28 décembre à quinze ans de travaux forcés, le chroniqueur du *Parisien libéré* écrit le lendemain : « X... peut toujours espérer que von Rundstedt viendra le délivrer. »

Mais lorsque, le 29 décembre, le commissaire du gouvernement Lindon réclame la peine de mort contre Béraud, il demande au jury de ne pas « oublier dans quel moment il va délibérer ».

Utilisant contre Béraud un article de Mauriac — alors que Mauriac se bat en faveur de Béraud ! —, il ajoute : « Les péripéties de la bataille ont rapproché la ligne du combat. Déjà, comme dit Mauriac dans un récent article, déjà de hideuses espérances soulèvent le masque, déjà il y a des gens qui se reprennent à prendre courage, parce que, momentanément, l'Allemand a repris l'avantage. La patrie continue à être en guerre et la patrie continue à être en danger. Songez au mal que Béraud a fait, au mal qu'il pourrait encore faire... »

Dans les derniers jours de décembre 1944, la peur d'une armée allemande soudain ressuscitée — « Nous avons connu des heures d'épouvante », écrit Claude Mauriac — peut aussi avoir joué un rôle dans certaines exécutions sommaires. Puisque l'ennemi menace, que l'on se montre sans pitié pour les complices de l'ennemi.

L'année judiciaire 1944 s'achève sur le procès Béraud.

L'année 1944 se clôt, au fort de Montrouge, par l'exécution de huit des membres de la Gestapo française de la rue Lauriston.

Les trois voitures cellulaires ont quitté Fresnes à 9 h 15 le 27 décembre. A 10 heures, tout est terminé pour Haré, Bonny et Delval ; à 10 h 10 pour Villaplane, Engel, Pagnon, Clavié et Chamberlin, dit Lafont.

Ainsi a pris fin l'existence de truands et de tortionnaires, fruits de la misère et du cachot, qui avaient régné par l'argent, la terreur et souvent par la torture, sur le Paris de l'occupation.

Ils n'auraient rien été d'autre que de pâles voyous sans le « Patron », « Monsieur Henri », le « capitaine Henri », Henri Chamberlin, dit Lafont.

234

Extraordinaire personnage de roman très noir[1]. Orphelin de père, abandonné par sa mère à onze ans, il va de petits métiers en prison, de prison en petits métiers, jusqu'au jour où la défaite de la France lui offre sa « chance ».

Avec d'autres prisonniers du Cherche-Midi, il se trouve dans un transport dirigé vers le Loiret. Pour compagnons de chaîne, trois espions : deux Allemands et un Suisse, qui « récupéreront » très vite ce garçon de vingt-sept ans, athlétique, décidé, sans morale, analphabète, mais ayant acquis au plus haut degré, grâce à l'escroquerie, au vol et à la prison, l'intelligence des situations et des hommes. Ils l'installeront, un mois après la chute de Paris, dans l'un de ces bureaux d'achat qui ont pour mission de rafler, au profit de l'Allemagne, tout ce qui, en France, est à vendre. Et il y a beaucoup à vendre. Y compris des consciences.

Si Lafont s'était « contenté » de commercer, de trafiquer avec les Allemands et de s'enrichir, il aurait rejoint l'immense cohorte des profiteurs de l'occupation, plus tard honoré, décoré sans doute.

Mais, reconnaissant et complaisant envers ceux qui l'ont tiré de la misère, le voici, dès le 3 août 1940, intégré dans la police allemande, allant libérer de prison les malfrats grâce auxquels il composera « sa » bande : Riri l'Américain ; le Mammouth ou le Sanguinaire (c'est Abel Danos) ; Jean le Manchot ; la Soubrette ; Gueule d'Or ; Nez de Braise ; Joanovici, tant d'autres encore, et cet inspecteur, Pierre Bonny, que le ministre Chéron avait sacré « premier flic de France », au terme de la scandaleuse affaire Stavisky.

Le triomphe de Bonny avait été éphémère. Révoqué, condamné à trois ans de prison avec sursis pour concussion, Bonny, « récupéré » par Lafont, deviendra son « poulet de service », le responsable du fichier où les antécédents, les faits et gestes des membres de la bande sont consignés, en quelque sorte « l'administrateur » du gang et le spécialiste dévoyé qui s'est mis au service des gestapistes sortis du ruisseau.

Livrés par Joanovici, Lafont et Bonny ont été capturés dès le 31 août 1944 dans une ferme de Seine-et-Marne, près de Bazoches. Immédia-

---

1. Philippe Aziz lui a consacré un livre remarquable : *Tu trahiras sans vergogne.*

tement, la presse s'intéressera à eux. Elle décrira la chambre de tortures de la rue Lauriston ; livrera, presque chaque jour, le nom d'un familier de la bande.

On découvrira, alors, que ces voyous côtoyaient, tutoyaient non seulement des hommes de leur race, mais aussi — à une exception près, le colonel Rudolf, chef de l'Abwehr — les plus importants des Allemands installés à Paris pour rafler ou pour espionner, et que « Monsieur Henri » était le « commensal des généraux [français], des ministres, des comtesses et des marquises[1] ».

Les noms s'accumulent dans les journaux de septembre 1944 : la comtesse Natacha Kolnikov, maîtresse de Lafont, qui finira dans les bras de Pagnon, chauffeur du patron, puis dans ceux du policier allemand Lammers ; la comtesse Marza d'Andurian, aventurière convertie à l'islam ; Mme de X..., maîtresse de Mussolini, avant de devenir celle de Lafont et de tenir, petitement, sa partie comme espionne sous le matricule 7027 ; la marquise d'Alès ; le mage Popov, qui triomphe dans une figure géométrique accomplie en compagnie de quatre jeunes filles ; Lionel de Wiett, qui a usurpé le titre de marquis et les faits de guerre du capitaine de spahis qu'il n'a jamais été ; Guy de Voisin, qui introduira Jean Luchaire rue Lauriston, où le président du Syndicat de la presse dînera avec Corinne, sa fille, Yvette Lebon ou Monique Joyce, l'une et l'autre ses maîtresses.

A tous ces noms, il faut ajouter ceux du journaliste Suarez ; de Chasseigne, ministre du Ravitaillement ; de Bussières, le préfet de police ; oui, le préfet de police à la table du truand Lafont, dans l'hôtel particulier qu'il a loué à Neuilly, quel symbole d'ignorance ou de complicité !... Enfin celui de Pierre Laval. Selon Lafont, Luchaire, faisant les présentations, aurait dit à Laval : « Vous savez, monsieur le président, que notre ami Henri a des appuis très importants auprès des Allemands et que c'est un homme qui n'hésite jamais à rendre tous les services qu'on lui demande. » Et le président aurait répondu : « Bravo, mon vieux, j'aime beaucoup les types comme toi ! Je te verrai toujours avec plaisir. Ma porte, pour toi, est toujours ouverte... chaque fois que tu voudras. Nous avons beaucoup de choses à faire ensemble[2]. »

---

1. Philippe Aziz.
1. Philippe Aziz. Ce tutoiement, Me Floriot, défenseur de Lafont, le confirmera à l'audience, s'attirant cette réplique de M. Reboul, commissaire du gouvernement : « Je le regrette pour l'un et pour l'autre. »

Vrai ? Faux ? Lafont racontera aux enquêteurs qu'à plusieurs reprises Laval l'avait fait intervenir auprès des Allemands en faveur de personnes arrêtées. « Je les ai fait libérer, j'avais, entre autres choses, la possibilité de libérer qui je voulais, de n'importe quel camp ou de n'importe quelle prison », ajoutera-t-il modestement, en assurant qu'il lui avait fallu parfois « servir d'arbitre » entre Laval et Otto Abetz, « particulièrement dans la question de la main-d'œuvre française envoyée en Allemagne ».

Vrai ? Faux ? Dans une époque complexe, aux valeurs inversées, Lafont est un être complexe. Son ascension a été si rapide qu'il en est grisé et s'offre des « luxes » de bonté et de beauté — ne dotera-t-il pas de 100 000 francs le « prix du Dahlia » ? — comme il s'offre des « luxes » de cruauté.

Faire libérer — car il fera effectivement libérer —, à la demande de Luchaire, de Georges Prade, conseiller municipal de Paris, de Laval peut-être, d'autres encore, n'est-ce pas prouver sa toute-puissance face à la toute-puissante Gestapo, n'est-ce pas se faire admirer, respecter et craindre ? Car, en 1942 ou 1943, ne peut « faire libérer » des prisons allemandes que celui qui a donné des gages considérables. Et Lafont a donné tous les gages.

Lors du procès qui se déroulera, à partir du 1er décembre, et se poursuivra pendant dix jours devant un public qui, selon les journalistes, « s'écrase » dans le fond d'une salle où les correspondants de presse étrangers sont venus, « en rangs serrés, attirés par la célébrité mondiale de la Gestapo française » et de l'homme « qui inspirait les crimes nazis[1] », les douze inculpés vont être dévisagés et soigneusement décrits.

« Clavié a une tête étrange de hibou pointu » ; la voix d'eunuque de Lafont « jure avec son corps massif » ; Bonny « flotte dans son complet, le teint jaune, les yeux cachés derrière d'énormes lunettes ». Très vite cependant l'exposé des faits, qui occupera trois heures d'horloge, retient l'attention.

Il ne sera pas reproché à Clavié, Engel et Haré, l'assassinat, dans d'atroces conditions, de deux femmes qui, à Saint-Maur, ont été cravachées, violées, torturées, finalement assommées d'un coup de batte de cricket et, le 5 août, dépecées, mises à cuire dans deux

---

1. *Le Parisien libéré*, le 1er décembre.

lessiveuses, hachées, pour ce qui restait des chairs, leurs ossements étant jetés à la Seine. Selon l'accusation, il s'agit là d'un double crime crapuleux relevant de la cour d'assises.

De même, les perquisitions opérées par Bonny, Villaplane, Delahaye, Labussière, Delval, leurs vols, leurs trafics de marché noir ne seront mentionnés que pour mémoire. C'est l'appartenance à la Gestapo de Lafont et de sa bande qui se trouve justement au cœur du procès.

A cette occasion seront évoquées l'arrestation du carrossier Keller, fusillé par les Allemands ; celle de Geneviève de Gaulle [1], arrêtée le 26 juillet 1943 dans une rafle au cours de laquelle, sous la haute direction du « Patron », plusieurs dizaines de résistants du réseau « Défense de la France » seront capturés ; la constitution des brigades nord-africaines ; les expéditions, en compagnie de policiers allemands, contre les maquis de Tulle, de Limoges, de Périgueux ; les opérations de contre-parachutages qui consistaient à utiliser des radios « retournés » pour faire tomber armes et hommes à destination des résistants entre les mains des Allemands.

> « Il y a là assez de crimes, écrit Alex Ancel dans *Le Parisien libéré,* pour que les principaux coupables sachent que leurs jours sont comptés. Bonny, à force de dénonciations, espère pourtant avoir sauvé sa tête. »

C'est vrai, avant même le début du procès, Bonny n'a cessé de « balancer » ses camarades de crime. Lafont, qui l'entend se vanter d'avoir « tout dit à la police », aura ce mot : « M. Bonny veut tout rejeter sur les autres. Regardez comme il se fait petit dans son box. »

Y a-t-il débat ? Les crimes sont si affreux que Me Floriot, défenseur de Lafont, se croit obligé de déposer des conclusions visant à ce que soit admise l'incompétence de la cour de justice pour tous les crimes reprochés à Lafont *après qu'il a été naturalisé allemand !*

Cette demande scandalise, et c'est une tempête d'applaudissements qui salue la réplique de M. Reboul, commissaire du gouvernement :

---

1. Il s'agit de la nièce du général de Gaulle qui sera déportée à Ravensbrück. Elle a été dénoncée, comme d'autres membres du réseau « Défense de la France », par Serge Marongin, étudiant en médecine qui, par vénalité, est passé de la Résistance à la collaboration.
A la Libération, Marongin sera jugé et fusillé.

« Les monstres qui sont sur ces bancs ont contribué à remplir les camps de héros dont un seul cheveu nous est plus cher que toutes vos têtes que nous voulons faire tomber. »

Toutes ne tomberont pas. Et, d'ailleurs, Delahaye, qui souffre de coma diabétique, mourra à l'hôpital de Fresnes, où il a fallu le transporter depuis le box des accusés, mais les témoins ont été si nets : « La Dordogne, déclare l'inspecteur Franqui, aurait été fière d'avoir Villaplane pour le juger, elle réclame sa tête[1] », les documents produits si accablants qu'en moins de cinquante-cinq minutes, le mardi 12 décembre, Chamberlin, dit Lafont, Bonny, Clavié, Haré, Engel, Delval, Pagnon, Villaplane sont condamnés à mort ; Labussière et Lascaux, chargés, rue Lauriston, de tâches de surveillance et de gardiennage, condamnés aux travaux forcés à perpétuité.

Le jour de l'exécution, Lafont répondra à son avocate, qui lui a demandé : « Comment vous sentez-vous ? — Fort bien. Vous savez, madame, je ne regrette rien. Quatre années au milieu des orchidées et des Bentley, ça se paie, non ? »

En janvier 1945, après les vacances judiciaires, la cour de justice de la Seine reprend ses travaux. Ce sont de petites affaires qui, d'abord, lui sont soumises. Le juge Didier — le seul magistrat, on ne l'a pas oublié, à avoir refusé de prêter le serment — préside la 1re section de la Cour de justice et rapporte une sanction, pour l'époque modérée, contre des policiers trop zélés qui avaient arrêté, incarcéré et remis aux Allemands le commandant Chalandre, propagandiste gaulliste.

Petites affaires, ce qui ne signifie pas toujours petites peines. Simone D..., dactylo à Radio-Paris, je le rappelle, est condamnée aux travaux forcés à perpétuité[2]. Un bibliothécaire de Versailles, qui a écrit dans *La Gerbe,* hebdomadaire dirigé par Alphonse de Chateaubriant, est puni de dix années de travaux forcés, et Pierre S..., ancien directeur adjoint, pour la région parisienne, du service des prisonniers rapatriés, puis inspecteur régional de la L.V.F., est condamné à mort.

---

1. Sur Villaplane et les brigades nord-africaines en Dordogne, *cf.* p. 118 et suiv.
2. *Cf.* p. 203.

Mais, pour le mois de janvier 1945, le procès de Robert Brasillach, qui commence et s'achève le 19, représentera la « grande affaire » judiciaire[1].

Du moins, avec près d'un demi-siècle de recul, avons-nous l'impression qu'il efface tous les autres.

Cela tient sans doute à la personnalité de Brasillach, dont l'œuvre littéraire, ayant fait oublier aujourd'hui les violents articles écrits depuis 1938 dans *Je suis partout,* justifie ce que Me Isorni disait aux juges en janvier 1945 : « Il a été la jeunesse de toute ma génération et, condamné ou acquitté, demain, dans un demi-siècle, c'est par lui, par lui seul peut-être qu'elle se transmettra à nos enfants. C'est par lui que le patrimoine de nos vingt ans ou de nos trente ans a quelque chance de survivre. »

Cela tient au caractère de Brasillach, qui a refusé d'échanger sa liberté (il pouvait fuir en Suisse) contre l'arrestation de sa mère, de son beau-père et de son beau-frère[2] — et s'est constitué prisonnier dès l'instant où il a compris que la police française pouvait, elle aussi, pratiquer une politique d'otages ; au fait surtout que, lors du procès qui se déroulera sans témoin à charge ou à décharge, il ne s'effondrera pas, ne fera pas, comme d'autres, assaut de platitudes, n'assemblera pas des bouquets d'excuses, mais assumera ses responsabilités avec tant de vigueur que Jacques Vico, journaliste au *Populaire,* écrira : « Il n'y eut pas d'interrogatoire. Pour mener un interrogatoire, il faut un président. Or, il n'y avait pas de président. Brasillach parla pendant trois heures pour dire qu'il ne regrettait rien[3]. »

Si le combat entre le président Vidal et l'accusé Brasillach paraît tourner, en effet, à l'avantage du second, il n'en va pas de même lorsque se dresse M. Reboul.

---

1. Plus encore que le procès Maurras qui se déroulera à partir du 24 janvier à Lyon et dont je parlerai dans le tome X.

2. La mère de Brasillach, arrêtée en province sans autre motif que d'être la mère de Brasillach, restera captive trois semaines à Sens dans une cellule de trois mètres sur quatre où trente femmes disposent de quatre paillasses. Elle sera libérée dès que parviendra à Sens l'information selon laquelle son fils s'est constitué prisonnier.

3. *Le Populaire,* 20 janvier 1945.

Commissaire du gouvernement, c'est lui qui a demandé, et obtenu, la tête des gestapistes de la bande Bonny-Lafont. Mais il ne confond pas les genres. Il ne confond pas les hommes, même si Isorni lui dit : « Savez-vous que vous risquez de passer à la postérité non pas pour votre talent, qui est immense, mais pour avoir ici, de la même place, au nom du même Code pénal, demandé la même peine contre un atroce dépeceur de femmes comme Clavié et contre un poète comme Brasillach ? »

Reboul rend longuement hommage au talent de Brasillach : « Le réquisitoire, écrira Édouard Helsey dans *Le Figaro,* prend par instants le ton d'un discours à l'Académie française. » Reboul dit « séduction », il dit « prestige », il dit « autorité de critique littéraire », il dit « rayonnement de la puissance intellectuelle », mais, toujours selon Helsey, « ce ne sont pas les portes de l'immortalité qu'il ouvre à Brasillach. Ce sont celles de la mort ». De tant de vertus littéraires, il forge, en effet, des armes redoutables contre l'accusé. Plus grandes sont les qualités, plus haute l'intelligence, plus lourdes sont les responsabilités.

> « ... Dans une affaire de cet ordre, en face d'un accusé de cette qualité intellectuelle, qui a fait sciemment ce qu'il a fait, qui est rompu à la confrontation des textes et des opinions, il ne saurait, à mon sens, être question de circonstances atténuantes.
>
> Je ne les admettrai pas pour ma part et je suppose à Brasillach trop d'orgueilleuse personnalité pour les réclamer. »

Le mot est dit : « orgueil ». C'est parce que Reboul ne voit pas en Brasillach un être médiocre, susceptible de reniements ; c'est parce que Mᵉ Isorni peut dire, sans craindre le démenti : « Vous faites le procès de la continuité de pensée », que le procès de Brasillach ne ressemble en rien à ceux de Suarez, de Lauzanne, de Béraud, non plus qu'à ceux des tâcherons de la collaboration journalistique.

Révérence faite au talent, Reboul n'a eu qu'à plonger dans la collection de *Je suis partout* pour faire provision de citations terribles, ces citations qui, le 6 février 1945, armeront les fusils.

Lues aujourd'hui — à froid —, elles peuvent paraître relever de la simple polémique.

C'est oublier qu'en 1941, 1942 ou 1943 nul n'a eu la possibilité de répliquer à Brasillach. Pas de duel de plume ; mais une agression.

C'est oublier que, le 19 janvier 1945, les Français frissonnent encore de la grande peur provoquée par l'offensive des Ardennes et l'offensive contre Strasbourg ; que *Je suis partout* fut tout à la fois l'hebdomadaire le plus lu, le plus commenté, le plus admiré, le plus haï de Paris et que ses continuelles campagnes antisémites de l'avant-guerre ont laissé des traces dans bien des mémoires ; que, pour ces jurés, qui ont le « label » de la Résistance, les phrases, soigneusement sélectionnées par le commissaire du gouvernement, rouvrent de fraîches blessures.

C'est le 19 janvier 1945 — et non dix, vingt, trente ans plus tard — que Reboul lit le passage d'un article dans lequel Brasillach, évoquant l'invasion de la zone libre, le 11 novembre 1942, écrit : « Avec une haute compréhension de son rôle d'Occidental qu'il faut admirer, le Führer a déclaré qu'il comprenait parfaitement ce qu'une telle décision pouvait avoir de pénible pour le cœur des Français. Mais leur esprit doit en saisir la cause... »

C'est le 19 janvier 1945, alors que le temps est à l'exaltation des faits d'armes du maquis, que Reboul lit : « Je pense que tout réfractaire, pris avec les armes à la main, avoue par cela même être complice des bandits et bandit lui-même. »

C'est le 19 janvier 1945, alors que nul ne se hasarde plus à discuter du patriotisme des communistes, non plus que des raisons qui leur ont inspiré leur politique d'attentats, que Reboul cite : « Qu'attend-on pour fusiller les députés communistes déjà emprisonnés[1] ? » Et encore : « Si, parmi les ennemis de la patrie, il était permis de choisir, si l'on nous obligeait, par une hypothèse absurde, à nous en débarrasser dans une île du Pacifique, pour en voir anéantir deux à notre choix, je crois que nous n'hésiterions pas : Mandel et Reynaud doivent être pendus d'abord. »

C'est le 19 janvier 1945, alors que la France découvre l'horreur des villages incendiés et des otages brûlés ou fusillés, que Reboul lit un texte écrit presque un an plus tôt par Brasillach, sous le titre *Lettre à quelques jeunes gens*[2].

---

1. Article du 25 octobre 1941, à la suite des attentats de Nantes et de Bordeaux.
2. Brasillach a donné sa démission de *Je suis partout*. Le texte paraîtra le 19 février 1944 dans *Révolution nationale*.

> « Si l'on veut savoir mon opinion entière, je dirai que je n'étais pas germanophile avant la guerre, ni même au début de la politique de collaboration ; je cherchais seulement l'intérêt de la raison. Maintenant, les choses ont changé ; j'ai contracté, me semble-t-il, une liaison avec le génie allemand, je ne l'oublierai jamais.
>
> Qu'on le veuille ou non, nous aurons cohabité ensemble ; les Français de quelque réflexion, durant ces quelques années, auront plus ou moins couché avec l'Allemagne non sans querelles, et le souvenir leur en restera doux. »

19 janvier 1945... « Le souvenir leur en restera doux », alors que tous les drames remontent à la surface et que, hâves, le visage mangé par la misère, le corps flottant dans ces étranges tenues de bagnard que, faute de leur trouver un nom, le peuple appellera « pyjamas », les premiers déportés, ces fantômes, font leur apparition.

Comment Isorni pourra-t-il débarrasser Brasillach de cette « coucherie » qui lui a laissé un si doux souvenir ? Il a beau rappeler que Brasillach n'a fait que paraphraser Renan : « L'Allemagne avait été ma maîtresse[1] », le 19 janvier 1945 il ne peut être entendu, il ne peut être compris.

La plaidoirie de Jacques Isorni est cependant un chef-d'œuvre d'esquive, de provocation, d'intelligence et d'émotion.

Esquive. Les terribles citations faites par le commissaire du gouvernement, il faut, sinon les faire oublier, du moins les réduire à la violente et accidentelle réaction d'un journaliste, depuis longtemps captif du jeu cruel des mots cruels.

Aussi, après avoir cité les témoignages de Marcel Aymé, de Paul Valéry, de Claudel, Isorni va-t-il lire une lettre de François Mauriac qui s'achève sur une phrase destinée à orienter la cour vers une indulgence raisonnée.

> « Si la cour estime qu'il [Brasillach] a été en politique un disciple passionné, aveugle, que, très jeune, il a été pris dans un système d'idées, dans une logique implacable, elle attachera peut-être quelque prix à ce témoignage d'un homme, d'un écrivain que Brasillach a toujours traité en ennemi et qui pense pourtant que

---

1. La phrase se trouve dans la préface à *La Réforme intellectuelle et morale*.

ce serait une perte pour les lettres françaises si ce brillant esprit s'éteignait à jamais. »

Isorni poursuit en donnant au jury, mais aussi à la presse, aux nombreux avocats présents, à la foule, connaissance de l'un des poèmes écrits par Brasillach dans sa cellule.

> D'autres sont venus par ici
> Dont les noms sur les murs moisis
> Se défont déjà et s'écaillent :
> Ils ont souffert et espéré
> Et parfois l'espoir était vrai
> Parfois il dupait ces murailles.
>
> Venus d'ici, venus d'ailleurs
> Nous n'avions pas le même cœur,
> Nous a-t-on dit. Faut-il le croire ?
> Mais qu'importe ce que nous fûmes !
> Nos visages noyés de brume
> Se ressemblent dans la nuit noire.
>
> C'est à vous, frères inconnus,
> Que je pense, le soir venu,
> Ô mes fraternels adversaires !
> Hier est proche d'aujourd'hui,
> Malgré nous nous sommes unis
> Par l'espoir et par la misère.

Achevée une lecture destinée à faire oublier le polémiste au profit du poète, Isorni peut poser, et pose, la question : « Les peuples civilisés fusillent-ils leurs poètes ? La Révolution française se grandit-elle au souvenir d'André Chénier ? André Chénier est son remords. »

Provocation. J'ai indiqué[1] que, le 19 janvier 1945, dans sa plaidoirie, Mᵉ Isorni n'avait pas hésité à dire au commissaire du gouvernement Reboul : « Vous avez été, pendant quatre ans, le parquet de la

---

1. *Cf.* p. 211.

collaboration. » « Et cependant, ajoute en substance Isorni, je ne vous le reproche pas, puisque si, pendant quatre ans, vous avez collaboré, c'était pour sauver, *vous aussi,* ce qui pouvait être sauvé. » Ce « vous aussi » tend à assimiler Brasillach, collaborateur de plume, à ces magistrats qui jugent les collaborateurs après avoir jugé et condamné les juifs, les communistes et les gaullistes.

Brasillach a, *lui aussi,* suggère Isorni, tenté « de sauver ce qui pouvait être sauvé », en désirant (et en l'écrivant) que la France ne soit pas asservie par l'Allemagne, mais qu'alliée à l'Allemagne elle recouvre l'essentiel de sa souveraineté grâce à une collaboration qui, au lieu d'être de raison, serait d'adhésion sentimentale.

Provocation encore, le long rappel qu'Isorni fait d'une interview accordée le 22 juin 1942 à *Je suis partout* par le président Bouchardon, qui vient d'être nommé... président de la commission d'instruction de cette Haute Cour de justice devant qui comparaîtront le maréchal Pétain et ses ministres.

Sans doute s'agissait-il d'une interview littéraire, Bouchardon ayant publié, sous le titre *Le Puits du presbytère d'Entraigues,* le récit de la première affaire de sa longue carrière.

Que Bouchardon ait cédé à la vanité littéraire en se confiant à *Je suis partout,* hebdomadaire qu'en toute logique il aurait dû considérer comme un journal « de trahison », il n'y aurait là rien que de banal, mais que l'interviewer ait pu ajouter : « L'auteur du *Puits du presbytère d'Entraigues* manifeste le même mépris pour le cartel des gauches et pour les juifs. " Je les connais, me glisse-t-il ; j'en ai eu pour clients " », voilà qui est d'autant plus embarrassant pour l'accusation qu'Isorni donne également lecture d'une lettre récente de l'ancien journaliste de *Je suis partout*[1]. Celui-ci confirmait avoir été reçu au domicile particulier de M. Pierre Bouchardon qui « s'informa encore de Robert Brasillach, du tirage de *Je suis partout* et [lui] fit connaître qu'il était un lecteur assidu de ce journal, et combien il l'appréciait ».

« Eh bien, monsieur le commissaire du gouvernement, je suis obligé de me tourner vers vous et de vous dire : Vous avez demandé la peine de mort contre Robert Brasillach à raison de

---

1. Il s'agit de Henry Poulain dont Me Isorni s'est abstenu de citer le nom.
Poulain s'était réfugié en Suisse. Condamné à mort par contumace il sera acquitté le 11 juillet 1952.

ses articles de *Je suis partout*, et le juge suprême de la trahison [le président Bouchardon], l'homme choisi entre tous, vient vous déclarer, après avoir accordé une interview à *Je suis partout* : j'apprécie Robert Brasillach et son journal.

Alors, il faut choisir. »

Sans doute Isorni, en prononçant ces mots, n'espère-t-il pas modifier l'opinion du jury, mais, après avoir jeté plus qu'un soupçon sur l'attitude de la magistrature pendant l'occupation, il suggère immédiatement que son client n'a pas été plus coupable que ceux qui le lisaient, l'appréciaient et, cependant, demandent sa mort.

Encore Me Isorni a-t-il épargné le président Bouchardon. Il aurait pu citer le passage dans lequel M. Bouchardon avouait avoir assisté « par curiosité » au supplice d'un parricide, « le condamné marchant pieds nus, en chemise blanche, voilé de noir, tandis qu'un huissier en habit lisait la sentence ».

Il aurait pu citer le passage dans lequel M. Bouchardon, rappelant qu'il avait instruit la tentative de meurtre de Cottin sur Clemenceau, avait dit « que le lâche criminel, odieusement gracié par Painlevé, [avait] été tué en Espagne dans les rangs des rouges ».

Il aurait même pu signaler que le numéro de *Je suis partout*, dans lequel s'étalait, sur quatre colonnes en tête de page, l'interview du président Bouchardon, comportait un éditorial de Brasillach consacré au premier anniversaire de l'invasion de la Russie soviétique, éditorial ainsi titré :

LE 22 JUIN 1941
LA CIVILISATION
PRENAIT LES ARMES
CONTRE LA BARBARIE.

Intelligence d'une plaidoirie qui, insistant sur l'usage « abusif », selon l'avocat, que l'on fait du « mot de trahison », évoque, dans un saisissant tour d'Europe, la Pologne, la Grèce, la Roumanie, la Finlande, où, tout en s'accusant mutuellement de trahison, des résistants ayant des options politiques opposées « cherchent à sauver ce qu'ils peuvent sauver de leur patrie ».

A quelques mois de la fin de l'Allemagne, Isorni pose une question destinée à faire réfléchir le jury. L'Allemagne une fois vaincue, comment les résistants français jugeraient-ils les maquisards allemands qui, dans la clandestinité, poursuivraient le combat contre les occupants ? Et comment jugeraient-ils un gouvernement allemand de collaboration cherchant à sauver ce qui pourrait être sauvé ?

Plaidoirie, enfin et surtout, constamment portée par l'émotion.

Plaider étant un métier doit souvent être un devoir. Plaidant pour Lafont, Mᵉ Floriot le fait avec intelligence et talent, mais, j'imagine, sans joie ni élan du cœur, car la cause est détestable.

Plaider pour Brasillach, c'est tout autre chose.

Isorni l'a rencontré pour la première fois, en octobre 1944, au parloir de la prison de Fresnes.

Immédiatement, il a été conquis par l'homme qui s'interdit tout reniement, afin de ne pas décevoir ces jeunes hommes que son talent a entraînés sur des chemins dangereux ; par le captif que la prison a épuré de toute violence, jusqu'à lui faire comprendre ceux dont naguère il demandait l'arrestation, parfois l'exécution, et qui, grâce à leur souffrance pour une cause — et qu'importe aujourd'hui la cause ? —, sont devenus ses « fraternels adversaires » ; par l'écrivain enfin qui lui confie, écrits à l'ombre de la mort, sans aucun souci de « fabrication », quelques-uns des plus beaux poèmes de la langue française.

Aussi, lorsque Isorni conclut : « Messieurs de la Cour, que mes dernières paroles soient pour vous. Cette minute m'étreint d'une émotion à un point indicible... », ces mots ne dissimulent ni stratagème ni effet de théâtre. Dans leur intense sincérité, ils sont comme l'expression d'une neuve fraternité.

Aussi, dans un temps de sectarisme et d'intransigeance, le procès de Brasillach paraîtra-t-il, à plusieurs journalistes, comme un procès *différent*. Et ils l'écriront.

« On est forcé de convenir, soulignera Alexandre Astruc dans le numéro de *Combat* publié le 20 janvier, que c'est la première fois que régnait dans cette salle une atmosphère de dignité. Pas un seul instant au cours de ce procès, Brasillach n'abandonnera une attitude fière. Il ne tremble pas. Il n'essaie pas d'attendrir les jurés par des platitudes ou des larmes. Il dit bien en face qu'il a pris toutes ses responsabilités. »

Jacques Vico, parlant dans *Le Populaire* du réquisitoire du commissaire du gouvernement et de la plaidoirie d'Isorni, écrira de son côté :

« Que pouvait après cela [le réquisitoire de Reboul] le défenseur de Brasillach, Me Isorni ?

Sa plaidoirie s'évadant d'une routine qui paraissait vouloir s'installer à la Cour de justice fut d'une belle élévation de pensée. Elle ne sauva pas l'accusé, parce qu'il ne pouvait être sauvé. »

Il ne pouvait être sauvé.

Brasillach, qui était entré, le 19 janvier 1945, à 13 heures, dans le box des accusés, le cou entouré d'une longue et symbolique écharpe de laine rouge, sera condamné à mort à 18 heures[1].

Le 6 février, à 9 h 38, au pied d'une butte de gazon au fort de Montrouge, il tombera sous les balles du peloton d'exécution[2].

Entre le 23 octobre 1944, date du procès du journaliste Suarez, et le 19 janvier 1945, date du procès du journaliste Brasillach, la cour de justice de la Seine aura condamné à mort cinq écrivains et journalistes — Suarez, Puységur, Chack, Béraud, Brasillach —, deux miliciens associés à l'assassinat de Mandel, un ancien inspecteur régional de la L.V.F. et huit gestapistes de la bande Bonny-Lafont.

Dans le même délai — un peu moins de trois mois —, elle aura infligé des peines diverses à cent quatorze autres inculpés[3].

Sans doute, dans tous les départements, des cours de justice fonctionnaient-elles à une cadence parfois plus rapide que la cour de

---

1. L'arrêt condamnant Brasillach l'appellera « *publiciste* », c'est-à-dire, selon Littré, « journaliste politique ».
2. Sur les interventions qui précédèrent l'exécution de Brasillach et le refus de la grâce par le général de Gaulle, *cf.* chapitre 16.
3. *Cf.* p. 218.

justice de la Seine[1]. Il n'en reste pas moins qu'à partir d'octobre 1944, au moment où disparaissent les cours martiales, prisons et camps d'internement (il y en aura jusqu'à cent cinquante en décembre 1944) sont surpeuplés et le resteront pendant plusieurs mois encore.

Pour se défendre contre des adversaires de tous bords qui lui ont reproché, le 20 et le 21 février 1945, les lenteurs de l'épuration, François de Menthon, garde des Sceaux, dressera un tableau effrayant de la situation devant laquelle il s'est trouvé.

> « Un très grand nombre de personnes, sans doute environ 100 000, arrêtées un peu partout comme suspectes, *sans qu'aucun commencement de dossier n'ait pu être constitué sur elles* ; 15 000 environ, parmi les plus coupables, parties pour l'Allemagne dans les fourgons de l'ennemi ; 100 000 noms inscrits à tort ou à raison sur les listes des groupements antinationaux. En dehors des 100 000 arrêtés, des 15 000 partis pour l'Allemagne et des 100 000 inscrits sur des listes de trahison, des dizaines de milliers d'autres, suspectés à tort ou à raison dans leur quartier, leur village ou leur profession. »

Le chiffre de 100 000 personnes arrêtées au début de septembre 1944, chiffre cité par François de Menthon, ira d'ailleurs en augmentant, le maximum des arrestations *semblant* avoir été atteint au début de l'année 1945[2].

Robert Lecourt, qui appartient comme de Menthon au M.R.P., parlera, lui, le 21 février 1945, de 200 000 internés, et Pierre-Henri Teitgen, lorsqu'il sera garde des Sceaux, de 150 000.

Lottman et Rioux, de leur côté, fixent à 126 020 le nombre des personnes internées entre septembre 1944 et avril 1946. Chiffre vraisemblablement inférieur de quelques dizaines de milliers à la réalité[3], si l'on veut bien se souvenir du désordre des semaines suivant

---

1. Voici, par exemple, pour la France, le bilan des cours de justice pour la journée du 15 février 1945 : 14 condamnations à mort, 5 condamnations aux travaux forcés à perpétuité, 17 à des peines différentes de travaux forcés, 7 condamnations à des peines de réclusion, 61 à des peines de prison.
2. Ce qui n'est pas exact pour toutes les régions, ni pour tous les camps. C'est ainsi qu'au lycée de jeunes filles de Valenciennes, transformé en camp d'internement, se trouvaient 180 prisonniers le 16 novembre 1944 et 413 le 3 février 1945.
3. Rioux écrit que 36 377 personnes ont été libérées « dans les premières semaines » qui suivent la Libération (*L'Histoire,* octobre 1978). Le chiffre des

la Libération, désordre qui rendait toute comptabilité imprécise, si ce n'est impossible, les camps d'internement contenant, parfois en grand nombre (156 sur 317 à la caserne Vandamme de Lille), des étrangers, ainsi que des enfants [1] et des prisonniers allemands, dont on ne sait s'ils ont été pris en compte par les statistiques.

Ont-ils d'ailleurs été recensés ceux et celles qui sont arrêtés par F.F.I. et F.T.P. agissant, sinon sans ordres, du moins sans ordres des autorités, qui, difficilement, s'installent ?

Les vingt personnes, par exemple, retenues, depuis le 24 août, dans les locaux de la mairie de Clamart ; ou celles qui — le 3 octobre — sont toujours prisonnières des F.T.P. dans un pavillon de La Garenne-Colombes et à l'école Hoche de Bois-Colombes ; ou encore — à la grande colère du ministre de l'Intérieur — la *totalité* du personnel de l'hebdomadaire *Marie-Claire* arrêté « en vue de rechercher la résidence » du directeur, Jean Prouvost [2] qui fut, pendant quelques jours, en 1940, ministre de Pétain.

Il est probable que ces internés des premières semaines, voire des premiers mois, arrêtés et retenus irrégulièrement dans des prisons et des camps de hasard, n'ont jamais été comptabilisés. Quel fut leur nombre dans toute la France ? Trois lignes du rapport que le préfet du Gard adresse, au début du mois d'octobre, au ministre de l'Intérieur, feront comprendre au lecteur que, s'agissant d'une période révolutionnaire, l'honnêteté consiste à ne donner aucun chiffre précis.

---

internés aurait donc dû tomber très rapidement à 89 643. Or, en décembre 1944, on trouve encore dans *les seuls camps d'internement administratifs de onze des dix-huit régions françaises,* les prisons étant exclues, 78 519 hommes et femmes.

Il manque à cette statistique, qui comprend Paris et la région parisienne (14 851 internés), Marseille (10 000 environ), Clermont-Ferrand (4 148), Lille (3 763), Rennes (3 567), Limoges (3 053), l'Alsace (14 838), les chiffres concernant les régions de Dijon, Rouen, Lyon, Poitiers, Montpellier, Châlons, Orléans où existent 41 des 130 camps implantés en France (le maximum s'étant élevé à 150). On peut alors estimer à plus de 150 000 ou 160 000 les Français qui sont passés par des camps d'internement.

1. 27 dans la caserne Vandamme, les enfants vivant avec leur mère.

2. Cette arrestation collective date de la fin du mois de janvier 1945. Elle suscitera, le 4 février 1945, une note sévère (et inédite) du ministre de l'Intérieur au préfet de police.

« De telles méthodes, écrira-t-il, importunes, maladroites et inefficaces, sont inadmissibles dans toute la police et plus particulièrement dans la police parisienne. Elles ont provoqué les commentaires les plus fâcheux. Je vous prie d'infliger immédiatement une sanction au commissaire responsable de cette opération. »

« Il fallait faire vite, écrit ce préfet, aussi a-t-on improvisé, et les groupes de résistance, les F.F.I., la police, *chacun pour son compte, ont arrêté ou libéré suivant leurs tendances et leurs vues strictement personnelles*[1]. »

Que chacun « arrête ou libère pour son compte », c'est vrai ailleurs que dans le Gard.

A Lyon, les arrestations du 4 septembre, pour lesquelles étaient requis les groupes francs F.F.I. et deux cents hommes des Milices patriotiques, ont été opérées par cinquante hommes seulement, « la plupart enrôlés de la veille, en tenue civile, non entraînés[2] » et n'ayant des armes en leur possession qu'une approximative connaissance.

Cette troupe dénuée d'expérience arrête cependant 167 hommes et 52 femmes, mais lorsque, deux jours plus tard, le responsable de l'opération transmettra à Yves Farge la liste de ses prisonniers, il admettra que, « pour les éléments d'inculpation, [ses] services ne peuvent, pour l'instant du moins, faire la preuve juridique d'aucun grief ». Et le chef régional de la Sûreté, parlant dans son rapport au nouvel intendant de police des 467 personnes, dont 248 femmes, qui se trouvent internées à Montluc, écrira : « J'ai constaté que beaucoup de ces gens, 25 à 30 pour cent environ, ont été arrêtés sur simple dénonciation, semble-t-il, par des personnes demeurées inconnues, pour des motifs inconnus. »

A Paris et dans sa banlieue, où 153 personnes dont 37 femmes ont été arrêtées le 28 septembre 1944, les griefs précisés sont, le plus souvent, d'une futilité telle que l'arrestation est, à l'évidence, le fruit d'une délation suspecte. M. Maurice G..., qui habite rue Truffaut, aurait « *téléphoné à l'ambassade d'Allemagne pendant l'insurrection de Paris* »; M. Georges G..., de Neuilly-sur-Seine, aurait « *poussé la production en faveur des Allemands* ». Dans quatorze cas, les phrases : « *a eu des relations avec les Allemands* », « *a reçu des Allemands à son domicile* » sont censées justifier l'arrestation. Plus simplement encore, les mots « *collaboration* » ou « *collaborateur* » pourvoient à tout... Or, la liste des arrestations du 28 septembre est un *document officiel*,

---

1. Je souligne intentionnellement.
2. Rapport de l'état-major F.F.I. de Lyon adressé au commandant *Mary* [Basset], chef départemental F.F.I., responsable du maintien de l'ordre.

puisque la grande majorité des 153 personnes arrêtées l'a été par la police[1].

Cet arbitraire conduira Tixier, ministre de l'Intérieur, épousant en cela les instructions d'Alger[2], à demander, le 3 novembre, que les internements soient limités aux « *personnalités marquantes* », et un homme comme Aubrac, commissaire régional de la République, en poste à Marseille, à décider, le 9 novembre — il ne sera d'ailleurs pas le seul —, que seraient libérés des camps tous ceux et toutes celles contre lesquels aucune plainte *signée* n'aurait été déposée rapidement.

Malgré ces réactions, les camps resteront encore pour plusieurs mois encombrés d'hommes et de femmes qui s'interrogent souvent sur les raisons de leur arrestation.

Encore ces camps sont-ils moins « inconfortables » que ces vétustes maisons d'arrêt de province où l'on avait entassé, dans les jours suivant la Libération, pêle-mêle et dans des « conditions ahurissantes[3] », délateurs, adhérents des mouvements de collaboration, propagandistes de Vichy, trafiquants, collaboratrices sentimentales, simples citoyens suspects à quelque libérateur de village.

C'est par le décret-loi du 2 mai 1938 qu'ont été créés les camps d'internement administratif à l'intention des étrangers se trouvant « dans l'impossibilité de quitter le territoire français ». Fuyant les armées franquistes victorieuses, des milliers de républicains espagnols seront ainsi enfermés, dans de déplorables conditions d'hygiène, à Gurs, Argelès, au Vernet et dans plusieurs autres camps auxquels viendront, à partir de l'automne 1939, s'ajouter les camps destinés aux sujets ennemis — Allemands, Italiens pendant quelques jours de juin —, puis aux communistes français arrêtés après la signature du

---

1. Document inédit.
2. Dans une circulaire confidentielle du Comité français de la Libération nationale, en date du 9 mai 1944, les arrestations préventives, baptisées « mises en sûreté », étaient conseillées dans la mesure où elles frapperaient les « vrais coupables ». Le texte comprenait également cette phrase : « Les souffrances endurées ne sauraient justifier des excès qui seraient ensuite regrettés. »
3. Rapport sur les prisons de Domfront, Argentan, Mortagne, Alençon (Archives I.H.T.P.).

pacte germano-soviétique et parmi lesquels les Allemands, en 1941, choisiront leurs premiers otages.

Vichy avait usé et abusé de l'internement administratif au détriment des juifs, des gaullistes et des communistes.

Tout en maintenant le principe de l'internement administratif — mesure de « conservation » en quelque sorte —, l'ordonnance en date du 18 novembre 1943 du Comité français de la Libération prévoyait que des commissions de vérification, composées d'un magistrat, d'un fonctionnaire de police et d'un représentant du C.D.L. auraient à décider, dans un délai de *six semaines,* du sort des détenus, sort initialement fixé par le C.D.L. ou, le plus souvent, par sa commission d'épuration[1].

Sauf exception, ce délai de six semaines ne sera pas respecté.

Voici l'exemple de l'Orne[2].

Le Comité de libération s'est réuni pour la première fois le 20 octobre 1944. Jusqu'au 27 juillet 1945, il siégera trente-six fois et donnera 1 253 avis, 2 ou 3 par séance ; 57, 66 voire 69 au cours d'autres séances, lorsque les personnes en cause tombent, sans discussion possible, sous le coup des ordonnances, par exemple lorsqu'elles ont appartenu à des mouvements de collaboration.

Ce sont ces avis sur lesquels les commissions de vérification des internements se prononcent ensuite afin de déterminer l'opportunité des poursuites. Dans l'Orne, cette commission se réunira à quatre reprises entre le 15 février et le 10 septembre 1945. Elle travaillera avec prudence. Dans 874 cas elle se déclarera prête à faire confiance aux décisions qui seront prises par les services du commissaire régional ; dans 312 cas elle proposera la libération immédiate des internés. Mais 156 de ces libérations interviendront seulement après le 10 septembre 1945.

---

1. Commission à laquelle il arrive d'avoir des réactions promptes. C'est ainsi que selon Gérard Chauvy *(Lyon des années bleues)* le capitaine F.T.P. Michaud, membre d'une commission de criblage, fit immédiatement libérer les deux frères E..., V..., Q... et T... arrêtés le 5 septembre en possession de 500 kilos d'or. Les cinq hommes, puissamment armés, avaient été interceptés à Dardilly (près de Lyon) par une unité du 8ᵉ régiment d'Afrique. « Interrogés sur leur précieux chargement (vingt-cinq caisses de lingots d'or), ces étranges convoyeurs avaient déclaré venir de Vienne où, justement, quelques semaines plus tôt, le comptoir Lyon-Allemand avait subi un vol d'environ cinq cents kilos d'or. »
2. Département pour lequel M. Jean Vigile a réalisé un travail exemplaire (Archives I.H.T.P.).

De nombreux détenus, arrêtés comme « individus dangereux pour la défense nationale ou la sécurité publique », termes assez imprécis pour laisser le champ libre à toutes les interprétations, pourront ainsi, sans farder la vérité, dire qu'ils sont restés cinq, huit mois, voire un an dans des camps sans avoir été interrogés ou encore que, leur dossier étant vide, ils ont été libérés sans avoir compris les raisons d'une brutale et déshonorante arrestation et, dans de dégradantes conditions, d'un long internement.

Il n'est pas suspect, ce Pierre Dumas qui, le 24 décembre 1944, écrit dans *La Victoire,* quotidien toulousain, un article ainsi intitulé : « Les misères imméritées. Ceux qui expient dans les camps... et ne sont pas coupables. »

Pendant l'occupation, Pierre Dumas fut, en Ariège notamment, un intrépide résistant. Mais c'est un journaliste qui ne supporte pas l'injustice, et la situation des internés le conduira, quelques heures avant Noël, à écrire ces lignes.

> « Dans la rafle énorme qui fut faite en ces jours agités de la Libération, des criminels... ont échappé, tandis que des innocents — je ne dis même pas des demi-coupables ou des imprudents —, des innocents intégraux ont été internés, maltraités, emprisonnés, et le sont encore, sans que nul ne leur ait posé une question et sans qu'ils sachent eux-mêmes le motif de leur arrestation.
>
> . . . .
>
> Parlons net. Il y a, dans les camps, des hommes et des femmes qui y ont été conduits pour satisfaire des vengeances personnelles, voire même des rivalités commerciales. Il y a dans les camps des pauvres types dont le seul crime est d'avoir été inscrits à la Légion... Il y a dans les camps de pauvres gogos dont le seul crime est d'avoir été pétainistes, sans délation, sans méchanceté, voire même anti-allemands convaincus. Il y a dans les camps des officiers de l'autre guerre, vieillards d'aujourd'hui, couverts de décorations, de mérites et de vertus, et qui se demandent si c'est bien la même France qu'ils ont sauvée et qui les brise maintenant. »

Certains journaux de la collaboration avaient dénoncé « Drancy Palace » lorsque des milliers de juifs s'y trouvaient internés avant leur déportation.

Les occupants de Drancy ne sont plus les mêmes. Les accusations ne changent pas. Le 22 septembre 1944, *L'Humanité* publie, sous la signature de Roland Diquelou, un reportage ainsi titré : « J'ai vu à Drancy des faces hilares et des sourires goguenards. » D'après le quotidien communiste, le marché noir sévit dans le camp — où un paquet de tabac se vend jusqu'à 1 500 francs[1] —, et certains internés peuvent recevoir 10 boîtes de thon, 10 boîtes de sardines, 8 paquets de biscottes dans le même colis.

La veille, c'est le journal communiste lyonnais *La Voix du Peuple* qui, en première page et sur deux colonnes, avait dénoncé « un ordre de sortie de marchandises en date du 18 septembre, selon lequel 100 paires de pantoufles, 100 combinaisons, 100 culottes, 100 pantalons d'homme, etc., [avaient] été débloqués à l'intention des collaborateurs internés au fort Montluc ».

La campagne contre les « trop bonnes conditions de vie » des collaborateurs, conditions mises en parallèle avec la misère des travailleurs, occupera, à plusieurs reprises, à Paris comme en province, la première page de journaux qui ne sont pas tous communistes[2].

Cependant le regard du docteur Bernard Duhamel — le fils du célèbre écrivain —, délégué par le service de santé F.F.I., est très différent de celui de bien des journalistes.

Il a inspecté à plusieurs reprises le Vélodrome d'hiver où, le 1er septembre, jour de sa visite, 2 500 collaborateurs ou présumés tels se trouvent détenus, et Drancy où 5 000 personnes sont internées le 4 du même mois.

---

1. Soit environ une semaine de salaire d'un cadre supérieur.
2. En juillet 1946 encore — deux ans après la Libération —, Pierre-Henri Teitgen, garde des Sceaux, sera harcelé par Yves Peron, député communiste de la Dordogne, qui protestera contre le stockage au camp de Mauzac (Lot-et-Garonne) de 20 158 kilogrammes de lait en poudre et contre l'arrivée de 8 tonnes de pâtes, de 120 kilos de pois cassés et de 60 litres d'huile.
Pierre-Henri Teitgen répliquera que le lait en poudre écrémé de trop mauvaise qualité ne trouvait plus preneur sur le marché et que « les rations générales des détenus (il y en a alors 65 000 dont 1 500 à Mauzac) constitu[aient] vraiment un minimum ».

Au Vel' d'hiv', hommes et femmes ne disposent d'aucun moyen de couchage, à l'exception de cinquante lits réservés aux malades.

« Les internés, écrit Duhamel, sont vêtus comme ils l'étaient lors de leur arrestation, c'est-à-dire très sommairement, surtout pour ceux qui ont été lynchés. La nourriture semble suffisante... Les moyens d'hygiène sont très restreints : dix W.-C. et sept lavabos... On a dû éloigner les agents de police du contact des détenus, en raison des sévices dont ils se sont rendus coupables lors de l'arrivée des détenus qui ont été passés à tabac, malgré l'intervention du capitaine de gendarmerie[1]. »

Connue du secrétaire général de la Santé, qui en fera part au préfet de police, l'émotion des représentants de la Croix-Rouge et des journalistes américains, qui, officiellement ou clandestinement, ont pu pénétrer au Vel' d'hiv', aura pour conséquence d'accélérer le transfert des prisonniers à Drancy. Leur sort, malgré ce qu'écrit *L'Humanité*, ne s'en trouvera pas amélioré. Loin de là !

Bernard Duhamel, qui inspecte Drancy le 3 septembre et rédige sur-le-champ un rapport de quatre pages, écrit : « J'ai retrouvé à Drancy, très grièvement blessés, des internés que j'avais vus la veille en excellent état au Vélodrome d'hiver. » Il poursuit en décrivant des détenus condamnés à « déterrer des cadavres allemands en putréfaction, sous les coups de la foule excitée par les gardes », réveillés et battus « à chaque heure de la nuit », mangeant avec leurs doigts, car ils ne disposent ni de gamelles ni de cuillers, dormant dans des locaux insalubres où pullule la vermine.

Or, ces hommes et ces femmes, fait remarquer courageusement Duhamel, ne sont pas des condamnés, mais des « civils internés administrativement » ; les brutalités « non seulement inhumaines mais encore illégales » dont ils sont victimes peuvent nuire « au prestige du

---

1. Bernard Duhamel inspectera également le fort du Mont-Valérien, le lycée Buffon, l'École dentaire de la place d'Italie, tous lieux où des collaborateurs sont internés.

La plupart des détenus tomberont d'accord pour établir une différence entre l'attitude des agents de police, souvent brutale, presque toujours hargneuse, et celle stricte, mais correcte, des gendarmes.

nouveau gouvernement » et elles abaissent la France « au rang des occupants que nous avons tant blâmés[1] ».

Révolté, le docteur Duhamel décidera le 21 septembre son ami Claude Mauriac à le suivre jusqu'à la Conciergerie pour une visite du Dépôt. Le soir même, Mauriac, témoin scrupuleux, note.

> « Dans une salle voûtée, noire et humide, couchées à même le sol, 209 femmes qui trouvent encore le moyen, après un mois d'internement sans autre interrogatoire que celui d'identité, d'être fardées et presque jolies (avec deux " toilettes " en tout et pour tout). Mais quelle lassitude dans les regards... Alice Cocéa est là, et Germaine Lubin, hier encore fêtées et adulées. Bernard Duhamel les reconnaît, et je me félicite de ne pas avoir rencontré leur regard. (...) Trop fatigué pour décrire. Et pour parler des cellules individuelles où sont entassés jusqu'à dix hommes que j'aperçois par un judas : un nègre triste, des jeunes gens accablés, des hommes au visage fermé. »

Cet entassement et cette promiscuité qui ont consterné Claude Mauriac — et qui ne seront pas sans influence sur l'attitude courageuse qu'il prendra par la suite — indignent la plupart de ceux à qui leur fonction donne accès aux prisons.

Se rendant également au Dépôt où 1 700 prisonniers, hommes et femmes, s'entassent dans des cellules prévues pour 500 personnes, une assistante sociale écrit :

> « Tout le monde était mélangé : un amiral, un ministre, un assassin, un Algérien déserteur, un enfant étaient dans la même cellule. Une moyenne de 16 personnes dans une cellule de 4, se relayant pour s'asseoir. L'hygiène était nulle, l'eau ne coulant qu'une heure par jour, les pensionnaires obligés de se laver dans la cuvette des W.-C. Il n'y avait qu'une gamelle pour deux ou trois personnes, et j'ai fréquemment vu un type crachant le sang passer sa gamelle à un voisin ; pas de cuiller ni de fourchette ; nourriture nulle. »

---

1. On trouvera l'essentiel des rapports du docteur Duhamel dans le livre de Pierre Bourget, *Paris 44*. Le 18 septembre, Bernard Duhamel signalera que, la gendarmerie ayant remplacé les F.F.I., « la situation s'est bien éclaircie ».

Au Dépôt, Fabre-Luce, qui a été emprisonné par la Gestapo et qui vient d'être arrêté par les F.F.I., se console en songeant qu'en « France toutes les injustices sont possibles mais qu'elles ne durent pas ».

Il passe dans les prisons de la IVe République naissante comme un aristocrate passait dans les prisons de la Révolution, mais il sait qu'il ne risque pas sa tête. Il peut donc à loisir laisser courir son œil, exercer sa mémoire, faire étalage de philosophie. On comprend que tous n'aient pas sa désinvolture.

Dans son livre, *Les Premiers Beaux Jours,* Fred Kupferman, après avoir évoqué les « lieux prédestinés », le Vel' d'hiv' et Drancy, écrira à propos des camps de province : « Noé, près de Toulouse, a déjà servi, et les conditions n'ont pas changé. Elles sont atroces. »

Quant à Robert Aron, évoquant le camp de Tronçais, installé en pleine forêt et sur lequel règne le groupe « Police du maquis », il n'hésitera pas à affirmer qu'il s'y pratiquait des « sévices dignes des camps de concentration allemands ».

Sur les jours et les nuits de Tronçais, nous possédons d'ailleurs le récit de Nicole Gauthier-Turotoski, internée à dix-sept ans pour avoir, en service à la poste de Montluçon, parlé à un jeune soldat et lui avoir demandé de lui apprendre l'allemand.

Arrêtée le 25 septembre, conduite d'abord à l'hôtel de France de Montluçon, Nicole sera bientôt transférée, en compagnie de tous les autres suspects, dans ce camp de la forêt de Tronçais primitivement prévu pour abriter des jeunes des Chantiers de jeunesse et sur lequel règnent d'étranges personnages.

Le lieutenant C..., qui demande à plusieurs jeunes filles, réunies dans une pièce, de se mettre nues devant lui ; l'adjudant B..., qui fouette des femmes nues jusqu'à l'instant où elles perdent conscience ; une déséquilibrée, la « Rose Bonbon », qui, avant de pénétrer dans la baraque où elle choisira sa victime du jour, s'annonce par une rafale de mitraillette.

Les hommes désignés pour le travail — Nicole Gauthier cite les noms de plusieurs commerçants de Montluçon — étaient attelés à des tombereaux et fouettés à l'aide de lanières terminées par des hameçons. C'est également à Tronçais qu'un interné du nom de Rossignol se voyait périodiquement condamné à monter sur un arbre pour imiter le chant de l'oiseau dont il portait le nom.

Dans son récit, Nicole Gauthier mentionne également « l'exécution » du chêne immense qui portait le nom du maréchal Pétain. En 1941, en effet, à l'occasion d'une cérémonie organisée par les Chantiers de jeunesse, le Maréchal avait assisté, en forêt de Tronçais, au « baptême » de « son » chêne... celui-là même qu'un peloton fusillerait en septembre 1944.

La vie s'améliorera quelque peu à Tronçais avec l'arrivée de maquisards qui s'opposeront aux exactions du groupe « Police du maquis [1] », mais c'est en octobre seulement que le Comité départemental de l'Allier, qui a fait savoir un mois plus tôt — terrible aveu d'impuissance « qu'il n'avait aucune part de responsabilité dans les exécutions sommaires », s'élèvera contre les mauvais traitements dont étaient victimes les internés de Tronçais [2].

Le camp ayant été dissous par décision préfectorale, Nicole Gauthier sera transférée à la prison de Moulins où de si nombreux résistants avaient été enfermés en compagnie de juifs et de communistes, puisque Moulins se trouvait sur la ligne de démarcation et que les infortunés, arrêtés à la « frontière », étaient jetés dans des cellules vétustes et grouillantes de vermine.

En janvier 1945, Nicole Gauthier quitte la prison pour le Concours hippique de Vichy, l'une des trois ou quatre métropoles concentrationnaires de France. Le 10 avril, Nicole, *qui n'a jamais été interrogée* et à qui son avocat avait dit : « Ne parlez pas, ne répondez pas aux

---

1. En février 1946, Nicole Gauthier épousera l'un de ces maquisards qui lui avaient proposé d'ailleurs de la faire évader du camp de Tronçais. M. Bernard Turotoski (adjudant *Bernard*) complétera, par son témoignage, celui de son épouse.

2. Dans son livre, *L'Épuration en Allier,* M. Rougeron, ancien secrétaire du C.D.L., écrit que, « dans la majeure partie des cas », les autorités de la Résistance *ne savaient rien* de ce qui se passait à Tronçais où « corps francs, F.T.P.F., guérilleros, police régulière » agissaient « dans un climat d'indiscipline et d'arbitraire tel que l'un des premiers soucis du C.D.L. et du préfet fut de rétablir l'emprise de la loi »... ce qui ne se fit que lentement.

En 1950, des enquêtes seront effectuées sur les actes commis à Tronçais. Des officiers, sous-officiers et gardes seront inculpés par le commissaire du gouvernement près le tribunal permanent des Forces armées de Lyon pour complicité d'assassinats, complicité de coups mortels, coups et blessures, coups et blessures volontaires, attentats à la pudeur.

Que M. Rougeron reconnaisse que « les autorités de la Résistance ne savaient rien de ce qui se passait à Tronçais » renforce mon opinion sur le peu de valeur des chiffres de personnes internées ou exécutées sans jugement donnés aujourd'hui... à UNE unité près.

questions qui pourraient vous être posées, baissez toujours la tête »,
sera acquittée par la cour de justice de l'Allier.

Tous les camps d'internement ne ressemblent heureusement pas à
celui de Tronçais. Au Concours hippique de Vichy, ancien cantonnement de la garde du Maréchal et où se trouvent enfermées bon nombre
de personnalités de l'ex-État français, l'existence est relativement
supportable grâce à l'action d'un commissaire de police qui protège les
détenus de toutes les exactions.

Les conditions d'existence ne sont d'ailleurs pas les mêmes pour tous
les détenus.

A Ussel, en décembre 1944, le commandant Dautrement s'étonnera
d'apercevoir deux « prisonniers » dans un café, tandis que leurs
gardiens se désaltèrent dans un café voisin. Selon un quotidien niçois[1],
des détenues de la caserne de la Galinière viendraient la nuit « dans le
pavillon des hommes danser, en tenue très légère, au son de
l'accordéon, sous l'œil paterne du gardien ».

Qu'il se soit trouvé dans les prisons et les camps des « captifs
favorisés », c'est certain, surtout après janvier 1944. Que ces « favorisés » aient rarement été des « politiques », plus rarement encore des
miliciens ou des anciens de la L.V.F., c'est évident, faveurs et
avantages allant aux internés pour collaboration économique.

Ces hommes, puissants hier, et dont on devine qu'ils seront encore
puissants demain, ont conservé des relations avec l'extérieur. Leur
entreprise ou leur commerce continue presque toujours à fonctionner.
Leur famille, généralement aisée, peut tenter de corrompre — et elle y
réussit parfois — des fonctionnaires. J'ai sous les yeux un rapport de
police concernant M. G..., interné à Mérignac, à une douzaine de
kilomètres de Bordeaux. Son importante silhouette, son ventre
rebondi l'ont fait surnommer « Mal-Nourri »... En mai 1945, pour
célébrer comme il se doit, en compagnie d'une quarantaine de
codétenus, la première communion de son fils, il a réussi à faire entrer
dans le camp « poules farcies, gigots, pâtisseries, 150 bouteilles de vin
vieux et jusqu'à un barricot de vin ».

---

1. *L'Aurore,* 11 janvier 1945.

« Tout cela, poursuit le rapport[1], transporté en taxi dans des paniers que, d'ailleurs, plusieurs personnes ont vu passer par le grand portail. Mais tout n'a pas pu passer... Le reste a été déposé chez Zozo[2], où les gardes, munis de la petite charrette avec laquelle ils vont chercher le pain, ont pris livraison de la marchandise. »

Si plusieurs gardiens sont complices, l'inspecteur A..., « gagné à la cause de M. G... » et qui rend fréquemment visite à Mme G..., « qui le comble de tout », les protège efficacement.

M. G... a bien existé. Et d'autres M. G... également.

Ils sont et seront minoritaires.

Les camps d'internement se videront d'ailleurs, mois après mois, lorsque fonctionneront les commissions de vérification des internements, lorsque les magistrats auront reconquis leur autorité sur des extrémistes incompétents et lorsque la partie la plus justement susceptible de la population admettra que la justice des premiers jours n'était pas fatalement une bonne justice.

Le nombre des personnes, enfermées sans *arrêté d'internement,* qui était de 21,33 pour 100 le 24 décembre 1944, ne sera plus que de 5,95 pour 100 le 28 février 1945.

Quant au destin des internés, il n'est pas inutile de savoir que, sur les 3 053 internés de la région de Limoges, 12,83 pour 100 devaient être remis à la justice militaire, 28,89 pour 100 aux cours de justice, les autres, soit 58,29 pour 100, étant rendus à la liberté[3]...

Pour la région de Nancy, où, selon Chailley-Bert, commissaire de la

---

1. Inédit.
2. Un petit café-restaurant situé près du camp de Mérignac.
3. Contrairement à ce que l'on pourrait imaginer, les dossiers des internés administratifs ont été examinés le plus rapidement dans les régions de Limoges et de Poitiers ; ils ont traîné en longueur dans les régions d'Orléans, de Montpellier, de Marseille, de Clermont, de Lyon.
En avril 1945, à l'exception de Paris et de l'Alsace — ce qui n'est pas négligeable —, le nombre des cas d'internés administratifs restant à examiner sera cependant de 37 760.

République, « on ne savait pas ce qu'avaient fait 35 pour 100 des gens internés », sur 5 110 internés, 12,83 pour 100 seront remis à la justice militaire et 10,84 pour 100 déférés aux cours de justice. Dans la région de Clermont, sur 4 148 internés, 43,44 pour 100 seront libérés sans être traduits en justice.

Dans la région de Rennes, les proportions sont légèrement inférieures, mais, sur les 3 567 personnes toujours internées en décembre 1944, plus de 40 pour 100 auront été libérées à la fin du mois de mars 1945[1], date à partir de laquelle, excédés par les lettres de délation et les rumeurs sans fondement, les services du commissariat de la République ne retiendront que 10 pour 100 des plaintes[1].

Injustifiés dans près d'un cas sur deux environ, les internements administratifs ont-ils sauvé des vies à un moment où, malgré l'humiliation et l'inconfort, il pouvait être préférable de se trouver derrière des barbelés plutôt qu'en liberté menacée ?

C'est évident, bien que cela n'ait pas été — comme l'écrira le commissaire de la République Closon — le but recherché. Même si Bertaux, commissaire de la République à Toulouse, exagère manifestement lorsqu'il écrit qu'en les incarcérant il a « sauvé la vie à des *milliers de gens* » menacés par des résistants qui « avaient le doigt sur la détente et la rafale facile », il est certain que les internements, qui semblaient abusifs à ceux qui en souffraient, et qui souvent l'étaient, se sont, en bien des cas, révélés protecteurs en permettant aux internés de reparaître dans leur village à l'instant où des représailles étaient moins à craindre, une fois les passions retombées.

En Saône-et-Loire, quelques semaines d'internement supplémentaires auraient *peut-être* sauvé la vie de cet homme qui, libéré par décision du commissaire de la République, après avis favorable de la

---

1. Dans le département du Nord, l'étude, au 31 août 1945 — un an après la Libération —, de 810 dossiers a conduit à la libération de 244 personnes, à l'expulsion de 14, à l'assignation à résidence de 129, au maintien dans les camps d'internement de 358. 22 ont comparu devant les tribunaux et 5 sont décédées en un an.

commission de vérification des internements, sera blessé dès sa sortie du camp, puis achevé à son domicile.

Quelques mois de détention supplémentaires auraient peut-être sauvé ce brigadier-chef du commissariat de police de Saint-Malo qui sera abattu le 15 octobre 1944.

Si le « bruit » de sa proche libération du camp de Nexon[1] n'avait pas couru, il est vraisemblable que Jean Berger n'aurait pas été tué, le 2 novembre 1944, par le « commandant M..., dit *Baptiste* », qui, pour faire bonne mesure, tua aussi trois autres détenus[2].

Citons encore l'article de Pierre Dumas, en date du 24 décembre 1944 :

> « Il y a dans le pays, dans le Tarn-et-Garonne, dans l'Ariège et ailleurs, des Français qu'on a relâchés et qui n'osent pas rentrer chez eux parce qu'un individu ou un petit groupe d'individus sans mandat, sans pouvoir, leur interdit leur retour dans leurs foyers, alors qu'ils ont les autorisations de la police, des préfets, des Comités de libération, de la loi[3]. »

Si un internement de quelques mois, suivi d'une libération que n'a précédée aucun interrogatoire, ou d'un acquittement, peut sembler *aujourd'hui* peine légère — certains historiens l'écrivent sans grande réflexion —, il ne faut jamais oublier que ces internements, dans *un cas sur deux* environ, ont concerné des innocents, victimes de sordides rumeurs et que, s'ils ont pu protéger quelques vies, ils en ont détruit beaucoup d'autres.

Celle de Michel Caron, par exemple. Chef d'état-major d'une flottille de torpilleurs au moment de la bataille de Dunkerque, le capitaine de frégate Caron a, par son courage... et pour son malheur, été remarqué par l'amiral Platon, gouverneur de Dunkerque, l'un des

---

1. Près de Limoges.
2. Le « commandant M... », âgé de vingt-quatre ans, devait être acquitté par la cour de justice de Limoges.
3. *La Victoire.*

responsables français de la défense de la ville ainsi que de l'évacuation des troupes franco-britanniques.

Appelé à Vichy, Caron sera, entre septembre 1940 et mars 1943, le directeur de cabinet de Platon, nommé, après la défaite, secrétaire d'État aux Colonies, puis secrétaire d'État, en avril 1942, auprès de Pierre Laval. En mars 1943, Caron, ayant trouvé un emploi dans l'industrie parisienne, quitte Vichy et Platon[1].

Mis à la retraite d'office après la Libération, c'est le 1er février 1945 que Michel Caron sera arrêté, conduit au commissariat de police de la rue Cambacérès où, enfermé au « violon », il passera vingt-trois jours et vingt-deux nuits sans avoir le droit de se déshabiller, tiré de là seulement pour quelques minutes[2] à l'occasion de la visite de sa femme et de l'un ou de l'autre des plus âgés de ses huit enfants — sa fille Maryvonne le plus souvent —, qui apportent à un prisonnier, maintenu au secret en toute illégalité, un peu de nourriture et leur sourire contraint.

Les notes prises par sa fille Maryvonne, âgée de dix-huit ans, permettent de mieux comprendre le trouble profond d'une famille d'officiers dont le chef, soudain, est tenu pour traître à son pays.

La perquisition d'abord. La famille a fait disparaître les photos du maréchal Pétain qui se trouvaient encore au foyer. Le père arrive, encadré de deux policiers. Il est sans cravate, ni ceinture, ni lacets aux souliers. Toujours escorté, il doit assister à la fouille de chaque pièce, à l'ouverture de chaque tiroir, à l'examen des livres et des partitions musicales.

Les visites quotidiennes au commissariat de la rue Cambacérès ne constituent pas une épreuve moindre. Leur succéderont les visites hebdomadaires au fort de Charenton où les détenus vivent par chambrées de soixante.

> « Il faisait un froid glacial[3] ; un ciel de neige, et, dans la cour du fort, où nous avons attendu un long moment, une bise piquante

---

1. A ce moment, Platon n'est pas encore le germanophile exacerbé qu'il deviendra plus tard lorsqu'il dénoncera Laval aux Allemands... comme traître à la collaboration.
2. Grâce à l'intervention d'un brigadier qui a fait son service dans la marine, il arrive que Michel Caron soit autorisé à quitter le « violon » pour aller s'asseoir sur un banc du commissariat.
3. Journal inédit de Maryvonne Caron.

tourbillonnait. Nous avons pris la queue, au milieu des visages tristes, silencieux et gelés... Nous voilà [enfin] poussées au milieu de la foule dans une petite pièce partagée en deux par des rouleaux de barbelés posés sur des tréteaux. Un coup de sifflet. C'est le lâchage des fauves et plusieurs dizaines d'hommes (30 ? 40 ?) arrivent en courant, se bousculant pour retrouver le plus rapidement possible chacun sa visiteuse, afin de ne pas perdre une minute sur les quelques minutes de la visite. Et c'est tout d'un coup les conversations hurlées afin que le partenaire qui est à 1 m-1 m 50 de distance puisse entendre. Maman et moi, nous étions abasourdies, nous avions repéré papa derrière son rouleau de barbelés ; mais le bruit nous assourdissait et nous n'entendions pas ce que papa nous criait. On s'accroupissait, on se mettait sur la pointe des pieds. Mais le bruit était partout. Papa criait des directives que nous essayions de deviner.

Puis... re... sifflet. Les détenus sont bousculés par les gardiens. Les femmes sont dirigées vers la sortie, et maman et moi nous nous sommes retrouvées toutes bêtes et muettes dans le silence et le froid après ces six minutes d'excitation. Et nous n'avions rien dit à papa... et nous n'avions pas pu l'embrasser. »

Les notes de Maryvonne Caron donnent également un aperçu des difficultés de la vie quotidienne. Au premier rang des préoccupations : l'argent. L'argent pour la nourriture des huit enfants.

Le 28 août 1944, au lendemain de la libération de Paris, des instructions adressées à toutes les banques, et par toutes les banques à leurs filiales, annulaient justement les mesures de blocage des comptes juifs imposées à la suite de plusieurs ordonnances allemandes.

Le 2 septembre, le secrétaire général pour les Finances publiques ordonnait, en revanche, le blocage des comptes, dépôts et avoirs de toute nature appartenant aux gouvernements et ressortissants allemands, italiens, japonais, finlandais, bulgares, hongrois, roumains, mais aussi aux personnes « suspectes de collaboration avec l'ennemi ».

Étaient considérées comme « suspectes » toutes les personnes « qui [avaient] fait l'objet d'un internement administratif et celles qui [étaient] inscrites sur une liste établie par le secrétaire général de l'Intérieur ». Cette décision allait laisser des centaines de milliers de familles sans ressources, alors même que les internés n'étaient ni interrogés, ni jugés, ni condamnés et que, de l'aveu même des autorités de l'époque, pour une sur trois, les raisons de l'internement demeuraient ignorées.

Plus heureuse que bien des femmes d'internés, Mme Caron a pu retirer, avant le blocage, les sommes (modestes) qui se trouvaient sur le compte de son mari ; de l'employeur de Michel Caron, elle recevra, mais il ne s'agit là que d'un prêt, trois mois de salaire ; un officier de marine ami donnera 20 000 francs, ce qui correspond à quatre mois de salaire moyen ; enfin, Mme de Laborde, femme de l'amiral qui sera condamné à mort le 28 mars 1947 par la Haute Cour de justice, apportera des sommes relativement importantes — 30 000 francs au total — provenant de dons faits à une caisse de secours, et Maryvonne, l'aînée des enfants, trouvera une place de dactylo à mi-temps rétribuée 2 500 francs[1].

Il faut un épilogue. Le dossier était vide ou, plus exactement, il était *uniquement* reproché au capitaine de frégate Caron de n'avoir pas donné suite à la demande de *changement de chambre* d'une jeune femme de l'hôtel Britannique, alors occupé à Vichy par le ministère des Colonies, et d'avoir déplacé un fonctionnaire trouvé porteur de tracts gaullistes.

Le 14 décembre 1945, à la nuit tombée, Michel Caron, sa demande de mise en liberté provisoire accordée, sortait de Fresnes.

En juin 1948, il obtenait enfin un non-lieu. Brisé moralement, épuisé physiquement par une tragédie personnelle qui avait duré quatre ans et ne reposait sur aucun chef d'accusation, Michel Caron décédait en 1951.

On ne peut clore ce chapitre sans parler du rôle des Chambres civiques. Elles ont été créées par l'ordonnance du 26 août 1944 pour sanctionner ceux et celles qui ne relevaient ni de l'ordonnance du 26 juin 1944 relative à la répression des faits de collaboration, ni de l'ordonnance du 27 juin 1944 relative à l'épuration administrative qui permettait de frapper les fonctionnaires de sanctions disciplinaires allant du déplacement d'office à la révocation sans pension.

---

1. Bien que leur situation soit difficile, Mme Caron et ses huit enfants ne comptent pas parmi les familles les plus défavorisées.

L'ordonnance du 26 août 1944[1] visait, en quelque sorte, les collaborateurs de « seconde catégorie » et les punissait d'une peine nouvelle : l'indignité nationale.

> « Très pratique », écrit Pierre Assouline avec sérieux ou ironie — il m'est difficile de démêler —, « elle [l'ordonnance] permet à la collectivité d'exprimer son mépris à toute une catégorie de citoyens " compromis " à différents degrés, sans que cela porte trop à conséquence. C'est la condamnation fourre-tout et le moyen idéal qui permet de se débarrasser des cas ennuyeux et d'éviter des situations délicates[2]. »

Pour ceux qu'elles atteignaient dans leur vie quotidienne, mais aussi — le mot étant moins dévalué qu'il ne l'est aujourd'hui — dans leur honneur, les conséquences matérielles et morales portaient infiniment plus à conséquence que ne le laisse supposer le texte d'Assouline.

J'ai eu l'occasion de rappeler que cette ordonnance était calquée sur ce que les lois de Vichy punissant le « délit d'appartenance » avaient de plus détestable, puisqu'elles ne touchaient pas un individu pour ses actes, mais pour une adhésion donnée à la franc-maçonnerie, par exemple, en un moment où aucun texte n'interdisait cette adhésion.

Vichy ayant introduit dans notre droit deux principes qui sont le triste privilège des dictatures : celui de la responsabilité collective et celui de la rétroactivité, « le gouvernement de la Libération, écrira Robert Aron dans son *Histoire de l'épuration,* ne manqua pas de l'imiter ».

Selon le procureur général Boissarie, qui en fit la confidence à Robert Aron, tandis que les cours de justice avaient infligé 38 000 peines privatives de liberté, les Chambres civiques avaient frappé d'indignité nationale[3] 40 000 Françaises et Français.

---

1. Dont la rédaction sera rectifiée, sans être fondamentalement modifiée, par l'ordonnance du 26 décembre 1944.
2. *L'Épuration des intellectuels,* p. 41.
3. L'indignité nationale étant, pour ces personnes, la peine principale. Il faut rappeler que, toutes les condamnations en cour de justice entraînant systématiquement une peine d'indignité nationale, tous les chiffres cités dans ces pages ne concernent que des hommes et des femmes relevant des Chambres civiques et frappés de la *seule* indignité nationale, à l'exclusion de toute autre peine...

Le premier chiffre est exact. Le second sous estimé. S'il y eut bien 38 266 condamnations à des peines privatives de liberté, le nombre des personnes punies de la dégradation nationale s'est élevé à 49 723 dont 46 145 furent condamnées par les Chambres civiques. Dans 3 578 des cas, l'indignité ou dégradation nationale fut la peine principale prononcée par les Cours de justice[1].

Ainsi près de 50 000 Français se sont-ils trouvés sanctionnés pour des faits accomplis, des adhésions données, des articles écrits, voire des paroles dites ou des attitudes prises *à partir du 16 juin 1940,* c'est-à-dire plus de quatre ans parfois avant la parution au *Journal officiel* du texte de l'ordonnance du 26 août.

Signé de MM. Queuille, de Menthon, Emmanuel d'Astier de La Vigerie, Giaccobi, Tixier, Pleven, Jacquinot, Bonnet et Frenay, l'exposé des motifs de l'ordonnance du 26 août 1944 avait le mérite de la clarté, et même de la crudité, dans l'aveu de l'irrespect du Code pénal.

Les législateurs ne se cachaient pas, dans le but de « résoudre tous les problèmes soulevés par la nécessité d'une purification de la patrie », de vouloir punir des hommes et des femmes dont les « agissements criminels n'avaient pas reçu une qualification précise aux termes d'une règle juridique soumise à une interprétation de droit strict ».

Le concept de l'indignité nationale répondait donc à l'idée suivante :

> « Tout Français qui, *même sans enfreindre une loi pénale existante,* s'est rendu coupable d'une activité antinationale carac-térisée, s'est *déclassé ;* il est un citoyen indigne dont les droits doivent être restreints dans la mesure où il a méconnu ses devoirs.
> *Une telle discrimination juridique entre les citoyens peut paraître grave, car la démocratie répugne à toute mesure discriminatoire.*

---

1. *Cf.* Peter Novick, *L'Épuration française,* p. 294 et aussi le *Compte général de l'administration de la justice civile et commerciale et de la justice criminelle : 1944 à 1947.*

D'après les *Cahiers français d'information* (15 mars 1949) les causes entendues s'étant élevées à 67 965 il y eut 48 486 condamnations et 19 881 acquittements. Dans 8 929 cas la dégradation spéciale devait être suspendue.

Le 4 novembre 1950 M. François Quilici dira, devant l'Assemblée nationale, que 14 000 dossiers étaient toujours en instance devant la seule chambre civique d'Oran, département où jamais Allemand ne parut ouvertement.

> *Mais le principe de l'égalité devant la loi ne s'oppose pas à ce que la nation fasse le partage des bons et des mauvais citoyens, à l'effet d'éloigner des postes de commandement et d'influence ceux d'entre les Français qui ont méconnu l'idéal et l'intérêt de la France au cours de la plus douloureuse épreuve de son histoire. »*

Tels étaient les paragraphes 3 et 4 de l'exposé des motifs. Le paragraphe 5 reconnaissait que, « *de prime abord, (l'ordonnance) revêt[ait] un aspect rétroactif susceptible de créer une opposition entre le principe qu'elle consacre et la règle formulée par l'article IV du Code pénal* ».

Les rédacteurs du texte balayaient cette objection. Pour eux, comme il ne s'agissait pas de prononcer une peine effective ou privative de liberté, mais d'édicter une déchéance, le système de l'indignité nationale ne trouvait pas « sa place sur le terrain de l'ordre pénal proprement dit. Il s'introdui[sait] délibérément sur celui de la *justice politique* où le législateur retrouve son *entière liberté* et, plus particulièrement, celle de tirer *à tout moment* les conséquences de droit que comporte un état de fait ».

En avouant que leur justice était subordonnée à leur politique, les législateurs de 1944 se comportaient comme ceux de Vichy qu'ils avaient si justement bruyamment dénoncés ; ils entraient aussi dans ce système pervers que Merleau-Ponty glorifierait bientôt dans *Les Temps modernes*.

> « La justice ne s'occupe pas de savoir quelles ont été les intentions, nobles ou ignobles, de l'accusé ; il s'agit seulement de savoir si, en fait, sa conduite, établie sur le plan de la praxis collective, est ou non révolutionnaire... Quand l'existence même des régimes populaires est en question, *la politique et le pénal ne se distinguent plus*... En réalité, il n'y a pas *un ordre politique et un ordre juridique ; l'un et l'autre ne sont jamais que deux expressions du fonctionnement total de la société*[1]. »

---

1. Je souligne intentionnellement.

Qui tombait sous le coup de l'ordonnance du 26 août 1944 ?

En dehors de ceux qui étaient reconnus coupables par les cours de justice d'intelligence avec l'ennemi, ceux qui avaient appartenu, « sous quelque détermination que ce soit, à des gouvernements ou pseudo-gouvernements ayant exercé leur autorité en France entre le 16 juin 1940 et l'établissement du gouvernement provisoire de la République française » ; les directeurs nationaux, régionaux ou départementaux de la propagande, du gouvernement ou du commissariat aux questions juives ; les adhérents, après le 1er janvier 1941, même « sans participation active », du service d'ordre légionnaire, de la Milice, de la Légion tricolore, du R.N.P., du Comité ouvrier de secours immédiat, de la Jeunesse de France et d'outre-mer, du « mouvement prisonnier », du P.P.F., du parti franciste, du Mouvement social révolutionnaire ; les artistes, chanteurs, hommes politiques, journalistes, écrivains ayant « volontairement participé » à l'organisation de manifestations en faveur de l'ennemi ou défendu la collaboration avec l'ennemi, le racisme, les doctines totalitaires.

Contrairement à ce qui a été écrit, les sanctions contre les indignes nationaux ne copiaient pas servilement les sanctions infligées aux juifs *parce que juifs* par les ordonnances allemandes et les quarante-six lois, cinquante-six décrets et cinquante-neuf arrêtés d'origine française, textes qui, pour la plupart, étaient d'ailleurs le prolongement « à la française » de la troisième ordonnance allemande : celle du 26 avril 1941.

Mais les similitudes ne manquent pas.

L'indignité nationale, qui peut être à vie ou à temps, et entraîne la « dégradation nationale », prive les condamnés des droits de vote, d'élection, d'éligibilité et, en général, de tous les droits civiques et politiques ; elle leur interdit le port de toute décoration ; leur fait perdre leur grade dans l'armée ; les destitue et exclut des fonctions et emplois dans les offices publics et corps constitués, ainsi que des fonctions de direction dans des entreprises bénéficiaires de concessions ou de subventions accordées par une collectivité publique ; les prive de la possibilité d'être juré, expert, arbitre, avocat, notaire, avoué, enseignant ou surveillant, directeur ou simple employé permanent d'une entreprise de presse, de radio ou de cinéma ; gérant de société, directeur ou secrétaire général d'une banque ou d'une société d'assurances... L'article 11 décrète même l'incapacité, pour l'indigne national, de faire partie d'un conseil de famille et d'être tuteur, curateur, subrogé tuteur ou conseil judiciaire, si ce n'est pas de ses propres enfants, sur l'avis conforme de la famille. Enfin, tout ou partie du patrimoine du condamné peut être confisqué[1].

C'est à bien d'autres peines que les juifs avaient été condamnés, c'est à bien d'autres professions ou fonctions qu'ils s'étaient vus obligés de renoncer à partir de 1941, puisqu'il leur fut alors interdit non seulement d'être banquier, journaliste, avocat (sauf dérogation), enseignant, mais aussi... « employé supérieur » et, quelle que soit la modestie de leur poste — marchand forain, conducteur d'autobus, boulanger, vendeur de billet de la Loterie nationale —, de se trouver « en contact avec le public ». *C'est surtout à un tout autre et bien plus terrible destin que les juifs étaient alors promis.*

En revanche, l'ordonnance du 26 août 1944, en permettant de relever de ses fonctions dans l'administration ou l'armée toute personne n'ayant enfreint aucune loi pénale existante, n'ayant commis personnellement aucun acte répréhensible, mais s'étant affiliée *licitement* à un parti *rétroactivement* interdit, ressemble, presque mot pour mot, à la loi du 13 août 1940 visant les francs-maçons.

Comme toutes les autres peines, l'indignité nationale sera inégalement répartie. On peut comprendre que 772 personnes aient été sanctionnées dans l'Allier où s'étaient trouvés la plupart des responsables des administrations vichyssoises[2], mais pourquoi 229 peines d'indignité nationale dans le Territoire de Belfort et 24 dans les Ardennes ; pourquoi 396 dans le Doubs, 558 dans l'Eure et 45 dans le Tarn-et-Garonne, 25 dans la Creuse ?

Questions à jamais sans réponse. Mesurer le patriotisme des différents départements au nombre des sanctions infligées par les Chambres civiques serait inconvenant.

Mais il demeure encore quelques sujets de surprise.

Les statistiques établies par les correspondants de l'Institut d'histoire du temps présent permettent de connaître, aussi précisément que

---

1. Ce « bric-à-brac », pour reprendre un mot du *Crapouillot,* sera complété par d'autres peines qui iront de l'exclusion du droit à dommages de guerre, à la majoration de dix pour cent des impôts et à l'interdiction d'obtenir le transport des victimes de la guerre, de telle sorte — écrit le *Crapouillot* — « que les " indignes " parents d'un soldat tué en Indochine n'avaient pas le droit au rapatriement de son corps ».

2. Il y aura, dans l'Allier, 210 acquittements.

possible, les raisons de la peine. L'indignité nationale peut, en effet, sanctionner la collaboration militaire (c'est-à-dire l'engagement dans la Milice ou dans la L.V.F., encore que ces engagements aient relevé le plus souvent des cours de justice), la collaboration politique (adhésion à un parti de la collaboration, soutien apporté à une doctrine à travers des articles, des émissions de radio, des conférences) ou la collaboration économique ; la rubrique « divers » couvrant, le plus souvent, la collaboration sentimentale... ou horizontale.

On découvrira alors avec quelque étonnement qu'en Gironde, si 1280 peines d'indignité nationale furent infligées au titre de la collaboration politique..., aucune ne le fut au titre de la collaboration économique !

Cette forme de collaboration — qui ne fut pas celle qui rapporta le moins ! — était d'ailleurs sanctionnée de façon très variable suivant les départements et les jurys. Sévèrement en Ille-et-Vilaine où elle concerne 401 personnes sur 988 condamnées, dans le Nord (342 sur 661), la Loire (635 sur 982), le Rhône (811 sur 1601), faiblement en Haute-Garonne : 59 sanctionnées pour collaboration économique sur 716 condamnées, dans l'Eure 35 sur 558...

Dans ce domaine particulier de l'épuration, comme dans bien d'autres, aucune étude ne pourra sans doute expliquer d'inexplicables différences.

L' « indignité nationale », ayant pour conséquence la « dégradation nationale », a représenté, pour la plupart de ceux qu'elle a touchés, une mort civique.

Pour beaucoup, une tache sur l'honneur.

Certes, elle était préférable à une peine de travaux forcés ou de prison. Les défenseurs des Chambres civiques le diront lorsqu'ils s'emploieront à justifier la rétroactivité des lois. Sous leur plume, l' « indignité nationale » devint une « rétroactivité d'indulgence », puisqu'elle permettait de punir des actes mineurs de collaboration de peines non privatives de liberté alors que, traduits devant les cours de justice, les inculpés eussent été passibles de sanctions pouvant aller jusqu'aux travaux forcés à perpétuité et même jusqu'à la mort.

Sans doute, mais, ainsi que le fera remarquer Robert Aron, « s'il n'y avait pas eu d'effet rétroactif pour l'indignité nationale, les juges eussent hésité à punir de prison les 40 000 inculpés correspondants[1] : le nombre total des peines infligées eût été très inférieur à 78 000, c'est-à-dire au total des deux sortes de condamnations ».

L'ordonnance constituant l'indignité nationale privait dans bien des cas le condamné du gagne-pain de toute sa famille.

Qu'il s'agisse des décisions antimaçonniques et, plus encore, antisémites de Vichy, ou des décisions répressives intervenues à la Libération, on a trop tendance à juger et à penser « individus » et non « familles ».

Près de 50 000 indignes nationaux, cela signifie vraisemblablement 200 000 ou 250 000 personnes directement touchées dans leur vie quotidienne, réduites à la pauvreté, parfois à la misère.

Il y a plus.

Que l'indignité nationale ait paru une « bonne affaire », voire une « excellente affaire », à quelques grands fripons de la collaboration économique ou à quelques gamins engagés dans la collaboration pour fuir leur présent, c'est l'évidence.

Mais l'un de ses buts avoués n'était-il pas « d'éloigner des postes de commandement et d'influence ceux d'entre les Français qui [avaient] méconnu l'idéal et l'intérêt de la France » ?

Solution « pratique » pour éliminer des maires qui n'avaient pas failli dans la difficile défense de leurs concitoyens.

En les rendant « inéligibles », il était plus facile de prendre leur place qu'en se présentant contre eux. En s'en remettant à la décision d'un tribunal partisan, plus facile de l'emporter qu'en demandant à ceux de leurs concitoyens qui les avaient vus agir (et qui auraient dû être leurs véritables juges) de se prononcer et de choisir[2].

---

1. *Histoire de l'épuration*, t. II, p. 96. En réalité le chiffre de 50 000 est plus exact, on l'a vu.

2. Dans un rapport adressé au général de Gaulle le 28 septembre 1944 par un haut fonctionnaire envoyé en mission dans le Sud-Est, et publié dans le tome III des *Mémoires de guerre* (p. 316-318), on peut lire à propos de l'attitude des Comités de libération réunis à Valence qui se sont prononcés à l'unanimité contre

Plusieurs maires « inéligibles », parce que condamnés par une chambre civique, s'obstineront toutefois à en appeler à l'arbitrage des électeurs.

Le cas le plus fameux demeure certainement celui de M. Milliès-Lacroix, sénateur-maire de Dax, inéligible pour avoir, le 10 juillet 1940, voté les pleins pouvoirs demandés par le maréchal Pétain.

A trois reprises il se représentera à la mairie. Sur vingt-sept sièges à pourvoir, la liste qu'il dirige obtiendra vingt-quatre élus le 29 avril 1945 ; dix-neuf élus (l'élection précédente ayant été invalidée) le 19 octobre 1947 ; vingt et un élus le 16 octobre 1949 (l'élection de 1947 ayant également été annulée). Ajoutons qu'à la veille du scrutin du 29 mars 1945 M. Milliès-Lacroix avait été expulsé de Dax et mis en résidence surveillée à l'hôtel de France à Pau..., ce qui avait manifestement encouragé les électeurs à voter pour lui et pour sa liste.

Il serait intéressant, c'est évident, de déterminer, parmi les cinquante mille inéligibles français au titre de la seule « indignité nationale », combien avaient été maires, conseillers généraux, premiers adjoints.

Mais l'indignité nationale a surtout touché des « vichystes » engagés derrière Pétain-vainqueur-de-Verdun.

La véritable statistique, la statistique morale de l'indignité nationale devrait être établie en fonction du nombre des légions d'honneur, médailles militaires, croix de guerre arrachées.

Alors, le mot « dégradation nationale », dont j'ai dit qu'il était constamment utilisé en 1944-1945, reprendrait son véritable sens.

De cette « dégradation », qui annulait l'héroïsme de 1914-1918, j'en connais qui sont morts de honte et de chagrin.

Fait prisonnier au cours des premières batailles de 1914, ayant appris l'allemand pendant sa captivité, M. Jean-Baptiste Parthenay, devrait, entre 1940 et 1944, servir bénévolement d'interprète.

Qui d'autre aurait pu le faire dans le petit village de Loire-Atlantique où il vivait ? Les troupes d'occupation étaient exigeantes et nul ne parlait leur langue. Au service de ses compatriotes M. Parthenay, marchand de bois, joua donc un rôle auquel rien ne l'avait

---

des élections générales : « Est-ce pour attendre le retour des prisonniers ou pour attendre simplement d'avoir en main tous les leviers de commande, d'avoir frappé " d'indignité nationale " leurs adversaires, d'avoir enfin la possibilité " d'influencer " en leur faveur le vote de leurs concitoyens ? »

préparé mais qu'il ne pouvait refuser de tenir à la demande de ses concitoyens. A la Libération il n'en fut pas moins condamné à cinq années de « dégradation nationale ».

Ruiné, malade, s'estimant déshonoré, il finit ses jours, en 1951, à l'hôpital de Beauvais.

Quelques mois plus tard sa femme se suicidait.

Ce n'est là qu'un exemple.

DEUXIÈME PARTIE

LE PARTI COMMUNISTE A-T-IL VOULU PRENDRE LE POUVOIR ?

> Le gouvernement est provisoire :
> c'est cette observation qui domine tout.
>
> Marcel CACHIN
> *L'Humanité*, 3 novembre 1944.

7

LES ATOUTS DU PARTI

« Voulez-vous une révolution sans révolution ? »

ROBESPIERRE

A la Libération, le Parti communiste a-t-il voulu s'emparer de la totalité d'un pouvoir qu'il avait localement et momentanément conquis ? La question a souvent été posée. L'Histoire ayant répondu par la négative, puisque les communistes *n'ont pas* pris le pouvoir, les historiens ont donné raison à l'Histoire.

Trois observations s'imposent toutefois.

La première : le Parti communiste français n'a pas la liberté de ses choix. Il agit et réagit en 1944 (où il se montre coopératif) comme il agira et réagira en 1947 (ou, après la rupture entre l'Est et l'Ouest, il se montrera agressif) en fonction des intérêts de la Russie soviétique, tels que Staline les définit. C'est un point capital. Thorez et Duclos ne sont donc que les traducteurs (avec leur intelligence, leur caractère, leur style) de ce qui est voulu par Moscou. Ils le reconnaîtront d'ailleurs au nom des priorités internationales.

La deuxième : le Parti communiste demeure alors, dans bien d'autres domaines, selon la définition donnée par Roger Pannequin, qui fut membre du Comité central, « une société parallèle, fermée sur elle-même », à l'égard de laquelle, s'il est possible de multiplier les hypothèses, il n'est pas possible d'avoir des certitudes.

La troisième s'adresse au lecteur d'aujourd'hui. S'il jugeait le Parti communiste français de la Libération, fort de plus de cinq millions d'électeurs, qui évolue, se développe et se manifeste dans une France bouleversée dans son âme et ses structures par quatre années d'occupation et dans une Europe dominée par la toute-puissance des armées soviétiques, en fonction de ce qu'il voit du parti de M. Georges Marchais, dépérissant dans une Europe où le communisme n'est plus valeur de référence et où l'U.R.S.S. n'allume de révolution que contre elle-même, il commettrait une grossière erreur d'interprétation.

A la question : « Le Parti communiste français a-t-il voulu prendre le pouvoir ? » après le mois d'août 1944, tous les historiens répondront « non » avec fermeté ou réticence[1].

Quant aux communistes — premiers concernés —, ils se défendront, dans des textes écrits bien après les événements, d'avoir eu des ambitions qu'ils n'auraient pu satisfaire — ils le reconnaissent d'ailleurs — faute de moyens intérieurs et de concours extérieurs.

Ainsi en ira-t-il de Jacques Duclos, véritable responsable du Parti communiste pendant l'occupation et avant le retour en France de Maurice Thorez. Consacrant quatre pages de ses *Mémoires* à répondre à la question : « *La révolution socialiste était-elle possible ?* », il évoquera, pour conclure par la négative, la vraisemblable désertion d'adhérents de fraîche date entraînés dans des combats auxquels ils n'auraient pas été moralement préparés ; la réaction certaine des troupes américaines et anglaises nombreuses sur le sol français, et surtout — ce qui était, on le découvrira, la grande peur de Staline — un possible renversement d'alliances. Au nom d'un antibolchevisme justifié par les foudroyantes conquêtes de l'Armée rouge, il n'était pas impensable, pour Staline, de voir l'Amérique et la Grande-Bretagne se rapprocher d'une Allemagne qui aurait été débarrassée de Hitler à la faveur d'un complot réussi.

Charles Tillon, chef des F.T.P., affirmera de son côté, non seulement que Staline ne voulait pas « bousculer les pays où ses alliés débarquèrent[2] », mais encore que l'ambassadeur soviétique, qui se

---

1. Selon Robert Aron, qui reconnaît que les communistes n'ont pas tenté l'épreuve de force *(Histoire de la Libération)*, « il est quatre régions du Sud-Ouest, délivrées sans le concours des armées alliées, où l'ordre dépend des maquis F.F.I. ou F.T.P. Capitales de ces régions, quatre grandes villes (Bordeaux, Toulouse, Limoges, Montpellier) sur lesquelles les communistes ont jeté leur dévolu pour prendre les principaux postes ».

Pour Jacques Fauvet *(Histoire du Parti communiste français)*, « nulle part ils [les communistes] ne songèrent un instant à instaurer la " République des Soviets " ».

2. *On chantait rouge.*

trouvait à Alger, aurait, le 23 ou le 24 août, fait savoir à Jacques Duclos que Moscou « conseillait » au Parti de ne pas s'opposer aux exigences de De Gaulle. Quant à Billoux, ministre communiste du général de Gaulle, il écrit que ni les « conditions intérieures », ni les « conditions extérieures » n'étaient réunies qui eussent pu permettre « d'établir en France un régime socialiste ».

Si l'on passe des hiérarques, champions de la langue de bois, aux militants qui, désabusés, écrivent un jour la vérité, les choses apparaissent plus complexes.

Dans son livre *Le Cabochard,* sous-titré : « Mémoires d'un communiste, 1925-1982 », Roger Codou raconte que de retour d'Algérie, où il avait été interné jusqu'en juin 1943, il s'était trouvé affecté, en septembre 1944, au ministère de l'Air, dirigé par Charles Tillon. Comme il souhaitait, depuis Lyon, rejoindre Paris au plus vite, il lui avait été interdit de prendre le train.

> « La France est libérée, lui avaient dit deux camarades, mais le Parti a le devoir de rester prudent. Tu resteras dans la clandestinité au service des faux papiers. Tu vas aller trouver le camarade X... à Bron. C'est lui qui doit t'initier au travail. Son matériel ne peut voyager par le train. Nous mettrons une voiture à ta disposition pour que tu l'achemines sur Paris. »

Quel était ce « matériel » ? Codou ne le dit pas. Il explique simplement qu'il lui fut aussi demandé de transporter 30 lingots d'or « qui [devaient] être à Paris dans les plus brefs délais ».

A quelle date le service des faux papiers fut-il supprimé ? Codou, qui écrit qu'il fut, effectivement, dissous, ne cite pas de date, mais précise au lecteur que, pour sa femme et pour lui-même, « une vie de clandestins commença. Nous ne devions plus avoir aucune fréquentation ; pas même la famille ».

Anecdote ? Sans doute. Mais il s'agit d'un témoignage. A côté des affirmations de Duclos et Tillon, pourquoi n'aurait-il pas sa place ?

Et Charles de Gaulle, que pense-t-il ?

En octobre 1944, après qu'il eut pris la décision de dissoudre les Milices patriotiques, Claude Mauriac l'a entendu grommeler : « Ils sont foutus avec leurs milices ! Mais oui ! S'ils résistent, nous tirerons... en l'air ! Mais ils ne résisteront pas... Les communistes, voyez-vous, ne sont pas dangereux. Tout au plus des roseaux peints en fer. On ne fait

pas de révolution sans révolutionnaires. Et il n'y a qu'un révolutionnaire en France, c'est moi ! »

Quinze ans passent. En 1959, de Gaulle, publiant le tome III de ses
Mémoires de guerre, a totalement modifié sa position. Ces « roseaux
peints en fer », il les décrit désormais comme attachés à « exploiter le
pouvoir en province comme [ils] avai[ent] essayé de le faire à Paris ».

Parlant du Parti communiste, il écrit que « les événements dont la
France sortait à peine lui avaient offert des chances exceptionnelles de
triompher » et encore : « Je sais très bien qu'il vise à saisir le pouvoir
total[1] et que, s'il m'arrivait de fléchir, il monterait tout de suite à
l'assaut. »

Il a surtout cette phrase où, dans leur éloquente et savante
progression, tous les verbes sont utilisés pour donner aux lecteurs,
quinze ans après un événement *qui ne s'est pas produit, l'impression
qu'il aurait non seulement pu mais dû se produire.* En grand stratège,
de Gaulle met en scène une stratégie communiste à laquelle seul, en
août et septembre 1944, le stratège aurait fait défaut !

> « Mettant à profit le tumulte de la bataille, entraînant le
> Conseil national de la Résistance, dont plusieurs membres, en
> dehors de ceux qui étaient de leur obédience, pourraient être
> accessibles à la tentation du pouvoir ; usant de la sympathie que
> les persécutions dont ils étaient l'objet, les pertes qu'ils subis-
> saient, le courage qu'ils déployaient leur valaient dans beaucoup
> de milieux ; exploitant l'angoisse suscitée dans la population par
> l'absence de toute force publique ; jouant enfin l'équivoque en
> affichant leur adhésion au général de Gaulle, ils projetaient
> d'apparaître à la tête de l'insurrection comme une sorte de
> Commune, qui proclamerait la République, répondrait de
> l'ordre, distribuerait la justice et, au surplus, prendrait soin de ne
> chanter que *La Marseillaise,* de n'arborer que le tricolore. »

Ainsi, de Gaulle, au temps des *Mémoires de guerre,* dit croire à un
projet de prise de pouvoir communiste, projet dont il ordonne
savamment toutes les phases sans apporter d'autres preuves que la
logique de son discours.

---

1. Je souligne intentionnellement.

Discours dans lequel les mots « *mettant à profit* », « *entraînant* », « *exploitant* », « *jouant de l'équivoque* », « *procédant comme par bonds* » donnent l'impression d'une imparable accélération de la marche du Parti.

Un Parti bientôt installé à la tête de cette « *sorte de Commune* » parisienne qui « proclamerait la République, répondrait de l'ordre, distribuerait la justice » et, drapée dans le tricolore, précédée de *La Marseillaise,* utilisant un de Gaulle réduit à un rôle de parade, étoufferait toutes les velléités de résistance pour apparaître enfin, comme à l'Est, dans sa cruelle vérité.

En réalité, et de Gaulle et les communistes écrivent bien après l'événement, ce qui permet à de Gaulle de donner de l'ampleur à ses craintes pour donner davantage d'importance à son personnage, aux communistes de diminuer le poids des menaces qu'ils ont fait peser sur la vie politique française.

Qu'en est-il exactement en août 1944 et dans les mois qui suivent ?

Jacques Duclos reprochait à ceux qui avaient critiqué la relative passivité du Parti communiste de ne pas avoir pris un « compte exact des données réelles du moment ». Données du « moment », certes, mais aussi « données réelles » de la puissance communiste [1].

Elles sont nombreuses, complexes, imparfaitement connues aujourd'hui encore. Du moins peut-on s'efforcer de les évaluer et de montrer comment, sentimentales, politiques, psychologiques, numériques, médiatiques, elles impressionnent le peuple français, mais évoluent et se modifient sous l'habile pression d'un Charles de Gaulle aidé, dans son œuvre de reprise en main, par un Maurice Thorez à qui il permettra bientôt de retrouver la France, l'honneur, les honneurs, la direction du Parti communiste, et dont il se fera (certains n'hésitant pas à parler d'un « syndicat des chefs ») un allié provisoire mais infiniment plus efficace qu'imaginé [2].

---

1. *Mémoires.*
2. *Cf.* p. 281 et suiv., le chapitre : *Le retour de Maurice Thorez.*

En août et septembre 1944, l'emprise « sentimentale » « morale » écrira Maurice Agulhon, du Parti communiste sur le peuple français est considérable.

Que cette emprise, en large partie fondée sur la crainte, étouffe les lucidités, empêche les contradictions et plie la quasi-totalité de ceux qui écrivent et qui parlent aux lois du conformisme, c'est l'évidence.

Adversaire prioritaire pour les Allemands et pour Vichy qui l'ont douloureusement privilégié dans la persécution ; ayant perdu, depuis juillet 1941, bon nombre de ses militants et de ses cadres dans un combat dont il avait la volonté de prendre partout l'initiative et de conserver la maîtrise, le Parti communiste se voudra non seulement le porte-drapeau et le porte-parole de la résistance intérieure, mais encore le parti des martyrs, des fusillés, au nom desquels il parle haut et fort, quitte à jeter sur ceux qui ne sont « pas à lui » le voile de l'oubli. C'est ainsi qu'après l'attentat communiste commis à Nantes le 22 octobre 1941 quarante-huit Français seront fusillés, mais que les hommages — non seulement communistes, mais bientôt nationaux — iront aux seuls vingt-sept communistes de Châteaubriant [1].

A la fin de la guerre clandestine, alors que les tragiques recensements ne sont pas achevés, comment pourrait-on établir un bilan exact et, devant le cercueil de chaque fusillé, le linceul de chaque cadavre, déposer l'étiquette d'un parti ?

---

1. Cette volonté d'annexion du Parti communiste irritera et choquera beaucoup de résistants. Jacques Bruneau, président délégué des médaillés de la Résistance, se plaindra, le 1ᵉʳ décembre 1982, dans une lettre au général Simon, président du musée de la Libération, de la Résistance et de la Déportation, que les deux panneaux illustrant la lutte clandestine dans le Lot — panneaux se trouvant au musée de la Libération — aient été conçus et rédigés comme si « seuls les F.T.P. à encadrement communiste " actif " avaient agi ».

Dans son livre, *1940 : la droite était au rendez-vous,* Alain Griotteray, qui fut, de 1940 à 1944, le plus jeune chef de réseau (*Orion*) de la France combattante, écrit de son côté : « Il n'y avait rien pour disloquer le glacis idéologique de la gauche. C'est le Parti communiste, d'abord, qui impose son ordre... L'objectif fut de faire du Parti communiste *le* parti de *la* Résistance. »

On ne peut cependant reprocher aux communistes d'entretenir la mémoire. Que les résistants qui ne furent pas communistes aient souvent manqué aux anniversaires et commémorations est regrettable.

Le Parti communiste va cependant le faire sans aucun souci de la vérité historique ou, plus exactement, en déformant la vérité historique pour la mettre à son service.

A partir du 22 août, en pleine bataille pour la libération de Paris, paraissent, dans les colonnes d'une *Humanité* sortie de la clandestinité, des placards invitant à adhérer au « parti des fusillés ».

Le 31 août, devant le Comité central, Jacques Duclos, soulevant l'émotion de son auditoire, affirmera : « On nous appelle le Parti des Fusillés. C'est un titre de fierté, et rien ne pourra faire oublier ce que nous avons fait pour la France... »

Au début de novembre 1944, Benoît Frachon, secrétaire général de la C.G.T., modifiera la formule en évoquant les « 75 000 fusillés *à Paris*[1] ».

Quelques jours plus tard — le 10 novembre 1944 —, *L'Humanité* demandera : « A-t-on oublié que Paris a eu 75 000 fusillés " identifiés " ? » Ces « 75 000 fusillés » étaient-ils communistes ? Frachon ne l'affirme pas. *L'Humanité* non plus. Mais ils le laissent entendre.

Le chiffre de 75 000 sera d'ailleurs rapidement abandonné pour Paris, mais, Marcel Cachin ayant parlé des « 75 000 communistes français fusillés par les Allemands et les Vichyssois », le « parti des fusillés » deviendra, par un glissement de vocabulaire politique compréhensible, celui des « 75 000 fusillés ».

En novembre 1945, devant le refus de De Gaulle d'accorder au Parti communiste l'un des trois grands ministères : Intérieur, Affaires étrangères ou Guerre, exigés par Thorez, le chef du Parti communiste ripostera par une lettre, rendue immédiatement publique, lettre dans laquelle il reprochera au président du gouvernement provisoire d'avoir, pour justifier son refus, invoqué « des raisons... que nous estimons blessantes pour notre honneur de Français. Ce serait faire outrage à la mémoire des 75 000 communistes morts pour la France et la liberté ».

Il n'est pas question, pour de Gaulle, de discuter dans sa réponse le chiffre avancé par Thorez qui est, *il faut le préciser,* celui des « morts » et non celui des « fusillés[2] ». Certains écrivains — Henri-Christian

---

1. Je souligne intentionnellement.
2. Bien que *L'Année politique 1944-1945* (p. 346-347) fasse écrire à Thorez : « Ce qui est blessant, le Parti communiste ayant eu 75 000 de ses membres fusillés. »

Giraud notamment — reprocheront au chef du gouvernement provisoire d'avoir simplement répondu que sa décision ne comportait « nul outrage pour la mémoire d'aucun Français », ce qui, selon Giraud, semblait accréditer devant l'Histoire « la légende des 75 000 fusillés, principal argument de la légitimité résistantialiste du P.C.F., sur laquelle est fondée toute sa stratégie politique de conquête légale du pouvoir [1] ».

En vérité, on voit mal comment de Gaulle se serait publiquement abaissé à une querelle de chiffres. Il devait d'ailleurs être peu et mal informé, puisque c'est seulement en 1946, à l'occasion du procès de Nuremberg, que le procureur français produira un état numérique des Français *fusillés* sous l'occupation allemande : 29 660.

Maurice Thorez parle d'ailleurs de « 75 000 morts » communistes, chiffre infiniment plus proche de la réalité, puisque, aux fusillés communistes, il faut ajouter les morts sous la torture, les morts en déportation, les morts dans les maquis de 1943-1944 ou au grand jour des combats pour la Libération.

Quoi qu'il en soit, en se disant pendant plusieurs années « parti des 75 000 fusillés » et non, comme l'a écrit Thorez, « parti des 75 000 morts », le Parti communiste s'assurera une supériorité morale et patriotique, un avantage politique dont il usera dans les élections qui suivront la Libération, chaque candidat se réclamant des « 75 000 fusillés », moyen de séduction sur les âmes généreuses, protection et manteau de dignité face aux adversaires. Ils seront rares, les opposants au Parti communiste qui oseront mettre en doute le chiffre de 75 000 fusillés revendiqué. On sait, ou l'on devine, que le Parti modifie l'histoire à son avantage, mais il est des domaines — celui du nombre des morts à l'ennemi — où la contestation affaiblit moralement le contestataire.

---

1. Contrairement à ce que l'on pourrait croire, le chiffre de 75 000 fusillés ne date pas d'août 1944. Je l'ai trouvé cité le 10 mai 1944 par Emmanuel d'Astier de La Vigerie, alors commissaire à l'Intérieur, au cours de la séance de l'Assemblée consultative provisoire. D'Astier déclare que « d'après les estimations de Vichy on chiffrait à 76 000 le nombre de fusillés depuis l'armistice, uniquement pour Paris et la région parisienne. Le chiffre total des fusillés, depuis l'armistice jusqu'en février, s'établirait aux environs de 120 000 ». Tous ces chiffres sont heureusement faux mais l'on comprend que le Parti communiste s'en soit emparé.

Il existe bien d'autres falsifications historiques qui seront loin d'être négligeables, lorsqu'il s'agira de créer tout à la fois un climat d'adhésion et un climat de « non-résistance » à l'idéologie communiste.

S'exprimant le 31 août 1944 devant le Comité central du Parti communiste, Jacques Duclos dégage, en un long rapport, les grandes lignes de cinq années de l'histoire de France, une histoire « revue et corrigée », mais qui, malgré démentis et preuves, continuera longtemps[1] à être enseignée, apprise, récitée par dirigeants et militants communistes, relayée par orateurs et journalistes, à l'usage de millions de sympathisants.

Duclos justifie, en effet, le pacte germano-soviétique, rejette sur la « cinquième colonne » la responsabilité de la défaite, comme de la chute de Paris, que le « peuple » aurait, selon lui, voulu défendre, parle de l' « appel à la résistance » lancé par Maurice Thorez et par lui, Duclos, en juillet 1940, avant même de parler de l'appel du 18 juin !

Oubliant naturellement de dire que l'appel Thorez-Duclos, s'il prenait à partie le gouvernement de Vichy et son chef, le maréchal Pétain, ne comportait pas un seul mot contre l'Allemagne victorieuse ; n'expliquant nullement les silences de *L'Humanité* clandestine, qui attendra le 30 décembre 1940 pour citer le nom de Hitler, en le faisant suivre d'une épithète désagréable ; exploitant les actes de résistance d'un petit nombre de communistes qui, avant juin 1941, ont agi individuellement contre l'occupant, Duclos, faisant de nombreux mensonges une vérité historique, affirmera avec force, pour parler de la première année d'occupation : « Notre parti luttait et luttait seul alors. »

Fausse entre juin 1940 et les deux premiers mois de 1941, où se marque une évolution[2], l'affirmation d'une lutte anti-allemande

---

1. Dans ses *Mémoires* publiés en 1970, Jacques Duclos n'hésitera pas à écrire : « A cette union pour la lutte [contre l'occupant], le Parti communiste avait travaillé depuis juin 1940, à Paris comme dans toute la France. »

Sur la position du Parti communiste en juin 1940 et dans les semaines qui suivirent l'occupation de Paris, *cf. Quarante millions de pétainistes* et *Le Peuple réveillé.*

2. En avril 1941, au moment de l'invasion de la Yougoslavie, *L'Humanité* met sur le même pied l' « impérialisme allemand » et les « impérialistes anglo-saxons », mais dénonce en France (12 avril) les « crimes de Pétain et des

menée avec constance et acceptation de tous les sacrifices deviendra vraie à partir de l'invasion de la Russie soviétique.

Mais — et Jacques Duclos déforme une fois encore les faits — ce n'est pas « l'activité du Parti [qui] a déterminé l'émulation » des autres Français. Ce n'est pas en fonction de la résistance communiste que « plusieurs groupements de résistance sont nés ».

Frenay, Groussard, Loustaunau-Lacau, le général Cochet, Rémy, Jean-Pierre Lévy, Emmanuel d'Astier et tant d'autres n'ont pas attendu juin 1941 pour créer et animer des réseaux de renseignement, publier des feuilles hostiles à l'occupant, jeter les bases des mouvements de résistance.

Il importait toutefois que, depuis l'origine du conflit mondial, le Parti communiste apparût — et les propos de Duclos fournissent des arguments pour les discours et les articles futurs — comme le champion du courage, du patriotisme, de la morale.

Courage : « Notre Parti est une école de courage, de clairvoyance, il est fondé sur le dévouement et le sacrifice de ses membres et, pendant cinq ans, il vient de montrer que rien ne peut l'abattre parce qu'il est la chair de la chair et le sang du sang de notre peuple. »

Patriotisme : « Il n'y a rien de commun entre nous et ceux qui criaient " Plutôt la servitude que la mort ! ", tentaient de déviriliser notre peuple et préparaient l'asservissement de la France. »

Morale : L'« homme communiste » se dresse non seulement « dans toute son humanité contre le soldat hitlérien, incapable de raisonner », mais aussi contre certains politiciens français dont il ne partage ni le « scepticisme » ni la « lâcheté »[1].

Duclos va plus loin encore puisqu'il n'hésite pas à mettre en cause l'entourage londonien de De Gaulle, ces hommes du B.C.R.A. qui,

---

occupants » qui livrent « des prisonniers à Pétain et à Darlan pour les envoyer en Afrique ».

Le numéro du 1er mai dénonce les mauvais traitements infligés aux prisonniers de guerre. Plus important, un texte précise : « C'est la fierté et l'honneur du Parti communiste d'être traqué par les autorités d'occupation, alors que les chefs de tous les autres partis vont chercher prébendes et directives à l'ambassade d'Allemagne. » Dans son numéro du 25 mai, *L'Humanité* dénonce Pétain et Darlan qui font « de la France une colonie hitlérienne ».

1. Jacques Duclos met en cause, sans prononcer de noms, Léon Blum et les socialistes lorsqu'il déclare : « Il y a une grande différence entre nous et ceux qui, en faisant Munich, livraient la France à Hitler et brisaient l'alliance franco-soviétique pour avouer ensuite leur lâche soulagement et leur honte. »

pendant l'occupation, « ont saboté le parachutage d'armes pour les formations qui se battirent chaque jour et ont *favorisé l'armement de groupements de guerre civile*[1] ».

Ainsi, le Parti communiste est-il présenté, à travers le discours-canevas de Duclos, comme le parti qui a le mieux, le plus courageusement et surtout le plus constamment (effacées les suites politiques du pacte germano-soviétique[2]) servi la France ; comme le parti des martyrs ; le parti des bons Français face aux traîtres de la collaboration, aux hommes des trusts et même aux « mauvais résistants », ceux qui n'ont pas hésité, depuis Londres, à priver d'armes les F.T.P., ceux qui, sur le sol national, ont détourné à leur profit l'argent parachuté ; le parti de la classe ouvrière, classe « seule, dans sa masse, à rester fidèle à la France profanée », phrase sentimentale de François Mauriac, historiquement inexacte[3], mais qui, exploitée par les communistes, aggravera le complexe d'infériorité de la bourgeoisie.

Tant de qualités humaines et de vertus patriotiques auraient pu conduire le Parti à s'enfermer dans un ghetto d'orgueil, à faire preuve de sectarisme. Au contraire, il se veut parti du rassemblement. N'a-t-il pas célébré Jeanne d'Arc ? N'a-t-il pas exigé, en juillet 1944, dans un tract spécialement édité par *L'Humanité,* la libération des évêques emprisonnés par la Gestapo[4] ? Ne va-t-il pas soutenir bientôt, par la voix de certains Comités départementaux de libération, le « rétablissement des sœurs à l'hôpital[5] », appeler et accueillir des chrétiens dans toutes les organisations dont il a le contrôle ?

Il se veut et se dit le parti du peuple, mot le plus souvent utilisé, car,

---

1. Duclos met également en cause une inégale répartition des fonds. « Si les uns ont reçu très peu, d'autres ont reçu beaucoup... »
2. Et la demande à l'autorité allemande de reparution de *L'Humanité* interdite par Daladier.
3. On le verra bien à travers les procès de la Libération. L'épuration frappe à proportions égales toutes les classes sociales.
4. Il s'agit de Mgr Piguet, évêque de Clermont ; du coadjuteur de Mgr Saliège, archevêque de Toulouse ; de l'évêque de Montauban. Le tract de *L'Humanité* précise que l'union des Français contre l'occupant l'emporte sur la différence des « opinions philosophiques et religieuses ».
5. Ainsi à Lézignan, dans l'Aude, ce qui permettra au préfet du département, M. Augé, d'écrire, à la fin d'août 1944, au commissaire de la République :
« Ce fait n'est-il pas une illustration des méthodes appliquées ? Il s'agit de dissiper les préventions anciennes. N'est-ce pas l'indice d'une politique qui, passant du plan local au plan national, rallierait la masse des hésitants ou des indépendants ? » Document inédit.

« plus vague, il facilite les comparaisons historiques » avec 1793[1], mot qui donne libéralement[2], à ceux qui adhèrent, un brevet de patriotisme, de civisme. Et certains ne se priveront pas d'adhérer dans le but d'obtenir ce brevet, que leur passé ne justifiait pas toujours.

Pourquoi un parti, paré de pareilles vertus, un parti qui appelle à l'union, à la bataille, à la production, et à qui ne font défaut ni les moyens politiques, dialectiques et physiques pour impressionner ses timides adversaires, ni les journaux pour relayer ses thèses, n'aurait-il pas vocation de rassembler la majorité des Françaises et des Français ?

Il le fera à travers cent organisations dont, discret ou avoué, il demeurera le manipulateur, pour devenir ainsi très vite le parti électoralement dominant.

Les demandes d'adhésion au « parti des fusillés » vont donc affluer, si bien que le Parti communiste français sera, immédiatement après la Libération et sans contestation aucune, le premier parti de France.

En septembre 1937, c'est-à-dire aux beaux jours du Front populaire, le Parti comptait 328 547 membres.

Le pacte germano-soviétique, sujet de crise de conscience ; la répression policière ; la déportation et la mort ; le ralliement de quelques-uns à l'ordre nouveau ; la peur aussi, ont écarté du Parti un nombre important, mais impossible à préciser, de Français. La Résistance, les combats pour la Libération et, surtout, le désir de venir grossir, après le mois d'août, le camp des vainqueurs lui ont amené des

---

1. C'est en ces termes que, dans le tome II(p. 445), rassemblant les numéros de *L'Humanité clandestine*, le commentateur explique les raisons qui ont amené, en 1944, les rédacteurs de *L'Humanité* à n'employer que rarement les mots « ouvrier », « classe ouvrière », mais à privilégier les « termes susceptibles de la plus large acceptation possible : Français, mais surtout peuple ».

2. Le 16 juin 1944, *L'Humanité clandestine* annonce que le Comité central du Parti communiste français a décidé, le 10 juin, « d'ouvrir ses rangs aux combattants sans uniforme des F.T.P. et autres groupements de combat ». En conséquence, « pour tous les membres de formations militaires de la Résistance adhérant au Parti, la date d'adhésion au Parti partira du jour où ils se sont enrôlés dans une formation militaire de la Résistance... Les régions, sections, cellules du Parti et tous [les] militants doivent faciliter l'entrée au Parti des soldats sans uniforme qui désirent donner leur adhésion, en veillant à ce que leur soient reconnus les droits d'ancienneté au Parti fixés par la présente décision ».

adhérents nouveaux, si bien que le chiffre officiel fourni par le Parti communiste — chiffre, comme tous les chiffres émanant des partis politiques, qu'il faut soumettre à discussion [1] — indique, pour décembre 1944, 384 228 adhérents.

Les adhésions n'ayant véritablement afflué qu'après la Libération, ce qui reste du « vieux » Parti s'est trouvé à la base, mais uniquement à la base, bientôt recouvert par une vague de néophytes qui ne cessera de grossir jusqu'aux derniers jours de 1946, moment où le nombre officiel des adhérents atteindra 814 285 avant de retomber à 760 302 en décembre 1947 [2].

Dans certains départements, les adhérents progresseront de façon fabuleuse. Entre la Libération et le début de 1945, ils passeront de 700 à 8 366 pour la Haute-Garonne ; de 100 à 1 200 pour le Gers ; de 500 à 4 000 pour la Seine-Inférieure ; de 5 000 dans les Alpes-Maritimes, en septembre 1944, à 12 000 en janvier 1945.

Voici, et la progression est plus intéressante encore à observer, les chiffres pour la section de Puteaux (Hauts-de-Seine) qui, en 1939, comptait 400 adhérents mais n'en recense plus que 40 le 26 août 1944. De semaine en semaine, les adhésions augmentent rapidement puisque, dès le 17 octobre, avec 358 adhérents, la section a presque retrouvé le chiffre de 1939, qu'elle le dépasse le 29 octobre — 473 adhérents —, l'a augmenté d'un tiers (610) le 10 décembre, simple étape sur une progression qui se poursuivra pendant deux années [3].

Toujours à Puteaux, les « organisations de masse », sur lesquelles le

---

1. Il existe, au Parti communiste, trois catégories de chiffres également officiels.

a) Celui des cartes *délivrées* par le centre, qui révèle une tendance mais est *toujours* surévalué.

b) Celui des cartes *placées* par les fédérations, infiniment plus fiable, mais les fédérations ne récupèrent jamais toutes les cartes non placées par les sections.

c) Celui des timbres véritablement payés par les adhérents. Selon Buton, le Parti ne cherche pas à pratiquer systématiquement la « politique du chiffre », et le nombre des timbres payés par les adhérents peut être pris en considération lorsqu'il est cité dans les documents du Parti.

2. D'après les documents fournis lors du XIe congrès du P.C.F. En 1946, alors que les chiffres officiels s'établissent autour de 800 000 adhérents, Maurice Thorez n'en remettra pas moins la millionième carte... Il est vrai que le Parti annonce alors 1 034 000 adhérents, mais il fait référence aux cartes *distribuées* par la trésorerie centrale aux différentes fédérations. S'agissant des cartes *placées*, le chiffre des adhérents serait alors légèrement supérieur à 800 000 (*cf.* Fauvet, *Histoire du Parti communiste français*, t. II, p. 364).

3 Chiffres cités par Annie Kriegel : *Ce que j'ai cru comprendre*.

Parti a la haute main, comptent 500 membres pour la Garde (ex-Milice) patriotique, 100 pour l'Union des femmes françaises, 40 pour les Forces unies de la jeunesse patriotique, 180 pour les Amis de l'U.R.S.S. et 1 200 pour le Comité des ménagères, qui n'est pas le moins important, car, en un temps où le ravitaillement est plus difficile qu'il ne l'a jamais été, le logement plus précaire, les manifestations de ménagères sont nombreuses, et le Parti a tout intérêt à ce qu'encadrées et organisées elles soient dirigées contre le gouvernement et sa politique.

Pareils chiffres surprendront ceux qui constatent aujourd'hui le dépérissement des partis politiques. Ils n'étonneront pas ceux qui, pour l'avoir vécu, se souviennent de l'enthousiasme de la Libération qui drainait vers le « parti des fusillés » des esprits habiles, mais surtout bien des cœurs purs.

Plus encore que les chiffres importe le remodelage géographique du Parti qu'ils entraînent.

En 1936-1937, le Parti était solidement implanté dans trois places fortes : le Nord, relié à la région parisienne, le Centre rural, le Midi tout à la fois ouvrier et paysan.

Dans les premiers mois de 1945, sur une carte de la France politique, on constate que « les trois zones n'en font plus qu'une [1] », les régions à forte concentration communiste étant devenues majoritaires, si l'on excepte une quinzaine de départements de la façade atlantique et une dizaine de départements de l'Est catholique.

Comme les conquêtes du Parti ont été particulièrement importantes dans les zones rurales, qui furent zones de maquis, le « centre de gravité de l'implantation du P.C.F. est passé du nord au sud de la Loire [2] ».

Ce bloc Sud-Ouest, Centre, Sud-Est, de départements solidement conquis par les communistes, correspond à des régions où les maquis F.T.P. ont joué un rôle important et où la lente mise en place des pouvoirs gouvernementaux a été devancée par l'implantation de pouvoirs locaux à majorité communiste.

La puissance du Parti communiste se trouve d'ailleurs partout

---

1. Jacques Fauvet, *Histoire du Parti communiste français*.
2. Philippe Buton. Lors des élections législatives du 21 octobre 1945, c'est en général dans les départements de l'ancienne zone libre que le Parti communiste recueillera les pourcentages les plus élevés.

considérablement renforcée par de multiples organisations dont il a la maîtrise, qu'il les ait créées ou qu'il en ait pris le contrôle.

Il en va ainsi de la C.G.T., qui annoncera bientôt 5 429 000 adhérents et où le communiste Benoît Frachon tient les leviers de commande [1], en l'absence de Léon Jouhaux, que Vichy avait assigné à résidence et que les Allemands ont déporté [2]. Si bien que la C.G.T. est passée officieusement, avant de passer officiellement, des mains d'un homme — Jouhaux — hostile, en 1939, au pacte germano-soviétique, méfiant à l'égard du communisme, entre les mains d'un homme, Frachon, qui, tout en cessant d'appartenir formellement au Comité central, défend en toutes circonstances les positions d'un Parti communiste [3] qu'il a dirigé avec Jacques Duclos pendant la clandestinité.

La C.G.T. annonce plus de cinq millions d'adhérents ; l'Union des femmes françaises dit regrouper sept cent mille femmes. Rassemblés sous la bannière des Forces unies de la jeunesse, les jeunes communistes sont près de deux cent mille.

Par ailleurs, le Parti a pris en main anciens combattants, médecins, juristes, ménagères, ingénieurs, intellectuels, paysans et bien d'autres catégories sociales à l'intention desquelles il a, pendant l'occupation, publié tracts et feuilles exaltant les raisons patriotiques de la révolte et les raisons spécifiques du mécontentement.

Ainsi allait naître et se développer, sous direction communiste, mais direction inavouée, toujours niée, le Front national, addition de multiples « comités » ou « fronts », celui de la musique ayant été créé le premier.

---

1. En septembre 1945, le comité confédéral élira Benoît Frachon (81 voix contre 42) secrétaire général, avec le même titre que Léon Jouhaux.
2. Jouhaux, arrêté le 31 mars 1943, a tout d'abord été conduit à Buchenwald puis, le 2 mai, transféré au château d'Itter. Paul Reynaud, Édouard Daladier, le général Gamelin, le général Weygand, le colonel de La Rocque, Jean Borotra se trouvent également internés à Itter.
3. On le verra notamment lorsque la C.G.T. prendra position en faveur du « non » au référendum du 21 octobre 1945.

C'est en avril 1941 que le communiste Maranne a évoqué, devant le gaulliste Léo Hamon, son intention ou, plus exactement, l'intention du Parti communiste de créer, suivant la définition que donnera *L'Humanité* du 25 mai, un « large Front national de lutte pour l'indépendance de la France ».

Méfiant, Léo Hamon a répondu qu'il se refusait « à travailler dans une organisation où les communistes seraient seuls en tant que parti, cependant que [lui] ou d'autres y [seraient] en tant qu'individus[1] ». Hamon n'entendait pas en effet collaborer d'homme à parti, mais de formation gaulliste à formation communiste. Il voyait exactement le péril politique. Beaucoup de ses amis ne l'éviteront pas.

La direction communiste du Front national camouflera d'ailleurs si bien sa véritable identité que le cousin du général de Gaulle, Henri Maillot, adhérera après bien d'autres[2], avant bien d'autres, au mouvement et qu'il le fera « croyant, écrira le Général, répondre à mes intentions ».

En zone nord, c'est Roger Salmon Ginsburger *(Pierre Villon)*, descendant d'une vieille famille juive alsacienne[3], qui a la responsabilité du Front national.

A cet homme courageux, intelligent, ambitieux pour son parti, le Front national devra de jouer à la Libération un rôle important, grâce

---

1. Témoignage de Léo Hamon, cité par Noguères. T. I de *L'Histoire de la Résistance en France.*

2. En zone non occupée, Maranne constituera dès le mois de novembre 41 le premier comité directeur du Front national.

Aux côtés de communistes — Monjauvis, Madeleine Braun —, des hommes comme Georges Bidault, Jacques Bounin (qui a voté en faveur de Pétain le 10 juillet 1940), Pierre Corval, Debu-Bridel, un proche de Louis Marin, président de la Fédération républicaine, formation solidement ancrée à droite, mais qui prendra individuellement, pendant et après l'occupation, des positions presque toujours favorables aux communistes. D'après Noguères (*Histoire de la Résistance en France*, t. II, p. 628), le Front national n'aura pratiquement aucune activité avant la fin de 1943.

3. Emprisonné après le pacte germano-soviétique, il répliquera à l'un de ses gardiens qui l'a ainsi interpellé : « Tiens, voilà Moïse » : « Vous savez, mes ancêtres étaient en Alsace avant que Louis XIV y mette les pieds. »

à la mise en place d'innombrables Comités locaux de libération qu'il dominera le plus souvent.

Si *Villon* est un communiste subtil, beaucoup plus subtil que bien de ses camarades, ce n'est pas un communiste tiède.

Intellectuel[1] qui s'est mis « au service de la classe ouvrière », emprisonné pendant l'hiver 1940-1941 dans le cadre des mesures anticommunistes décidées en 1939, *Villon* n'a jamais désespéré de Staline et de la « bolchevisation de l'Europe » ; il a toujours souhaité un « affaiblissement » substantiel « de l'Angleterre et de l'Amérique » qui laisserait à l'U.R.S.S. le champ libre ; il a toujours pensé que « le gaullisme sera[it] balayé et nous servira[it], si nous donnons la liberté, la paix et le pain (avec du beurre) avant que l'Angleterre n'arrive à le faire ».

Cette phrase se trouve dans une lettre du 13 janvier 1941[2]. Elle s'achève sur ces mots : « Et je ne la vois pas capable [l'Angleterre] d'assurer un débarquement en France pour libérer le pays, avant que les Allemands ne se révoltent. Dans ce cas, nous n'attendrons pas de Gaulle pour instaurer les Soviets... »

Sans doute faut-il replacer les lettres de *Villon* dans le contexte de l'époque, puisqu'elles sont écrites avant l'invasion de l'U.R.S.S., avant le rapprochement Londres-Moscou. Sans doute ne faut-il jamais oublier la situation d'un prisonnier qui, l'information étant retardée, déformée, nourrit ses espoirs de chimères : la révolte des Allemands contre Hitler, par exemple.

Il n'en reste pas moins que, pour *Villon* (qui s'est évadé dans l'année 1941), la « soviétisation de l'Europe » demeure l'objectif. Et qu'il serait surprenant que cet objectif ait changé au fil des années, même s'il découvre peu à peu qu'une Angleterre et une Amérique plus puissantes qu'il ne les imaginait empêcheraient sans doute de l'atteindre.

---

1. Architecte, *Villon* avait son atelier rue de Seine.
2. *Cf.* Pierre Villon, *Résistant de la première heure*. Le commentateur des lettres de prison écrites par Villon a fait justement remarquer qu'il s'agit d'un document « unique, d'une valeur exceptionnelle », aucun autre responsable communiste « n'ayant conservé sa correspondance clandestine et son journal intime de cette époque » (1940-1941).
Villon confiait sa correspondance à son avocat, Paul Vienney. Après sa condamnation, en mars 1941, à huit mois de prison, *Villon* ne pourra plus s'exprimer librement, les lettres passant par la censure de la prison.

Fixe quant au but, souple quant à la tactique, *Villon,* dirigeant de zone nord — celle qui compte d'abord, puisque les Allemands y sont omniprésents —, a immédiatement compris que le Front national, pour servir de « cheval de Troie » au Parti communiste, devait, ainsi qu'il le dira, « non seulement rassembler nos camarades, mais aussi grouper des non-communistes ».

Prêchant l'union avec des accents lyriques, rayonnant de passion, habile à toujours camoufler les véritables buts du Parti, *Villon* pourra, grâce à l'adhésion de nombreux non-communistes, donner du Front national l'image d'un mouvement « pluraliste », ayant droit à une place dans toutes les instances de direction de la Résistance. Très rapidement, il sera lui-même, ses qualités aidant, au nombre des cinq ou six résistants politiquement les plus influents *dans la mesure où il n'est pas censé être communiste ou, tout au moins, dans la mesure où il dirige un mouvement composite.*

Villon représentera donc le Front national au Comité national de la Résistance. Lorsqu'il sera décidé — et son opinion comptera beaucoup dans la décision — que, pour ne pas multiplier les périls, les seize membres qui composent le C.N.R. confieront le soin du choix, des formes et du moment des actions à un bureau de cinq membres, il sera, en septembre 1943, des cinq avec Bidault (qui présidera, Jean Moulin ayant disparu), Saillant, Pascal Copeau et Blocq-Mascart. Au bureau, il représente à la fois le Front national, qu'il dirige, le Parti communiste... et la Fédération républicaine, dont on sait qu'elle n'est pas modérément de droite[1].

Plus tard, il deviendra le principal rédacteur du programme du

---

1. Il a été admis — sur proposition de *Villon* — que chaque membre du bureau représenterait deux autres organisations. Georges Bidault, démocrate-chrétien, représente en outre le Parti socialiste et le Parti radical ; Saillant, la C.G.T. mais aussi la C.F.T.C. et « Libération Nord » ; Pascal Copeau « Libération Sud » et les Mouvements unis de Résistance ; Blocq-Mascart, l'Organisation civile et militaire ainsi que les mouvements apolitiques de zone sud.

Que *Villon,* communiste, représente la Fédération républicaine ne s'explique que par l'attitude ambiguë de Debu-Bridel, adhérent du Front national à titre personnel. (*Cf.* René Hostache, *Le Conseil national de la Résistance.*)

Dans ses *Mémoires de guerre,* de Gaulle écrit que, sur les cinq membres du bureau du C.N.R., deux — Villon et Saillant (il ne cite pas leurs noms) — étaient communistes. Il faut ajouter que Pascal Copeau avait déjà des affinités avec le Parti et que Blocq-Mascart, gêné par sa réputation d'homme de droite, ne faisait obstacle à presque rien (*cf. Un printemps de mort et d'espoir,* p. 157-159).

Conseil de la Résistance et présidera le Comité d'action militaire du C.N.R., où il sera rejoint, après le départ de Chevance pour Alger, par un autre communiste, Maurice Kriegel-Valrimont[1].

L'importance de son rôle n'a donc cessé de grandir et c'est à son poste de secrétaire général du Front national qu'il a dû sa position au sommet de l'édifice politico-militaire de la Résistance et qu'il a pu, tant au sein du bureau du C.N.R. qu'à la présidence du Comité d'action militaire, activement participer à la « colonisation » par les communistes des mouvements de résistance.

Au printemps, et dans l'été 1944, il importe peu de savoir que *Villon* est communiste, mais tout est fait pour laisser croire que le Front national ne l'est pas.

C'est pour préserver ce bénéfique mensonge que le Parti refusera qu'un manifeste commun au P.C. et au P.S. soit élaboré et publié.

> « Nous rejetons, dira le communiste Gillot au socialiste Daniel Mayer, tout ce qui pourrait donner une allure de classe à notre lutte actuelle, pour ne pas donner un motif de division entre Français... Tout ce qui semblerait être une notion spécifiquement ouvrière serait un prétexte à une propagande anticommuniste qui nuirait à l'action commune...
> Elle serait dangereuse, parce qu'inopportune[2]. »

Inopportune! Voilà le grand mot lâché. Pour réussir, dans la clandestinité, une entreprise de noyautage, il était nécessaire d'avancer masqué. Telle fut la politique du Front national[3].

---

1. Sur l'action de Kriegel-Valrimont au moment de la Libération de Paris, *cf.* Noguères, t. V, et aussi *Joies et douleurs du peuple libéré.*
2. Noguères, *Histoire de la Résistance en France,* t. IV, p. 354-355.
3. Et du Parti communiste. Il me semble nécessaire d'attirer l'attention du lecteur sur la « mise au point » d'Henri Noguères qui, dans le tome V de l'*Histoire de la Résistance en France* (p. 887-890) suit une « mise au point » de Degliame-Fouché, collaborateur constant de Noguères pour cette grande série.
Degliame-Fouché, qui a démissionné du Parti communiste en 1952, ayant écrit que, contrairement à ce que laissèrent entendre certaines pages de l'*Histoire de la Résistance,* le Parti communiste n'avait eu, à aucun moment, l'idée de prendre le « contrôle de l'ensemble de la Résistance française » en vue d'une éventuelle prise du pouvoir à la Libération, Noguères a jugé nécessaire de préciser sa position.
S'il partage l'idée de Claude Bourdet pour qui « le Parti communiste n'a eu à

Pour attirer, dans les jours qui précéderont la Libération et dans les jours qui la suivront, « les tièdes ou ceux dont la conscience n'était pas tranquille », et, grâce à l'appui de ces foules médiocres et malléables, donner ainsi au Parti communiste le bénéfice d'apparaître « comme la plus ouverte et la plus patriote des formations politico-résistantes [1] » — mais aussi la plus puissante —, il était indispensable de maintenir le plus longtemps possible la fiction du regroupement sans sectarisme de « patriotes », d'autant plus nombreux que l'on se montrerait peu regardant sur les preuves de leur patriotisme.

Lorsque dirigeants socialistes et apolitiques de mouvements de résistance se rendront compte de la grande rafle des « bien-pensants » à laquelle se livre le Front national, ils jetteront, en décembre 1944, les structures du Mouvement de la Libération nationale, mouvement *non* communiste [2].

Quelques mois après la Libération, et lorsque le principe de la fusion avec le Front national aura été repoussé, en janvier 1945, à la suite d'un débat parfois dramatique [3], le M.L.N. deviendra, un peu par la force des choses, beaucoup par choix politique, un mouvement anticommuniste.

Janvier 1945, ce sera le moment où *Pierre Villon,* qui sent que toute

---

aucun moment l'intention de faire la révolution en France », c'est-à-dire une « révolution communiste », il reconnaît avoir été troublé, en 1943 et 1944, par la « colonisation » — c'est son mot et il le maintient — des instances dirigeantes des mouvements de résistance de zone sud par des communistes ou par des « compagnons de route » du P.C. dissimulant soigneusement leur appartenance au Parti. Et il cite... Degliame-Fouché, communiste secret, et Pierre Hervé, communiste si bien caché qu'à la Libération Daniel Mayer pourra lui proposer un poste de rédacteur au *Populaire...*

1. Philippe Viannay. A la fin de 1944, Viannay écrit également : « La grande habileté du F.N. fut de s'ériger en rédempteur des hommes de droite. » (*Nous sommes des rebelles,* publié sous le pseudonyme d'*Indomitus.*)

2. Le M.L.N. sera créé par « Combat », « Franc-Tireur », « Libération » regroupés dans les Mouvements unis de Résistance, ainsi que par les comités directeurs de « Résistance » et de « Défense de la France ».

3. Dans la mesure où le M.L.N. a été infiltré par des communistes. Sur le débat de janvier 1945, je renvoie à mon tome X.

son opération est en train d'échouer[1], dénoncera devant le Comité central du Parti communiste réuni à Ivry, du 23 au 25, les « campagnes qui tendent à dépeindre le Front national " comme un camouflage " ». Il se verra cependant bien obligé de reconnaître « qu'il existe des régions où des camarades communistes croiraient commettre une faute s'ils ne [se] réservaient pas toute la direction de l'organisation ».

Les consignes données par *La Vie du Parti*[2] : « Un camarade doit former son groupe du Front national avec cinq citoyens qui ne sont pas au Parti », « Camarades, ne soyez pas sectaires, tous ces patriotes, même loin de nous, sauront apprécier votre action[3] », n'ont été et ne sont qu'imparfaitement appliquées.

Villon a certes demandé que les « meilleurs patriotes sans distinction d'opinion » aient accès « à tous les échelons de la direction », la direction demeurera *toujours* entre les mains des communistes.

Sur treize membres, le comité directeur du Front national de l'Ile-de-France compte neuf communistes ; dans les Alpes-Maritimes, le renouvellement du bureau sortant, en janvier 1945, portera le chiffre des communistes et sympathisants de huit sur dix-huit membres à neuf sur quinze. On pourrait continuer... A quoi bon ? Les « patriotes de toutes opinions » n'ont été choisis que pour la « galerie », suivant une tactique que le Parti communiste ne cessera d'affiner.

Crûment, Roger Pannequin, qui sait ce dont il parle, puisqu'il a fait partie non seulement des militants mais des dirigeants communistes, a décrit[4] le rôle de ceux qu'il baptise des « potiches » : curés, avocats, médecins, architectes, savants, poètes, siégeant dans des comités

---

1. Le phénomène est signalé par plusieurs préfets. Ainsi dès le 30 octobre 1944, le préfet de l'Aude signale-t-il la stabilisation, à un haut niveau, des effectifs du F.N. Mais, écrit-il, le mouvement « se heurte à la crainte qui étreint les milieux paysans de la région devant la proportion d'éléments connus comme notoirement communistes ».
2. Numéro de juin et juillet 1944 destiné aux militants des Alpes-Maritimes.
3. Et encore, toujours dans le même numéro de *La Vie du Parti* : « Nous voyons que des responsables écrivent : " Tout le Parti est au F.N. ", ou bien tous les camarades ont formé " ensemble " un groupe de M.P. (Milices patriotiques). Là, le travail a été mal fait. »
Dans une note interne émanant de la direction du P.C. dans les Alpes-Maritimes, il est fait mention de la pénétration des milieux « catholiques, jeunes filles, P.T.T., étudiants, gaullistes ». Or, si les Renseignements généraux estiment à 15 000 les adhérents du F.N. dans les Alpes-Maritimes pour le mois de février 1945, 50 pour 100 de ces adhérents sont communistes.
4. *Adieu Camarades.*

directeurs, où ils sont manœuvrés, « selon la vieille méthode léniniste », par l'appareil du P.C.

> « Ces intellectuels ou semi-intellectuels potiches, bombardés de titres " nationaux " (mais c'est aussi vrai s'agissant des titres départementaux), étonnés d'une gloire que, pour la plupart, ils avaient usurpée, ne pouvaient rien refuser à qui les avait fait princes. Dès lors, la décision du secrétariat devenait une décision démocratique... »

Potiche, Mgr l'évêque de Carcassonne, porté à la présidence d'honneur du Front national de l'Aude ?

Potiche, l'abbé Daumas qui a remplacé à la présidence du Front national des Alpes-Maritimes Pierre Brandon, dirigeant communiste arrivé de Marseille ? C'est moins certain dans la mesure où l'abbé Daumas, proche souvent des positions communistes, ne manque ni de caractère ni de talent. Mais c'est Fernand Alizard, codirecteur du journal communiste *Le Patriote,* qui est chargé de la propagande, et l'hebdomadaire du mouvement s'appelle *93.*

Dans chaque département, les communistes s'efforceront d'ailleurs d'avoir un ou plusieurs représentants de l'Église parmi les instances dirigeantes du Front national, comme au sein des Comités locaux de libération. « Les catholiques sont alors très recherchés », écrit Jacques Duquesne dans son livre consacré aux catholiques français sous l'occupation. Il est vrai. Duquesne explique qu'au nom de la « représentativité » — j'écrirais plutôt de la « respectabilité » et de l'« efficacité » — le curé était sollicité sans qu'il lui soit fait grief « des sermons prononcés en faveur de Vichy ».

Mais si les catholiques sont « très recherchés », malgré leur plus ou moins souple adhésion à Vichy, par des communistes qui, eux, ont à faire oublier leur totale adhésion au pacte germano-soviétique, c'est parce qu'ils représentent de précieuses « potiches ». Le Parti ne se décidera jamais à les briser. Ces otages s'éloigneront, ils ne seront pas chassés[1].

Ainsi en ira-t-il de François Mauriac, « dupe », selon beaucoup, la

---

1. Mauriac, Gabriel Marcel, Daniel-Rops, Jean Paulhan, etc., quitteront, à partir de 1947, le Comité national des écrivains.

plus illustre des dupes alors, et qui découvre vite — le général de Gaulle ne s'est pas privé de le lui faire savoir[1] — qu'il est « empêtré dans [le] filet que tenait fortement le Parti communiste », mais « qu'empêtré » il demeure toutefois libre d'écrire des articles courageusement à contre-courant. Le « filet », puisque filet il y a, lui permet, en somme, comme il le permet à un trapéziste, de poursuivre avec une relative assurance ses difficiles exercices.

Le 29 septembre 1944, sur l'estrade aux côtés de Marcel Cachin, Mauriac cautionne certes le Front national, mais, si le Front national et le Parti communiste, en cette circonstance, comme en tant d'autres, l'utilisent, il utilise le Front national et le Parti communiste pour prendre des positions hérétiques et qui, à tout autre, auraient valu de très vives attaques.

Que François Mauriac soit « supporté » par les communistes et leurs alliés, on en aura la certitude lors du congrès du Front national, au début de 1945. Un délégué s'étant élevé contre les positions trop favorables aux victimes de l'épuration prises par Mauriac dans *Le Figaro* et ayant demandé qu'il ne soit pas réélu au bureau, Debu-Bridel, pour défendre l'écrivain catholique, s'écriera : « L'indulgence à l'égard des traîtres est une erreur qui consisterait à trahir nos camarades de combat et à compromettre l'effort de guerre. Mais cette erreur est celle d'un chrétien qui, dans tous ses actes et sentiments, est inspiré par la noblesse. »

Par 1 809 voix contre 3 et une abstention, la position de Debu-Bridel sera approuvée, et le nom de Mauriac pourra continuer tout à la fois à paraître au bas des affiches du Front national et à la fin des articles du *Figaro* dans lesquels il prêche l'apaisement, le « retour à la politique d'Henri IV, en 1593, et à celle de Louis XVIII, en 1814[2] ».

A qui sa position ambiguë profite-t-elle le plus : aux communistes ou aux pétainistes ? La réponse va de soi. Si, dans les semaines qui suivent la Libération, le nom de Mauriac, rassurant des bourgeois et des catholiques, a pu les amener à adhérer au Front national, très vite

---

1.   Le général de Gaulle aurait voulu que François Mauriac donnât par une lettre ouverte sa démission du Front national (*cf.* Claude Mauriac, *Aimer de Gaulle*, à la date du 31 octobre 1944).

2.   Il n'est pas interdit de penser que François Mauriac, en ne donnant pas sa démission du Front national, a cru pouvoir protéger utilement son frère, le docteur Pierre Mauriac, pétainiste fervent, alors emprisonné à Bordeaux.

ses articles embarrassent un Parti communiste, dont ils dénoncent la gloutonnerie répressive et l'ambition hégémonique.

Ainsi rien n'est-il simple.

Mais il est vrai que le cas de François Mauriac n'est pas exemplaire. La plupart des « potiches » demeureront d'impuissantes « potiches ». Et le Front national, mouvement de masse, servira, au même titre que la C.G.T., l'Union des femmes françaises et l'Union des jeunesses patriotiques, de masse de manœuvre au Parti communiste désireux de s'assurer la majorité dans les Comités départementaux et locaux de libération, comme dans les municipalités nouvelles. Le commissaire de la République Closon le remarquera justement : « Qui aura des troupes et le dynamisme formera toujours des comités. »

L'utilité (pour le Parti communiste) du Front national éclatera donc au moment de la formation des Comités départementaux et locaux de libération.

Le 23 mars 1944, le Comité national de la Résistance, adoptant les statuts des Comités départementaux de libération, déclare « qu'ils apparaissent aujourd'hui et doivent être *l'âme* du département qui, sous leur commandement, lutte pour sa libération ».

Ce sont des mots que le Parti communiste s'emploiera à charger, sinon à changer, de sens.

Par son ordonnance du 21 avril 1944, le gouvernement provisoire avait certes placé des garde-fous aux ambitions des C.D.L. Ils devaient *assister* le préfet, être *consultés* sur grand nombre de questions et *cesser leurs fonctions* après l'élection des nouveaux conseils municipaux et généraux. On verra que, loin d'assister le préfet, des comités départementaux prétendront l'influencer, voire contrôler ses décisions[1].

Ce transfert (ou cette concurrence) de pouvoir sera d'autant plus aisé que le Parti communiste — comme il le demandait à ses responsables de cellules dans une circulaire du 1er septembre — aura conquis la majorité au sein des Comités de libération.

---

1. *Cf.* p. 219, 222 et suiv

Et non seulement au sein des comités *départementaux* mais aussi au sein des comités *locaux,* que le C.N.R. n'avait pas prévus, mais dont le Parti communiste, dès avril 1944, avait exigé qu'ils « couvrent » la France. Invitant, incitant à la création de comités de libération d'usines, de quartiers mais surtout de villes et de villages, le Parti va faire savoir à ses adhérents que « ce qui prime, avant tout, c'est le comité local ».

Paraissent alors à l'évidence les raisons d'être du Front national.

Dans les Alpes-Maritimes, par exemple, sur 128 Comités locaux de libération, le Front national en présidera 59, dont ceux de Cannes, Antibes, Villefranche, Vence... et le Parti communiste 15. Lorsque l'on sait l'influence du Parti sur le Front national, on peut, sans crainte d'erreur, additionner les forces des deux mouvements.

A Nice, le C.D.L., dominé par le Parti communiste, le Front national et la C.G.T., chasse le préfet Moyon, nommé certes par Alger, mais dont l'allure hautaine déplaît[1] ; s'oppose à l'admission des socialistes[2] ; expulse trois représentants des démocrates populaires et, siégeant quotidiennement quatre heures durant[3] jusqu'à la mi-septembre, installe des hommes sûrs aux postes de responsabilité, avant de voir sa toute-puissance peu à peu amenuisée par un préfet habile ainsi que par une population à qui sa peur donne enfin quelque courage.

Sur les 1 314 personnes qui ont siégé dans des Comités locaux de libération des Alpes-Maritimes, 218 appartenaient au Front national, 154 au Parti communiste, 113 aux Forces unies de la jeunesse patriotique, 114 aux Femmes françaises, 71 à la C.G.T. Dans ce département où, avant 1939, le Parti communiste ne pouvait revendiquer *aucun* conseiller général élu, le C.D.L. désignera, en janvier

---

1. Le 2 septembre 1944, Aubrac, commissaire régional de la République, qui s'est rendu à Nice, remplacera le préfet Moyon par Antoine Escande qui s'imposera au bout de quelques mois.
2. C'est en mars 1945 seulement que les représentants de « Libération » et de « Franc-Tireur » pourront siéger au sein du C.D.L., dont l'activité est alors très limitée.
3. A partir du mois d'octobre et jusqu'en avril 1945, le C.D.L. des Alpes-Maritimes se réunira trois fois par semaine et une fois par mois en mai et en juin 1945, date de sa disparition.

1945, un nouveau conseil général comptant *six* représentants du Front national et *six* du Parti communiste[1].

Pour obtenir une majorité au sein d'un C.D.L., il arrivera d'ailleurs — Gaston Plissonnier, l'un des responsables de l'Union (communiste) de la jeunesse agricole en France, en fera l'aveu[2] — qu'un communiste, discipliné mais aussi peu voyant que possible, soit « baptisé » socialiste... et représente ainsi, au C.D.L., un parti auquel il n'appartient pas et n'a jamais appartenu.

La supercherie sera encore plus fréquente et plus aisée à l'échelle des Comités locaux de libération où, pour obtenir la majorité souhaitée[3], les manipulations d'identité ne seront pas rares.

Ainsi, à Bar-sur-Loup, dans les Alpes-Maritimes, le communiste J. Ga... se retrouvera-t-il socialiste, représentant au Comité local de libération les Mouvements unis de Résistance. A Port-de-Bouc, *tous* les membres du comité local seront communistes : les représentants du Parti communiste, de la C.G.T., du Front national, des Forces unies de la jeunesse patriotique, comme il se doit, mais également ceux des F.F.I... et du Parti socialiste.

Encore faut-il préciser que, si les communistes peuvent laisser échapper la présidence — ou la majorité — d'un C.D.L., ils sont presque toujours — toujours dans les départements où la Résistance a été active — maîtres des deux commissions les plus importantes : celle de la police et de l'épuration ; celle de la presse et de la propagande.

---

1. Ce conseil général n'aura cependant aucune activité. Lors des élections cantonales, tous les conseillers généraux désignés par le C.D.L. seront battus.
Dans l'Allier, le C.D.L., qui n'a même pas consulté les Comités locaux de libération, proposera, dans sa séance du 30 décembre 1944, d'accorder 8 conseillers généraux au Parti communiste, qui en comptait seulement 2 avant la guerre, 17 au Parti socialiste (15 avant la guerre) et 2 à des adhérents du M.L.N.
2. *Une vie pour lutter.*
3. « Nous devons avoir le contrôle sur le C.D.L... Il faut que les communistes aient de l'initiative et de l'autorité. » Cité par Georges Sentis, *Les Communistes du Tarn et de l'Aveyron à la Libération*, 1981.

Que tout se joue dans les premiers jours de la Libération, les responsables des C.D.L. en sont convaincus.

Aussi agissent-ils le plus souvent assez rapidement pour prendre de court le préfet nommé par Alger et disputer le pouvoir à des fonctionnaires fragiles, dans la mesure où l'on peut, et l'on ne s'en privera guère, leur reprocher assez fréquemment d'avoir suivi passivement Vichy.

Aussi les Comités de libération, court-circuitant souvent, en septembre 1944, les autorités préfectorales, chargées, par l'ordonnance du 21 avril 1944, de remplacer les municipalités nommées par Vichy[1], agiront-ils pour que la proportion des communistes soit importante, voire majoritaire, au sein des municipalités nouvelles.

En Haute-Vienne, par exemple, où 156 municipalités sur 206 sont remplacées à la Libération, 106 ont une majorité Front national - Parti communiste - Mouvements unis de Résistance ; 12 une majorité Front national - Parti communiste. Sur les 382 conseillers municipaux des chefs-lieux de canton et des villes de plus de 2 000 habitants, 169 (43 pour 100) appartiennent soit au Front national (97), soit au Parti communiste (51), soit à la C.G.T. (21).

Quoi de surprenant, dans ces conditions, à ce que le 13 mai 1945 — après le second tour des élections municipales — le Parti communiste, qui, en Haute-Vienne, avait avant la guerre la majorité dans 14 communes, l'obtienne dans 71 et qu'il passe de 237 élus dans 24 municipalités à 970 dans 155 ?

A l'origine de ces succès — même si la Haute-Vienne, département de forte concentration maquisarde, ne reflète pas exactement la situation française —, on trouve toujours le rôle joué par les Comités de libération dans les jours décisifs d'août et de septembre 1944.

De cette vivacité dans l'action, le C.D.L. de l'Allier offre un remarquable exemple. A son propos, Ingrand, commissaire régional de la République, écrira qu'il s'est constitué « en une sorte de Comité de salut public » et que, « typiquement montluçonnais, [il] a créé une sorte de petite république locale où il entend rester maître souverain,

---

1. Suivant l'ordonnance du 21 avril 1944, les nouvelles municipalités devaient être mises en place « en tenant compte de la conduite des différents patriotes... de la situation politique locale de 1939 et du *désir des masses* », désir que le Parti communiste interprétera à sa façon.

le préfet n'intervenant que pour entériner les décisions du C.D.L. qui sont publiées à grand renfort de publicité ».

C'est le 26 août 1944 que le C.D.L. de l'Allier s'installe à la sous-préfecture de Montluçon.

Siégeant en permanence, il prend sans délai un « certain nombre de mesures administratives contre diverses personnalités, soit en raison de leur attitude passée, soit afin d'éviter qu'elles aient la possibilité [d'entraver] l'œuvre de reconstitution économique qu'il a entreprise ». Ainsi, 180 personnes de la région de Montluçon se trouveront-elles immédiatement internées.

En quelques jours, le C.D.L. présidé par René Ribière, membre du M.L.N., assisté des socialistes Rougeron et Courteau, ainsi que de trois communistes, publie 70 arrêtés.

Il suspend l'activité du Secours national dont il décide que les biens seront transférés à des comités populaires d'entraide créés à l'instant ; suspend également l'activité de la Chambre de métiers de l'Allier et de la Chambre de commerce de Montluçon. Il relève de leurs fonctions et remplace le sous-préfet, le commissaire principal aux Renseignements généraux, le commissaire central, le chef de la section locale de la police judiciaire, le gardien-chef de la maison d'arrêt et le commandant des gardiens de la paix. Il révoque des maires et, sur proposition des Comités locaux de libération, dont il a défini la composition, composition qui assure aux communistes au moins l'égalité des voix[1], homologue les municipalités nouvelles[2].

Le 27 août, il décide qu'il sera constitué, dans chaque entreprise de plus de 100 ouvriers, un comité de gestion et de contrôle comprenant un délégué désigné par l'Union des cadres industriels de la France combattante et un délégué désigné par la C.G.T. Ce comité « s'adjoindra un gérant *responsable qui aura la direction effective de l'entreprise* ».

Le 1er septembre, la compagnie Châtillon-Commentry et Neuves-Maisons, les établissements Dunlop, Fers et Creux, Loire et Centre,

---

1. Les Comités locaux de libération doivent être composés d'un représentant de chaque tendance : Front national, Parti communiste, C.G.T. ou délégué paysan, Parti socialiste et de deux représentants des Mouvements unis de la Résistance.

2. Pendant la durée de ses pouvoirs exceptionnels, le C.D.L. de l'Allier installera 23 municipalités provisoires.

Saint-Gobain et la Société anonyme de télécommunications seront, toujours sur décision du C.D.L. de l'Allier, pourvus de comités de gestion et de contrôle.

Avec un orgueil excessif, le C.D.L. de l'Allier, qui recevra le 10 octobre les félicitations de *L'Humanité,* estimera d'ailleurs que ces décisions ont été à l'origine des mesures gouvernementales créant les comités d'entreprise[1].

Elles auront, en tout cas, une plus grande portée psychologique que les amendes infligées par les C.D.L. dans de nombreux départements à des trafiquants de marché noir ; que la mesure d'augmentation des salaires horaires ainsi que des allocations familiales annoncée le 25 septembre à Grenoble par le journal communiste *Les Allobroges* comme une initiative de onze C.D.L.[2] ; et, bien sûr, que l'augmentation du prix de la coupe de cheveux ordonnée, le 21 novembre 1944, par le C.D.L. de l'Ariège à la suite de la revendication des coiffeurs du département.

---

1. Le 8 septembre, le C.D.L. quittera Montluçon pour s'installer à Moulins auprès du préfet. « Il continuera à siéger, précise le communiqué annonçant ce déplacement, mais sa tâche, d'*exécutive,* va devenir *consultative.* »

Se cantonnant dans ce rôle, le C.D.L. proposera un certain nombre d'internements ; réclamera que toutes les décisions de mise en liberté lui soient préalablement soumises ; protestera contre l'augmentation du prix du pain et l'insuffisance des salaires, etc.

2. Le 28 septembre, le commissaire de la République mettra en garde « le public contre ce texte qui ne peut, en aucune façon, avoir force de loi. Le gouvernement promulgue des ordonnances, les commissaires de la République et les préfets prennent des arrêtés. Nul n'a le droit d'égarer l'opinion en prenant des initiatives qui jettent le trouble et déconcertent les lecteurs. Le public est donc informé qu'il doit considérer comme nul l'arrêté sur les salaires publié par le quotidien *Les Allobroges* ».

Cependant, dès le 29 septembre, c'est-à-dire au lendemain de ce communiqué, le commissaire de la République portera le salaire horaire à 4 F 40 (les C.D.L. avaient annoncé 4 F 50) et augmentera les allocations familiales.

En période révolutionnaire, l'important est moins de prendre le pouvoir que de le conserver.

L'extrême difficulté des liaisons avec la capitale, l'état d'anarchie où se trouvent toujours bien des provinces incitent les C.D.L. du sud-ouest et du sud-est de la France à livrer combat contre le préfet, le commissaire régional de la République, les ministres et Paris.

Les réunions de C.D.L., regroupés par régions, se multiplient donc au cours de l'automne. La première se tiendra le 1er septembre 1944 à l'initiative du C.D.L. de Haute-Garonne.

Comment les participants conçoivent-ils le rôle du préfet ? Comme celui d'un exécutant des volontés populaires qui lui seront transmises par le canal des C.D.L. Cette exigence est précisée en ces termes dans la motion finale : « Le préfet est [aux côtés du C.D.L.] pour exécuter ses décisions... S'il tient *l'autorité légale* [1] du gouvernement, [il ne doit pas] oubli[er] que le *véritable pouvoir* [1] lui a été donné par le peuple en armes et qu'il est, par conséquent, *au service du peuple représenté par le C.D.L.* [1]. »

Ce texte a le mérite de la clarté. Les résolutions adoptées, le 5 septembre, par les délégués des six C.D.L. de la région lyonnaise seront plus rigoureuses encore. Vizille a symboliquement été choisie. A Vizille, où s'était tenue, le 21 juillet 1788, cette assemblée générale des municipalités du Dauphiné qui allait donner à la Révolution l'indispensable chiquenaude, les trente-trois participants, réunis le 5 septembre 1944, dans la salle du château, ne pouvaient que tenir un langage révolutionnaire.

Ce qu'ils veulent, selon le mot du maire de Vizille, ce sont « non seulement des étincelles mais des flammes ». Les voici donc immédia-tement en guerre contre l'ordonnance d'Alger du 21 avril 1944 qui n'a donné aux Comités de libération qu'un rôle consultatif et provisoire.

« Nous avons, déclare Lucien Rose, président du C.D.L. de Savoie, décidé d'appliquer l'ordonnance d'Alger, *dans les cas où elle ne nous gênerait pas* [1] », et Guidollet, président de la Haute-Savoie, précise : « Quand la loi était d'accord avec nous, nous l'avons appliquée ; quand elle nous gênait, nous avons passé outre. »

La « Charte de la Résistance », adoptée finalement par les délégués des Comités départementaux de libération des Hautes-Alpes, de la

---

1. Je souligne intentionnellement.

Drôme, de l'Isère, du Rhône, de la Savoie et de la Haute-Savoie, affirmera que l'ordonnance du 21 avril 1944 « est contraire aux sentiments de la démocratie résistante » et revendiquera, « pour la Résistance métropolitaine, la majorité dans l'Assemblée consultative provisoire[1] ».

Après avoir réaffirmé que la base devait continuer « à diriger l'action du gouvernement », Lucien Rose, tirant la conclusion de discours allant tous dans le même sens, dira que, « si tous les départements agissent [de même façon], le gouvernement ne pourra faire autrement que de tenir compte des faits acquis. Il s'agit de lui forcer la main en quelque sorte ».

C'est un appel à la révolte de la province contre Paris, appel ressuscitant de vieilles ambitions, d'anciennes tentations. Jacobins dans le discours et les méthodes, les délégués des C.D.L. sont girondins lorsqu'il s'agit de la défense de leurs pouvoirs.

Girondins, sans doute est-ce peu dire. Ils se comportent plutôt en féodaux, comme se comportait le duc de Normandie refusant, au début du xie siècle, l'hommage au roi de France, puisqu'il disait tenir la Normandie de ses pères et non du roi. Que l'on remplace « pères » par « peuple » ou, mieux, par « résistants locaux », et le raisonnement de 1944 devient intelligible.

Six C.D.L. étaient représentés à Vizille. Ils se trouveront dix à Valence le 22 septembre[2].

Les phrases dites à Valence dépassent peut-être la pensée de ceux qui les prononcent dans l'euphorie des victoires d'hier et la crainte des défaites politiques de demain.

---

1. Ce texte, que l'on trouvera en annexe dans le livre de Fernand Rude, *Libération de Lyon et de sa région* (livre que je recommande au lecteur intéressé par l'évolution des C.D.L.), insiste également sur la nécessité d'une ferme et rapide épuration ; sur l'amélioration du ravitaillement ; sur l'importance de la C.G.T. et de la C.F.T.C. qui doivent être chargées « d'établir la nouvelle structure économique et sociale du pays » ; sur le rôle des F.F.I., appelés à former le « noyau d'une armée populaire rénovée », et sur la nécessaire élimination des « trusts des banques et autres oligarchies financières ».

2. Aux six de Vizille se sont joints les représentants des C.D.L. de l'Ain, de l'Ardèche, du Jura et de la Saône-et-Loire.

Elles sont, en tout cas, dans le même esprit que les phrases prononcées par le radical Cuttoli, doyen d'âge, qui, le 7 septembre, dès la première séance de l'Assemblée consultative, a revendiqué pour ses collègues le droit de se dire les « mandataires de la nation » et a formé le vœu que le gouvernement considère les avis consultatifs que l'Assemblée va émettre « comme définissant le cadre de son action intérieure et extérieure ».

Bien avant que les délégués à l'Assemblée consultative ne viennent dire au général de Gaulle — ils le feront le 19 mars 1945 — que, représentant la Résistance, il leur appartient d'exprimer la volonté du peuple, les délégués des C.D.L. réunis à Valence revendiquent, à l'égard du commissaire de la République ou du préfet, des droits exorbitants.

Écoutons-les. Cabanne : « Il s'agit de savoir qui gouverne, le commissaire de la République ou la Résistance. » Bonamy, président du C.D.L. de l'Isère : « Nous n'avons pas eu peur de la Gestapo, nous n'aurons pas peur du commissaire de la République. » Chavant : « Maintenant que les comités locaux contrôlent les municipalités, les C.D.L. contrôlent le préfet. Le commissaire de la République doit être contrôlé aussi. » Flaureau, délégué communiste : « Dans l'Isère, la population est avec nous. Si l'on portait atteinte à l'un de nous, immédiatement la grève éclaterait. » Dans le feu des discours, il est même envisagé d'arrêter les préfets, de proclamer la grève générale et de placer les C.D.L. sous la protection des F.F.I. et des Milices patriotiques, dont il a été décidé, à Valence, que la C.G.T. dirigerait alors l'action !

Claude Alphandéry, de la Drôme, qui préside la séance, conclut en ces termes : « Il se dégage du débat que *la Résistance est une forme de gouvernement*[1] et non une anarchie. Tous les préfets sont *obligés de compter avec les C.D.L.*[1]... Nous devons obtenir que la Résistance française ait une place au gouvernement. — Et une place prépondérante », crie Flaureau, représentant communiste de l'Isère.

Avant de se séparer, adressera-t-on — comme l'habitude commence à en être prise — une motion de confiance au général de Gaulle ? Un délégué le propose.

« Non », réplique en substance Chavant, qui fut le « patron » civil

---

1. Je souligne intentionnellement.

du Vercors, « non, puisque toutes nos motions sont de méfiance à l'égard de ceux qu'il a nommés, ce qui revient à dire que l'on manifeste de la méfiance envers lui. »

Les représentants des C.D.L. de la région Rhône-Alpes se méfient de De Gaulle. C'est peu d'écrire que de Gaulle se méfie des C.D.L. Renseigné par des fonctionnaires en mission — et l'un d'entre eux dit avoir entendu cette phrase sacrilège : « *La Résistance du 6 juin 1944 écrasera la Résistance du 18 juin 1940* » — ; informé par ses rencontres avec les commissaires de la République que Tixier, son ministre de l'Intérieur, a d'ailleurs réunis longuement le 4 septembre (ceux des régions du Nord), le 28 (ceux du Centre et du Sud) ; éclairé par son récent voyage à Lyon, Marseille, Toulouse et Bordeaux, de Gaulle n'est pas d'humeur à accepter que ce pouvoir, qu'il a mis quatre ans à conquérir puis à consolider, soit le moins du monde contesté.

Il n'est donc pas d'humeur à répondre favorablement à l'invitation que les huit présidents de la région Rhône-Alpes viennent de lui faire parvenir par l'intermédiaire d'Yves Farge. Invitation à « participer » — non pas à « présider », mais à « participer » — aux « États généraux » qui doivent se tenir les 7 et 8 octobre dans la salle Clément VI du palais des Papes d'Avignon.

Le « premier résistant de France » en Avignon, où 37 C.D.L., selon les uns, 40 selon les autres, rassembleront environ 250 délégués : l'idée a certainement paru heureuse à ses inventeurs. Peut-être n'était-elle pas dénuée de sous-entendus.

Car, l'acclamant, et certes ils auraient acclamé de Gaulle, les délégués du C.D.L. ne lui auraient-ils pas rappelé qui l'avait fait roi ?

Il fallait tout ignorer du caractère du général de Gaulle, de sa passion pour un État fort, hiérarchisé, respecté à l'intérieur comme à l'extérieur, pour imaginer qu'il viendrait, en Avignon, bénir la naissance de républiques régionales, approuver des statuts faisant des C.D.L., en attendant les élections et peut-être après les élections, les « seuls représentants de la volonté politique du pays » et leur confiant, auprès des commissaires de la République, la cogestion des affaires tout à la fois les plus délicates et les plus explosives : l'épuration, l'information, le ravitaillement.

En vérité, ceux qui invitaient de Gaulle n'avaient pris la mesure ni de son tempérament ni de ses préoccupations de l'heure.

Dans un télégramme du 30 septembre adressé aux commissaires de la République, le ministre de l'Intérieur leur avait demandé d'attirer « très sérieusement l'attention » des responsables des C.D.L. sur « les graves responsabilités qu'ils encour[aient] en portant atteinte à l'autorité du gouvernement français que préside le général de Gaulle », au moment où ce gouvernement se trouvait engagé dans de difficiles tractations afin d'obtenir d'alliés soupçonneux [1] « le respect de l'indépendance de la France [et] sa participation à la Commission européenne qui déterminera les conditions d'armistice avec l'Allemagne et son admission dans le Conseil des Nations unies ».

Il est vrai qu'en septembre 1944, comme dans les mois qui suivent, tous les efforts du général de Gaulle tendent à donner de la France l'image d'un pays qui a très rapidement retrouvé son équilibre et sa dignité ; d'un gouvernement assez maître chez lui pour prétendre sans ridicule être, avec ceux de la Russie et de l'Angleterre, l'un des trois responsables de la construction de l'Europe future [2].

Telle était l'ambition de De Gaulle.

Pour la faire admettre des Anglo-Américains, encore fallait-il que la France offrît le spectacle d'un pays relativement apaisé, fermement dirigé et acceptant l'autorité d'hommes qui ne devaient pas leur pouvoir à l'élection, mais à la victoire des armées alliées.

Devant la Chambre des Communes, Churchill le dira le 27 octobre, après que les gouvernements du Royaume-Uni, de l'U.R.S.S., des États-Unis et du Canada eurent décidé, quatre jours plus tôt, de reconnaître le gouvernement du général de Gaulle comme gouvernement provisoire de la République française.

> « D'aucuns ont regretté que ce geste n'ait pas été accompli plus tôt. La raison en est simple : Les gouvernements anglais et

---

1. Ces mots ne se trouvent naturellement pas dans le télégramme de Tixier, mais ils reflètent la position des Anglo-Américains. Le problème de la politique étrangère du général de Gaulle est traité dans le chapitre 15.

2. Lors de sa première conférence de presse, le 22 septembre, Georges Bidault, ministre des Affaires étrangères, prie « les journalistes [étrangers] d'essayer de persuader leurs lecteurs que l'autorité en France est, effectivement et légalement, le gouvernement provisoire. *Il n'y a pas de pouvoir rival* du nôtre et, entre le gouvernement et la France, il n'y a pas de différence. Vous devez nous prendre comme nous sommes ».

américain devaient acquérir la certitude que le gouvernement français qui serait porté au pouvoir, par suite de l'action de leurs forces militaires, serait accepté par l'ensemble de la France et n'apparaîtrait pas comme imposé au pays par l'étranger. Il ne nous appartient pas de choisir un gouvernement ou des gouvernements pour la France. »

Dans le tome III de ses *Mémoires de guerre,* au début de ce chapitre intitulé « Le rang », symboliquement placé en ouverture des temps nouveaux, après le vibrant chapitre consacré à la libération du territoire, avant le chapitre intitulé « L'ordre », de Gaulle, se mettant à la place des alliés anglais et américains, expose mieux qu'ils ne le feraient les questions qu'ils se posent sur la France avec une plus ou moins sincère inquiétude... et il apporte sa réponse.

« Sans doute croyait-on que le général de Gaulle, maintenant installé à Paris, s'y maintiendrait pour un temps à la tête de quelque exécutif. Mais sur qui et sur quoi, au juste, s'exercerait son autorité ? Ce chef, que n'avaient investi nul souverain, nul parlement, nul plébiscite et qui ne disposait en propre d'aucune organisation politique, serait-il longtemps suivi par le peuple le plus mobile et indocile de la terre[1] ? Sur un territoire ravagé, au milieu d'une population recrue de privations, en face d'une opinion profondément divisée, n'allait-il pas se heurter à des difficultés telles qu'il se trouverait impuissant ? Enfin, qui pourrait dire si les communistes, grandis dans la résistance et n'ayant devant eux que des lambeaux de parti et des débris de police, de justice, d'administration, ne s'empareraient pas du pouvoir ? Avant de prendre, à l'égard du Gouvernement provisoire, une attitude déterminée, les chancelleries voulaient voir comment tournait la France.

Or, on devait convenir qu'elle tournait bien. Point de guerre

---

1. Réminiscence de Tocqueville évoquant, dans *L'Ancien Régime,* le peuple français, « tellement mobile, dans ses pensées journalières et dans ses goûts, qu'il finit par devenir un spectacle inattendu à lui-même... indocile par tempérament et s'accommodant mieux toutefois de l'empire arbitraire et même violent d'un principe que du gouvernement régulier et libre des principaux citoyens ».

civile, de soulèvement social, de désordre militaire, de déroute économique, d'anarchie gouvernementale. »

Sans doute, vu de Sirius, tout allait bien. Cependant, face à beaucoup de misères, de défaillances, de désordres, de Gaulle, et pour longtemps encore, sera condamné à tendre le paravent des illusions.

Alors, aller en Avignon pour s'entendre dire par Alban Vistel que les C.D.L. « doivent [non seulement] demeurer les juges suprêmes de l'épuration », mais aussi devenir « l'expression de la légalité républicaine », certes pas.

Aller en Avignon pour voir adopter — car c'est l'un des désirs les plus chers des congressistes — le principe de la réunion des C.D.L. par région ou entre régions, ce qui finirait par créer, selon le mot de Tixier[1], « une série de républiques régionales dans les domaines administratif, économique et parfois politique », certes pas.

Aller en Avignon pour assister au vote d'une résolution défendue par le communiste Julien Airoldi et dans laquelle se trouvent ces mots : « Les Comités départementaux de libération nationale *représentent tous les patriotes qui ont libéré la France, et, de ce fait, ils constituent la base de la légalité nouvelle...* » Ah! certes pas.

De Gaulle, ainsi qu'il le dira dans son discours radiodiffusé du 14 octobre, entend que « cessent absolument toutes improvisations d'autorité qui ont pu se justifier dans le temps et sur les terrains où l'action spontanée était indispensable pour chasser l'ennemi et ses complices, mais qui, désormais, ne seraient qu'abus inadmissibles et sources de confusions ».

Avec la volonté qui le guide, et dans l'état d'esprit qui est le sien, il ne pouvait que rejeter l'invitation des Comités de libération.

Il fournira le 4 octobre à Tixier, ministre de l'Intérieur, tous les éléments d'une réponse où il entrera plus de vinaigre que de miel.

Le 6 octobre, en effet, Tixier rappellera à Yves Farge et à tous les commissaires de la République que, les Comités de libération n'ayant qu'un rôle purement consultatif, aucun pouvoir de décision ne pouvait leur être reconnu.

Le télégramme poursuit :

---

1. Tixier, ministre de l'Intérieur, s'exprimant le 27 décembre 1944 devant l'Assemblée consultative provisoire.

« 4. Le général de Gaulle regrette de ne pouvoir participer ou se faire représenter à réunion comités départementaux convoqués à Avignon ; le Gouvernement se tient en contact étroit avec l'opinion publique et la Résistance par consultation Assemblée consultative provisoire dont réunion est très prochaine[1] et Conseil national Résistance, en attendant réunion Assemblée.

5. Général de Gaulle considère membres comités départementaux libération comme bons et chers compagnons dans lutte contre l'ennemi et ses complices et admire leur courage, mais affirme nécessité pour chacun, dans l'intérêt national, de jouer son rôle et de faire son devoir, à la place qui lui est attribuée par la loi. »

Le congrès d'Avignon aura lieu ; turbulent, éloquent, démagogique... et vain.

Certains — c'est le cas de la jeune Annie Kriegel — ont compris, immédiatement compris, que « ce flot de paroles, ces remontrances, ces réquisitoires, ces admonestations n'avaient aucune importance et que le pouvoir était de nouveau à Paris[2]. »

« Le pouvoir était de nouveau à Paris »... Voilà la phrase essentielle.

Avait-il cessé d'y être, dès l'instant où de Gaulle, arrivant le 24 août, s'était immédiatement installé « au centre », c'est-à-dire au ministère de la Guerre ? Non.

Les C.D.L. pouvaient retarder, parfois avec la complicité de fonctionnaires, leurs créatures ou leurs obligés, la reprise en main de l'administration, ils ne pouvaient menacer durablement l'autorité de l'État, dans la mesure où leurs interventions se limitaient au Sud-Est et au Sud-Ouest ; où le pays aspirait à être dirigé fermement au sommet par de Gaulle, dans les départements par des représentants du pouvoir

---

1. L'Assemblée consultative se réunira pour la première fois sur le sol métropolitain le 7 novembre 1944.
2. *Ce que j'ai cru comprendre.*

central qui les débarrasseraient progressivement d'orateurs dont un peuple fatigué voulait bien entendre les discours révolutionnaires, à condition qu'ils ne se traduisent pas en actes ; où Maurice Thorez, revenu en France, allait leur dénier le droit de se substituer aux administrations municipales et départementales, comme il déniait le droit au C.N.R. de se substituer au gouvernement, aux Milices patriotiques le droit de se substituer à l'armée régulière[1].

Pour soutenir et pour élargir son influence, le Parti communiste dispose, à Paris et en province, d'une presse au tirage sans comparaison aucune avec le tirage de la presse communiste d'avant-guerre.

Selon Jean Mottin, auteur d'une excellente *Histoire politique de la presse,* le tirage des journaux communistes était quotidiennement, avant 1939, de 600 000 exemplaires, soit 4,6 pour 100 du tirage total de la presse française. Ces 600 000 deviendront 2 816 000 après la Libération, le pourcentage passant ainsi de 4,6 à 26,8 pour 100. Coïncidence ? Aux élections législatives d'octobre 1945, le Parti communiste recueillera 26,2 pour 100 des suffrages exprimés...

Une aussi vertigineuse expansion mérite naturellement explication.

On ne l'a pas oublié, la Résistance ne débute nullement par des actes d'agression contre l'armée allemande, mais par la publication de tracts, de feuilles clandestines modestes dans leur format, tirées à un petit nombre d'exemplaires, circulant de main en main.

Au cours des mois, le nombre et le tirage de ces feuilles ira grandissant, chaque mouvement désirant posséder son journal, ce qui suppose des moyens techniques toujours plus développés et l'acceptation de risques toujours plus grands, surtout lorsque la zone libre — où

---

1. Discours de Maurice Thorez à l'occasion du Comité central du Parti communiste réuni les 21, 22 et 23 janvier 1945. *Cf.* p. 300 et suiv.

il était infiniment moins dangereux d'agir — se trouvera occupée le 11 novembre 1942[1].

Qu'il y ait eu parfois exagération dans les chiffres de tirage des journaux clandestins, tels qu'ils ont été annoncés après la Libération[2] ; que les membres de la commission de la presse du C.N.R., « dès l'instant où l'odeur du pouvoir commençait à se faire sentir[3] », aient tout prévu pour que, les journaux de la collaboration disparaissant, libre champ soit laissé à leurs ambitions politiques et journalistiques ; que des journaux clandestins ne l'aient été que tardivement, lorsque le destin s'était prononcé et qu'il suffisait de peu de numéros tirés à peu d'exemplaires, prudemment diffusés, pour s'assurer des droits, c'est évident.

La presse issue de la Résistance eut ses profiteurs à l'incompétence parfois plus grande que le grand appétit. Elle déçut très vite ceux qui rêvaient de chasser les « puissances d'argent ». De cette déception, le livre de Philippe Viannay, *Du bon usage de la France,* porte témoignage[4]. Ce douloureux récit d'une expérience vécue mérite de retenir l'attention de tous ceux que fascine l'inévitable évolution de la mystique en politique.

Malgré toutes les critiques justifiées qu'elle mérita lorsque, paraissant au grand jour, elle abandonna, sous la triple pression de la concurrence, de la publicité, des lecteurs, les idéaux qu'elle avait défendus dans la nuit de l'occupation, la presse clandestine, avec ses journalistes improvisés ou professionnels que vingt lignes pouvaient conduire à la mort ; avec ses imprimeurs, dont beaucoup sacrifièrent

---

1. Ainsi, des coups très durs seront-ils portés à la presse clandestine lorsque, le 17 juin 1944, Milice et Gestapo investiront, à Villeurbanne, banlieue de Lyon, l'imprimerie installée par l'héroïque Martinet.
Sur la presse de la Résistance, *cf. Le Peuple réveillé,* t. IV de *La Grande Histoire des Français sous l'occupation.*
2. Philippe Viannay raconte *(Du bon usage de la France)* qu'au début de 1944 on lui « passa commande » d'un tract qui devait être commun à tous les mouvements. Il tira donc à plus de 500 000 exemplaires..., mais « seulement quelques milliers d'exemplaires furent réclamés ».
« La préoccupation majeure » de ses camarades était alors – écrira-t-il – « de faire croire à l'efficacité et à l'importance maximale de leur organisation, pour en tirer le profit politique maximum. »
3. Le mot est de Philippe Viannay
4. « Je saignais, écrira Philippe Viannav. dans les illusions qui furent celles de Saint-Just. »

leur vie; avec ses diffuseurs modestes, menacés et oubliés, fut héroïque lorsqu'il y avait plus de péril que d'espoir de profit à l'être. La suite appartient à une tout autre histoire.

A Paris, les journaux de la collaboration ont disparu quelques jours avant la libération de la ville. Leurs directeurs, leurs collaborateurs ont rejoint l'Allemagne ou se terrent. Plusieurs journaux — *L'Humanité*, bien sûr, qui, depuis son interdiction par Daladier en septembre 1939, a publié clandestinement 317 numéros, mais aussi *Le Populaire*, *L'Aube*[1], *Ce soir, Libération, Défense de la France* — surgissent, le 21 août pour certains, le 22 pour d'autres, alors que l'on se bat toujours.

Pour les vendre — 2 francs — à des Parisiens enthousiastes et stupéfaits, des diffuseurs, qui sont aussi des militants, assumeront les plus grands risques. Étienne Fajon a rappelé[2] la mort du jeune Raoul Sautré, fusillé à dix-sept ans sur son paquet d'*Humanité,* celle de Verdières, de Letirant, de Lafont, d'Ollier, de Jambert. Ils ne furent pas les seuls qui tombèrent, mais tous tombèrent dans l'enthousiasme qui leur faisait porter et crier, comme autant de bulletins de victoires révolutionnaires, des feuilles d'un format et d'une pagination modestes.

Avant la Libération, deux textes[3] avaient prévu l'installation de la presse nouvelle sur les ruines de l'ancienne.

Ruines, le mot convient, puisque, s'agissant de la presse, le pouvoir nouveau n'allait pas s'en tenir à l'application des dispositions générales édictées pour la répression des actes de collaboration. Ne se contentant pas d'atteindre les hommes qui avaient dirigé ou écrit, il devait frapper les entreprises en les expropriant et transférant leurs biens, locaux ou machines[4], mais aussi lecteurs au numéro, abonnés, force

---

1. *L'Aube* ne paraîtra que le 23 août.
2. *En feuilletant L'Humanité.*
3. Les instructions du secrétaire général provisoire à l'Information adressées aux commissaires de la République, aux préfets, aux Comités de libération; les ordonnances du 6 mai et du 22 juin 1944, ainsi que leurs circulaires d'application.
4. Sur les problèmes de la presse, il faut consulter l'*Histoire générale de la presse française* de Claude Bellanger. Locaux et machines des journaux interdits,

publicitaire, aux « équipes » nouvelles bénéficiaires, avec l'autorisation de paraître, d'une appréciable rente de situation.

Allaient donc être *interdits* les journaux créés *après* le 25 juin 1940 — date de l'armistice — et ceux qui, existant alors, avaient poursuivi leur parution *plus de quinze jours après l'armistice en zone nord occupée, plus de quinze jours après le 11 novembre 1942,* donc après le franchissement, par les Allemands, de la ligne de démarcation, *en zone sud* [1].

Le texte des circulaires visant la presse, adressées sous l'occupation aux commissaires de la République, faisant, suivant le mot de leurs rédacteurs, « table rase », c'est la quasi-totalité [2] de la presse quoti-

---

puis mis sous séquestre et expropriés, furent tout d'abord loués aux titres nouveaux.

Tandis que Francisque Gay, M.R.P., directeur de *L'Aube* et qui tint un rôle important dans la préparation des textes visant la presse, se félicitait de ce que la France soit allée dans ce domaine plus loin qu'aucun autre pays au monde, la droite et les radicaux se scandalisaient du « caractère monstrueux » — le mot est d'Édouard Herriot — « d'un régime qu'on a osé appeler un régime juridique ». C'est encore Édouard Herriot qui, en mars 1946, à l'Assemblée nationale, devait lancer cette formule à propos de l'expropriation des journaux : « J'ai parlé des inventions du droit nouveau. En voici une de plus : l'expropriation pour cause d'utilité privée... Cette expropriation-là, c'est le vol ! »

1. Ce délai très court (quinze jours après le 11 novembre 1942) fut choisi afin d'interdire la reparution du *Temps* qui, replié à Lyon, s'était sabordé le 29 novembre 1942, soit... trois jours après un délai dont ses dirigeants ne pouvaient rien savoir, pour la bonne raison qu'il n'était pas encore fixé !

En mars 1946, *Le Temps* bénéficiera d'un non-lieu devant la cour de justice de Lyon.

Quant à Hubert Beuve-Méry, directeur du *Monde,* qui, à partir du 19 décembre 1944, fut publié dans les locaux et imprimé sur les presses du *Temps,* après avoir affirmé que *Le Temps* n'avait pas collaboré, il ajoutera que *Le Monde* « avait été fait à l'origine par les rédacteurs du *Temps* et par eux seuls ».

Sur ce point, on lira avec intérêt le livre de Jacques Chastenet, l'un des directeurs du *Temps, De Pétain à de Gaulle,* et celui de Laurent Greilsamer, *Hubert Beuve-Méry.*

2. Des dérogations pourront être accordées à des journaux ayant paru sous l'occupation, mais « qui méritent de continuer à paraître parce qu'ils ont, en réalité, servi la cause de la Résistance ».

C'est ainsi que *La Croix,* qui a régulièrement paru en zone non occupée après le 11 novembre 1942 et non moins régulièrement touché une subvention de Vichy, échappera, grâce à l'intervention des ministres M.R.P., aux mesures générales. Les journaux et périodiques de caractère exclusivement confessionnel, littéraire, scientifique, artistique, sportif ou professionnel, pourront continuer à paraître s'ils ne se sont pas associés à la propagande ennemie.

dienne, hebdomadaire, mensuelle, parisienne et provinciale qui va disparaître... ou bien, et ce sera surtout vrai en province, se transformer, à la suite d'un changement de titre, parfois hypocrite, dans la mesure où le titre nouveau s'efforce de rappeler l'ancien, d'un changement de personnes dans l'équipe dirigeante, enfin d'une adhésion, plus ou moins sincère, aux thèses hors desquelles il n'est point de salut... je veux dire d'autorisation de paraître.

Car, après avoir détruit, il faut rebâtir.

Seront autorisés à reparaître de plein droit à la Libération les journaux ayant volontairement suspendu leur publication dans *les quinze jours* qui ont suivi l'armistice — tel sera le cas de *L'Aube*, du *Populaire* et, bien que leur situation juridique soit différente puisqu'ils ont été interdits de parution le 24 août 1939 à la suite du pacte germano-soviétique, de *L'Humanité* ainsi que de *Ce Soir*, quotidien communiste paraissant l'après-midi.

Sont également autorisés à paraître de plein droit les journaux qui, en zone non occupée, ont volontairement arrêté leur publication quinze jours après le 11 novembre 1942, ce qui est le cas du *Figaro*, suspendu par le gouvernement de Vichy le 10 novembre et dont la direction a refusé la reparution après la levée de la mesure de suspension.

Le droit de paraître est également accordé aux « journaux patriotes clandestins » nés avant le 1er janvier 1944 (*Combat, Défense de la France, Franc-Tireur, France libre, Front national, Libération, Le Parisien libéré*), ainsi qu'aux journaux publiés « par les mouvements de résistance membres du C.N.R. au jour de la Libération ou par le C.N.R. lui-même ».

Enfin, des « équipes de patriotes » pourront faire paraître des journaux, à condition d'être habilitées par le commissaire de la République ou par le commissaire à l'Information.

Cette possibilité, ouverte grâce à une formule imprécise — car la définition des « équipes de patriotes » variera selon le département, la couleur politique du commissaire de la République, les sympathies du commissaire à l'Information —, sera fréquemment retenue en province où peu de journaux clandestins sont nés et ont été publiés. Elle se trouvera à l'origine de la multiplication des titres... des réussites et des fortunes, des échecs et des faillites.

A Paris, les journalistes résistants, professionnels ou d'occasion, n'avaient pas attendu des textes de loi pour occuper des imprimeries abandonnées quelques jours plus tôt par les collaborateurs, imprimeries dont la répartition avait été décidée à l'avance, comme avait été fixé à l'avance le tirage de chaque journal, mesure indispensable en un temps de disette de papier, mais qui avait nécessité de longues et houleuses tractations.

A une époque où les Français sont naturellement affamés d'information, qui a du papier aura des lecteurs.

Or, qui a du papier ? Essentiellement les journaux *d'avant-guerre ayant paru pendant la clandestinité.* L'attribution que leur allouent les services du ministère de l'Information est en effet *double,* voire *triple* de celle des journaux d'avant-guerre qui se sont sabordés après l'armistice ou, pour l'ex-zone libre, dans les jours qui ont suivi immédiatement l'invasion du 11 novembre 1942. Certes, des ajustements doivent avoir lieu en fonction des invendus, mais, en août 1944, sur la ligne de départ, *L'Humanité* et *Le Populaire* se trouvent favorisés, puisque ces deux titres — bien involontairement pour *L'Humanité*[1] — n'ont paru pendant l'occupation que clandestinement.

A plusieurs reprises, *L'Humanité* se proclamera fièrement « premier journal de Paris ». Le quotidien communiste affirmera que sa vente serait bien plus importante encore si le papier contingenté se trouvait réservé aux « journaux patriotes » au lieu d'être attribué à des journaux qui se cherchent des lecteurs ou, pire, à des journaux « soutenus par les trusts »... comme *Le Monde*[2], dont la naissance, le

---

1. Les communistes peuvent rétrospectivement se féliciter de l'intervention de la police parisienne qui, le 20 juin 1940 — quatre jours après l'occupation de Paris —, a arrêté Denise Ginollin, Suzanne Schrodt, Valentine Grunenberger et Maurice Tréand qui s'apprêtaient à reprendre, sous le contrôle de la censure allemande, la parution de *L'Humanité,* interdite par Daladier à la suite du pacte germano-soviétique ! *Cf. Quarante millions de pétainistes,* p. 415 et suiv.

2. La naissance du *Monde,* le 20 décembre 1944, est saluée en ces termes par *L'Humanité :* « La crise du papier ne sévit pas pour tout le monde. »

Les 24-25 décembre, *L'Humanité* écrira : « Quelques jours après la sortie du *Monde,* succédant au journal *Le Temps,* du Comité des Forges, voici qu'on nous annonce une aggravation de la crise du papier menaçant à brève échéance tous les journaux patriotes. Ce sont toujours les trusts qui mènent le jeu avec la complicité de hauts fonctionnaires nommés par Vichy et toujours en place. »

18 décembre 1944, coïncide, à quelques jours près, avec les très contraignantes restrictions de papier provoquées par la contre-attaque allemande des Ardennes qui mobilise, en faveur du front, tous les moyens de transport.

Or, lorsque *Le Monde* paraît, son attribution officielle de papier ne lui permet qu'un tirage de 147 000 exemplaires.

Le même jour — 18 décembre —, le tirage de *L'Humanité* atteint 314 913 numéros.

L'Humanité est bien alors le premier de tous les journaux parisiens et sans doute de tous les journaux français [1].

Voici d'ailleurs, pour janvier 1945, les tirages *autorisés*.

JOURNAUX DU MATIN : *L'Humanité*, 326 000 ; *Le Populaire*, 235 000 ; *Le Figaro*, 231 000 ; *Le Parisien libéré*, 222 000 ; *Libération*, 196 000 ; *France Libre*, 194 000 ; *Combat*, 185 000 ; *Franc-Tireur*, 182 000 ; *Front national*, 172 000 ; *Résistance*, 160 000 ; *L'Aube*, 148 000 ; *L'Aurore*, 90 000.

JOURNAUX DU SOIR : *Ce soir*, 288 000 ; *France-Soir*, 264 000 [2] ; *Libération-Soir*, 250 000 ; *Paris-Presse*, 200 000 ; *Le Monde*, 150 000 ; *Libres*, 66 000 [3].

Dix-huit quotidiens à Paris (huit aujourd'hui) [4] et, parmi ces dix-huit quotidiens, deux titres communistes qui dominent, qu'il s'agisse de la presse du matin ou de la presse du soir, sont communistes, *Ce soir* étant dirigé par Aragon et par Jean-Richard Bloch. A la fin de l'année 1945 le tirage de *L'Humanité* atteindra 520 000 exemplaires, celui de *Ce soir* 490 000.

---

1. Ce chiffre est d'autant plus important qu'à cause des difficultés de transport la diffusion de la presse imprimée à Paris est, pour plusieurs mois encore, fort difficile en province.

2. Il s'agit de *Défense de la France,* dont le titre est devenu *France-Soir* le 8 novembre 1944. Le rappel du titre initial, lié au mouvement de résistance, ne figure plus que sous la forme des initiales « DF » en grisé, initiales qui disparaîtront en avril 1945. *Cf.* Philippe Viannay, *Du bon usage de la France.*

3. Il s'agit d'un quotidien essentiellement destiné aux anciens prisonniers de guerre.

4. Si l'on compare ce qui est comparable. En effet, en octobre 1944, n'existaient ni *L'Équipe*, ni *La Tribune de l'Expansion*, ni *Les Échos* ni tout autre titre similaire.

Libération, qui paraît en 1945, n'est nullement à l'origine du titre que nous connaissons aujourd'hui.

Fait caractéristique : la presque totalité de la presse imprimée à Paris est une presse politique, résistante ou résistantialiste, évitant soigneusement d'attaquer de front le Parti communiste.

Au *Figaro*, François Mauriac, protégé par son appartenance au Front national, tranche presque seul sur le conformisme ambiant en défendant la cause d'une justice moins expéditive que la justice de septembre, mais il écrit avec une prudente audace dès lors qu'il s'agit de mettre en cause le Parti communiste.

Dans l'automne et l'hiver de la Libération, il existe bien une presse d'opposition aux ministres, et particulièrement aux ministres de la Justice, du Ravitaillement, de l'Information, des Prisonniers, il n'existe aucune véritable presse d'opposition aux idées qu'au nom de la Résistance le Parti communiste s'efforce d'imposer en multipliant de cinglants rappels à l'ordre.

Claude Bellanger le constatera dans son *Histoire générale de la presse française* : « On assiste pratiquement dans ces premiers mois à une sorte d'unanimité nationale. »

Unanimité ? Avec plus de vigueur et de rigueur, André Frossard parlera, lui, « de la plus hallucinante uniformité de vues qui se soit jamais prévalue de la liberté d'opinion. Ni l'Empire, ni Vichy n'avaient eu le bonheur d'obtenir pareille discipline du quatrième pouvoir... De l'extrême gauche à l'extrême droite, nos cloches matinales et vespérales ne rendaient qu'un son... La gauche et la droite ne se distinguaient qu'au " carnet mondain [1] " ».

Lorsque les communistes attaquent un « confrère » dont ils affirment qu'il « sort de la ligne », qu'il « discrédite la Résistance », l'accusé doit se défendre seul, ceux qui se trouveraient politiquement les plus proches de lui gardant frileusement le silence.

D'ailleurs, qu'une autorisation de paraître soit retirée ou refusée à un journal, et ce sera, en gain de papier et en gain de lecteurs, tout bénéfice pour les concurrents. Ainsi, à Bordeaux, à Nice, pour ne citer que ces deux villes, de furieuses batailles auront-elles lieu. Ainsi, en mars 1945, devant l'Assemblée consultative, Cogniot, rédacteur en chef de *L'Humanité* et député communiste, s'obstinera-t-il à confondre volontairement *Le Monde* et *Le Temps*... « *Le Comité des Forges, ressuscité dans toute sa gloire, avec sa disposition typographique, sa*

---

1. *Histoire paradoxale de la IVe République.*

présentation traditionnelle et simplement pourvu d'un titre nouveau par quelque philosophe à l'imagination courte... »

Lorsque Cogniot critique la « presse des trusts », la « presse pourrie », c'est pour mieux sonner le rassemblement de la « presse patriote », celle qui, majoritairement, se veut toujours une presse politisée, protégée par un mouvement (M.L.N. ou Front national), par un parti politique (je dirigeais en 1946, à Bordeaux, un quotidien du soir, « organe du M.R.P. »), ou, plus simplement, se réclamant de la Résistance.

Le 18 décembre 1944, en indiquant dans son premier éditorial — un texte de quelques lignes non signé — que *Le Monde* a pour « première ambition... d'assurer au lecteur des informations claires, vraies et, dans toute la mesure du possible, rapides, complètes », Hubert Beuve-Méry tente de rompre avec le manichéisme.

Car la presse « d'information » a pratiquement disparu [1], même s'il est vrai que « l'information » n'est jamais dégagée de la politique et que le mot ne va pas sans hypocrisie.

De la politisation de *la presse de Paris et de province,* le tableau dressé par Jean Mottin dans son *Histoire politique de la presse* donne une idée précise.

	Avant la guerre		Après la guerre	
Journaux d'information	4 965 000	41,6 %	1 574 000	14,9 %
Résistance et Comités de libération			1 115 000	10,6 %
Parti communiste, assimilés et Front national	600 000	4,6 %	2 816 000	26,8 %
Parti socialiste, assimilés et M.L.N.	830 000	6,4 %	2 246 000	21 %
U.D.S.R. et assimilés.			348 000	3,3 %
Radicaux-socialistes et assimilés	1 813 000	13,9 %	229 000	2,1 % [2]
M.R.P., modérés et droite	3 527 000	29,9 %	2 151 000	20,9 % [3]

1. *Ce soir* porte bien en sous-titre « *Grand quotidien d'information indépendant* », mais il s'agit d'un camouflage, le journal, après comme avant la guerre, étant communiste.

2. A la lecture de ces chiffres, on comprend l'irritation des radicaux et du plus célèbre d'entre eux, Édouard Herriot.

3. Les chiffres sont faussés par le regroupement des journaux M.R.P. avec les journaux modérés et de droite. Tandis que la presse modérée et de droite a presque totalement disparu, les journaux démocrates chrétiens, rares avant la guerre, ont vu leur tirage augmenter, de nombreux quotidiens M.R.P. ayant été créés à la Libération.

Ainsi la presse communiste est-elle passée de 4,6 à 26,8 pour 100. Chiffre vraisemblablement inférieur à la réalité, car des journaux, classés par Jean Mottin sous la rubrique « Résistance et Comités de libération », sont plus ou moins ouvertement influencés par le Parti communiste, maître de bien des C.D.L. Il en va de même d'un certain nombre de quotidiens tirant à moins de 20 000 exemplaires que Mottin n'a pas pris en compte pour son étude.

Écrire que, dans l'hiver de 1944-1945, le Parti communiste dispose de 30 pour 100 de la presse quotidienne n'est certainement pas trahir la vérité.

Dans chaque ville de province de quelque importance, on trouve un quotidien communiste [1] (parfois deux). Il s'appelle *Le Patriote, Rouge Midi, Liberté, La Marseillaise, Le Travailleur alpin, La Voix du Peuple, Le Cri du Peuple, La Gironde populaire,* des titres choisis à dessein pour leur résonance patriotique (le patriotisme de 1793 comme celui de 1944) ou populaire.

Les titres communistes ont parfois le plus fort tirage : c'est vrai à Marseille où *La Marseillaise, Rouge Midi* et *Midi Soir,* trois journaux communistes, tirent au total 240 000 exemplaires alors que *le Provençal* et *Ce soir,* quotidiens socialistes, ont un tirage total de 170 000 exemplaires, *La France,* quotidien modéré, de 40 000 exemplaires.

Ils ont toujours un tirage important : 110 000 exemplaires à Toulouse pour *Le Patriote,* auxquels il faut ajouter les 42 000 numéros de *La Voix du Midi ;* 25 000 à Dijon pour *La Voix du Peuple ;* 66 000 à Lyon pour une autre *Voix du Peuple,* chiffre augmenté quotidiennement par les 36 000 numéros du *Patriote,* également communiste.

Que les journaux communistes aient souvent paru vingt-quatre ou quarante-huit heures avant leurs concurrents, qu'ils bénéficient d'allocations de papier supérieures, ne suffit pas à expliquer leur succès.

---

1. D'après Gaston Defferre, alors secrétaire d'État à la présidence du Conseil, chargé de l'Information, qui parle devant l'Assemblée consultative, le Parti communiste « et les groupes apparentés » disposent de 52 quotidiens, le Parti socialiste et les apparentés de 32, le M.R.P. de 27.

Il faut évoquer le camouflage dont il leur arrive de profiter Occupant, en province, les installations des journaux interdits et, dans toute la mesure du possible, des journaux hier les mieux équipés et les plus riches ; « servant » sans complexe les abonnés de ces journaux, abonnés qui mettront assez longtemps à comprendre qu'ils lisent un journal désaccordé de leurs sentiments et attendront, dans presque tous les cas, l'échéance pour résilier leur abonnement ; jouant de la typographie et de la présentation pour donner l'illusion à des lecteurs naïfs qu'ils ont « pris la suite » du journal familier, ils occupent des positions qui leur assurent d'incontestables avantages initiaux.

C'est sans doute à Grenoble que le « camouflage » durera le plus longtemps et qu'il sera l'occasion d'une des plus rudes batailles entre résistants de la veille.

La plupart des responsables du M.L.N. grenoblois ayant disparu en août 1944, qu'ils aient été soit assassinés par les Allemands, soit déportés ou qu'ils se trouvent toujours dans le maquis, ce sont les hommes du Front national, donc du Parti communiste[1], qui occuperont, à la Libération, l'imprimerie du *Petit Dauphinois,* pour y créer *Les Allobroges.*

Il faudra l'obstination de Louis Richerot et d'Alix Berthet, deux résistants socialistes, pour qu'en septembre 1945 — un an donc après la Libération ! — soit enfin vaincue la farouche opposition des communistes à la publication du *Dauphiné libéré,* quotidien M.L.N., et concurrent, dont la naissance avait été empêchée, au fil des mois, par les ouvriers du Livre, les employés de presse, ainsi que par de nombreux journalistes habilement manipulés[2].

J'ai évoqué l'exemple des *Allobroges* car il illustre dans un domaine particulier, mais de grande importance, la télévision n'étant pas dans le domaine public, la radio n'ayant encore que peu d'influence politique, la volonté de conquête d'un pouvoir, le quatrième, par le Parti communiste, et les moyens mis en œuvre pour y parvenir.

---

1. A la tête des *Allobroges,* Debout, de son nom véritable Oleskiezwicz, citoyen suisse, polonais d'origine, communiste indiscipliné que le Parti remplacera, en août 1945, par Couteilhas, lui-même éliminé rapidement au profit de Jean Cazalbou.

2. Entre septembre 1944 et septembre 1945, plusieurs accords avaient été conclus selon lesquels éditoriaux communistes et éditoriaux socialistes devaient cohabiter dans *Les Allobroges.* Tous ces accords volèrent naturellement en éclats.

Il existe toutefois d'autres explications aux incontestables succès des journaux communistes.

Par leur constant manichéisme, en un temps de manichéisme ; leur incontestable dynamisme journalistique ; leur capacité à mobiliser les foules contre les crimes des nazis, les lenteurs de l'épuration, les scandales du ravitaillement ; leur promptitude à désigner pour tous les maux des coupables ; leur incessante défense des maltraités par la vie et des victimes de l'occupation, mais aussi, grâce au dévouement de leurs équipes de diffusion au sein desquelles, sur les marchés et devant les usines, se côtoient intellectuels et ouvriers, oui, pendant un peu plus d'un an, les journaux communistes répondront aux sentiments d'une large partie du peuple français.

En novembre 1945, la diffusion de *L'Humanité* atteindra son chiffre maximum : 532 505 exemplaires. En octobre 1946 — le prix du quotidien a été porté à 4 francs au mois de juin —, elle sera tombée à moins de 400 000. Un sursaut, dû aux élections législatives, sera enregistré en novembre [1], mais la chute reprendra pour ne plus jamais s'arrêter, les Français se détournant d'une presse politisée à l'extrême et, après le début de la guerre froide [2], d'une presse communiste qui défend le stalinisme, désormais visiblement menaçant.

A la presse quotidienne parisienne, à la presse quotidienne régionale et locale, il faut ajouter, pour mieux comprendre l'influence du Parti communiste, plus de 70 hebdomadaires et bi-hebdomadaires : *Regards, Femmes françaises, Filles de France, L'Avant-Garde, France d'abord, La Terre* (dont le tirage moyen est passé de 30 000 en 1938 à 230 000 en 1945, progrès considérable dû à la multiplication des cellules rurales).

En marge de cette presse, dont la couleur politique n'est dissimulée à personne, des hebdomadaires comme *Les Lettres françaises,*

---

1. La diffusion de *L'Humanité* sera alors de 438 848. Cependant, c'est aux élections de novembre 1946 que le Parti communiste obtiendra son meilleur résultat avec 28,3 pour 100 des suffrages, ce qui lui permet de redevenir le « premier parti de France ».

2. La rupture entre communistes, socialistes et M.R.P. interviendra en mai 1947, lorsque, les communistes ayant refusé de voter la confiance au gouvernement Ramadier, le président du Conseil les « expulsera » de son gouvernement. La crise française coïncide, ce n'est pas un hasard, avec le refus par Staline d'accepter, pour l'U.R.S.S. et ses satellites, le plan Marshall. Elle coïncide également avec le renforcement de la dictature soviétique sur les pays de l'Est.

Action[1] ; des mensuels ou des revues, *L'Armée française, La Pensée, Démocratie nouvelle,* bien d'autres encore permettront aux communistes d'atteindre cette partie de l'intelligentsia qu'ils savent sensible aux honneurs — toujours les « potiches » —, aux acclamations dans les meetings, aux louanges dans les articles, aux grands mots, aux grands idéaux, aux places de choix au sein d'organisations qui ne sont jamais que des courroies de transmission.

Ainsi, la presse communiste, dominant souvent par le tirage, s'imposant toujours par la violence du ton, l'intransigeance, les manifestants qu'elle est capable de mobiliser, jouera-t-elle un rôle de premier plan dans la montée en puissance d'un parti dont elle sera le principal agent recruteur, même si elle se révèle incapable de faire fléchir de Gaulle sur le problème essentiel : le retour à l'ordre par l'intégration des F.F.I.-F.T.P. dans l'armée régulière et par la dissolution des Milices patriotiques.

---

1. Le général de Gaulle, passant en revue la presse communiste (*Mémoires de guerre,* t. III, p. 114), compte *Le Canard enchaîné* au nombre des hebdomadaires du Parti.

8

LA DISSOLUTION
DES MILICES PATRIOTIQUES

Milices patriotiques : c'est dans *L'Humanité* clandestine du 15 août 1943 que ces deux mots font, pour la première fois, leur apparition.

Ils ne sont pas heureux.

En 1943, en 1944 surtout, les Français, dans leur immense majorité, ne connaissent — et ne craignent — qu'une seule Milice : celle que, depuis Vichy, dirige Joseph Darnand.

Aussi les inventeurs communistes des Milices patriotiques leur trouveront-ils des titres de noblesse dans l'histoire de France, en expliquant que les milices populaires avaient combattu à Bouvines puis, bien plus tard, participé à la prise de la Bastille.

Théoriquement les Milices patriotiques, troupes de réserve des F.T.P., devraient relever du Conseil national de la Résistance et dépendre des états-majors nationaux, régionaux et départementaux des F.F.I.[1]. En réalité les Milices patriotiques « appartiennent » au Parti communiste, qui, les ayant créées, presse leur recrutement à partir d'avril et de mai 1944, lorsqu'il ordonne à certains responsables F.T.P. de se consacrer — c'est « la tâche la plus urgente » — à leur organisation[2].

Le rôle de ces troupes supplétives[3] sera défini dans le manifeste du

---

1. Décision du 15 mars 1944.
2. Charles Tillon, dans une instruction aux cadres des F.T.P., en date du 27 juin 1944.
3. A côté des milices encadrées et armées, il existe une réserve composée de citoyens qui « retournent travailler dans leur métier [et] doivent être prêts à répondre à l'appel de mobilisation de la Milice patriotique... Du fait qu'ils reprennent leur travail, ils ne seront pas rétribués par la M.P. ».

Parti communiste publié par *L'Humanité* le 21 août — en pleine bataille pour la libération de Paris.

> « Nous appelons les Milices patriotiques à prendre dans chaque quartier, dans chaque localité, la tête de l'action des masses pour occuper les bâtiments publics, les gares, les centraux télégraphiques et téléphoniques, les centrales électriques, l'hôtel de ville de Paris, les mairies, pour destituer les représentants du pouvoir usurpateur de Vichy, pour délivrer les patriotes emprisonnés, pour procéder à l'arrestation des agents de l'ennemi, pour briser toute résistance des ennemis de la patrie et pour empêcher de procéder à des destructions. »

Les sections miliciennes — huit hommes sous la responsabilité d'un chef de Milice — n'ont donc pas, sauf exception, à combattre l'Allemand... Les miliciens ne possèdent d'ailleurs ni les armes modernes, ni les cadres, ni l'esprit de corps qui leur permettraient d'être opposées à des troupes régulières.

C'est contre les collaborateurs, contre les « représentants de Vichy », contre les « suspects », contre les « affameurs » aussi, que les miliciens doivent avant tout lutter[1]. Le manifeste du Parti communiste leur donne ce qu'une loi de 1793 avait donné aux comités de section : le droit d'arrêter les « agents de l'ennemi ».

Encore faudrait-il que les Milices patriotiques aient une autre existence que sur le papier. Or, avant la Libération, il semble que leur recrutement ait été faible, sauf dans le Sud-Est. Dans plusieurs départements, les Milices ne se constitueront d'ailleurs *qu'après* le départ des Allemands. A Toulouse, par exemple, les occupants ont été chassés de la ville depuis trois jours lorsque *La Voix du Midi* appellera à l'organisation, « dans chaque usine, chaque quartier, chaque administration, chaque village », de Milices patriotiques chargées d'assurer « le succès de l'insurrection nationale déjà commencée, et qu'il faut mener à bien ».

---

1. *La Voix du Midi,* journal communiste paraissant à Toulouse, précise, le 17 septembre, que les miliciens ont « surtout à rechercher ceux qui ont pactisé avec les Boches... ceux qui encore persistent dans les erreurs criminelles et néfastes voulues par le gouvernement boche de Laval le maudit... ceux qui veulent continuer le marché noir ».

LA DISSOLUTION DES MILICES PATRIOTIQUES

A Paris, le 22 août 1944, le titre énorme de *L'Humanité*

MORT AUX BOCHES ET AUX TRAÎTRES
PARISIENS ! DEBOUT ET AU COMBAT !

est suivi de plusieurs lignes de sous-titre dont voici les deux premières :

Repousser les appels à la lâcheté dictés par les Allemands eux-mêmes[1].
Mettre en action toutes les Milices patriotiques.

« Toutes les Milices patriotiques », à Paris, en août 1944, cela signifie, selon les sources les plus sûres[2], entre 1 500 et 3 000 hommes : des militants qui n'ont pas encore convaincu les masses. Les masses viendront cependant, mais au lendemain de la Libération : entre 30 000 et 40 000 hommes pour Paris et sa région, puis 60 000 en octobre, si l'on en croit *La Vie ouvrière*, et même 70 000 le 1er décembre 1944[3].

Sur cet engouement subit et ces adhésions massives — la province imitant Paris —, voici deux témoignages.

Celui, tout d'abord, de l'un de mes lecteurs, M. Pierre Gaillard, dessinateur, en 1944, au bureau d'études de la Société anonyme des usines Farman située, à Paris, rue du Faubourg-Poissonnière.

« J'ai été, comme tous mes camarades, dès la reprise du travail, au lendemain de la libération de la capitale, sollicité d'entrer dans les Milices patriotiques par les militants cégétistes de l'entreprise. L'argument avoué pour ce recrutement était que, des Allemands et collaborateurs étant toujours à l'affût en ville, il s'imposait de protéger l'outil de travail contre les " coups de main " éventuels.

Quelques dizaines de membres du personnel ayant répondu en toute bonne foi à cet appel, ils se sont vu confier des missions de

---

1. Allusion à la trêve acceptée par la Résistance non communiste. *Cf. Joies et douleurs du peuple libéré.*
2. D'après André Thirion, qui fut membre de la direction parisienne des Milices patriotiques, dans *Révolutionnaires sans Révolution* (Laffont, 1972). *Cf.* également Raymond Massiet, *La Préparation de l'insurrection et la bataille de Paris* (Payot 1945). André Carrel, communiste et président de la Commission militaire, dira, le 22 octobre 1944, devant le Comité parisien de libération, que, dans le département de la Seine, les miliciens sont « une trentaine de mille ».
3. Les Milices s'appellent alors Gardes civiques républicaines.

surveillance et de gardiennage de l'entreprise 24 heures sur 24, par roulement.

Des armes leur ont été fournies : une Sten, quelques fusils Mauser, des revolvers, ainsi que des brassards tricolores. Les munitions ne manquaient pas ; on en trouvait en particulier dans les jardins publics, et j'ai le souvenir d'un collègue arrivant, un matin de septembre, traînant une pesante valise et annonçant à la " sentinelle " de l'entrée : " Hé ! les gars ! j'apporte des munitions. " Celles-ci vont servir à l'entraînement dans les caves de l'entreprise.

A l'instigation de leurs meneurs, ces Milices vont d'ailleurs se livrer, selon ce que j'ai pu constater, à des arrestations arbitraires ; c'est ainsi qu'a été détenu dans un bureau de l'entreprise, durant plusieurs jours, par des hommes du personnel armé, le directeur de la société accusé de collaboration. »

De son côté, Philippe Viannay, l'un des fondateurs et des dirigeants de *Défense de la France,* qui se trouve en Seine-et-Oise, écrit que, si les résistants du département n'avaient pas été, « F.T.P. compris, plus de trois cents à combattre d'une manière ou d'une autre », il allait voir surgir, une fois tiré le dernier coup de feu, « des milliers de gens revêtus d'un brassard F.F.I., encadrés, le plus souvent, par des personnes [qu'il] n'avait jamais vues ». « Se constituaient également, poursuit-il, ces fameuses Milices patriotiques, faites de militants " armés ", venus appuyer les Comités de libération qui s'installaient dans les communes et au niveau départemental. La caserne et la sous-préfecture étaient bourrées de monde. Notre petit groupe semblait dérisoire, face à cette marée d'après le danger. »

Sur l'action, tout à la fois ordonnée et désordonnée, exaspérante en tout cas pour le pouvoir, de ces Milices patriotiques, dont les effectifs gonflent dans les premiers jours de septembre et qui agissent en totale illégalité avec la seule bénédiction du Parti communiste, il existe évidemment des rapports de police qui signalent des occupations d'entreprises, des arrestations permettant de fructueuses escroqueries, des bagarres entre groupes adverses.

Sans doute ne faut-il pas généraliser. La majorité des miliciens n'est nullement responsable de la conduite d'un certain nombre d'hommes qui mettent à profit les circonstances. Le Parti communiste n'ordonne ni ne couvre tout ce qui nous paraît aujourd'hui répréhensible. Et, lors de la dissolution des Milices patriotiques, ils seront nombreux ceux qui éprouvent une peine sincère à la pensée qu'aux yeux du pouvoir nouveau ils sont la « mauvaise résistance », comme, aux yeux de Vichy, ils avaient été le « mauvais maquis ».

Mais la vérité oblige à dire que, si les Milices patriotiques arrêtent certainement des collaborateurs, et parmi eux quelques « agents » parachutés dans l'hiver par les Allemands pour organiser des « maquis » anticommunistes ; dénoncent bon nombre de « suspects » ; gardent des détenus lorsque les gardiens des camps ont été relevés de leurs fonctions ou sont en nombre insuffisant ; distribuent aux plus défavorisés une partie des denrées confisquées à des trafiquants ; occupent des usines ; séquestrent ou jettent à la porte les patrons et participent ainsi à une entreprise de déstabilisation sociale, elles n'ont à leur actif aucune action d'éclat que *L'Humanité* puisse enregistrer et porter à la connaissance d'une population de moins en moins enthousiasmée par les excès et les tartarinades.

D'ailleurs, avant même d'être mise en péril par le gouvernement, l'existence des Milices est contestée à Paris par la police et surtout par l'armée, qui intervient, dès le début de septembre, notamment dans les XIIIe et XIVe arrondissements ainsi qu'à Ivry[1].

Les Milices patriotiques n'ayant encore de légitimité que révolutionnaire, le Parti communiste va s'efforcer de leur donner rapidement un statut qui les placerait d'ailleurs sous la totale dépendance du Parti : leur direction politique serait en effet, dans la Seine, assurée par le Comité parisien de libération dominé par les communistes ; elles auraient le *droit* de perquisition et d'arrestation, sous réserve d'une imprécise coordination avec les « représentants de l'autorité gouvernementale » ; recevraient des armes et *les conserveraient sous leur seule responsabilité ;* enfin *éliraient librement* leurs chefs de groupe et de section.

---

1. Le 9 septembre, *L'Humanité* protestera contre ces interventions et en profitera pour dénoncer le général Revers, adjoint de Koenig, en rappelant qu'il appartînt à l'état-major de l'amiral Darlan.

Ce projet allait soulever — au sein du Comité parisien de libération — les protestations des non-communistes. Sans doute ignoraient-ils que, par sa circulaire confidentielle du 1ᵉʳ septembre, le Parti communiste avait demandé qu'armes et munitions récupérées soient « planquées » et que le secret de leur « planque » ne soit connu que de « deux ou trois camarades du Parti de toute confiance », mais, par principe, par raison autant que par méfiance, les membres non-communistes du Comité parisien de libération refusaient que les armes soient laissées à la seule garde des Milices. Ils refusaient également que les cadres inférieurs soient élus et dénonçaient — la comparaison est rude, elle sera faite le 14 septembre par le M.R.P. Max André — la tentation, pour les Milices, de devenir un « organisme analogue aux chemises noires ou aux S.S. En un mot, ajoutait Max André, il ne faut pas faire du fascisme ».

Devant les réticences de leurs partenaires, les communistes de la Seine allaient abandonner leur projet au profit d'une direction départementale censée refléter toutes les tendances des partis ou mouvements de la Résistance. Le Parti avait même eu l'élégance de s'effacer. Il n'avait pas souhaité de représentant. Le sacrifice ne lui coûtait guère, puisque sept sur neuf des membres du comité départemental étaient — de façon plus ou moins déguisée — communistes[1].

On en était là de l'étude des « réformes » des Milices patriotiques, dont le nom, qui rappelait véritablement de trop mauvais souvenirs, devait, à dater du 3 novembre, être changé en « Gardes civiques républicaines », lorsque le Conseil des ministres du 28 octobre décidait — car ce fut une « décision » et il n'y eut pas de texte officiel autre que le communiqué du Conseil — la dissolution des Milices patriotiques[2].

---

1. Communistes, en effet, les deux représentants du Front national ; communistes les deux représentants syndicaux, le représentant du M.L.N. et celui de l'organisation civile et militaire, ainsi que celui des Jeunesses patriotiques.

Le comité départemental devait comprendre dix membres. A la fin du mois d'octobre 1944, la représentante de l'Union des femmes françaises, dont il est vraisemblable, sinon certain, qu'elle eût été communiste, n'était pas encore désignée.

2. Le communiqué du ministère de l'Intérieur daté du 28 octobre sera publié dans les journaux du 29.

Pour la clarté de l'information, il faut savoir que, vers la fin de l'après-midi du 28 octobre, seront diffusés deux textes, l'un faisant état des décisions arrêtées par le Conseil des ministres ; dans ce texte, les mots « Milices patriotiques » ne sont pas écrits. Il est question d' « organisations », de « groupements ». Le second

Dissolution sous les fleurs et les épines. Fleurs jetées aux Milices pour les « services rendus pendant la période insurrectionnelle » ; épines que ce passage faisant mention des « rapports reçus par le gouvernement, [rapports] signalant l'inquiétude et le malaise croissant que provoquent dans la population, et en particulier dans la population rurale, le maintien des groupes armés, qui n'appartiennent ni à l'armée ni à la police de l'État, et la persistance des réquisitions et des arrestations illégales ».

Le communiqué signifiait aux Milices que l'on n'avait plus besoin d'elles, « les commissaires régionaux de la République [étant] désormais en mesure de réprimer les tentatives éventuelles de la 5ᵉ colonne pour troubler l'ordre » ; qu'elles pourraient trouver, « dans une préparation militaire organisée par les autorités militaires compétentes », le moyen de contribuer, le cas échéant, à la défense du pays, et que les armes qu'elles détenaient seraient plus utiles au front qu'en Dordogne, dans le Var ou à Paris.

Deux ministres communistes, Billoux et Tillon, ont assisté au Conseil des ministres du 28 octobre. Ont-ils fait obstacle à la décision de dissolution ?

Claude Mauriac raconte qu'il a entendu de Gaulle soliloquer. « En plein Conseil, je leur ai dit : " Billoux ! Tillon ! voilà ce que le gouvernement se doit de faire. Voilà ce qu'il fera. Maintenant, si vous n'êtes pas d'accord... " Mais ils n'ont pas bronché. Ils sont restés, et, du moment qu'ils sont restés, que deux communistes ont assumé la responsabilité de la chose, la partie est gagnée. »

Ni Billoux ni Tillon ne rapportent l'apostrophe de De Gaulle.

Ni Billoux ni Tillon ne prétendent avoir émis une protestation plus haute qu'un balbutiement.

---

texte, un communiqué du ministère de l'Intérieur, apporte un certain nombre de précisions et mentionne les Milices patriotiques. C'est à ce communiqué que je fais allusion.

De Gaulle écrit : « Passant outre aux objections de plusieurs ministres, j'amène le gouvernement à ordonner formellement la dissolution des milices. Le 28 octobre, c'est fait, notifié et publié. » (*Mémoires de guerre*, tome III, p. 39.)

Selon Tillon, chaque ministre ayant été interrogé sur l'opportunité de la dissolution[1], Billoux « qui planait, comme absent, depuis 1942 », n'aurait rien dit. Quant à lui, Tillon, responsable des F.T.P., il se serait contenté de « ramener la question aux réalités du moment, après avoir justifié le rôle des Milices aux côtés des F.T.P. dans l'insurrection ». Phrase qui ne veut strictement rien dire si on ne l'éclaire pas par la phrase qui suit : « L'incident feutré n'entraîna donc aucune sommation de De Gaulle[2] aux deux ministres du P.C., tout le monde sachant bien que cette affaire servait de monnaie aux besoins de raideur du Général devant la partie la plus réactionnaire de l'opinion, au moment où, partant pour Moscou[3], il nous rendait un Thorez qui avait besoin d'héroïsme. »

Tillon écrit en 1977, alors que, depuis 1970, il a été exclu par le Parti. Comment son texte ne serait-il pas influencé par une longue querelle ? En laissant croire à quelque échange de « bons procédés » entre les ministres — y compris les deux ministres communistes — et de Gaulle : la dissolution, une prime à la réaction contre le retour de Thorez, Tillon camoufle le fait qu'impressionné ou sermonné par de Gaulle, qui s'entendait à l'exercice du commandement, il n'ait pas élevé la voix.

En tout cas, si Tillon et Billoux ne protestent pas, le Parti communiste, dont la surprise est grande[4], moins grande que celle des

---

1. *Cf. On chantait rouge.* Tillon modifiera sa position. Interviewé par Jean Lacouture pour *De Gaulle ou l'éternel défi*, il dira que de Gaulle l'avait convoqué, ainsi que Billoux. « Ça a été très vite fait. De Gaulle a dit : " C'est comme ça, si vous voulez, si vous ne voulez pas... " Ça a été fini pour les Milices. »

2. Mots écrits pour démentir de Gaulle. « Je leur ai dit : " Billoux ! Tillon ! Voilà ce que le gouvernement se doit de faire... " »

Or, Tillon *(De Gaulle ou l'éternel défi)* fera bien allusion, quelques années plus tard, à une sommation de De Gaulle !

3. De Gaulle ne quittera Paris pour Moscou que le 24 novembre ; c'est-à-dire près d'un mois après la décision de dissolution des Milices.

4. *L'Humanité* des 29-30 octobre (dimanche-lundi) donne l'information sous ce titre : « *Un singulier communiqué sur les gardes patriotiques.* »

journalistes, car l'information a été retenue par l'A.F.P. jusqu'à 21 heures[1], immédiatement s'agite, agite et fait agir.

Il lance tout d'abord dans la bataille le Conseil national de la Résistance dont le bureau, présidé, depuis que Georges Bidault est ministre des Affaires étrangères, par le communiste Louis Saillant, se réunit dans la soirée du samedi 28 octobre. La séance reprend le 29 à 11 heures. Elle s'achève par la mise au point d'une déclaration par laquelle le C.N.R., après avoir fait l'éloge du comportement des Milices pendant la bataille de Paris[2], s'efforce de reconquérir le terrain perdu depuis la Libération ainsi qu'une partie de l'influence dont de Gaulle l'a privé, dès son arrivée à Paris.

Lorsque le Conseil national de la Résistance déclare que les mesures visant les Milices (« nos milices », écrit-il), « *ne devraient être prises qu'en vertu des droits républicains et démocratiques reconquis par le peuple de France, sans que le C.N.R. ait eu à en connaître*[3] », il entend rappeler que le peuple a joué un rôle essentiel dans la Libération et que le C.N.R. incarne le peuple.

Lorsque, dans la même déclaration, le C.N.R. propose au gouvernement « sa collaboration constante » pour le maintien de l'ordre, puis ses lumières pour la mise au point du « statut légal des forces patriotiques », il veut s'établir — se rétablir — en contre-pouvoir... ou en pouvoir jumeau.

Le bureau du C.N.R. a demandé à être reçu par le général de Gaulle, ce qui est accordé dans l'instant. Le dimanche 29, de Gaulle accueille à son domicile ses « compagnons de la lutte d'hier », « avec égard et amitié », écrit-il dans ses *Mémoires*.

Amitié retenue, égards mesurés.

Claude Guy, aide de camp du Général, qui assistait à la scène, l'a racontée à Claude Mauriac[4] : « Il [de Gaulle] les traita [les délégués du C.N.R.] comme des galopins ! Ils n'en menaient pas large tous tant

---

1. *Libération* écrit, en effet : « Le gouvernement décida au conseil des ministres tenu samedi dernier *dans la matinée* de désarmer les " Milices patriotiques ". »

2. « Elles ont assuré, notamment lors de l'insurrection libératrice de Paris, la sauvegarde, à la demande du C.N.R., des biens et des choses contre les actes de pillage par des éléments troubles. »

3. Je souligne intentionnellement.

4. *Aimer de Gaulle.*

qu'ils étaient. » Et Guy de citer cette réplique du Général à l'un des représentants du C.N.R. : « ... Ou il n'y a en France qu'un gouvernement, le mien, et vous vous soumettez à ses décisions, ou vous comptez y opposer le vôtre et l'on verra bien qui l'emporte. »

La phrase ne paraît évidemment pas dans le récit de De Gaulle. Mais qu'il écrive : « Aux objurgations qu'ils m'adressent unanimement de revenir sur la décision prise, je ne puis qu'opposer une fin de non-recevoir » prouve assez qu'elle est plausible, et, d'ailleurs, le Conseil des ministres du 31 précisera les modalités d'application des décisions prises le 28[1].

Évoquant l'entrevue, le Général écrit que « les plus ardents à protester » furent ceux qui représentaient les formations modérées », les mandataires du « Parti » (pluriel excessif, il ne se trouvait là qu'un seul communiste[2]) gardant une « attitude réservée ».

S'interrogeant sur cette attitude, de Gaulle se demande si les communistes, discernant que l'issue était fixée d'avance, se résignaient ou s'ils méditaient « de manifester leur irritation d'une autre manière ».

La dernière hypothèse est la bonne.

Dès le 29 octobre, Jacques Duclos, parlant à Douai devant 30 000 personnes — c'est le chiffre donné par *L'Humanité* —, magnifie le rôle joué par les Milices patriotiques et attaque avec violence la Direction générale des services de sécurité dirigée par le gaulliste Soustelle.

« *D.G.S.S., les deux dernières lettres sont tout un programme*[3] », clame-t-il à la grande joie d'une foule qui a applaudi son couplet contre les « provocateurs » qu'il faut, d'après lui, rechercher au sein des

---

1. Au contraire de ce qui s'est passé le 28, les mots « Milices patriotiques » paraissent dans le communiqué du Conseil des ministres du 31 octobre, qui précise que les « agents de la force publique ont à faire respecter les dispositions légales sur l'interdiction du port et du transport d'armes... par des personnes n'appartenant pas à l'armée ou à la police régulière ». Le communiqué menace de contravention ou de poursuite les contrevenants et exige la remise des armes de guerre détenues par des particuliers.
2. Le président Saillant étant absent, André Carrel était le seul communiste présent. A ses côtés se trouvaient, chez le général de Gaulle, Rebière, Tessier, Mutter et Colin.
3. La D.G.S.S. est l'ancien Bureau central de renseignement et d'action (B.C.R.A.) de Londres dont le nom vient d'être modifié. Le 4 septembre, lors du « meeting du Vél' d'hiv' », Benoît Frachon comparera la D.G.S.S. à la Gestapo.

« groupements anticommunistes alimentés en armes durant la clandestinité par les cagoulards » de Londres pour « préparer la guerre civile », cependant que les F.T.P. étaient privés des « moyens de se battre contre les Boches ». Tenace rancune qui s'exprimera à bien d'autres reprises[1], mais combien significative deux mois seulement après la Libération !

Les Milices sont officiellement dissoutes, mais Duclos invite ses auditeurs à faire, « dans chaque entreprise et dans chaque localité », de la Garde patriotique une « grande organisation de masse faisant preuve d'une vigilance de tous les instants pour assurer la défense de l'ordre républicain et la lutte contre les traîtres de la 5e colonne ».

Le 1er novembre, parlant à Montreuil, Duclos affirme que la Résistance « finira par avoir raison sur la question des Gardes patriotiques ».

Et les meetings vont se succéder.

Meeting au Vél' d'hiv' dans l'après-midi du 4 novembre où, selon *L'Humanité,* 30 000 Parisiens (12 000, affirme la police) ont acclamé les Gardes patriotiques et plus encore les formules que Frachon, alors secrétaire général de la C.G.T., lance à la foule : « Vous êtes les fils chéris du C.N.R... C'est grâce à vous si l'Allemand a été mis en fuite, vous n'aviez pas d'armes, les fusils, maintenant, ils sont votre propriété. »

Et cette conclusion, frénétiquement applaudie, selon *L'Humanité :* « Nous voulons aller avec les troupes alliées en Allemagne, défiler à Berlin et tendre une main fraternelle à nos alliés soviétiques. »

Meetings innombrables en province annoncés, commentés par les journaux communistes alors nombreux, on le sait. Regardant vivre la France et les Français d'après la Libération, on ne prend jamais assez en compte la presse de province, riche toutefois en informations.

Ainsi, à Lyon, *La Voix du Peuple,* quotidien communiste, paraît-il, le 31 octobre, avec ce titre étalé sur sept colonnes :

Le Peuple français
ne laissera pas toucher
à ses Milices patriotiques

---

1. Il est exact, je l'ai déjà signalé dans mes précédents ouvrages, que les F.T.P. étaient défavorisés lors des parachutages d'armes, parachutages qui bénéficiaient, le plus souvent, à l'Armée secrète.

Le 3 novembre, le même quotidien, rendant compte de manifestations qui ont eu lieu à Bron, à Oullins, à Roanne, annonçant de prochaines manifestations à Lyon et à Villeurbanne, titre d'une façon volontairement désagréable pour le gouvernement et pour de Gaulle.

Dissoudre les Milices patriotiques
serait un crime contre la patrie

Un crime ? A Toulouse, au lendemain d'une manifestation, qui, selon les estimations généreuses de la presse communiste, aurait rassemblé, le 29 octobre, 25 000 Gardes patriotiques, les Comités de libération de la région votent cette stupéfiante motion selon laquelle « tout individu, *quelle que soit sa fonction administrative ou militaire, qui tenterait de désarmer les Milices patriotiques doit être considéré comme un traître à la patrie. En conséquence, les C.D.L. de la région de Toulouse intiment l'ordre à tout adhérent des Milices patriotiques de procéder immédiatement à l'arrestation et à l'internement des personnes qui voudraient les désarmer*[1] ».

C'était inviter à mettre la main au collet des préfets, des commandants de région... et, pourquoi pas, de De Gaulle lui-même.

Une fois votée, la motion sera certes retirée. Il n'empêche qu'elle a été votée et méritait d'être citée comme un bon reflet des passions de l'époque. Il est vrai que le bureau politique du Parti communiste a rédigé et publié, le 2 novembre, un communiqué très sévère pour de Gaulle. S'il ne constituait pas une déclaration de guerre, ce texte semblait mettre fin au difficile accord réalisé à partir d'avril 1944, lorsque deux communistes étaient entrés dans le gouvernement d'Alger, et, surtout, il faisait les Français juges de la querelle.

« *Une fois de plus*[1], le président du gouvernement [il s'agit bien entendu du général de Gaulle] a pris la responsabilité *de traiter comme quantité négligeable la Résistance française*[1], ce qui sera cruellement ressenti... par tous les Français qui, parce qu'ils se sont battus en France contre l'envahisseur, ont conscience d'avoir quelques droits. »

---

1. Je souligne intentionnellement.

Poursuivant son réquisitoire, le bureau du Parti communiste s'indignait que, « deux mois après la libération de la France, la Résistance soit [dans l'affaire des Milices] traitée de façon si cavalière ». « Dans cette façon d'agir », il disait voir un « inquiétant mépris de la souveraineté populaire et des formes démocratiques du gouvernement ».

Les communistes préparent les futures attaques contre « de Gaulle dictateur », et ils auront la mémoire longue. Cinq ans et demi plus tard, en effet, au mois d'avril 1950, Maurice Thorez, parlant à l'occasion du XIIe Congrès national du Parti communiste français, rappellera les événements d'octobre et novembre 1944 :

> « Le peuple de France, dira-t-il, a déjà vu de Gaulle à l'œuvre dans les dix-huit mois qui suivirent la Libération. Que fit alors l'aspirant dictateur ?... A peine à Paris, [il] manifesta son hostilité à la véritable résistance, à ses hommes, à ses organisations, au C.N.R., aux comités locaux et départementaux de la libération. »

Lors du meeting du 4 novembre au Vél' d'hiv', plusieurs orateurs avaient demandé aux Gardes patriotiques de participer au grand rassemblement du 11 novembre, rassemblement auquel, les 9, 10 et 11, *L'Humanité* conviera tous les Parisiens.

D'après le journal communiste du 12 novembre, et les huit photos de dernière page montrent bien une foule en marche, ils sont venus un million, à partir de 14 h 30, au rendez-vous des Champs-Élysées et de l'Arc de triomphe. Cogniot, qui signe l'éditorial de *L'Humanité,* fait longuement mention de « la consistance extraordinaire du mouvement de la Garde civique républicaine, que nous appelions naguère, écrit-il, Milices patriotiques. Sur un million de pèlerins de l'honneur et de la liberté, ils étaient bien *cent mille*[1] dans le cortège... Quelles acclamations quand passaient, par exemple, les douze compagnies du XIe arrondissement, sous l'uniforme, en ordre parfait, avec leur détachement féminin aux rangs serrés ».

---

1   Je souligne intentionnellement.

Ce même 11 novembre, de Gaulle et Paris reçoivent Churchill.

Arrivés le 10 à Paris, le Premier ministre britannique et Anthony Eden, ministre des Affaires étrangères, qui resteront quatre jours en France et auront, avec de Gaulle et Bidault, d'importants entretiens[1], seront les héros de la fête de la Victoire, la première qu'il soit possible de célébrer depuis 1939 autrement que par de petits bouquets anonymes déposés dans la nuit au pied des monuments aux morts.

De la manifestation populaire et majoritairement communiste du 11 novembre, de Gaulle ne souffle naturellement pas mot[2]. Quant à *L'Humanité* du 12 novembre, elle rend compte parcimonieusement de la manifestation qui a vu de Gaulle et Churchill également acclamés par une foule qui, en partie, sera la même que celle qui participera quelques heures plus tard à la manifestation communiste sur la même avenue, autour du même Arc de triomphe et du même tombeau.

C'est à partir de la querelle née de la dissolution des Milices patriotiques qu'à l'égard du général de Gaulle le ton de la presse communiste va notablement se durcir.

En vérité, de Gaulle, pour *L'Humanité,* n'a jamais compté beaucoup. Son éloge — lorsqu'il y a éloge — doit avant tout servir à la glorification de la Résistance, du Parti communiste, de ses leaders et de l'Union soviétique.

Marcel Cachin commente-t-il dans *L'Humanité* le discours prononcé par le général de Gaulle, le 12 septembre, au palais de Chaillot, c'est avant tout pour écrire cette phrase qui soude mensongèrement l'entrée en résistance des communistes à l'entrée en résistance de De Gaulle.

---

1. *Cf.* chapitre 15.
2. *Le Figaro* n'en parlera pas mais consacrera une place importante à la manifestation populaire autour de De Gaulle et de Churchill. L'article de première page du quotidien des 12-13 novembre sera signé de Georges Ravon. Il évoque le temps « des parades spectaculaires et trompeuses » et parle de la gravité du peuple de Paris, « gravité où se devinait la pensée que chacun de nous dédiait aux absents, aux prisonniers cruellement séparés de la patrie en de pareils moments ». Toute la page 4 du quotidien est consacrée à l'événement. Elle comporte quatre photos dont trois du défilé militaire qui vit paraître des troupes anglaises et américaines aux côtés des Français, une de De Gaulle et de Churchill devant le tombeau du Soldat inconnu.

LA DISSOLUTION DES MILICES PATRIOTIQUES

« Pour nous communistes, qui, dès juillet 1940, avons livré le combat sur le sol de la patrie contre l'envahisseur, nous lui savons gré [à de Gaulle], par surcroît, d'avoir, dès l'hiver de 1941, salué en termes inoubliables les héroïques efforts de l'armée et du peuple soviétiques, sauveurs de la civilisation. »

Pour le reste, on peut lire attentivement *L'Humanité* des quatre mois qui suivent la Libération — je l'ai fait —, on y trouvera rarement mention des actes et des activités de De Gaulle dont le nom est souvent omis.

Il est le « président du gouvernement provisoire de la République française », formule dépersonnalisante le plus souvent employée et qui dissimule l'homme sous la fonction.

« Le président du gouvernement provisoire de la République » visite-t-il, en septembre, des villes qu'il veut retenir sur les chemins du désordre : seize lignes dans *L'Humanité* pour le voyage à Lyon, onze pour le voyage à Toulouse, seize pour la tournée à Bordeaux, Cognac et Saintes, où il passe en revue les F.F.I. qui tiennent le front de l'Atlantique. Le voyage à Lille et surtout le voyage en Normandie en octobre seront, il est vrai, plus abondamment et plus sympathiquement traités[1]. Mais, si de Gaulle est souvent « escamoté », son entourage n'est pas ménagé.

Dès les premiers jours de septembre, Capitant, ministre de l'Éducation nationale ; Lacoste, ministre de la Production ; Tixier, ministre de l'Intérieur ; Frenay, ministre des Prisonniers ; François de Menthon, ministre de la Justice ; Soustelle, responsable des services secrets,

---

1. En Normandie, *L'Humanité* a pour envoyé spécial Roger Payen dont le texte, titré « La Normandie acclame de Gaulle », est d'une parfaite objectivité.
Le Populaire, quotidien du Parti socialiste, ne sera guère généreux avec de Gaulle dont le nom est peu souvent écrit. Après avoir consacré onze lignes au voyage à Toulouse, *Le Populaire* en consacrera vingt-neuf, quelques jours plus tard, au 75e anniversaire de Marcel Cachin, directeur de *L'Humanité*.
En revanche — et l'on voit ainsi les clivages politiques se préciser immédiatement —, *Le Figaro* publie quatre-vingt-quatorze lignes sur le voyage à Lyon (dont cinquante-quatre sous la signature de Louis-Gabriel Robinet), quarante sur le voyage à Marseille, trente-six sur le voyage à Toulouse. Dans les articles consacrés au retour du général de Gaulle à Paris (cent quarante et une lignes), Louis-Gabriel Robinet fait à plusieurs reprises mention de l'enthousiasme populaire.
Je le rappelle, la pagination des journaux est alors très réduite, ce qui explique en partie la modestie des comptes rendus.

seront mis en cause comme s'il s'agissait, à travers eux, d'atteindre, sans jamais l'attaquer nommément, un de Gaulle encerclé, déstabilisé, fragilisé, à la fin isolé.

La méthode de Marcel Cachin est passionnante à observer. Dans plusieurs de ses éditoriaux de septembre et d'octobre 1944, il prend à partie ceux qui réclament que l'ordre soit rétabli. Jamais cependant il ne cite de Gaulle, le véritable et le seul champion de l'ordre qui puisse se faire entendre de tous, celui qui affirme régulièrement : « On ne fait rien et rien de grand que dans l'ordre. »

Peu favorisé par le texte, de Gaulle l'est moins encore par l'image.

Lorsque le maréchal Staline a droit, entre le 7 novembre et le 20 décembre 1944, à quatre photos de studio, quatre portraits, publiés chacun sur deux colonnes, de Gaulle ne bénéficie, dans *L'Humanité,* que d'une seule photo de studio sur deux colonnes, le 25 août. Sans doute paraît-il les 27 et 30 août, ainsi que le 13 septembre, mais il figure simplement sur des photos d'actualité le montrant à l'hôtel de ville de Paris, ou recevant les directeurs de journaux, parmi lesquels se trouve Marcel Cachin, ou bien encore, au palais de Chaillot, lorsqu'il prononce son discours.

Entre le 13 septembre et le 17 décembre — le voyage de De Gaulle à Moscou est terminé, mais les documents photographiques commencent à parvenir en France [1] —, la photo du « président du gouvernement provisoire de la République française » est comme interdite de publication dans *L'Humanité.*

Il faudrait beaucoup plus que cet ostracisme et que ces attaques pour faire revenir de Gaulle sur des décisions qu'il a prises, en fonction des informations recueillies au cours de ses voyages, ou qui lui sont quotidiennement communiquées, informations qui l'incitent à en finir avec ces groupes armés qui, sous quelque nom que ce soit, Milices ou Gardes patriotiques, procèdent toujours à des perquisitions et des arrestations.

---

1. Celle que *L'Humanité* publie le 17 décembre montre de Gaulle arrivant à Koursk.

En octobre 1944 « l'affaire de Maubeuge » a-t-elle été à l'origine de sa décision ? Certains l'écrivent. Je ne le crois pas. La dissolution des Milices s'inscrivait dans la logique gaullienne, elle correspondait également à la sourde hostilité populaire, ainsi qu'aux désirs de calme de plus en plus clairement manifestés par les autorités nouvelles.

Mais « l'affaire de Maubeuge », en exaspérant de Gaulle, qui voit alors de quoi les communistes sont capables pour provoquer, puis exploiter l'émotion de foules à la sensibilité à vif et justifier ainsi l'utilité des Milices, précipitera peut-être sa décision, durcira, quoi qu'il en soit, sa résolution [1].

Maubeuge ? Quelle affaire ? J'ai écrit que l'action officielle des Milices patriotiques se limitait à des réquisitions, des occupations d'entreprises, des arrestations de collaborateurs vrais ou supposés, et à quelques distributions de vivres du marché noir aux sinistrés ou aux malheureux. Ce n'est pas tout à fait exact.

Pour légitimer l'armement de la Milice, ne faut-il pas qu'on la dise attaquée ? Le 14 octobre, *L'Humanité* rapporte donc l'attaque de la centrale des usines Hispano Suiza, dans la banlieue parisienne, par une « bande de gangsters ». « Après un combat acharné et malgré l'insuffisance de leur armement », les Milices patriotiques de l'usine réussiront à repousser tous les assauts. Curieusement — mais qui, alors, y prête garde ? —, ce combat « acharné » n'a fait ni morts ni blessés.

Pour justifier que la Milice soit en permanence armée, on la présentera donc comme le dernier rempart contre les fascistes revanchards de la 5ᵉ colonne.

Si « l'affaire de Maubeuge » est un parfait exemple de montage politique et de manipulation des foules, elle s'inscrit dans un contexte local déjà troublé. Le meurtre, le 25 août, du maire, et du maire dévoué à ses administrés, Anicet Desfossez ; l'arrestation provisoire,

---

1. Dans son journal René Mayer, qui est alors ministre des Transports et Travaux publics, note le 27 octobre : « La question des Milices vient à fond. De Gaulle interpelle Billoux et Tillon. On se renvoie à demain pour la suite de l'ordre du jour. » Le 28 octobre, le climat est tendu. Toujours le journal de Mayer : « A Maubeuge, le colonel Prosper, F.F.I., a tué de sa main, dans la prison, trois [en réalité deux] condamnés à mort grâciés par de Gaulle... Cela fait rebondir l'affaire des Milices. La décision paraîtra au communiqué. »

quelques jours après la Libération, du commandant de la place, le chef de bataillon Leblon, officier incontestablement résistant ; la tentative d'assassinat d'un socialiste, le docteur Pierre Forest, qui venait d'être désigné comme adjoint au maire communiste Abel Michaux, tout contribue à aggraver la tension dans une région à forte population ouvrière et communiste qui a beaucoup souffert de l'occupation et où la traditionnelle lutte des classes a été exaspérée par la présence allemande, la collaboration des uns, la résistance des autres[1].

Comment, dans la matinée du 19 octobre 1944, l'émotion ne serait-elle pas intense ?

La population vient en effet d'apprendre l'enlèvement par des hommes en armes — les « gangsters de la 5e colonne », écrira *L'Humanité* le 23 octobre — d'Abel Michaux, maire et président du Comité de libération. L'opération a eu lieu le 18 à 16 h 30. Deux individus, armés de mitraillettes, ont fait irruption dans la salle de la mairie et ont intimé à Michaux l'ordre de les suivre. Poussé dans une voiture où se trouvaient deux comparses, Michaux a été conduit près de Dimont, chez une fermière, Mme Harlet, dont le mari, qui appartenait au parti franciste du collaborateur Marcel Bucard, a été abattu quelques jours plus tôt par la Résistance.

A 22 heures, police, F.F.I., hommes des Milices patriotiques, à qui *L'Humanité* accordera toute la gloire du succès, retrouvent et délivrent le maire qui, le lendemain, 19 octobre, vient lui-même haranguer les mille ouvriers de l'usine de la Fabrique de fer de Louvroil où, avant d'être porté à la tête de la municipalité, il était employé de bureau et interprète.

Tout pourrait s'arrêter là. Tout débute.

Michaux, qui se félicite de sa libération par les Milices patriotiques, répète que l'attentat sera vengé. Les ouvriers interrompent alors le travail pour suivre Michaux sur la place de l'Hôtel-de-Ville. Ils sont

---

1. Maubeuge, dévastée par les combats de mai-juin 1940, se trouvait en zone interdite, placée sous l'autorité du commandement militaire de Bruxelles. Selon E. Dejonghe, le marché noir était « l'un des plus chers de France ». La Résistance, particulièrement active et nombreuse dans le département, opposait au moins autant qu'elle unissait O.C.M. (Organisation civile et militaire) et F.T.P., ces derniers puissants à Maubeuge où existaient d'importantes concentrations ouvrières. Dix-sept habitants de Maubeuge devaient être fusillés par les Allemands.

rejoints par une foule alertée par les sirènes des usines. Combien de manifestants ? 25 000, écrira *L'Humanité*, 14 000 affirmera l'historien Dejonghe, 3 500 à 4 000, écrira René Jannin[1], sous-préfet d'Avesnes, présent à Maubeuge, mais seulement à partir de 20 heures. Les chefs des manifestants — les commandants F.T.P. *Prosper* (Thuytstchaever) et *Arthur* (Marceau Lambert) ; le commissaire politique Francis Rouby, un étudiant de vingt et un ans ; Pottiel, secrétaire du syndicat du bassin de la Sambre ; Michaux lui-même — ont exigé sa venue.

Excitée par des discours enflammés, la foule, disent-ils au sous-préfet, réclame l'exécution immédiate de collaborateurs. Des collaborateurs, ce n'est pas ce qui manque ! Dans la vieille caserne Joyeuse, ils sont cent soixante que l'on devait transférer en camion à la maison d'arrêt d'Avesnes, mais qui n'ont pas encore bougé[2]. Vite, qu'on les juge ! Vite, qu'on les condamne ! Et vite, qu'on exécute les condamnés.

Alerté par le sous-préfet d'Avesnes, Verlomme, préfet du Nord, a informé immédiatement le général Deligne, commandant la région, qui a ordonné à son adjoint, le colonel Lajouagny, de se rendre sans délai à Maubeuge.

Lorsque Lajouagny arrive, il est accueilli par la foule qui scande : « Épuration, épuration » et menace d'envahir la caserne Joyeuse, « protégée » par des F.F.I. qui sont de cœur avec elle.

Que faire ? Gagner du temps. C'est ce que fait le colonel Lajouagny en annonçant la prochaine arrivée du préfet Verlomme et du lieutenant-colonel Caille, commissaire du gouvernement près le tribunal militaire de Lille.

Ils arrivent, en effet, après avoir traversé une masse humaine qui fait alterner *Internationale* et *Marseillaise*. La réunion qu'ils ont avec Michaux et les meneurs se tient dans la salle d'honneur de la mairie, une construction « de guerre », grand baraquement plus qu'hôtel de ville classique, en présence des « délégués de la foule » : deux cent

---

1. Dont, s'agissant de la soirée du 19 octobre et de la nuit du 19 au 20, j'ai utilisé le récit publié dans *L'Histoire de Maubeuge* (éditions des Beffrois, Dunkerque).
2. Les détenus devaient être transférés avant l'aube et par petits groupes, sous la protection d'un détachement F.F.I. commandé par un gendarme. Or, le 17 octobre, c'est à 12 h 30 que dix détenus, sous la garde d'un détachement F.F.I. — sans gendarmes —, étaient convoyés à pied de Maubeuge à Avesnes. Pris à partie par la foule, molestés, ils devaient rebrousser chemin.

cinquante personnes environ qui se sont déléguées elles-mêmes et dont le nombre et l'influence grandiront au fil des heures. Parlant de cette nuit historique, l'ancien député communiste Maton dira : « Les murs étaient littéralement ébranlés par la bousculade, une foule considérable se tenant au-dehors et cherchant à se tenir informée[1]. »

Il y aura ainsi de constants va-et-vient entre ceux qui encombrent la salle d'honneur et ceux qui, de l'extérieur, réclament moins la justice que la vengeance.

Aussi, lorsque le préfet Verlomme propose de faire juger, dans les vingt-quatre heures, tous les prévenus par le tribunal militaire de Lille, sa solution est-elle immédiatement rejetée par un auditoire menaçant.

Entre Verlomme, le colonel Lajouagny, le lieutenant-colonel Caille, Gombert, un résistant estimé, qui, monté sur une table, tente de ramener le calme, et les manifestants excités par Michaux, qui, de temps à autre, quitte la salle pour dénoncer au micro la mollesse du « préfet qui ne veut pas comprendre », le combat — car il s'agit bien d'un combat — est inégal.

Vers 23 heures, Verlomme et le colonel Lajouagny, qui craignent — on les en menace d'ailleurs — une ruée des manifestants sur la caserne Joyeuse, puis la capture et le massacre de plusieurs prisonniers, téléphonent au général Deligne. Depuis Lille, Deligne autorise la constitution immédiate d'un tribunal militaire[2] que présidera le colonel Lajouagny, assisté de deux officiers de gendarmerie et de deux F.F.I.-F.T.P. Le pasteur de Maubeuge, M. Lasserre, a accepté d'assister les prévenus. Combien va-t-on en juger... et en condamner à mort, puisque nul ne se fait d'illusion sur le dénouement[3] ?

Les meneurs ont réclamé tout d'abord que quinze hommes soient jugés. Le préfet Verlomme obtiendra que ce nombre soit ramené à six. Le commandant *Arthur,* accompagné de membres des Milices patriotiques, fait extraire de la caserne-prison Pinguet, Jacquet, Mouftier, Dubus, Tilnant, ainsi qu'un sixième détenu. Délivrés de leurs chaînes, mais livrés à la foule, ils doivent gagner la mairie « en zig-zag », écrit le

---

1. *La Voix du Nord,* 25 novembre 1988.
2. Au cours de la nuit, les documents accréditant ce tribunal arriveront à Maubeuge.
3. Dans son numéro du dimanche 22-lundi 23 octobre, *L'Humanité* écrit, parlant de l'affaire de Maubeuge : « Une cour martiale devait être immédiatement réunie. Nous espérons que les coupables sont déjà exécutés. »

sous-préfet d'Avesnes, pour que tous puissent les voir, leur cracher leur colère et leur haine.

Sur les hommes au visage tuméfié présentés au lieutenant-colonel Caille, qui tient le rôle de commissaire du gouvernement, il n'existe aucun dossier. Nul ne sait exactement ce qu'il *faut* leur reprocher. Ils sont interrogés par un leader syndical qui, les coups aidant[1], va provoquer puis accélérer des « aveux ». Vers 3 heures du matin, les « instructions » — si le mot convient — sont achevées. Les six hommes sont alors conduits de la petite pièce où ils ont été interrogés dans la salle d'honneur de la mairie où trois cent cinquante personnes attendent impatiemment un procès dont le sous-préfet d'Avesnes affirmera, mais il n'était pas présent[2], qu'il s'est déroulé dans le calme.

A 6 heures du matin, écriront les uns, 8 h 30, diront les autres, le verdict est rendu : malgré les efforts du pasteur Lasserre, cinq des six collaborateurs sont condamnés à mort, le sixième étant renvoyé devant la justice officielle.

Toute « l'affaire de Maubeuge » s'est déroulée, et sans doute ne s'agit-il pas d'un hasard, alors que le commissaire de la République François Closon se trouve à Paris.

Revenu à Lille aussi rapidement que le permettent les moyens de locomotion de l'époque, Closon se déchaînera contre le général Deligne, qui a autorisé, sur simple appel téléphonique du colonel Lajouagny, la constitution d'un tribunal militaire[3], et contre un commissaire du gouvernement — Caille — qui, « avec un zèle surprenant, aux dépens de la vie des accusés, [a] requis cinq fois la mort », alors qu'il devait déclarer, « quelques jours plus tard, qu'aucun des cas n'aurait mérité une peine supérieure à vingt-cinq ans de prison[4] ».

Cependant, Closon ayant transmis au général de Gaulle — que

---

1. Il tirera même un coup de feu aux pieds des inculpés pour hâter les aveux.
2. Le préfet et les autorités administratives ont, en effet, quitté les lieux.
3. Du général Deligne, Closon écrira que « les événements le dépassaient » et qu'il n'avait pas « une autorité à la hauteur de son grade ».
4. Closon. D'après le député communiste Arthur Ramette, les collaborateurs jugés à Maubeuge auraient été responsables de l'arrestation et de la mort de plusieurs *centaines* de résistants.

l'intrusion de la « justice populaire » dans le déroulement de la justice ne peut, une fois de plus, qu'exaspérer — le recours des cinq condamnés, le chef du gouvernement provisoire accorde la grâce de trois hommes : Pinguet, Jacquet et Mouftier.

Porteur de cette information, Closon se rend à Maubeuge le 26 octobre et confie aux commandants *Arthur* et *Prosper* le soin de transférer à la prison de Loos-lès-Lille les trois bénéficiaires de la grâce.

Un nouveau drame se produit alors. Pénétrant dans la cellule de ceux dont il doit « prendre livraison[1] », *Prosper* abat de son arme de service deux d'entre eux : Jacquet et Pinguet, Mouftier étant épargné par hasard.

Mis aux arrêts de rigueur, *Prosper* et *Arthur* sont conduits à Paris en attendant l'instruction de leur dossier. Est-ce la fin ? Non. Le 14 décembre, Closon, commissaire de la République, c'est-à-dire, est-il besoin de le rappeler, la plus haute autorité régionale, *apprend par la presse locale* que les deux officiers, mis en liberté provisoire le 8 décembre, viennent d'être réintégrés dans leur commandement.

Liberté, quotidien communiste, donne à l'information le titre suivant : « *Deux patriotes à l'honneur à Maubeuge : les commandants Prosper et Arthur de retour* ». Quant à *Nord libre,* il rend compte de la réception « *chaleureuse* » réservée aux deux officiers : « Le commandant Prosper salua le drapeau du régiment, tandis qu'au son des marches militaires défilait le bataillon F.F.I. »

Ce défi à son autorité, comme à l'autorité du nouveau régime qui, difficilement, se met en place dans une région où, selon Dejonghe, « les F.F.I.-F.T.P. exerçaient un pouvoir de fait » et où il faudra faire venir de Senlis un bataillon de spahis marocains pour encercler et réduire sans heurts des garçons en armes qui se livraient à des opérations de brigandage[2], Closon ne pouvait l'accepter.

Il le fera savoir, le 15 décembre, dans un rapport au ministère de l'Intérieur. Les 11 et 12 janvier 1945, les commandants *Prosper* et

---

1. Le mot est de Closon.
2. Opérations de brigandage dénoncées par une partie de la presse locale (*Voix du Nord, Nord Matin*) opposant « les F.F.I. qui se battent vaillamment sur les fronts de Dunkerque et d'Alsace » à « de misérables individus, munis de faux brassards et circulant dans des autos portant indûment les lettres F.F.I., perquisitionn[a]nt et réquisitionn[a]nt à leur profit, vol[a]nt et pill[a]nt sans vergogne ». *Nord Matin,* 14 octobre 1944.

Arthur seront donc respectivement condamnés à sept ans et cinq ans de réclusion, ainsi qu'à la dégradation militaire. Condamnations qui provoqueront, le 21 février, dans le cadre de l'Assemblée consultative nationale provisoire, une longue intervention du R.P. Philippe, représentant du Front national, qui demandera la révision du procès de Maubeuge, ainsi que du communiste Arthur Ramette qui s'écriera, parlant des commandants *Prosper* et *Arthur* : « Il faut libérer ces héros de la libération nationale, ceux-là qui ont donné toute leur vie pour que vive la France, pour que soit libéré notre pays. Il faut les faire sortir de prison ; il faut les remettre à leur place, au combat contre l'hitlérisme. »

Il est vraisemblable que, le 21 février 1945, le R.P. Philippe ne connaissait pas le « dessous » des cartes.

Il est impensable que le communiste Arthur Ramette l'ait ignoré.

Toute l'affaire de Maubeuge a, en effet, été « montée » par des communistes.

Les hommes armés, les « hitlériens », qui, le 19 octobre 1944, avaient « enlevé » Abel Michaux, étaient, en réalité, des copains et des complices du maire communiste. Lorsque Michaux appelait à la vengeance, lorsqu'il excitait une foule, elle, parfaitement ignorante, lorsqu'il accélérait la formation d'un tribunal chargé de juger à la va-vite — et d'expédier — une demi-douzaine de collaborateurs qui paieraient ainsi pour les « responsables » de son « enlèvement », il savait parfaitement que cette mise en scène n'était qu'une feinte odieuse destinée à précipiter le cours d'une justice qu'il jugeait trop lente, à accréditer le mythe d'une 5ᵉ colonne assez menaçante pour que se trouve accru le rôle des Milices patriotiques, à augmenter localement l'influence, le prestige, le pouvoir du Parti communiste.

Le mensonge ne résistera pas au temps[1].

---

1. Il faut signaler qu'après le 23 octobre 1944 *L'Humanité* garda longtemps le silence sur « l'affaire de Maubeuge ». Elle n'en reparlera que le 13 janvier 1945 en publiant, sans commentaire, le communiqué A.F.P. annonçant la condamnation d'*Arthur,* de *Prosper* et du lieutenant Caucheteur, puis, le 22 février 1945, à l'occasion de l'intervention d'Arthur Ramette.

Toutefois, dans son numéro du 27-28 mai 1945, *L'Humanité* consacre aux officiers de Maubeuge, « emprisonnés pour avoir exécuté, afin de sauvegarder l'ordre public, deux traîtres condamnés à mort puis graciés », un article titré sur deux colonnes et accompagné d'une photo. Les officiers libérés sont « venus à *L'Humanité* et remercient toutes les organisations et tous ceux qui ont agi en leur faveur ».

Closon écrira que, dès janvier ou février 1945, « une opération de routine menée par la police militaire américaine conduisait celle-ci à questionner, pour quelques relations avec l'ancien occupant[1], l'homme enlevé par les " fascistes ". L'occasion se présentait d'en savoir davantage. *Apparemment, le garçon reconnut rapidement la machination, le faux enlèvement, la libération simulée. Politiquement, le cercle était fermé, l'horrible drame de Maubeuge avait été un coup préparé, bien monté, parfaitement exécuté*[2] ».

Le 26 mai 1945, le général de Gaulle graciait les commandants *Arthur* et *Prosper* ainsi que le sous-lieutenant Caucheteur.

La décision d'en finir avec les Milices patriotiques est du 28 octobre ; « l'affaire de Maubeuge » se développe entre le 18 octobre — faux enlèvement du maire communiste — et le 26, exécution de deux des condamnés à mort graciés par de Gaulle.

Mais il y eut, dans le même temps, d'autres incidents, d'autres drames.

Évoquant le détail des dispositions prises contre les Milices au cours du Conseil des ministres du 31 octobre — celles, notamment, qui interdisent la détention d'armes et dissolvent toute force ne faisant pas partie de l'armée —, le général de Gaulle écrit : « Coïncidence ou provocation, le lendemain 1ᵉʳ novembre, un train de munitions fait explosion à Vitry-sur-Seine. Il y a une trentaine de tués [27] et une centaine de blessés [97]... Les communistes ne manquent pas

---

1. Que les choses aient été sues n'empêchera pas Jacques Debu-Bridel de donner, dans son livre *De Gaulle et le C.N.R.*, une relation parfaitement fantaisiste de « l'affaire de Maubeuge ».
Une dépêche A.F.P., datée du 23 janvier 1945, annoncera effectivement l'arrestation, par les autorités américaines, de « Louis Michaux, président du C.D.L. de Maubeuge. Écroué à Avesnes, il a été transféré à Lille. Il n'avait pas dénoncé deux soldats allemands déserteurs l'avant-veille de la Libération ».
2. Je souligne intentionnellement.

Il peut paraître cynique de publier sur cette même page deux photos aussi contradictoires : l'une de mort, l'autre de résurrection, et, cependant, elles traduisent bien la double vérité de 1944-1945. Dans tous les bois où ont eu lieu des exécutions de maquisards, de résistants, d'otages, on découvre des corps sommairement enfouis. Les Français apprendront ainsi les horreurs de l'Occupation.

Au bilan des pertes humaines il faut ajouter le bilan des pertes économiques : 1 900 ponts de chemin de fer, 8 793 ponts routiers ont été détruits. La France est un pays où l'on ne circule plus. Aussi chaque remise en état (ici le viaduc de Chantilly) est-elle une victoire. *(Cl. Jean-Gabriel Séruzier et Cl. A.F.P.)*

DE BÉRAUD À BRASILLACH.
À PARIS, LES COURS DE JUSTICE
CONDAMNENT D'ABORD LES ÉCRIVAINS

L'hiver 1944-1945 sera, en grande partie sous la pression des communistes — qui multiplient, importantes ou maigrelettes, les manifestations en faveur de l'épuration —, l'hiver des règlements de comptes.

En province, les cours martiales, les tribunaux du peuple, d'autres justices improvisées ont envoyé de vie à trépas et des coupables et des demi-coupables et des innocents. Deux heures suffisaient pour juger vingt hommes. Vingt minutes pour en condamner dix-neuf à mort. Dix minutes pour les exécuter en public (notre photo de page de couverture). À Paris pas de cours martiales : des cours de justice plus sereines. Entre la fin du mois d'octobre 1944 et le 19 janvier 1945, elles jugeront et condamneront des assassins comme les gestapistes de la bande Bonny-Lafont. Mais écrivains et journalistes paraîtront très souvent à la barre, qu'il s'agisse de Suarez, le premier fusillé, d'Henri Béraud (notre photo à droite) ou de Robert Brasillach, dont le procès se déroulera en une seule journée, le 19 janvier 1945, et s'achèvera sur une condamnation à mort. Brasillach sera exécuté le 6 février. *(Cl. A.F.P., en haut et à dr., et LAPI-Viollet.)*

DES VOYAGES EN PROVINCE AU VOYAGE À MOSCOU

En septembre 1944, dans un pays qui est en train de se « féodaliser » et où surgissent de petites républiques provinciales, qui n'ont plus aucun rapport avec un pouvoir central isolé par le manque de communications, de Gaulle entreprend à Lyon, Marseille, Toulouse (notre photo, avec Bertaux, commissaire de la République) des voyages de reprise en main.

En décembre, le voyage à Moscou, qui avait été précédé de l'amnistie accordée à Maurice Thorez et du retour à Paris du leader communiste (que l'on voit ici, entouré de Duclos, Frachon et Marty, assister à l'enterrement du colonel Fabien), répond à un tout autre but : faire pièce aux Anglais et surtout aux Américains toujours réticents à l'égard de de Gaulle, en signant avec Staline (c'est Molotov et Bidault qui tiendront le porte-plume) un pacte d'alliance... qui se révélera éphémère.

(Cl. Yan-Dieuzaide, en haut à g., Cl. Roger-Viollet, en bas à g., Cl. Keystone.)

LA REVANCHE DE NOS ARMES DANS LA JOIE
ET LA SOUFFRANCE

Le 16 août 1944, l'armée B — celle qui, sous le commandement du général de Lattre
de Tassigny, deviendra la glorieuse armée « Rhin et Danube » — débarque en
Provence. Très rapidement, plus rapidement que prévu par les plans alliés, elle
s'emparera de Toulon et de Marseille et remontera la vallée du Rhône. Le 2 septembre
de Lattre fera un « crochet » à Montpellier. Il y avait commandé en janvier 1942, il
en était parti, pour tenter de « prendre le maquis » en novembre de la même année,
au moment de l'invasion de la zone libre.
Son retour pour quelques heures, en 1944, est acclamé par une population inquiète
du climat que font régner des bandes bien ou mal contrôlées...
Tandis que l'hiver à l'est ralentit l'avance des troupes franco-américaines, de Gaulle,
accompagné de Churchill et entouré de centaines de milliers de Français, peut, le 11
novembre 1944, célébrer le souvenir de « l'autre victoire ». Depuis 1939, les Français
n'avaient pu que, clandestinement, fleurir la tombe du soldat inconnu.

(Arch. du Secrétariat d'État aux anciens combattants, Cl. Keystone, en haut à dr.. et arch. Laisier, en bas à dr.)

LES GRANDES MISÈRES
DES SINISTRÉS, DES VIEUX
ET DES PAUVRES

Nous l'oublions trop : 291 000 immeubles ont été
totalement détruits, 938 000 partiellement atteints
par les bombardements et les batailles. Des villes
entières (ici Caen) ne sont plus qu'un chaos de ruines
fumantes parmi lesquelles quelques rescapés
cherchent en vain la trace de souvenirs familiers.
Que reconnaître dans ce magma ?
Comme l'hiver 1944-1945 sera le plus dur de tous
les hivers de guerre, le plus froid aussi, la chasse au
moindre kilo de charbon, au plus petit fagotin,
prendra des allures de chasse au trésor. Jamais les
pauvres n'ont été plus pauvres !

(Photos Robert Pean, Mémorial de la ville de Caen et arch. Tallandier.)

d'affirmer que c'est là " un méfait de la 5ᵉ colonne fasciste[1] ". »

Plusieurs écrivains — Elsa Triolet, Vercors, Armand Salacrou, Paul Éluard, Max-Pol Fouchet, Loys Masson — « récupéreront » l'explosion de Vitry au profit de la survie des Milices patriotiques. Selon eux, « de pareils attentats pourraient être rendus impossibles si l'on voulait utiliser et rendre efficace la force populaire qui s'est spontanément dressée, depuis l'insurrection, contre les agissements des hitlériens ».

Si le mot « provocation » pour une explosion qui a fait vingt-sept morts est choquant sous la plume de De Gaulle, la « récupération » immédiate de l'accident de Vitry par les « compagnons de route » du Parti communiste est inconvenante. Car, à Vitry, c'est à la suite de l'imprudence d'un fumeur venu dérober, dans des wagons sans surveillance, des caisses contenant des munitions abandonnées par les Allemands que l'explosion s'est produite.

Le 25 novembre, c'est, dans le Vaucluse, au château de La Simone, où se trouvaient cantonnés les F.F.I. de la compagnie Ventoux-Lubéron, que se produit une explosion à la suite de laquelle trente-deux F.F.I. sont tués et vingt et un blessés. La gendarmerie ayant été informée, la veille, de coups de feu tirés contre le château par d'introuvables agresseurs, comment ne pas conclure à un attentat ?

C'est ce que feront les premiers enquêteurs, et il faudra attendre le rapport — mais il date du 8 décembre — du commissaire Yves Piana pour que la thèse de l'accident, provoqué — comme ce fut le cas à Vitry, comme ce sera le cas, à plusieurs reprises, dans l'année qui suit la Libération — par l'imprudente manipulation d'un stock de munitions, soit mise en avant[2]. Et pour que la thèse de l'attaque du château soit classée au nombre de ces « attaques », nombreuses à l'époque, relevant soit de l'hallucination de quelques sentinelles, soit de la mise en scène politique.

N'est-ce pas Bounin, commissaire de la République à Montpellier, qui écrira : « Les Milices patriotiques, devenues totalement inutiles, veulent se rendre intéressantes par des attentats bidon » ?

---

1. Les mots « attentat de la 5ᵉ colonne » seront censurés dans *L'Humanité* du 2 novembre.
2. Selon *Le Progrès* (28 novembre 1944), des quantités importantes de plastic étaient entreposées dans le château ainsi, selon certains renseignements, qu'une bombe allemande non explosée de 350 kilos. *Le Figaro* du 29 parlera de trois bombes découvertes sous l'escalier conduisant aux caves.

Quoi qu'il en soit, en réaction à la catastrophe de La Simone, plusieurs dizaines de personnes (trente-sept écriront les journaux [1]) soupçonnées de collaboration sont conduites à Pertuis, petite ville proche du lieu de l'explosion. Dans l'après-midi du 25 novembre, les prisonniers, conduits au château de La Simone, doivent s'agenouiller devant les cadavres des militaires. Malmenés, roués de coups — le docteur Froissard, ancien médecin du S.T.O., succombera le lendemain —, ils sont présentés à une foule surexcitée qui exige leur exécution immédiate. Afin que personne ne vienne faire obstacle à cette exécution, l'adjudant de gendarmerie de Pertuis et le lieutenant commandant la section d'Apt sont d'ailleurs arrêtés.

Le préfet du Vaucluse, arrivé rapidement sur les lieux, parvient cependant à placer les otages sous la garde d'un groupe F.F.I. de Cavaillon. Pas plus que le préfet Verlomme à Maubeuge, il ne peut cependant empêcher la constitution d'un tribunal (ici, il s'agit d'un « tribunal du peuple ») qui, dans la nuit, prononce quatre condamnations à mort et trente peines d'internement.

C'est grâce à M. Biage, directeur du cabinet du commissaire de la République à Marseille, que l'exécution des quatre hommes et d'un cinquième, qui vient de leur être joint, sera différée. Le 26 novembre, faisant courageusement face à la foule, Biage plaide inlassablement pour le respect de la légalité, c'est-à-dire pour que les « condamnés » soient transférés devant la cour de justice d'Avignon.

Les meneurs — parmi lesquels Chavanas, chef départemental des Forces républicaines de sécurité — réclament l'épuration de la cour de justice, font arrêter l'inspecteur Legris et ses adjoints chargés de l'instruction, s'opposent au transfert des condamnés, et menacent de fusiller tous les membres du Comité local de libération si les condamnés, dont l'exécution a été ajournée de dix à dix-sept heures, ne sont pas exécutés avant les obsèques des victimes fixées au 27 novembre.

Évoquant l'atmosphère tumultueuse, presque révolutionnaire, de la

---

1. Les rapports officiels qui se succéderont diront 17, 23, 32. Les dépêches d'agence, 37. Une fois de plus, cet exemple montre combien il est difficile, en des époques troubles, de citer des chiffres en garantissant aux lecteurs — comme on le fait trop souvent — leur exactitude. En matière de statistique, les incertitudes, s'agissant de la période 1943-1945, existent toujours. Il est utile, honnête et nécessaire de le rappeler.

journée du dimanche 26, André Marty, qui dénonce une fois encore les lenteurs de l'épuration, écrira dans *L'Humanité* du 30 novembre : « Quoi d'étonnant si... les autorités venues prêcher le calme et promettre une justice jamais rendue ont vu s'écrouler leur tribune sous le poids de la foule qui l'avait envahie ? »

La situation étant bloquée, les autorités régionales (le commissaire de la République Aubrac) et départementales (le préfet Charvet) décident, le 27 novembre, de faire un exemple dont ils attendent qu'il calme les plus excités. Autruc, un chef milicien de Pertuis, dont le dossier était déjà instruit à Avignon, est conduit d'Avignon à Pertuis, jugé par un tribunal militaire rapidement constitué sur décision d'Aubrac, condamné à mort, exécuté en présence de plus d'un millier de personnes dans l'après-midi du 28 novembre[1].

Cette exécution permettra, sous la protection d'un régiment de tirailleurs sénégalais, le transfert à la prison Sainte-Anne, d'Avignon, des suspects et des condamnés[2]. Le 29 novembre, les obsèques des victimes de l'explosion se dérouleront en présence de trois mille personnes environ, ainsi que de François de Menthon, ministre de la Justice, et de François Billoux, ministre communiste de la Santé.

Revenus à Paris, les deux ministres feront, au Conseil, un rapport sur la situation dans une région toujours agitée.

Il est juste de reconnaître que François Billoux précisera officiellement, le 1er octobre, qu'à Manosque, Dijon, Marseille, « des éléments troubles, ceux que communément on appelait dans la région " les gangsters ", ont servi d'agents provocateurs et tenté de pousser la population au désordre[3] ».

---

1. Raymond Aubrac qui s'était rendu sur place et s'était trouvé en présence d'une foule surexcitée avait pris l'engagement de ne pas gracier le milicien Autruc s'il était condamné à mort.

2. Au début du mois de janvier 1945, onze de ces hommes étaient libérés et quatre placés en résidence surveillée. A la fin du mois, douze autres (dont un condamné à mort) étaient mis en résidence surveillée, cinq (dont deux condamnés à mort) maintenus en prison. L'un des condamnés à mort, qui s'était évadé dans la nuit du 27 au 28 novembre, arrêté à Toulon en août 1945, reviendra libre à Pertuis en janvier 1946.

3. Il faut également préciser que M. Jean Cristofol, député-maire communiste de Marseille, président du Comité régional de libération, présent le 26 à Pertuis, où il prit la parole au cours du grand meeting à l'issue duquel les condamnés devaient être fusillés, s'était assez rapidement rangé aux thèses de M. Biage et qu'il avait alors demandé à la foule de demeurer dans la légalité. Son intervention fut d'un poids important dans la suite des événements.

Consacrant quelques lignes au drame du château de La Simone, de Gaulle écrit dans ses *Mémoires de guerre :* « L'enquête ne réussira pas à découvrir les auteurs [de l'explosion]. Mais tout se passe comme si c'était l'épilogue de l'affaire des milices. Les derniers groupes indûment armés ont disparu. Nulle explosion mystérieuse n'aura lieu désormais. »

C'est simplifier à l'excès. Le 29 novembre, en effet, le dépôt F.F.I. de Manosque sera pulvérisé par une explosion[1]. Et les réactions seront les mêmes qu'à Pertuis : arrestation d'une vingtaine de collaborateurs, menace de constitution d'un tribunal populaire, transfert des suspects à Digne. Les avocats, accablés de lettres de menaces, refuseront de plaider jusqu'au moment où, pour rétablir le calme, le commissaire de la République Aubrac prendra la décision d'envoyer dans le Vaucluse les F.F.I. casernés à Digne[2].

Au chapitre des « incidents-accidents-attentats » qui relancent systématiquement la campagne en faveur des Milices ou des Gardes patriotiques, dont la présence garantirait l'ordre menacé par la 5e colonne fasciste, il faut signaler l'annonce, le 14 décembre 1944, par le journal communiste *La Marseillaise du Centre,* de l'assaut donné à la caserne Niel et à la prison Saint-Michel, de Toulouse, par quatre-vingt-dix miliciens (de Darnand) transportés en camions !

Les Milices, que les autorités ont parfois refusé de dissoudre (Bertaux à Toulouse[3]) ou sont venues ostensiblement passer en revue (Debu-Bridel à Évreux), qui n'ont pas toutes rendu leurs armes, vont ainsi, pendant quelques mois encore, poursuivre localement une existence d'autant plus difficile que « le cœur n'y est plus ».

---

1. Il y aura sept morts dont quatre F.F.I.
2. *L'Humanité* du 30 novembre recense six attentats en Vaucluse et dans les Bouches-du-Rhône. Le quotidien communiste des 3-4 décembre signale des attaques, à Paris, contre le poste de police des Gobelins et, près d'Aix, contre le camp de Saint-Mitre.
3. Il écrira que, recevant au ministère de l'Intérieur l'ordre impérieux de dissoudre les Milices, il choisit de ne rien faire. « Ce n'était pas indispensable, précisera-t-il, car je pensais n'avoir rien à craindre. »

LA DISSOLUTION DES MILICES PATRIOTIQUES

Dans son rapport du 27 novembre 1944, le préfet du Tarn-et-Garonne, signalant « la régression marquée (et récente) de l'influence des mouvements de Résistance sur la population », expliquera qu'elle est due :

a) à la position inconsidérée prise par les mouvements de résistance sur la discipline intérieure du pays (question des Milices patriotiques) ;

b) à la prétention affirmée par les mouvements de résistance d'obliger le gouvernement à se conformer exclusivement à leurs vues ;

c) au sentiment croissant que la Résistance est menée par le Parti communiste et les formations qu'il inspire.

De la désaffection populaire, qui commence à se manifester, le préfet donnera pour exemple l'échec relatif d'un grand rassemblement organisé le 12 novembre à Montauban, en faveur du maintien des Milices patriotiques. « Malgré une propagande active d'une semaine et la mise en route exceptionnelle de toutes les lignes d'autobus et de nombreux camions, l'appel — écrit-il dans son rapport — a réuni à peine mille deux cents auditeurs, parmi lesquels la moitié environ venaient de l'extérieur de Montauban. »

Lors de l'offensive allemande de décembre 1944, le Parti communiste invitera bien les communes du Nord et du Pas-de-Calais à « constituer des gardes civiques » partout où il n'en existait pas et à redonner souffle aux formations en sommeil. Mais, devant la méfiance paysanne et l'hostilité officielle, l'offensive allemande ayant d'ailleurs échoué, il renoncera rapidement à la mobilisation d'hommes peu nombreux, mal armés[1] et qui, selon les rapports de la police du Nord et du Pas-de-Calais, se bornaient à arrêter les voitures sur les routes et

---

1. Dans l'arrondissement de Lille, ils sont 139, dans celui de Douai 132, dans celui d'Arras 220 armés et 1 350 sans armes.

Il existe cependant des dépôts clandestins d'armes et de munitions. C'est ainsi qu'à Trith-Saint-Léger, les gendarmes découvriront chez le nommé G.A..., F.T.P. de trente et un ans, sergent-chef au 33ᵉ régiment d'infanterie, trois mitrailleuses d'avion, trois fusils antichars, 19 000 cartouches, 23 grenades, etc.

à fouiller les sacs pour vérifier qu'ils ne contenaient aucune denrée contingentée[1].

Par-delà les incidents violents et les anecdotes plus ou moins pittoresques, il est nécessaire de replacer, ne fût-ce qu'en quelques pages, « l'affaire des Milices patriotiques » françaises dans son véritable contexte qui est international.

Au moment même où le débat est ouvert en France, une crise éclate en Belgique après que le gouvernement Pierlot — qui comprend deux communistes, MM. Marteaux et Dispy, ainsi qu'un proche du Parti, M. Demarty — a, lui aussi, décidé que toute personne trouvée, après le 1ᵉʳ novembre, en possession d'armes de guerre[2] serait passible de poursuites.

Au contraire de Billoux et de Tillon, les trois ministres communistes belges donnent leur démission, et, lorsque *L'Humanité* du 18 novembre explique à ses lecteurs les raisons de ce départ, elle écrit : « On désarme les groupes de Résistance ; on n'épure pas sérieusement ; on ne nationalise pas les grands groupes. »

Les communistes français adressaient exactement les mêmes reproches à de Gaulle, ils n'en avaient pas tiré les mêmes conséquences politiques que leurs camarades belges. Il est vrai que les événements de Belgique donnaient raison, en France, à ceux qui soutenaient que toute insurrection contre le pouvoir gaulliste se heurterait à une rapide réaction des armées alliées.

Encouragé par Churchill, qui, devant le désordre de la rue et la montée vers Bruxelles d'hommes armés, venus notamment de la

---

1. A Brive, les Gardes civiques de service saisiront, le 12 janvier 1945, un colis de 178 kilos de viande de porc dont le transport avait été dûment autorisé. Selon le lieutenant J..., commandant les Gardes civiques de Brive, la viande saisie aurait été répartie entre femmes de prisonniers de guerre et responsables d'œuvres sociales. Selon le préfet de la Corrèze, en revanche, certains « personnages n'ont pas hésité à aller revendre de la viande [saisie] à Clermont et à Paris ». Le lieutenant J... affirmera avoir agi « d'après les consignes reçues dans la clandestinité, consignes qui n'ont été ni abrogées ni prorogées par la suite », ce qui est tenir pour rien la dissolution des Milices.

2. M. Fayat, Premier ministre adjoint, estimait à 40 000 les membres de la Résistance belge toujours en possession d'armes de guerre (presse du 18 novembre 1944).

région de Mons, craignait un coup d'État, le général Erskine, commandant les forces britanniques, avait, en effet, immédiatement réagi[1].

Son communiqué, répété à la radio, précisait que « les forces alliées prêteraient leur assistance [au gouvernement belge] en vue du maintien de l'ordre et du respect des lois, ces deux facteurs étant essentiellement nécessaires à la conduite des opérations militaires ».

La guerre continuant contre l'Allemagne, les Alliés ne pouvaient admettre que leurs lignes de communication fussent mises en péril, que leurs troupes ne pussent circuler dans Bruxelles hérissé de barricades, paralysé par les grèves et où le *Front de l'Indépendance* appelait ses partisans à renverser le gouvernement.

En Grèce, exactement dans le même temps, la situation apparaissait comme infiniment plus dramatique.

Dans un pays envahi par les Allemands et les Italiens en mai 1941, les communistes avaient pris d'autant plus rapidement la tête de la Résistance que les débris de l'armée régulière s'étaient, lors de la défaite, repliés avec les Anglais sur la Crète, puis, ceux-ci chassés de la Crète, sur l'Égypte[2].

Le Front de libération nationale et l'Armée populaire de libération (E.L.A.S.) avaient donc, dès les premiers jours de 1943, libéré de l'occupation italienne une partie importante du territoire, installé des tribunaux, mis en place des municipalités, créé un véritable « État dans les montagnes ».

Sans abuser à l'excès des comparaisons, on peut écrire que le Front de libération, où les communistes, largement majoritaires, côtoyaient et encadraient des popes et des officiers royalistes, était à la Grèce ce que le Front national, infiniment moins influent cependant, était à la France.

De même, les partisans de l'Armée populaire de libération (*Andartés*) pouvaient-ils faire songer aux Francs-tireurs et partisans

---

1. Les heurts entre la police et les manifestants feront, à Bruxelles, soixante blessés dont plusieurs par balles.
2. Deux brigades grecques s'illustreront à El-Alamein.

français, les forces de ces derniers étant toutefois plus ou moins équilibrées, selon les départements, par les forces de l'Armée secrète, ce qui n'était nullement le cas en Grèce où, face aux *Andartés,* les résistants non communistes ne pesaient rien[1].

On pouvait donc prévoir, après la retraite d'une armée allemande qui laissait derrière elle ruines et morts, l'arrivée massive à Athènes, et dans les grandes villes grecques, de troupes sous direction communiste, politiquement bien encadrées, fortement armées, diplomatiquement soutenues par Moscou, qui auraient occupé sans coup férir les centres de décision et de pouvoir, plaçant Anglais et Américains devant le fait accompli.

C'était compter sans Churchill.

En 1941 — le Premier ministre le rappellera constamment —, l'Angleterre avait perdu 40 000 hommes, tués, blessés ou prisonniers, pour la défense de la Grèce. Ce sacrifice méritait que l'Angleterre revînt en vainqueur sur les champs de bataille dont elle avait été chassée. L'intérêt de la Grande-Bretagne et la « liberté du monde occidental[2] », pour reprendre les mots de Churchill, l'exigeaient, à moins d'abandonner la Grèce à l'influence communiste et ses ports aux croiseurs soviétiques.

Depuis longtemps, Churchill, bien informé, craignait pour le roi Georges de Grèce, réfugié à Londres, et pour le gouvernement grec, en exil au Caire, un retour difficile.

Écrivant à Roosevelt, dont éclate une fois encore, à l'occasion des événements de Grèce, la totale ignorance de l'histoire du monde méditerranéen et la coupable confiance en Staline, écrivant à Roosevelt le 31 mai 1944, Churchill évoque les « divergences qui pourraient survenir entre les Russes et nous au sujet de la politique à suivre dans les pays balkaniques, la Grèce en particulier ».

S'adressant, le 4 mai 1944, à son secrétaire d'État aux Affaires étrangères, Churchill s'était montré beaucoup plus net, exposant sa

---

1. Et pesaient d'autant moins que, très inférieurs en nombre, il leur arrivait d'être attaqués et désarmés par les *Andartés.*
2. Ce sont les mots par lesquels Churchill achève les deux chapitres consacrés, dans ses *Mémoires* (t. VI), aux événements de Grèce.

« A cette époque où 3 millions d'hommes combattaient dans chaque camp sur le front occidental... ces convulsions grecques pouvaient paraître de bien minime importance, mais elles n'en étaient pas moins au centre nerveux de la puissance, de l'ordre et de la liberté du monde occidental. »

crainte d'une « communisation des Balkans et peut-être de l'Italie », ne cachant pas sa volonté d' « une explication avec les Russes au sujet de leurs intrigues communistes en Italie, en Yougoslavie et en Grèce ».

L'explication ne tardera guère.

L'histoire n'a pas oublié la séance qui se déroule à Moscou le 9 octobre 1944.

Au Kremlin, il est un peu plus de 10 heures du soir. Du côté britannique, Churchill et Eden, accompagnés de leur interprète, le commandant Birse ; du côté soviétique, Staline et Molotov, avec Pavlov pour interprète.

Churchill vient de dire à Staline :

— Réglons nos affaires dans les Balkans... Évitons de nous heurter pour des questions qui n'en valent pas la peine. En ce qui concerne la Grande-Bretagne et la Russie, que diriez-vous d'une prédominance de 90 pour 100 en Roumanie pour vous, d'une prédominance de 90 pour 100 en Grèce pour nous, et de l'égalité, 50/50, en Yougoslavie ?

Mettant à profit le délai imposé par la traduction, Churchill jette ses propositions sur une demi-feuille de papier.

Roumanie

Russie	90 %
Les autres	10 %

Grèce

Grande-Bretagne	90 %
(en accord avec les États-Unis)	
Russie	10 %

Yougoslavie	50-50 %
Hongrie	50-50 %

Bulgarie

Russie	75 %
Les autres	25 %[1]

---

1. On sait ce qu'il advint des 50 pour 100 d'influence occidentale en Hongrie et des 25 pour 100 en Bulgarie. La Yougoslavie aurait connu le même sort que la Roumanie, la Hongrie, la Bulgarie, si n'était pas intervenue la brouille Tito-Staline.

Poussée en direction de Staline, la feuille allait revenir vers Churchill, approuvée, au crayon bleu, par le maître de toutes les Russies.

Un court moment le papier devait rester entre les deux hommes.

Churchill dit alors :

— Ne trouvera-t-on pas un peu cynique que nous ayons l'air d'avoir réglé ces problèmes dont dépend le sort de millions d'êtres de façon aussi cavalière ? Brûlons ce papier.

— Non, gardez-le, répliqua Staline.

En vérité, Churchill attendait depuis longtemps, toute sa correspondance avec Roosevelt et avec Staline le prouve, sinon « ce » papier, du moins une « sorte de *modus vivendi* » selon lequel « le gouvernement soviétique [prendrait] la direction des affaires en Roumanie, tandis que le gouvernement britannique ferait de même en Grèce[1] ».

Même si Staline, comme s'il s'estimait lié par ce bout de papier, ne devait pas soutenir en 1944 la lutte pour le pouvoir des communistes grecs[2], le retour des Britanniques et du gouvernement grec de M. Papandréou ne se fera qu'au terme de sanglants combats de rues.

La résistance communiste et Papandréou s'étaient en principe mis d'accord[3] sur la distribution des rôles et des postes : les communistes du Front de libération obtenaient quatre ministères dans un gouvernement d'union nationale — ce qui les payait mal de leurs sacrifices ; les troupes anglaises et deux brigades grecques s'installaient à Athènes abandonnée par les *Andartés ;* toutes les forces grecques — y compris celles des résistances communiste et royaliste — se rangeaient aux ordres du gouvernement qui les plaçait à la disposition du général britannique Scobie, chargé de chasser les Allemands des zones qu'ils

---

1. Churchill écrivant à Staline le 11 juillet 1944. Roosevelt croyait, lui, à la possibilité d'organiser entre Russes et Occidentaux un « système de consultations pour régler les différends », ce qui fera bondir Churchill : « Il deviendra impossible, écrit-il à Roosevelt le 11 juin 1944, d'agir si tout le monde doit consulter tout le monde au sujet de tout avant qu'une décision soit prise. Les événements dépasseront sans cesse l'évolution de la situation dans ces régions balkaniques. »

2. Churchill le reconnaîtra : « A la conférence de Moscou, écrit-il dans ses *Mémoires,* j'avais obtenu l'abstention de la Russie en la payant fort cher. »

3. Au Liban tout d'abord, en mai 1944, puis, le 26 novembre, lors de la conférence de Caserte, en Italie.

occupaient encore ; un plébiscite permettrait au peuple de décider du régime politique de son choix.

Rien n'allait se passer comme prévu.

Les Allemands évacuant Athènes avec lenteur[1], les troupes britanniques arrivant en moins grand nombre et moins rapidement que décidé, les *Andartés* allaient occuper tout le terrain laissé libre par des Allemands en retraite et des Anglais invisibles encore. Aussi, dès le 7 novembre, Churchill pouvait-il prévoir qu'un choc violent avec les communistes était inévitable.

Comme en Belgique, il aurait pour origine et pour prétexte la décision de désarmer et de démobiliser les résistants. Décision qui provoquait la démission des ministres communistes, la grève générale, puis, le 3 décembre 1944, de violents combats de rues, début d'une atroce guerre civile.

Dans une capitale privée d'électricité et de ravitaillement, alors que les rations officiellement attribuées étaient déjà proches de zéro[2], sans moyens de circulation, sans informations, la lutte se développait moins entre Grecs qu'entre Grecs et soldats britanniques. Au général Scobie, Churchill avait télégraphié le 5 décembre : « N'hésitez pas... à agir comme si vous vous trouviez dans une ville conquise, où se serait déclenchée une révolte locale. » Et, le même jour : « Il nous faut tenir et dominer Athènes. Ce serait pour vous une grande chose d'y parvenir sans effusion de sang, si c'est possible, mais aussi avec effusion de sang, si c'est inévitable[3]. »

Il y aura inévitablement effusion de sang, et si la *Pravda* et les *Izsvestia* se garderont de toute critique antibritannique pendant les longues semaines d'une guerre menée contre les communistes grecs, il n'en ira pas de même de *L'Humanité* et du Parti communiste français qui, ayant immédiatement choisi leur camp, dénoncent quotidiennement les « réactionnaires » et célèbrent les victoires des « patriotes »[4].

---

1. Ils ne le firent que le 12 octobre.
2. Les rations journalières tombèrent à certaines périodes à moins de 200 calories par jour.
3. Ce télégramme, naturellement marqué de la mention « *Personnel et très secret* », fut envoyé par Churchill au général Scobie le 5 à 4 h 50 du matin. Quelques jours plus tard — le 11 —, il était reproduit par un journal américain ! Churchill s'interrogera longtemps sur l'origine de la fuite.
4. Il est juste d'écrire que certains journaux britanniques (le *Times* et le *Manchester Guardian*), ainsi que la plupart des journaux américains, étaient, dans

Novembre et décembre 1944 sont donc, en Belgique, en Grèce, en France, des mois où, politiquement et stratégiquement, tout peut basculer et pour des raisons identiques : la volonté de gouvernements neufs, arrivés d'un long exil, donc mal et peu connus des populations, de démobiliser et désarmer des résistants, en majorité communistes, populaires, braves et ambitieux.

Pour quelles raisons les événements se dérouleront-ils infiniment plus paisiblement en France qu'en Belgique et surtout qu'en Grèce ?

Parce que, la Résistance française étant née en 1940 de la volonté d'un grand nombre d'hommes de droite[1], l'Armée secrète et les réseaux faisaient, en 1944, bien autre chose que de la figuration ; parce que les responsables gaullistes de Londres, puis d'Alger, avaient mis

---

l'affaire grecque, hostiles à Churchill qui, le 8 décembre, aux Communes, rompant avec les lâchetés et les naïvetés de l'époque, aura le courage de dénoncer ce qu'il appelle une « escroquerie à la démocratie », lorsque « la démocratie se donne ce nom uniquement parce qu'elle est de gauche ».

La bataille de six semaines prit fin le 15 janvier 1945, les forces de l'E.L.A.S., à la suite d'une trêve signée le 11, évacuant Athènes, Salonique et Patras. La guerre civile devait toutefois reprendre en 1947 et ne s'arrêter définitivement qu'en octobre 1949, lorsque Tito, rompant avec Staline, ne fera plus de la Yougoslavie la base arrière des partisans.

1. Pour se convaincre de l'importance des hommes de droite dans *les débuts* d'une Résistance — qui recrutait d'ailleurs difficilement —, on peut se reporter à la collection de *L'Humanité* clandestine qui attaque de Gaulle, agent de « l'impérialisme britannique » et son entourage de cagoulards.

On peut également se reporter à la lettre adressée à Léon Blum par le socialiste Félix Gouin qui est arrivé à Londres en *septembre 1942*. Dans cette lettre, écrite plus de deux ans après la défaite (on en trouvera le texte dans le livre de Pierre-Bloch *De Gaulle ou le temps des méprises),* Gouin parle des gaullistes de 40-41 en ces termes : « Parmi les Français (de Londres), il y avait quelques civils, mais davantage de militaires. La plupart étaient des gens de droite et d'extrême droite et ils ont transporté dans la maison leurs préjugés, leurs croyances ou leurs haines idéologiques...

« Les premiers émissaires du gaullisme (en France libre et occupée) participaient à peu près tous de l'état d'esprit qui animait les adhérents de Londres. Vous savez comme moi qu'au début nous fûmes inquiets et troublés des liaisons que nous découvrions entre eux et tel et tel groupement de droite ou d'extrême droite.

« A la réflexion, cela peut s'expliquer, je crois, assez facilement. Ces gens de droite étaient en général des hommes d'action, en lutte violente avec le conformisme régnant. »

en place, avant le débarquement, les administrations clandestines destinées à remplacer l'administration de Vichy ; parce qu'un personnage de la dimension révolutionnaire de Tito faisait défaut aux communistes français et que les armées alliées se seraient opposées à tout mouvement de guerre civile ; parce que de Gaulle était de Gaulle, d'une tout autre stature que l'honnête Pierlot, d'un tout autre caractère que l'hésitant Papandréou ?

Sans doute, mais aussi parce que Maurice Thorez, amnistié par de Gaulle, venait, après cinq années de séjour en Russie, d'arriver à Paris.

9

LE RETOUR DE THOREZ

La décision d'amnistier Thorez, même s'il en crédite dans ses *Mémoires* le garde des Sceaux François de Menthon, est prise par de Gaulle le 24 octobre 1944, *quatre jours* avant la dissolution, par le Conseil des ministres, des Milices patriotiques.

Le hasard n'est pour rien dans cette coïncidence. Elle doit tout à la tactique. Le « cadeau » que fait de Gaulle aux communistes, en répondant favorablement à une revendication cent fois exprimée — le retour de Thorez —, devait contribuer à empêcher que leur colère, à l'annonce de la dissolution des Milices, ne débordât des salles de réunion jusque dans la rue.

Une fois encore, de Gaulle se révèle maître d'un jeu qu'il conduit seul, n'agissant ni trop tôt — ce qui aurait donné à Thorez la possibilité de se poser en concurrent —, ni trop tard — ce qui aurait dévalué le personnage —, mais au moment précis où, tiré de son long exil russe, l'homme lui sera le plus utile.

Il y a, chez le général de Gaulle, de l'auteur dramatique.

Thorez tombant du ciel, en novembre 1944, ressemble à ces personnages, dissimulés pendant toute la durée de la pièce, que l'auteur, lors de l'avant-dernière scène du dernier acte, fait surgir afin d'offrir au spectateur la surprise d'un inimaginable dénouement.

Il est vrai que, sur Thorez, et sur la politique qu'il entend suivre et faire suivre à son parti le jour où il aura reçu l'autorisation de quitter

Moscou, de Gaulle pense savoir l'essentiel grâce au long télégramme que Roger Garreau, diplomate de carrière et son représentant auprès des Soviétiques[1], lui a envoyé le 22 janvier 1944, après avoir reçu longuement, et pour la première fois, Maurice Thorez enfin sorti d'une « ombre impénétrable[2] ».

Garreau, qui personnellement penchera toujours plus à gauche, rapporte avec ferveur les propos de Thorez, propos qui, sous sa plume, paraissent, particulièrement dans le domaine de la politique étrangère, n'être que le décalque affadi des pensées de De Gaulle.

L'important n'est pas là. Désirant gagner le plus rapidement possible Alger, il est tout naturel que Thorez, par le truchement de Garreau, se présente à de Gaulle sous le jour le plus favorable et s'efforce de dissiper les préventions du militaire et celles de l'homme de droite.

Cependant, si le télégramme de Garreau reflète parfaitement l'« offensive de charme » de Thorez, la souplesse dialectique du responsable du Parti communiste, habile à oublier ou à maquiller quand il le faut ce qu'il faut du passé, il comprend des assurances capitales pour l'avenir.

Selon Garreau, Thorez a voulu préciser personnellement la « ligne » de son parti sur le plan de redressement national, « parce qu'il estime indispensable et urgent de ne laisser aucune place à l'équivoque et au doute dans les rapports entre les forces françaises de la Résistance dont l'union doit être totale ».

Cette ligne, quelle est-elle ?

Garreau rapporte en ces termes ce que lui a dit Thorez :

> « Son parti ne songe pas à prendre le pouvoir, ni maintenant, ni lors de la Libération, ni pendant la période de convalescence et de restauration du pays.
>
> . . . .

---

1. Garreau, en poste en Thaïlande où, consul général, il représentait le gouvernement de Vichy, s'était rallié à de Gaulle le 2 septembre 1941.

2. La phrase de Garreau est la suivante : « Les propos dont je viens de rapporter les points essentiels m'ont donné l'impression nette que M. Thorez a cru devoir se manifester personnellement, après avoir disparu pendant trois années dans une ombre impénétrable... »

Rendant visite à Garreau, Maurice Thorez est accompagné d'Arthur Ramette.

Si j'ai bien compris sa pensée [celle de Thorez], il ne s'agit pas, pour le Parti communiste, dans cette phase décisive de la guerre et dans la longue période d'efforts qu'exigera la restauration de la puissance française, de poursuivre isolément une action partisane en vue d'atteindre à la réalisation prochaine de son programme doctrinaire. Profondément réaliste, le Parti communiste sait bien s'adapter, ainsi qu'il l'a tant de fois démontré, aux nécessités du moment. »

Garreau explique, en achevant, que l'attitude de Thorez est « d'autant plus sincère que l'intérêt vital de l'U.R.S.S., seconde patrie spirituelle de tout communiste, exige la reconstitution immédiate » de la « puissance impériale française », indispensable au « rétablissement de l'équilibre mondial[1] ».

Muni de cette rassurante information, de Gaulle va-t-il s'empresser de donner à Thorez l'autorisation de venir à Alger ?

Non, car, aux yeux de la plupart des Français, gaullistes ou non gaullistes, il aurait paru alors donner trop de gages au Parti communiste et justifié les attaques de la presse de la collaboration qui, dans ses éditoriaux et ses caricatures, le présentait comme le féal de Staline.

Non, car faire patienter Thorez permettait de vérifier la sincérité des déclarations faites à Garreau, de juger l'homme qui, exaspéré par une longue attente, pouvait être tenté de sortir de la « ligne » qu'il disait avoir adoptée.

Ainsi Thorez ne pourra-t-il regagner la terre de France que plus de cinq ans après l'avoir abandonnée.

C'est le 4 octobre 1939 que, très vraisemblablement contre sa volonté mais sur ordre de Moscou, Maurice Thorez a déserté son

---

1. Le télégramme de Garreau se trouve reproduit dans l'ouvrage de Pierre-Bloch, *De Gaulle ou le temps des méprises.*

Selon Pierre-Bloch, alors commissaire adjoint à l'Intérieur, ce télégramme fut « accueilli avec une grande joie dans les milieux gaullistes » d'Alger. « Il pouvait passer, poursuit-il, pour une victoire : victoire de l'unité française, certes, mais plus encore victoire d'une France combattante qui recevait la caution soviétique. »

régiment. Passé clandestinement en Belgique, il a gagné la Russie à une date et grâce à des moyens qui, aujourd'hui encore, demeurent mal connus.

Resté en France, Thorez, secrétaire général du Parti, aurait certainement été arrêté comme le furent, avant la défaite, tant de communistes favorables au pacte germano-soviétique. Emprisonné par le gouvernement Daladier, sans doute aurait-il été fusillé par les Allemands, au même titre et pour les mêmes raisons que des milliers de communistes, parmi lesquels son frère Louis.

Mais, en octobre 1939, nul ne peut imaginer le cours que prendra l'histoire. Et c'est très normalement que le « déserteur Thorez » est condamné le 25 novembre 1939 à six ans de prison. Encore cette peine est-elle jugée bien faible par beaucoup de Français.

Lorsque, le 17 février 1940, la nationalité française lui est retirée, c'est sous le nom d'Ivanov qu'il vit à Moscou.

Avec la plupart des dirigeants communistes des pays occupés, il quittera Moscou pour Ouffa en octobre 1941, lorsque l'offensive allemande menacera la capitale soviétique. Arthur Ramette, compagnon des mauvais jours [1], Raymond Guyot, le journaliste Jean-Richard Bloch au bien étrange parcours [2], André Marty, à qui l'oppose une hostilité mal dissimulée, et l'Italien Ceretti constituent alors l'essentiel d'un entourage auquel il se garde de se confier et qui ne se confie pas. Dans le courant de l'été de 1942, Jeannette Vermeersch et ses deux enfants le rejoindront à Ouffa.

De quoi pouvait parler Thorez avec ceux, rares, qu'il recevait dans la mesure où les soupçonneuses autorités soviétiques le permettaient ; avec ceux qu'il faisait profiter des suppléments de vivres — beurre, fromage, oignons — auxquels son statut lui donnait droit, de quoi pouvait-il parler si ce n'est de la situation en France et de cet avenir dont, prisonnier de la volonté de Staline, comme de la bonne volonté de De Gaulle, il pouvait tout craindre ?

Inconnu de la génération de la Résistance, ne risquait-il pas de voir son autorité contestée le jour lointain où il rentrerait ?

---

1. Ramette reviendra en France dans le même avion que Thorez.
2. Journaliste français communiste — et juif —, Jean-Richard Bloch a pu, après la déclaration de guerre, et grâce au pacte germano-soviétique, rejoindre la Russie en passant par l'Allemagne.

Quelle audience aurait-il face à un chef de partisans français dont la popularité aurait été forgée dans le combat contre l'Allemand?

Marty, lui, a reçu l'autorisation de gagner Alger. Président de la délégation du comité central du Parti auprès du Comité français de libération, il joue un rôle auquel son passé d'ancien chef des Brigades internationales donne encore plus d'importance. Or, Marty n'a-t-il pas déclaré, en décembre 1943, que ceux qui se battaient en France occupée auraient le « droit de diriger » et que les responsables d'hier ne devaient pas croire qu'ils auraient le « droit de réclamer le poste [qu'ils] occupai[ent] autrefois »?

A quel responsable d'hier songeait-il si ce n'est à lui, Maurice Thorez?

On comprend donc l'inquiétude de Thorez, ses interventions auprès de Garreau, ses télégrammes à de Gaulle.

Toutefois, il n'était pas oublié.

Parce qu'ils l'imaginaient proche du Soleil Staline[1], parce que nul ne possédait ses qualités de tribun, sa légende de « fils du peuple[2] », parce que, dans le système stalinien, le numéro un, quelle que soit sa valeur, se trouve, selon le mot de Robrieux, « valorisé dans des proportions fantastiques[3] », enfin par fidélité d'un clan qui avait tout à craindre de changements à la tête du Parti, les communistes feront souvent référence à lui et, dès que les circonstances le permettront — c'est-à-dire quelques mois après le débarquement allié en Afrique du Nord —, réclameront qu'il gagne Alger, puis, en août 1944, qu'il rejoigne Paris libéré.

Ce que la presse communiste publiée dans la clandestinité avait demandé, comment ne l'exigerait-elle pas maintenant qu'elle paraît librement?

Le 27 août 1944, *L'Humanité* affirme qu'une délégation de femmes et de F.T.P. du XIXᵉ arrondissement est venue s'informer, au siège du

---

1. En cinq ans de vie en Russie, Thorez ne sera reçu qu'à deux reprises par Staline.
2. *Fils du peuple,* livre paru en 1937 sous la signature de Thorez, qui n'en est pas l'auteur.
3. *Maurice Thorez, vie secrète et vie publique.*

journal, des raisons d'une insupportable absence. Le quotidien communiste du 28 août annonce que « Maisons-Alfort réclame la présence de Maurice Thorez » ; celui du 29 août que « les intellectuels, les ouvriers, tous les Parisiens » veulent le retour de Maurice Thorez ; celui du 2 septembre exprime les souhaits des jeunes ; celui du 4 septembre, ceux de « la population » des XIe et XIVe arrondissements... Quant à *L'Humanité* du 13 octobre, elle titre sur l'ardent désir des trois cents délégués qui, réunis en Avignon, représentent quarante Comités départementaux de la libération : eux aussi demandent que Thorez soit autorisé à revenir en France. On pourrait continuer...

Si le sort de Maurice Thorez est ainsi régulièrement évoqué à travers des pétitions vraies, amplifiées ou fabriquées, il l'est également par les responsables du Parti qui, sans gêne aucune, travestiront la vérité et réécriront à leur façon l'histoire.

Le 14 septembre, sous le titre *Maurice Thorez en France !*, Marcel Cachin, directeur de *L'Humanité,* signe un article qui constitue un véritable pied de nez à la vérité.

Cachin répond à M. Régnier, « ancien secrétaire général de l'Institut de France et de l'Académie française », qui lui a demandé « M. Thorez n'a-t-il pas déserté en pleine guerre pour passer en Allemagne et, de là, en Russie, alors alliée de l'Allemagne ? »

> « Mais non, monsieur Régnier ! Maurice Thorez n'a pas " déserté " pour se rendre dans l'Allemagne hitlérienne, puis dans une " Russie alliée de l'Allemagne " ! *Notre ami est resté en France après son départ de l'armée en septembre 1939*[1]. Il a mené, dans notre pays, la même vie illégale que toute la direction du Parti dont il était responsable. Il ne partit pour la Russie que plus récemment, au moment où fut mise en discussion la dissolution de l'Internationale communiste[2].

---

1. Je souligne intentionnellement.
2. C'est en mai 1943 que Thorez, qui se trouvait en Russie depuis plus de trois ans, fut convoqué à Moscou avec d'autres dirigeants communistes étrangers pour apprendre, de la bouche de Staline, la prochaine dissolution de l'Internationale communiste. Il s'agissait d'une manœuvre qui correspondait à la volonté de rassurer Américains et Britanniques et à leur faire croire — Roosevelt tombera dans le piège — que le « Petit Père des peuples » était un démocrate presque semblable aux autres.

Et puis, lorsque M. Régnier écrit que l'U.R.S.S. fut, à un moment quelconque de la guerre, l'alliée de l'Allemagne hitlérienne, force nous est de constater qu'il dénature l'Histoire et qu'il propage une autre contre-vérité évidente. Après de longs incidents, que M. Régnier semble ignorer complètement, l'U.R.S.S. fut contrainte, malgré elle, de se déclarer neutre. Jamais elle ne fut l'alliée de Hitler[1]. »

Un mois plus tard, le 13 octobre 1944, Georges Lévy[2], dans *La Voix du Peuple,* quotidien communiste paraissant à Lyon, utilisait les arguments et bien des mots de Marcel Cachin pour répondre à un M. Marcel Suiger qui reprenait, selon lui, l' « insinuation de ces hommes que l'Histoire a déjà cloués au pilori » et selon lesquels « Thorez aurait quitté la France pour la Russie, via l'Allemagne... » « Son départ en Russie, écrira Georges Lévy, ne s'effectua que plus tard, au moment où fut mise en question la dissolution de l'Internationale communiste... ».

M. Marcel Suiger existait-il? Je l'ignore.

J'ai consulté la collection de *La Voix du Peuple,* mais ce sont les collections de tous les quotidiens communistes qu'il faudrait parcourir pour savoir si l'éditorial de Marcel Cachin, paru dans *L'Humanité,* n'a pas servi de « moule » à des dizaines d'éditoriaux ayant pour but de laver Thorez du péché de désertion et l'U.R.S.S. du crime de complicité avec l'Allemagne nazie.

Dans la perspective d'un prochain retour de Thorez et d'une inéluctable victoire de l'U.R.S.S., il importait d'ailleurs que rien ne vînt ternir l'image du « fils du peuple » et de la « patrie des travailleurs ». Aussi les communistes ne craindront-ils jamais la répétition.

Le 17 octobre, dans *L'Humanité,* Marcel Cachin, revenant à la charge, écrit :

---

1. Il faut rappeler que le pacte germano-soviétique, signé le 23 août 1939 par Ribbentrop et Molotov, comportait un protocole secret plaçant les pays baltes sous la tutelle de Moscou et organisant le futur partage de la Pologne.
2. Georges Lévy, arrêté en 1939 après le pacte germano-soviétique, fut l'un des vingt-sept députés communistes déportés en Algérie. Redevenu député du Rhône, il resta jusqu'au bout l'un des fidèles de Thorez qui lui rendit notamment hommage dans *L'Humanité* du 2 février 1954.

« Maurice Thorez n'a jamais déserté pour se rendre en Allemagne, il n'a jamais parlé à la radio de Stuttgart. Jamais la Russie n'a été l'alliée de l'Allemagne...

En prolongeant le scandale de l'exil de Maurice Thorez, on [on ?... de Gaulle est visé sans que son nom soit écrit] a fini par créer un problème politique du caractère le plus irritant... Plusieurs de nos camarades en ont, à plusieurs reprises déjà, avisé les ministres et le chef du gouvernement lui-même. »

Marcel Cachin fait référence à l'entretien de trente minutes qui avait eu lieu le 6 octobre entre de Gaulle et Jacques Duclos, entretien au cours duquel Duclos avait évoqué le « cas de Thorez et insisté sur l'urgence de son retour ».

Les communistes n'étaient pas les seuls à intervenir en faveur de Thorez. Ils mettaient en avant des alliés qu'il fallait peu flatter pour qu'ils se laissent pousser. A l'image du socialiste Albert Bayet, fort oublieux de ses furieux articles de janvier 1940 contre le « déserteur Thorez et sa bande [1] », qui réclamait le 20 octobre 1944 que Thorez « revienne parmi nous » en ajoutant : « Il n'a jamais cessé de servir la France [2]. »

A l'image de Jacques Debu-Bridel, représentant de la droite au Conseil de la Résistance, mais intellectuellement fasciné par des communistes en qui il croyait voir, lui aussi, les héroïques bâtisseurs du monde futur.

C'est donc Jacques Debu-Bridel qui, mandaté par le C.N.R., ira, au début d'octobre 1944, intercéder en faveur de Maurice Thorez.

Et c'est lui qui, en panne d'arguments, répliquera : « Vous aussi, mon général » à de Gaulle qui vient de dire : « Faire revenir Thorez, jamais !... Parce que, si vous l'avez oublié, M. Debu-Bridel, il a été condamné pour désertion. »

« Vous aussi, mon général »... Vous aussi, vous avez été condamné pour désertion... Vous, à mort... Thorez, lui, à six ans de prison.

Dans la presse communiste, il arrivait que le parallèle entre la condamnation de De Gaulle et celle de Thorez fût discrètement établi, mais aller dire « au nez et à la barbe » de De Gaulle qu'il a déserté !...

---

1. *L'Œuvre*, 20 janvier 1940.
2. *Ce soir*, 1944.

« Il explosa, écrira Debu-Bridel[1]. Ce fut la seule fois où je le vis vraiment en colère. Je m'attendais à ce qu'il me priât de foutre le camp. " J'interdis, dit-il, qu'on vienne ici, à mon nez et à ma barbe, me traiter de déserteur ! " »

Quand Debu-Bridel put reprendre la parole, il expliqua qu'en son âme et conscience Thorez n'avait pas « déserté » au sens du code militaire, mais « avait agi pour servir son parti, donc, à sa façon, son pays ».

Il sortira de l'entretien bien persuadé, et il l'écrira immédiatement dans son journal, le *Front national,* que de Gaulle va s'entêter dans son refus. Le « faire revenir Thorez, *jamais* » l'a abusé, comme le « *jamais* l'armée française ne quittera ce pays[2] » abusera, beaucoup plus tard, bien des officiers fidèles à l'Algérie française.

Se demandant, avec assez de naïveté, comment interpréter « faire revenir Thorez, *jamais* », que va contredire, quelques jours plus tard, le décret de grâce amnistiante, Debu-Bridel conclut : « Ayant pris sa décision, le chef du gouvernement voulait en conserver et l'initiative et le bénéfice. »

De Gaulle, en effet, ne cède ni à Duclos, ni à Debu-Bridel, ni à tous ces pétitionnaires dont les motions n'ont certainement jamais franchi les portes de son bureau. Il est homme de méditation, de préméditation, non d'émotion, les résistants l'ont découvert et le découvriront encore. Il est vrai que, s'il avait été homme d'émotion, il n'aurait pas fait, sur des routes semées d'obstacles, un aussi long chemin depuis juin 1940 !

Au temps des *Mémoires,* il consacrera aux raisons qui, pour le retour de Thorez, lui ont fait choisir le jour et l'heure, une phrase ouvrant bien des horizons au lecteur attentif au choix des mots : « Compte tenu des circonstances *d'antan,* des événements survenus *depuis,* des nécessités *d'aujourd'hui,* je considère que le retour de Maurice Thorez à la tête du Parti communiste peut comporter *actuellement*[3] plus d'avantages que d'inconvénients. »

En grand artiste, de Gaulle joue sur le clavier des mots. La désertion

---

1. *De Gaulle et le C.N.R.*
2. Au général Allard, ancien commandant du corps d'armée d'Alger. *Cf.* Le Goyet, *La Guerre d'Algérie.*
3. Je souligne intentionnellement les mots qui me semblent essentiels.

de Thorez : les « circonstances d'antan », lui donne barre sur le leader communiste et sur son parti qui se présentent en quémandeurs obstinés et bougons. Ne dira-t-il pas qu'il préférait à tout autre chef communiste quelqu'un « qui gardait toujours aux fesses la casserole de la désertion ». Tillon, qui avait commandé les F.T.P., rapporte le mot avec amertume, cela se conçoit [1].

La désertion amnistiée ; la nationalité française recouvrée ; Paris, la France, le Parti retrouvés ; voilà qui devra être payé au prix fort.

Car, à la lumière de ce qui se prépare et de ce qui se passe en Belgique, en Yougoslavie, en Grèce, et dont les Français ne savent que le peu qu'ils lisent dans leurs maigres journaux, de Gaulle, à la fin de 1944, a besoin, non seulement de la neutralité, mais de la « complicité » plus ou moins active, plus ou moins grinçante, des dirigeants communistes pour rétablir définitivement le calme dans les provinces, disperser les Milices, prêcher, en ayant chance d'être entendu, les vertus de la reprise du travail, se faire le chantre applaudi de l'ordre, de la loi, de la justice et de toutes les valeurs classiques qui, trois ans plus tard, seront furieusement remises en cause par un Parti communiste ayant retrouvé griffes, dents et vertu révolutionnaire.

Lorsque de Gaulle écrit, en 1956, que l'amnistie de Thorez a eu « plus d'avantages que d'inconvénients », comment, en effet, ne songerait-il pas aux dramatiques événements qui, entre mai 1947 et novembre 1949, après la rupture entre Russes et Occidentaux, ont montré aux Français la puissance d'un Parti communiste représentant alors plus du quart de l'électorat, contrôlant les syndicats, noyautant l'administration, la police et l'armée ?

Il ne faut pas tirer argument de ce qui s'est passé après que Ramadier eut chassé les communistes du gouvernement, le 5 mai 1947 [2] : émeutes réprimées difficilement, voies de communication

---

1. Dans *Jamais dit,* Tournoux raconte que de Gaulle aurait ainsi expliqué au colonel Passy sa « prédilection » pour Thorez. Tillon cite la phrase dans *On chantait rouge* avec d'autant plus de mélancolie rageuse que, toujours selon Passy, de Gaulle aurait mis en parallèle le « déserteur Thorez » et l' « authentique résistant » Tillon.
2. Les ministres communistes avaient refusé, on le sait, de voter la confiance au gouvernement Ramadier, dont ils faisaient partie, mais la crise française n'était qu'un épisode d'une crise internationale beaucoup plus vaste. Dans tous les pays occidentaux, les ministres communistes quitteront le pouvoir lorsque, entre l'Est et l'Ouest, tombera le « rideau de fer ».

coupées ; grèves paralysant un pays mal rétabli d'une longue période de privations ; manifestations conduites au cri de « Thorez au pouvoir [1] », pour laisser croire que des troubles d'une dramatique intensité eussent été possibles en 1944-1945, même si l'on entendra des communistes s'écrier : « Nous avons raté notre coup à la Libération. Cette fois, il faut tenir... [2] »

Pas plus qu'ils ne l'ont admis en Belgique, les Alliés, je le répète, n'auraient admis, en France, l'interruption de leurs lignes de communication, la provisoire mise en échec de leur plan de bataille (et Staline ne l'eût pas admis davantage), mais auraient-ils, comme le fera de Gaulle, prêté attention à la « qualité » des ministères gérés par les communistes, se seraient-ils inquiétés d'une mainmise communiste sur l'administration et, à travers Comités départementaux de libération, F.T.P. et Milices patriotiques, sur cette grande moitié de la France dont ils étaient absents ?

Quoi qu'il en soit, le 25 octobre 1944, le général de Gaulle fait savoir à Roger Garreau que le gouvernement a adopté la veille « une ordonnance permettant d'amnistier les condamnations prononcées par les tribunaux militaires avant le 17 juin 1940, du moment que les personnes qui ont fait l'objet de ces condamnations ont participé activement, après juin 1940, à la résistance contre l'ennemi ».

Thorez était donc non seulement amnistié, mais encore tenu pour

---

1. Dans certaines villes — à Marseille notamment —, les forces de l'ordre se solidariseront partiellement avec les émeutiers. Le gouvernement devra d'ailleurs dissoudre quatorze Compagnies républicaines de sécurité.

Dans le Nord et le Pas-de-Calais, M. Armanet, directeur général des Houillères, et son directeur général adjoint, tous deux communistes, soutiendront et encourageront les mineurs en grève.

Dans son livre *La République des illusions (1945-1951)*, Georgette Elgey donne au chapitre consacré à la période 1947-1949 ce titre : *La grande peur*.

On se souvient du mot fameux du général de Gaulle, alors chef du R.P.F. : « Sa frontière [celle de l'Empire soviétique] n'est séparée de la nôtre que par 500 kilomètres, soit à peine la longueur de deux étapes du Tour de France cycliste ! » (à Rennes le 27 juillet 1947.)

2. Cité par Georgette Elgey, *La République des illusions,* p. 351.

résistant « actif », et la date du 17 juin 1940 était, pour lui, excessivement flatteuse[1].

Ainsi, ce n'était plus seulement le Parti communiste, qui, avec un acharnement aussi suspect qu'indispensable[2], lui accordait un brevet de résistance, mais bien le général de Gaulle.

La décision du général de Gaulle est du 24 octobre. L'ordonnance paraît au *Journal officiel* du 29. Maurice Thorez ne regagnera Paris que le 27 novembre... De Gaulle, ce jour-là, se trouvait à Moscou.

Triomphalement, *L'Humanité* annonce la nouvelle. *Le Figaro* lui consacre trois lignes en deuxième page.

Les distances, depuis longtemps, sont prises.

C'est un homme changé qui débarque de Moscou.

Il a vieilli. Il s'est durci. Peut-être, certains jours, a-t-il craint pour sa vie dans cette Russie en guerre où le terrorisme de Staline à l'égard des siens se trouvait encouragé par les circonstances.

Changé, Thorez retrouve un parti communiste changé.

De nombreux militants sont morts, beaucoup souffrent toujours en déportation, certains se sont assoupis dans l'attentisme, quelques-uns sont passés à la collaboration, ce qui les condamne.

Les adhérents nouveaux, recrutés dans les conditions fatalement

---

1. Cependant, à Lyon, *La Voix du Peuple* publiera, le 8 novembre 1944, un article ainsi titré : « Enfin !... *Maurice Thorez peut rentrer à Paris. Mais le décret... de grâce, qui lui accorde ce droit, est une ignominie envers le meilleur des patriotes.* » Le quotidien communiste reproche au décret de n'être pas une « réhabilitation ». « Ce que nous voulons, poursuit l'auteur de l'article, c'est la victoire sur la maffia toujours agissante qui l'a fait condamner. »

2. Dans une brochure de 1943, le Parti affirmera que Thorez avait formé « à l'héroïsme et à l'amour du Peuple... les dizaines de milliers de communistes morts pour la patrie » ; le poète Aragon lui « offrira » symboliquement sa médaille militaire gagnée à Dunkerque, affirmera « qu'il s'est battu » en songeant à Thorez et que la France ne sera « tout à fait libérée » que le jour où il aura « le droit de serrer la main de Maurice Thorez à Paris ».

Quant à Marcel Prenant, parlant en juin 1945, lors du Xe Congrès du Parti communiste au nom des F.T.P., dont il avait été le courageux chef d'état-major, il fera de Thorez « le premier en date des combattants sans uniforme contre le fascisme hitlérien et les traîtres !.. Le premier des Francs-tireurs et partisans français ! ».

incertaines de la clandestinité, ont l'enthousiasme de la jeunesse et des bonheurs militants. Leur ignorance doctrinale est grande. Leur impatience explicable. Ayant rejoint le Parti pendant la guerre, et souvent dans l'anarchie joyeuse et périlleuse des dernières semaines de l'occupation ; régnant en maîtres sur certains départements où ils ont l'impression que s'installeront des « bases rouges » ; croyant aux « lendemains qui chantent », ils apportent au Parti la masse, l'enthousiasme, l'intransigeance, les illusions et la certitude que les mots qu'ils ont lus sur *L'Huma,* qu'ils ont entendus dans le maquis, deviendront bientôt réalité.

Pour eux, les paroles de *L'Internationale :* « *Groupons-nous et, demain, l'Internationale sera le genre humain* », n'expriment pas un vœu pieux. « Demain » sera véritablement le jour prochain...

Annoncée trois jours de suite par d'immenses placards dans *L'Humanité,* annoncée également dans toutes les cellules, les entreprises, les bureaux, la réunion du Vél' d'hiv' en l'honneur de Thorez connaîtra un immense succès populaire.

Dans l'odeur forte et grisante d'une foule qui fait alterner *Marseillaise* et *Internationale,* chantées avec toujours davantage de force et de passion, Maurice Thorez, applaudi selon un rythme militant et militaire, a pris place à la tribune. Il est entouré de Cachin, Duclos, Marty, Monmousseau, Midol, Cogniot et Bonte, la hiérarchie du Parti.

Les orateurs qui prennent la parole vont lui rendre un hommage sans cesse plus appuyé.

La répartition des rôles est ainsi faite que chacun doit surpasser son prédécesseur en hyperboles.

Alors les applaudissements gonflent sans cesse. Les ovations faisant concurrence aux ovations emplissent le Vél' d'hiv', résonnent, se prolongent, se passent le relais et ne s'apaisent que bien longtemps après que Thorez s'est levé pour se diriger vers la tribune, face à cette foule debout qui, dressée, tendue, l'ovationne, lui jette au visage des « Vive Thorez », lui crie son amour.

S'il avait guetté cette rencontre avec une « pointe d'appréhension[1] », tout lui prouve aujourd'hui non qu'il est redevenu le chef, mais qu'il n'a jamais cessé d'être le chef.

---

1. Robrieux, *Maurice Thorez, vie secrète et publique.*

De ce chef, qu'attend la foule ? Et, par-delà les militants du Vél' d'hiv', qu'attendent les centaines de milliers d'adhérents qui, dans tout le pays, sont prêts à recevoir les consignes de « Maurice » ? « Des directives claires, écrit Robrieux[1], qui lui permettront de surmonter ou de briser la résistance sourde, voire parfois ouverte, qu'elle commence à déceler du côté de De Gaulle et du gouvernement provisoire. »

Que reçoit cette foule prête à tous les enthousiasmes et, peut-être, si on l'y appelle, à quelques révoltes ? Des consignes patriotiques, des mots d'ordre, de travail et d'union, des invitations à faire confiance au peuple « et aux organismes sortis de la lutte héroïque comme les Comités de libération ».

D'ailleurs, voici les dernières phrases du discours de Thorez :

> « Faire la guerre. Créer une puissante armée française. Reconstruire rapidement l'industrie. Préparer effectivement dans l'union des cœurs et des cerveaux la renaissance de notre patrie. Telles sont les tâches immédiates pour faire une France libre, forte et heureuse. »

« En somme, écrit avec justesse Robrieux, là où l'on attendait en quelque sorte Lénine, on voit surgir de Gaulle. »

Dans sa présentation du discours, *L'Humanité* mettra en valeur l'appel à la constitution d'une « armée forte » ; l'appel à l'intensification de la production ; l'appel à l'union nationale, la tâche immense à accomplir ne relevant pas « d'un seul parti ou de quelques hommes d'État », mais « du peuple tout entier créant l'avenir dans l'enthousiasme ».

Thorez tiendra cette ligne... celle qu'en janvier 1944 il avait expliquée à Garreau pour qu'il la fasse connaître à de Gaulle.

Est-ce parce qu'il souffrait, et avec lui Jeannette Vermeersch, de « rancunes d'émigrés à l'égard de la Résistance » qu'il hâtera, selon le mot de Tillon, « d'une langue de feu la dissolution des Milices patriotiques et des Comités de libération que le gaullisme d'État n'osait pas dissoudre » ?

---

1. Robrieux, *Maurice Thorez, vie secrète et publique.*

Est-ce parce qu'il a reçu de Staline mission d'agir pour qu'Améri-cains et Anglais ne soient pas tentés par une paix de compromis qui laisserait l'armée allemande libre de s'opposer, toutes forces réunies cette fois, aux offensives soviétiques, qu'il va soutenir l' « ordre gaulliste » ? Giulio Cerutti, son vieil ami, et compagnon en Russie, l'affirme. Dans son livre, *A l'ombre des deux T, 40 ans avec Palmiro Togliatti et M. Thorez* il rapporte un entretien avec Thorez. Au cours de cet entretien, qui eut lieu à Biot, le 13 mars 1964, Thorez aurait dit à Cerutti que Staline le recevant, l'avant-veille de son départ pour Paris, lui aurait demandé, tout en le mettant en garde contre l' « esprit réactionnaire et dictatorial de De Gaulle », de « réaliser l'union nationale, autour de ce même de Gaulle, afin de mener à bien la liquidation de Hitler ».

La possibilité d'un retournement des alliances nous paraît absurde aujourd'hui. Elle ne semblait impossible ni à Staline, dont le réalisme avait souhaité le pacte germano-soviétique, ni à ces généraux alle-mands pour qui l'attentat du 20 juillet, s'il avait réussi, aurait permis, Hitler mort, au moins l'abandon rapide aux Alliés de tous les territoires encore occupés à l'ouest, et peut-être des armistices locaux facilitant l'édification d'un solide barrage dressé le plus loin possible à l'est, contre les armées soviétiques.

Il est évident que toute agitation communiste en France, et, plus encore, que toute guerre civile, aurait incité les généraux anglais et américains à écouter favorablement — et bien qu'à Casablanca Roosevelt ait décidé de n'accepter de l'Allemagne qu'une capitulation sans conditions — les arguments de chefs militaires débarrassés de Hitler et des chefs nazis les plus haïssables.

Selon Georgette Elgey[1], Thorez répondra d'ailleurs à qui lui demandera pourquoi, à la Libération, le Parti communiste n'avait ni pris ni exigé davantage : « C'eût été trahir le sens que nous devions garder de nos responsabilités internationales envers l'U.R.S.S. »

La phrase reflète parfaitement, me semble-t-il, la peur so-viétique d'un renversement des alliances. Peur qui ne date pas d'octobre 1944, puisque Staline, n'ayant que la morale de ses intérêts, avait toujours craint que ses alliés ne fussent à son image : cyniques.

---

1. *Cf.* Georgette Elgey, *La République des illusions.*

Ce qui lui interdisait de leur donner des prétextes de rupture.

On entendra donc Maurice Thorez s'élever, le 21 janvier 1945, à Ivry, contre tout ce qui, perpétuant le désordre, aggraverait les difficultés de De Gaulle. « Les Gardes civiques, dira-t-il, et, d'une façon générale, tous les groupes armés irréguliers ne doivent pas être maintenus plus longtemps. »

Le même jour, sur les Comités de libération, il se montrera aussi tranchant : « Les Comités de libération locaux et départementaux ne doivent pas se substituer aux administrations municipales et départementales. Pas plus que le C.N.R. ne s'est substitué au gouvernement. »

« Un seul gouvernement, une seule armée, une armée républicaine et une seule police. » Maurice Thorez ne répète pas autre chose que Charles de Gaulle. Tout juste peut-on penser que les deux hommes ne donnent pas exactement aux mots « armée républicaine » le même sens.

Quel virage depuis ces jours de septembre, d'octobre et même de novembre où la presse et les orateurs communistes dénonçaient les « mauvais coups portés à la Résistance » !

Dissoudre les Milices était, le 3 novembre, un « crime contre la patrie », et les C.D.L. de la région de Toulouse demandaient que l'on internât « les personnes qui voudraient désarmer » les miliciens. Or, c'est dans cette ville, où la Résistance a été follement démonstrative et parfois anarchique, où chacun a la fierté amoureuse des armes possédées et, plus encore, des armes conquises, l'orgueil des grades vite acquis ou des grades courageusement mérités, que Maurice Thorez, le 18 février 1945, déclarera à un auditoire qui l'ovationne : « Les Gardes civiques républicains ont servi utilement pendant la clandestinité. Maintenant, notre mot d'ordre est : les armes au front, tous les hommes en état de se battre au front. Les arrières doivent travailler pour leur fournir des moyens de vaincre, mais non conserver des armes inutiles. »

Quel virage en effet ! Un virage qui, pour quelques-uns, s'apparente à un reniement. Et ce n'est pas fini.

En mars 1945, les mineurs de l'une des fosses de Lens se mettent en grève. La direction des houillères nationalisées vient de leur supprimer le camembert qu'ils recevaient hebdomadairement. La « grève du camembert » va s'étendre ; grève explicable par la faiblesse des rations officielles, la hausse permanente des prix du marché noir, la médiocrité des salaires, la rigueur du travail au fond[1] et le face-à-face avec des contremaîtres dont on dit qu'ils n'ont pas souffert, comme il aurait été juste, des rigueurs de l'épuration.

Localement, le Parti communiste, avec ses leaders et son journal *Liberté,* soutient les grévistes.

A Paris, Maurice Thorez fulmine contre ceux qui n'appliquent pas ses consignes : « *Produire, relever la France* », en un temps où la bataille du charbon est, on le sait, pour les Français et pour la France, une bataille capitale.

Le 21 juillet 1945, Thorez va parler à Waziers, au cœur du pays noir. Robrieux écrit que c'est ce soir-là qu'il gagna « ses galons d'homme d'État[2] » et que c'est à la lecture de ce qu'il a dit, comme aux mots employés pour le dire, que de Gaulle, qui « apprécie[3] depuis longtemps la force disciplinée du communisme français », songea à lui « pour un poste important et honorifique dans le gouvernement ». Le 22 novembre 1945, en effet, de Gaulle le nommera ministre d'État dans un gouvernement comprenant quatre ministres communistes.

Déçu, amer et mélancolique, Roger Pannequin, qui se trouvait parmi le millier de cadres et de mineurs du Parti convoqués pour entendre Thorez, aboutit à la conclusion qui sera celle de Tillon et de Robrieux : « De Gaulle comprit, dès ce jour, qu'il devait faire à Thorez une place dans son gouvernement. Il y gagnerait la tranquillité et des centaines de milliers de tonnes de charbon[4]. »

Qu'a donc dit Thorez de si remarquable ?

La grande majorité des mineurs présents attendait du secrétaire général du Parti qu'il encourage et appuie leur action. Comment n'aurait-il pas, lui, le « fils du peuple », le gamin embauché à douze ans[5] comme trieur de pierres à la fosse n° 4 de Noyelles-Godault,

---

1. *Cf.* chapitre 17.
Le rendement moyen par homme au fond tombera de 870 kg en janvier 1945 à 829 kg en juin.
2. *Maurice Thorez, vie secrète et vie publique.*
3. Apprécie... sans doute la craint-il aussi.
4. *Ami si tu tombes,* publié en 1977.
5. Après son succès au certificat d'études où il a été reçu premier.

l'adolescent en conflit avec un porion, le militant communiste des années 20, comment n'aurait-il pas compris leurs problèmes et soutenu leur grève ?

Or, ceux qui l'écoutent et sont venus l'acclamer de confiance reçoivent une volée de bois vert.

Il dénonce les « jeunes d'un puits de l'Escarpelle, qui sont remontés, avant l'heure fixée, pour aller au bal » ; il stigmatise les délégués à la caisse de secours qui délivrent « trop de billets de maladie sans raison valable ». La grève, parlons-en ! La grève, « parce que le nez du porion ne revient pas au délégué, c'est un scandale, c'est une honte, c'est une faute très grave contre le syndicat et l'intérêt des mineurs ».

Et, sur l'épuration, lui qui n'a rien connu de l'occupation et de l'occupant, lui dont les seules souffrances ont été, à Ouffa, du pain moins blanc et des oignons plus rares, il a ce mot cruel pour ceux qui auraient voulu voir des porions ou des ingénieurs trop favorables au pétainisme, ou trop hostiles aux communistes, chassés de la mine : « On ne va tout de même pas épurer pendant cent sept ans ! »

Car, si l'on épure « parce que le nez du porion ne revient pas », si l'on fait grève pour un morceau de saucisson ou un camembert, alors c'est toute la production qui est désorganisée et, « quelque part en France, une pauvre maman ne peut pas allumer le gaz pour chauffer le biberon de son gosse... C'est inadmissible ! »

> « Avec des arguments de ce type, écrit Pannequin, Thorez gagna peu à peu la salle à sa cause. Aucun débat n'était prévu. Il suffisait d'être là pour recevoir les directives du chef. Nul autre que lui n'avait la parole. Quand il sentit la salle à sa main, il nous attaqua nommément, en prétendant nous placer devant nos responsabilités. La salle parut se cabrer, flotta un moment, puis applaudit. »

Comment n'aurait-elle pas applaudi à une conclusion lyrique, presque pathétique, qui en effet, la met solennellement en face de ses responsabilités ?

> « Au nom du Comité central, au nom de tout le Parti, au nom de tous les travailleurs, je vous dis : Toute la France a les yeux fixés sur vous. Toute la France attend de vous un nouvel et grand effort. La situation est difficile, l'hiver sera rude, les usines sont

mises au ralenti. Les foyers manqueront de charbon, les femmes et les enfants auront froid. Vous saurez faire votre devoir. La moindre défaillance de votre part aiderait les campagnes des ennemis du peuple contre vous-mêmes, contre toute la classe ouvrière, contre les nationalisations, contre la démocratie, contre la France.

Avec le même héroïsme que dans la lutte contre l'envahisseur, vous vous dépenserez pour la production.

Je suis sûr que l'appel de notre Parti sera entendu, je suis sûr que nous gagnerons la bataille de la production, comme nous avons gagné la bataille de la Libération. »

Allons, de Gaulle n'a pas eu tort de faire revenir Thorez à l'instant précis où il l'a fait revenir.

Il n'a pas plus conclu de « pacte » avec Thorez que Thorez n'a passé de « marché » avec lui, mais, de stature et de culture très différentes, les deux hommes ont, en commun, la même conscience de leur valeur, la même passion pour l'autorité, la même horreur de ce que de Gaulle appellera, bien plus tard, la « chienlit ».

C'est donc sans effort et sans crise de conscience que Thorez prêchera la discipline, le travail, le courage, l'union, vertus qu'il avait entendu célébrer depuis que la Russie soviétique se trouvait engagée dans la grande guerre patriotique et qui, par balle ou corde, étaient durement rappelées à ceux qui y manquaient.

Qu'il soit arrivé de Moscou avec pour consigne évidente de ne rien faire qui puisse gêner le combat des Français, des Américains et des Anglais contre une armée allemande dont les sursauts demeuraient toujours redoutables, c'est vraisemblable.

Mais, dans son langage, avec son style, intelligemment adapté à son public, se faire le héraut des mots d'ordre de De Gaulle n'a pas dû lui coûter.

Il savait, le faisant, qu'il sacrifiait momentanément les chances révolutionnaires du Parti, chances auxquelles, lui qui n'avait pas participé à la Résistance et ne pouvait s'en réclamer valablement, croyait moins encore que les autres dirigeants du Parti récemment encore engagés dans l'action.

Il pouvait en effet spéculer — et Staline plus encore — sur un proche retrait des troupes américaines dont Roosevelt avait dit qu'elles ne s'attarderaient pas en Europe après la victoire. Alors, les Anglais ayant, eux aussi, rapatrié leurs soldats, l'Union soviétique, seule puissance militaire et politique du Continent, appuyée sur des partis « nationaux » puissants serait, à son heure, maîtresse du jeu. Thorez était aussi en droit d'espérer que les élections donneraient au Parti la possibilité, avec le concours d'un parti socialiste minoritaire et dominé, de constituer un gouvernement de Front populaire dont de Gaulle devrait s'accommoder — à moins de quitter la scène — et qui aurait pour chef un homme d'État ennemi — il venait de le prouver — de toute démagogie.

D'ailleurs, en novembre 1946, son parti étant le « premier parti de France » par le nombre des électeurs et des députés, Maurice Thorez revendiquera la présidence du Conseil. Il n'obtiendra que 259 voix. Il lui en aurait fallu 310. Mais toute sa « campagne » auprès des députés socialistes aura été placée sous le signe de la modération et dans la ligne sage et souple de la déclaration faite à Garreau en janvier 1944.

Le 20 janvier 1945, lorsque de Gaulle abandonne le pouvoir, Thorez aura ce mot : « C'est un départ qui ne manque pas de grandeur. »

Au moment de la rédaction de ses *Mémoires de guerre*[1], dans lesquels il décerne avec parcimonie les satisfecit, de Gaulle consacrera près de deux pages au Parti communiste et à Maurice Thorez.

Au passif, il ne mettra que des « surenchères et des invectives », ainsi qu'une « campagne de dénigrement » et une volonté affirmée de soumettre à leur volonté des formations politiques inconsistantes. A l'actif, et avec une satisfaction qui éclate sous les mots, il comptabilisera l'absence de tout mouvement insurrectionnel, de toute grève, le respect de son autorité et de sa personne.

« Partout où je paraîtrai, leurs représentants seront là pour me rendre hommage, et leurs électeurs, dans la foule, crieront, eux aussi : " Vive de Gaulle[2] ! " »

De ce bilan, finalement très positif, il fera, avec retenue et

---

1. T. III, *Le Salut*, p. 100-101.
2. Sans doute est-ce partiellement exact, mais, on l'a vu, *L'Humanité* rend compte très succinctement des manifestations populaires favorables au général de Gaulle.

conviction, hommage à Maurice Thorez qui, « tout en s'efforçant d'avancer les affaires du communisme, va rendre, en plusieurs occasions, service à l'intérêt public ».

Et de Gaulle d'énumérer l'effective dissolution des Milices patriotiques, la définitive mise en sommeil des Comités de libération, le coup d'arrêt porté à « des équipes surexcitées ».

Toutes décisions imposées par Thorez à Ivry, au cours de la réunion du Comité central qui s'est tenue du 23 au 25 janvier 1945, date plus importante que celle du discours de Waziers ou de tous les autres discours, puisque c'est à Ivry que le « tournant » a officiellement été pris aussi bien sur [contre] les Comités de libération « dont la tâche n'est pas d'administrer » que sur [contre] « les groupes armés [qui] ont eu leur raison d'être avant et pendant l'insurrection », mais l'ont perdue.

Alors que Maurice Thorez se trouvait déjà en France, Staline, recevant de Gaulle au Kremlin, lui avait dit en le priant de l'excuser d'intervenir :

— Je connais Thorez, et, à mon avis, il est un bon Français. Si j'étais à votre place, je ne le mettrais pas en prison... Du moins, pas tout de suite.

— Le gouvernement français, avait répondu de Gaulle, traite les Français d'après les services qu'il attend d'eux [1].

De Thorez, manifestement, il attendait beaucoup.

Si l'on en croit les *Mémoires de guerre*, il ne fut pas déçu.

---

1. En avril 1947, quelques jours avant le renvoi des ministres communistes, Ramadier, président du Conseil, demandera à Depreux, son ministre de l'Intérieur : « Si les communistes partent, y a-t-il un risque de putsch ? » Depreux répondra qu'à son avis, « depuis le retour de Thorez et le désarmement des Milices patriotiques, il n'y avait plus de danger communiste ». Cité par Georgette Elgey, *La République des illusions*.

TROISIÈME PARTIE

DE GAULLE :
GRANDS DESSEINS,
FAIBLES MOYENS

10

RUINES ET MISÈRES DE SEPTEMBRE

Les Français ne se sentent pas tous concernés par l'épuration, par la progression du Parti communiste, par la bataille qui continue ; en revanche, ils se passionnent tous pour l'amélioration du ravitaillement, et ils sont rapidement déçus.

« Paris espérait que la Libération abolirait les lois de Vichy... » C'est par cette phrase que *Le Populaire* du 24 septembre commence un article dénonçant... la fermeture des bars, cafés et restaurants les lundi, mardi, mercredi.

Paris espérait... toute la France avec Paris, tous les Français avec les Parisiens, espéraient que la Libération, avec les lois de Vichy, ferait disparaître les restrictions alimentaires.

Dans son livre *La Vie économique des Français de 1939 à 1945*, Alfred Sauvy a dénoncé la responsabilité du gouvernement d'Alger dans ces manifestations d'un optimisme excessif. Optimisme qui incitera quelques consommateurs à déchirer leurs cartes de rationnement lors de l'arrivée des troupes du général Leclerc à Paris !

L'immense majorité des Français imaginait, en effet, que tout irait en s'améliorant rapidement, puisque les Allemands « qui prenaient tout » n'étaient plus là. Rien ne s'améliorant, ces mêmes Français mettront rapidement en cause un pouvoir à qui l'on est en droit de reprocher d'avoir désinformé avant de s'installer à Paris et d'avoir peu ou mal informé une fois en place, malgré les mises en garde prodiguées, dès avril 1944, par Pierre Mendès France.

Alors commissaire aux finances à Alger, Mendès France avait, en effet, écrit, dès le 1er avril, à son collègue responsable de l'information[1] pour lui demander d'insister, dans les émissions à l'intention des Français occupés, sur la durée probable des restrictions et privations alimentaires qui se poursuivraient après la Libération, « non seulement pendant quelques semaines mais pendant des mois ».

En réalité, ce devait être pendant des années !

Pour ne pas affaiblir l'enthousiasme populaire, indissociable de l'été de la Libération, les illusions avaient été entretenues. Brève béatitude que la France devait payer très cher.

Lorsque, du samedi 11 novembre 1944 au samedi 31 mars 1945, Mendès France, devenu ministre de l'Économie nationale, parlera à vingt reprises à la radio pour prêcher l'austérité, la discipline et surtout la lucidité, il sera beaucoup trop tard.

Les journaux, en n'accordant d'ailleurs que douze lignes en deuxième page aux déclarations de Mendès, n'allaient pas aider au relèvement de la France[2].

En revanche, passé l'euphorie des premiers jours, ils s'étaient fait, aussi largement que le permettait leur pagination étriquée, l'écho des doléances de consommateurs exaspérés par plus de quatre années de privations.

Ce lecteur, dont *Le Parisien libéré* du 27 septembre publie la lettre, résume en quelques lignes la surprise et le mécontentement populaire.

> « Je croyais qu'avec le nouveau gouvernement on allait trouver un changement. Je suis obligé de vous dire que je suis déçu. On nous annonce distribution de beurre, augmentation de pain, et rien ; c'est comme pour le chauffage et l'éclairage. »

Cet optimisme sans fondement d'un peuple qui espérait, « comme par enchantement[3] », être débarrassé des privations à la Libération, le général de Gaulle l'évoquera dans les premières pages du tome III de ses *Mémoires de guerre*[4].

> « On imagine les Alliés comme des figures d'images d'Épinal, pourvus de ressources inépuisables, tout prêts à les prodiguer au

---

1. *Cf.* le chapitre 13 « De Gaulle choisit Pleven, Mendès s'en va. »
2. *Cf.* le chapitre 13.
3. *Mémoires de guerre*.
4. P. 3.

profit de cette France que, pense-t-on, leur amour pour elle les aurait conduits à délivrer et qu'ils voudraient refaire puissante à leurs côtés[1]. Quant à de Gaulle, personnage quelque peu fabuleux, incorporant aux yeux de tous cette prodigieuse libération, on compte qu'il saura accomplir par lui-même tous les miracles attendus. »

Pour dire la vérité, dans le domaine du ravitaillement les Français attendaient bien davantage de l'efficacité américaine que du charisme du général de Gaulle. Mais celui-ci, que le mot : « L'intendance suivra », inventé ou prononcé, agace quelque peu, ajoutera dans ses *Mémoires,* pour montrer qu'il ne s'était pas désintéressé du quotidien de Français vite désappointés :

> « Cette crise nationale occupe ma vie de tous les jours. Non que je me laisse absorber par les difficultés de détail, les avis, les doléances, les critiques qui affluent de toutes parts. Tout en ressentant, autant que personne, les épreuves quotidiennes de la population, tout en tenant les services en haleine, je sais que les problèmes sont actuellement insolubles. »

« Cette crise nationale occupe ma vie de tous les jours. » De Gaulle écrit ces mots en 1958. Cette inquiétude, qu'il dit quotidienne, on n'en trouve pas une forte trace, tout au moins avant le discours du 17 janvier 1945, dans les nombreux discours du Général à l'intention des Français libérés[2].

Sans doute, dès le 29 août, quatre jours après la libération de Paris, après avoir affirmé dans son allocution radiodiffusée que la nation sentait que l'avenir lui offrait désormais « non plus seulement l'espoir, mais la certitude d'être bel et bien une nation victorieuse, la perspective d'un ardent renouveau, la possibilité de reparaître dans le

---

1. Il y a, on le remarquera, quelque aigreur dans la phrase.
2. Ainsi, dans ses *Mémoires de guerre,* t. III, p. 19, de Gaulle fait-il allusion aux « bovins appétissants » paissant les prairies de Vendeuvre et de Bar-sur-Aube. Sauvy fera remarquer que le bétail a, lui aussi, souffert des restrictions et qu'il a perdu une part non négligeable de son poids.

monde, au rang où elle fut toujours, c'est-à-dire au rang des plus grands », de Gaulle ajoute-t-il quelques mots sur un présent difficile.

« Elle [la nation] mesure l'étendue des ravages qu'elle a subis dans sa terre et dans sa chair. Elle mesure les difficultés extrêmes de ravitaillement, de transports, d'armement, d'équipement où elle se trouve, et qui contrarient et l'effort de combat et l'effort de production des territoires libérés. »

Sur ce thème, il brodera un peu plus longuement dans son très important discours prononcé le 12 septembre au palais de Chaillot, en présence du gouvernement qui vient d'être remanié, du Conseil national de la Résistance et des grands corps de l'État.

Mais, enfin, 25 lignes dans un texte qui, publié, en comprend plus de 450, on ne peut dire que cela ait suffi pour alerter les Français, bien que le général de Gaulle ait précisé que de nos alliés, dont les soucis étaient uniquement militaires, il ne fallait pas attendre des importations notables, et loyalement ajouté : « Bref, nous nous trouvons, et chaque Français le sait bien, devant une période difficile où la libération ne nous permet nullement l'aisance matérielle, mais comporte, au contraire, le maintien de sévères restrictions et exige de grands efforts de travail et d'organisation en même temps que de discipline. Bien qu'on puisse être certain que cette situation ira en s'améliorant, il faut prévoir que l'amélioration sera lente. »

Le discours du 12 septembre est un discours fait pour rendre un salut mesuré aux différentes nations alliées (et le meilleur des mots va à la Russie soviétique [1]) et un vibrant hommage aux armées françaises ; un discours fait pour revendiquer, au nom de la France, le droit de participer aux décisions concernant l'Allemagne bientôt vaincue et l'Europe à remodeler, pour annoncer les grandes lignes des mesures sociales, économiques et politiques devant conduire à une rénovation qui ne se fera pas sans redressement démographique ; pour exalter enfin le courage et la volonté des « Croisés à la croix de Lorraine... levain de la nation dans son combat pour l'honneur et pour la liberté ».

---

1. En parlant de la Russie soviétique, de Gaulle évoque « l'admirable courage de son peuple, les vertus de ses combattants ». Parlant de l'Angleterre et des États-Unis, il ne dira pas mot des peuples non plus que des soldats.

De Gaulle évoque certes les difficultés de la vie quotidienne. Il ne s'y attarde pas.

Il ne s'y attarde pas davantage dans les discours prononcés au cours de la tournée effectuée en septembre[1] à Lyon, Marseille, Toulon, Toulouse, Bordeaux, Saintes, Orléans, discours brefs, d'ailleurs, et qui, « collant » à la confuse réalité des villes et des régions visitées, insistent surtout sur le rétablissement de l'ordre, « car on ne fait rien et rien de grand que dans l'ordre[2] » et dans l'ordre de l'État, ce qui ne laisse aucun espoir aux féodalités.

De Gaulle évoque certes, à chaque étape de ses voyages en province, la « France mutilée », le « pays mutilé gravement dans ses communications, mutilé dans ses ports, mutilé dans certaines sources de sa richesse[3] », mais ces évocations demeurent exemptes de sensiblerie. On le voit à Caen, le 9 octobre, où la triste abondance des ruines ne lui arrache que de banales formules. Dans l'esprit du général de Gaulle, les mutilations doivent constituer pour le peuple comme une puissante incitation à travailler davantage. Si l'enthousiasme soutient l'effort quotidien et balaie l'esprit critique, partir de plus bas c'est être assuré d'arriver très haut.

De Gaulle l'affirme d'ailleurs à Lille, le 1er octobre : « Oui, nous avons à remporter, cette fois-ci, sur nous-mêmes, la victoire de la reprise du travail. » Il le dit mieux encore dans son allocution radiodiffusée du 14 octobre 1944.

> « Depuis le premier jour du drame, nous ne doutions pas qu'il nous coûterait extrêmement cher, et, dans la situation affreuse où nous avons été longtemps plongés, nous discernions fort bien l'étendue des épreuves qu'il nous resterait à surmonter dès le lendemain de la Libération. *Bien plus, j'oserais presque dire que nous saluions par avance ces épreuves parce qu'elles nous permettraient de nous donner à nous-mêmes et de donner aux étrangers la mesure de ce que vaut notre peuple, injustement malheureux*[4]. Eh bien! nous y voilà. *C'est maintenant le moment d'être ce que nous voulons être et de montrer ce que nous sommes*[4]. Nous sortons à

---

1. *Cf.* chapitre 4. « Les voyages de la reprise en main. »
2. A Orléans, le 19 septembre 1944.
3. A Nancy, le 25 novembre 1944.
4   Je souligne intentionnellement.

peine de l'abîme. Il s'agit d'empoigner la corde et de remonter la pente à la force de nos poignets. »

Cette exhortation a été précédée d'une brève énumération des pertes humaines subies par la France : « au total, 300 000 hommes tués à l'ennemi..., environ 2 millions de prisonniers et déportés », ainsi que des pertes matérielles : ponts, chemins de fer, usines sans charbon, sans courant électrique.

Et villes détruites.

C'est difficilement aujourd'hui que nous imaginons ce que furent dans ces régions de France, touchées seulement par la guerre en des temps oubliés, les désastres et les ravages provoqués par la libération. L'acharnement de la défense allemande, comme de l'offensive alliée, l'avaient, en vérité, trop longtemps retardée pour que les villes fussent autre chose que des moignons brandis vers le ciel, un décor de façades crevées, un chaos d'immeubles écroulés sur les cadavres de ceux qui trouvaient une tombe là où ils avaient bâti un foyer.

Le spectacle arrachera ce cri à Emmanuel d'Astier de La Vigerie :

> « Quand je parvins en France... tout s'effaçait devant l'horreur, l'horreur de la guerre, des destructions massives souvent stupides ; la mort des hommes, des bêtes, des arbres, des maisons... le sol, même, crevé, qui refusait le printemps[1]. »

A Brest, 4 875 maisons sont totalement détruites ; plus de 5 000 sérieusement endommagées sur les 12 000 que comptait la ville avant guerre.

Alfred Lendet de La Vallée, président de la Caisse d'épargne, et son assistant, Charles-Yves Peslin, qui ont quitté Landerneau dans la matinée du 19 septembre, ont été parmi les premiers à revenir dans leur ville libérée depuis la veille.

A partir de Guipavas, c'est à travers les ruines qu'ils ont roulé, avec,

---

1. *Les Dieux et les Hommes.*

sur leur bicyclette, casse-croûte et bouteille d'eau. Partout des obstacles, des voitures calcinées, des arbres abattus ou mutilés, d'énormes trous d'obus et de bombes, preuves de la ténacité avec laquelle, après avoir ordonné l'évacuation des 25 000 Brestois qui s'accrochaient encore[1], le général Ramcke et sa 2e division de parachutistes ont défendu la ville.

Place de la Liberté, ils découvrent un spectacle hallucinant. Chargées de soldats américains, des jeeps escaladent et dévalent en cahotant des cratères creusés par l'explosion des bombes, cependant que quelques dizaines de prisonniers allemands ouvrent à coups de pelle des routes dans ce paysage lunaire. Avant d'atteindre la caisse d'épargne, Charles-Yves Peslin fait un détour par la rue de Siam. Détruite, la rue de Siam qui avait déjà souffert dans la nuit du 14 au 15 avril 1941, et détruite, au numéro 63, la maison familiale de Peslin qui s'est effondrée sur le 18 de la rue de Suffren. Comme il trébuche sur ces décombres qu'il a escaladés à la recherche d'un souvenir, de quelque objet intact dans ce magma, il pose la main sur des pierres brûlantes encore. A quoi bon s'attarder ? Il reviendra.

Ayant rejoint Alfred Lendet de La Vallée, Peslin poursuit donc sa route à travers les ruines. Ruines de l'hôtel de Paris d'où sortent les jambes bottées d'un soldat allemand ; ruines de la clinique de la Providence et de la chapelle ; ruine, rue d'Aiguillon, du hangar du bijoutier Doriac, auquel il louait un box dans lequel il garait sa Citroën 40 FJ 2, qui n'est plus désormais qu'une carcasse aplatie.

De la Caisse d'épargne, il ne reste presque rien. La partie arrière du bâtiment s'est effondrée sur le jardinet de la Société des vêpres ; la

---

1. Un premier ordre d'évacuation avait été donné par les Allemands le 4 août mais, sur les 80 000 Brestois encore présents dans une ville qui avait compté 120 000 habitants, 25 000 n'avaient pas suivi cet ordre.

L'évacuation du 14 août se fera après que M. Eusen, président de la délégation spéciale et directeur interurbain de la Défense passive, eut négocié avec les Allemands et les Américains le principe d'une trêve qui sera annoncée par le haut-parleur de la voiture des pompiers. Deux itinéraires étaient ouverts à ceux qui partaient : l'itinéraire nord en direction de Saint-Renan et de Ploudalmézeau ; l'itinéraire sud qui, par Daoulas, conduisait soit à Landerneau, soit vers Quimper.

La présence à Brest du *Gneisenau* et du *Scharnhorst,* deux croiseurs de bataille de 26 000 tonnes, avait eu pour conséquence la multiplication des raids de l'aviation britannique. Entre le 8 juillet 1940 et le 14 février 1942, date du départ pour la Norvège de l'essentiel de la flotte allemande basée à Brest, le port et la ville furent bombardés 212 fois de nuit et 58 fois de jour.

salle des machines et le fichier sont tombés sur les bureaux de l'agent général et de l'administrateur ; la dalle du hall du public, dévasté par les bombes et les obus, s'est écroulée sur la salle des coffres. L'escalier a été pulvérisé par l'une des bombes lâchées par milliers le 3 septembre ou encore dans la nuit du 9 septembre par ces avions alliés (500 le 3 septembre) qui ont matraqué la ville, ses défenseurs [1] et les habitants qui avaient refusé l'ordre allemand d'évacuation. Disloqué, le grand coffre de la Caisse a laissé échapper ses papiers souillés et à demi calcinés.

Ces ruines, Alfred Lendet de La Vallée et Charles-Yves Peslin s'y arrachent difficilement par l'avenue de la Gare — une avenue déserte où un crocodile empaillé, apporté là par quelque explosion, a l'air de contempler les cadavres gonflés des vaches et des chevaux venus mourir près des pancartes d'orientation allemandes : *Zum Bahnhof, O.T. Strasse, Lazarett.*

Le président Lendet regagne Landerneau, mais Charles-Yves Peslin passe la nuit dans une chambre sans portes ni fenêtres. Le lendemain, il retourne en pèlerinage sur les ruines : celles de sa maison, celles de la Caisse d'épargne, celles de la place Sadi-Carnot où, à gauche de l'entrée de l'abri, un drapeau tricolore, orné d'un crêpe noir arraché à la soie d'un parapluie, pend tristement.

Avec la tragédie du tunnel Jenner, au Havre, où 326 personnes ont trouvé la mort le 5 septembre, l'explosion, qui, le 9 septembre, fit près de 400 morts français et 600 morts allemands dans l'abri Sadi-Carnot

---

1. Le 6 août 1944, la 6ᵉ D.B. américaine du général Grow était arrivée en vue de Brest, mais elle ne put empêcher les parachutistes du général Ramcke de se retrancher dans la ville.

Face à cette résistance imprévue, Grow, bloqué, dut être renforcé par les 2ᵉ, 8ᵉ et 29ᵉ divisions d'infanterie soutenues par d'incessants bombardements aériens et navals. Le *Warspite,* qui tirait des obus de 381, fut notamment engagé. Le siège de Brest allait durer plus d'un mois. Il fut terrible pour la population et pour la garnison. Erich Kuby, soldat allemand, écrit que « la peau de chagrin de Brest » avait été transformée en « une maison de fous », et sa description de la vie dans les bunkers secoués par les explosions est hallucinante.

Hitler avait ordonné qu'on parachute au général Ramcke un contingent de croix de fer. Les colis, lâchés par un Heinkel III, devaient tomber près du quartier général d'une unité U.S., et quelques croix de fer aboutirent dans le jardin de M. et Mme Permuid qui habitaient Saint-Pierre-Quilbignon. Plus important : avec les croix de fer découvertes par les Américains se trouvait le nouveau code secret allemand.

de Brest, est l'une des plus grandes catastrophes provoquées, en France, par les combats pour la Libération.

Au nombre des corps non identifiés, une cinquantaine d'hommes, de femmes, et des enfants, des enfants surtout, qui devaient être inhumés au cimetière de Kerfautras, où les cercueils font défaut.

Ils font également défaut à Saint-Lô, où 1316 habitants — il y en avait 12000 avant le 6 juin — sont toujours présents dans les premiers jours de septembre. C'est dans une douzaine de caisses que la Gestapo destinait à des résistants promis à l'exécution que seront placés les premiers cadavres retrouvés après la libération de la ville.

L'atelier de menuiserie du Bon Sauveur remis en état, une équipe de menuisiers constituée, il devint possible de fabriquer de nouveaux cercueils que le mareyeur Roger Brioult transportait chaque matin, dans sa camionnette, et déposait près des équipes chargées d'exhumer les victimes des bombardements, de recueillir une bague, un porte-feuille, un briquet, une boucle d'oreille, un morceau de tissu, susceptibles de permettre leur identification. Puis Roger Brioult chargeait les restes des Saint-Lois découverts dans les abris écrasés, les caves noyées, les maisons incendiées, les cellules de la prison[1].

Les équipes chargées de déterrer les morts dérangeaient les rats qui se faufilaient de trou en trou, s'assemblaient, le soir venu, par bandes de dix à douze, trouvaient dans les ordures une abondante nourriture et défendaient farouchement leur territoire. Ils occupaient également le cimetière dans lequel les obus avaient éventré les tombes, disloqué les cercueils, projeté un peu partout des débris humains. Cadavres anciens qui côtoyaient de jeunes morts, puisque les Allemands s'étaient défendus dans le cimetière de Saint-Lô et qu'autour du visage en décomposition de l'un d'eux des mouches vertes bourdonnaient dans le soleil.

---

1. 397 morts à Saint-Lô, en comptant les disparus et les 43 corps retirés de la prison. Le premier bombardement, effectué dans la soirée du 6 juin par une douzaine d'avions, bombardement qui fit une centaine de morts, contribua cependant à réduire le nombre des victimes en précipitant l'exode des habitants.
    Par ailleurs, les Allemands, en accueillant immédiatement dans les galeries de leur abri, situé sous le rocher de l'Enclos, tous les malades de l'hôpital civil et 500 habitants du quartier, sauvèrent des vies humaines lors du violent bombardement qui eut lieu le 6 juin à minuit.

Et chaque matin, Urbain Lefèvre, le jardinier du cimetière, se plaignait de manquer de ciment pour réparer les caveaux bouleversés.

« C'est quinze rats, c'est vingt rats, disait-il, que j'ai chassés de la concession de la famille X... J'en ai tué cinq ou six, mais il en revient toujours davantage ! »

Le problème de la destruction de rongeurs, qui, à deux reprises au moins à Saint-Lô, attaquèrent des humains, allait être l'un des problèmes les plus irritants et les plus humiliants de populations sinistrées à qui l'administration parisienne ne fournissait pas de dératisants.

Problème qui, pendant un an au moins, ne fut pas résolu, puisque, au cours de sa séance du 12 juin 1945, la délégation spéciale de Caen décida d'accorder une prime de un franc à toute personne ayant tué un rat, à condition que le corps *entier* de l'animal soit apporté au service du nettoiement de la ville, 12, rue Damozanne. A ceux qui auraient pris *cinq cents rats dans un trimestre* — ce qui représente une moyenne de six rats par jour —, une surprime de 1 000 francs était attribuée.

A Saint-Lô comme ailleurs, la prolifération des rats était liée au grand nombre de corps sommairement enfouis. C'est ainsi qu'en mars 1945 une trentaine de morts, rongés par le calcaire et la boue, reposaient toujours sans cercueil, à fleur de terre, dans les carrières de Fleury, près de Caen, où leurs « tombes », constamment détrempées par les infiltrations, voisinaient avec des champignons de couche.

Il est, hélas ! vrai que la découverte d'un cadavre allait pendant longtemps rester un « fait divers » auquel — dans les villes sinistrées — la presse n'accordait pas davantage d'importance qu'au vol d'une bicyclette. Cinq lignes le 25 novembre 1944, dans *La Liberté de Normandie,* pour la disparition, à Falaise, de la bicyclette de Mlle Decouflet, secrétaire au greffe du tribunal civil, six lignes pour la découverte, toujours à Falaise, à l'angle de la rue de la Fleurière et de la rue Paul-Doumer, du chef cantonnier Abel Duchesne, tué dans le bombardement du 7 juin.

Les rats ne sont pas les seuls ennemis des morts. A Caen, le 4 septembre, le portefeuille vide de M. Lefrançois a été retrouvé sur le terrain de déblaiement. Or, M. Lefrançois, tué entre le 23 et le

28 juillet, portait sur lui l'argent d'un récent héritage, 10 800 francs remis le 5 juin par son notaire. Pour mieux camoufler le vol, le cadavre de M. Lefrançois avait été classé parmi les inconnus. Comme le seront d'autres victimes dont les portefeuilles, démunis de tout argent, seront retrouvés loin des corps.

Particulièrement odieux, le pillage des cadavres est cependant relativement rare. En revanche, le vol dans les maisons sinistrées est fréquent. Le 11 septembre, vol de charbon, de bottes, de couvertures, de pneus de vélos chez Mme Duplessis, 25, rue Froide à Caen ; d'édredons chez M. Legal, 21, rue de la Délivrande ; de linge chez M. Eprande, chez M. Jonne, chez M. Lesomplier. Vol à Lisieux, au domicile provisoire de M. Gabriel Leterrier, d'une couverture en piqué, d'un matelas usagé et d'une couverture de berceau.

Vols — mais s'agit-il véritablement de vols, bien qu'ils soient dénoncés par la presse et punis comme tels ? — des épaves laissées par la bataille de Normandie. C'est ainsi qu'un cultivateur de Cerqueux se procurera un moteur Ford, deux moteurs de moto, une motocyclette en bon état, des dynamos, un gazogène complet et différents accessoires en puisant tout simplement parmi les débris éparpillés sur la route. Procès-verbal sera dressé par les gendarmes d'Orbec contre le cultivateur Henri B..., chez lequel on a découvert 12 nourrices d'essence pleines, 30 vides, 7 bidons d'huile, 4 pneus d'auto... et 4 roues de char allemand.

Arrestation le 13 septembre, à Sotteville, près de Rouen, de Marcel D..., un plâtrier chez qui les gendarmes dénichent des boîtes de clous, de vis, des limes, des planches, des pneus de moto, des roues de vélo, mais aussi 30 kilos de haricots provenant du pillage des dépôts du champ de courses.

A Saint-Malo, le 16 septembre, c'est le maire qui doit alerter le sous-préfet : les Américains ayant abandonné sans préavis les stocks de matériel allemand dont ils avaient la garde, ceux-ci sont dévalisés « en masse par le public ».

La misère des temps peut expliquer ces vols et ces pillages dans des régions où les épaves de la bataille, les stocks abandonnés, sont de quelque secours à des sinistrés, pour longtemps privés de tout.

En septembre 1944, des journalistes suisses sont invités à visiter la Normandie par le service d'information du quartier général américain et par le ministère britannique de l'Information. Parmi tant de villes détruites, ils citent Valognes, Montebourg, Isigny, Carentan,

Avranches, Coutances. Mais c'est le spectacle de Saint-Lô, où ils n'ont découvert que cinq ou six maisons intactes, qui les a le plus profondément impressionnés.

« Les moindres secousses, causées par le passage des lourds camions militaires, écrit le correspondant de l'*Agence télégraphique suisse,* dont l'article paraîtra dans *L'Express* de Neuchâtel le 14 septembre, causent l'ébranlement soudain de pans entiers de murs. On peut contempler les choses les plus inimaginables. Des objets de ménage pendent aux murs calcinés. Une étagère tient encore par miracle sur une façade. Elle porte une vingtaine de bouteilles de vin absolument intactes. D'un amas de décombres retentit subitement la voix d'un speaker de Radio-Londres annonçant la libération de Bruxelles. Que s'est-il passé, sinon que les piles de l'appareil se sont remises à fonctionner à la suite d'un choc quelconque, et cela sur la longueur d'onde où l'émission avait été interrompue, il y a peut-être des semaines. »

Saint-Lô n'est pas la seule ville où des ruines fragiles bougent, tremblent et s'effondrent au passage d'un camion ou sous la poussée du vent.

A Rouen, le 13 septembre, à 10 heures, le manœuvre portugais Jean Hilario est tué alors qu'il travaillait au déblaiement du garage Berliet, avenue du Mont-Riboudet. Au même moment, quatre ouvriers sont blessés dans la cave d'une maison sinistrée, rue Ganterie.

A Caen, le 23 novembre, le 7 de la rue Sadi-Carnot s'écroule sur la chaussée. Le lendemain, le génie américain fait sauter les moignons du 7, ce qui reste du 9, ainsi qu'une partie de l'hôtel Malherbe, et *La Liberté de Normandie* recommande à ses lecteurs la « plus grande prudence lorsqu'ils passent près des ruines ».

Dans leur reportage — consacré pour l'essentiel à la description de l'organisation américaine, à l'énumération du contenu des rations des G.I., rations qui, avec leur café en poudre, leurs fruits séchés, leurs boîtes de conserve, leur chewing-gum, leurs paquets de quatre cigarettes et leur papier de toilette, feront également l'étonnement admiratif et curieux des Français[1] —, les journalistes suisses ont noté

---

1. Dans le journal de la jeune Parisienne Nicole Bourgain, on lit, à la date du 8 septembre : « Grâce à une amie, nous avons eu à déjeuner des conserves U.S. :

que, si, en Normandie et en Bretagne, on constate partout un « excédent d'œufs, de lard, de beurre et de fruits » (le marché de Rennes, écrivent-ils, est un « paradis de fruits et de légumes »), l'eau, traitée chimiquement, demeure « presque imbuvable », tandis que l'électricité et le charbon font généralement défaut.

« Pas d'électricité, pas de gaz, pas d'eau. » A des journalistes de passage, il suffit d'une ligne pour décrire une situation difficilement vécue par les habitants, qui s'accrochent aux ruines de ces villes sinistrées dans lesquelles, malgré tous les interdits, ils sont revenus.

Municipalités et autorités militaires alliées ont beau leur signaler le danger que présentent des murs instables, des obus non explosés, des mines non désamorcées, ont beau insister sur les difficultés du ravitaillement, sur l'absence de toit, d'eau potable, de gaz, d'électricité, les réfugiés veulent, au plus vite, retrouver une maison qui n'est, le plus souvent, qu'un amas de débris fumant encore [1].

Alors, ils font tous les mêmes gestes. Penchés sur le chaos des gravats, des meubles brisés, de la vaisselle en miettes, du linge rongé par le feu, ils cherchent silencieusement quelque souvenir des bonheurs d'hier.

Rue de la Paille, à Saint-Lô, explorant les ruines de ce qui fut sa maison, M. Auriac découvre UNE fourchette et UN ravier provenant du service de table qui lui avait été offert, en 1943, à l'occasion de son mariage. Il découvre, également intact, un pot à fleurs en terre cuite, que l'explosion a chassé de la fenêtre de l'escalier — volatilisé — qui menait au premier étage — disparu. Il ne lui reste plus qu'à s'éloigner, les larmes aux yeux, comme ils le font tous.

La reconstruction n'est pas pour demain. En septembre, *on parlera,* mais on se contentera d'en parler, de l'arrivée de baraques américaines ou françaises. En septembre, on recensera toujours les toits défoncés,

---

bonbons, 3 paquets de 4 gâteaux salés et sucrés très bons, une boîte de pâté très bonne aussi, de la pâte de fruit et 2 petits sachets de leur café. Il paraît que les Américains en ont assez de leurs conserves ! Pas nous. »

1. A Brest, détruit à 75 pour 100, 35 000 habitants reviendront rapidement. Ils seront 61 000 en janvier 1946.

les fenêtres et portes arrachées, les carreaux brisés, dans l'espoir que la récupération permettra que soient mis hors d'eau un certain nombre d'immeubles simplement endommagés. Mais les spécialistes du bâtiment ne sont pas pressés de regagner les villes sinistrées, puisque les pouvoirs publics refusent que leur famille les accompagne[1].

Ceux qui veulent, à toute force, et parfois contre tout bon sens, revenir dans ce qui fut *leur* ville sont donc condamnés au retapage, au rafistolage, à l'improvisation, à l'utilisation des « restes ».

A Caen, en décembre 1944, dans un immeuble de la rue Vauquelin acquis par la ville aux fins de démolition, *deux caves* seront louées à MM. Gouin et Blanchet qui, par lettres du 30 octobre, 7 et 24 novembre, ont sollicité la faveur d'y loger leur famille. On peut louer les caves, précisera M. Jouanne devant la délégation spéciale de Caen[2], car « *les moyens de transport manquent pour assurer l'enlèvement des matériaux* » de cet immeuble dont la destruction est remise à beaucoup plus tard.

A Saint-Lô — Saint-Lô une fois encore —, chaque habitant a reçu *trois bougies* le 13 septembre. Comme les trois bougies doivent durer *jusqu'à la fin de novembre,* il faut trouver des expédients. Se souvenant que leurs arrière-grands-parents s'éclairaient à l'aide de lampes à huile, les Saint-Lois fabriquèrent ce que, très vite, on appela des *parmentières*. La pulpe de grosses pommes de terre évidées était remplacée par du beurre, abondant dans une région qui, faute de moyens de transport, se trouvait dans l'incapacité d'écouler sa production. Au centre du beurre, un petit morceau de chiffon servait de mèche. Très fuligineuse, la flamme éclairait mal, mais c'est cependant à la « lumière » d'une dizaine de « parmentières », dont la fumée noircissait les visages au fur et à mesure que se prolongeait la discussion, que M. Muphang, chef de cabinet de Raoul Dautry, ministre de la Reconstruction, fut, le 25 novembre[3], reçu par la municipalité.

---

1. C'est le cas de Caen au début de septembre (*Cf. La Liberté de Normandie*, 4 septembre 1944). Les pouvoirs publics ont décidé que les ouvriers qui avaient fui les bombardements devaient rentrer seuls, leur famille restant à la campagne.
2. Séance du 15 décembre 1944.
3. Grâce à l'aide du génie américain, l'électricité revint cependant, quartier après quartier, à Saint-Lô, où les derniers travaux d'électrification furent achevés en mars 1945.

Pas d'électricité à Saint-Lô, pas davantage à Caen où, à partir du 14 septembre, des bougies sont distribuées de 9 h 30 à 12 h 30 dans les locaux du Bon Diable.

Pour réparer les lignes électriques, matériel et personnel font défaut ; pour alimenter l'usine de Caen, le charbon manque, et c'est seulement à la fin du mois de novembre que le courant sera en partie rétabli.

Normandie parle français, qui est publié à Rouen, rappelle, le 20 septembre, que le « plan de détresse » appliqué depuis le 9 juin 1944 est toujours en vigueur. L'électricité — dans les quartiers où elle est distribuée — sera donc interrompue quotidiennement de 8 heures à 11 h 30 et de 13 h 30 à 20 heures. Encore les particuliers n'ont-ils le droit d'utiliser qu'*une seule ampoule de 50 watts maximum par foyer,* l'emploi d'appareils électriques, de réchauds, fers à repasser, radiateurs demeurant rigoureusement interdit.

Quarante-huit heures plus tard, les stocks de charbon s'épuisant rapidement et sans espoir de proche renouvellement, nouvel avis dans *Normandie parle français* : le courant sera coupé chaque jour de 7 à 21 heures[1].

Si, faute d'électricité, « on se couche comme les poules », comment se débrouille-t-on, faute de gaz, dans des maisons qui ne sont plus que des ruines de maison ? Le bois de récupération des immeubles détruits est naturellement objet de convoitise, mais il ne suffit pas à tous, il chauffe peu, et certains le stockent déjà en prévision de l'hiver.

Les Normands, cependant, s'ils manquent de gaz et d'électricité, ne manquent pas de viande.

Les journaux parisiens, qui ont écrit après le débarquement de juin : « Les Caennais vivent dans leurs caves et sortent la nuit pour chasser *les rats qu'ils mangent ensuite* », mentaient.

Pendant le siège, vaches, veaux, chevaux, chassés par la bataille, erraient à l'aventure aux environs de la ville. De courageux garçons, appartenant aux équipes d'urgence, allaient chercher les bêtes, parfois entre lignes allemandes et anglaises, pour les ramener au Bon Sauveur où elles étaient cantonnées dans une prairie en attendant leur mise à mort. L'abattage avait lieu — comme il aura lieu dans les jours qui

---

1. A la campagne, le manque total d'électricité nuit considérablement au battage du blé.

suivront la Libération — dans des conditions sanitaires précaires, mais l'essentiel n'était-il pas d'avoir 100 ou 150 grammes de viande par jour quand, à Paris, il était difficile d'en obtenir 100 par semaine ?

Le beurre était, lui aussi, abondant. Le fromage parfois surabondant. Certains consommateurs ne se plaindront-ils pas (alors que la ration *mensuelle* officielle était de 100 grammes) d'avoir mangé du Livarot à 50 pour 100 de matière grasse « à en être dégoûtés jusqu'à la fin de leurs jours » ?...

En revanche, la farine manquant presque totalement, la ration de pain tombe à 100 grammes.

Et l'eau potable pose un problème souvent angoissant.

Comment en aurait-il été autrement dans des villes au réseau de canalisation haché sur plusieurs kilomètres ? Au Havre, par exemple, où, après le monstrueux bombardement du 5 septembre, deux kilomètres carrés du centre ville ont été réduits en cendres ; mais aussi à Vaucelles, l'un des quartiers de Caen, où, à partir du 19 septembre, une citerne doit s'arrêter quotidiennement douze fois pour satisfaire les besoins des consommateurs[1] ; à Brest, où les ménagères font la queue, rue Édouard-Corbière, où se trouve l'un des seuls points d'eau de la ville en ruines ; à Saint-Lô, où les ouvriers prenant leur repas à la cantine municipale du Bon Sauveur, après avoir bu tout le cidre retrouvé sous les décombres d'un café voisin, n'auront pour boisson que l'eau polluée d'un ruisseau proche.

S'agissant du ravitaillement, il ne peut y avoir, en septembre et octobre 1944, de règle générale.

Faute de moyens de transport, les régions « riches » — il en reste — sont dans l'incapacité de nourrir les régions pauvres.

Chaque localité, chaque département taxe à sa façon les produits locaux.

Le 20 septembre 1944, Raymond Aubrac, commissaire régional de

---

1. La délégation municipale signalera, dans sa séance du 13 novembre 1944, l'aide reçue de l'armée britannique aussi bien pour la remise en état des canalisations d'eau potable que des égouts.

la République, fait savoir aux préfets des Bouches-du-Rhône, du Var, du Vaucluse, des Alpes-Maritimes, des Hautes et des Basses-Alpes, qu'il faut mettre fin à une situation « d'anarchie totale » et revenir à des prix taxés qui, partout, seraient les mêmes.

Ce qu'écrit Raymond Aubrac aux préfets, M. Henri Bouton, son secrétaire général pour les Affaires économiques et le ravitaillement, le précise avec plus de force encore dans son rapport du 23 septembre.

> « Les rations varient de ville en ville, tandis qu'une extrême variété dans les prix bouleverse les courants normaux du ravitaillement. Cette diversité, si elle pouvait s'expliquer à cause des événements, manque de liaison, par exemple, doit cesser.
>
> Bon nombre de communes se sont érigées en petites républiques indépendantes et conservent tous les produits de leur collecte ou se limitent à des échanges avec les communes voisines, alors que les grands centres connaissent un extrême dénuement.
>
> Un grand nombre d'organismes nés de l'insurrection réglementent et réquisitionnent, faisant preuve d'une extrême bonne volonté et d'une initiative parfois intéressante, mais aboutissent par leur manque de liaison à instaurer une économie désordonnée. »

Cette anarchie dans le ravitaillement s'étend parfois jusqu'au niveau des quartiers. A Marseille, où des queues de 400 à 500 personnes se forment devant les boucheries, il existe toutefois des quartiers privilégiés. Si le rapport des Renseignements généraux, en date du 25 septembre, signale que, depuis un mois, les Marseillais sont mécontents parce qu'ils ont encore plus faim que de coutume, il précise que le public désapprouve ces distributions qui ont lieu dans certaines banlieues « non dans un but humanitaire, mais seulement dans un but de propagande ». Et de propagande communiste. Les mots ne sont pas écrits dans le rapport. Mais le contexte ne laisse aucun doute.

Les Marseillais se plaignent.

Les Niçois les jalousent. Non sans raison, d'ailleurs. Devant le Comité départemental de libération, un délégué du Mouvement

407

populaire des familles s'indignera, le 29 septembre, de l' « opulence » relative dans laquelle vivent les Marseillais.

> « Nous avons été enlevés de sous la tutelle de Marseille du temps de M. Chaigneau [1], dira-t-il, rappelez-vous qu'à ce moment nous avons mieux mangé... Il faut absolument que nous soyons libérés de cette tutelle de Marseille. Marseille a faim, mais Nice a encore plus faim. Marseille a touché 200 grammes d'huile en septembre, ils ont eu du poisson, leurs cinq litres de vin, Marseille a reçu des pâtes, etc. Tout de même, il ne faut pas dire que Marseille a faim comme nous ! Ils ont été mieux placés que nous. Qu'ils tirent la couverture à eux, c'est humain, mais qu'ils n'oublient quand même pas les pauvres diables de Niçois... »

A Nice, où il n'est plus distribué que 125 grammes de pain tous les deux jours, et où les entrepôts du Secours national, qui servaient quotidiennement 7 000 à 8 000 rations de soupe, ont été pillés, la misère, d'ailleurs, est peut-être plus grande que dans d'autres grandes villes, le département étant lui-même sans ressources et la ville coupée de l'extérieur par la destruction du pont sur le Loup.

Au C.D.L. de violents affrontements ont lieu fréquemment entre certains délégués et M. Guegen, responsable du ravitaillement.

A M. Guegen, qui a déclaré que, pour obtenir une amélioration du ravitaillement, il fallait sortir de la légalité, M. Brandon, représentant du Front national, a crié : « Sortez de la légalité, monsieur Guegen. Monsieur Guegen, nous sommes en guerre, la guerre continue [2]. »

Quant au docteur Pérès, il s'indigne que des denrées soient toujours stockées dans des dépôts : « Je voudrais que l'on puisse dire à la population : " Si on ne vous donne pas ce qu'il vous faut, vous irez prendre les denrées dans les entrepôts ". »

Devant ces appels à l'émeute, M. Guegen, exaspéré, réplique : « Si on veut me retirer ma responsabilité, d'accord. Si on veut me la laisser, je demande qu'on me laisse travailler. » Et il s'indigne qu'un communiqué trop optimiste puisse annoncer aux Niçois la prochaine distribution de 35 tonnes de roquefort... « *Il ne faut pas oublier qu'elles*

---

1. C'est-à-dire « du temps » de Vichy.
2. Séance du 27 septembre 1944.

sont à Roquefort et qu'il faut aller les chercher ! » Ce qui est impossible, faute de camions et de trains !...

Fracassées, en effet, les locomotives qui auraient pu tirer des wagons eux-mêmes calcinés ou éventrés, sabotés les rails, brisés les ponts ; tout ce qui avait joué contre l'Allemand joue donc, à partir de septembre, contre le Français.

Aussi, la reprise du trafic ferroviaire est-elle attendue avec impatience, saluée avec enthousiasme par des millions de candidats voyageurs, qui devront cependant patienter avant de retrouver, fût-ce dans de détestables conditions, la possibilité de circuler. Car au 1er septembre 1944 il ne restait que 2 800 des 11 800 locomotives existant avant la guerre, et 3 125 ouvrages d'art avaient été détruits[1]. Par quel miracle ces considérables dégâts auraient-ils pu être réparés en quelques jours, quelques semaines ? Par quel miracle des civils auraient-ils pu circuler librement, alors que les armées étaient naturellement prioritaires ?

Ne retenons que l'exemple du département du Rhône. Le 10 septembre, quelques trains de marchandises sont mis en route. On y attelle des wagons pour des voyageurs qui doivent être munis de fiches d'admission. Mais il faut 1 heure 59 pour se rendre de Lyon à Vienne (27 kilomètres), 2 heures 30 pour aller de Lyon à Bourgoin (41 kilomètres). Et les voyageurs pour Vienne doivent demeurer debout dans des fourgons couverts. Quant aux voyageurs pour Bourgoin, ils sont privés de train le dimanche 17, l'*unique locomotive* affectée à la ligne se trouvant en réparation.

Le 26 septembre, la liaison avec Paris est enfin rétablie par un autorail quittant la gare de Lyon-Perrache à 7 h 15 et arrivant à Paris à 20 heures. Le retour se déroule en un peu moins de temps. Les voyageurs quittant Paris à 8 heures débarquent à Lyon à 20 h 15.

---

1. Chiffres cités par Daniel Mayer le 15 décembre devant l'assemblée nationale des Comités départementaux de libération réunie à l'hôtel de ville de Paris. Le même jour, le général de Gaulle a reçu un bilan émanant des ministères de l'Économie nationale, de la Production, de l'Agriculture, des Transports et des Communications. Ce bilan est moins complet que celui établi par Daniel Mayer.

Pour avoir le droit de se rendre en 12 heures 45 de Lyon à Paris — trajet que l'on effectue aujourd'hui en 2 heures 10 —, encore faut-il non seulement être prioritaire, c'est-à-dire fonctionnaire en mission ou officier des armées alliées, mais encore, obligatoirement, inscrit sur une liste d'admission.

A partir du 9 octobre, la liaison Paris-Lyon-Marseille sera rétablie. Les voyageurs privilégiés quittant Paris à 8 h 20 arriveront le lendemain à 7 h 15 en gare de Marseille-Saint-Charles.

La remise en route des trains — ce qui suppose la remise en état des ponts — sera la grande affaire de l'hiver 1944-1945. Chaque liaison rétablie — certaines ne le seront que *huit à dix mois* après la libération du territoire — est saluée comme une victoire. C'en est une, incontestablement.

Les camions pourraient remplacer les trains qui font défaut. Hélas ! dans la France de septembre 1944, il reste à peine 230 000 véhicules utilitaires[1]. Et le *premier* camion Renault ne sortira des usines détruites par les bombardements, paralysées par le manque de charbon et d'énergie électrique, que le 10 octobre.

De nombreux camions ont été perdus par « faits de guerre », « cannibalisés » tout au long des quatre années d'occupation, réquisitionnés par l'armée allemande triomphante, volés par l'armée allemande en fuite, qui, réduite à utiliser des charrettes tirées par des mules, des bicyclettes de femmes capturées au cours de véritables raids, voire, ici et là, des voitures d'enfant, s'est jetée sur tout ce qui roulait.

Les F.F.I. vainqueurs ont, eux aussi, réquisitionné des camions qu'il faudra plusieurs semaines, voire plusieurs mois, et de sévères rappels à l'ordre pour faire restituer à leurs propriétaires.

Aussi est-ce un cri d'alarme que lance le 6 septembre le journal *Le Midi libre* sous le titre : « Il nous faut des camions. » Des camions pour aller chercher, à l'intention d'un département menacé de manquer de pain, cette farine dont « regorgent » — le mot est employé dans le numéro du 8 septembre — les granges de l'Aveyron, comme elles regorgent de pommes de terre.

Appel très partiellement entendu, puisque, grâce aux transporteurs et aux F.F.I. de l'Hérault qui ont prêté leurs camions, comme aux

---

1. Et sans doute moins encore. Ce chiffre, en effet, est celui de décembre.

producteurs de l'Aveyron, chaque consommateur de Montpellier pourra recevoir, avant la fin du mois (nous sommes le 9 septembre), UN kilo de viande, UN kilo de pommes de terre, UN œuf... ce qui est cependant, on en conviendra, bien loin d'être satisfaisant.

Un œuf par personne, c'est également ce que toucheront les consommateurs de Lyon pour tout le mois de septembre. Entre le 1er et le 22 septembre, les Lyonnais n'auront droit qu'à 90 grammes de viande et 30 grammes de charcuterie, cependant que les communes rurales proches sont ravitaillées à raison de 250 grammes de viande par semaine ! Dans l'Ain et la Savoie — départements dont on se plaint qu'ils pratiquent l'autarcie, ce sont 300, voire 500 grammes de beurre qui ont été attribués par semaine.

A Paris, il semble qu'en quelques domaines au moins le ravitaillement ait été moins mauvais que dans d'autres grandes villes, puisque plusieurs témoins signalent la réapparition rapide de « pain blanc ».

Maurice Toesca écrit ainsi, le 2 septembre : « Pour la première fois aujourd'hui, le boulanger a vendu du pain blanc. Nous le mangeons avec joie, et nous le goûtons à la fois comme une nourriture agréable et aussi comme un signe que nous voudrions avant-coureur de la paix. Du pain, la paix, la liberté. »

Et Nicole Bourgain, dont j'ai déjà utilisé, dans le tome VIII, un journal où tous les événements familiaux sont relatés, note, le 3 septembre : « Ce matin, nous avons eu du pain plus blanc que d'habitude et bien meilleur. Ce n'est pas encore la perfection, mais ça vient. Il a un goût fade à côté de notre vieille saleté. » Le 9 septembre, Nicole Bourgain enregistre un progrès : « Enfin, nous avons mangé du vrai pain blanc, étiqueté sous le nom de pain de régime ! Comme c'est bon ! Quel goût de brioche ! »

La qualité du pain s'est améliorée, très provisoirement, et pour les priviligiés, car, avant la fin du mois, les journaux signaleront que, si l'on peut obtenir aux Moulins de Paris de la farine blanche..., c'est avec « quelques bas de femme et quelques billets de mille [1] ».

---

1. *Le Populaire* du 21 septembre.

Le pain peut être moins gris, il faut cependant stationner longuement à la porte des boulangeries pour obtenir... ou ne pas obtenir la ration quotidienne, une situation que *Le Populaire* dénonce dès le 3 septembre.

> « Cela ne peut durer ; actuellement, ceux qui travaillent, les femmes surtout, doivent renoncer à avoir du pain et des légumes avec le système actuel de répartition, si l'on peut dire. Aux devantures : pain à 11 heures, puis à 16 heures et, quand les travailleurs sortent de l'atelier ou du bureau à 18 heures, ils peuvent lire sur le long chemin du retour : plus de pain. »

Cependant, des espoirs avaient été donnés à la population parisienne dès le 29 août, c'est-à-dire cinq jours après la Libération[1]. Et quels espoirs ! D'après les quotidiens, « 400 avions américains de transport et une centaine de camions apportent aux Parisiens lait, farine, viande, chocolat ». Dans les jours qui suivront cette annonce, il ne sera plus guère question de ce fabuleux pont aérien[2].

En revanche, les Transports militaires automobiles pour les populations civiles (T.M.A.P.C.) allaient quotidiennement apporter, à partir du 27 août[3], aux entrepôts de Bercy et aux Halles, du ravitaillement anglais et américain débarqué à Omaha Beach. Les 1er et 2 septembre, ce sont 50 camions qui arriveront ainsi à Paris, 100 les 3 et 4, 150 le 5, 200 le 6, 250 à partir du 9.

Le rôle des Transports militaires automobiles pour les populations civiles[4] est généralement passé sous silence. Il s'agissait d'unités

---

1. *Le Populaire*, 29 août.

2. *Le Populaire* du 30 août annonce bien que 300 tonnes « de produits » (sans autre précision) ont été déposés par des avions américains dans une localité près de Paris, mais, dans les jours et semaines qui suivent, l'aide alimentaire américaine n'est plus évoquée.

3. Ce jour-là — premier de l'opération —, 150 tonnes de farine furent apportées à Paris. *Le Populaire* du 29 août signale que, le 28, plus de 30 camions de ravitaillement venant de Bayeux sont arrivés à Paris et que 64 camions arrivant de province sont attendus.

4. Qui grouperont finalement, sous le commandement de Dumat (promu lieutenant-colonel), 8 000 hommes et 250 officiers disposant de 2 900 camions représentant une capacité de 10 000 tonnes.

Initialement, les T.M.A.P.C. avaient été baptisés *French Truck Group*.

françaises de transport dont la constitution avait été étudiée à la fin de 1943, mais qui étaient réellement nées le 10 août 1944 lorsque le général Koenig et le général anglais Grasset avaient signé un difficile accord de principe. Selon ce texte, les Anglais devaient fournir aux Français 250 camions, à condition — condition exigée par Londres, mais qui ne sera pas maintenue — que la moitié des conducteurs fussent britanniques. En tout cas, le 26 août, en tête du convoi de vivres qui roule en direction de Paris, les camions conduits par des Britanniques sont abondamment pavoisés et ornés d'inscriptions « *Churchill's promise food for Paris* ». Le commandant Dumat, responsable de l'opération du côté français, et qui a recruté ses conducteurs en faisant appel aux F.F.I. bretons[1], furieux de voir que les Français passent inaperçus, rétablira rapidement l'équilibre psychologique en faisant imprimer, dès le 27 août, des insignes tricolores qui seront collés sur les pare-brise de ses camions.

Avant la libération du territoire, des négociations menées à Londres et à Washington avaient abouti à l'élaboration d'un « plan de six mois » ou « plan A » qui devait permettre d'envoyer en France, *chaque mois,* 150 000 tonnes de vivres, vêtements, médicaments, produits pour l'agriculture et 270 000 tonnes de pétrole et de charbon.

La destruction ou l'occupation par des forces allemandes sacrifiées de la plupart des ports français ; les besoins d'une bataille qui, en s'éloignant rapidement des côtes, imposait aux lignes de communication alliées des servitudes plus lourdes qu'imaginées ; le fait même que le chiffre des Français libérés entre le 6 juin et le 1er septembre ait été infiniment plus important que prévu par les experts, tout constituera à faire que le « plan A » n'ait pu être exécuté que très partiellement, puisque, au 5 décembre, la France n'aura reçu que 75 000 tonnes de

---

1. Le commandant Dumat avait, depuis l'Afrique du Nord, la Corse et l'Italie, l'expérience du ravitaillement des troupes et des civils.

Des avis publiés dans la presse — et notamment dans *Ouest-France* — faisaient appel aux groupes isolés F.F.I. de la région M (XIe région) pour leur demander de diriger sans délai sur Rennes et Saint-Brieuc les conducteurs automobiles.

produits alimentaires, c'est-à-dire, en six mois, les trois quarts de ce qui, à l'origine, était prévu pour un seul mois[1].

Anglais et Américains, s'ils sont préoccupés d'abord du sort d'une bataille « alimentée » par les ports artificiels créés lors du débarquement sur les côtes de Normandie, s'ils rétablissent en priorité à l'intention de leurs troupes, à qui ils seront jalousement réservés, les axes stratégiques Rouen-Lille-Bruxelles et Marseille-Lyon-Nancy, ne restent cependant pas indifférents aux problèmes de vie quotidienne des Français.

A Paris, si, après trois semaines de coupure totale, le gaz est distribué à nouveau, à partir du 7 septembre, de 19 heures à 20 heures en semaine et de 12 heures à 13 heures le dimanche, c'est aux Américains qu'on le doit. Ils ont fourni, en effet, le gas-oil indispensable, et, au cours d'une cérémonie qui aura lieu le 7 septembre à la Compagnie du gaz de Paris, 6, rue Condorcet, Robert Lacoste, ministre de la Production, et le général Rogers, commandant les forces américaines à Paris, ouvriront, d'un même mouvement, un robinet d'arrivée de gaz. « La petite flamme qui brûlait au pied d'une grande torchère disposée dans le hall s'éleva alors d'un élan à plusieurs mètres », devaient écrire les journaux parisiens dans leur compte rendu de la cérémonie[2].

En province — et plus particulièrement dans les régions sinistrées —, Anglais et Américains interviendront fréquemment pour améliorer l'existence de la population.

A Saint-Malo, le 13 septembre, ils mettront à la disposition de la

---

1. Le 9 novembre 1944, le ministère des Affaires étrangères a adressé au général de Gaulle un rapport au sujet des négociations relatives aux importations.

Ce rapport, constatant l'échec partiel du « plan A », fait état de la préparation d'un nouveau plan couvrant la période novembre 1944-juin 1945. Plan plus ambitieux que le « plan A », prévoyant notamment l'importation de 550 000 tonnes par mois de charbon et de produits pétroliers. Ce plan, dont la réalisation était basée sur la remise en état des ports français, était considéré comme assurant simplement le minimum vital.

Cf. Général de Gaulle, *Mémoires de guerre*, t. III, p. 406-407.

2. *Le Populaire*, 8 septembre.

sous-préfecture des vêtements pour hommes et femmes, des bavoirs pour bébés, 2 000 couvertures de laine[1], 3 500 paires de souliers d'homme, 2 000 paires de souliers de femme.

Au Havre, dans les heures qui suivent la Libération, c'est un camion britannique qui apportera 5 tonnes de lait condensé nécessaire au biberon des enfants. A la fin de septembre, Nice attend des Américains trois tartanes chargées de 80 tonnes de corned-beef et de 40 tonnes de savon.

Mais c'est dans la réfection des très nombreux ponts détruits par l'offensive aérienne ou les sabotages maquisards que l'aide alliée sera le plus efficace. Sans aucun doute, le génie britannique et le génie américain travaillent-ils *en priorité* au profit des armées avançant en direction de l'Allemagne ; il n'en reste pas moins que le rétablissement des liaisons essentielles — même s'il est soumis pour les Français à des interdits horaires — favorise le retour à une vie moins anormale.

Il en va de même pour la remise en état des ports. A Rouen, par exemple, où les Allemands ont accumulé les ruines, des techniciens de la Royal Navy et de l'U.S. Navy coopèrent immédiatement avec les Ponts et Chaussées au dégagement des épaves. Ainsi, l'arrivée du charbon nécessaire à la reprise de l'activité française se trouvera-t-elle facilitée.

A Caen, comme dans bien d'autres cités normandes, presque rien ne peut se faire sans le concours des Alliés. M. Guillou, maire de la ville, évoque-t-il le problème des ardoises indispensables à des milliers de toits décoiffés, c'est le colonel britannique Sissons, chef des Civil Affairs, qui lui promet d'effectuer une démarche auprès du haut commandement allié pour que le contingent nécessaire soit acheminé par voie ferrée depuis Angers. Le même colonel Sissons annonce que les autorités britanniques prêteront les camions indispensables au transport de 13 000 stères de bois que fournira la forêt de Cerisy, afin, à l'approche de l'hiver, de suppléer au charbon manquant.

---

1. Ces vêtements ne sont pas donnés mais vendus.

La correspondance et le téléphone ont progressivement repris à partir des derniers jours de septembre[1]. Septembre et octobre sont également les mois où, après le passage du cyclone des bombardements, des batailles de la guerre de libération, des dernières déportations et des ultimes crimes allemands, des centaines de milliers, des millions sans doute de Français veulent savoir ce que sont devenus leurs foyers, leurs familles, leurs amis.

Certains, n'imaginant pas l'ampleur du désastre, s'inquiètent du plus futile. Ainsi cet habitant de Caen qui, ayant quitté la ville au printemps de 1939, demande le 17 octobre 1944 aux services municipaux de lui faire savoir ce qu'il est advenu de son mobilier laissé dans la cuisine du domicile de ses amis Tarayre, place du Château. De ce mobilier, il donne une description précise, n'oubliant ni le coffre à bois style Renaissance, ni le buffet de cuisine « garni de vaisselle », ni le « lustre fer forgé et cristaux », ni « l'applique ancienne en bois doré 5 branches »... ni même les sept volumes de la collection Larousse.

Il y a infiniment plus dramatique.

Des lettres arrivent à Caen depuis l'Italie où se battent toujours des soldats français. Elles sollicitent des nouvelles d'une femme, d'un enfant : « Quel que soit le sort réservé à ces êtres chers, je vous demande, Monsieur le Maire, de ne pas hésiter à me dire la vérité. »

Des lettres, venues de stalags ou de camps de travailleurs, arrivent d'Allemagne : « Je viens vous demander de bien vouloir me faire donner, si cela vous est possible, des nouvelles de tous les miens, car je ne sais rien d'eux depuis fin mai. »

Des lettres plus déchirantes, dans l'imprécision de leur style, parviennent de localités voisines.

> « Je me permets de vous écrire ces quelques lignes. Je suis réfugiée à Alençon, je suis partie de Caen le 28 juin, arrivais à Alençon le 23 juillet alors je vous écris au sujet de mon petit

---

1. A partir du 24 septembre, on peut, depuis Paris, envoyer des lettres ne dépassant pas 20 grammes aux personnes habitant les départements de la Seine, de la Seine-et-Oise, de la Seine-et-Marne, de la Manche, du Calvados, de l'Eure, de l'Orne et de la Seine-Inférieure.

Pour la Mayenne, la Sarthe, l'Ille-et-Vilaine, les Côtes-du-Nord, la Corse et l'Algérie, seules les cartes non illustrées sont admises. Il n'est pas encore possible de téléphoner en dehors de Paris et de la proche banlieue.

garçon Michel L... né le 25 janvier 1944 à Bénouville, au moment du débarquement il était en nourrice chez Mme P... 26 avenue du Calvados, cette dame étant sinistrée est venue me le conduire à l'hôpital du Bon Sauveur vu que j'y étais comme malade depuis trois mois. Donc ici on ne put le laisser avec moi alors on ma fait un papier pour le conduire à la Pouponnière de St Louis alors je l'ai remis ici avec sa voiture, vers le 23 juin depuis je n'ai aucune nouvelle cela m'inquiète beaucoup... Je vous demanderais de bien vouloir faire le nécessaire pour pouvoir avoir des nouvelles de mon petit car je me demande vraiment se qu'il deviens est mort ou en vie [1]. »

Michel L... est mort le 26 août à Balleroy, dans le Calvados. Sa mère ne l'apprendra que le 15 décembre.

« Toute ma vie, je me suis fait une certaine idée de la France. »
C'est, on le sait, la phrase d'ouverture des *Mémoires de guerre*.
Parfait reflet du caractère d'un homme, survivrait-elle seule, elle suffirait aux historiens des siècles futurs pour décrypter la pensée et tout comprendre de l'action du général de Gaulle.
Mais que l'on poursuive jusqu'à la sixième ligne.
Face à la « princesse des contes », à la « madone aux fresques des murs », voici qu'apparaissent les Français capables par « leurs fautes » de compromettre le « génie de la patrie », de marquer de « médiocrité » ses faits et ses gestes et, par une « absurde anomalie », de l'empêcher de se tenir au rang qui, toujours, devrait être le sien : le premier.
Français qu'il a retrouvés en août à Paris, en septembre dans les provinces.
Enthousiastes à midi, désabusés quand le soir vient ; divisés encore plus que de coutume entre ces légions F.F.I., ces légions F.T.P. qui sont venues rejoindre les vénérables tribus socialistes et la remuante, homogène et puissante tribu communiste, et ces millions d'anonymes

---

1. Inédit.

rêvant, après quatre ans d'occupation, d'un repos bien gagné, d'une table mieux garnie, d'un toit qui ne laisserait plus passer la pluie.

Français de septembre, pâte rebelle et lourde à soulever, à remuer, à pétrir, pour en faire un même peuple, regardant en direction du même objectif, uni dans le même effort, s'il n'y avait LUI, de Gaulle.

De Gaulle qui placera symboliquement en tête de la partie « documents » du troisième tome de ses *Mémoires de guerre* cette ode du courtisan Claudel, dont il « oubliera » qu'il a écrit une ode aussi belle à l'intention du Maréchal, puisque — entre cent harmonieuses banalités — se trouve cette phrase si fort en accord avec sa vie, sa pensée, sa volonté : « Le monde n'a jamais été fait pour se passer de la France et la France n'a jamais été faite pour se passer d'honneur !... »

Et s'il n'y avait ELLE : la guerre.

La guerre qui aurait dû prendre fin en septembre, tant les Allemands sont fourbus, rompus, mais qui, miraculeusement, se poursuit, et dans laquelle, comme il avait vu dans les « épreuves » l'occasion de « montrer aux étrangers ce que vaut notre peuple [1]... », de Gaulle voit *la chance* de refaire de tous ces Gaulois des Français, et de la France, jetée aux abîmes par le désastre de 40, une France capable de reprendre place dans le concert des grandes nations.

---

1. Allocution radiodiffusée du 14 octobre.

11

L'AMALGAME

Dans les premiers jours de septembre 1944, la guerre « aurait pu facilement être terminée », si l'on en croit le grand historien et stratège britannique Liddel Hart.

Après les très durs combats de Normandie, les soldats alliés ne rencontrent, en effet, que la fragile résistance d'une armée allemande incapable d'opposer à leurs 2 000 chars de pointe plus d'une centaine de blindés, à leurs 14 000 appareils plus de 570 avions.

En trois jours, les 3, 4 et 5 septembre, les Anglais ont pris Bruxelles, Anvers, Namur ; les Américains ont atteint la Meuse à Verdun et la Moselle près de Metz. Vide de défenseurs, un trou de 150 kilomètres s'offre à la convoitise des assaillants.

Le général Blumentritt, ancien chef d'état-major allemand sur le front occidental, en fera l'aveu : « Il n'y avait aucune force derrière le Rhin, et, à la fin août, notre front était grand ouvert[1]. » Liddel Hart écrira de son côté : « Si la Ruhr était envahie, Hitler serait obligé d'arrêter la guerre. On a rarement vu pareille occasion. »

Mais la Ruhr ne sera pas envahie avant la fin du mois de mars 1945.

A l' « occasion » manquée d'en finir en septembre, plusieurs raisons militaires.

La réaction de Hitler qui rameute 18 000 parachutistes à l'entraînement et, avec quelques unités, raflées ici et là, les envoie défendre le canal Albert dont les Anglais avaient négligé de prendre les ponts, ce

---

1. Liddel Hart, *The Other Side of the Hill.*

qui les a privés d'un débouché sur la Ruhr ; l'enlisement de la 1ʳᵉ armée américaine dans le secteur d'Aix-la-Chapelle ; l'échec des parachutistes britanniques et polonais à Arnhem ; des querelles de doctrine opposant Anglais et Américains, les premiers, avec Montgomery, s'étant fixé Berlin pour objectif ; les seconds, avec Patton et Bradley, désireux, avant tout, de foncer vers l'est pour atteindre Francfort.

Mais ce sont, en réalité, les difficultés de ravitaillement qui joueront le plus grand rôle dans l'arrêt de l'offensive alliée et dans la transformation de la guerre de mouvement en guerre de position. En août, Eisenhower l'avait dit à Montgomery : « La logistique est étirée déjà à l'extrême limite. »

Face aux réclamations des chefs de ses armées — Patton qui dit : « Mes hommes peuvent toujours manger leur ceinturon, mes chars ne peuvent se passer d'essence » et Montgomery qui affirme avec raison : « Avec Bayeux pour base arrière, je ne peux m'emparer de la Ruhr » —, Eisenhower se trouve en position inconfortable. Comment amener chaque jour les 1 800 000 litres d'essence nécessaires à la seule 3ᵉ armée de Patton, les chenilles et les moteurs pour les chars ainsi que le ravitaillement (700 tonnes par division et par jour, quand les besoins des divisions allemandes sont limités à 200 tonnes), alors que les stocks se trouvent la plupart du temps à 300, 400, voire 500 kilomètres des lignes, que le réseau ferroviaire français est très loin d'être rétabli, que 1 400 camions britanniques ont des pistons défectueux et que les convois de la *Red Ball* — jusqu'à 6 000 camions chaque jour — « égarent » en route, au profit d'innombrables trafiquants, une partie de ce qu'ils transportent[1].

Aussi Eisenhower doit-il arbitrer : c'est-à-dire mécontenter les uns et les autres, freiner les uns pour permettre aux autres d'avancer, puis satisfaire avec retard ceux qui attendent un carburant qui leur aurait permis des victoires faciles et qui, lorsqu'il arrive enfin, n'autorise plus que des succès limités, puisque les Allemands, qui opèrent désormais chez eux, ont eu le temps de se rétablir sur un front de 320 kilomètres,

---

1. Sur un total de 17 millions de jerricans d'essence expédiés en France depuis le débarquement de juin, on n'en retrouvera plus que 2 500 000 à l'automne... ce qui ne signifie pas qu'ils aient tous été dérobés pleins, mais le jerrican vide rendra mille et un services aux populations civiles.

depuis Anvers, dont ils conservent le contrôle[1], jusqu'à la frontière suisse.

La guerre, qui aurait peut-être pu s'achever en septembre, ne se terminera que le 8 mai 1945. Ces six mois « supplémentaires » auront de lourdes conséquences : pertes considérables en vies humaines chez les Alliés ; plus considérables encore parmi les Allemands, militaires et civils ; souffrances et mort de nombreux déportés qu'une victoire eût sauvés ; remodelage de l'Europe au bénéfice de la seule Union soviétique.

Mais, aussi paradoxal que cela paraisse, il se trouve un homme pour ne pas regretter la poursuite de la guerre : il s'agit du général de Gaulle. Il s'en est expliqué avec clarté et sans cynisme dans le tome III de ses *Mémoires*.

> « Que la guerre dût se poursuivre, c'était assurément doulou-reux sous le rapport des pertes, des dommages, des dépenses que nous, Français, aurions à supporter. Mais, à considérer l'intérêt supérieur de la France — lequel est tout autre que l'avantage immédiat des Français —, je ne le regrettais pas. Car, les combats se prolongeant, notre concours serait nécessaire dans la bataille du Rhin et du Danube, comme ç'avait été le cas en Afrique et en Italie. Notre rang dans le monde et, plus encore, l'opinion que notre peuple aurait de lui-même en dépendaient essentiellement. D'autre part, le délai à courir avant la fin des hostilités allait nous permettre de faire valoir à temps ce qui nous était dû. Quelle chance, enfin, offrait à l'unité nationale cette phase suprême où

---

1. Devant la carence de Montgomery à s'assurer la maîtrise de l'estuaire de l'Escaut, la 15e armée allemande s'est installée solidement sur les rives, et il faudra plusieurs mois avant qu'un premier bateau allié puisse traverser.

tous les Français traverseraient l'épreuve, non plus séparés, comme ils l'étaient hier entre l'Empire libre et la Métropole opprimée, mais désormais placés dans des conditions identiques et régis par un seul pouvoir ! Pour commencer, il nous était possible de résoudre en temps voulu le problème de notre organisation militaire, si chargé d'hypothèques, bref, de fondre en un tout nos forces de toutes origines. »

Ainsi, pour de Gaulle, la poursuite de la guerre devait-elle permettre à la France de retrouver, dans des combats où il lui faudrait engager toujours plus d'hommes, le rang perdu lors des défaites de 40, ce qui l'autoriserait un jour à prendre place à la table des vainqueurs.

Ainsi la poursuite de la guerre devait-elle permettre la fusion en une seule et même armée nationale de ces morceaux d'armées — pétainistes, gaullistes, giraudistes — qui s'étaient naguère affrontés et de ces maquisards de toutes origines, de toutes opinions, à qui il était nécessaire, si l'on ne voulait pas les voir régner en bandes tumultueuses sur leurs provinces libérées, d'offrir un grand dessein à l'est.

Encore faut-il amalgamer ce qui est épars.

L'amalgame, certes, mais, sur l'amalgame, deux conceptions politiques vont immédiatement s'opposer.

Pour les communistes, qui font notamment référence à l'exemple de 1793[1], lorsque, privés de leurs officiers par l'immigration, les soldats de l'ancienne armée royale avaient été mêlés, à raison d'un bataillon pour deux, aux volontaires levés par la Révolution, l'amalgame devait conduire à la formation d'une « armée de masse », donc d'une armée populaire : cette « grande armée nationale nouvelle » — la formule sera mille fois reprise — au sein de laquelle les Partisans et les Francs-Tireurs français représenteraient les troupes les plus nombreuses et les mieux contrôlées politiquement, à défaut d'être les mieux aguerries.

Pendant la clandestinité, les communistes avaient jalousement préservé les F.T.P., sinon de tout contact, du moins de toute fusion ou

---

1. Les communistes ne tiennent pas compte, ou feignent de ne pas tenir compte, du temps qui fut nécessaire (deux ans au moins) avant que la décision de la Convention, adoptée le 21 février 1793, pût porter fruit. En faveur de l'amalgame, ils font également référence aux exemples de 1917 en Russie, de 1936 en Espagne, de 1942 en Yougoslavie.

tentative de fusion avec les autres groupes armés de la Résistance. A l'occasion d'une opération menée contre les Allemands ou contre la Milice, ils pouvaient certes être leurs alliés, ils n'acceptaient jamais de leur être subordonnés. Soupçonnant Londres, puis Alger, de vouloir unifier, au profit de De Gaulle, tous les groupements, tous les maquis, tous les individus se battant sur le sol français, ils refuseront longtemps une tutelle qui engagerait l'avenir.

Le général Koenig ayant été nommé, le 4 avril 1944, commandant en chef des Forces françaises de l'intérieur, une ordonnance du gouvernement provisoire ayant décidé, le 9 juin, que les F.F.I. font désormais « partie intégrante de l'armée française », la réplique du Comité d'action militaire (C.O.M.A.C.), où les communistes Pierre Villon et Maurice Kriegel-Valrimont mènent le jeu à leur guise, est immédiate : « Il est bien entendu que le C.O.M.A.C. et son état-major national, les E.M.R. (états-majors régionaux) et les E.M.D. (états-majors départementaux), continuent à détenir *le pouvoir de décision sur toutes les formations armées de la Résistance, à l'exclusion de toute hiérarchie*[1]. »

Lorsque Koenig insiste et, par un télégramme du 26 juin, rappelle : « Les chefs militaires régionaux ne peuvent recevoir leur commandement que de moi sur propositions transmises par le délégué général *Quartus* (Parodi) ou par le délégué militaire national par intérim *Arc* (Chaban-Delmas) », Marcel Degliame, délégué du C.O.M.A.C. pour la zone sud, lui répond : « Seul C.O.M.A.C. représente C.N.R. habilité pour désigner chefs régionaux. »

Il s'agit là beaucoup plus que d'un simple conflit de compétence.

Dans la nomination de Koenig, dans l'intégration des F.F.I., *donc des F.T.P.,* à une armée française traditionnelle qu'ils ont longtemps combattue — la campagne contre les « gueules de vaches », c'est-à-dire contre les officiers, n'est pas si lointaine —, les communistes voient l'aboutissement d'une « longue manœuvre pour enlever la direction des forces militaires de la Résistance en France à la Résistance elle-même[2] ».

Or, ils s'identifient à la Résistance. Et ils identifient les F.T.P. aux forces militaires de la Résistance. Que l'on consulte *L'Humanité*

---

1. Je souligne intentionnellement.
2. Lettre d'un responsable F.T.P. citée par Ph. Buton.

clandestine. Si, dans chaque numéro, à partir de 1943, mention est largement faite des actions des F.T.P., les allusions aux différents mouvements qui combattent l'Allemand sont rarissimes. « Les autres formations F.F.I. [1] » sont uniquement présentées comme des supplétifs des F.T.P., ces F.T.P. dont les communistes ont fait leur bras armé. Dans un bataillon ou une compagnie F.T.P., il ne se trouve certes pas que des communistes, l'éducation politique n'est pas quotidienne — certains anciens F.T.P. diront qu'elle était parfois négligée —, mais la proportion de communistes est telle [2] qu'aucun poste de commandement et de responsabilité n'échappe au Parti. Au sein des F.T.P., les communistes doivent non seulement se comporter comme « les meilleurs soldats », mais aussi « continuer à se considérer comme des communistes », c'est-à-dire compléter l'action militaire par une action politique, la seconde justifiant souvent la première.

De cette indépendance voulue, âprement défendue, les F.T.P. ont supporté les conséquences.

Identifiés par les Allemands et par la Milice aux communistes, ils ont été les victimes désignées de la répression. Bien peu de chances étaient laissées à un F.T.P. capturé. Le pire lui était souvent réservé.

Identifiés par Londres et les gaullistes aux communistes, les F.T.P. ont été souvent privés de parachutages au profit de maquis mieux en cour auprès du Bureau central de renseignements et d'action [3]. Ce B.C.R.A. dont les communistes mettront en cause publiquement l'action à l'Assemblée consultative provisoire, comme ils l'ont mise en cause pendant la clandestinité.

De cette indépendance voulue, âprement défendue, les communistes, responsables des F.T.P., entendent, au jour de la Libération, tirer bénéfice. Dans leur stratégie, les F.F.I.-F.T.P. doivent fournir l'essentiel de l'armée qui naîtra de l'amalgame. Les huit divisions de De Lattre et Leclerc viendraient alors s'ajouter aux douze divisions F.F.I., « aux 500 000 volontaires levés à l'intérieur ». « Par simple comparaison », déclarera nostalgiquement Laurent Casanova, lors du congrès du Parti communiste des 26-30 juin 1945, « il est facile de

---

1. *L'Humanité* du 1er juin 1944.
2. Le Parti a demandé, en février 1944, que 20 pour 100 des effectifs et des cadres s'engagent dans les F.T.P.
3. Organe directeur à Londres et Alger des services spéciaux de la France libre.

noter que l'amalgame aurait jeté en France, animée d'un moral très élevé, les bases d'une armée nationale liée au peuple. »

Lorsque Casanova parle, il ne peut exprimer que des regrets. La conception communiste de l'amalgame : une armée populaire de masse à laquelle l'armée venue d'Afrique servirait d'appoint s'est heurtée à la conception gaullienne de l'amalgame. Et c'est la conception de De Gaulle qui l'a emporté.

Évoquant les problèmes du moment, de Gaulle légitimera son opposition aux thèses communistes par des raisons militaires qui tombent sous le sens.

> « Une certaine démagogie nous requérait alors bruyamment de mobiliser les classes en âge de porter les armes. Cette levée en masse, renouvelée de l'époque révolutionnaire, eût procuré assurément des effectifs considérables... Mais on n'était plus au temps où le nombre comptait plus que tout. Qu'aurions-nous fait de la foule des appelés, quand nous n'avions à lui donner ni armes, ni cadres, ni équipement et qu'il eût été à la fois criminel et dérisoire de la pousser telle quelle, en rase campagne, devant les canons, les chars, les mitrailleuses, les avions de l'armée allemande ? »

Aux raisons militaires parfaitement justifiées, car la guerre ne se gagne plus, comme en 1794, uniquement grâce aux gros bataillons, s'ajoutent des raisons politiques plus impérieuses encore. De Gaulle n'entend pas laisser entre les mains des communistes une force de plusieurs centaines de milliers d'hommes, force dont ils pourraient se servir dans les départements — et dont ils se servent, d'après tous les rapports qui lui parviennent — pour asseoir leur pouvoir.

Aussi, ayant convoqué dans la matinée du 28 août — il n'est installé à Paris que depuis le 25 — l'état-major des F.F.I. et le C.O.M.A.C., annonce-t-il à des hommes, surpris par la rapidité comme par la brutalité de ses décisions, que les Forces françaises de l'intérieur, faisant partie de l'armée française, leur personnel et leurs armes seront pris en charge par le ministère de la Guerre. Quant au C.O.M.A.C., n'ayant plus aucun rôle, il doit disparaître.

Il s'agit bien de l'amalgame mais, au contraire de ce qu'avaient voulu les communistes, c'est l' « armée traditionnelle » — y compris, on le verra, les « naphtalinés », c'est-à-dire les officiers d'active qui, pendant l'occupation, s'étaient bien gardés de risquer leur précieuse personne — qui absorbera les volontaires et non le contraire.

C'est en vain que Pierre Villon, l'un des trois responsables du C.O.M.A.C., dont les bureaux, solidement gardés, sont installés dans les annexes du ministère de la Guerre où siège de Gaulle, c'est en vain que Pierre Villon plaide devant le Général la cause de l'armée de l'ombre. La diluer dans la masse de l'armée régulière, lui enlever ses cadres, n'est-ce pas sûrement briser son élan ? L'argument ne peut que conforter de Gaulle. Le lendemain, lorsqu'il reçoit à nouveau Villon, dont, sans goûter le raisonnement, il a apprécié la fougue et l'intelligence, c'est simplement pour lui proposer un « important portefeuille ministériel ». Ayant pris l'avis de Jacques Duclos, Villon refusa l'honneur qui lui était fait, les chaînes dont on le chargeait. Écrivant à de Gaulle, il légitimera en partie son refus par la décision « que vous [de Gaulle] avez prise sans consulter le C.N.R., tendant à dissoudre et à désarmer les F.F.I. ».

La réplique ne se fera pas attendre. La lettre du 1ᵉʳ septembre, par laquelle de Gaulle répondra à Villon, est d'une habile mauvaise foi. « Il n'a été pris, écrit le Général, aucune décision de dissoudre et de désarmer les F.F.I... La décision du gouvernement consiste, tout au contraire [merveilleux " tout au contraire " !], à intégrer dans l'ensemble des formations de campagne... les éléments et formations des vaillants F.F.I. »

Il faut franchir dix-huit jours pour comprendre ce que les mots veulent dire.

Le 19 et le 20 septembre paraissent, en effet, sous la signature de De Gaulle et de Diethlem, ministre de la Guerre, deux décrets, le premier relatif à l'organisation, le second au statut des Forces françaises de l'intérieur.

Les F.F.I. font « partie intégrante de l'armée et sont soumises aux règles générales de l'organisation et de la discipline militaire [1] », ce qui signifie que prennent fin, ou prendront fin à plus ou moins bref délai, cette camaraderie et cette désinvolture qui, à défaut de faire la force principale des unités F.F.I., en faisaient l'originalité, que prendront fin les promotions éclairs, les raids contre les collaborateurs, les rêves...

Les F.F.I. relèvent « de la seule autorité du ministre de la

---

1. Décret du 19 septembre.

Guerre... » « Les unités en opération constituent des groupements qui sont placés, pour ces opérations, aux ordres d'un commandant désigné par le président du gouvernement, chef des armées... » « Les autres formations sont placées, dans chaque région militaire, sous les ordres du commandant de la région[1]. » Ce qui signifie la fin de l'autorité des chefs surgis du maquis.

Même s'ils conservent un grade qui, la plupart du temps, ne sera plus *leur* grade — et voici bien des occasions de drame, car les communistes voulaient que le commandement allât « à ceux qui ont prouvé leur patriotisme dans le combat et non dans un bureau » —, ils ne commanderont bientôt plus *leurs* hommes[2], ne choisiront ni l'objectif, ni le moment, ni la forme du combat.

Les communistes auraient voulu que les formations F.F.I. fussent regroupées en divisions. De Gaulle a opté pour un regroupement en bataillons de marche d'infanterie qui seront affectés à de grandes unités déjà existantes ou constitués en grandes unités nouvelles.

Les soldats des F.F.I. — qu'il s'agisse des F.T.P. ou de n'importe quel autre groupement — protégeaient leur famille et se protégeaient grâce à des noms d'emprunt et à la destruction de leurs papiers d'identité, remplacés, le cas échéant, par des faux papiers. Le décret du 20 septembre 1944 va mettre fin à cet anonymat collectif.

Que seuls quelques responsables sachent « qui est qui » n'était acceptable que dans la clandestinité. Désormais, les « engagés volontaires » pour la durée de la guerre[3] devront faire connaître leur identité et leur passé militaire à des commissions de cinq officiers, parmi lesquels ne siège qu'un seul officier F.F.I.

Les articles 4 et 5 du décret du 20 septembre paraissent logiques. Ils ne le sont pas aux yeux des communistes qui voient se déchirer ainsi le voile d'un précieux anonymat. Ils n'ignorent pas, en effet, que la Sécurité militaire, connaissant l'identité véritable de tel commandant ou colonel, aura vite fait de reconstituer son passé d'agitateur politique, de militant syndicaliste, de combattant en Espagne, d'insoumis de 1939.

---

1. Décret du 19 septembre.
2. Le décret précise que « les cadres actuels des F.F.I. constituent l'encadrement de base » des unités F.F.I. regroupées en bataillons de marche, mais il s'agit d'une mesure provisoire.
3. Ceux qui ne contractent pas un engagement pour la durée de la guerre sont placés en congé provisoire dans leurs foyers.

Georges Cogniot, critiquant une mesure gênante pour les communistes, n'hésitera donc pas à évoquer, dans *L'Humanité* du 1er septembre, dans cette « affaire des fiches », qui, au début du siècle, avait entraîné la chute du ministère Combes, victime des manœuvres du ministre de la Guerre, le général André, qui subordonnait l'avancement des officiers à des renseignements fournis par les loges maçonniques[1].

Autre point de conflit. L'article 3 du décret du 20 septembre précise qu' « aucun recrutement dans les Forces françaises de l'intérieur ne peut avoir lieu dans aucune *parcelle*[2] du territoire dès que la libération de cette *parcelle*[3] est accomplie ».

Parcelle... Je ne sais si ce terme, emprunté au cadastre, est tombé de la plume de De Gaulle ou d'un rédacteur anonyme du ministère de la Guerre, mais, dans sa mesquinerie paysanne, il interdit aux F.F.I. tout espoir de recrutement sur la moindre « parcelle » du territoire. Les F.F.I. de septembre, « braves gens », opportunistes ou malins qui s'engageaient de préférence « chez les cocos », quand tout était fini, ont bien existé. Mais le décret du 20 septembre ferme le robinet des adhésions[3].

Écrire que les mesures décidées par de Gaulle sont mal accueillies par les communistes, c'est rester bien au-dessous de la vérité. Il régnera, pendant plusieurs semaines, dans certains des milieux militaires concernés qui se savent soutenus par le Parti communiste, un véritable climat de rébellion.

Le général Koenig fait-il savoir, le 27 août, que, nommé gouverneur militaire de Paris et commandant de la région, il prend sous son commandement toutes les forces armées de la capitale et de la région, auxquelles, avec les chefs qu'il désignera, il aura seul le droit de donner des ordres, le général Malleret-Joinville, chef de l'état-major

---

1. « Il s'agit, écrit Cogniot, de mettre sur pied une grande armée française en y incorporant les F.F.I. des régions libérées par unités constituées, de manière à ne pas recourir à la formalité des engagements individuels qui seraient la négation de la qualité de soldats réguliers, pourtant reconnue par le commandement aux soldats sans uniforme, de manière à ne pas exercer un contrôle injurieux qui rappellerait le système des fiches et donnerait la preuve d'une inadmissible méfiance. »

2. Je souligne intentionnellement.

3. Le comité central du P.C.F. a appelé, le 31 août, la population à s'engager dans des bureaux F.F.I. « qui ne seront pas des bureaux " Leclerc " ou américains ».

national des F.F.I., adresse, deux jours plus tard, au nom du C.O.M.A.C., dont les membres ont décidé qu'il poursuivrait son action, un ordre d'opérations au colonel Rol-Tanguy !

Parlant le 3 septembre à la Mutualité, devant les militants de la région parisienne, Jacques Duclos affirme que l'amalgame conçu par de Gaulle porte un « coup terrible à l'action armée des patriotes dans les territoires encore occupés par l'ennemi » et qu'il « tourne le dos à la réorganisation de l'armée française sur des bases populaires [1] ».

Il y a plus audacieux, plus lourd de risques. Si le général de Gaulle a cru devoir publier dans ses *Mémoires de guerre* [2] la lettre du « colonel *Richelieu* [3] », commandant F.F.I. de la région de l'Ouest, adressée, le 6 septembre, au « général Malleret-Joinville [3] », « chef de l'état-major national des F.F.I. [3] », c'est bien dans la mesure où elle lui semblait le reflet d'une situation menaçant son autorité.

En voici le texte :

« Rennes, le 6 septembre 1944

Je vous adresse ci-joint une note... dont j'espère qu'elle pourra appuyer vos efforts pour obtenir l'annulation de la décision du général de Gaulle au sujet des forces de l'Intérieur.

En attendant des nouvelles de Paris, nous avons *tous* [4] décidé :

1. de tenir bon et de résister à la dissolution des états-majors F.F.I. ;

2. de suspendre toutes les opérations d'engagement et d'incorporation ;

3. de continuer la lutte contre l'ennemi, sans accepter le contrôle des commandements militaires territoriaux...

---

1. La presse communisante est à l'unisson. C'est ainsi que *Franc-Tireur* écrit le 10 septembre 1944 : « Le peuple gouverne-t-il quand des mesures sont prises contre le C.O.M.A.C. et les F.F.I., c'est-à-dire contre ces jeunes troupes forgées dans la lutte et dont doit sortir, en dépit des fossiles, l'armée républicaine de la République ? »

2. Tome III, p. 300.

3. Les guillemets sont du général de Gaulle, qui précise que la lettre du « colonel Richelieu » est « venue à sa connaissance ».

4. Je souligne intentionnellement. Le colonel *Richelieu* est responsable F.F.I. des départements suivants : Ille-et-Vilaine, Eure, Calvados, Sarthe, Orne, Mayenne, Morbihan, Côtes-du-Nord, Loire-Atlantique, Vendée, Maine-et-Loire. Ce sont vingt-cinq responsables régionaux et départementaux F.F.I. qui se sont réunis à Rennes le 5 septembre.

Tous nos cadres et nos troupes sont prêts à seconder les efforts de l'état-major national du C.O.M.A.C. et du C.N.R. Considérez que vous avez 85 000 hommes derrière vous. »

La lettre du « colonel *Richelieu* » — de Gaulle faisant d'ailleurs erreur sur le pseudonyme[1] — est à rapprocher des déclarations qu'à Limoges Pierre Fougeyrollas, alors responsable interrégional des Forces unies de la jeunesse patriotique, fait devant Georges Guingouin, Jean Chaintron et plusieurs autres cadres communistes : « Il y a, à partir du Limousin et probablement dans d'autres régions... les forces suffisantes pour faire une marche sur Paris et remplacer le gouvernement bourgeois de Gaulle-Kerensky par le gouvernement bolchevik de Lénine-Thorez[2] ».

Elle est à rapprocher de la destitution, le 16 septembre, du commandant Counord, chef départemental F.F.I. de la Mayenne, qui vient de donner l'ordre à ses troupes de rejoindre les casernes, conformément aux ordres du gouvernement. Le lieutenant-colonel F.F.I. *Raspail*, qui destitue Counord, le remplace par un communiste nommé S..., promu instantanément commandant[3].

---

1. L'erreur est évidente. En effet, Noguères, dans les cinq tomes de son *Histoire de la Résistance en France,* ne fait aucune allusion à un « colonel *Richelieu* ». En revanche, c'est Jaeger, F.T.P. et communiste, qui, sous le pseudonyme de *Michelin*, sera nommé en juin 1944 par le C.O.M.A.C. commandant de la région M (ouest de la France), et la note que reproduit de Gaulle est de lui et non d'un inexistant colonel *Richelieu.*

Dans les semaines qui suivront le débarquement, Jaeger-*Michelin* protestera auprès du C.O.M.A.C. contre la désignation du colonel Éon (parachuté dans la nuit du 3 au 4 août) comme responsable du dispositif militaire français dans le Finistère, les Côtes-du-Nord et le Morbihan.

Après la mort de *Fabien,* le 27 décembre, c'est le colonel Jaeger-*Michelin* qui, pendant quelques jours, aura la responsabilité de la colonne Fabien.

Le général de Larminat, qui a commandé en septembre 1944 le front de l'Atlantique, parlera dans ses *Chroniques irrévérencieuses* de Jaeger en ces termes : « C'était un Suisse allemand, cinéaste de métier, colonel F.T.P. Il se faisait appeler *Michelin*... Il avait vingt-cinq ans et était très bien. »

Sans vouloir mettre en cause les qualités militaires de l'intéressé, il est surprenant qu'il surgisse en quelque sorte du néant, n'apparaissant chez Noguères qu'en juin 1944.

Marcel Baudot (*Libération de la Bretagne*), parlant de la lettre de *Michelin* à *Joinville,* ajoute que *Michelin* menacera de faire arrêter le colonel Éon.

2. Chaintron, alors préfet de la Haute-Vienne, ramènera Fougeyrollas à la raison.

3. Le 2 décembre 1944, plusieurs membres du C.D.L. et officiers F.F.I. demanderont par lettre au général Koenig que son commandement soit retiré à

Elle est enfin à rapprocher de ces manifestations violentes qui, à Paris et dans la banlieue parisienne, mettent les commissions officielles de recensement dans l'impossibilité d'accomplir leur mission.

Combien se trouve-t-il alors de F.F.I. à Paris et dans le département de la Seine ? Cinquante mille ? Plus ou moins ? C'est ce que de Gaulle et Koenig voudraient savoir.

Mais les commissions de recensement sont refoulées avec menaces du mont Valérien, de la caserne de Reuilly, du fort de Bicêtre, de celui de Vincennes, de Janson-de-Sailly et de ces autres locaux — il en est de très divers et, en octobre, l'on en recense encore 33 à Paris, 88 pour Paris et sa banlieue — où se trouvent des F.F.I. en grand nombre comme à Janson (3 630 hommes)[1], à Reuilly (2 758)[1], à la caserne Bessière (1 068 Polonais) ou en petits groupes : 132 F.T.P., 36, boulevard des Italiens, 90 au 136 de la rue Marcadet, 50 au 6 de l'avenue de Paris à Asnières.

Le C.O.M.A.C., dans les instructions qu'il donne le 2 septembre aux états-majors régionaux et départementaux, précise que les unités F.F.I. « devront garder conscience de leur rôle de défenseurs de la population, en étroite liaison avec les milices patriotiques et l'ensemble de la population ». Est-ce cette « prise de conscience », est-ce la mise sur pied par le général Malleret-*Joinville*, dès le 11 septembre, de « services de la sécurité militaire F.F.I. », est-ce plutôt la conviction que, leur anonymat une fois percé, leurs connaissances militaires une fois testées dans des écoles de cadres, ils ne retrouveront jamais des galons poussés très vite aux épaules ? Quoi qu'il en soit, les officiers F.F.I. font si efficacement barrage que les seize commissions de recensement, toutes présidées par un officier d'active, sont d'abord dans l'incapacité de pénétrer dans les casernes, forts, cinémas, voire immeubles, où vivent les hommes qu'ils ont mission d'incorporer nominativement[2].

S..., qui, par ses agissements, « réquisitions, perquisitions, arrestations arbitraires et mauvaise tenue de troupes », discrédite l'état-major F.F.I. dans le département de la Mayenne.

1. Chiffres officiels au 31 octobre 1944. Selon un chiffre vraisemblablement sous-évalué, 35 999 officiers, sous-officiers et soldats des Forces françaises de l'intérieur seraient cantonnés à la même époque dans le département de la Seine.

2. Un médecin fait partie de chacune de ces commissions composées, je le rappelle, de cinq membres.

Si les mesures d' « intégration des F.F.I. » décidées par de Gaulle ont été mal accueillies par la plupart des F.F.I., elles sont généralement reçues avec satisfaction par l'armée arrivée d'Afrique ou d'Angleterre.

Passons sur les officiers « pétainistes » ou « attentistes » qui n'avaient aucune raison de trouver quelque qualité à des F.F.I. et à des F.T.P. qui les considéraient — et qu'ils considéraient — comme des « ennemis de classe », mais les « baroudeurs » de la division Leclerc ou de l'armée d'Afrique seront étonnés, voire scandalisés, par les attitudes peu militaires des F.F.I., leur nervosité au combat, le côté débraillé — qui rappelle trop la guerre civile d'Espagne — de leur accoutrement, les femmes qui les accompagnent et les six galons qu'exhibent quelques-uns de leurs colonels. De ces jugements sévères, excessifs sans doute, car ils sont le fait d'hommes qui, ayant quitté la France avant 1941 ou 1942, n'ont pas connu les années de misère et de répression, on trouve, dans les journaux personnels ou dans les journaux de marche, de nombreux exemples.

Le commandant Brunet de Sairigné, qui a combattu à Bir-Hakeim et qui, dans l'armée de Lattre, commande un bataillon de la Légion, s'il dit des « braves étrangers [et] des braves tirailleurs » qui composent sa troupe qu'ils sont des saints, juge « lamentables » les jeunes Français (« en principe, donc, les meilleurs ») qui se sont engagés dans la 1ʳᵉ armée [1].

Dans un texte à faible tirage : *Nous n'acceptons pas la défaite*, le capitaine Jacques Britsch — qui, après la dissolution de l'armée de l'armistice, a rejoint l'Afrique du Nord par l'Espagne et se trouve en août 1944, dans la région de Rennes, affecté à l'état-major du général Legentilhomme — rapporte, sans y changer un mot — c'est bien là l'intérêt —, ses réactions et celles de ses camarades de l'armée d'active.

Le 27 août, il signale :

> « La population, en 8 jours, après les avoir adulés, craint les F.F.I. Ici, nous avons eu la visite d'un F.F.I. de Mortain qui ne savait même plus quel était son chef direct. »

---

1. Lettres à ses parents, respectivement les 20 septembre et 9 octobre 1944.

Le 30 août, son observation est beaucoup plus pessimiste :

> « Les F.F.I. nous ont " repris " des engagés, venus à nous au début et que nous avions habillés. C'est une faute de les aider ; ils nous tireront dessus plus tard. Du moment qu'ils ont cessé d'être dans le combat, il fallait les laisser rentrer chez eux et ne pas les grouper, ou les encaserner et les payer. »

Mais voici, psychologiquement, le plus intéressant. Il s'agit, le 31 août[1], de la réaction de Britsch — réaction qui, dans son milieu, a dû être partagée — à l'annonce de la décision d'intégration des F.F.I. annoncée le 28 au matin par de Gaulle aux responsables du C.O.M.A.C. et de l'état-major F.F.I.

> « 31/8/1944. A 12 h, excellente nouvelle. Le lieutenant-colonel Boyer nous apporte de Paris une décision de De Gaulle dissolvant les E.M. et l'organisation des F.F.I., qui passent purement et simplement sous l'autorité militaire. Un capitaine de Caen me confiait au même instant que les F.T.P. avaient des " délégués politiques " qui n'hésitaient pas à faire des tournées de formation[2]. De Gaulle remonte pour moi près du pinacle : il a pris une décision ferme, catégorique, antidémagogique, ouf ! »

Dans les jours qui suivront — c'est-à-dire les 13 et 14 —, Britsch, qui a visité à Hénin une caserne où se trouvent de nombreux F.F.I., et qui, à Lille, a été interrogé par des inconnus heureux de voir un officier français, revient quelque peu sur ses préventions. « Tout le monde est

---

1. Il est intéressant de remarquer qu'une décision prise le 28 août, annoncée à Paris le 29, n'est connue à Rennes que le 31 août.
2. Que les F.T.P. aient des « délégués politiques », le « Pol », ainsi nommé dans tous les comptes rendus F.T.P., voilà qui n'est une surprise que pour ceux qui ignorent tout de la stratégie communiste. Pour les communistes, « le soldat communiste [et non le communiste soldat] doit pouvoir aller vers son Parti en dehors de la caserne ». Le mot est de Laurent Casanova.
Jean Prouteau, délégué militaire des Forces unies de la jeunesse patriotique (communistes), écrira au général Joinville pour lui demander que soient constitués des comités F.U.J.P. dans les différentes formations des F.F.I., et André Carrel (communiste, membre du Comité parisien de libération) réclamera l'aménagement, dans chaque caserne de la région parisienne, d'un foyer du soldat qui serait placé *sous l'autorité du Comité parisien de libération.*

prêt à se jeter dans les bras de l'armée française. Quel malheur que nous n'ayons ni armes ni équipements, car cette fièvre d'engagements va tomber. »

Cependant, à Paris au moins, le général Koenig, gouverneur militaire, et le général Revers, son adjoint, remarquent, *à partir des 15 et 16 septembre,* une sensible amélioration[1] dans leurs rapports avec les responsables communistes des F.F.I. et avec les chefs du C.O.M.A.C., à qui Diethlem, ministre de la Guerre, afin qu'ils évacuent au plus vite les locaux qu'ils occupent toujours dans une annexe du ministère de la Guerre, coupera d'ailleurs l'électricité[2].

Les dates ont leur importance. Le 15 septembre, de Gaulle, venant de Lyon, est à Marseille, le 16, le voici à Toulouse. Il n'est pas interdit de penser que l'écho de la vigueur de ses propos, de la fermeté de son caractère, de son absence de sensibilité au romantisme révolutionnaire du moment soit parvenu jusqu'à Paris.

Le heurt des volontés ayant fait comprendre quelle est, des deux volontés, la plus intraitable, les communistes, en ce domaine comme en d'autres, ne livreront plus que de bruyants combats d'arrière-garde.

Ainsi le C.O.M.A.C. réclamera-t-il, en novembre, que soit créée, non seulement dans chaque département mais encore dans *chaque localité,* une commission militaire placée sous l'autorité des C.D.L. ; C.D.L. qui, réunis à Paris les 15 et 16 décembre, déploreront que les F.F.I. soient réduits à l'état de « valets d'armes » des Américains demanderont à l'armée française de « se montrer digne de l'Armée rouge » et exigeront l'épuration des cadres.

Ainsi des journaux communistes refuseront-ils de publier les informations officielles annonçant le renvoi dans leurs foyers des F.F.I. non armés[3] ; ainsi le recrutement clandestin se poursuivra-t-il pendant

---

1. Pour le colonel commandant le département de la Seine, il s'agit même d'un « retournement complet ».

2. Le 12 octobre 1944, le C.O.M.A.C. constatera qu'il est réduit à un rôle consultatif et qu'il sera simplement appelé à donner « ses avis et suggestions » au ministre de la Guerre.

3. *La Voix du peuple* (de Lyon) le 14 octobre 1944.

quelques semaines encore ; ainsi, et c'est plus grave, trouvera-t-on des F.F.I. en armes parmi les manifestants qui, dans l'hiver 1944-1945, envahiront (à Poitiers, par exemple) les bâtiments officiels.

Mais Maurice Thorez, revenu de Moscou, décevra les partisans des Forces françaises de l'intérieur comme il a déçu les partisans des Milices patriotiques[1].

Lorsqu'il déclare au début de 1945 : « Sans discipline, pas d'armée. Pour faire régner la discipline la plus stricte, il convient de constituer une véritable armée nationale et d'en finir avec les formations séparées et parfois antagonistes, d'unifier vraiment de bas en haut et de haut en bas », on ne peut faire deux lectures de la phrase.

Sans doute a-t-il réclamé une « armée nationale », mais c'est à la disparition des « formations séparées » qu'il a donné la priorité. Faute de pouvoir transformer l'armée selon les vœux du Parti, Thorez, en réaliste, préfère l'influencer de l'intérieur, y conquérir, comme le Parti le fait avec rapidité et succès dans tous les secteurs de la fonction publique, postes et positions. Aussi les dirigeants de la commission militaire du Front national, transmettant, en 1945, les mots d'ordre de Thorez : « Restez à tout prix dans l'armée », ajouteront-ils, à l'intention des F.F.I. intégrés : « Il vous faut apprendre votre métier d'officier, afin d'être prêts le jour où nous engagerons la bataille pour le pouvoir[2]. »

Ces consignes seront-elles à l'origine du volontariat de nombreux anciens F.T.P. pour l'Indochine ? Pris par l'atmosphère d'une bataille sournoise et qui leur rappelle — mais l'adversaire a adopté leurs méthodes — la guerre du maquis, tenus par les liens de la camaraderie, la plupart d'entre eux se comporteront avec courage et oublieront leurs engagements antérieurs. Certains, toutefois, aideront indirectement le Viêt-minh en retardant ou en exécutant avec retard les décisions du commandement ; d'autres l'aideront directement en sabotant ou en informant les multiples réseaux implantés à Saigon comme à Hanoi ; quelques-uns déserteront.

En 1991, l'opinion française se trouvera sensibilisée par l'affaire Boudarel. Mais le commissaire politique du camp 113 n'était pas le seul à avoir ouvertement choisi de servir l'adversaire. A Diên Biên

---

1. *Cf.* chapitre 9 : *Le retour de Thorez.*
2. Il s'agit d'un texte cité par Jacques Doyon dans : *Les Soldats blancs de Hô Chi Minh.*

Phu, un ancien F.T.P., Eugène T..., qui, sur ordre du Parti, s'était fait
« activer » dans le 81ᵉ régiment d'infanterie, sera conseiller technique
des soldats viets montant à l'assaut des positions françaises.

Plus que les circonstances comptent les hommes.

Et deux hommes, Billotte et de Lattre, contribueront à l'intégration,
qui sera finalement plus harmonieuse que prévue, des Forces françaises de l'intérieur.

Billotte connaît les méthodes, la logique et le discours communistes.
Prisonnier de guerre évadé, en janvier 1941, en passant par la Russie,
il a été enfermé dans un camp soviétique avant que l'attaque
allemande ne lui rendît sa liberté. A Londres, il a travaillé près de De
Gaulle comme chef d'état-major, puis comme secrétaire du Comité de
la défense nationale. Il n'a pu, comme le souhaitait le Général, être
envoyé à Paris avant l'insurrection. Les Anglais ont, en effet, interdit
le départ d'un homme parfaitement informé de tous les plans alliés, et
c'est Jacques Chaban-Delmas qui tiendra le rôle qui devait être
primitivement le sien.

Mais, une fois la 2ᵉ D.B. engagée en France, de Gaulle l'a imposé[1] à
Leclerc, qui l'a vu arriver sans enthousiasme, car il se méfie d'instinct
des « Londoniens » trop proches du pouvoir, trop politiques, peut-être
menaçants pour son autorité.

Sur le terrain, Billotte, qui a reçu pour mission de mener, à la tête de
sa brigade blindée, les combats pour la libération de Paris, sera le
premier, le 25 août à 8 h 30, à rencontrer à la préfecture les membres
du Comité de libération. En leur compagnie, il rédigera un ultimatum
à l'intention de von Choltitz, ultimatum dans lequel Félix Gaillard,
l'un des participants à la réunion, lui donne, pour la circonstance, le
titre de « *général commandant la première brigade blindée française* »,
ce qui est une anticipation, puisque, si Leclerc a bien proposé Billotte
et Langlade pour le grade de général, la nomination ne sera effective
qu'au début de septembre.

Lorsque de Gaulle rappelle Billotte à Paris, il vient, le 12 septem-

---

1. Erwan Bergot, *La 2ᵉ D.B.*

bre, de remporter avec ses chefs d'unités, Putz, Cantarel, La Horie, le combat d'Andelot au cours duquel trois cents Allemands ont été tués, huit cents capturés; de libérer Vittel où trois mille Anglaises et Américaines étaient internées dans le quartier des hôtels[1] et surtout, le 14, de jeter à Nomexy, sur la Moselle, une passerelle qui permet au capitaine Branet l'installation à Châtel d'une tête de pont provisoire.

Mais les rapports avec Leclerc se sont aigris. Pour des vétilles : la Mercedes noire de von Choltitz, que Billotte s'est attribuée, bloque (ou ralentit), paraît-il, la marche des blindés. Leclerc, qui a donné ordre que toutes les prises de guerre fussent rassemblées dans un parc éloigné des routes, ne peut admettre que Billotte désobéisse de façon si tapageuse.

Il y a eu des mots d'ailleurs entre les deux généraux, et Leclerc a tranché en disant : « La division ne peut avoir deux chefs[2]. »

Si bien que la décision de De Gaulle de confier à Billotte — qu'il estime — la formation d'une division F.F.I. constitue-t-elle une décision d'apaisement envers Leclerc autant qu'une décision politique.

Lorsqu'il reçoit Billotte, il lui assigne donc pour tâche de créer rapidement « avec ces garçons un peu remuants de la résistance parisienne » une solide division. « Ils feront sûrement de bons soldats », conclut-il.

En revanche, Diethlem s'est montré moins optimiste : « Vous aurez du mal à les organiser », lui a-t-il dit. Quant à Koenig, il a été franchement pessimiste : « Ils sont incommandables! »

Billotte fait confiance à ceux qui l'ont mérité par l'action, il croit à la valeur de l'exemple et devine que, chez la plupart des garçons, « surgis des pavés de Paris dans les jambes des occupants[3] », la politique n'est qu'un fragile vernis.

A lui de jouer. Il joue habilement le 19 ou 20 septembre, en rendant visite aux membres du C.O.M.A.C., pour quelques jours encore retranchés dans leur poste de commandement de la rue de Varenne. Accueilli avec suspicion « par des militaires armés jusqu'aux dents » et

---

1. Il y a aussi quelques Anglais et Américains, mais l'élément féminin domine, ce qui n'ira pas sans poser des problèmes que Leclerc résoudra en faisant admettre aux internées que, pour elles… sinon pour ses troupes, il est préférable que leur internement se prolonge pendant quelques jours encore.
2. Erwan Bergot, *La 2e D.B.*
3. Général Billotte, *Le Temps des armes.*

par des chefs révolutionnaires à qui il vient enlever leurs troupes, que dit-il à Villon, Kriegel-Valrimont, Jean de Vogüe et à Malleret-Joinville, le chef d'état-major ? Qu'il arrive du front où la bataille vient de reprendre « avec une intensité qu'elle n'avait pas connue depuis les plus durs combats de Normandie[1] ». Que la présence de grandes unités françaises devient « de plus en plus rapidement nécessaire pour la place et le rôle de la France[1] », mais aussi pour le succès des Alliés. Or, le gouvernement, « comme ces messieurs le savent sans doute..., l'a chargé de former une division d'infanterie avec les F.F.I. et les F.T.P. de Paris[1] ».

« Je dois agir vite, poursuit-il. Le général Koenig vient de m'informer de toutes les difficultés qu'il a rencontrées jusqu'ici et que vous êtes le mieux placés pour connaître. Je compte beaucoup sur vous pour les faire disparaître ; les garçons qui se battent en Lorraine et sur le front de la 1re armée ne toléreraient pas, s'ils les connaissaient, que des désaccords d'ordre politique puissent nuire à l'heureuse poursuite des opérations militaires[1]... »

Après ce sous-entendu quelque peu menaçant (« les garçons qui se battent... ne toléreraient pas des désaccords d'ordre politique »), Billotte se fait séducteur.

A des hommes qui ont toujours vu dans l'armée le possible instrument d'une dictature de droite — et les événements d'Espagne les ont confortés dans cette idée —, à des hommes dont certains ont été condamnés pour incitation de militaires à la désobéissance, à des hommes qui, dans l'Histoire, n'admirent que Lazare Hoche, le palefrenier devenu général, et Lazare Carnot qui décréta la levée en masse, Billotte, colonel d'active, fils de général[2], propose de prendre à ses côtés Rol-Tanguy, fils d'un marin de l'État et d'une repasseuse, ouvrier chez Renault, délégué d'usine, volontaire pour les Brigades internationales, sous-lieutenant en 1940 et cité à l'ordre du régiment, chef régional des F.F.I. de l'Île-de-France et, à ce titre, cosignataire avec Leclerc — de Gaulle s'en était assez offusqué[3] — de la reddition de von Choltitz.

---

1. Général Billotte : *Le Temps des armes.*
2. En mai 1940, le général Gaston-Henri Billotte avait la responsabilité de coordonner la contre-offensive des armées alliées en Belgique lorsqu'il fut mortellement blessé dans un accident d'auto (21 mai).
3. *Cf. Joies et douleurs du peuple libéré*, p. 712-716.

Cette surprenante proposition — Billotte paraît introduire le loup dans la bergerie — déconcerte-t-elle Villon, Joinville, Kriegel-Valrimont, ou prennent-ils pour de la naïveté ce qui est de l'intelligence ? Quoi qu'il en soit, voici qu'ils promettent leur aide à Billotte. Ils tiendront parole. Portant plus tard témoignage, Billotte écrira que, tout au long de l'année qu'il a passée au commandement de la 10e division (la division F.F.I.-F.T.P.), « l'action du C.O.M.A.C. ou, après sa dissolution, celle des membres qui le composaient » ne l'a jamais gêné, « au contraire », ajoute-t-il[1].

Cet hommage mérite d'être pris en considération, comme l'hommage infiniment plus appuyé et plus justifié encore que Billotte rendra à des soldats dont il a découvert, dès sa première visite dans les casernes parisiennes et dans les forts de banlieue, le mauvais état physique, résultat de plusieurs années de sous-alimentation, l'habillement disparate, l'armement insignifiant, mais aussi la flamme, la fièvre patriotique, garantie qu' « en toutes occasions de guerre ils se surpasseraient[1] ».

En quatre ou cinq mois, où il en aurait fallu douze ou quinze, il réalisera le tour de force de mettre sur pied, dans la région de Nevers, « loin des tentations de la capitale[1] », la 10e division avec ses 5e, 24e, 46e régiments ; son 32e d'artillerie, son 18e de dragons, unités qu'il présentera avec fierté à de Gaulle, et engagera avec succès, à partir du 15 janvier 1945, sur les bords de la Thur et les pentes des Vosges[2].

Parlant de l'étonnement des Américains qui équipaient ses hommes, Billotte écrira qu'ils « ne pouvaient réaliser le rare degré d'intelligence des ouvriers parisiens qui formaient l'essentiel du recrutement, et, quant à leur désir de combattre, il était tel que toutes les étapes furent brûlées ».

Certes, rien ne fut facile. Les cent cinquante officiers et les cinq cents sous-officiers d'active envoyés par de Lattre ne suffirent pas pour remplacer des cadres F.F.I. militairement médiocres et qu'il fallut « dégager[3] ». Il y eut des carences, des heurts de caractère, des heurts

---

1. Billotte, *Le Temps des armes*.
2. Billotte précise que les pertes de la 10e division furent « cinq fois inférieures à celles subies par leurs prédécesseurs ».
3. Après le 20 mars 1945, dans le seul régiment issu de la colonne Fabien, ce sont quatre-vingt-cinq officiers ex.-F.F.I. qui seront remis aspirants, sous-officiers ou 2e classe. Cf. Serge Doucerat : *Paul Gandoet, général*.

tout court et, parfois, des incidents détestables, mais, dans l'ensemble — et c'est bien l'ensemble qu'il faut prendre en compte —, le jugement de Billotte sur le moral « extraordinaire » et la « fureur de vaincre » des gamins de dix-huit ans, voire de seize ans[1], qu'il avait sous ses ordres, devait se révéler fondé.

Rol-Tanguy avait été pour beaucoup dans cette évolution heureuse que rien ne laissait prévoir. Ses connaissances militaires ne répondaient certes pas à celles que l'on était en droit d'exiger d'un commandant d'infanterie divisionnaire, mais il avait pour lui du courage, du bon sens, les mots attendus par les hommes, la grande influence d'un révolutionnaire de trente-sept ans, auréolé, en Espagne comme en France, par des actions d'éclat. Qu'il ait été conquis par Billotte — trente-neuf ans — contribuera à montrer que la guerre, amalgamant les caractères de qualité, pouvait faire oublier les divergences politiques[2].

Plus encore que Billotte, le général de Lattre contribuera au succès de l'amalgame.

En août 1944, lorsque, chef de l'armée qui va débarquer en Provence, il prend contact à Naples avec ses officiers, il leur dit :

> « Vous allez retrouver en France des gens qui ont été long-temps séparés de vous ; demain, vous rencontrerez ceux qui ont lutté dans la clandestinité, ceux qui se sont soulevés. Ils sont vos frères. Ils ont leurs mérites que vous reconnaîtrez, leur gloire que

---

1. Billotte écrit de ses soldats : « Beaucoup d'entre eux n'avaient dix-huit ans que dans leur fertile imagination et n'en comptaient guère plus de seize. » Serge Gras, le plus jeune soldat du régiment, qui avait seize ans et demi, sera tué en avril 1945 à la prise de Kaltembronn. Il avait été décoré quelques jours plus tôt.

2. Rol-Tanguy sera également conquis (et conquerra) le lieutenant-colonel Gandoet, commandant du régiment après le 20 mars 1945. Il entrera dans l'armée de carrière. Commandant le 27e régiment d'infanterie, puis la 7e demi-brigade, il sera, comme beaucoup d'autres officiers communistes, mis à l'écart de toutes les responsabilités militaires lorsque débutera la guerre froide.

Rol-Tanguy, commandeur de la Légion d'honneur, fut l'un des rares communistes Compagnon de la Libération. *Cf.* Robrieux, *Histoire intérieure du Parti communiste*, t. III.

vous respecterez, et vous n'aurez pas d'autre désir que de les voir prendre leur place dans vos rangs, quelle que soit leur origine, pour faire ensemble l'Armée nationale. »

A Lyon, en septembre, il fera, au journal communiste *Le Patriote*, une déclaration qui a dû paraître d'autant plus surprenante à beaucoup qu'elle s'inscrivait partiellement en contradiction avec ce que venait de décider de Gaulle.

« Jamais, dit de Lattre, nous ne ferons une absorption pure et simple des F.F.I... Il est indispensable de conserver leur nom, leur mystique et la fierté de leurs groupements... Étant donné les circonstances actuelles de notre armée en guerre, il ne faut pas changer sa structure. Individuellement ou en corps constitués, il y aura une synthèse à réaliser avec ce qu'ils représentent et ce que nous représentons, avec la plus généreuse compréhension des uns et des autres... A tous les mérites, à toutes les qualités du combattant qu'ils ont acquis dans la vie de maquis, nous leur demandons d'ajouter un effort d'ordre et de discipline. »

Qu'il y ait chez de Lattre de la démagogie, un grand désir d'être tout à la fois aimé et admiré, le goût du faste et d'une légende savamment cultivée, généreusement répandue par une presse subjuguée, il est vrai, mais ces réalités qui font aduler ou détester de Lattre sont équilibrées par une générosité plus forte que la démagogie, par la haine du débraillé plus forte que la passion pour le faste, par la conviction que l'efficacité de tout commandement doit être fondé sur la psychologie des foules et des êtres.

A la mort de De Lattre, Mauriac écrira : « Ses défauts étaient éclatants, car ils étaient superficiels. »

Lit-on avec attention, dans son *Histoire de la première armée française,* les trois pages[1] qu'il consacre aux vertus et aux imperfections des F.F.I. et de leurs chefs, mais aussi aux vertus et imperfections des officiers de l'armée régulière, l'on comprend les raisons pour

---

1. P. 180 à 183.

lesquelles de Lattre, mieux qu'un autre, les communistes le reconnaîtront[1], a séduit les garçons surgis du maquis.

En leur faisant jouer un rôle, en exaltant constamment ce rôle — quand beaucoup l'escamotent —, de Lattre n'aura sans doute pas à éviter une « révolution sanglante », comme certains l'ont affirmé[2], mais il calmera les amertumes, apaisera des conflits d'ambition en imposant son ambition supérieure, enchaînera à sa gloire des hommes qui, abandonnant leurs violentes et mesquines querelles de clocher, tourneront leurs armes vers le seul ennemi qui vaille.

Il voit d'ailleurs plus loin que le seul problème militaire.

A Michel Droit, jeune correspondant de guerre, qui lui demande : « Mon général, depuis le débarquement sur les côtes de Provence, quelle est l'action dont vous êtes le plus fier ? », il répondra instantanément : « L'amalgame. » Et il ajoutera : « En inspirant, en dirigeant tout cela, j'ai toujours vu, naturellement, bien au-delà de la guerre. Ainsi entendais-je, à mon échelle, faire œuvre d'unité nationale, c'est-à-dire de ce dont nous avons le plus besoin[3]. »

Racontant dans son *Histoire de la première armée française* les épisodes de la très dure bataille pour Toulon, de Lattre évoque l'aide apportée par les F.F.I. aux assaillants du fort Lamalgue et aux soldats du capitaine Carbonnier, qui attaquent, place de la Liberté ainsi que boulevard de Strasbourg. Il rend hommage aux F.F.I. qui obtiennent, le 23 août, la reddition de la batterie de la Badine, à l'extrémité de la presqu'île de Giens et ramènent cent cinquante prisonniers[4]. « Exemples choisis entre beaucoup d'autres, écrira-t-il. On y lit la vaillance des fameux " terroristes ". »

A Marseille, où, dans les F.F.I. qui défilent, de Gaulle ne verra, le 16 septembre, qu'une troupe débraillée (« Quelle mascarade », dira-t-il[5]), de Lattre, qui a présidé au défilé victorieux du 29 août, a vu, lui,

---

1. Pierre Durand, *Qui a tué Fabien ?* p. 206.
2. Jacques Dinfreville, *Le Roi Jean*, p. 237.
3. Michel Droit, *Le Rendez-vous d'Elchingen*.
4. Le groupe hyérois était commandé par le lieutenant Sivirine-Vallier. *Cf.* sur Toulon et Marseille : *Joies et douleurs du peuple libéré*, p. 729-732.
5. *Cf.* le chapitre « Les voyages de la reprise en main ».

la masse « bigarrée, fiévreuse, bouleversante des F.F.I. ». Ce sont les mêmes hommes, les mêmes femmes aussi qui, dans les mêmes attitudes, à dix-huit jours de distance, marchent dans un ordre fatalement imparfait, sur le même quai des Belges, mais le regard de De Gaulle et le regard de De Lattre ne sont pas les mêmes.

Après les victoires de Toulon et de Marseille, dans sa volonté de hisser le plus rapidement possible ses troupes à la hauteur des Américains qui avancent le long du Rhône, de « sortir de la trappe » — l'expression lui est familière — et de faire en sorte qu'au lendemain de l'étape de Lyon l'Alsace et le Rhin soient l'objectif de la 1re armée française, de Lattre compte sur l'aide des F.F.I. Il l'obtient. Et n'oublie pas de la mentionner, on le verra plus complètement dans le chapitre suivant.

Attardons-nous avec lui sur deux unités absolument différentes par l'origine sociale, les options politiques, le sens de la discipline de ceux qui les composent, et qu'il rapproche dans son livre comme pour mieux montrer son tour de main et son talent d'alchimiste.

Voici d'abord le bataillon constitué au lycée Janson-de-Sailly, dans le XVIe arrondissement, par des garçons qui ont littéralement « déserté » leur caserne pour ne pas servir dans les milices patriotiques parisiennes, chargées de la « police » et de la répression.

Aventure peu banale que celle de ces jeunes « bourgeois » qui, dans leur majorité, constituent l'essentiel du bataillon. Ne pouvant trouver place chez Leclerc, qui n'accepte que des engagements individuels, ils ont pris secrètement contact avec de Lattre. C'est clandestinement, sous prétexte d'une marche de nuit, que le commandant de Gayardon, après avoir fait couper les fils téléphoniques, « neutralisé » deux officiers suspects, interdit toute marche au pas cadencé et tout commandement à haute voix, dirigera, tard dans la soirée du 25 septembre, ses cinq cents hommes vers la place du Trocadéro et la place d'Iéna où trente-cinq camions et une dizaine de voitures les attendent.

Après être passée sans encombre — il fait d'ailleurs un temps affreux — par Colombey-les-Deux-Églises et Chaumont, la colonne, étirée sur près de cent kilomètres, arrivera à Gray, en Haute-Saône, où se trouve le quartier général de De Lattre.

Dans la matinée du 27 septembre, le général passera en revue ces nouvelles recrues. Le capitaine Jouandet, un ancien de 14-18, qui commandait l'état-major et les compagnies de commandement, se souvient avoir entendu de Lattre se féliciter que sur cinq cents hommes plus de la moitié soient bacheliers. Il leur reprocha seulement de « n'être que cinq cents » et leur donnera l'ordre de gagner le camp du Valdahon pour y mener à bien leur instruction[1].

Jean de Lattre de Tassigny, immédiatement après avoir évoqué les garçons du lycée Janson-de-Sailly, où, « aux côtés de la bourgeoisie parisienne, voisinent quelques-uns des noms de la vieille aristocratie française », consacre un long paragraphe aux hommes, si différents, de la colonne Fabien.

> « Avec ses 3 000 gars de la banlieue parisienne, de Billancourt notamment, Fabien se trouve à Metz, auprès de l'armée Patton, où sa colonne la " brigade de Paris " a pris le nom de " groupement tactique de Lorraine ". Il [non pas Fabien, mais son émissaire] me fait part de son ambition de combattre dans les rangs de la 1ʳᵉ armée française. Sans hésiter je fais droit à cette demande. Le 10 décembre, Fabien et son groupement débarquent à Vesoul. Je les passe en revue : l'ardeur et la franche allure de ces hommes — parmi lesquels se trouvent des gosses de moins de dix-sept ans — sont émouvants. Comme j'ai accueilli les Parisiens de Janson-de-Sailly, je les accueille du même cœur, fraternellement. Mon armée est à l'image de toute la France. »

Janson-de-Sailly et ses bourgeois ; Fabien et les gars de Billancourt, c'est cela l'amalgame. D'un trait : « Mon armée est à l'image de toute la France », de Lattre a voulu le marquer.

De son côté, Fabien, dès le 11 décembre, a fait part à ses hommes de sa satisfaction :

---

1. Les cinq cents garçons du bataillon de Janson-de-Sailly, qui devinrent rapidement neuf cent cinquante, reçurent, le 13 novembre, la visite du général de Gaulle et, après six semaines d'instruction sous les ordres du commandant Quinche, furent envoyés à la fin de novembre en renfort du 1ᵉʳ bataillon de choc et des commandos de France du lieutenant-colonel Gambiez. Ils s'illustrèrent notamment à Masevaux les 25, 26 et 27 novembre. Ce fut leur baptême du feu. Dans *Le Figaro* du 5 décembre 1944, James de Coquet consacrait un long article à la bataille de Masevaux, « gros bourg, situé dans l'étroite vallée de la Doller, sur le versant est du ballon d'Alsace. Il n'y a rien d'émouvant, poursuivait James de Coquet, comme d'arriver dans un village alsacien à l'instant même où il se jette dans les bras de la France retrouvée. »

« La cérémonie qui vient de se dérouler en présence du général de Lattre et des généraux Joinville et Molle a produit sur tous une grosse impression.

Pendant trois mois et demi, nous avons connu les pires difficultés, la plus dure n'étant pas l'épreuve du feu auquel nous étions déjà habitués, mais les efforts permanents vers une organisation militaire toujours plus parfaite.

L'accueil que vient de nous réserver la 1re armée française et son chef prestigieux, le général de Lattre de Tassigny, est une reconnaissance des efforts et des résultats obtenus. L'esprit patriotique le plus pur qui nous anime depuis des années et qui est la source de nos réalisations doit demain nous permettre d'être, selon le vœu du général, la plus belle unité de la 1re armée. »

Fabien a eu raison d'insister sur les difficultés rencontrées. Tout n'a pas été aussi idyllique, en effet, que le laisse entendre de Lattre dans ses souvenirs.

Suivant un ordre de mission du C.O.M.A.C. signé par le général Joinville, le 7 septembre, « le 1er régiment de Paris commandé par le colonel Fabien a pour mission de servir d'infanterie d'accompagnement aux armées alliées et de protéger contre des unités ennemies isolées les populations civiles françaises ». Vaste programme pour un régiment mal armé et peu exercé !

Les hommes qui forment la colonne (dont l'effectif évoluera entre mille huit cents et deux mille cinq cents) sont, pour la plupart (85 pour 100 selon les réponses au questionnaire adressé par la suite aux survivants), originaires de Paris et de la banlieue. Le nom de Billancourt ayant une forte résonance populaire, de Lattre a tout naturellement parlé des « gars de Billancourt »... ils sont six. Les autres viennent principalement de ces XIe, XIIe, XIIIe, XVe et XXe arrondissements, où, en 1944, la population ouvrière est encore fort nombreuse. La colonne compte donc plus de 60 pour 100 d'ouvriers, et beaucoup sont très jeunes, puisque 19 pour 100 des engagés ont entre quinze et dix-huit ans.

Fabien étant passé à l'histoire[1], sa mort conservant une part de

---

1. Sur Fabien, *cf. Quarante millions de pétainistes*, p. 456 ; *Le Peuple réveillé*, p. 307, 310, 312-319, 323, 380 ; *Joies et douleurs du peuple libéré*, p. 688, 724.

mystère, il est bien évident que la colonne Fabien, composée en majorité de communistes, devait, plus que toute autre unité, provoquer des réactions contrastées.

Qu'il y ait de la part du C.O.M.A.C., qui a ordonné — sans en prévenir le commandement[1] — le départ de la colonne Fabien, la volonté de voir une unité communiste présente sur un secteur du front, cela paraît évident. A plusieurs reprises, d'ailleurs, Fabien — qui a près de lui quelques non-communistes, dont ses biographes mettront la présence en vedette[2] — réclame à Paris des cadres du Parti : « Il faut absolument m'envoyer les cadres politiques que j'ai demandés, écrit-il dans son rapport du 13 septembre, sans quoi j'ai bien peur que la situation n'empire (découragement dû à l'inaction). » De son côté, le colonel *André*[3] lui a rappelé, le 6 septembre : « Votre affaire est une très grosse affaire à laquelle le comité militaire national et notre ami Tillon tiennent particulièrement. »

C'est à l'occasion de la mort — le 27 décembre — et des obsèques de Fabien — le 3 janvier 1945 — que l'on comprend mieux le rôle que le Parti entendait lui faire jouer à la tête — au moins jusqu'à l'instant où il est intégré dans l'armée de Lattre — de *la seule unité communiste* engagée, en tant que telle, sur le terrain. Fabien mort appartient moins à la nation qu'au Parti communiste, qui en fait un « héros de légende[4] », digne d' « entrer dans l'histoire au même niveau de la grande lignée des Hoche, des Marceau, des Kléber ».

Les obsèques de Fabien, du lieutenant-colonel *Dax* (Paimpaud), un ancien, lui aussi, des Brigades internationales ; du capitaine Lebon, F.T.P., qui fut vaillant pilote de chasse en 1914-1918, tués par la même

---

1. C'est le 12 septembre que le colonel Rol-Tanguy informe le général Revers, adjoint au général Koenig, de la mise en route le 2 septembre de cinq compagnies de cent cinquante hommes chacune sous les ordres du colonel Fabien. Fabien avait pour mission de « nettoyer » la zone forêt de Compiègne-Montreuil-Houdoin-Villers-Cotterêts, puis de se mettre à la disposition des troupes américaines, ce qu'il a fait le 8 septembre.

2. Notamment l'abbé Bouveresse, aumônier de l'unité ; le médecin commandant Du Buit, qui est royaliste, ne le cache pas, et dont Fabien, qui a avec lui de longues conversations, refusera de se séparer lorsque ses camarades parisiens lui proposent un médecin communiste ; le commandant Dalsace, etc.

3. Pseudonyme d'Ouzoulias... qui a « travaillé » avec Fabien à partir du mois d'août 1941 et a assumé, au sein du comité national des F.F.I., la responsabilité de commissaire national aux opérations.

4. *L'Humanité*, 1er janvier 1945.

explosion[1], sont organisées avec ce sens de la mise en scène et du maniement des foules dans lesquels le Parti communiste est passé maître. La puissance de diffusion de *L'Humanité* est telle, la place qu'elle accorde à l'événement est si importante (deux colonnes le 1er janvier, mais trois le 2, six le 3, et cinq le 4), les appels : « *Tout le peuple de Paris rendra un suprême hommage...* » « *Tous aux obsèques des héros* » si fréquents qu'il n'y a rien d'étonnant à ce qu'une foule immense et recueillie ait suivi, le 3 janvier 1945, le cortège funèbre qui s'est rendu de l'Hôtel-de-Ville au Père-Lachaise.

Les principales personnalités présentes : Thorez, Duclos, Fajon, Tillon et Billoux (ces deux derniers étant ministres du gouvernement de Gaulle) étaient communistes. Les trois orateurs : André Tollet, René Guyot, Laurent Casanova avaient parlé au nom du Parti.

Annexer ainsi Fabien, en faire un héros communiste, prouvait quels espoirs le Parti avait placés en lui.

Encore fallait-il qu'initialement la colonne Fabien — ou, plus exactement, le 1er régiment de Paris — ait une allure aussi peu « grande compagnie » que possible.

On trouve donc, dans les différents rapports, un « ordre particulier » émanant, le 5 septembre, du colonel Rol-Tanguy, ordre interdisant « toutes réquisitions de fonds chez les trésoriers-payeurs ou les percepteurs » ; on trouve également des documents concernant le renvoi des femmes à l'arrière : « Seules une dactylo et une secrétaire pourront être affectées à l'état-major des bataillons » ; des consignes sur la façon de monter la garde — pas de cigarette à la bouche —, de saluer les officiers, de remettre le courrier ouvert. Il est même prescrit de demander à chaque maire d'une localité dans laquelle une unité a cantonné une lettre de « bien-vivre » apportant ainsi la preuve que les hommes n'ont procédé à aucune réquisition abusive et qu'aucun chapardage n'a été constaté. De ces certificats de bonne conduite il ne s'en trouve qu'un seul dans les archives : celui du maire de Bouzy, dans les Ardennes, ce qui ne signifie nullement que d'autres n'aient pas été accordés.

Mais il n'en est pas moins vrai que les rapports avec la population ont souvent été médiocres, voire détestables. « Habillés de bric et de broc, avec des uniformes pris ici et là et des casques réquisitionnés à la

---

1. *L'Humanité*, 2 janvier 1945.

défense passive[1] » ; mal et peu armés, se déplaçant en autobus fourbus, les hommes de Fabien, qui succèdent dans les villages aux richissimes troupes américaines, font piètre impression. « L'on arborait des drapeaux rouges », écrit Boudard, dans *Le Corbillard de Jules,* autobiographie plus que roman, « des faucilles et des marteaux... les chants séditieux braillés à tue-tête... " Prenez garde, les bourgeois, les gavés, et les curés. " Ça jetait un froid dans les villages lorrains plutôt catholiques. »

L'ennui, la nourriture détestable et insuffisante, l'éloignement de Paris provoquent de nombreuses désertions. C'est ainsi que le 20 octobre le 1er bataillon comptera à lui seul près de cent déserteurs, les hommes ayant estimé « qu'ils seraient plus utiles à Paris où il y a encore des miliciens[2] ».

Le 8 novembre, grosse déception. Huit cent cinquante hommes devaient prendre le train à Stenay pour participer, à Paris, au défilé du 11 novembre. Un contre-ordre du ministère de la Guerre obligera les hommes à redescendre des wagons où ils s'étaient installés dans l'attente d'une machine. Le défilé sur les Champs-Élysées se transformera en défilé à Montmédy. Fabien sera obligé de haranguer ses troupes et de faire désarmer une quinzaine d'hommes qui voulaient déserter. D'autres partiront tout de même pour Paris. Après avoir assisté... en spectateurs au défilé, ils rejoindront leur unité le 23 novembre.

Ce n'est pas le plus grave... Malgré les ordres, des pillages rappelaient les plus mauvais souvenirs du maquis.

L'un de mes lecteurs, lieutenant-colonel de réserve, commandeur de la Légion d'honneur et chef du secteur F.F.I. de Pont-à-Mousson, m'écrit que le maire de Boulange[3] « fut ramené en voiture devant chez lui, encadré d'hommes en armes, pour accélérer le paiement de la rançon par sa femme » et que, de violents combats ayant opposé les

---

1. Témoignage d'André Serres, ancien de la colonne Fabien, *Nouvelles du Val-de-Marne,* 8 mai 1945.
Les casques font souvent défaut, d'où de dangereuses blessures à la tête, notamment le 26 et 27 septembre lors d'une opération de nettoyage, à l'est de Gravelotte, qui fera quinze morts et trente blessés. A la suite de cette opération les Américains établirent un rapport faisant état « des splendides activités des bataillons F.F.I. commandés par le commandant Maroy ».
2. D'après le journal de marche reconstitué.
3. En Moselle.

officiers « pour le partage de ces singuliers profits, deux chefs de bataillon repartirent, l'un pour Paris, l'autre pour Bordeaux, en proférant de sombres menaces, notamment contre Fabien[1] ».

C'est avec les Américains du 20e corps d'armée que la colonne Fabien — devenue groupement tactique de Lorraine — connaîtra, semble-t-il, sa période la plus heureuse. A la suite de contacts directs et personnels pris entre Fabien et le major Bartlett, de la 3e armée U.S., les Français seront, en grande partie, équipés et ravitaillés, notamment en essence, tout au moins lorsque l'armée américaine est elle-même approvisionnée, ce qui n'est pas toujours le cas[2]. Le 13 septembre, la note de service de Dalsace, commandant le bataillon René-Guiot, précise que « tous les hommes doivent, pour demain matin, être d'une tenue corporelle irréprochable. La toilette doit être faite avec le plus grand soin. N'oubliez pas que votre engagement par les Américains dépend uniquement de l'impression que fera le régiment sur le général. »

Il s'agit du général Walker qui passera en revue la colonne Fabien — ou plutôt le groupement tactique de Lorraine — le 13 septembre, cérémonie qui sera filmée par des opérateurs américains.

A la fin du mois d'octobre, lorsque le rattachement du groupement tactique de Lorraine à la 20e région mettra fin à sa subordination à l'égard de la 3e armée U.S., le colonel Fabien recevra de plusieurs chefs américains — et notamment du général Walker — des félicitations pour l'aide apportée au 20e corps « dans les opérations près de Briey, dans le secteur de Garche, à Gravelotte, près de la position Jeanne-d'Arc ainsi que dans le secteur de Richemont ».

Quel aurait été le destin de l'unité si Fabien avait continué à la commander, une fois intégrée à la 1re armée française ? Des hommes avaient déserté, ou avaient refusé de signer un engagement pour la durée de la guerre ; d'autres avaient rejoint — notamment quatre cent cinquante garçons du Bataillon de la jeunesse et des F.F.I., venus de la Meuse, du Nord et des Ardennes.

---

1. Témoignage du M. Daniel D..., qui eut, avec le colonel Thomas, à sélectionner les hommes que de Lattre voulait intégrer. M. Daniel D... parle également d'un groupe de soixante-dix hommes intitulé « Commune de Paris » qui brûlait et pillait tout entre Pont-à-Mousson et Toul.

2. Le 11 septembre 1944, le commandant Dalsace fait savoir au colonel Fabien que le colonel américain qui cantonnait à Rimogne n'a pu lui céder de l'essence, son ravitaillement n'étant pas assuré.

Au surlendemain de la revue passée par de Lattre, soixante camions transportèrent les hommes de Fabien de Vesoul à Habsheim, et le 1ᵉʳ bataillon montait immédiatement en ligne sur le canal du Rhin où il devait être engagé dans des opérations de patrouille.

C'est le 27 décembre, vers 21 h 30, dans la mairie d'Habsheim où son P.C. se trouvait installé, que Fabien trouvait la mort lors de l'explosion d'une mine antichar chargée à six kilos de tolite, dont il essayait d'ouvrir le couvercle. Accident dû à l'imprudence car certaines mines étaient toujours piégées ? Accident ou attentat ? La thèse de l'attentat allait être immédiatement privilégiée au sein de l'unité elle-même. Mais non dans la presse communiste. *L'Humanité* écrira, le 1ᵉʳ janvier, que Fabien et ses hommes « ont trouvé la mort sur le front du Rhin lors de la préparation d'une opération très importante ».

Plus tard cependant, Ouzoulias (ex-colonel *André*) écrira dans son livre *La Vie héroïque du colonel Fabien* : « Partout on entend murmurer, crier ce " Ils nous l'ont tué ! " Et la colère gronde sous la tristesse. " Ils ", les bourreaux nazis, bien sûr, mais aussi cet ennemi obscur qui égorge par-derrière la colonne silencieuse. » Pierre Durand défendra une thèse identique dans *Qui a tué Fabien ?* S'il est vrai qu'il se trouve à l'intérieur de la colonne quelques miliciens qui se sont dissimulés, dans l'espoir de se racheter, s'il est vrai que Fabien, qui est très strict sur la discipline — il a fait fusiller trois hommes qui avaient profané une église —, n'est pas aimé de tous, on peut avancer des hypothèses mais aucune preuve.

Avec Fabien périront dans l'explosion le lieutenant-colonel *Dax* et la jeune Nicole Lavaire, qui, dès août 1943, a servi d'agent de liaison à Fabien, puis, arrêtée, torturée, a réussi à s'évader[1]. Les capitaines Lebon, Katz et Blanco seront tués par la chute des charpentes et des planchers.

« Il n'est pas donné à n'importe qui de devenir un jour une station de métro », écrit Francis Combes dans sa préface au livre de Pierre Durand. Fabien, avec quelques autres résistants, eut cet honneur.

---

1. Le père de Nicole Lavaire, arrêté en 1944, a été déporté à Neuengamme.

Mais pour ceux qui fréquentent aujourd'hui la station Fabien, qu'évoque ce nom ?

Alphonse Boudard, qui a appartenu à la colonne Fabien et ne fait preuve d'aucune indulgence, a cependant tracé de Fabien un portrait sympathique :

> « Question gabarit, il paye pas de mine sous son casque de l'armée 39. Il a la vareuse fermée jusqu'au col, le style déjà Mao. A part ses galons sur la manche, il s'efforce, on dirait, de passer inaperçu.
>
> Ce petit homme malingre, sans prestance aucune, était bel et bien un héros — si ce mot veut dire quelque chose. Il a passé sa courte vie dans les guerres, les maquis, les taules. A la Colonne il jouit d'un très grand prestige, nul n'irait le contester. Il se donne même le gant de rectifier les plus grosses erreurs... il réprime sec... il est, dit-on, sans indulgence[1]. »

Est-ce à lui que de Lattre pensait lorsqu'il écrivit : « On m'a souvent reproché mes faiblesses pour les F.F.I., le temps que je leur consacrais, et jusqu'aux nuits passées à recevoir des colonels de vingt-huit ans. Il est vrai qu'il m'est arrivé, dans le même temps, d'en faire attendre de plus chevronnés. Mais quoi, ceux-ci étaient des privilégiés qui faisaient la guerre avec tout ce qu'il fallait pour la faire. Tandis que les autres étaient des " mal lotis " à convaincre ou à réconforter, derrière lesquels s'était regroupée une jeunesse héroïque et pure qui était prête à se battre sans chaussures et presque à mains nues. »

Même si les F.F.I. sont mal préparés à la guerre moderne ; même si leur jeune âge (chez Fabien la moitié des soldats n'a pas atteint l'âge de la majorité, fixé alors à vingt et un ans) explique des coups de cafard et des chahuts ; même si la formation politique, et le peu de formation militaire de certains de leurs chefs rendent parfois difficile la cohabitation avec les officiers de l'armée d'Afrique, leur apport est indispensable.

Ne retenons qu'un seul exemple, celui de la 1re division française libre. Lorsqu'elle prend contact le 28 septembre avec la solide ligne de défense organisée par les Allemands dans les Vosges, elle a compensé

---

1. *Le Corbillard de Jules.*

les pertes subies en Provence par l'arrivée du groupe de résistants Vallier et l'engagement de jeunes gens tout au long de la vallée du Rhône.

Mais le départ de deux cent soixante-quinze Tahitiens et Calédoniens, survivants du bataillon du Pacifique, de six mille Camerounais, Djiboutiens et Malgaches, de neuf mille cinq cents Sénégalais, qu'il n'était pas possible d'exposer aux rigueurs de l'hiver et qui, d'ailleurs, commençaient à trouver la guerre bien longue et le manifestaient parfois, ne pouvait être comblé par les seuls engagements individuels.

Le « blanchiment » des unités — puisque c'est le nom qui sera traditionnellement donné à l'opération — se fera donc en bloc, un bataillon F.F.I. venant remplacer un bataillon de Sénégalais... Jusqu'au 1er novembre 1944[1] (les noms des unités seront alors modifiés), le 2e bataillon du 6e régiment de tirailleurs sénégalais sera, en totalité, composé de garçons venus de Guyenne avec le commandant Noutary, le 2e bataillon du 13e régiment de tirailleurs sénégalais des F.F.I. du maquis *Chartreuse* du commandant de Loisy, cependant que la compagnie F.T.P. de Langres se retrouvera compagnie du 4e régiment de tirailleurs sénégalais.

La relève des compagnies de Sénégalais devrait normalement avoir lieu dans un cantonnement de l'arrière. Mais de Lattre écrira que, « le plus souvent », la substitution s'était opérée à l'avant, les F.F.I. allant, à quelques centaines de mètres de l'ennemi, pour recevoir des Sénégalais capotes, casques, armes... et consignes.

Dans d'autres circonstances, de Lattre agira différemment. Regroupant des bataillons F.F.I. qui n'avaient pu être aisément intégrés dans des régiments d'infanterie rodés au combat et à la discipline, il les amalgamera progressivement en régiments F.F.I. — une quinzaine — qui lui permettront de rajeunir certaines de ses divisions particulièrement éprouvées.

C'est ainsi que, trois régiments de tirailleurs marocains et algériens ayant été désignés pour regagner l'Afrique, le corps franc Pommiès, devenu 49e régiment d'infanterie ; le régiment de Franche-Comté et le 1er régiment du Morvan, formant désormais le 27e régiment d'infante-

---

1. A cette date, en effet, le ministre de la Guerre acceptera, sur proposition du général de Lattre, que les 4e, 6e et 13e régiments de tirailleurs sénégalais deviennent respectivement les 21e, 6e et 23e régiments d'infanterie coloniale.

rie ; la colonne Fabien à laquelle de Lattre a fait donner le numéro du régiment qu'il avait naguère commandé : le 151ᵉ, prendront leur place au sein de trois divisions nord-africaines.

> « Ce fut une bataille, écrit de Lattre en conclusion de son chapitre consacré à l'amalgame. Bataille contre les routines, les partis pris, les intransigeances. Et ce fut une victoire — peut-être celle qui m'a donné le plus de joie parce qu'elle fut une victoire de l'esprit de synthèse et de la fraternité française[1]. »

Victoire en effet, puisque 137 000 F.F.I., échappant peu à peu aux clans, aux coteries, aux partis, étaient venus rejoindre dans une même armée ces 250 000 soldats d'Afrique qui avaient rendu possibles les victoires de septembre.

---

1 *Histoire de la Première armée française.*

12

LES VICTOIRES DE SEPTEMBRE

Après avoir pris Toulon et Marseille, le général de Lattre a dû livrer une double bataille de vitesse.

Bataille contre la 19e armée allemande et la 11e Panzerdivision. Des troupes de valeur inégale, sans moyens aériens, mais commandées par un habile chef de guerre : le général Wiese, adversaire auquel de Lattre rendra hommage à plusieurs reprises.

Wiese a compris dès le 20 août — le débarquement a eu lieu le 15 — que, toute résistance sur la côte méditerranéenne étant vaine, il lui fallait replier d'urgence ses troupes en direction de l'Allemagne, sous peine de les voir coupées de la mère patrie par l'avance de l'armée Patton, à l'aile droite des forces qui avaient pris pied le 6 juin en Normandie. Il y réussira, grâce à une tactique habile de combats retardateurs, mais l'aviation alliée aura fait, sur toutes les routes de sa retraite, de tels ravages que seuls les bulldozers pourront tracer un chemin aux Franco-Américains dans le magma des camions incendiés, des blindés foudroyés, des cadavres d'hommes et de chevaux.

Sur ce que fut cette retraite, voici d'ailleurs la lettre d'un soldat allemand à une Mme B..., lettre écrite le 4 septembre à Besançon et saisie à la poste militaire le 8.

« Depuis le 21 août, nous n'avons cessé de galoper et nous venons d'arriver aujourd'hui à Besançon. Jusqu'ici, Dieu merci, j'ai survécu. A voir la scène... on ne pouvait s'empêcher de penser à ce passage de la Bible où il est dit que le Seigneur les a tous punis, hommes, chevaux, chars et tout. Ils étaient là, à pied, sur des vélos volés, à cheval, sur des véhicules de tous les modèles imaginables, trois de front. Quelle pagaille ! A cause des bombardiers, nous ne pouvions marcher que la nuit. Le jour, nous nous terrions dans quelque trou, sous un arbre, hors de la route, les véhicules planqués et camouflés. De jour, nous ne pouvions pas couvrir plus de 25 à 40 kilomètres : mais, de nuit, nous roulions dix heures. Devant nous, il fallait dégager les routes des terroristes, si bien qu'une fois il a fallu attendre deux jours avant de pouvoir continuer. Dès que les avions arrivent à quelque distance, tout le monde disparaît aussi loin que les jambes le permettent. De longues files de véhicules brûlent lentement. Les chevaux tombent les uns sur les autres... On pourrait écrire des pages sur cette fuite. Dans les villes que nous traversions, tout était pillé... Le vin surtout était répandu partout. Voilà la fin de tout. »

Course de vitesse contre les Allemands qui se replient vers leur patrie, course de vitesse ralentie, pour les Français, par le manque de carburant : « On siphonne les véhicules, en panne ou non indispensables, pour faire le plein des éléments de tête, écrit de Lattre. On organise, on se débrouille. »

Autant que l'adversaire, la pénurie d'essence dans les réservoirs va constituer l'un des grands obstacles à la progression alliée.

Course de vitesse avec les Américains. L'armée B — que j'appellerai désormais la 1re armée française[1] — agit dans le cadre d'une opération franco-américaine placée sous la responsabilité du général Patch. Aux troupes de De Lattre a été réservée, on le sait, la conquête de Toulon et de Marseille qui devaient être libérés à J + 20 et à J + 40, c'est-à-dire respectivement le 4 et le 25 septembre, alors qu'elles le seront le 23 et le 29 août. Au 6e corps du général Truscott, à trois divisions d'infanterie et une division aéroportée devaient revenir la poursuite de l'ennemi et l'exploitation de la percée.

Dans l'esprit du général Patch, les Américains du 6e corps avaient la

---

1. Pour la commodité du lecteur. En réalité, l'armée B ne devint « 1re armée française » que le 25 septembre, lorsque toutes ses forces eurent été regroupées. Elle dépendra alors du 6e groupe d'armées U.S. sous la direction du général Jacob Devers.

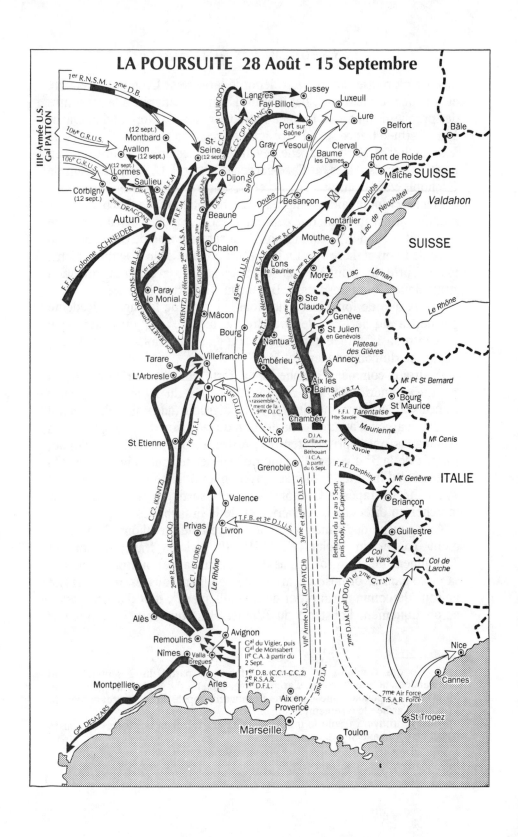

LA POURSUITE 28 Août - 15 Septembre

mission glorieuse, après avoir débordé largement Lyon par Grenoble et Valence, de marcher, par Autun, Dijon et Langres, à la rencontre des premières unités de l'armée Patton arrivant de Normandie. Quant à la 1ʳᵉ armée française, à l'exception de reconnaissances poussées vers Montpellier et Narbonne, elle devait relever les unités américaines en position sur les Alpes, et flanc-garder le 6ᵉ corps U.S. en s'élevant de Grenoble vers Bourg-en-Bresse et Besançon.

Placé devant le fait accompli, de Lattre obtiendra de Patch quelques modifications au plan qui cantonnait son armée dans un rôle de « brillant second ». C'est ainsi qu'il lui sera accordé de participer à la prise de Lyon et de se voir un jour attribuer une zone d'action « bien à elle » entre la frontière suisse et la Saône, avec pour direction stratégique Bourg-en-Bresse, Besançon, Belfort et l'Alsace.

Mieux que de longues explications, la carte de la page précédente permettra au lecteur de prendre la mesure des difficultés que rencontre la 1ʳᵉ armée dans l'exécution de ses missions, son chef dans l'exercice du commandement.

A droite comme à gauche de la forte colonne vertébrale de la 6ᵉ armée américaine, qui remonte la vallée du Rhône, des unités françaises. A l'extrême droite, la 2ᵉ division marocaine du général Dody, chargée d'assurer la protection de la région de Briançon où les Allemands ont repris l'offensive ; à droite, une deuxième colonne, formée de la 3ᵉ division d'infanterie algérienne, que suivra bientôt la 9ᵉ division d'infanterie coloniale, avec, pour objectif — les Américains ayant été rattrapés à Grenoble —, de « sortir de la trappe » pour marcher en direction d'Ambérieu et de la Franche-Comté.

A la gauche des Américains, de l'autre côté du Rhône, le groupement Touzet du Vigier (1ʳᵉ D.B., 1ʳᵉ division française libre et 2ᵉ régiment de spahis algériens de reconnaissance) qui, pour prendre sa place dans ce dispositif écartelé, compliquant tous les problèmes de liaison, de communication et de ravitaillement [1], doit d'abord passer acrobatiquement l'obstacle du Rhône, alors que tous les ponts ont

---

1. Ce qui conduira de Lattre à confier, à partir du 2 septembre, le commandement du 2ᵉ corps d'armée (groupement du Vigier) au général de Montsabert, cependant que le général Béthouard, appelé d'Italie, recevra celui du 1ᵉʳ corps d'armée le 6 septembre.

Ainsi se trouvera résolu le problème que l'écartèlement des forces françaises posait au commandement.

sauté. En quelques heures, l'infanterie ; en quelques jours, les blindés pourront cependant franchir les 250 mètres du Rhône sur des passerelles difficilement improvisées, entre Avignon et Tarascon, par les sapeurs du colonel Dromard[1].

Sur la carte, les colonnes françaises de Du Vigier ressemblent aux tentacules d'une pieuvre. Tandis que la première colonne a pour axe de progression Alès-Langogne-Le Puy-Saint-Étienne-L'Arbresle, la deuxième marche vers Uzès, Aubenas, Vals-les-Bains, Saint-Chamond ; la troisième s'avance en direction de Valence par la nationale 86, avant de tendre la main à des unités du 6e corps d'armée américain. Mais voici qu'une quatrième est lancée dans une direction excentrique : celle du Languedoc et du Roussillon. La mission de cette colonne, commandée par le colonel Desazars de Montgaillard, répond au vœu du gouvernement, c'est-à-dire du général de Gaulle.

Elle est politique autant que militaire. Il s'agit moins de chasser des Allemands du 64e corps d'armée, qui, pour la plupart, ont battu en retraite lorsqu'ils n'ont pas été capturés par milliers — oui, par milliers — par les maquis de l'Hérault et du Gard, alors qu'ils tentaient désespérément de rejoindre la vallée du Rhône[2] avant l'irruption des troupes de De Lattre et de Patch, que de montrer aux populations, et surtout aux autorités qui prennent le pouvoir et règlent des comptes, des troupes régulières dépendant de l'autorité de De Gaulle.

---

1. En Avignon, le pont lancé par les sapeurs ne permettant que le passage des véhicules de 9 tonnes et au-dessous, les chars seront transportés de l'autre côté du Rhône grâce à huit bateaux de débarquement américains pouvant transporter chacun deux chars et qui ont remonté le fleuve depuis son embouchure.

2. Seule la 11e Panzer rejoindra sans être accrochée. Dans l'Hérault, les combats les plus importants ont eu lieu près de Lamalou et de Saint-Pons ; les F.F.I. (corps franc de la Montagne noire, maquis Latourette, gendarmes de Montpellier, etc.) harcèleront les 19, 20, 21 août des colonnes allemandes estimées à plus de 5 000 hommes. A la limite du Tarn et de l'Hérault, au pont de la Mouline (détruit par la Résistance), ce sont 1 500 à 2 000 hommes venant de Toulouse qui seront attaqués avec succès par les F.F.I. de Montpezat (corps franc de la Montagne noire) assistés du major Richardson et de Kervenoael.

Dans le Gard, les maquisards de l'Aigoual-Cévennes, ainsi que des maquisards espagnols commandés par Cristino Garcia, des F.T.P. venus d'Alès obtiendront, au carrefour de la Madeleine, près d'Anduze, la reddition, le 25 août, de près de 500 Allemands (*cf.* Noguères, *Histoire de la Résistance en France*, t. V, p. 616), cependant que 1 000 autres soldats allemands, bombardés par les avions alliés, cernés par les F.F.I., déposeront les armes dans la même région le 26 août. Le chef d'état-major F.F.I. du Gard peut ainsi écrire le 28 août : « Il se trouve actuellement dans la région d'Alès et de Sommières environ 3 000 prisonniers. »

De Lattre revient donc à Montpellier, dont il était parti le 11 novembre 1942 pour une tentative de résistance qui devait tourner court[1]. Il y est acclamé le 2 septembre. Les photos de l'événement montrent une foule nombreuse massée sur la place de la préfecture aux balcons parés de drapeaux et chargés de curieux enthousiastes. Que le passage de De Lattre à Montpellier, comme le passage de plusieurs sections de chars mi-lourds, aient eu une portée politique, on en trouvera confirmation dans le livre de Jean Sagnes, *L'Hérault dans la guerre*. Après avoir évoqué l'irruption dans la ville, à la fin du mois d'août, de plusieurs milliers de maquisards, Sagnes écrit :

« L'opinion montpelliéraine traditionnellement modérée apprécie peu la présence massive de ces combattants irréguliers dans lesquels elle croit percevoir un esprit révolutionnaire. Aussi, ce n'est qu'avec l'entrée à Montpellier du général de Lattre de Tassigny que la bourgeoisie et la petite bourgeoisie montpelliéraines sont définitivement rassurées. »

Sur la route de Montpellier, à Bagnols-sur-Cèze, près de Nîmes, de Lattre a d'ailleurs eu la joie de voir se joindre à lui tout le maquis Ardennes du commandant Vigan-Braquet qui deviendra ainsi la première unité F.F.I. intégrée officiellement à la 1re armée, avant de former le noyau du 20e bataillon de chasseurs alpins.

Les hommes de De Lattre marchent d'autant plus vite que le général Wiese a intelligemment décidé de ne pas défendre Lyon. Toutes les

---

1. Commandant la 16e division militaire à Montpellier, de Lattre quitte la ville le 11 novembre 1942, jour où les Allemands envahissent la zone libre après le débarquement anglo-américain en Afrique du Nord.

Il s'agit pour le général, qui n'est accompagné que par une partie de son état-major et quelques soldats, moins de s'opposer par les armes aux troupes allemandes que de montrer une volonté de résistance au déshonneur (les soldats français seront pris et désarmés dans leurs casernes).

Son exemple ne sera pas suivi.

Arrêté par la gendarmerie, emprisonné à Toulouse, puis à Lyon, de Lattre sera condamné le 9 janvier 1943 à dix ans de réclusion, mais il s'évadera dans la nuit du 2 au 3 septembre de la prison de Riom et gagnera Londres, puis Alger.

contre-attaques lancées par les chars de la 11ᵉ Panzer n'auront pour but que de permettre le difficile écoulement des troupes à pied ou faiblement motorisées en direction de Dijon. Mais, au contraire de ce qui s'est passé à Paris et à Bordeaux, où les Allemands n'ont pas fait sauter les ponts, la quasi-totalité des ponts de Lyon, sur le Rhône et sur la Saône, seront détruits par l'occupant avant son départ. Et d'autant plus facilement que la Résistance n'a rien tenté pour s'opposer à leur sabotage, qui débute, le 2 septembre, par une explosion secouant les maisons voisines du pont Gallieni, puis celles proches du pont de l'Université, explosions et destructions remontant le cours du Rhône avant que, dans l'après-midi, les artificiers allemands ne s'attaquent aux ponts sur la Saône[1].

La « négligence » — ou la carence — de la Résistance indignera notamment les officiers du génie de la 1ʳᵉ division française libre pénétrant dans la ville, car il est bien vrai que « les destructions ont été préparées par quelques poignées de sapeurs, derniers éléments d'une armée en déroute[2] » et que « quelques coups de fusil » auraient sans doute suffi à « les faire déguerpir[3] ». Mais, pour la libération effective de la ville elle-même, aucun coup de fusil ne sera tiré... ce qui ne signifie pas, on le verra, qu'il n'y ait pas eu « tirailleries » nerveuses, inutiles et sottes.

Il faut chercher les raisons de cette « non-insurrection » tout d'abord dans la décision du général Wiese. Il n'a jamais eu l'intention de tenir le rôle qu'a tenu à Paris, avec le peu de succès que l'on sait, le général von Choltitz. Résister, ne fût-ce que quelques jours dans Lyon, serait condamner inutilement à l'encerclement, à la capture ou à

---

1. Sur la Saône, les charges d'explosifs placées sous le pont de l'Homme-de-la Roche et la passerelle Saint-Vincent seront désamorcées. L'un des viaducs de Perrache sera « sauvé » grâce à l'intervention d'un groupe de combat américain venu de Saint-Priest, des F.T.P. du groupe Carmagnole et de plusieurs G.M.R. ; le second viaduc — celui qui franchit la Saône — sera préservé par des postiers résistants.
2. Lieutenant Louis Leclerc, *Mémoires de guerre d'un Français libre.*
3. Le petit nombre des sapeurs allemands est confirmé par le témoignage du responsable F.F.I. Henri Provisor-*Darciel* qui note : « Les unités allemandes évacuent la cité sans coup férir, un quarteron de soldats dynamite les ponts en toute tranquillité. » Cependant Alban Vistel, responsable militaire gaulliste, écrira *(La Nuit sans ombre)* que la Résistance n'avait pas les moyens d'empêcher le minage des ponts : « C'eût été le carnage. »

la mort ce qui reste des troupes refluant depuis le sud. Toute sa volonté tend à les faire sortir du piège en train de se fermer au nord de la ville. C'est ainsi que ses colonnes, où chars lourds, véhicules hippomobiles, fantassins sont mêlés mais encore commandés, réussiront à forcer, le 2 septembre, le barrage des automitrailleuses — celles du capitaine Moulis — installé à Saint-Germain-au-Mont-d'Or. De barrage franchi en barrage franchi [1], les Allemands derniers partis de Lyon finiront cependant par échouer à Villefranche dans l'après-midi du 3 septembre, au terme d'un combat de plusieurs heures, devant les zouaves, les automitrailleuses, les tank-destroyers qui constituent la tête de la division du Vigier et devant les F.F.I. du Charolais du commandant Claude.

C'est le capitaine Henri Giraud, commandant un escadron blindé, qui, par surprise, a, tôt dans la matinée, entamé le combat aux abords du collège Claude-Bernard, où les Allemands sont installés en force. Combat qui se poursuivra jusqu'au soir, Henri Giraud enlevant, les uns après les autres, tous les points de résistance, brisant la tentative d'une colonne allemande qui, sous la protection du drapeau blanc, démasque un canon de 88 qui met hors de combat le *Franche-Comté* posté place du Promenoir [2]. Heure après heure des prisonniers sont raflés par centaines : à midi, 200 ; à 16 heures, 1 500 ; à 19 heures, plus de 3 000. Sans trop se soucier du danger, la foule les entoure, les presse et les hue lorsqu'ils sont conduits dans le vaste hall du marché couvert.

Naïve — mais combien vraie —, la réaction de M. Jaluzot, rédacteur d'une brochure sur cette bataille du 3 septembre que la population a vécue sans avoir eu le temps de fuir ou de s'abriter.

> « La journée a été chaude, mais le travail n'est pas fini, il y a encore quelques nids de résistance dont il faut s'emparer au plus vite. Cependant, il faut penser à rentrer pour préparer le repas du soir et attendre au lendemain le résultat de la nuit. Du reste, le tambour municipal ne vient-il pas d'annoncer dans chaque

---

1. Un très dur accrochage a eu lieu à partir de 6 heures du matin à Anse, localité qui se trouve à environ 6 kilomètres de Villefranche. Il se poursuivra pendant des heures avec des fortunes diverses. Les Allemands qui réussiront à passer n'iront pas plus loin que Villefranche.

2. Douze militaires, dont trois F.F.I., trouveront la mort dans le combat du 3 septembre. Vingt et un civils seront également tués, notamment lors de l'explosion du *Franche-Comté* et de ses munitions.

carrefour que le couvre-feu restait fixé à 20 heures et que toute personne qui se trouverait dans la rue après l'heure fixée risquait d'être abattue ? »

« Le résultat de la nuit », pour écrire comme M. Jaluzot, ce sera un nouvel afflux de prisonniers : 800 cueillis à proximité de Villefranche[1].

S'il n'y a pas eu de bataille pour Lyon, qu'il s'agisse de la protection des ponts ou de l'occupation des bâtiments officiels, le général Wiese en est donc en partie responsable, puisque l'on ne peut lutter contre un adversaire qui s'est dérobé.

Mais les Allemands n'ont quitté Lyon que le 2 septembre. L'absence de réaction de la Résistance lyonnaise, qui s'est comportée très différemment de la Résistance parisienne, tient aux interminables querelles politiques qui ont opposé les responsables, si bien, selon le mot très fort de Noguères, que le temps consacré à tenter de résoudre les dissensions « a été mis à profit par l'ennemi de telle sorte que le problème s'est trouvé résolu sans avoir été vraiment posé ».

Le problème ? Celui de savoir si l'ordre d'insurrection sera lancé aux Lyonnais et l'ordre de pénétrer dans la ville à tous les maquis qui, de l'Ain, de l'Ardèche et de la Loire, se rapprochent. A l'étude des thèses des uns — les partisans de la prudence — et des autres — ceux de l'action —, Henri Noguères consacrera trente-sept pages du tome V de son *Histoire de la Résistance en France*. Il n'est pas question de l'imiter. Car, en vérité, il y a moins opposition entre ceux qui ne veulent pas l'insurrection et ceux qui la souhaitent que farouche opposition entre ceux qui veulent que le colonel Descour (*Bayard*) soit responsable de la conduite des opérations et ceux, les F.T.P. (mais d'autres encore), qui s'opposent *catégoriquement* à cette désignation.

Lorsque Provisor-*Darciel,* chef du secteur ouest, adresse, le 29 août, à Vistel-*Alban,* chef régional F.F.I., le message suivant : « Je m'oppose formellement à la désignation de *Bayard* (colonel Descour)

---

1. A Villefranche, une rue Capitaine-Henri-Giraud conserve le souvenir de la bataille.

comme chef des opérations de la ville de Lyon. Il était bien spécifié que mon commandement s'étendait sur la ville de Lyon, et je tiens à le maintenir », il est évident — au moins pour l'historien — que sa position est avant tout politique.

Comme est politique le message adressé le 30 août par Vistel-*Alban* au colonel Descour-*Bayard* : « Je considère que, pour l'avenir, il est d'une importance capitale que vous dirigiez les opérations qui doivent aboutir à la libération de la ville de Lyon. Je ne puis vous en dire davantage pour l'instant... »

Ce qui importe, c'est moins de savoir *si* l'on prendra Lyon (la ville sera prise de toute façon) mais *qui* prendra Lyon : les F.T.P. avec Provisor-*Darciel,* le communiste Roucaute-*Lazare,* Degliame-*Fouché* ou les modérés avec Vistel-*Alban* et le colonel Descour-*Bayard*.

Entre Descour et les F.T.P., les relations sont exécrables. D'après un rapport du communiste Degliame-*Fouché,* les F.T.P. accusent non seulement Descour d'être en partie responsable de la « catastrophe du Vercors[1] » mais aussi, et *surtout,* ils le soupçonnent « d'être chargé par les services d'Alger du maintien de l'ordre à Lyon, au moment de l'insurrection ».

Moins connu que celui de Paris, le conflit de Lyon a les mêmes raisons : la méfiance réciproque entre « gaullistes » et « communistes ». Pour les premiers, l' « insurrection inséparable de la libération », selon la formule lancée par de Gaulle, sans qu'il en ait soupçonné tous les prolongements, ne saurait être qu'une révolte anti-allemande de brève durée. Les seconds l'imaginent comme la promesse d'une révolution politique et sociale, suite logique du départ de l'occupant et de la fin de Vichy.

A Paris, Parodi, Chaban, Léo Hamon, Bidault ont affronté Rol-Tanguy, le colonel Lizé, Kriegel-*Valrimont,* Tollet, Villon au cours de débats relativement fréquents et parfois violents qui se déroulaient sur fond de mitraillade, puisque, l'insurrection étant déclenchée, il s'agissait, pour les gaullistes, tout à la fois d'en limiter les consé-

---

1. Cf. *Joies et douleurs du peuple libéré.*

quences pour la population parisienne et d'empêcher les communistes de s'installer dans des bâtiments et des postes qui leur auraient donné, avant l'arrivée de De Gaulle, les réalités du pouvoir [1].

A Lyon, il n'y aura pas affrontement direct, les protagonistes, Vistel-*Alban*, le colonel Descour, Degliame-*Fouché*, Provisor-*Darciel*, n'ayant pratiquement pas de contacts [2] et se contentant d'échanger des notes toujours en retard sur l'événement.

Mais la conclusion que les communistes — ou communisants — tireront, à Lyon, de ces jours de paralysie et d'inaction, auxquels il n'a même pas manqué le projet d'une trêve [3], sera la même qu'à Paris. Ils accuseront les hommes de Londres et d'Alger d'avoir toujours veillé, par l'intermédiaire des délégués militaires nationaux et des responsables de l'Organisation de résistance de l'armée, à ce que le contrôle de l'insurrection ne leur échappe pas. Pour atteindre leur but, ils auraient refusé d'armer les centres urbains et industriels. Et il est vrai qu'à Paris les résistants se sont lancés dans la lutte avec moins de 1 500 fusils et mitraillettes, qu'à Lyon les F.T.P. se plaindront toujours d'être sans armes.

Il n'y a donc pas eu de « reprise de Lyon », comme l'a écrit de Gaulle dans ses *Mémoires,* mais abandon par l'ennemi et entrée dans une ville ouverte, offerte, des F.F.I. qui, depuis la veille, bordaient la rive gauche du Rhône et des soldats de la 1re division française libre, à qui les hommes de la 36e division U.S., présents à l'est et au sud de la ville, ont laissé galamment l' « étrenne d'un enthousiasme indescriptible [4] ».

---

1. Cf. *Joies et douleurs du peuple libéré,* p. 654-668.
2. Les F.T.P. accuseront le colonel Descour d'avoir volontairement, en ces jours cruciaux, évité tout contact.
3. A la suite d'une démarche effectuée par le consul de Suède à Lyon, M. Robatel, qui, en accord avec le pasteur Eberhard et le cardinal Gerlier, fait des démarches le 29 août pour que Lyon soit déclarée « ville ouverte ».
Propositions qui seront rejetées par Degliame-*Fouché* (*cf.* Noguères, t. V, p. 666), mais qui sont, en vérité, sans objet, puisque l'intention des Allemands n'est pas de se battre à Lyon. Refus également sans objet, les F.F.I. n'ayant pas eu la possibilité, par manque de coordination, d'attaquer Lyon, alors qu'il s'y trouvait encore des occupants.
4. Général de Lattre de Tassigny, *Histoire de la première armée française.*

Si l'on ne s'est pas battu dans Lyon, de nombreux coups de feu ont cependant été tirés. Coups de feu « en l'air » pour « affoler les Allemands » (!), en vertu, paraît-il, des consignes données par les colonels *Darciel* et *Bayard;* coups de feu contre des miliciens, ou supposés tels, dont certains seront abattus non loin des abattoirs et des débris du pont Pasteur ; coups de feu provoqués par la fuite de suspects défilant au milieu de leurs gardiens sur le pont Wilson, fuite qui entraînera une « tiraillerie » générale des F.F.I. en direction de l'Hôtel-Dieu d'où ils *croient* avoir vu partir des tirs.

Atteinte par les balles et projectiles de bazookas de « plusieurs centaines de F.F.I. [1] », la double charpente en bois, qui supportait le dôme couvert en tuiles plates écailles vernissées et en plomb, prendra feu et, malgré l'intervention des pompiers, s'effondrera, écrasant l'autel et le dallage [2].

Le dôme de l'Hôtel-Dieu ne sera pas l'unique victime de l' « indiscipline des différents groupes de F.F.I. », pour reprendre le texte du journal de marche du 22e bataillon nord-africain de la 1re division française libre. Le sergent Wantellet sera tué par l'un de ces tirs venus d'on ne sait où, visant on ne sait qui, et qui font l'ordinaire de toutes les grandes villes françaises libérées.

L'absence de combat à Lyon ne doit pas faire oublier qu'à Villeurbanne le 26 août, à Oullins le 27, c'est-à-dire dans la proche banlieue, les résistants, et notamment ceux du groupe F.T.P. Carmagnole, ont lancé de vigoureux assauts violemment repoussés par une Wehrmacht soucieuse avant tout de n'être pas durablement « accrochée ».

Lyon dépassé, Américains et Français poursuivent un ennemi habile

---

1. F. Rude, *Libération de Lyon et de sa région.*
2. Le dôme de l'Hôtel-Dieu de Lyon avait été construit de 1757 à 1761 sur les plans de Soufflot par les architectes Loyer et Munet, qui ne respectèrent d'ailleurs qu'imparfaitement les directives de Soufflot.
Les travaux de reconstruction, qui ont commencé vingt-huit ans après l'incendie, ne s'achèveront qu'en 1985. M. Mortamet, architecte en chef, avait été chargé de la restauration intérieure. Le dôme actuel a été reconstitué d'après les dessins de Soufflot, mais la charpente est désormais en béton armé.

à battre en retraite. Il n'est pas de jour, presque pas d'heures, où les hommes de De Lattre ne voient venir à eux des maquisards. Avec l'aide de ceux du Vercors, de la Savoie et de la Haute-Savoie, qui formeront bientôt la 27ᵉ division alpine, ils achèvent, en tenant le col de l'Izoard, le col de Prelles et le col du Mont-Cenis, d'interdire à l'Allemand, toujours solidement installé dans cette partie de l'Italie encore fasciste[1], toute possibilité de retour vers ces villes déjà libérées par la Résistance : Chambéry, Aix-les-Bains, Annecy, où ils cueillent les ovations des hommes, les fleurs, les sourires et les cœurs des femmes.

Une seule unité — le 3ᵉ régiment de tirailleurs algériens que commande Linarès — a parcouru ainsi, en Savoie, 170 kilomètres dans la seule journée du 3 septembre. Ce sont des étapes à la Rommel, des étapes comparables à celles de l'armée allemande en juin 1940. Mais les ressemblances ne sont ni totales ni parfaites. L'armée allemande demeure toujours capable de réactions de plus en plus sèches au fur et à mesure qu'elle se rapproche de ses bases. Les Américains en font l'expérience devant Bourg-en-Bresse et Pont-d'Ain, les Français aussi.

Des hommes du *Regimental Combat Team 3*[2], que commande le colonel Guillebaud, lancés audacieusement à la conquête de Baume-les-Dames, dont la possession leur permettrait de couper la retraite aux Allemands encore présents à Besançon, devront finalement évacuer leur conquête au terme d'un dur combat de nuit.

Dans le Doubs, devant Mouthe[3], le 4 septembre, la 9ᵉ compagnie du 3ᵉ régiment de tirailleurs algériens, le 2ᵉ groupe du 57ᵉ régiment d'artillerie et de nombreux F.T.P. du futur régiment de Franche-Comté[4], rejoints par un escadron de chars, se sont heurtés, de leur

---

1. Les troupes en présence vont s'installer pour une guerre de position. Face aux Français — treize bataillons constitués par des F.F.I., ceux des Glières, de la Drôme, de l'Isère, du Rhône, de l'Ardèche et de l'Ain —, les Allemands aligneront la redoutable 5ᵉ division de chasseurs de haute montagne, ainsi que le 4ᵉ Alpini dépendant de la division italienne *Littorio* reconstituée en Allemagne.
2. Un R.C.T. *(Regimental Combat Team)* comprend un régiment d'infanterie à trois bataillons, un groupe d'artillerie, des éléments de reconnaissance, du génie et des services.
   Le colonel Guillebaud n'a avec lui que les équipages de quatorze véhicules du 4ᵉ régiment de tirailleurs tunisiens qui s'est admirablement battu en Italie. Il sera rejoint par deux compagnies de F.F.I. et par une batterie de 105.
3. Mouthe représente le dernier barrage allemand avant Pontarlier.
4. De Lattre parle de l' « appui précieux du groupe F.T.P. Benoît. »

côté, à un *Kampfgruppe* bien doté en antichars et renforcé par 250 Russes de l'armée Vlassov, ainsi que 150 douaniers allemands[1], à qui la ville a été donnée comme point de rassemblement et qui feront de la douane l'un des plus solides points de résistance.

Lorsque le général Duval, commandant provisoirement la 3ᵉ division d'Algérie, et le général Besançon, commandant l'artillerie divisionnaire, qui ont assisté, vers 17 heures, à la fin de la bataille depuis la crête observatoire, pénètrent dans Mouthe, « ils voient, écrit le lieutenant-colonel Goutard dans son rapport du 24 septembre, les rues jonchées de cadavres allemands et l'aspect terrifiant de certaines maisons nettoyées à coups de grenades. *On pourrait avoir l'impression* que les tirailleurs, indignés déjà par les atrocités allemandes dont ils avaient pu voir les traces [les occupants avaient fusillé, quelques heures avant, le maire de Mouthe et un gendarme, précise Goutard en appel de note] et exaspérés par une résistance prolongée outre raison, n'avaient pas fait preuve de mansuétude excessive dans les opérations de nettoyage. Les Allemands perdirent là une centaine de tués[2] et 300 prisonniers environ qui furent confiés aux F.F.I., c'est-à-dire à la Résistance française, qui, comme Dieu, saura reconnaître les siens[3] ! »

En vérité, la « reconnaissance » sera expéditive, selon Georges Coudry, l'un des jeunes F.F.I. ayant participé aux combats de Mouthe. Son témoignage sur le « climat » qui régnait à Mouthe, après la bataille, a été publié en février 1987 dans la revue *Rhin et Danube*.

> « Des maquisards gesticulent, vocifèrent devant quelques Russes très jeunes, effrayés, livides, et de vieux douaniers hagards, col dégrafé, tunique ouverte, sans bottes, qui tremblent et suent, plaqués comme des chouettes contre la grande porte cintrée d'une grange. Voilà les soldats de Vlassov et les vétérans de l'autre guerre qui attendent leur sort... Loin de leur lieu de naissance, dans cette vallée de montagne, *s'abrège*[4] leur destin... »

---

1. Chiffres indiqués dans le journal de marche du 3ᵉ R.T.A.
2. Le journal de marche du 3ᵉ R.T.A. indique pour les pertes allemandes : près de 200 tués, 60 blessés et 120 prisonniers.
3. *Jura*, le journal suisse, annoncera, le 6 septembre, que 170 Allemands et 20 Russes, échappés de Mouthe, ont pu se réfugier en Suisse.
4. Je souligne intentionnellement.

Quelle est la vérité sur l'affaire de Mouthe que j'ai choisie comme un exemple de désinformation involontaire ? Suivant fidèlement le rapport du lieutenant-colonel Goutard, écrit vingt jours après le combat, tous les auteurs ont évoqué l'exécution par les occupants du maire de Mouthe comme explication à de rudes représailles.

Or, Zéphyrin Guy, maire de Mouthe en septembre 1944, est mort dans son lit... le 7 décembre 1961 !

Le 11 avril 1991, le maire actuel de Mouthe, qui m'a fourni cette information, m'a également indiqué qu'un cultivateur de 66 ans, Éléonore Favrot, avait été tué dans son champ par une sentinelle allemande le 2 septembre, que les pertes françaises avaient été de cinq hommes[1], les pertes allemandes s'élevant à « 78 morts recensés et portés au registre de l'état civil ».

La liste des pertes allemandes s'arrête-t-elle à ces 78 morts, alors que le lieutenant-colonel Goutard parle d'une centaine de tués allemands et de 300 prisonniers « confiés » à la Résistance française, qui, « comme Dieu, saura reconnaître les siens » ?

Il est difficile d'aller plus loin dans l'enquête et de dire si des prisonniers ont été fusillés après leur capture. Et quel fut alors leur nombre. Il existe certes des photos montrant, dans un champ, des cadavres en grappes, effondrés les uns sur les autres, comme fauchés par un tir de fusil-mitrailleur ou de mitrailleuse, et, sur une charrette, des cadavres aux pieds déchaussés ; mais il n'est pas possible d'indiquer des chiffres exacts d'exécutions, s'il est nécessaire, comme je l'ai fait en d'autres circonstances, d'attirer la méfiance des lecteurs sur les déformations que certains récits imposent à l'Histoire.

Quoi qu'il en soit, les pertes de la Résistance dans le Doubs — 210 tués au combat, 310 fusillés et 1 023 déportés, parmi lesquels

---

1. Le capitaine Michel Spiteri, les tirailleurs Aïssa Litiom, Mohammed Zehaf, Lakdar Attri et le F.F.I. Jean Bonnet. Or, le maire de Mouthe termine sa lettre du 11 avril 1991 par ces mots : « Aucune maison détruite ou incendiée sur le territoire de la commune. Seuls des dégâts plus ou moins conséquents en façades exposées aux tirs de l'armée de libération. »

beaucoup de passeurs [1] — expliquent peut-être des représailles banales pour certains maquis [2], mais craintes par les Allemands, qui, en situation difficile, refuseront presque toujours de se rendre à d'autres troupes que régulières et de préférence américaines. On le verra au moment des tractations qui amèneront la reddition de la colonne Elster. Ce jour-là, à Issoudun, les maquisards seront frustrés d'une victoire qui, légitimement, aurait dû leur revenir.

Avant d'évoquer la reddition de la colonne Elster, il faut parler d'un maquis injustement oublié : celui du Lomont, qui, face aux Allemands, tint plusieurs mois, avant que, le 6 septembre, de Lattre n'arrive à la rescousse.

Le commandant de la 1re armée française devait rendre hommage avec éclat à cet exploit qui constitue, dans l'histoire des maquis, une exception. Tous les « grands maquis » ont, en effet, rapidement été détruits ou dispersés, malgré l'héroïsme de leurs défenseurs : Glières, Vercors, Marcel, mont Mouchet. Au Lomont, de Lattre devait consacrer ces lignes justement élogieuses.

> « L'événement le plus marquant de cette journée de préstabilisation se passe à l'extrémité orientale de la chaîne du Lomont, où Linarès prend la liaison avec un groupement F.F.I. qui, sous les ordres du commandant américain *Paul*, tient depuis trois mois, en dépit de son isolement et de multiples attaques allemandes, ce plateau escarpé et le vieux fort qui le couronne. Cet exploit, digne d'admiration, nous livre un incomparable observatoire sur la plaine de Montbéliard et le " chien de garde " de la trouée de Belfort. La 3e division d'infanterie algérienne est en vue de la terre promise [3]. »

C'est dans la nuit du 5 au 6 mai qu'Ernest-Fred Floege, né à Chicago en 1896, mais qui avait dirigé une entreprise de transport dans la

---

1. Sur les 1 023 déportés, 387 ne reviendront pas des camps allemands. La proximité de la Suisse explique que bon nombre des déportés aient été accusés d'avoir aidé aux passages clandestins.

2. Il en est d'autres — celui du Lomont, par exemple — où les chefs précisent : « Dès qu'un ennemi est blessé ou qu'un soldat est prisonnier, il doit devenir sacré pour nous... En agissant autrement, nous justifierons la propagande que l'ennemi mène contre nous » (25 août 1944).

3. « Mais, pour l'instant, ajoute de Lattre, à bout de souffle après sa formidable randonnée, elle ne peut y pénétrer » (*Histoire de la première armée française,* p. 144).

région d'Angers, a été parachuté dans le secteur d'Écot avec son opérateur radio, André Bourson. Pour les uns, il est ce qu'affirment ses papiers d'identité : le négociant en bois Alfred Rigot ; pour les résistants, il est le « commandant *Paul* ».

Il était venu tout d'abord avec, pour instructions, de stopper ou de retarder la production des usines Peugeot, de saboter la ligne Paris-Belfort le jour du débarquement et les jours suivants[1], de fournir en armes et munitions les résistants, mais la mort d'André Joly, le 8 juillet, lors de l'attaque du maquis d'Écot, l'arrestation du colonel Maurin, le 15 août, en feront le chef du maquis du Lomont[2], qui tiendra bientôt un assez vaste « territoire » adossé à la Suisse, occupera le fort (désaffecté) du Lomont et résistera, le 6 septembre, autour de Clerval et de l'Isle-sur-le-Doubs, à l'assaut d'un escadron de blindés et de 800 fantassins de la 11ᵉ Panzer.

Après l'arrivée du 3ᵉ régiment de tirailleurs algériens, avant-garde de la 1ʳᵉ armée française, F.F.I. et Algériens poursuivront en commun un combat qui, d'abord heureux, se terminera mal, puisque, les Allemands ayant repris Dannemarie et Abbévillers, certains combattants, pour échapper à la capture, devront passer en Suisse où ils seront rejoints par une partie de la population de villages proches de Montbéliard : Roches, Ecurcey, Glay, Blamont, par exemple, population qui croyait être libérée bientôt et qui se trouvera, pendant trois mois, sur la ligne de feu[3].

---

1. Ce qui ne pourra être fait.
2. *Paul* refusera de céder son commandement au successeur désigné du colonel Maurin. Il aura pour adjoint le commandant *Polyte* (Georges Meyer).

Dans la nuit du 23 au 24 août, des armes ont été parachutées au maquis du Lomont ; le 27 et le 28 août, ce sont les 82 parachutistes français du capitaine Pierre Sicaud qui rejoindront le maquis, dont les combats les plus rudes auront lieu dans la région de Pierrefontaine et Villars.

Je dois à M. Marcel Wittmer, qui s'est battu dans la vallée de l'Ognon, sous le commandement du capitaine Paincheux, d'avoir eu l'attention attirée sur le Lomont.

3. A Glay, les Allemands, qui ont pris 39 otages, les relâcheront rapidement en exigeant cependant qu'ils se présentent matin et soir à la Feldgendarmerie. Une seule absence entraînerait l'exécution du maire, du curé et de deux habitants.

Dans son journal, Mme Mathiot, qui attendra pendant soixante et onze jours le retour de son mari F.F.I. au Lomont, écrit : « Les 39 hommes ont accepté le marché, juré de tenir parole, l'un d'entre eux précisant que, si un seul ne se présentait pas, tous les survivants seraient là au lendemain de la guerre pour lui régler son compte. »

Le général Wiese, qui a perdu 18 000 hommes pour en sauver plus de 100 000, ne recule plus que lentement. Jetant dans la bataille les unités les plus disparates — dans la région de Chalon, les marins de l'école de navigation des Sables-d'Olonne —, contre-attaquant parfois avec un seul Panther, il bloquera les Français devant Belfort, les Américains du 6ᵉ corps devant Luxeuil. Les uns et les autres doivent faire monter en ligne renforts, munitions, approvisionnement. Leur course de trois semaines a été victorieuse, épuisante, dévoreuse.

Tandis que les Allemands se rapprochaient de leurs bases, Français et Américains s'éloignaient des leurs.

Rien de grand ne pourrait être entrepris avant une longue halte.

De Lattre, d'ailleurs, n'a pas affaire à la seule 19ᵉ armée du général Wiese. On se souvient qu'à son vif regret ses forces ont été scindées en deux masses, l'une opérant à la droite, l'autre à la gauche de la 7ᵉ armée américaine.

Aux forces françaises qui sont entrées sans combat dans Lyon et ne se sont pas attardées dans une ville en liesse, deux objectifs ont été désignés : Autun et Dijon.

Ces villes atteintes, la nasse sera fermée sur tout ou partie des troupes allemandes, qui, avec retard, refluent du Sud-Ouest en direction de la seule issue possible : la trouée de Belfort par Dijon.

C'est le 29 août que le général Sachs a lancé l'ordre « *Herbstzeit-lose* » (« Colchique d'automne »), qui suit de quatre jours le débarquement allié en Provence. Camouflée en vaste opération « antiterroriste », il s'agit, en réalité, d'une évacuation totale du Sud-Ouest, puisque chacune des trois colonnes mises en marche à partir du 20 août comprend, avec des soldats en état de combattre, tout le personnel féminin ainsi que les malades et blessés transportables.

Le groupement de tête, von der Kammer, compte 41 000 hommes, dont environ 25 000 combattants[1] ; le groupement centre, Wurtzer,

---

1. Protégeant le flanc gauche, c'est le groupement von der Kammer qui a reçu la totalité des batteries lourdes.

27 000 hommes, parmi lesquels 6 000 Indiens[1] et Vlassov qui se signaleront, au cours de la retraite, par d'effroyables excès.

Au général Elster, ancien des blindés, chef de la Kommandantur 541 de Mont-de-Marsan, le commandement du groupement Sud, celui auquel nous allons principalement nous intéresser.

Tous les Français qui ont vu, en septembre 1944, dans le Sud-Ouest et le Centre, la retraite de l'armée allemande se souviennent de troupes se déplaçant le plus souvent à pied, traînant leur fatigue sur les routes poussiéreuses, volant chevaux, charrettes et vélos dans les villages traversés, pillant les boutiques, s'abreuvant aux fontaines publiques, offrant le spectacle de la défaite, avant même la défaite finale, lorsque trois ou quatre jours d'une marche entrecoupée d'embuscades ont disloqué des formations encore ordonnées au départ.

Le général Elster commande précisément une colonne de piétons : le « groupement temporaire à pied Sud ». Groupement composé d'un régiment d'infanterie de la 159e division d'infanterie cantonné précédemment à Arcachon, du bataillon de sécurité 691, de l'école de D.C.A. de la Marine, de douaniers, de feldgendarmes et de traînards recueillis au hasard des étapes, puisque la colonne Elster — 20 000 hommes —, la dernière à s'être mise en route, joue, malgré elle, le rôle de « colonne balai ». Le 30 août, elle est à Angoulême, le 3 septembre à Poitiers.

Or, le 3 septembre, Lyon libéré, la 1re armée de De Lattre et la 7e armée américaine remontent le Rhône à vive allure. Dans le même temps, les Alliés contrôlent la rive droite de la Loire jusqu'à Orléans et ont atteint Troyes.

Elster n'a donc pas de temps à perdre s'il veut rejoindre Belfort.

Mais il est condamné à marcher au pas des plus lents, des éclopés, des traînards. Il le dira d'ailleurs, le 9 septembre, au duc de Maillé, son hôte involontaire. « Mes hommes marchent depuis le 23 août ; ils sont éreintés, et je n'ai plus que quelques jours de vivres. »

Lorsque sa reddition sera officielle, le 16 septembre, le bilan fera

---

1. Il s'agit d'hommes de la 95e brigade indienne créée, en 1942, par le nationaliste hindou Chandra Bose, à partir d'Hindous faisant partie de l'armée anglaise et qui ont été capturés en Libye par les Allemands et les Italiens. Ces Hindous, qui portent l'uniforme de la Wehrmacht mais sont souvent coiffés d'un turban, ont au col le symbole des Indiens libres : une tête de tigre.

certes état de 310 voitures de tourisme et de 303 camions. C'est bien insuffisant pour transporter 20 000 hommes. Même si l'on ajoute à ces chiffres 1 171 véhicules hippomobiles ainsi que 698 bicyclettes, la colonne Elster ne peut que se traîner.

Pour ceux qui savent, le général Elster et les officiers de son état-major, Dijon, Belfort sont autant de villes-mirages. La marche d'ailleurs est ralentie par une double menace : celle de l'aviation alliée, qui intervient sans rencontrer aucune opposition ; celle des maquis, qui se précipitent pour harceler des Allemands démoralisés mais exaspérés et dont la vengeance alors sera lourde, comme à Saint-Michel, à Sainte-Gemme, à Mézières-en-Brenne, pour ne retenir que ces exemples, où des maisons seront incendiées — trente-six sur cinquante-quatre à Sainte-Gemme —, des femmes violées, des hommes fusillés par les avant-gardes qui précèdent la colonne ou, plus exactement — car il ne faut pas imaginer 20 000 hommes suivant et se suivant sur la même route —, les colonnes Elster.

Les maquis, rameutés pour attaquer les Allemands en retraite, viennent de l'Indre, où commande le colonel Mirguet (*Surcouf*), et du Cher, où le colonel Bertrand dispose des vingt-trois compagnies du 1er régiment de ligne. Au total, donc, 2 500 à 3 000 hommes du Cher, plus de 9 000 F.F.I. de l'Indre : brigade Charles-Martel du colonel Chomel (2 350 hommes bien encadrés par une centaine d'officiers d'active), hommes du secteur Nord-Indre de l'A.S., groupement Indre-Est du commandant Robert Vollet, F.T.P. d'*Alex* et du commandant Lathière (*Tito*), ainsi que de multiples groupes de secteurs.

Dans l'Indre et l'Indre-et-Loire, entre le 25 août et le 1er septembre, les engagements les plus sérieux ont lieu à Écueillé, Saint-Hippolyte, Palluau, La Péchaudière, Nouans-les-Fontaines, Chaumussay. Le 29 août, le colonel Mirguet, tout en donnant l'ordre à ses forces d'évacuer Châteauroux, ville « libérée » mais dont la défense serait impossible, concentre l'action de guérilla F.F.I. au nord d'une ligne Martizay-Mézières-Buzançais-Levroux-Vatan et au sud d'une ligne Le Blanc-Argenton-Ardentes.

Les embuscades tendues aux détachements de la colonne Elster ralentissent la marche des hommes et les démoralisent. Elles jouent le rôle de toutes les embuscades, mais, dans la mesure où la bataille est ici conduite par des chefs dépendant de l'Organisation de résistance de l'armée (O.R.A.), Noguères, par ailleurs si prolixe, dans son *Histoire de la Résistance,* lorsqu'il s'agit des actions revendiquées par les

F.T.P., minimise l'influence de ces embuscades sur la décision de reddition du général Elster. Il tourne même en dérision les prétentions des différents acteurs F.F.I. à s'attribuer le mérite d'une victoire, dont on verra qu'elle leur sera dérobée à la fois par les Allemands et par les Américains.

Qu'il y ait eu de la vantardise dans certains récits de la reddition de la colonne Elster, c'est évident. Serait-ce l'exception s'agissant de récits de résistance ?

Ils sont nombreux, d'ailleurs, ceux qui ont travaillé et lutté pour qu'Elster abandonne la partie. Les F.F.I. de l'Indre et du Cher ; les S.A.S., venus de Vannes, et qui, grâce à leurs jeeps puissamment armées, agiront avec efficacité les 6 et 7 septembre près d'Issoudun ; les Américains et les Anglais, dont les avions, le 7 septembre notamment, sèment la mort et la confusion dans les convois allemands en route de Châteauroux à Châteaudun[1]. Les civils font également pression sur le général Elster, de moins en moins convaincu de pouvoir atteindre Dijon, Belfort, l'Allemagne enfin.

Le premier à tenter des négociations s'appelle Pierre de Monneron, sous-préfet d'Issoudun. Il a été, pendant deux semaines, arrêté puis relâché par la Gestapo de Châteauroux. Revenu à Issoudun, il décide, le 31 août, de « sonder » les officiers allemands qui cantonnent à quelques kilomètres de là. Ses interlocuteurs n'acceptent pas de capituler, mais ils promettent de reconnaître le statut de combattant à tout F.F.I. ou F.T.P. porteur d'un simple brassard et de ne pas procéder à des représailles sans avoir pris contact avec les autorités françaises. La teneur de leur entretien avec Pierre de Monneron sera naturellement connue du général Elster, dont le découragement ne peut que grandir.

Passe-t-il la journée du 7, au château de la Pointerie, près de Châteauroux, ses « hôtes », le comte et la comtesse Guillaume d'Ornano, lui font comprendre que la guerre est perdue pour l'Allemagne ; passe-t-il la nuit du 8 au 9 dans le château qui domine Châteauneuf-sur-Cher, il admet, devant le duc Gilles de Maillé, qu'il lui faut « abandonner la lutte », mais il ne veut se rendre qu'à des

---

1. Deux bombardements aériens le même jour (7 septembre) auraient provoqué la mise hors de combat de 300 à 400 Allemands, la mort de 300 chevaux et la mise hors d'usage de 70 véhicules.

forces régulières « et pas au maquis ». « Pas question de tomber entre les mains d'un maquis rouge », ce sera son leitmotiv, comme celui de tous les officiers allemands, quelle qu'ait été leur attitude pendant l'occupation.

Les pourparlers qui auront lieu et se poursuivront entre le 7 et le 9 septembre mettront donc en présence deux officiers de la brigade Charles-Martel, les capitaines Husser et Mirault, qui se sont présentés au général Elster en uniforme. Ayant accepté de considérer la brigade comme représentative de l'armée française régulière, Elster demandera la fin des attaques du maquis et des bombardements aériens, une « démonstration énergique » au pont de Decize (dans la Nièvre), où doivent passer bientôt, marchant vers Autun, les 5 000 à 6 000 hommes qui constituent la tête de sa colonne, la fixation d'un lieu de rassemblement vers lequel il dirigera ses hommes et où il recevra les honneurs militaires avant de déposer les armes.

Un lieu de rassemblement pour les troupes allemandes, soit, mais comment les maquisards de l'Indre et du Cher, même sacrés depuis quelques jours « troupes régulières », pourraient-ils encadrer, désarmer, garder 20 000 Allemands ? D'où la nécessité de prendre contact avec les Américains, ce qui est d'autant plus aisé que, depuis le 4 septembre, un commando américain, ainsi qu'un détachement de liaison radio[1], se trouvent affectés à la brigade Charles-Martel.

Et ce sont les Américains qui « ramasseront la mise ».

Dans l'après-midi du 10 septembre, dans le bureau du sous-préfet d'Issoudun, le colonel Chomel, commandant « Charles-Martel », est bien présent pour les ultimes négociations, mais le général américain Macon, de la 83e division U.S., le colonel Baker, chef d'état-major du général américain Simpson, commandant la 9e armée, et le général allemand Elster font comme s'il n'existait pas. Ils règlent les modalités de la capitulation entre eux, en « gentlemen ».

L'article 3 du procès-verbal, que seuls signeront les généraux Macon et Elster, ne précise-t-il pas que « le commandement allié veillera à ce que les combattants *irréguliers* n'exécutent plus d'attaques et ne tendent plus d'embuscades contre le groupe de marche allemand » ?

C'est donc aux Américains, et aux seuls Américains, présents dans les airs mais non sur le terrain, que va se rendre Elster.

---

1. Détachement radio qui indique à l'aviation alliée les secteurs à bombarder.

Des Américains compréhensifs. Les 19 739 hommes de la colonne Elster devront se diriger, à partir du 12 septembre, vers Orléans, Beaugency et Mer. « Pour l'exécution de ce mouvement, *toutes les armes*[1], tous les véhicules dont il dispose et son équipement au complet sont laissés à la disposition du groupe de marche allemand[2] ». L'article 4 de la convention le précise, et l'article 5 indique qu'aux trois points de franchissement de la Loire « les éléments du groupe de marche allemand déposeront leurs armes, après avoir défilé en armes devant les formations américaines qui leur rendront les honneurs ».

Pourquoi les Français ne se sentiraient-ils pas frustrés ? Le colonel Bertrand, qui commande les F.F.I. du Cher et sur le « territoire » duquel se trouve la majorité des vaincus, dira aux capitaines Husser et Mirault, qui viennent lui exposer les conditions de la capitulation signée à Issoudun : « Vous m'avez volé mes Allemands ! » Et il réclamera sa part de gloire.

Le général Elster acceptera donc le principe d'une entrevue avec Bertrand, entrevue qui aura lieu le 11 septembre dans la petite mairie d'Arçay, mais il refusera une « nouvelle capitulation » : « Je ne peux pas, dit-il, signer une nouvelle reddition à l'entrée de chaque département à traverser ! » A la demande des Français, il retardera toutefois d'un jour le départ de ses troupes, afin que les populations françaises libérées soient informées du passage d'Allemands en armes et les soldats allemands avertis de n'avoir à effectuer ni réquisition ni achat individuel.

Dans le texte signé par le général Elster à Arçay — il s'agit d'un simple ordre de marche —, il n'est plus question, comme dans le protocole d'Issoudun qui constitue le véritable acte de reddition, de « combattants irréguliers » pour parler des maquisards mais, à quatre reprises, des « Forces de l'armée française[3] ».

---

1. Je souligne intentionnellement.
2. C'est donc *en armes* que les troupes allemandes, précédées par des parachutistes S.A.S. du colonel Bourgoin, traverseront les villages libérés par les F.F.I. Quelques incidents auront lieu à Sancoins, dans le Cher, où des habitants jetteront des pierres sur les Allemands ; à Vouzeron, où un accrochage entre une dizaine de fuyards allemands et des maquisards fera quelques blessés.
3. Après la guerre, des querelles éclateront entre Français pour savoir à qui revient la victoire sur la colonne Elster. La rédaction de la plaque apposée sur la mairie d'Arçay, plaque inaugurée en 1946 par le général Koenig, est la suivante :
« Le 11 septembre 1944, les F.F.I. du Cher-Sud reçurent ici, après cinq jours de rudes combats, la reddition de la colonne Elster forte de dix-huit mille nazis. Cette

Faible revanche de soldats longtemps sans uniforme et traités, lorsqu'ils étaient capturés, en francs-tireurs bons pour le massacre immédiat, cependant que les Allemands, prisonniers de guerre, en arrivant au pont de Beaugency, le 16 septembre, rendront leurs armes — 13 992 fusils, 587 mitrailleuses, 17 canons — aux Américains au terme d'une cérémonie officielle qui verra le général Macon traiter avec infiniment de courtoisie le général Elster[1].

Les Américains n'ont pas voulu que les armes abandonnées par les captifs soient réparties entre les F.F.I., qu'ils suspectent toujours d'être noyautées par les communistes. Elles seront réceptionnées par le seul commandant Vermeulin, de la direction militaire de la région de Limoges.

En revanche, chevaux, voitures et bicyclettes vont être récupérés par les maquisards ou par leurs propriétaires alertés par la presse.

Quant au préfet de l'Indre, il recevra du général Elster une somme de huit millions provenant de son « trésor ». Elster a réagi ainsi favorablement à la suggestion des capitaines Husser et Mirault. Dans la lettre qu'il adresse par l'intermédiaire des deux officiers français au préfet de l'Indre, il précise que ce don est fait en dédommagement des dégâts matériels et des souffrances humaines causés par le passage des troupes allemandes « composées de différentes nationalités ».

Les huit millions seront versés le lendemain au trésorier payeur général du département... pour le « compte d'un anonyme ».

Le 10 septembre, jour où Elster capitule à Issoudun, la colonne Bauer, forte de 4 000 hommes, met bas les armes à Autun.

---

victoire française est due aux actions combinées des F.F.I. de l'Indre, du Cher, d'Auvergne, de l'Allier, de la R.A.F. et du 14e bataillon de parachutistes. »

On le voit, pas un mot des Américains non plus que de la colonne Schneider qui a tenu le pont de Decize.

Dans le tome V de son *Histoire de la Résistance en France*, Noguères parlera de « foire d'empoigne » et ridiculisera le colonel Bertrand.

1. Il est nécessaire de préciser que le général Elster, coupable de reddition aux yeux de ses supérieurs, fut condamné à mort le 7 mars 1945 par le tribunal de guerre allemand siégeant à Torgau. Prisonnier aux États-Unis, Elster, revenu en Allemagne, décédera en 1952.

Il n'existe aucune comparaison entre les soldats de Bauer et les hommes d'Elster. Les premiers forment un *Kampfgruppe* solidement armé, pourvu de canons antichars, qui possède plus de quatre jours d'avance sur les traînards de la colonne Elster.

C'est le colonel Demetz qui a reçu de De Lattre l'ordre d'intercepter Bauer en prenant Autun. Le 7 septembre, son régiment, le 2ᵉ dragons, renforcé par un détachement de la 1ʳᵉ division française libre, atteint Paray-le-Monial « où l'attend, écrit de Lattre, un précieux renfort ». Et le chef de la 1ʳᵉ armée française d'énumérer : « Les volontaires des Forces françaises de l'intérieur des Pyrénées, du Tarn, du Lot, de la Corrèze, ceux du Languedoc, comme ceux du Limousin et du Massif central, tous également fiers d'avoir libéré leurs provinces sans appui direct des forces débarquées, estim[ant] n'en avoir pas assez fait [et] lancés dans un élan spontané vraiment admirable... à la poursuite des hitlériens qu'ils veulent reconduire jusqu'au Rhin[1]. »

Il s'agit des hommes de ce « groupement mobile des F.F.I. du Sud-Ouest » auquel, pour l'histoire, le colonel Schneider, son chef, donnera son nom. Le groupement mobile a été créé, le 1ᵉʳ septembre, à l'initiative du jeune général Chevance-Bertin, envoyé à Toulouse par le général Cochet, délégué militaire commandant les F.F.I. de zone Sud[2], à la fois pour faire contrepoids à des « autorités » neuves et remuantes et pour diriger, depuis les régions libérées du Sud-Ouest et du Centre, des volontaires en assez grand nombre pour que la passion politique qu'exercent, par leur seule présence, les maquisards se trouve diminuée[3].

Écrivant trente-six ans après l'événement[4], le colonel Schneider ne cachera pas, en effet, que l'engagement de son groupement mobile sur le théâtre de la guerre « s'imposait pour désamorcer, en l'absence de tout pouvoir légal, une situation révolutionnaire qui laissait le champ libre aux F.F.I. de toute obédience non contrôlés par l'armée ». Après avoir évoqué l'importance et l'influence du Front national, Schneider ajoutera : « La menace était grave. » Menace de « subversion inté-

---

1. De Lattre, *op. cit.*, p. 152.
2. Cf. *Vingt mille heures d'angoisse 1940-1945*.
3. Mais après qu'un arrêté eut été pris par André Philip, commissaire du gouvernement d'Alger, et Pierre Bloch, commissaire à l'Intérieur, qui, en route pour rejoindre de Gaulle à Paris, avaient fait halte à Toulouse.
4. En mars 1980, dans *Le Sens de leur combat*.

rieure » pouvant se manifester « en dernier ressort par des troubles intérieurs, pour remettre en question le « Gouvernement provisoire du général de Gaulle ».

Le Parti communiste, qui avait effectivement à sa disposition, avec le Front national et les F.T.P., une force politico-militaire impressionnante, a-t-il voulu, en août et septembre 1944, s'emparer du pouvoir, sinon à Paris, du moins dans ces départements du Centre et du Sud-Ouest où il était seul en force[1] ? Le colonel Schneider, pour sa part, répond par l'affirmative et, privilégiant l'urgence politique — éloigner les F.F.I. des régions sensibles —, se pose, en somme, dans son texte de 1980, en sauveur du fragile régime gaulliste.

Il faut prendre garde toutefois aux explications trop tardives : elles font de l'histoire vécue une histoire déformée par l'âge, la mémoire sélective, la politique, les amitiés ou les rancœurs.

Quoi qu'il en soit, même si Schneider a voulu, à la fin d'août 1944, « vider » le Sud-Ouest de F.F.I. menaçants, on doit remarquer que communistes et communisants ont favorisé son entreprise. N'auraient-ils pas flairé le piège ? C'est accorder peu de crédit à leur perspicacité. A moins, ceux qui suivent Schneider appartenant majoritairement à l'Armée secrète, que les communistes n'aient ainsi éloigné à bon compte des troupes concurrentes. Ce serait alors bien du machiavélisme. Je crois plus volontiers que, pour la majorité des F.F.I. et pour beaucoup de leurs chefs, la lutte contre l'Allemand passait avant la lutte pour la mairie. D'ailleurs, plus de 137 000 d'entre eux, dont 75 000 avant la fin de novembre, se retrouveront dans les rangs de la seule 1re armée française. Ce sont des chiffres cités par de Lattre. Et qui méritent d'être retenus.

Ils représentent bien plus de la moitié des F.F.I. du 6 juin 1944... Bien moins de la moitié des F.F.I. du 1er septembre 1944. Il n'y a là rien de surprenant.

En quelques jours, le colonel Schneider, qui a reçu l'aide efficace, à Toulouse, de Ravanel et du chef des F.F.I. du Tarn, le colonel Redon[2] ; qui a rencontré, à Clermont-Ferrand, le colonel Fayard, chef d'état-major des F.F.I. d'Auvergne, et le colonel Coulaudon, chef militaire régional dont on sait que, sous le pseudonyme de *Gaspard*, il

---

1. *Cf. supra*, chapitre 5.
2. Notamment pour le transport par voie ferrée et véhicules réquisitionnés de toutes ces troupes.

a conduit les combats du mont Mouchet, disposera de 21 000 hommes en premier échelon et de 10 000 en renfort.

Hommes venus de partout et des maquis politiquement les plus divers. Il y a, composant la division légère de Toulouse, les 3 500 hommes du colonel Pommiès, des colonels de Rougemont, de Clerck et Le Magny, troupes solidement encadrées par des officiers d'active qui n'ont rien de révolutionnaires, mais aussi les corps francs de la Libération du lieutenant-colonel Trioche, les F.T.P. d'André Bentala, les sept bataillons de la brigade Alsace-Lorraine[1], les bataillons du Tarn-et-Garonne, la brigade Main noire, des éléments du 3e dragons de Castres amenés par Dunoyer de Segonzac et quelques escadrons du 3e hussards.

Les F.F.I. de la division légère d'Auvergne comprendront des hommes venus de l'Allier, du Cantal, de Haute-Loire et du Puy-de-Dôme.

La diversité des origines des combattants qui forment la colonne Schneider est si grande que le groupement Thiollet rassemble six escadrons de la garde républicaine mobile... ex-groupes mobiles de réserve, ces G.M.R. qui n'avaient pas bonne réputation, c'est le moins que l'on puisse écrire, auprès des maquisards, et... la garde du maréchal Pétain, sans emploi depuis qu'à Vichy le Maréchal a été enlevé par les Allemands.

Dans le chapitre qu'il a consacré à l'amalgame dans son *Histoire de la première armée française,* de Lattre a parlé de toutes ces unités. Ne se contentant pas de les citer, il a trouvé pour chacune, en chef lucide, les quelques mots rapides qui pouvaient le mieux les définir, avec leurs qualités et leurs défauts. Sur Schneider lui-même, voici son jugement :

> « Tels sont les éléments d'origines, de valeurs et de constitutions infiniment diverses, sur lesquels le colonel Schneider vise à étendre progressivement sa suzeraineté, ce mot emprunté au vocabulaire médiéval étant très certainement celui qui définit le mieux la forme particulière de son autorité. Pris par l'ambiance, Schneider aurait même tendance à comprendre son rôle vis-à-vis du commandement de l'Armée comme le comprenaient les grands féodaux dans les guerres de la vieille monarchie... Mais,

---

1. Qui rejoindront le colonel Schneider à Lapalisse et Varennes-sur-Allier le 11 septembre.

dès le 11 septembre, à Mâcon, les choses sont mises nettement au point : en accord avec le général Cochet, délégué militaire du Gouvernement provisoire pour la zone Sud, venu à mon P.C., je prends directement sous mes ordres cette vigoureuse « féodalité » surgie des combats clandestins autour de quelques « seigneurs » et qui nous vaut un contingent supplémentaire de 25 000 hommes. »

De Lattre, qui a gagné, traite le problème avec élégance et hauteur. Parce qu'il a perdu, le colonel Schneider, dans son livre *Le Sens de leur combat,* se montre, lui, amer et agressif, allant jusqu'à parler de « chausse-trape du roi Jean », chausse-trape dans laquelle il serait tombé en abandonnant, contraint et forcé, des hommes qu'il aurait voulu conserver groupés comme ils l'étaient à l'origine et qui seront répartis — ceux, du moins, 16 000 sur 30 000, qui, en octobre, auront signé un engagement pour la durée de la guerre — entre les grandes unités de la 1re armée.

Quoi qu'il en soit, le 11 septembre, lorsque de Lattre règle avec Schneider les indispensables problèmes de hiérarchie et les rapports de compétence, les troupes du groupement Schneider ont déjà prouvé leur valeur, et Schneider montré qu'il ne manquait pas de talent. Il aurait pu limiter l'action de ses hommes à des engagements de guérilla sur le flanc et les arrières de l'ennemi ; il va, au contraire, tenter — et réussir — une manœuvre ambitieuse qui lui permettra, il l'écrit, « d'affronter l'adversaire pour bloquer le repli de ses forces qui menaçaient le flanc gauche de l'armée " B " [de Lattre] à hauteur du Morvan ».

La tête du groupement Schneider, il s'agit du 8e dragons, formé par les F.F.I. de Corrèze, sous le commandement du chef d'escadron Merlat, participera à la prise d'Autun en compagnie des F.F.I. autunois du commandant Ferrand, qui, sans doute pour avoir déclenché le combat trop tôt, perdront soixante-quinze morts — dont trente-cinq fusillés, dès leur capture, dans les jardins du petit séminaire.

Si la libération d'Autun[1] est acquise pour l'essentiel, au terme de

---

1. En 1944, l'École militaire des enfants de troupe d'Autun était occupée par les Allemands. Après la défaite, l'École avait été transférée à Tulle, à Valence, puis au camp de Thol, près de Pont-d'Ain. Aussi, nombre des enfants de troupe

durs combats, par les hommes du colonel Demetz, divisés en deux groupements qui, sous les ordres des capitaines Hennion et Bondoux, ont reçu pour mission de dépasser Autun pour couper la retraite aux Allemands, en fuite vers Saulieu et Arnay-le-Duc, il serait injuste de ne pas signaler le rôle joué par les F.F.I. de la colonne Schneider et, notamment, par ceux du corps franc Pommiès au cours de ces journées de combats tourbillonnants. Sans arrêt, en effet, pendant trois jours, les Allemands qui remontent du Sud-Ouest, les plus ingambes de la colonne Elster qui tentent de franchir le pont de Decize, mais également les 4 000 hommes bien équipés du *Kampfgruppe* Bauer, arrière-garde de la colonne « centre » du 64ᵉ corps d'armée, et aussi ceux de la garnison d'Autun et des centres de résistance installés à proximité de la ville, vont tenter de se frayer un passage en déchirant les mailles encore faibles du filet tendu par les détachements de la 1ʳᵉ armée française et par les F.F.I. qui arrivent en ordre dispersé.

Des combats acharnés auront ainsi lieu aux ponts de Decize, à Sancoins, à Charenton, sur le canal du Berry entre la tête de la colonne Elster et les F.F.I. du Cantal et de l'Allier ; au carrefour de La Fontaine-la-Mère, devant Autun, où sera tué le lieutenant Teyssot, l'un des anciens aides de camp de De Lattre, où sera tué également, sur le tank-destroyer de Teyssot, le commandant de Neuchèze qui, évadé par l'Espagne après la dissolution de l'armée de l'armistice, avait emporté, roulé autour de son corps, l'étendard du vieux régiment Condé-Dragons.

Au carrefour de Dracy-Saint-Loup, c'est-à-dire quelques kilomètres après Autun, c'est Bernard de Lattre, engagé volontaire à seize ans par autorisation spéciale du général de Gaulle, qui tombera, grièvement blessé.

Ainsi, dans une succession de combats isolés, ce sont tantôt les Allemands qui encerclent les Français dans l'espoir d'emporter les bouchons qui s'opposent à leur progression, tantôt les Français qui encerclent les Allemands avec la volonté de briser leurs assauts désespérés.

Tout s'achèvera le 10 septembre, à 15 heures, lorsque, selon les carnets de route du lieutenant-colonel Brunet de Sairigné[1], les

---

devaient-ils rejoindre les maquis de l'Ain : dix-huit d'entre eux seront tués au combat. Les deux plus jeunes, René Chauchon et Robert Welsch, avaient seize ans.

1. Alors commandant.

Allemands de Bauer, « montés sur des charrettes, lancent leurs chevaux au grand galop pour percer la résistance ». Cette charge dérisoire aboutira à la capture de 78 officiers, 280 sous-officiers, 1 985 soldats valides et quelques centaines de blessés.

A Autun, désormais, personne ne passera plus.

« Ainsi, écrit de Lattre, c'en est fini de la menace qui pesait sur le flanc de notre armée. L'action conjuguée, *pour la première fois sur une vaste échelle, des Forces françaises de l'intérieur et de nos unités débarquées a permis de la liquider dans un minimum de temps.* »

Hommage rendu par l'homme qui, de loin, était le plus compétent [1]

Freinée par le combat d'Autun mais aussi, mais surtout, par la disette d'essence, la poursuite peut donc reprendre en direction de Dijon.

Pressés par des éléments du 3e régiment de chasseurs d'Afrique et par les hommes du colonel Desazars, les Allemands évacueront finalement sans bataille la ville qui, dans le carillon des cloches et les acclamations de la foule, réserve, le 11 septembre, un accueil enthousiaste à des vainqueurs heureux et fourbus, mais à qui « le roi Jean » ne laisse pas loisir de savourer leur victoire, puisque de nouvelles batailles les attendent.

Ce même 11 novembre, en effet, de Lattre reçoit d'un officier de la 2e division blindée, dont le petit avion s'est posé dans ses lignes, un renseignement précisant que la division Leclerc, placée à l'extrême droite de l'armée Patton, marche sur Contrexéville et sur Épinal. Ses éléments de pointe ne sont plus qu'à une cinquantaine de kilomètres des forces de De Lattre.

La liaison entre les armées débarquées qui avaient pris pied en

---

1. Le commandant Brunet de Sairigné écrira dans ses carnets, à la date du samedi 9 septembre et alors qu'il se trouve à Autun avec ses hommes du premier bataillon de la Légion étrangère :

« Les très nombreux F.F.I., qui ont paradé pendant la journée, découvrent que c'est demain dimanche et que, " dans ces conditions... vous comprenez, mon commandant ". »

Sairigné a affaire à des F.F.I. d'Autun et des environs qui n'ont évidemment pas, de la discipline, la même idée que ses légionnaires.

Normandie et celles qui avaient débarqué en Provence aura lieu à 13 heures le 12 septembre, en Côte-d'Or, dans la petite ville de Montbard. Liaison qui ne manque pas de romanesque. Le premier contact avec un peloton du 1er régiment de marche de spahis marocains, régiment de reconnaissance de la division Leclerc, ne sera-t-il pas assuré d'abord par une femme, « et certes une vaillante », écrira de Lattre, le lieutenant Ève Curie, officier de liaison à l'état-major de l'armée et qui se trouvait, avec le correspondant de guerre de Villiers, dans la première jeep du 1er régiment de fusiliers marins, avant-garde des forces de De Lattre ?

Mais, en bien d'autres points qu'à Montbard, le contact sera établi dans la journée du 12 septembre, aussi bien entre soldats de De Lattre et Américains du 106e groupe de reconnaissance qu'entre soldats de De Lattre et soldats de Leclerc.

Contacts émouvants et fragiles.

Ainsi, sur la route de Troyes à Dijon, une voiture de l'armée de Lattre, occupée par un officier envoyé en mission à Paris, s'arrête-t-elle près du presbytère d'Aisey-sur-Seine devant lequel stationne un *half-track* des troupes de Leclerc.

Deux voitures, quelques hommes à l'histoire hier différente, aux motivations aujourd'hui identiques. Les uns appartiennent à l'armée d'Afrique qui a repris le combat en novembre 1942, les autres aux troupes gaullistes qui, avec Leclerc et quelques autres — mais Leclerc est déjà un symbole — n'ont jamais cessé le combat.

Après leur victoire à Paris[1], Leclerc et une partie de ses unités s'étaient portés, dès le 26 et le 27 août, en direction de ces banlieues parisiennes : Chatou, Saint-Germain-en-Laye, La Plaine-Saint-Denis, Montmorency, Le Bourget que menaçait un retour offensif de la 47e division allemande.

Le 30 août, dans l'après-midi, les éléments de la division Leclerc sont relevés par la 28e division d'infanterie américaine et la 5e division blindée U.S. qui vont pousser sur Senlis et Compiègne.

---

1. *Cf. Joies et douleurs du peuple libéré.*

De retour à Paris, la 2ᵉ D.B., dont la présence sert politiquement de Gaulle, va, pendant une semaine, remettre en état ses matériels et recompléter ses effectifs. Elle a perdu, il faut le rappeler, 280 officiers et 600 sous-officiers ou soldats, tués ou blessés pendant les combats de la Libération[1].

C'est grâce à des engagements individuels — et non, comme chez de Lattre, par l'engagement d'unités F.F.I. constituées... presque inexistantes, il est vrai, à Paris, ou, comme la « colonne Fabien », encore sous « gestion » et direction communistes — que Leclerc recomplétera sa 2ᵉ D.B.[2]. Au nombre des engagés, ses deux fils, Henri et Hubert.

Les 7 et 8 septembre, la 2ᵉ D.B. quitte définitivement Paris. Sans regret ? En vérité, il semble que le charme soit rompu.

Dans son livre consacré à la 2ᵉ D.B., Erwan Bergot fait dire au lieutenant Gauffre : « Les gars sont finalement bien contents d'être repartis. Paris ne les intéressait plus. — Et réciproquement, jette le lieutenant Guigon[3]. Nous n'intéressions plus Paris. La fiesta est finie, et les Parisiens s'imaginaient qu'ils avaient gagné la guerre tout seuls. Au fond, nous faisions figure de gêneurs. »

Gêneurs ? C'est un peu le sentiment qu'éprouvent, sinon les hommes qui, goûtant sans complexe au repos du guerrier, ont multiplié les éphémères liaisons et noué quelques amours, du moins les officiers que les fugitifs plaisirs de la ville et de la vie n'empêchent pas d'observer l'évolution de la population. Les Parisiens ont, en effet, transféré en partie leur admiration des « Leclerc » aux Américains. Considérant la guerre comme achevée, dès l'instant où Paris a été libéré, ils se plaignent de rations plus maigres que du temps où les Allemands « prenaient tout » et se replongent dans des querelles politiques à peine différentes — si l'on excepte l'épuration — des querelles d'avant-guerre.

Le capitaine Dronne, premier officier de la 2ᵉ D.B. entré dans Paris le 24 août, a certes réussi à organiser au Pré-Catelan, dans l'après-midi

---

1. Il s'agit des chiffres cités par le général de Gaulle et par le général de Boissieu. Des chiffres différents ont été avancés (*Cf. Joies et douleurs du peuple libéré*, p. 724, note).
2. A cette règle, il y eut naturellement quelques exceptions. C'est ainsi que la section Verdier, appartenant à un groupe des F.F.I. intitulé « groupe mobile de l'état-major du colonel Lizé », sera incorporée à la 2ᵉ D.B.
3. Le lieutenant Guignon sera tué le 13 septembre à Dompaire.

du 6 septembre, un gala auquel plusieurs artistes de renom ont spontanément prêté leur concours. Il n'en termine pas moins les pages consacrées à son séjour parisien sur cette constatation amère :

> « Comme mes camarades venus du fond de l'Afrique, comme ces volontaires qui nous ont rejoints en cours de route, j'avais rêvé d'un grand élan de rénovation. Je voyais des gens qui exploitaient les circonstances pour prendre des places et faire du fric. Déjà notre idéal, notre bel idéal, était trahi et piétiné[1]. »

Quant aux hommes de la compagnie du capitaine Buis, groupés autour de la guitare de Sylvain, ils entonnent, sur l'air du *Pendu de Saint-Germain,* une chanson plus amère que moqueuse.

> *Mais, au bout de dix jours à peine*
> *Qu'on continuait de s'enlacer,*
> *Les braves gens du bord de la Seine*
> *Commencèrent à s'en lasser.*
> *Et, entre eux, murmuraient tout bas :*
> *Mais, dites donc, qu'est-ce qu'ils fout' là ?*
> *Allez-y, allez-y, les gars,*
> *Allez-y, on les aura,*
> *Allez-y, allez-y, les gars,*
> *Allez-y, nous on rest' là.*

Ils y vont.

Avec, pour mission, d'atteindre la Moselle, à 140 kilomètres de leur point de départ.

Les trois groupements tactiques (G.T. d'Anglade, G.T. Warabiot, G.T. Dio[2]) de la 2e division blindée avancent ainsi en direction de

---

1. *L'Hallali de Paris à Berchtesgaden.* Raymond Dronne, administrateur au Cameroun à la déclaration de guerre, avait rallié la France libre dans les jours suivant la défaite de juin 1940.
2. Le G.T. Warabiot est commandé, au début de septembre, par le colonel Billotte. Après le départ de Billotte, appelé à Paris par de Gaulle (*cf.* p. 437), il

cette place d'armes appuyée sur le plateau de Langres que les Allemands s'efforcent de constituer rapidement, afin de recueillir leurs unités en retraite et de gagner le temps nécessaire à préparer une contre-offensive qui menacerait les 3e et 7e armées américaines.

Leclerc a donné l'ordre de glisser entre les points forts adverses . Neufchâteau, Chaumont, Langres. Cependant, les défenseurs d'Andelot tournés[1], Contrexéville emporté, Vittel libéré, l'avant-garde de la division tombera « sans le savoir » — Français et Allemands se croyant loin encore les uns des autres — au centre du dispositif allemand : à Dompaire, où stationne l'une des trois *Panzerbrigaden* hâtivement amenées d'Allemagne jusqu'à Saint-Dié.

Du combat de Dompaire, le général Massu, qui, du côté français, en fut le meneur de jeu, écrira qu'il restera « le plus beau fait d'armes [de ses hommes] depuis le débarquement et, probablement, de la division tout entière[2] ».

En septembre 1944, une *Panzerbrigade* digne toujours de ce nom — c'est le cas de celle qui se trouve à Dompaire — rassemble 54 Pantner, 34 Mark IV, flambant neufs, mais montés par des équipages inexpérimentés, deux bataillons de grenadiers portés et un groupe d'artillerie sur chenilles.

Et les Panther de 45 tonnes, avec leur blindage frontal de 80 mm et leur masque de tourelle de 100 mm, sont difficilement vulnérables aux canons de 75 des Sherman de Massu. Le 12 septembre, dans la nuit qui

---

sera commandé par le général de Guillebon dont Bergot écrira : « Un officier comme [Leclerc] les aime, l'un des rares colonels de la division, avec Dio, avec lequel il n'est pas besoin de longues phrases pour être compris. »

L'ordre des groupements tactiques de la 2e D.B. ci-dessus indiqué est l'ordre dans lequel ils se trouvent le 12 septembre : le G.T.L. immédiatement à la droite de la 79e division U.S., le G.T.V. au centre, le G.T.D., qui fonce vers Chaumont, étant celui dont les éléments feront la jonction avec l'avant-garde de la 1re armée (*cf.* p. 485).

1. Ils seront tués ou blessés (300), capturés (800) par les soldats de Dronne, de De Segonzac et de Galley, le 12 septembre, alors que Vittel, cinquante kilomètres plus loin, est libéré le même jour. Ainsi, la menace qui pesait sur les arrières du groupement Langlade disparaît-elle.

2. Jacques Massu, *Sept ans avec Leclerc.*

tombe, les pointeurs ne parviennent plus à situer leurs objectifs. Lorsque Massu ordonne le repli, le *Provence,* le *Morvan,* le *Corse,* le *Languedoc,* ainsi que plusieurs half-tracks ont été détruits ou sérieusement endommagés[1]. Mais les Allemands ont perdu au moins deux antichars et deux ou trois Panther, dont le char de commandement.

Lorsque le jour paraît, le sous-groupement de Massu a été renforcé par le sous-groupement de Minjonnet et par l'artillerie du groupement tactique de Langlade. De leur côté, au lieu de battre en retraite, les Allemands ont mis à profit la nuit pour rameuter la totalité de la 112ᵉ *Panzerbrigade.* Les Panther bénéficient du camouflage que leur offrent les vergers noyés dans la brume qui monte de la vallée de la Gitte, cependant que les chars de Massu se trouvent à découvert sur le plateau sans arbres qui domine Dompaire, Madonne et Damas.

La lutte serait inégale sans l'intervention de l'aviation alliée. Or, un grand Américain sec et peu bavard, le colonel Tower, est, par bonheur, arrivé chez Massu la veille du combat. De tous les chars du groupement de Langlade, son char, baptisé *Thunderbolt,* du nom de l'un des meilleurs chasseurs américains de la Seconde Guerre mondiale, est, sans contestation possible, le char le plus précieux. Écouteurs aux oreilles, micro à la bouche, le colonel Tower, depuis son blindé bardé d'antennes, possède en effet le pouvoir d'appeler à l'aide les escadrilles alliées de l'*Air-Support.*

Le 13 septembre au matin, il a dit à Langlade que les avions ne pourraient intervenir avant le début de l'après-midi. Massu devra donc livrer bataille aux blindés allemands avec des unités inférieures par le nombre comme par la puissance.

Le miracle va heureusement se produire. Tower a réussi à « accrocher » une patrouille de quatre Thunderbolt. Détournée de l'escorte d'une flotte de bombardement en route pour l'Allemagne, elle contraint, vers 8 h 30, les chars allemands, qui attaquaient les chars de Minjonnet, à se camoufler dans les vergers, les hangars, le long des maisons, à la grande inquiétude des habitants réfugiés dans les caves et qui craignent d'être victimes des roquettes alliées.

Le spectacle est inoubliable. Au colonel Tower, Massu indique sur la carte les Panther dont la position a été repérée. Position immédiate-

---

1. Le *Corse,* atteint de deux obus au phosphore, sera cependant ramené dans la nuit par Michel et Rivault, les deux rescapés de l'équipage. *Cf.* Jean-Julien Fonde, *Les Loups de Leclerc.*

ment transmise aux Thunderbolt qui n'ont plus qu'à plonger sur les blindés allemands. Dans ses souvenirs, Massu — qui a pourtant beaucoup vu et beaucoup vécu — décrira la scène du bombardement comme ayant été d'une « beauté sauvage exceptionnelle ». « Bombes, rafales de mitrailleuses, roquettes, écrira-t-il, sont la musique assourdissante de ce spectacle que tous suivent, haletants. »

Les Thunderbolt ayant repris leur route, le combat terrestre recommence. L'intervention des appareils alliés n'a duré que dix minutes. Mais huit colonnes de fumée noire, saluées par les hurlements de joie des Français, s'élèvent sur les pentes sud de Dompaire et de Madonne. Profitant de la confusion qui règne chez l'adversaire, manœuvrant pour le prendre en tenaille, les Français coupent la route d'Épinal, font la liaison avec la 79e division d'infanterie américaine qui, la veille, a libéré Charmes dévastée et incendiée par les Allemands, le 5 septembre, en représailles d'une attaque du maquis[1], mais surtout s'infiltrent entre les premières maisons de Dompaire.

A 11 heures, une nouvelle intervention aérienne aura lieu pour soulager les hommes de la 5e et de la 7e compagnie, contre-attaqués par des Panther alors qu'ils tentaient de franchir la voie ferrée. Intervention compliquée par une ruse des blindés allemands qui utilisent les mêmes panneaux de signalisation, couleur cerise ou orange, que nos chars. A 15 heures, les Thunderbolt reviendront prendre à partie les chars allemands, dont neuf, en se retirant vers les bois de Bouzemont, seront détruits par les obus des Sherman, des tanks-destroyers et des obusiers français. Une dernière intervention de l'aviation, à la tombée de la nuit, débarrassera le colonel de Langlade

---

1. Croyant à une libération très rapide par les Américains, les résistants et maquisards de la région de Charmes ont occupé la ville le 2 septembre. Le lendemain, ils interceptent deux voitures de la Feldgendarmerie, tuent un conducteur et font un prisonnier. Opération mineure suivie d'un combat de trois heures entre maquisards et fantassins allemands. Dans l'après-midi du 5 septembre, l'artillerie allemande installée près de la gare va bombarder et incendier systématiquement la ville. Chassés de leurs demeures par le feu, que les pompiers ont interdiction de combattre, les Carpiniens seront enfermés dans une conserverie d'où les Allemands extrairont 156 hommes bientôt conduits en déportation. Les habitants épargnés regagneront leur maison ruinée le 6 septembre et la ville ne sera libérée que le 12.

Sur les 156 Carpiniens déportés à Dachau, Buchenwald et Auschwitz, seuls 59 devaient revoir la France. Par ailleurs, les combats dans la cité avaient coûté la vie à une quinzaine d'habitants et maquisards de Charmes.

de la menace que faisait peser sur Ville-sur-Illon[1], où il avait installé son P.C., le bataillon de Mark IV de la 112e *Panzerbrigade*[2].

Il pleut. Massu passe la nuit du 13 au 14 septembre dans le cimetière de Dompaire sous l'appentis où les cercueils attendent avant d'être mis en terre. Sans connaître encore le bilan des pertes adverses, il se sait vainqueur. Mais sa joie est assombrie par la mort d'un trop grand nombre de ses garçons[3]. Rien qu'à la 7e compagnie, Gollat et Muraciolle pulvérisés, avec leur canon de 57 antichar, par l'obus d'un Panther; Rochereuil tué au cours du repli; tués aussi Amaïn ben Daoud et Louadoudi ben Mohamed, deux Marocains du corps franc. Et puis Guigon, le lieutenant Guigon, « type merveilleux de jeune officier », Guigon que sa baraka vient d'abandonner à Dompaire et qui, atteint, a souri, s'est redressé, a dit : « C'est rigolo. Je viens de faire un drôle de rêve », puis a glissé dans la mort.

C'est seulement le 14 au matin que Massu peut entrer dans Dompaire dont les habitants, surpris par la bataille, restent toujours terrés dans leurs caves. Personne dans les rues à l'exception d'une villageoise qui s'est déclaquemurée pour lui lancer : « C'est y pas malheureux de faire une pareille dévastation. » Et c'est vrai, même pour un homme de guerre comme Massu, « pareille dévastation » — carcasses de voitures et cadavres d'hommes, décombres de dizaines de maisons et décombres de douzaines de chars — offre un spectacle inattendu[4]. Entre Dompaire, Lamerey et Damas, Massu dénombrera, abandonnés au petit jour par les derniers Panzergrenadiers, cinquante-

---

1. A Ville-sur-Illon seront engagés, pour la première fois, des F.F.I. venus du XVe arrondissement de Paris, F.F.I. (l' « escadron de Vaugirard ») dont Massu dira le courage et l'allant. Les Français ont été prévenus de l'avance des chars allemands par Mme Larose, gérante de la cabine téléphonique de Pierrefitte.
2. Le Mark IV est un char de 23 tonnes monté par un équipage de cinq hommes, armé d'un canon 75 et de deux mitrailleuses.
3. Les pertes françaises se montèrent à 9 tués. Les Allemands ont eu à Dompaire 150 tués et 100 prisonniers.
4. Si de nombreuses maisons ont été touchées par les obus des chars et les roquettes des avions, seuls trois habitants ont péri : MM. Desvoivre et Marotel, le mardi 12, lors d'un bombardement; M. Thimont, le jeudi 14, pour n'avoir pas répondu aux sommations d'un soldat français.

neuf chars Panther et Mark IV définitivement immobilisés. Certes, 33 reviennent aux Thunderbolt, mais 26 « appartiennent », sans contestation possible, aux fantassins et aux tankistes du groupement tactique de Langlade. Quatre Panther ont été abandonnés intacts par leurs équipages. Leclerc, après avoir pris connaissance du bilan, décidera d'en envoyer deux aux Invalides.

Si Massu est heureux[1], il se trouve, dans le groupement Langlade, un homme plus heureux encore. Il s'agit du capitaine de frégate Maggiar, qui commande le régiment blindé de fusiliers marins de la 2ᵉ D.B. Parce que le *Simoun,* la *Tempête,* l'*Orage,* du peloton Allongue, et le *Mistral,* le *Sirocco,* du peloton Durville, ont, grâce à l'habileté de leurs pointeurs, détruit en deux jours 13 chars dont 11 Panther[2], certes, mais surtout parce que l'exploit de Dompaire et de Damas vient de réconcilier le général Leclerc avec les marins.

La Marine était longtemps restée fidèle à Vichy. Refusant de rejoindre les Forces françaises libres ; cible favorite des Anglais, que ce soit à Mers el-Kébir, à Dakar, à Diego-Suarez ou encore au moment du débarquement allié en Afrique du Nord ; incapable, sauf à Dakar, de répliquer efficacement à un ennemi très supérieur en puissance de feu, elle avait nourri son anglophobie et son antigaullisme de trop de malheurs.

Après le débarquement de novembre 1942, les marins présents en Afrique du Nord s'étaient naturellement retrouvés dans la guerre, sans pour autant se déprendre tout à fait de leur ancien attachement au maréchal Pétain. La transition Darlan-Giraud avait permis de calmer des passions. Elles devaient renaître lorsque, Darlan assassiné, Giraud écarté, de Gaulle et les gaullistes avaient triomphé à Alger. Les marins « de Vichy » avaient alors souffert d'être traités en soldats de « seconde zone » ou en ralliés bouffeurs par beaucoup de ceux qui,

---

1. Le 26 septembre, à Nancy, où il passe en revue la 2ᵉ D.B., le général de Gaulle remettra la rosette d'officier de la Légion d'honneur à Jacques Massu... qui n'était pas chevalier. « Après la victoire de Dompaire, écrira le général Massu, il [de Gaulle] ne m'a pas manifesté sa satisfaction, mais, en bousculant ainsi toutes les règles, il m'offrira une récompense insigne et la preuve la plus évidente de son estime. » Le même jour, le général de Gaulle décorera le capitaine Dronne de la croix de la Libération.

2. La *Tempête,* le *Mistral,* le *Sirocco,* l'*Orage* ont chacun trois blindés allemands à leur actif. Au 14 septembre, avec neuf victoires, le *Sirocco* reste le champion du régiment blindé de fusiliers marins.

ayant pris les armes les premiers et se trouvant dans le camp vainqueur, n'entendaient leur accorder que les miettes du triomphe futur. Et ne se gênaient nullement pour traduire leurs sentiments en gestes hostiles, en paroles désagréables.

C'est ainsi, de Gaulle ayant affecté le régiment blindé de fusiliers marins à la 2ᵉ D.B., que Leclerc avait tenu à s'adresser à tous les marins rassemblés près d'Oran, au camp de Sidi-Ben-Obka.

Avec de la colère dans la voix, il leur avait dit :

> « Je ne vous ai pas demandés. Le général de Gaulle vous a imposés à moi. Je suis bien obligé de vous prendre. Mais je sais qui vous êtes et ce que vous avez fait. Vous avez toujours défendu les intérêts de la Marine, mais pas de la France. Il faudra que vous changiez. Si vous ne le faites pas, si vous ne vous entendez pas avec les autres unités de la 2ᵉ D.B., je vous laisserai sur les quais dans les ports anglais. Vous ne débarquerez pas en France...[1] »

Ils avaient débarqué. Ils s'étaient battus, à Paris notamment, ou le *Sirocco* et le *Simoun* s'étaient particulièrement distingués. Et puis il y avait eu Dompaire. Et, deux jours après la fin des combats de Dompaire, Leclerc avait adressé à la division un ordre du jour qui disait :

> « Au cours des combats de Normandie et de Lorraine, le régiment blindé de fusiliers marins a donné la preuve de sa valeur et de la bravoure de ses équipages.
>
> Le général est heureux de les autoriser, désormais, à porter la fourragère de la Légion d'honneur des fusiliers marins de Dixmude, fourragère qui leur avait été attribuée au mois de mai 1944 par le ministre... »

En mai 1944, avant le départ du régiment pour l'Angleterre, Jacquinot, ministre de la Marine, avait bien remis au régiment son drapeau, cravaté aux couleurs de la Légion d'honneur, héritage de la brigade des fusiliers marins qui avait combattu à Dixmude à partir

---

1. Amiral Maggiar, *Les Fusiliers marins de Leclerc.*

d'octobre 1914, mais Leclerc avait interdit aux marins de 1944 le port de la fourragère. Dans son esprit, ils devaient, non en hériter, mais la mériter. Ce qui sera fait à Dompaire. « Les marins, écrira l'amiral Maggiar, avaient conquis le général. De tous leurs succès, aucun ne valait celui-là[1]. »

Phrase symptomatique d'un homme qui souhaitait la réconciliation entre les deux France séparées par le drame de 1940. Phrase qu'il n'était pas inutile de rapporter pour montrer combien les blessures furent, de part et d'autre, et même chez des hommes menant combat commun, longues à cicatriser[2].

Dans les jours qui suivent la victoire de Dompaire, la 2e D.B. traverse une première fois la Moselle à Châtel, est obligée de retraiter le 17 septembre, reprend la ville le surlendemain[3], se dirige vers la Meurthe qu'elle aborde à Vathiménil, franchit à Thin, s'installe dans les villages qui se trouvent à quelques kilomètres de Baccarat : Azerailles, Hablainville, Bénaménil.

---

1. Amiral Maggiar, *op. cit.*
2. L'amiral Maggiar — il le raconte dans son livre *Les Fusiliers marins de Leclerc* — s'est trouvé à Dakar lors de l'attaque anglo-gaulliste de septembre 1940 ; a participé, comme second du *Victor-Schœlcher,* un bananier réarmé en croiseur auxiliaire et rebaptisé *Bougainville,* à une mission de forcement du blocus que les Anglais maintenaient devant Djibouti ; puis aux combats devant Diego-Suarez, où le *Bougainville* fut coulé le 5 mai 1942 par l'aviation anglaise dont l'attaque préludait à l'invasion de Madagascar, alors colonie française.
   Après la chute de Diego-Suarez, il sera, ainsi que ses camarades officiers et ses hommes, fait prisonnier par les Anglais.
   Transportés sur un navire anglais jusqu'à Liverpool, les Français seront enfermés dans des camps primitivement occupés par des prisonniers de guerre allemands. Ce traitement rigoureux empêchera leur ralliement aux Forces françaises libres.
   Dénonçant le manque de psychologie des Anglais et des F.F.L., Maggiar écrira : « L'échec de l'Inquisition ne leur avait donc rien appris. » Les marins internés en Angleterre — plus de 500 — ne rejoindront Alger qu'en février 1943. D'après Maggiar, il avait fallu une intervention de Robert Murphy, représentant du président Roosevelt en Algérie, pour qu'ils soient libérés.
3. Le maire de Châtel, le docteur Sayer, qui avait refusé de suivre les troupes françaises dans leur repli, a été fusillé par les Allemands.

« Si l'ennemi, écrit Massu, a renoncé à toute contre-attaque, il raidit sa défense, appuyée sur Metz et les Vosges qu'il reliera par la Seille et Les Étangs. Devant nous, une première ligne de tranchées continue comme en 1915... et nous entrons, nous aussi, en secteur pour que se regroupent les Américains et que parviennent les approvisionnements. Au bout de notre chevauchée, partie du Cotentin, la frontière lorraine de 1914, atteinte d'un seul galop, va nous retenir sur sa terre grasse. »

Le capitaine Dronne résumera de son côté la situation de façon plus brutale :

« Selon l'expression de Chabrié, nous sommes en pleine merde : presque constamment sous la pluie, dans l'humidité et la boue... Malgré de grands feux de bois, les gars n'arrivent pas à se réchauffer et à se sécher. La plupart toussent, ont pris des rhumes, des bronchites et même des affections plus graves, nécessitant des hospitalisations. Pour des hommes habitués au soleil d'Afrique, ce n'est pas la joie. »

Après les combats qui lui ont permis de prendre Langres et de mettre en fuite, au terme de longs et violents accrochages, les soldats du général von Brodowski (l'ancien commandant du haut état-major de liaison de Clermont-Ferrand et, à ce titre, responsable, au moins indirect, des massacres commis à Tulle, à Oradour, ainsi que dans bien d'autres villes ou villages français[1]), la 1re armée française — le 25 septembre, elle obtiendra enfin le droit de porter officiellement ce nom[2] — acquiert définitivement son autonomie tactique.

---

1. Capturé au nord de Jussy par le lieutenant de Buzonnières du 2e spahis, le général von Brodowski sera incarcéré à Besançon. Il sera tué au cours d'une tentative d'évasion (peut-être douteuse).

2. La décision du général Devers, commandant en chef du 6e groupe d'armées, prise le 19 septembre à la demande du général de Lattre de Tassigny, sera ratifiée le 24 septembre par le général de Gaulle. Elle prendra effet à partir du lendemain.

On se souvient que l'armée B débarquée en Provence le 15 août avait été scindée en deux groupements, opérant respectivement à droite et à gauche de la 7ᵉ armée américaine. Le 14 septembre, le général Patch, en accord avec le général de Lattre, toujours soucieux de voir ses forces regroupées, décide que la 1ʳᵉ armée française fera roquer son 2ᵉ corps vers l'est, à travers les arrières du 6ᵉ corps américain, afin qu'il se trouve soudé au 1ᵉʳ corps, face à la trouée de Belfort.

Sur le papier, quelques lignes suffisent à évoquer une manœuvre en réalité pleine de difficultés : la rareté du carburant impose des déplacements par à-coups ; la destruction des ouvrages d'art limite le nombre des itinéraires utilisables ; le « cisaillement », par la 1ʳᵉ division blindée française, de la 3ᵉ division américaine en pleine progression, nécessite, de la part des bureaux, la préparation minutieuse de chaque mouvement, de la part des hommes, sur le terrain, une permanente adaptation des ordres aux réalités changeantes du moment.

Le 19 septembre à minuit, la 1ʳᵉ armée française enfin rassemblée est en ligne de la frontière suisse au nord de Lure.

De Lattre a donné des ordres pour que le contact avec l'ennemi soit immédiatement repris par le 2ᵉ corps d'armée : celui qui, sous le commandement de Montsabert, est venu se souder au 1ᵉʳ corps de Béthouart. Hélas ! la poursuite est terminée. Face à des Allemands hâtivement regroupés dans la *4ᵉ Luftwaffe Feld Armée Korps*, qui, ayant pour mission de défendre Belfort, ont établi une ligne de défense continue protégée par des barrages d'artillerie et par de nombreux champs de mines, commence une bataille d'usure.

De Lattre peut certes éprouver une légitime satisfaction en attardant son regard sur un récent passé qui fut victorieux : en trois semaines, vingt-cinq départements reconquis, des dizaines de villes, des centaines de villages délivrés, près de 100 000 Allemands capturés. Mais l'hiver précoce, les fatigues et les pertes de la campagne pour des troupes dont certaines combattent pratiquement sans relâche depuis la campagne d'Italie, la difficulté des approvisionnements — les dépôts « avancés » se trouvent toujours à 275 kilomètres du front et le trafic ferroviaire avec Marseille ne sera rétabli qu'au début d'octobre —, le durcissement soudain de la résistance allemande, « tout contribue, selon le mot de De Lattre, à rendre la tâche plus dure... ».

Le 17 septembre, de Lattre avait donné à son armée le Rhin pour objectif. Mais le Rhin, si proche sur la carte, demeure toujours hors de portée. Le succès des trois premières semaines de campagne était celui des combattants. Comment la logistique aurait-elle suivi la cadence d'opérations qu'elle avait d'ailleurs toujours conçues comme devant se dérouler infiniment plus lentement ?

Ce qui est vrai pour les troupes franco-américaines qui ont débarqué en Provence le 15 août est également vrai pour celles, américaines, anglaises, canadiennes, polonaises, françaises, qui ont débarqué, à partir du 6 juin, sur les côtes normandes.

« De la mer du Nord à la Suisse, 51 divisions alliées sont obligées de marquer un temps d'arrêt devant des positions fortifiées en hâte, avec une maîtrise à laquelle il faut bien rendre hommage, par la Wehrmacht, habile à profiter de notre lassitude forcée. »

Sur ce mélancolique constat, de Lattre clôt, dans son *Histoire de la première armée française*, le chapitre intitulé : « Sept cents kilomètres de poursuite ».

Ainsi, à la fin du mois de septembre 1944, pour les Anglais, pour les Américains comme pour les Français, des objectifs qui semblaient à portée de main se révèlent brutalement — et momentanément — imprenables.

Ce ne sont cependant pas les projets qui ont fait défaut, ni le courage des hommes qui a manqué. Mais Anglais et Américains ont eu, comme les Français, la révélation d'une armée allemande qui, « battue sur le papier », retrouve, dans la défensive, toutes ses qualités.

La façon dont les Allemands retardent l'échéance à Arnhem ainsi que la bataille pour Metz, avant la contre-offensive des Ardennes et la menace sur Strasbourg, en offrent deux bons exemples.

Montgomery avait sans doute raison de privilégier, contre Eisenhower, qui souhaitait un front large orienté vers le Rhin, une offensive unique et décisive contre la Ruhr, cœur de tout le système économique et militaire allemand.

Alors, Berlin et Prague seraient rapidement tombées entre les mains des Alliés occidentaux, et toute l'histoire de l'après-guerre se serait trouvée modifiée. Mais, malgré le courage des parachutistes anglais, canadiens, polonais, américains et des quelques Français lancés, à partir du 17 septembre, dans la région boisée, marécageuse et coupée de fossés d'irrigation d'Arnhem et de Nimègue, *Market Garden* — nom de code de l'opération — sera un échec. En ne s'emparant pas de tous les ponts sur le Lek à Arnhem, sur le Waal dans la région de Grave, sur la Meuse à Nimègue, ponts que les Allemands font sauter ou reconquièrent, les parachutistes alliés ne permettront pas au 20ᵉ corps d'armée, fer de lance de la 2ᵉ armée britannique, de venir les renforcer durablement en franchissant les 90 kilomètres qui le séparent d'Arnhem.

Dans la nuit du 25 au 26 septembre, l'ordre de repli sera donné à ceux qui peuvent encore se replier : 2 500 des 10 000 parachutistes de la 1ʳᵉ division aéroportée britannique.

Les rêves de Montgomery d'en finir très vite avec l'Allemagne se sont évanouis face aux réactions d'une défense d'abord surprise, mais qui s'est rapidement ressaisie et qui, en état d'infériorité dans tous les domaines matériels, a su mettre à profit les avantages que lui offraient le terrain et la proximité de ses bases [1].

Il faut en revenir à des entreprises plus classiques. Elles ne sont pas davantage couronnées de succès.

Lorsque les Américains du 20ᵉ corps, ayant atteint la Moselle le 7 septembre, occupent la ligne Briey-Saint-Privat-Gravelotte-Dornot, il semble que Metz doive être rapidement libérée. Face à quatre divisions allemandes inexpérimentées et fatiguées, n'alignent-ils pas quatre divisions possédant la totalité de leur personnel et de leur matériel, pouvant compter, de surcroît, sur l'appui de la 19ᵉ *Tactical Air Force ?* Cependant, les combats devant Metz et pour Metz se prolongeront pendant deux mois et demi. Alors qu'il n'a fallu qu'un peu plus de trois semaines aux forces franco-américaines pour courir de Saint-Tropez à Dijon, plus de trois semaines — du 7 au 30 octobre — seront nécessaires pour libérer Maizières-lès-Metz que les Allemands défendront maison par maison.

Ces deux exemples — celui d'Arnhem et celui de Metz (mais on pourrait en citer bien d'autres) — montrent que le combat a provisoirement changé d'âme et que les Allemands, refoulés aux limites de leur territoire, savent encore se montrer redoutables.

Si, à la fin de septembre, le front suit approximativement une ligne

---

1. Réussie, l'opération *Market Garden* aurait également permis aux Anglais de s'emparer des bases de V2, situées sur l'île de Walcheren et alentour de La Haye, bases d'où partaient, depuis le 8 septembre, des engins contre lesquels il n'existait aucune parade alliée, le V2 volant à 5 000 kilomètres-heure et à 50 kilomètres d'altitude une minute seulement après son lancement.

498

qui épouse la frontière belgo-néerlandaise, mord sur le territoire allemand dans la région d'Aix-la-Chapelle, passe par Thionville, Nancy, Mirecourt, pour aboutir à la frontière suisse, Belfort et Montbéliard n'étant pas encore libérées, les Allemands conservent toujours, à l'intérieur du territoire français, des places et des positions qui ne se rendront pas sans combats coûteux ou sièges interminables.

La rapidité de leur avance, leur manque de moyens dans plusieurs régions de France avaient condamné les Alliés à négliger certaines poches allemandes volontairement transformées en forteresses par Hitler. Il espérait que leur résistance retiendrait à l'arrière du front principal des troupes alliées et — ces poches étant organisées autour de centres portuaires importants — compromettrait l'arrivée du ravitaillement.

Paradoxalement, alors que Bruxelles est libérée le 3 septembre, Boulogne, Calais, Dunkerque, Le Havre, Brest, Lorient, Saint-Nazaire, La Rochelle, Royan sont toujours occupés.

Certes, Le Havre, Brest, Boulogne, Calais seront libérés en septembre, mais ce sont des monceaux de ruines que, dans chaque cas, les Alliés rendent aux autorités françaises, le matraquage aérien ayant constitué la caractéristique principale de ces opérations.

Libéré, Le Havre, le 11 septembre, mais, je l'ai dit dans *Joies et douleurs du peuple libéré*, après de monstrueux bombardements qui, épargnant sans doute des vies britanniques (27 tués et 206 blessés chez les assaillants), ont été responsables de la mort de près de 2 500 Havrais le 5 septembre.

Libéré, Brest, le 18 septembre, et l'on sait, par un chapitre précédent [1], dans quel pitoyable état les bombardements, venus du ciel comme de la mer, ont laissé la ville.

Libérée, Boulogne, le 22 septembre, mais, là encore, l'attaque canadienne a été précédée d'un formidable bombardement aérien.

Libéré, Calais, le 30 septembre, jour où les Canadiens pénètrent dans une ville privée d'eau et d'électricité, où 35 pour 100 des maisons ont été détruites, 45 pour 100 endommagées par les bombardements,

---

1. *Cf.* « Ruines et misères de septembre ».

ceux des années passées mais surtout ceux qui ont précédé l'assaut. Beau-frère du général de Gaulle, futur maire de Calais, Jacques Vendroux, qui a reçu mission d'assurer la reprise des affaires civiles [1], se montrera d'ailleurs particulièrement sévère à l'égard des Canadiens qui, « voulant inscrire une victoire à leur palmarès », ont refusé toute reddition conditionnelle de la garnison allemande.

Restent, et resteront jusqu'en avril et mai 1945, au pouvoir des allemands Royan et Le Verdon (9 000 défenseurs au total), Lorient et Saint-Nazaire (50 000 hommes environ), Dunkerque (entre 13 000 et 17 000) [2].

Troupes composites, où les étrangers — Polonais et Russes — sont nombreux, troupes souffrant d'un mauvais moral et d'un mauvais ravitaillement, mais bénéficiant de la protection de champs de mines étendus, d'une artillerie puissante et, grâce à la Marine — qui jouera un rôle essentiel —, de chefs convaincus que l'honneur leur commande de tenir jusqu'au bout, et qui ont sous leurs ordres quelques milliers de soldats, entraînés et résolus, qui se révéleront efficaces dans la petite guerre de patrouille.

Car c'est à cela que dans l'automne, l'hiver 1944 et les premiers jours du printemps 1945 se limiteront les opérations.

Peut-être eût-il été possible d'obtenir très rapidement — dans la foulée, en quelque sorte, de l'avance F.F.I. — la libération de ces quelques ports laissés à l'écart par les Anglais et les Américains.

René Tallet, qui, à vingt-cinq ans, commandera, avec courage et sérieux, le bataillon « Violette » (pseudonyme peu banal en un temps de surenchère générale), écrira, dans la préface du livre consacré à son unité, qu'il aurait fallu « continuer à foncer derrière les Allemands ».

Analysant la situation dans la région de Royan et de La Rochelle, objectif de la brigade R.A.C., à laquelle appartenait son bataillon, Tallet se fondera sur le désarroi momentané des troupes allemandes, dont l'artillerie lourde se trouvait naturellement alors dirigée vers la

---

1. Vendroux a quitté Paris le 14 septembre avec, dans le coffre de sa voiture, 100 litres d'essence et trois pneus de rechange. Ces détails valent moins pour l'anecdote que pour rappeler aux Français d'aujourd'hui les difficultés d'hier.

2. Encore une fois il est difficile d'indiquer un chiffre précis. Étienne Dejonghe et Daniel Laurent parlent de 13 000 Allemands dans leur livre *Libération du Nord et du Pas-de-Calais*. Le général Le Hagre, qui commandait devant Dunkerque, et qui a, sans doute, avantage à surestimer le nombre de ses adversaires, cite, lui, le chiffre de 17 000.

mer, pour justifier une position que, des chefs aux exécutants, les F.F.I. de l'Ouest et du Sud-Ouest ont toujours partagée et partagent encore.

Les sceptiques se recrutent parmi les « civils ». Pour Michel Debré, commissaire de la République à Angers, qui, devant Saint-Nazaire, a souvent rendu visite aux 10 000 « F.F.I. courageux et désordonnés... dépourvus de tout ce qu'il faut pour former une armée, sauf de la volonté de se battre qui est au plus haut[1] », il était préférable d'attendre les jours de la victoire sur le territoire allemand plutôt que de perdre des vies dans une entreprise militairement risquée.

Aux raisons militaires Debré ajoutera, avec mélancolie, des raisons d'ordre psychologique. « Nul, écrira-t-il, ne s'intéresse à ces poches perdues... Pour des Français, la Libération, c'est la paix. Il appartient donc aux professionnels de la guerre, aux Alliés et à quelques volontaires français, de terminer l'affaire sans demander de sacrifices[1]. »

C'est tristement vrai.

Lorsque, arrivant de Bordeaux, le général de Gaulle s'était arrêté à Saintes, le 14 septembre, afin d'inspecter les F.F.I. qui tenaient un « front » encore bien mal dessiné, il avait fait part de ses projets au commandant Hubert Meyer, un marin qui avait avec les marins allemands des contacts facilitant le ravitaillement des habitants enfermés dans les poches et contribuant à l'humanisation de la guerre.

« Les poches allemandes, lui avait-il dit, doivent être, et seront, réduites par la force. Une division blindée sera acheminée ici dans un délai que je ne puis préciser mais qui sera bref. Pour l'instant, j'autorise qu'une action d'intimidation soit poursuivie afin d'inciter l'ennemi à s'abstenir de tous sévices et de toutes les destructions dans les poches. J'insiste sur le fait que les pourparlers ne devront jamais revêtir le caractère d'une négociation... Pour le moment, il ne s'agit ici que de tenir. Je confirmerai l'ordre de surseoir à tout bombardement sérieux non justifié par quelque grave incartade de l'ennemi. »

La 1re division française libre, détachée des troupes de De Lattre, arrivera bien, le 13 décembre, dans la région de Saintes et Jonzac, pour une offensive prévue initialement pour le 25 décembre, puis reportée au 1er janvier, mais que la contre-attaque allemande de

---

1 Michel Debré, *Trois Républiques pour une France.*

décembre dans les Ardennes et en direction de Strasbourg obligera à repousser jusqu'au mois d'avril.

Les Forces françaises de l'intérieur sont officiellement devenues les Forces françaises de l'Ouest le 22 octobre 1944, lorsque le général de Larminat en prend le commandement.

Par dérision, les hommes qui en font partie préfèrent les appeler « Forces françaises oubliées ».

Sous la pluie de novembre, « fine, pénétrante, inlassable », dans la boue, « sa fidèle alliée [1] », bientôt dans le froid qui rendra le déminage du sol gelé presque impossible, les soldats chaussés « de chaussures informes qui n'ont presque plus de semelles [2] », vêtus de capotes allemandes teintes en brun qui « conservent l'humidité comme du buvard, coiffés de calots, de bérets, de casques ou de rien [2] », luttent contre la gale, contre le cafard, contre la méfiance paysanne parfois justifiée par des pillages [3], au moins autant que contre l'Allemand mal nourri qui se manifeste non pour arracher des positions mais pour conquérir du bétail.

C'est dans ce but que trois cents soldats allemands occuperont momentanément, le 5 octobre, le petit village de L'Éguille, sur la route qui va de Rochefort à Royan.

Une vache et son veau seront, le 1er novembre, l'objectif à la fois de trois F.F.I. et de trois Allemands, les uns et les autres sans autres armes que des bâtons. Les Français et leur champion, l'éleveur Fernand Faure, gagneront le match et repartiront avec la vache.

Mais il y a plus sérieux que des batailles pour une vache ou des choux-fleurs.

Le 3 novembre, à la tête de sa patrouille, le lieutenant Courant s'infiltrera jusqu'à Médis, d'où il ramènera 120 quintaux de blé. De leur côté, les Allemands, attaquant en force le 15 décembre dans le

---

1. Extrait d'un article de *Forces françaises,* hebdomadaire militaire régional dont les sous-lieutenants Pierre et Sven Sainderichin, qui appartiennent au bataillon Violette, ont la responsabilité.

2. Extrait d'un article de Jean Éparvier dans *Le Figaro* du 16 novembre 1944 consacré à des hommes qui ont appartenu au maquis de Saffré et se battent devant la poche de Saint-Nazaire.

3. Les habitants de Forges, à quelques kilomètres d'Aigrefeuille-d'Aunis, n'oublieront pas leur évacuation précipitée le 30 novembre et leur douloureuse surprise lorsque, de retour le 2 décembre, ils découvriront leurs maisons pillées par les hommes du régiment censé protéger leurs biens.

secteur du Gué-d'Alleré-Bouhet[1], où stationnent trois compagnies du maquis Foch, réussiront à s'emparer de 50 tonnes de céréales et de 100 têtes de bétail. Ils paieront cher leur victoire, puisque, selon le responsable du Comité d'histoire de la Seconde Guerre mondiale[2], ils auraient perdu 57 tués et 120 blessés ; le chiffre des pertes françaises, lui, malheureusement exact, fut de 27 tués, 15 blessés, dont 8 devaient succomber, et 99 prisonniers.

Sur le front oublié, les souffrances et la mort sont présentes au rendez-vous.

Mais la joie des communiqués fait défaut.

---

1. Dans l'arrondissement de La Rochelle.
2. Henri Gayot, *Occupation, Résistance et Libération en Charente-Maritime.*

13

DE GAULLE CHOISIT PLEVEN,
MENDÈS S'EN VA

Depuis Alger, en août 1944, il n'est pas facile de rejoindre Paris libéré... Même si l'on porte le titre de « commissaire du gouvernement » ; même si les télégrammes envoyés le 24 août par de Gaulle, arrivé à Rambouillet, puis le 27 et le 28, alors qu'il vient de s'installer au ministère de la Guerre, se font toujours plus pressants.

Selon le mot cruel d'Edgar Faure, un homme qui ne demeurera jamais longtemps dans l'ombre, les commissaires du gouvernement voudraient bien « se trouver *sur place,* afin de ne pas se faire oublier dans la compétition *pour les places* », mais ils n'ont à leur disposition *aucun* moyen de transport. A pareil détail, l'on mesure le dénuement du gouvernement provisoire.

Le 26 août, les commissaires décident d'envoyer un émissaire à Naples, siège de l'état-major anglo-américain en Italie, afin de solliciter le prêt de plusieurs quadrimoteurs. Mais les Américains ont prévu pour leurs avions d'autres missions — le débarquement en Provence date de onze jours — que le transport des commissaires du gouvernement d'Alger, des fonctionnaires de leur suite et de quelques bagages indispensables [1].

C'est donc sur le *Jeanne d'Arc,* un croiseur « prêté » par Jacquinot, commissaire à la Marine, que les membres du gouvernement embar-

---

1. Ce qui donnera l'occasion à de Gaulle de les accuser le 4 septembre, dans le télégramme envoyé au général Catroux, « d'un sabotage qui se combine avec bien d'autres ».

queront le lundi 28 août, à 21 heures. Ils arriveront à Cherbourg le vendredi 1ᵉʳ septembre à 14 h 15.

Sur son agenda, René Mayer, commissaire du gouvernement pour les Travaux publics, note immédiatement :

> « Pagaille du départ en auto, en jeep et en scout-car jusqu'au Mans, par Valognes, Saint-Lô, Tinchebray. Au Mans, pas d'hébergement. On passe trois heures sur des châlits, dans une caserne glaciale où j'attrape une bonne colique.
>
> *Samedi 2 septembre :* En route, dès l'aube, pour Paris, par Dreux. On arrive vers 15 heures boulevard Saint-Germain[1]. Je pleure à Saint-Cloud, j'ai la gorge serrée tout le jour. C'est trop pour moi que cette journée, après quatre ans et demi d'opprobre, d'espoir, puis de travail et de foi. On nous loge au Claridge Conseil des ministres à 17 heures rue Saint-Dominique. »

Les choses, on le voit, n'ont pas traîné, et les commissaires du gouvernement, qui, dès le 4 septembre, décident de s'appeler ministres, n'ont guère le temps de comparer les splendeurs du Claridge, quelques jours plus tôt occupé par des généraux et colonels allemands, à la misère de la caserne du Mans. Il leur faut immédiatement se mettre au travail dans un ministère légèrement modifié, où de Gaulle a confié respectivement la Production industrielle, le Ravitaillement et l'Économie nationale à trois résistants : Robert Lacoste, Tanguy-Prigent, Aimé Lepercq.

Ministère provisoire. Dans la même journée du 3 septembre, René Mayer apprend *et* qu'il sera *et* qu'il ne sera pas ministre des Communications avant que de Gaulle ne lui demande de conserver son poste.

Encore plusieurs jours d'incertitude, et de rumeurs. De Gaulle, tout occupé à la préparation d'un ministère qu'il veut d' « unanimité nationale », rature, maltraite parfois l'orthographe des noms, élimine l'un ou l'autre pour des raisons qui tiennent au caractère, à la morale, à la politique ; se livre à de savants dosages entre anciens d'Alger et nouveaux de la Résistance, jette sur le papier des sigles : D.C. pour démocrate chrétien, R.S. pour radical-socialiste, S.F.I.O., puis ordonne, sur cette partition, les hommes dont il fera les instruments de sa future politique.

---

1. Où se trouve le ministère des Travaux publics.

Il hésite, c'est évident, proposant par exemple à Georges Bidault, président du Conseil national de la Résistance, la Justice et les Cultes, avant de nommer, par surprise [1], ministre des Affaires étrangères cet homme que trois ans de clandestinité n'ont nullement préparé à connaître la marche des affaires du monde, mais qui fut éditorialiste de *L'Aube,* journal lu par de Gaulle avant la guerre, et, surtout, qui est professeur d'histoire, titre valorisant aux yeux du Général dont on sait la passion pour l'histoire.

Quant au socialiste Adrien Tixier — grand blessé de guerre, privé de son bras droit, torturé par les éclats d'obus que l'on n'a pu extraire de sa tête —, fonctionnaire du Bureau international du travail, dont les vues de politique intérieure sont limitées aux querelles qui l'ont opposé en Haute-Vienne aux communistes, il recevra le ministère de l'Intérieur. Son « souple mauvais caractère », pour reprendre un mot sans indulgence de Bidault, sa haine du désordre, de la « pagaille » régnant dans une France qui, selon Closon, « vivait aux limites de l'anarchie », ses colères aussi — « Je vous prive de déjeuner », dira-t-il un jour à son chef de cabinet —, sa puissance de travail feront merveille à ce poste difficile [2].

Tixier remplace Emmanuel d'Astier de La Vigerie, commissaire à l'Intérieur à Alger et encore à Paris entre le 4 et le 9 septembre, mais dont les initiatives et décisions trop favorables aux communistes avaient irrité de Gaulle.

Parmi ses ministres communistes, de Gaulle entend opérer d'ailleurs une mutation dont le principe même inquiète son entourage. Celui-ci se demande s'il ne faut pas se mettre déjà en quête d'une résidence en dehors de Paris pour le cas où — face à l'obstruction communiste — le Général serait amené à quitter le pouvoir. Le chef du gouvernement provisoire ne peut et ne veut oublier en effet qu'en juin, lors du drame du Vercors, Fernand Grenier — commissaire à l'Air — a adopté une « attitude publique contraire à la solidarité gouvernementale » en dénonçant, dans une lettre au chef du gouvernement provisoire, puis dans une conférence de presse, « la politique criminelle qui consiste à disposer des moyens d'action [aériens] et à ne pas les employer quand nos frères de France appellent à l'aide ».

---

1. Bidault écrira qu'il apprendra « presque » par la photo traditionnelle que, de ministre de la Justice, il était devenu ministre des Affaires étrangères.
2. Adrien Tixier devait mourir en février 1946.

Grenier s'est certes excusé par écrit. Mais de Gaulle n'oublie pas. Grenier doit partir.

Entre de Gaulle et Duclos, le jeu, qui, déjà, s'était joué à Alger, en avril 1944, lors de l'entrée de deux communistes au sein du Comité français de la Libération nationale, se répète simplement. Les règles en sont connues. Si de Gaulle n'entend pas qu'un parti lui dicte le nom de ses ministres, les communistes veulent limiter sa liberté de choix. François Billoux, qui a été commissaire d'État à Alger, devenant ministre de la Santé publique, Fernand Grenier quittant le gouvernement, Duclos propose donc à de Gaulle deux noms seulement : celui de Charles Tillon, commandant en chef des F.T.P., et celui de Laurent Casanova, qui a eu, lui aussi, d'importantes responsabilités dans la Résistance.

L'une des préoccupations de De Gaulle est, en effet, de faire participer au pouvoir, à travers des hommes « qui viennent d'émerger de la lutte », une Résistance métropolitaine qui, depuis la libération de Paris, a, non sans raison, entamé une cure d'amertume.

Avec Tillon, car finalement de Gaulle, pour le ministère de l'Air, choisira Tillon, sachant ou ne sachant pas — Duclos se pose la question — qu'il avait été, en 1919, au nombre des mutins de la mer Noire [1], ce sont sept autres résistants qui entreront dans son gouvernement qu'abandonnent huit commissaires d'Alger [2].

Georges Bidault, président du C.N.R., sera ministre des Affaires étrangères ; Aimé Lepercq, qui trouvera la mort le 9 novembre dans un accident de la route, ministre des Finances ; Robert Lacoste recevra le portefeuille de la Production ; François Tanguy-Prigent, celui de l'Agriculture ; Alexandre Parodi, celui du Travail ; Pierre-Henri

---

1. Ce qui n'est géographiquement pas exact. S'il est bien vrai que des marins de l'escadre française, envoyée en 1919 à Odessa pour lutter contre la jeune révolution russe, se révoltèrent (parmi eux se trouvait André Marty), c'est en Grèce, à Itea, et à bord du *Guichen,* qu'éclata en juin 1919 la mutinerie dont le quartier-maître Charles Tillon fut l'un des meneurs. Des erreurs de commandement, d'interminables retards dans le rapatriement des mobilisés avaient été à l'origine d'une manifestation collective d'indiscipline (une lettre signée par 237 marins sur 277 membres d'équipage) plus que d'une révolte. Charles Tillon, condamné par un conseil de guerre à cinq ans de « travaux publics », devait, avec plusieurs de ses camarades, être interné successivement à Dar bel-Hamri, puis à Kenitra. Malade, il sera libéré au début de 1921 et adhérera au Parti communiste.
2. Henri Queuille sur sa demande, René Massigli, Henri Bonnet, André Le Troquer, Emmanuel d'Astier, André Philip, Fernand Grenier et Jean Monnet. Pierre Viénot est mort en juillet.

Teitgen, qui, dans la nuit du 24 au 25 août, s'est évadé d'un train de déportation, celui de l'Information.

Et c'est à Teitgen, d'ailleurs, Teitgen qu'il a reçu le 4 ou le 5 septembre[1], mais qui ignore tout de l'avenir politique qui lui est alors réservé, que de Gaulle téléphonera le 8 septembre, vers 20 heures, pour lui dire : « Asseyez-vous, prenez un papier et une plume et écrivez : " Le gouvernement, présidé par le général de Gaulle, est constitué de la manière suivante[2] :

Ministre d'État	: Jeanneney	Radical-socialiste
Justice	: de Menthon	Démocrate chrétien
Intérieur	: Adrien Tixier	S.F.I.O.
Aff. étrangères	: Bidault	D.C.
Guerre	: Diethelm	France libre
Marine	: Jacquinot	
Air	: Tillon	Parti communiste
Écon. nationale	: Mendès France	R.S.
Production	: Lacoste	S.F.I.O.
Agriculture	: Tanguy-Prigent	S.F.I.O.
Ravitaillement	: Giacobbi	R.S.
Santé publique	: Billoux	P.C.
Colonies	: Pleven	D.C.
Travail et Sécurité sociale	: Parodi	
Transports et Trav. publics	: René Mayer	
P.T.T.	: Augustin Laurent	S.F.I.O.
Éduc. nationale	: Capitant	D.C.
Prisonniers	: Frenay	Résistance
Information	: Teitgen	
Finances	: Lepercq	
Afrique du Nord	: Catroux	

---

1. Teitgen — *Tristan* dans la Résistance — raconte ainsi, dans *Faites entrer le témoin suivant,* cette entrevue :
« Je ne l'avais jamais vu, mais, depuis quatre ans, je n'avais pas cessé de rêver au jour de son retour à Paris, et voici qu'il était là. J'étais ému, il m'a serré les bras et m'a dit à peu près ceci : " Je suis content de vous connaître, d'autant plus que les chefs des mouvements de la Résistance, quand ils venaient à Londres ou à Alger, se plaignaient souvent les uns des autres, mais tous m'ont dit du bien de vous. " »
2. Les sigles politiques ont été placés par le général de Gaulle en face des noms des ministres. *Cf. Lettres, notes et carnets, juin 1943-mai 1945,* p. 308-309.

On remarquera un évident souci d'équilibre entre parlementaires (9) et résistants de l'intérieur (8) ; la place importante réservée aux démocrates chrétiens à qui sont attribués six ministères ; la place, en revanche, modeste faite aux communistes — deux ministères —, ce qui ne correspond nullement aux risques qu'ils ont pris et aux sacrifices qu'ils ont consentis et justifiera le commentaire de *Franc-Tireur* regrettant que le gouvernement soit d' « unanimité nationale » et non « grand ministère de Résistance et d'action ».

On remarquera également que seuls trois des hommes qui étaient aux côtés de De Gaulle à Londres dans l'été et à l'automne de 1940 — Pleven, Diethlem et Catroux, lui aussi ministre d'État — se retrouvent ministres ; que Frenay, à Paris — comme à Alger —, bien qu'il ait été (parce qu'il a été ?) le fondateur de la résistance métropolitaine en zone non occupée, n'occupe que le ministère des Prisonniers. Poste noble, sans doute, mais appelé à disparaître, après le retour des captifs, poste difficile dans la mesure où les prisonniers — et les déportés plus encore —, revenus mal nourris, mal vêtus dans un pays démuni et malheureux, constitueront une importante masse de manœuvre pour le Parti communiste.

On remarquera la place éminente de Jules Jeanneney : ministre d'État chargé de l'intérim lors des absences du chef du gouvernement provisoire.

Le général de Gaulle, qui a toujours fait du refus ou de l'acceptation de l'armistice la ligne de partage de l'honneur, n'a pas tenu rigueur à Jules Jeanneney d'avoir, le 9 juillet, à Vichy, alors qu'il était président du Sénat, assuré le maréchal Pétain de la « vénération » des parlementaires présents, ainsi que de la « pleine reconnaissance qui lui [était] due pour un don nouveau de sa personne [1] ».

De Gaulle ne se contentera pas « d'oublier » l'intervention de Jeanneney. Il la cautionnera en quelque sorte. Le 27 décembre 1944, Jeanneney, attaqué par le député socialiste Louis Noguères, qui lui reproche d'avoir incité des parlementaires — que leur vote a désormais rendus inéligibles — à se prononcer en faveur du Maréchal, le général de Gaulle intervient devant l'Assemblée pour affirmer que,

---

1. *Cf. Le Journal politique* de Jules Jeanneney, p. 326-344.

le 10 juillet 1940[1], les « choses » n'étaient pas « nettes » non plus qu' « éclaircies ».

Affirmation en totale contradiction avec le fond et la forme des discours prononcés à Londres les 19, 22, 24, 26 juin[2], discours qu'il suffit de relire pour se convaincre que, dans la pensée de De Gaulle, comme dans les mots employés pour traduire cette pensée, les « choses » étaient parfaitement « nettes », absolument « éclaircies »... et bien avant le 10 juillet[3].

Quoi qu'il en soit, le 4 septembre 1944, de Gaulle reçoit Jeanneney qu'il a fait quérir à Grenoble[4]. Dans la lettre qu'il lui écrit le 7, il se félicite qu'au cours de leur entretien il y ait eu « accord complet... sur les grandes lignes de la politique qui s'impose pour achever la victoire de la France, côte à côte avec nos Alliés, restaurer l'État républicain, organiser la consultation nationale dans le plus bref délai possible et faire valoir au-dehors les droits et intérêts de notre pays ».

En vérité, de Gaulle avait l'intention de pousser beaucoup plus loin encore la constitution d'un ministère de « large union », comme si cet homme, qui n'aime et n'aimera jamais les politiciens, éprouvait le besoin, au moment de former le premier gouvernement de la France libérée, de s'entourer d'illustres de la veille, d'hommes du passé dont il imaginait peut-être qu'ils le garderaient du dévergondage des partis, l'aideraient de leurs conseils et, de cette France nouvelle, où tant

---

1. Jules Jeanneney a fait sa déclaration dans la séance du 9 juillet 1940, le Général parlera, lui, du 10 juillet, jour où les pleins pouvoirs sont accordés au maréchal Pétain. Le président Jeanneney, président du Sénat, respectant en cela la tradition, ne prendra pas part au vote.
Voici la phrase exacte du général de Gaulle : « Oui ou non, existe-t-il ici [dans l'Assemblée] un homme qui, lorsque les choses se furent éclaircies et devinrent nettes — mais elles ne l'étaient pas alors ! —, n'ait pas servi la Patrie et la République ? Vous savez bien que non ! »
2. Le 19 juin, il est question d'un « gouvernement tombé sous la servitude ennemie » ; le 22 juin, le général de Gaulle affirme que l'armistice sera « non seulement une capitulation, mais encore un asservissement » ; le 24, il parle de « la servitude acceptée par le gouvernement de Bordeaux » ; le 26, il dénonce le Maréchal : « Vous avez joué, perdu, jeté nos cartes, fait vider nos poches, comme s'il ne nous restait aucun atout. Il y a là l'effet d'une sorte de découragement profond, de scepticisme morose... »
3. Sans jamais s'écarter de la courtoisie, Jeanneney s'éloignera assez rapidement du Maréchal. Dans une lettre qu'il cosignera avec Édouard Herriot, il lui reprochera, le 31 août 1942, d'avoir violé les règles constitutionnelles.
4. Et non en Haute-Saône, comme l'écrit le Général dans ses *Mémoires*, t. III, p. 5.

d'inconnus venaient tumultueusement de surgir, donneraient à l'étranger un visage connu.

Dans sa lettre du 7 septembre 1944 à Jules Jeanneney, il manifeste, en effet, son espoir de voir « M. le président Édouard Herriot, une fois libéré », siéger dans le gouvernement[1]. Et il poursuit : « Peut-être nous paraîtra-t-il alors souhaitable que M. Léon Blum (dès sa libération) et M. Louis Marin viennent compléter l'aréopage des plus hautes personnalités de la République qui me semblent devoir se tenir à la tête du gouvernement lorsque nous aurons à consulter la nation. »

Libérés, Léon Blum et Édouard Herriot allaient, à la grande déception, au grand dépit de De Gaulle, lui refuser leur concours. Dans les *Mémoires de guerre*[2], au chapitre intitulé « Désunion », on trouvera des échos de cette amertume. De Gaulle montre un Léon Blum « très vite ressaisi par les penchants habituels de la famille socialiste » et se réfugiant derrière la fragilité de sa santé pour ne s'associer en rien à l'action fondamentale ; un Édouard Herriot « bardé de griefs et de piquants », soucieux avant tout de restaurer le parti radical ébranlé. Louis Marin ayant tenu, avec moins d'âpreté, un discours identique, s'étant montré aussi pressé de rassembler les modérés qu'Édouard Herriot de récupérer les radicaux égaillés, de Gaulle n'aura donc pas réussi, en 1945, à convaincre « ces trois personnalités qui eussent pu contribuer à marquer l'avènement de la IVe République du signe de l'unité et de la notoriété[3]... »

Si les circonstances avaient permis à Blum et à Herriot — alors prisonniers des Allemands — d'être présents à Paris en septembre 1944, s'ils avaient accepté les offres du général de Gaulle, si Louis Marin, de son côté, avait répondu favorablement, comment les résistants, qui possédaient la presse, commandaient des groupes toujours armés, orientaient à leur gré les syndicats et d'innombrables mouvements, auraient-ils reçu et jugé un gouvernement « chapeauté »

---

1. A Vichy, en juillet 1940, Édouard Herriot avait, lui aussi, incité par son discours les parlementaires à voter en faveur du maréchal Pétain.
   Dans ses *Mémoires de guerre,* t. III, p. 260, de Gaulle a plus d'épines que de roses pour Herriot, « ce patriote en qui les malheurs de la France avaient éveillé la désolation plutôt que la résolution ».
2. P. 258-261, t. III.
3. *Mémoires de guerre,* t. III, p. 261.

par Jeanneney, Herriot, Blum, Marin, hommes du passé incarnant — Blum excepté, et encore... — les mœurs et les méthodes qu'ils avaient dénoncées pendant l'occupation et dont ils s'étaient promis, avec quelque naïveté, de ne jamais leur donner l'occasion de refaire surface ?

Mais l'on ne recommence pas l'histoire !

L'équipe ministérielle est immédiatement mise au travail.

Il y a tout à défaire... et tant à faire !

Deux fois par semaine, le Conseil des ministres se réunit à l'hôtel Matignon.

Préparées avec soin par Louis Joxe, secrétaire général, que de Gaulle décrit « parlant peu et en sourdine, se tenant sous un jour tamisé », mais d'une efficacité de tous les instants et d'une fidélité que rien n'ébranlera, les séances se déroulent suivant un ordre qui, une fois établi, ne changera pas.

Sur chacun des problèmes abordés, le ministre intéressé présente son rapport, qui peut être suivi d'une discussion à laquelle de Gaulle ne se mêle que pour exiger des opinions exprimées sans réserves.

En fin de compte, il fait connaître, « en termes sibyllins autant que panoramiques », écrira bien plus tard Georges Bidault[1], sa propre manière de voir qui s'impose naturellement.

Revenant en 1959, dans le tome III de ses *Mémoires de guerre,* sur ce premier ministère de l'après-Libération, de Gaulle, si ménager de compliments, si prompt à déceler en autrui le défaut de l'âme qu'il l'invente parfois, si grand lecteur des moralistes dont, au fil des ans, il a, dans ses carnets, recopié les maximes désabusées, aura pour *chacun* de ses ministres une ou plusieurs phrases qui se veulent — et sont — autant de parfaits petits portraits psychologiques où la louange du mot juste l'emporte toujours sur la critique. Si critique il y a, elle se borne à un adjectif pour Charles Tillon[2], à un adverbe pour Georges Bidault[3].

---

1. *D'une Résistance à l'autre.*
2. « Charles Tillon, tendu, soupçonneux, ne s'en consacre pas moins efficacement à la résurrection des fabrications de l'Air. »
3. « Versé, depuis des années, dans l'Histoire et dans la critique des sujets qu'il doit traiter, mais tout neuf dans la pratique des choses, impatient déjà de

Ces citations à l'ordre de la nation sont ciselées quinze ans après l'événement, à propos d'hommes dont bon nombre se sont écartés, souvent avec violence, parfois avec ingratitude et mauvaise foi. De Gaulle écrit d'ailleurs avec la mélancolique tendresse d'un chef qui, se retournant sur le passé, ne voit que les difficultés vaincues grâce à la « cohésion » — c'est le mot qu'il emploiera — d'une équipe qui dut être moins soudée qu'il ne l'imagine dans son souvenir.

Il est vrai que la guerre qui continue est un puissant ciment, mais les hommes en place, rattachés pour la plupart à des partis, se sentent-ils responsables seulement devant de Gaulle ? Le Général l'écrit : « Quand on est ministre, c'est, en fait, vis-à-vis du général de Gaulle et de lui seul qu'on est responsable. »

Est-ce bien certain ? Au fur et à mesure que passent les jours — en réalité, dès « l'affaire » des Milices patriotiques —, l'autorité du général de Gaulle se trouve discutée, fût-ce à bas bruit et sans qu'en apparence il se trouve personnellement mis en cause. Lui-même tracera d'ailleurs la ligne de démarcation entre ce qui est sujet d'adhésion et sujet à discussions, voire à disputes, bientôt à déchirements.

> « L'action des armées, des buts de guerre, l'attitude à prendre vis-à-vis des Alliés, la transformation de l'Empire en Union française, le devoir d'assurer la justice à l'égard des " collaborateurs[1] ", l'obligation de maintenir l'ordre contre quiconque, la nécessité d'accomplir une vaste réforme sociale ne soulèvent pas de contestation. Là-dessus, tout le monde est d'accord quant à la direction que de Gaulle a lui-même tracée. Mais, dès que l'on aborde les mesures à prendre, c'est-à-dire les intérêts à mettre en cause, le débat aussitôt s'anime.
>
> C'est le cas, en particulier, pour les projets d'ordre économique et social, les dispositions financières, la production, le ravitaillement, le mode de suffrage, l'éligibilité[2]. »

---

voler de ses propres ailes mais soucieux de ne pas s'écarter *encore* de la ligne que j'ai tracée, tenté de s'absorber dans sa tâche ministérielle mais en même temps attentif à la gestation du mouvement politique [le M.R.P.] dont il entend prendre la tête, il surmonte ces contradictions à force d'intelligente finesse. »

1. En ce domaine, il n'y aura pas d'unité de pensée entre les ministres.
2. *Mémoires de guerre*, t. III, p. 125.

Même lorsque sera venu entre eux le temps des ruptures, Georges Bidault confirmera la suprématie de De Gaulle « qui, sans constitution, sans élection, sans continuité, sans élections législatives, attirait à lui et réglait toutes les grandes affaires[1] ».

C'est de Gaulle, en effet, qui, arbitrant en faveur de Pleven contre Mendès France, « réglera » la plus grande affaire que le pays ait eue à régler. L'option faite alors, au profit d'une relative « facilité » contre une relative « austérité », ne sera pas étrangère à la sanction de 1949 lorsque, par rapport à la base 100 en 1938, l'indice des prix français sera à 1 650, quand il ne dépassera pas 161 en Angleterre, 379 en Belgique, 241 aux Pays-Bas et 170 au Danemark.

Le premier soin du gouvernement réinstallé à Paris était-il de « faire la guerre », de replacer, par le discours et les sacrifices militaires, la France au premier rang des nations ; d'accorder des satisfactions justifiées aux Français meurtris et affamés, à qui Londres, quatre ans durant, avait dénoncé le prédateur allemand ; de punir ceux qui, à des titres divers et dans des postes différents, avaient failli ; de mettre en place, dans un pays en voie de « féodalisation », une administration répondant aux ordres d'un pouvoir qui, depuis Londres et Alger, avait imaginé le moule dans lequel devait se couler la France nouvelle ; de veiller, au sortir d'une occupation responsable, tout à la fois, de l'assèchement de la richesse nationale et de la multiplication des signes monétaires, à la sage [aussi sage que possible] évolution des prix et des salaires ?

Que *tout* ait été indispensable, on en conviendra.

Mais, par la force des choses, dans cet indispensable, il était nécessaire d'établir des priorités. Si l'on décidait — comme le réclamait le Parti communiste — que priorité devait être donnée à l'épuration, on lançait un peuple quotidiennement enfiévré par la presse et les orateurs de village dans une course perpétuelle à l'ennemi de l'intérieur.

Si l'on privilégiait la poursuite de la guerre pour réparer l'humilia-

---

1. *D'une Résistance à l'autre.*

tion de 1940, on sollicitait d'un pays, financièrement et psychologiquement épuisé, des efforts hors de proportion avec ses ressources matérielles et morales.

Si l'on accordait à tous ceux qui se plaignaient justement — et toutes les catégories sociales se plaignaient — les satisfactions réclamées, l'économie devrait tenter de subvenir, sans y réussir rapidement, aux appels des consommateurs, mais ce serait au détriment des investissements, donc de l'avenir, et par la création de monnaie, cause d'inflation, de continuel enrichissement des riches, d'appauvrissement continu des pauvres.

Il fallait faire un choix.

Dans le premier chapitre du tome III de ses *Mémoires de guerre,* Charles de Gaulle trace tout à la fois avec méthode, précision et foisonnement d'images, un tableau de la France libérée et des problèmes qui se posent à elle.

Puisque la pagination établit une hiérarchie et détermine les centres d'intérêt de l'écrivain, il est aisé de constater que, sur les quarante-deux pages de ce premier chapitre, douze sont consacrées aux voyages de reprise en main et de remise en ordre, dont l'importance a été soulignée dans un chapitre précédent, douze à la poursuite du combat mené par les armées alliées, mais surtout, la disproportion est compréhensible, par les divisions régulières françaises rejointes par les F.F.I., qui, pauvrement armées, mal équipées, mais animées par le plus bel enthousiasme, affluent de toutes les provinces.

Deux pages seulement pour les problèmes économiques. Deux pages et demie si l'on ajoute un passage de ce discours du 12 septembre au Palais de Chaillot dans lequel de Gaulle précisait les objectifs que s'était fixés le pouvoir :

> « Faire en sorte que le niveau de vie des travailleurs monte à mesure que montera le taux de la production ; placer, par réquisition ou par séquestre, à la disposition directe de l'État l'activité de certains services publics et de certaines entreprises ; faire verser à la collectivité nationale les enrichissements coupables obtenus par ceux qui travaillaient pour l'ennemi ; fixer les

prix des denrées et contrôler les échanges aussi longtemps que ce qui est produit et transportable n'équivaut point aux demandes de la consommation... »

Objectifs qui ne seront que très partiellement atteints.

Pour quelles raisons ?

Les deux pages (36-37) que le général de Gaulle a consacrées aux problèmes posés par la situation économique de l'automne 1944 — problèmes dont la solution commandera tout l'avenir — commencent par cette phrase : « Sortant d'un immense tumulte, ce qui s'impose d'abord, c'est de remettre la France au travail. Mais la première condition est que les travailleurs puissent vivre. » Et de Gaulle d'évoquer l'augmentation des salaires (de l'ordre de 40 pour 100[1]) et des allocations familiales (50 pour 100) décidée par le Conseil des ministres du 13 septembre, puis le succès de l'emprunt de la Libération qui aurait, d'après lui, évité à l'État la faillite et aux Français l'inflation.

L'avenir allait prouver que l'État se trouverait bientôt condamné à des dévaluations successives rongeant la monnaie et que les Français, pendant de très longues années, souffriraient, les uns, bénéficieraient, les autres, d'une inguérissable inflation.

La responsabilité de ce désastre économique — qui débutera avant que le général de Gaulle n'ait quitté le pouvoir et ne fera que s'aggraver mécaniquement par la suite — est-elle due — comme l'écrit Alfred Sauvy[2], et bien d'autres avec lui — au refus d'adopter les thèses de Pierre Mendès France et les méthodes qu'il préconisait pour les faire aboutir ?

Il faut savoir que, si, dans le gouvernement formé par le général de Gaulle le 9 septembre, Mendès France occupe bien le ministère de l'Économie, il avait initialement refusé cette responsabilité. Écrivant à ses parents le 23 septembre 1944, il leur a confié : « Beaucoup de travail, mais dans des conditions dures et difficiles. *J'ai tout fait[3] pour ne pas rester dans le gouvernement, mais de Gaulle m'a à peu près contraint.* »

De Gaulle lui a dit, en effet : « Voilà des mois que vous parlez d'un grand ministère de l'Économie. Eh bien ! prenez-le... » La tentation

1. En réalité davantage, *cf.* p. 532.
2. *La Vie économique des Français de 1939 à 1945.*
3. Je souligne intentionnellement.

était grande, même si Mendès demeurait fondamentalement sceptique sur les libertés d'action qui lui seraient laissées.

Il faut savoir également qu'en février 1944 — donc plus de six mois avant la constitution du premier gouvernement de la Libération —, Mendès, alors commissaire aux Finances du gouvernement d'Alger, avait adressé à ses collègues du Comité français de la Libération nationale un texte ayant pour titre : « *Note sur les questions monétaires et financières (période immédiatement postérieure à la Libération).* »

L'essentiel y était écrit par Mendès de ce qui — jusqu'à sa démission du 2 avril 1945 — restera son approche des difficultés économiques françaises. L'essentiel y était exposé du plan grâce auquel il pensait éviter à la France « la situation économique de l'Allemagne en 1923-1924, avec l'évanouissement de la monnaie et les conséquences sociales qui en découlent ».

Qu'affirme Mendès ?

Que le gouvernement provisoire se trouvera en présence d'un *marché économique* pour longtemps appauvri et de *moyens monétaires* surabondants.

Il met en avant des chiffres qui, six ou sept mois plus tard, seront évidemment plus élevés : les dépôts dans les banques et les caisses d'épargne sont passés de 120 milliards en 1939 à 260 milliards au début de 1944 ; la circulation monétaire a plus que triplé dans la même période (500 milliards contre 140).

Cette disproportion entre l'abondante *masse des moyens de règlement et la pénurie des marchandises disponibles* peut créer, estime-t-il, une situation exceptionnelle, « *de nature (peut-être) à provoquer des troubles monétaires profonds* [1] », dont le premier signe serait « constitué par un violent appel à la hausse des prix, des salaires et des tarifs », qui pourrait être suivi « par une méfiance croissante à l'égard de la monnaie et par une fuite généralisée devant cette monnaie ».

Mendès France analyse très exactement alors ce qui se passera à la Libération. Face aux salaires que Vichy — souvent sur ordre allemand — a contenus de façon stricte, puisque, en quatre ans, ils sont passés de 1 à 1,8 [2], les prix sont passés, selon lui, de 1 à 3. En réalité, un peu

---

1. Souligné par Mendès France.
2. En réalité, un peu moins encore : 1,6. *Cf. Enquête économique en France de 1938 à 1948*, p. 315. Mais 2, ou près de 2, grâce à certains avantages sociaux qui ne touchent d'ailleurs qu'une partie de la population.
De la base 100 en octobre 1935, le salaire horaire des manœuvres passe (pour la

moins[1], mais il s'agit des prix « officiels », des prix de ce « ravitaillement » dont on sait qu'il n'apporte aux consommateurs que des rations alimentaires insuffisantes. Le nombre de calories dont disposaient *en moyenne* les Français s'établissait, dans les années 1935-1938, à 3 110. Il tombera, à Paris, à moins de 2 000, nombre inférieur à celui de 1825. Encore faut-il, pour atteindre ce chiffre, ajouter aux calories fournies par les denrées vendues contre tickets (1 087) le produit des colis et des jardins familiaux. 2 000 calories représentent d'ailleurs une moyenne, Parisiens riches et Parisiens pauvres ne se trouvant pas à égalité dans le domaine des colis familiaux, et moins encore dans celui du marché noir[2], alors qu'ils le sont s'agissant des denrées rationnées et délivrées contre tickets.

Le rapport des prix (si l'on inclut ceux du marché noir) étant passé de 1 à 4 ou 5 suivant les régions, Mendès explique qu' « une hausse substantielle des salaires sera réclamée ; elle sera d'autant plus puissante qu'elle sera indiscutablement justifiée par les niveaux actuels très insuffisants de certains des barèmes en vigueur »...

Mais s'il paraît « futile » à Mendès France de vouloir s'opposer à la hausse « générale et sensible » qui suivra la Libération, il lui paraît indispensable d'empêcher la renaissance par la course sans fin entre les prix et les salaires, du « cycle infernal » qui a ébranlé, à plusieurs reprises, l'édifice économique et financier français de 1914 à 1939.

Comment le général de Gaulle et tous les membres du Comité français de la Libération nationale ne seraient-ils pas d'accord sur l'analyse de la situation ? Sur les remèdes naîtront, en revanche, des divergences et se manifesteront des oppositions qui conduiront finalement de Gaulle à écarter Mendès France du pouvoir

---

France) à 191 en octobre 1940, 223 en octobre 1942, 275 en octobre 1943, 301 en avril 1944 (avant les augmentations de septembre), 438 en octobre 1944, 563 en avril 1945.

1. Base 911 pour 29 articles d'alimentation en 1940 à Paris portée à 1 900, moyenne des sept premiers mois de 1944, c'est-à-dire jusqu'à la Libération. *Cf. Enquête économique en France de 1938 à 1948*, p. 278-279.

2. J'ai cité de nombreux exemples de prix dans mes ouvrages précédents. On consultera naturellement avec grand profit le livre d'Alfred Sauvy, *La Vie économique des Français de 1939 à 1945*.
Concernant les colis familiaux envoyés à Paris, Sauvy cite le chiffre de 13 547 000 pour l'année 1943 (soit 279 000 tonnes). D'après lui, les seuls colis familiaux représentent un apport de 60 calories par personne et par jour. Mais, là encore, les inégalités entre catégories sociales sont évidemment flagrantes.

Quels sont les remèdes que, dès *février 1944,* propose Pierre Mendès France ? Ceux qu'il ne cessera de proposer, toujours dans les mêmes termes, puisque la logique de son discours, loin de varier, se trouvera renforcée lorsque, arrivé à Paris, il lui faudra affronter les réalités.

> « Malgré les efforts qui seront entrepris, on ne peut espérer mettre à la disposition du pays libéré, à brève échéance, l'ensemble des produits industriels et alimentaires. Il faudra expliquer au pays qu'il ne peut être pourvu, en même temps, en ravitaillement en produits de consommation et en rééquipement des moyens de production.
>
> Pour ces diverses raisons, et aussi parce que les importations resteront inévitablement réduites pendant un temps assez long, des restrictions sévères continueront fatalement à s'imposer.
>
> Quoi qu'on fasse, les quantités de marchandises mises à la disposition des consommateurs ne correspondront ni à leurs espoirs actuels ni aux demandes qu'ils formuleront après la Libération (dont ils croient trop souvent, sur la foi de promesses imprudentes, qu'elle mettra fin soudainement aux privations et aux restrictions).
>
> L'effort du gouvernement provisoire, après la Libération, devra tendre *à raréfier, dans toute la mesure du possible, les moyens de paiement utilisables sur le marché, afin de rétablir un équilibre relatif entre leur volume global et les quantités de marchandises susceptibles d'être mises en vente.*
>
> *Les mesures à prendre concerneront les diverses catégories de pouvoirs d'achat, notamment les comptes en banque, les valeurs mobilières et surtout les billets en circulation*[1]. Plus les mesures seront sévères, plus vite il sera permis de desserrer les dispositions décrites plus haut dans l'ordre du ravitaillement et de la discipline économique. »

Mendès France préconise donc une série de mesures qui devront être réalisées dans les semaines suivant la Libération, tout retard leur faisant, à l'évidence, perdre de leur efficacité.

Aux yeux de Mendès France, l'échange des billets en circulation doit

---

1. Je souligne intentionnellement.

être, et de très loin, la mesure la plus importante et la plus « rentable » pour l'économie. Son plan prévoit donc une brève période pendant laquelle tous les possesseurs de billets (il faut rappeler que le marché noir nécessite que des sommes importantes soient conservées « en liquide » — ne parlera-t-on pas des « lessiveuses » dans lesquelles des millions se trouveraient entassés?) seraient obligés, sous peine de forclusion, de les présenter[1] aux caisses publiques, banques ou bureaux de poste.

Les porteurs recevraient alors une somme correspondant à leurs besoins, que Mendès estime à 5 000 francs par adulte plus 2 000 francs par enfant à charge[2]. Pour quelle durée cette somme de 5 000 francs serait-elle attribuée? Le plan ne le dit pas. En revanche, dans son numéro du 25-26 février 1945, *Le Populaire* annoncera, parmi les mesures auxquelles « songe » le ministre de l'Économie, « un échange des billets contre des billets " tricolores " (5 000 francs par adulte, 2 000 francs par enfant pour *90 jours*[3]), ainsi qu'un impôt de 20 pour 100 sur le capital ». L'information ayant semé la panique, puisque 5 000 francs pour 90 jours ne permettraient à un célibataire que de disposer de la somme misérable de 1 666 francs par mois[4], elle sera non seulement démentie le 28 février, mais *Le Populaire* ajoutera qu'elle a donné lieu, « de la part de la direction politique, à des sanctions contre l'auteur de l'article ».

Quoi qu'il en soit, Mendès attend des mesures qui seraient prises — blocage des comptes, échange rapide des billets, *taxation* rigoureuse de tous les enrichissements, *confiscation* de tous les enrichissements d'origine illicite, qu'ils proviennent du marché noir, du commerce avec l'ennemi ou du trafic des devises — une réduction de MOITIÉ de la masse monétaire estimée alors à 500 milliards.

Ayant admis le principe d'une première augmentation des salaires — « l'augmentation de la Libération » qui serait limitée à 25 ou 30 pour 100 —, il juge, en février 1944, que, dans l'immédiat, toute autre augmentation supplémentaire compromettrait son plan.

---

1. A l'exception des coupures de moins de 100 francs.
2. Il s'agit, faut-il le répéter, d'anciens francs.
3. Je souligne intentionnellement.
4. Soit 60 pour cent du traitement du fonctionnaire le moins payé.

« Les résultats à attendre des diverses mesures énumérées pour " éponger " les moyens de règlement excédentaires seraient menacés si d'autres décisions, prises au même moment, entraînaient, par contre, *la création inopportune de nouveaux pouvoirs d'achat*[1].

Or, il existera, à ce sujet, beaucoup de demandes, dont un grand nombre seront, hélas ! cruellement légitimes. Des mesures de première aide devront être prises en faveur des prisonniers rapatriés, des chômeurs, des sinistrés. Des augmentations de salaires seront demandées au profit des ouvriers et des majorations de prix de vente de certains producteurs agricoles. »

Quelle réponse Mendès propose-t-il de faire à ces inévitables demandes ? « Que l'on évite, autant que possible, écrit-il, ces mesures qui n'auraient d'autre effet que de procurer aux bénéficiaires *des moyens d'achat sans contrepartie concrète*[1] qui ne pourraient que pousser à la hausse les prix du marché noir. »

Selon lui, il faudrait donc accorder à chaque prisonnier rapatrié non *une somme importante*[1], mais des vêtements chauds[2]; aux ouvriers « qui fournissent des efforts exceptionnels », des bons ou des tickets de rations supplémentaires ; aux sinistrés, les matières premières dont ils auront le besoin le plus immédiat; aux paysans, Mendès le dira mieux dans son discours du 21 mars 1945 prononcé devant l'Assemblée consultative provisoire[3], non des hausses de prix « en définitive ne résolvant aucun problème », mais des engrais, du petit outillage, des machines agricoles[4].

« L'expression — poursuit Mendès — " ils ont des droits sur nous " devra se traduire beaucoup plus par des avantages

---

1. Je souligne intentionnellement.
2. Encore faudrait-il les trouver. L'une des principales revendications des prisonniers libérés concernera précisément le manque de vêtements.
3. Son dernier discours, puisqu'il démissionnera quelques jours plus tard.
4. Dans son discours du 21 mars 1945, Pierre Mendès France dira, en effet, que chaque bateau qui arrive des États-Unis ajoute « une fraction importante de produits nécessaires à l'agriculture. C'est ainsi que nous viendrons en aide à l'agriculture, sans lui accorder, sauf dans le cas où elles s'avéreraient indispensables, des révisions de prix qui, par elles-mêmes, ne constituent pas une solution au problème agricole ». Encore faudrait-il que les paysans ne paient pas les bêtes deux fois plus cher qu'ils ne les vendent... ce qui est le cas.

matériels et objectifs que par des versements de sommes liquides. »

Comment ce « plan d'Alger », dont j'ai résumé les grandes lignes, a-t-il été accueilli en février 1944 par les collègues de Mendès ?

Assez mal pour que, le 15 mars, le ministre de l'Economie offre sa démission au général de Gaulle.

> « Un grand nombre de mes collègues, lui écrit-il, se sont peu à peu rapprochés de mon point de vue. Il est clair cependant que le gouvernement n'est pas fermement décidé à manifester dans cet ordre d'idées la vigueur, la volonté et l'esprit d'équipe indispensables... Ainsi que je vous l'ai dit, mon Général, je ne peux envisager d'être responsable du développement de l'inflation, si je n'ai pas le moyen d'exercer mon influence sur les décisions qui l'entraînent. »

Démission donc. Dans son agenda, René Mayer (commissaire aux Travaux publics), après avoir signalé, le 8 mars, qu'à l'occasion de la discussion sur les prix et les salaires Mendès s'était montré « nerveux », note le 15 mars : « A midi, Tixier (commissaire aux Affaires sociales) m'apprend la démission de Mendès France. Je lui téléphone, lui marque mon entière désapprobation. »

Ce n'est pas la désapprobation de Mayer qui fera changer d'avis Mendès, mais le discours prononcé le 18 mars 1944, à Alger, devant l'Assemblée consultative, par le général de Gaulle et, dans ce discours, les phrases sur les mesures économiques qui devront être prises dans les jours suivant la Libération.

> « Il est certes pénible, a déclaré de Gaulle, de dire à la nation, qui aura si durement souffert, que l'arrivée des forces françaises et alliées ne marquera pas du tout le commencement de l'euphorie. Mais le gouvernement a le devoir de le proclamer, dès à présent, comme il aura celui de prendre les mesures rigoureuses qui s'imposeront quant au rationnement, aux prix, à la monnaie,

au crédit, afin que chacun, je dis chacun, puisse recevoir sa part de ce qu'il est vital de consommer...

. . . .

Mais si, sur la base et sous la couverture de ce système initial de répartition, le gouvernement entend s'appliquer à stimuler, par tous les moyens possibles, la production agricole et la reconstruction industrielle, il va de soi qu'il ne tolérera pas les coalitions d'intérêts, les monopoles privés, les trusts dont la persistance dans la période de démarrage compromettrait par avance les réformes de structure économique et sociale que veut aujourd'hui l'immense majorité des Français...

La France nouvelle reconnaît l'utilité d'un juste profit. Mais elle ne tiendra plus pour licite aucune concentration d'entreprises susceptible de diriger la politique économique et sociale de l'État et de régenter la condition des hommes. »

Dans une lettre du 30 mars à son collaborateur et ami Georges Boris, Mendès France écrira : « Vous avez compris, à la lecture du discours du Général, que celui-ci s'était prononcé dans mon sens, mais cela ne constitue qu'un succès apparent qui n'a eu d'autre effet que de m'obliger à retirer ma démission donnée quelques jours plus tôt en présence de la généralité des résistances qui s'étaient manifestées de toutes parts. » Et Mendès de faire allusion à ses difficultés avec Tixier (commissaire aux Affaires sociales), aux heurts qui l'opposent aux représentants « de la C.G.T., lesquels, à leur tour, ne veulent pas être moins démagogues que les communistes [1] ».

Pas dupe donc, Mendès.

Et ne dupant pas. Si l'on se reporte au très utile, et peu utilisé, journal de René Mayer, on découvre que l'attitude de Mendès exaspère souvent ses collègues.

« 29 mars 1944... Sa ligne m'intrigue de plus en plus. »

« 1er avril 1944... Éprouve-t-il du plaisir à se faire violer ? »

« 6 juillet 1944, Comité économique. Fixation du prix du vin de la récolte de 1943. Mendès France, une fois de plus, me paraît ou doctrinal ou purement politique. »

« 29 septembre [le gouvernement est alors à Paris] : Mendès

---

1. La C.G.T. alors unifiée est, en principe, dirigée par les socialistes.

donne pour la énième fois sa démission. Réunion à l'Économie nationale des commissaires de la République [de la zone] Sud. Mendès, toujours professeur, préside et doctrine. »

« 16 octobre. Comité économique en fin de journée. Mendès France propose son texte sur le ministère de l'Économie nationale. C'est un monstre, il veut trop embrasser et s'écroulera sous les décombres. »

Mayer, qui n'a rien d'un critique systématique, ne parle de façon *agacée* que du seul Mendès. Et il est évident que, par son « militantisme économique », son côté « donneur de leçons », son moralisme également, Mendès, qui se mêle de tout, le plus souvent fort justement, mais toujours avec une hauteur de ton « gaullienne » — mais il n'est pas de Gaulle —, gêne les uns, irrite et blesse les autres.

Il gêne ceux qui rêvent de chambardement lorsqu'il écrit que les « organes de répartition existants *[c'est-à-dire ceux de Vichy]* devront être utilisés », même s'il lui paraît nécessaire de les placer « sous le contrôle immédiat de l'opinion publique », idée chimérique, d'ailleurs.

Il gêne ceux qui, se préparant déjà des « clientèles » électorales métropolitaines, souhaitent augmenter considérablement salaires et prix agricoles. « On ne peut que s'élever ici, écrit-il, contre la proposition qui est faite d'autoriser un rehaussement immédiat du prix des fruits et des légumes[1]. »

En vérité, pour quelques semaines au moins, il souhaite ne pas toucher aux salaires et aux prix fixés par Vichy. Ce révolutionnaire a horreur de la table rase. Le pire, pour lui, serait de se trouver face à un pays où les anciens systèmes auraient été jetés bas avant que les nouveaux ne fussent en place. Ce raisonnement incite le Comité économique qu'il préside à décider « de maintenir en fonction, en France, les groupements économiques et Comités professionnels établis par le gouvernement de Vichy[2] ». Qu'ils soient contrôlés par

---

1. « Directives particulières pour le ravitaillement de la France au moment du débarquement. »

2. « Il importera donc, lors de la Libération, écrit-il le 1er avril au commissaire à l'Information, de ne pas détruire tout à coup, dans le tumulte de la bataille, des organisations et administrations d'économie dirigée. On devra les maintenir, de même qu'on maintiendra, au moins au début, le système du ravitaillement, les réglementations des prix et des salaires et toute une série d'autres dispositions qui permettront de réaliser rapidement le programme du nouveau gouvernement. »

des « représentants qualifiés de la classe ouvrière », en attendant leur remplacement par des « formations nouvelles », voilà qui devrait permettre une heureuse transition ! Mendès estime également que la présence de « représentants ouvriers » dans les organes de contrôle du ravitaillement fera accepter, par le peuple, « les restrictions qui lui seront demandées pendant un temps ».

Ce pessimiste croit à la vertu. Pédagogue, il enseignerait Corneille (les hommes tels qu'ils devraient être) de préférence à Racine (les hommes tels qu'ils sont).

Cueillant ses exemples même chez l'ennemi, il n'hésite pas à rappeler au commissaire à l'Information que Goering invitait les Allemands « à choisir entre le beurre et le canon ». Eh bien ! lui écrit-il, « nous aurons à choisir entre le beurre et le relèvement du pays ».

Veillant à tout, il écrit même, une semaine avant le débarquement de Provence, au général de Lattre de Tassigny pour lui demander qu'à l'exemple des Américains (?)[1] les troupes françaises se gardent de faire des achats individuels, de fréquenter restaurants et hôtels, de dépenser étourdiment leurs soldes (qui seront d'ailleurs limitées).

> « Je demeure convaincu que vous comprendrez facilement quelle importance, à la fois du point de vue économique et du point de vue psychologique, j'attache à la mise en œuvre de cet ensemble de dispositions... Pour prendre leur pleine signification, ces mesures doivent être portées par le commandement à la connaissance des troupes : on ne fait jamais appel en vain à l'intelligence de nos soldats ni surtout à leur cœur. Or, c'est bien, en effet, de cœur que nos troupes devront faire preuve vis-à-vis des populations civiles qu'elles vont libérer et qu'elles trouveront privées, depuis quatre ans, de ce qui leur était indispensable pour vivre et pour travailler... »

---

1. Mendès France écrit à de Lattre qu'il a demandé aux autorités de Washington de prendre des mesures pour limiter, « de la manière la plus stricte possible », le pouvoir d'achat des troupes alliées débarquant en France et que le président Roosevelt a adressé un appel « aux troupes américaines dans le sens des indications qui précèdent ». C'est tenir pour rien la formidable monnaie d'échange dont dispose, avec l'essence, les pneus, les rations, etc., l'armée américaine.

On imagine l'effet de cette leçon de psychologie militaire sur un général qui se flattait de connaître, mieux que quiconque, l'âme du soldat !

En vérité, dans son jugement, Mendès France n'épargne personne dès lors qu'il s'agit des problèmes économiques.

Dans une lettre du 8 août adressée à Georges Boris, qui se trouve à Londres, il décrit le général de Gaulle arrêté « par mille raisons secondaires qui touchent à la politique quotidienne beaucoup plus qu'à la perspective lointaine ». « Je ne crois pas, ajoute-t-il, qu'il modifie quoi que ce soit à ses décisions générales (ou plutôt à ses absences de décision) tant que nous serons en Afrique du Nord. Il dit qu'il ne prendra une orientation effective qu'au moment de la réforme gouvernementale qui accompagnera le retour en France. Sans doute, à ce moment-là, assisterons-nous à une première amélioration. Mais que de temps aura été perdu ! »

Le 9 septembre 1944, lorsque de Gaulle a modifié son gouvernement, ce n'est pas Pleven qu'il a nommé ministre des Finances mais Aimé Lepercq.

De cet homme au visage souriant, au front très large et aux yeux bienveillants derrière les lunettes, le public ne sait rien. Alors qu'il se rendait, le 9 novembre, de Lille à Rouen, sa voiture, conduite par Justin Renaudie, fera une embardée au lieu dit le Pont maudit, près de Harnes, tombera dans le canal[1], et Lepercq périra noyé sans avoir laissé de nom à l'Histoire.

Valeureux combattant de 1914-1918 (3 blessures, 5 citations),

---

1. Périssent également dans la voiture Jean-François Ricquebourg, directeur de cabinet du ministre, Vincent Raoux, son secrétaire particulier, et Justin Renaudie, le chauffeur. L'accident s'est produit le 9 novembre, vers 19 h 30 ; la voiture ne sera découverte que le 10 à 10 heures, par les pompiers de Lens et de Licoin.

président du Comité d'organisation des Houillères, engagé depuis 1942 dans la Résistance au sein de l'Organisation civile et militaire, il était devenu, en décembre 1943, avec son ami Pierre Lefaucheux, l'un de deux responsables militaires pour Paris et la région parisienne.

Arrêté en février 1944 par une redoutable équipe de policiers allemands arrivant de Russie, il devait être conduit, pour son procès, de la citadelle d'Arras à la prison de Fresnes[1]. Libéré à l'instant de la débâcle allemande, il s'était retrouvé pour quelques jours commandant supérieur de l'hôtel de ville de Paris, avant d'être nommé, le 4 septembre, ministre des Finances.

Mais qui était-il véritablement ? Quelle aurait été son action ?

Fernand Picard, directeur des études et recherches chez Renault, l'un de ses camarades de résistance, l'a décrit « réaliste de nature, connaissant par sa carrière industrielle les problèmes ouvriers, courageux, sans préjugé de classe, ni de coterie ». Mais encore ? Selon Picard, Aimé Lepercq « aurait été le plus apte à nous sortir des difficultés économiques que nous léguait l'occupation ». Picard écrit également qu'Aimé Lepercq avait su gagner la confiance de tous les milieux, qu'il constituait le meilleur lien entre le gouvernement et le Conseil national de la Résistance ; et il demeurera persuadé — sentiment partagé par plusieurs amis du ministre décédé — que « l'histoire de notre après-guerre aurait été tout autre s'il lui avait été donné de poursuivre sa tâche. *Son influence, son autorité même* sur le général de Gaulle étaient grandes. Il aurait certainement empêché bien des erreurs dans tous les domaines ».

Jugement excessif, comme le sont les jugements amicaux, lorsque le destin n'a pas permis à un homme de faire ses preuves ?... Le général de Gaulle dira, dès le 10 novembre, à Maurice Schumann, qui a déjeuné la veille, à la préfecture de Lille, près d'Aimé Lepercq et a été impressionné par le caractère et la compétence du ministre : « C'est une grande perte pour la France. »

Il répétera à peu près les mêmes mots le 14 novembre, à l'occasion des obsèques nationales de Lepercq qui auront lieu à Saint-Germain-l'Auxerrois : « La mort d'Aimé Lepercq est l'une des plus cruelles que nous ayons à subir. »

---

1. Le colonel Touny, chef de l'O.C.M., capturé en même temps que Lepercq et que plusieurs de ses amis, sera fusillé en avril à la citadelle d'Arras. Son corps repose aujourd'hui dans la crypte du Mont-Valérien.

Aimé Lepercq entretenait de bons rapports avec Mendès France à qui il déclarera que, s'étant toujours occupé d'affaires privées, il ignorait le fonctionnement des finances publiques. Il sollicitera même de Mendès le prêt d'un « bon expert ». Ce sera l'inspecteur des Finances Ricquebourg, qui trouvera la mort, le 9 novembre, dans la même voiture que son ministre. Ricquebourg, il faut le noter, avait été associé à l'échange des billets qui avait eu lieu en Corse après la libération de l'île en 1943.

Mendès France avait, en effet, réussi à imposer dans l'île le blocage immédiat des comptes présentant un solde de plus de 20 000 francs, puis, le 2 juillet 1944, l'échange des billets de 100 francs « sans retenue, ni formalités » et le déblocage partiel des comptes en banque dans la limite de 6 000 francs par personne majeure, 3 000 francs par enfant mineur [1].

Par qui remplacer le ministre des Finances disparu ?

Le général a tout d'abord songé à René Mayer qu'il fait appeler le 10 novembre, à 10 h 30, pour lui annoncer la mort de Lepercq (« C'est une perte affreuse et une guigne terrible », note Mayer dans son agenda) et pour lui proposer le poste.

Peut-être Mayer eût-il accepté si, quelques heures plus tard, il n'avait pas appris la mort de son fils Antoine, tué au combat le 16 septembre, près de Pont-de-Roide, dans le Doubs.

C'est en vain que Mendès avance le nom de Giacobbi, « un homme

---

1. A ces mesures, le gouvernement d'Alger avait ajouté une taxe exceptionnelle sur les accroissements de fortune supérieurs à 50 000 francs réalisés en Corse entre le 1er janvier 1939 et le 31 décembre 1943.

Cependant que rien ne se fait en France libérée, les mesures de restrictions monétaires sont maintenues dans l'île pour la plus grande colère des Corses, qui, lorsqu'ils viennent en métropole, ne peuvent « changer » que 10 000 francs.

« Notre monnaie, écrira dans *Le Patriote* Laurent Soléni, n'est pas la même que celle de la France. A Marignane, à Marseille, il faut l'échanger comme si l'on revient de l'étranger. »

très courageux et honnête, un Corse radical qui s'était battu avec une bravoure exceptionnelle, d'abord dans la Résistance, puis aux côtés de Gabriel Ardant, pour l'échange des billets ».

Dans l'esprit du ministre de l'Économie, l'échange immédiat des billets demeure une priorité : le choix de Ricquebourg, le désir de faire nommer Giacobbi en apporteraient, si besoin, des preuves supplémentaires.

Mais de Gaulle a pris sa décision.

Alors que René Pleven, ministre des Colonies, n'est nullement candidat, car il se passionne pour l'Afrique depuis qu'en juillet 1940 de Gaulle l'a désigné, en compagnie d'Hettier de Boislambert et de Leclerc, pour tenter de rallier l'Afrique équatoriale à la cause de la France libre, c'est lui que le chef du gouvernement provisoire nomme, le 14 novembre, ministre des Finances.

Pleven est l'un de ceux — bien rares — qui ont répondu immédiatement à l'appel du 18 juin. Ce docteur en droit, diplômé de l'École libre des sciences politiques, ancien président de l'Association des étudiants catholiques de Paris, a d'abord travaillé au Canada avant de devenir, en Angleterre, directeur pour l'Europe de la firme américaine Automatic Telephone Company. La guerre a fait de lui — il a alors trente-huit ans — le chef adjoint de la Mission franco-anglaise de l'Air aux États-Unis. Rallié le 19 juin au général de Gaulle, il sera secrétaire général du gouvernement de l'Afrique équatoriale française, puis, à partir de juin 1941, directeur, à Londres, des Affaires extérieures et économiques de la France libre. Commissaire chargé de l'Économie, des Finances et des Colonies, dès la formation du Comité national français en septembre 1941, Pleven a négocié à Washington le premier accord prêt-bail dont bénéficiera la France[1].

A partir du 7 juin 1943, il sera commissaire des Colonies du Comité français de la Libération nationale, fonction qu'il assumera jusqu'à ce jour de novembre 1944 où de Gaulle en fera son ministre des Finances.

C'est au titre de commissaire des Colonies qu'il a *proposé* — et de Gaulle lui en fait l'hommage dans ses *Mémoires de guerre* —, organisé et présidé cette conférence de Brazzaville à laquelle, président du gouvernement provisoire, chef du R.P.F. ou président de la République, le Général fera très souvent référence et dont il dira qu'elle a

---

1. Éléments de biographie, *Dictionnaire de la Seconde Guerre mondiale*.

ouvert à l'Afrique, en coopération avec la France [1], les voies d'un sage et pacifique renouveau.

Homme d'une insoupçonnable fidélité et d'une modestie non feinte, préférant le compromis à l'affrontement des thèses et des caractères (de Gaulle lui reprochera « ses détours superflus et sa plasticité excessive »), d'une culture étendue dont il ne fait jamais étalage, connaissant bien ce monde anglo-saxon qui irrite un de Gaulle trop « gaulois », René Pleven, lorsqu'il s'installe au ministère des Finances, a, sur les réformes monétaires et financières nécessaires, des projets homéopathiques très éloignés des « remèdes de cheval » de Mendès France.

Le conflit, sinon entre deux hommes, du moins entre deux conceptions, est inévitable.

Une semaine avant le référendum de 1969, le général de Gaulle, revenant sur le passé, dira à Maurice Schumann, en parlant de Mendès : « Il est vraiment dommage qu'il nous ait refusé son concours. Il nous aurait rendu de grands services, mais, que voulez-vous, il ne supporte pas d'être attelé. » La formule est exacte.

La nomination de Pleven paraît au *Journal officiel* du 15 novembre, et c'est au Conseil des ministres du 15 novembre qu'ouvertement débute la querelle.

Mendès France, ayant reproché au gouvernement de n'avoir pas de programme économique, s'entend répondre que l'on attend le sien.

Qu'à cela ne tienne! Deux jours plus tard, en Conseil des ministres, il lit, *pendant une heure et demie,* un texte qui débute ainsi : « Vous m'avez demandé de vous soumettre un rapport d'ensemble sur la situation économique présente et sur le programme de travail du ministère de l'Économie nationale pour la période qui s'ouvre devant nous... »

Tout se trouve évoqué dans ce long document.

La nécessité de regrouper les services statistiques des différents ministères sous une direction unique; de mettre en chantier un Plan donnant priorité à l'industrie lourde; de nationaliser sans tarder les

---

1. La conférence de Brazzaville, qui débute le 30 janvier 1944, réunit vingt gouverneurs généraux et gouverneurs. De Gaulle, dans son discours d'ouverture, définit la France comme « la nation dont l'immortel génie est désigné pour des initiatives qui, par degrés, élèvent les hommes vers les sommets de dignité et de fraternité, où, quelque jour, tous pourront s'unir ».

ressources : charbon, électricité, et les moyens : banques, assurances, qui seront à la base de la reconstruction ; de faire payer « les profiteurs, les trafiquants, et plus généralement les gens riches [qui] achètent n'importe quoi, à n'importe quel prix » ; d'orienter le public vers ce que les Américains appellent les *utility goods,* objets de première nécessité standardisés et subventionnés ; de « rationner » la monnaie par l'augmentation des impôts comme par l'échange des billets, dont la seule annonce dissuaderait les trafiquants de venir présenter leurs « lessiveuses » aux banques ou caisses d'épargne.

Dès la Libération, déclare notamment Mendès, nous avons, en augmentant immédiatement les salaires (la décision prise le 16 septembre a conduit à des augmentations de 30 à 51 pour 100 à Paris et de 45 à 52 pour 100 en province[1]), donné « aux consommateurs 120 milliards de francs par an de pouvoir d'achat supplémentaire ».

Que ces hausses de salaires — auxquelles il faut ajouter le relèvement (de 50 à 80 pour 100) des allocations familiales décidé par l'ordonnance du 17 octobre 1944 — répondent à une nécessité politique et sociale, qu'elles ne soient que la « réparation » des sacrifices imposés par Vichy aux travailleurs, Mendès en est entièrement d'accord, mais, aux 120 milliards distribués, ne correspond, sur les marchés, dans les magasins, aucun accroissement des produits mis en vente.

Pour que la classe ouvrière jouisse réellement d'un surcroît de pouvoir d'achat, il faudrait donc enlever 120 milliards aux possédants.

L'« emprunt de la Libération », dont l'émission a été ouverte par le ministre Lepercq le 6 novembre[2] et que Pleven, son successeur, « relance » par un discours à la radio le 15 novembre, avant que de Gaulle, le 19, à quelques heures de la clôture de l'émission, ne demande aux Français d'en faire un « triomphe », apportera-t-il suffisamment d'argent frais ?

Le pourcentage des souscriptions en billets et bons du Trésor ne pourra être connu avant quelques semaines. Or, la dette de l'État est passée de 420 milliards en 1938 à 1 600 milliards à la fin de 1944 ; la circulation fiduciaire de 147 milliards en 1938 à 632 milliards en

---

1. Les commissaires régionaux ayant reçu (ordonnance du 24 avril parue au *J.O.* du 30 août) délégation pour augmenter les salaires, il se produisit naturellement des dérapages.
2. Les modalités sont les suivantes : rente perpétuelle, 3 % et au pair.

octobre 1944. A-t-on le droit de retarder des mesures que la situation exige immédiates afin d'attendre les résultats de l'emprunt ?

De Gaulle le pensait. C'est parce qu'il espérait de très bons chiffres — l'emprunt rapportera effectivement 164 milliards dont 73 en billets et 54 provenant de prélèvements sur les comptes en banque [1], ce qui fera tomber la circulation fiduciaire de 632 à 572 milliards [2] — qu'il ne désirait pas, comme le faisait le gouvernement belge, ce gouvernement dont Mendès citait toujours l'expérience en exemple [3], bloquer *à la fois* les avoirs, les billets, les salaires et les prix.

Devant une telle accumulation de contraintes, de Gaulle craignait que l'exaspération populaire, orchestrée par le Parti communiste, ne fît, selon son mot, « sauter la chaudière ».

---

1. Les résultats de l'emprunt seront définitivement connus le 4 janvier 1945. 2 300 000 Français ont souscrit. C'est dans la Seine que, par habitant, le montant des souscriptions a été le plus élevé (7 600 francs), en Lozère qu'il a été le plus faible (1 300 francs).

2. Dans ses *Mémoires de guerre* (t. III, p. 37), le général de Gaulle écrira que, grâce à l'emprunt, « la catastrophe qu'eût entraînée une inflation effrénée se trouve écartée, du coup », ce qui paraît excessif.

On peut faire remarquer qu'en juin 1945, M. Pleven ayant décidé l'échange des billets « franc pour franc », la circulation fiduciaire tomba de 548 à 444 milliards au début d'août, c'est-à-dire que le total des billets retirés de la circulation (104 milliards) fut largement supérieur à celui (73 milliards) qu'avait atteint l'emprunt de la Libération.

3. A la fin de la guerre, la circulation des billets, en Belgique, ayant été multipliée par 4,5, M. Gutt, ministre des Finances, prépara, depuis Londres où se trouvait le gouvernement belge en exil, un plan calqué en partie sur celui que Mendès France avait appliqué en Corse.

Un arrêté du 6 octobre 1944 imposa un blocage du pouvoir d'achat. Chaque citoyen reçut 2 000 francs belges d'un type nouveau contre des billets de type ancien. Les billets anciens de 5, 10, 20 et 50 francs n'étaient pas touchés. La mesure atteignait également les dépôts en banque et les livrets de caisse d'épargne. Le reste de l'avoir des citoyens était gelé dans la proportion de 40 pour cent (ces 40 pour cent représentant 39 milliards de billets) pour être débloqué peu à peu, les 60 pour cent restants, soit 58,8 milliards, se trouvant transformés en un emprunt à long terme.

La circulation fiduciaire tomba à 25 milliards de billets de banque et 6 milliards de billets du Trésor, soit à peu près le chiffre de 1940. Elle devait remonter assez rapidement à 60 milliards.

La réforme Gutt, sur laquelle les communistes s'étaient abstenus, fut très critiquée — et le ministre perdit son poste quelques mois plus tard —, mais il faut constater que le montant de la dette publique belge resta stable entre 1946 et 1949, que le prix de 32 produits alimentaires entre juillet 1944 et décembre 1949 augmenta seulement de 1,87 pour cent, certains prix, ceux des pommes de terre, de la margarine, des sardines, baissant d'ailleurs.

Le dollar, qui valait 43,83 FB en 1948, atteindra 50 FB en 1950.

C'est parce qu'il pensait que, de toute manière, l'effet d' « épongeage » de l'argent par l'emprunt serait toujours insuffisant que Mendès allait achever la lecture de son texte du 15 novembre sur le ton prophétique qui, déjà, lui était familier.

> « Existe-t-il une autre solution [que la solution globale qu'il vient de proposer] ? Oui, c'est la solution de la facilité, celle qui consiste à accorder successivement des hausses de plus en plus rapprochées aux salariés, aux agriculteurs, aux industriels. C'est la politique de l'inflation sur laquelle il n'est plus nécessaire de faire l'éducation des Français car, en réalité, ils savent très bien ce que cela signifie et où cela mène. »

Avant de conclure, il fait la leçon non seulement à ses collègues du gouvernement, mais aussi à de Gaulle. Il dit des vérités qui déplaisent, comme toutes les vérités, mais qui sont l'exact reflet des divisions qui opposent déjà les ministres d'un « cabinet d'union nationale, c'est-à-dire un cabinet dont les membres sont en désaccord avoué sur un grand nombre de questions même essentielles ».

> « Ils se sont réunis, poursuit-il, pour une œuvre commune, pour libérer la France, d'abord, poursuivre la guerre jusqu'à la victoire, ensuite. Mais chacun sait qu'en dehors de cela ils ne sont pas d'accord. Dès lors, l'opinion de tel ou tel ministre n'a pas d'importance, car il y a toujours un autre ministre qui pense autrement ; *seulement, il y a un arbitre et c'est sa décision que le pays veut connaître. Il doit, à mon sens, jeter son immense crédit personnel dans la balance pour inviter la nation qui attend ses mots d'ordre au travail, aux privations et, au besoin, aux sacrifices indispensables.* »

L'arbitre, en vérité, a rendu sa décision : elle est favorable à Pleven qui, il le dira plus tard à Jean Lacouture[1], était hostile « à un

---

1. Témoignage accordé à Jean Lacouture en mai 1980. Curieusement d'ailleurs, Pleven ajoutera qu'en tant que « député breton (il savait) à quel point nos paysans étaient contre l'intervention trop lourde de l'administration ». Or, en novembre 1944, Pleven... n'est pas député breton. Il ne sera élu, pour la première fois, dans les Côtes-du-Nord, qu'à l'occasion des élections du 21 octobre 1945... donc onze mois plus tard.

" fortissimo " dirigiste » et considérait qu'entre Mendès et lui l'opposition « n'était pas entre rigueur et laxisme, mais entre dogmatisme et réalisme, entre théorie interventionniste et esprit pratique ».

Les ministres ont beau n'être d'accord sur rien, ils ont compris que le vent avait tourné en faveur de Pleven.

Cependant, le ministre de l'Économie avait entrepris, depuis le 11 novembre, au cours d'émissions radiophoniques hebdomadaires, de dire aux Français ce que, d'après lui, le général de Gaulle se refusait à leur dire, bien qu'il en ait eu le devoir.

Émissions rudes, dérangeantes, sans démagogie, qui annoncent les émissions de 1954, lorsque Mendès France, président du Conseil, parlera chaque samedi aux Français.

Après une première émission tout entière consacrée à la dénonciation du mensonge, Mendès explique aux Français que, s'ils n'accélèrent pas les cadences de travail, quinze années seront nécessaires pour reconstruire le pays. Il s'adresse aux paysans, aux industriels, aux ouvriers. « J'ai la tâche, disons ingrate, de parler de sacrifices », répète-t-il à ceux qui l'écoutent, mais il sait également exalter le labeur des mineurs, expliquer que la réglementation, si souvent dénoncée, ne crée pas les marchandises, mais vise à établir l'équité.

Comme l'offensive allemande des Ardennes se développe avec succès, il a le courage de dire, le 23 décembre 1944, qu'il ne s'intéresse pas à des questions que « certains croient pouvoir agiter, comme celles de savoir si on va mettre de la pâtisserie en vente ou si le métro fonctionnera à Paris la nuit du réveillon ».

Et le 3 février 1945 il affirme aux Français qu'en bien des domaines ils en sont revenus... à l'année 1860, puisque le nombre des wagons chargés pour les besoins civils n'a représenté, dans les dernières semaines, que 30 pour 100 de ce qu'il était en 1943, rythme correspondant à un trafic annuel de 26 millions de tonnes, trafic atteint en 1860, au début de la mise en service des chemins de fer.

Le 31 mars, il consacre sa dernière émission — la vingtième — à dénoncer l'inflation, « triomphe de l'immoralité et de l'iniquité sociale » ; « source impure des fortunes scandaleuses, ferment de toutes les corruptions » et à mettre en garde ses auditeurs contre des revendications impossibles à satisfaire sans création excessive de monnaie. Il achève ainsi :

> « Que chacun donc — ce sera mon dernier mot — résiste aux tentations qui, en accumulant hausses de salaires sur hausses de prix et hausses de prix sur hausses de salaires, précipiteraient le pays dans une crise d'où il ne pourrait sortir que matériellement affaibli et moralement dégradé. »

Il parle tout à la fois en orateur sacré et en véritable chef de gouvernement... qu'il n'est pas. Sauf erreur de lecture de ma part, pas une fois il n'a cité dans ses vingt émissions le nom du général de Gaulle... auquel il a adressé, le 18 janvier 1945, une longue lettre de démission qui met en cause moins les augmentations de salaires déjà accordées que les augmentations qui sont réclamées par les syndicats et partiellement acceptées par le gouvernement.

Mendès met également en doute le véritable résultat — le résultat dont de Gaulle se montrait si fier[1] — de l'emprunt de la Libération et, plus encore, les bénéfices à attendre de l'ordonnance du 18 octobre tendant à la confiscation des profits illicites réalisés du 1er septembre 1939 au 31 décembre 1944, lorsqu'ils provenaient du commerce avec l'ennemi, du marché noir ou de toute autre spéculation. Elle ne rapportera, prévoit-il avec raison, que des sommes dérisoires[2], puisqu'elle n'a pas été précédée d'un recensement immobilier.

De même annonce-t-il à de Gaulle que tout retard apporté à l'échange des billets — Lepercq avait annoncé qu'il serait possible dès le 15 décembre, Pleven en repousse la date en mars ou avril, et il aura lieu en juin — fournit « aux profiteurs du désastre de nouvelles occasions de dissimuler leurs avoirs ».

Alertés depuis trop longtemps, il est bien évident que la plupart des Français enrichis par l'occupation ont pris leurs « précautions ».

Que l'on lise — ou relise — *Uranus,* de Marcel Aymé : on y verra le

---

1. « En fin de compte, écrit-il, l'emprunt aura ramené dans les caisses publiques entre 50 et 70 milliards de billets, soit seulement une faible fraction de l'excédent à résorber, qui est de l'ordre de 250 à 300 milliards. »
2. Dans une lettre à Pleven en date du 4 avril 1945, Mendès France écrira que, si les Allemands « ont reçu de la France et dépensé sur place un tribut de 790 milliards », cette dépense n'a donné « l'occasion que de récupérer 12 milliards de profits illicites au cours de l'exercice qui aura suivi la Libération » !

fils du distillateur Monglat angoissé « par le prochain changement de monnaie et la nécessité pressante qui en résultait de convertir en marchandises le plus possible de billets de banque, d'accumuler dans son grenier les objets les plus hétéroclites ». Son père possédait, en effet, « une quantité de papier monnaie si considérable qu'il ne pouvait se permettre d'en échanger seulement la dixième partie sans déchaîner contre lui le contrôle fiscal ». Il achetait donc tout ce qui lui tombait sous la main.

> « Sous les tuiles [du domicile de Monglat], dans une demi-pénombre chaude et poussiéreuse, s'étendait un vaste bric-à-brac montant, par endroits, jusqu'aux grosses pièces de charpente. Il y avait là, entre autres, des commodes, une bibliothèque garnie, deux machines à couper le jambon, six postes de radio, une lessiveuse électrique, trente mètres de linoléum en rouleau, des scies circulaires, onze bicyclettes, un canoë, trois cuisinières électriques, des cristaux et un chapeau de Napoléon ; un fauteuil de dentiste, quinze appareils photographiques allemands, un saint Étienne en bois peint, une horloge de Boulle, un clavecin, quatre cors de chasse, un coffre Louis XIII renfermant trente-deux montres en or et divers bibelots d'or, d'argent et d'ivoire. »

Dans une armoire, plus de cent paires de souliers et, dans quatre grandes caisses, des Renoir, Degas, Picasso, que le père Monglat se reprochait d'avoir acheté pour quarante millions, car, « mis à part un nu à grosses fesses, de Renoir, qui pouvait trouver sa destination sur un mur de maison close, ces bariolages, il en avait l'intime certitude, ne valaient pas à eux tous un troupeau de cochons ».

Véridique Marcel Aymé.

Véridique Mendès.

Dans sa lettre à de Gaulle — que le général reproduira *in extenso* dans ses *Mémoires de guerre* —, il ne se contente pas de mettre en accusation la politique « au fil de l'eau » de Pleven, il met en cause l'absence de prise de position claire du chef du gouvernement et, pour réveiller les ardeurs du de Gaulle de janvier 1945, en appelle au de Gaulle de juin 1940.

> « Pouvons-nous mener la France sur le chemin de la grandeur, exiger d'elle des sacrifices sanglants et des efforts sans nombre et

poursuivre en même temps une politique de facilité dans le domaine économique et financier, c'est-à-dire dans ce qui fait la vie et les préoccupations quotidiennes de chaque Français — une politique qui favorise inévitablement les enrichis de la guerre, les spéculateurs, les trafiquants, tout en frappant quantité de petites gens et qui, par ce spectacle, ruine, aux yeux de la nation tout entière, les valeurs morales les plus fondamentales et corrompt les mœurs ?

. . . .

J'en appelle à vous, à votre clairvoyance, à votre inflexibilité, à tout ce qui fait que les Français ont confiance en vous, pour prendre des mesures de salut public.

Je songe aux sentiments qui devaient vous animer au moment où, la guerre étant déjà commencée, vous tentiez, par un dernier effort, de faire admettre les solutions dont vous aviez la certitude qu'elles seules pouvaient sauver la patrie. Si j'évoque ce souvenir, c'est qu'en mon âme et conscience j'ai la conviction que le pays a déjà passé la croisée des chemins et qu'il n'y a plus un instant à perdre pour quitter celui qui mène tout droit aux pires désordres et rejoindre le seul qui puisse conduire vers la paix civile, le travail et la grandeur. »

De Gaulle, que la lettre de démission de Mendès a sans doute fouetté et irrité, de Gaulle qui sera volontiers Cassandre lorsqu'il aura abandonné le pouvoir, mais qui s'efforce aujourd'hui de tendre devant les Français un paravent d'orgueil, refuse la démission de Mendès, qui, sur l'heure, le gênerait politiquement. Mais il l'invite à passer, en compagnie de Pleven, la journée du dimanche 21. De cette confrontation (Mendès parle pendant plus de deux heures, Pleven pendant vingt minutes), le chef du gouvernement ne pouvait sortir que bien décidé à ne plus entendre ni leçons de morale ni leçons d'économie. « Je ne permettrai plus jamais à personne, dira-t-il à Louis Vallon, de me parler d'économie pendant trois heures durant. »

Ce même 21 janvier, Pleven, expliquant à la radio sa politique financière, va à contre-courant de tout ce que Mendès affirme, hebdomadairement, sur la même radio d'État.

« Il est toutefois, déclare en effet Pleven, une illusion contre laquelle je veux, dès ce soir, vous mettre en garde, celle qu'un grand pays comme la France peut résoudre ses problèmes financiers par une opération chirurgicale douloureuse au moment où on l'applique, mais après laquelle tout est réglé. »

Le 27 janvier, Mendès France — qui n'a pas parlé depuis le 13, car il attendait que le général de Gaulle acceptât sa démission — répond indirectement à Pleven.

« Les problèmes à résoudre ne disparaîtront pas en même temps que notre grande misère. A mesure que la vie économique reprendra, de nouveaux problèmes se poseront, qui nécessiteront des arbitrages de plus en plus complexes et de plus en plus lourds de conséquences... Les règles s'appliquent mieux et les disciplines ont de meilleurs rendements quand elles sont consenties... Dans un pays comme le nôtre, elles sont consenties volontiers quand elles sont bien comprises pour avoir été loyalement expliquées. »

Mendès France, qui croit profondément que l'on peut modifier la nature humaine et que passionne le rôle de « grand explicateur », fatigué, amer, peu soutenu au Conseil des ministres, sauf par le socialiste Augustin Laurent, ministre des P.T.T.[1], ne recueillant que de très modestes applaudissements[2] lors de son discours du 21 mars dans lequel il défend le budget de son ministère, mais explique comment et pourquoi le gouvernement est en train de perdre la maîtrise des salaires, ne se bat plus que pour semer encore *dans l'opinion* quelques graines de vérité dont il espère qu'elles germeront et lèveront un jour.

Il ne trouve guère d'appui dans la presse. Seul, ou presque seul, Maurice Schumann, ancien porte-parole et toujours proche du général de Gaulle, a le courage de publier dans *L'Aube*, quotidien du M.R.P., plusieurs éditoriaux pour dénoncer le « dévergondage monétaire » et,

---

1. Jean Lacouture écrit, dans son livre sur Mendès France, que le ministre de l'Économie était également soutenu par Adrien Tixier, ministre de l'Intérieur. Mais le 12 février, Tixier adressera à Mendès une lettre parfaitement désagréable.

2. Le discours de M. Mendès France, qui occupe 17 colonnes du *Journal officiel,* a été applaudi cinq fois : lorsque le ministre a évoqué le travail des ouvriers du port de Marseille, des dockers, des paysans, lorsqu'il a dénoncé « certains bénéfices égoïstes », et à l'instant de sa conclusion.

sans écrire le nom de Mendès, défendre des positions identiques aux siennes[1].

Les 28-29 janvier 1945, on trouve sous sa plume ces mots :

> « Tant que subsistera le régime actuel défini par *le consente-ment universel*[2] et, ce qui est plus grave encore, par *le consente-ment officiel à l'inégalité*[2], tout se passera comme si la planche à billets tournait pour alimenter le marché noir... Nous tendons vers une morale collective dont la devise serait : " Le marché noir pour tous ". »

C'est dans cet éditorial qu'après avoir réclamé « la confiscation pure et simple » de l'argent « gagné » par les trafiquants, ce qui sera impossible « sans exercer un contrôle de tous les billets en circula-tion », Schumann écrit et demande que sa phrase soit imprimée en lettres capitales : « LA VÉRITÉ, C'EST QUE LA RÉFORME MONÉTAIRE EST LA CONDITION DE LA RÉFORME MORALE. »

On ne pouvait être plus proche du sentiment profond de Mendès, dont le conflit avec Pleven est un secret de Polichinelle.

Le Populaire du 10 janvier explique, sous la signature de Maurice Ciantar, qu'il n'existe pas d'accord entre le ministre des Finances et celui de l'Économie. Le lendemain, c'est Marcel Bidoux qui, dans le même journal, réclame que de Gaulle arbitre entre les deux hommes.

Le 20 janvier, après avoir annoncé la revalorisation de la retraite des vieux travailleurs, qui sera portée au taux annuel de 8 000 francs à Paris, 7 200 francs dans les communes de plus de 5 000 habitants, 5 400 francs dans les communes de moindre importance[3], le commen-

---

1. Il faut également mentionner un courageux article du *Monde* (20 décembre 1944). Sous le titre *Investir ou consommer,* l'éditorialiste anonyme (vraisem-blablement René Courtin) écrit « ce qu'il faut, avant tout, c'est reconstruire notre appareil de production. Reconstruire n'est pas assez dire car notre outillage avant guerre était vieux et dépassé. Le ministre de l'Économie nationale heurtera peut-être le sentiment public. Mais la France est une grande blessée qui doit reconstituer ses organes vitaux avant de songer à marcher et à vivre norma-lement. »

2. Souligné par Maurice Schumann.

3. Pour avoir, aujourd'hui, une idée du pouvoir d'achat représenté par 8 000 francs annuels, il faut savoir que, depuis le 2 janvier, le traitement annuel de base du fonctionnaire le moins payé a été porté à 36 000 francs brut (soit quatre fois la rémunération de 1930), le traitement maximum pouvant atteindre 450 000 francs. Il existe 61 catégories de fonctionnaires.

tateur du *Populaire* écrit : « Les conceptions classiques de M. Pleven semblent l'avoir emporté sur celles, plus audacieuses et probablement plus efficaces, de M. Mendès France. Le bruit courait même, en fin d'après-midi, de la démission du ministre de l'Économie nationale. »

Le 7 février 1945, Jules Moch a bien proposé, au nom du Parti socialiste, un plan d' « assainissement financier » qui ressemble fort, avec l'établissement d'un « casier fiscal » coïncidant avec un échange des billets et la fixation d'un plafond de dépenses, au plan Mendès France, mais, depuis quinze jours, le plan Pleven a été adopté par le gouvernement.

Il sera défendu devant l'Assemblée consultative provisoire le 29 mars par Pleven au cours d'un discours solidement construit, émouvant par moments, riche en formules séduisantes, mais si long que le ministre des Finances sollicitera quelques minutes d'interruption afin de pouvoir prendre du repos.

Dans ce discours, Pleven, après avoir exposé les données arithmétiques du problème financier, en vient aux recettes. Elles sont classiques. Elles vont de la suppression des subventions accordées au pain quotidien[1], au charbon[2] et à la margarine, à la création d'impôts « nouveaux » sur l'alcool, le tabac, la poudre de chasse.

S'agissant des profits illicites, pour lesquels, à la date du 21 mars 1945, 29 000 personnes physiques ou morales ont déjà été citées devant des commissions départementales, Pleven dit n'en attendre que 12 milliards..., dont 60 pour 100 seulement seront effectivement encaissés pendant l'exercice 1945.

Abordera-t-il la question de la circulation fiduciaire ? Oui, mais pour dire qu'elle a diminué depuis six mois, grâce au succès de l'emprunt de la Libération et pour repousser toute opération rapide de blocage et d'échange de billets dont il craint la lourdeur, la complexité, les difficultés matérielles (il faudra 2 500 millions de coupures nouvelles[3]).

---

1. Il est payé par l'acheteur 4,90 F, alors que son prix de revient est de 6,41 F le kilo. La suppression de la subvention rapporterait 10 milliards par an.
2. Dont le prix de revient est de 720 F par tonne, alors qu'il est vendu 286 F.
3. Et la fabrication de nouveaux billets français aux États-Unis et en Angleterre a pris du retard. Dans un long rapport adressé au général de Gaulle le 24 février 1945 (rapport que l'on trouvera dans le tome III des *Mémoires de guerre*, p. 441 et suiv.), René Pleven explique que si des billets, représentant un montant de 780 milliards, ont bien été commandés en Angleterre et aux États-Unis en mai

Lorsque l'opération d'échange se fera, déclare le ministre, ce sera « quand les conditions matérielles d'un échange rapide et intégral seront remplies, et je ne le ferai qu'en *échangeant normalement franc pour franc,* sans aucune retenue et sans blocage ». Les mots « franc pour franc » provoquent des « applaudissements prolongés ».

Après s'être défendu de pratiquer une politique « attardée » et « réactionnaire », alors que d'autres seraient partisans d'une politique « audacieuse » et « démocratique », Pleven lance cette phrase qui demeurera dans bien des mémoires :

> « Aussi, messieurs, est-il de mon devoir de déclarer avec la plus grande netteté que je n'ajouterai pas à tous les facteurs qui entravent la reprise de l'activité nationale — pénurie de vivres, pénurie de transports, rationnement des matières premières — une autre cause de désordre et une grave atteinte au crédit de notre monnaie par une manipulation arbitraire des billets et un nouveau rationnement, celui de la monnaie. »

Certains parlementaires assurent avoir entendu le communiste Jacques Duclos crier à ce moment : « *Bravo* ».

L'interjection ne se trouve pas rapportée au *Journal officiel,* mais il est exact que les communistes, qui, dans la Résistance, et notamment grâce à l'action des F.T.P., ont accumulé un « trésor de guerre » considérable, étaient logiquement et résolument hostiles à tout blocage comme à tout contrôle des avoirs.

Si, dans leurs réponses à Pleven, Jules Moch, qui parle au nom du Parti socialiste, propose, pour éviter l'inflation, « catastrophe sociale », un blocage qui permettrait à chaque Français adulte de retirer 5 000 francs par mois plus 2 000 francs par enfant[1] ; si André Philip, socialiste, lui aussi, et rapporteur général de la commission des Finances, préconise la « ponction des instruments monétaires en

---

et juin 1944, commandes suivies d'autres, les billets fabriqués aux États-Unis étaient aisément falsifiables. Il ajoutera que de graves difficultés se sont produites à Cherbourg où un navire « chargé de quantités particulièrement importantes est resté douze jours sans que les équipes spécialement envoyées par la Banque de France aient pu y accéder ».

1. Jules Moch ajoute, ce qui est parfaitement exact : « Il faut bien se rendre compte que la grande masse de la population ne pourrait même pas atteindre le maximum de retraits, parce qu'elle ne dispose pas d'un nombre suffisant de billets. »

542

surplus », il n'en va pas de même, en effet, de Jacques Duclos. Dans son discours — tout entier consacré à la mise en accusation des trusts —, le leader communiste s'oppose au retrait « d'une certaine quantité de billets de la circulation... ce qui serait se replier dans une sorte de complexe d'infériorité ».

Il lui préfère, afin d'éponger la monnaie thésaurisée... le développement du volume des marchandises en circulation. On le comprend... Malheureusement, il n'existe aucune baguette magique qui puisse faire qu'affluent sur les marchés et dans les magasins les produits qui font défaut... et ne se trouvent qu'au marché noir.

Au lendemain de la démission de Mendès France, qui, le 2 avril, s'étant abstenu de participer aux délibérations du gouvernement, par une lettre [brève] fait connaître au général de Gaulle sa décision [définitive], *L'Humanité* ne consacre que neuf lignes à l'événement.

Le commentaire du *Populaire,* le même jour — 6 avril —, est amer, puisqu'il s'achève sur ces mots : « M. Pleven — qui décidément l'emporte complètement sur son concurrent — est désigné pour remplacer son collègue démissionnaire, ce qui assurera au corps intolérable *(sic)* de l'inspection des Finances, composé de jeunes bourgeois qui se croient de grands hommes, une prédominance abusive. »

Où le rédacteur du *Populaire* laisse éclater son irritation, Maurice Schumann, dans *L'Aube* du 6 avril, montre tristesse et crainte.

> « Le gouvernement, à l'appel de René Pleven — dont les titres de résistant et la probité rayonnante constituent les meilleurs atouts —, a choisi, *ou du moins s'est cru forcé de choisir*[1], pour " la politique de confiance ".
> Confiance ? Oui, certes ! Mais confiance de qui ? Confiance des prébendiers du désastre, enrichis par le commerce avec l'ennemi et l'exploitation de la misère des autres ? »

Revenant, le 13 avril, « sur le plan moral » — tel est le titre de son article —, Schumann demande :

> « Quel bénéfice le Trésor attend-il de l'augmentation du prix du pain ? Une douzaine de milliards. Quelles recettes escompte-

---

1. Je souligne intentionnellement.

t-il de la récupération des profits illicites ? Une douzaine de milliards. Peut-être le premier chiffre serait-il plus aisément consenti si le second était multiplié par cinq.

Ou par dix. »

Hélas ! Pleven avait bien raison de prévoir que même les douze petits milliards espérés ne seraient pas récupérés en totalité.

Le 31 juillet, dans *les sept départements* de la région de Toulouse, le montant théorique des confiscations et amendes représentait un peu plus d'un milliard, dont Bertaux, le commissaire de la République, « espérait que l'on pourrait récupérer une partie ». Il ajoutait que, si le syndicat de l'armagnac avait accepté le principe d'une « contribution volontaire », il « entendait » qu'elle ne dépassât point cent millions [1].

La situation sera la même dans la région de Rennes : plus de 2,3 milliards de francs d'amendes en mars 1946... et 366 millions de recouvrement.

Au lendemain de son départ, Mendès France n'a pas résisté au plaisir amer de donner une conférence de presse à laquelle assistent de nombreux journalistes. Après avoir réaffirmé que, malgré l'augmentation des salaires de septembre 1944, il avait réussi, en comprimant les bénéfices des intermédiaires, à contenir les prix, ce qui est exact, mais que les augmentations de salaires prévues pour mars (30 à 35 pour 100 de la masse globale) les feraient exploser [2], l'ancien ministre de l'Économie prendra à partie Pleven. Il s'élèvera, en effet, contre

---

1. « Les commerçants de l'armagnac, écrit Bertaux, avaient vendu aux Allemands des quantités considérables d'armagnac à des prix dépassant parfois huit ou neuf fois la taxe... A la Libération, ils faisaient valoir qu'ils avaient, en somme, pratiqué une forme de Résistance en faisant payer aux Fritz un prix fort. »

2. L'indice des prix alimentaires (il s'agit des prix officiels) passera (base 100 en 1938) de 291 en août 1944 à 354 en mai, 365 en juin, 414 en septembre et 479 en décembre 1945. Un franc 1938 ne vaut plus que 0,45 en 1943 ; 0,370 en 1944 ; 0,249 en 1945.

A Paris, les salaires mensuels nets, pour un manœuvre père de deux enfants, passeront (base 100 en 1938) de 149 en 1942 à 176 en 1943 et à 271 en 1944 (l'augmentation étant due aux décisions de septembre), 301 en 1945, 637 en 1946, 1 185 en avril 1947 et 1 417 en octobre de la même année.

l'annonce faite, on le sait, par le ministre des Finances, d'un prochain échange des billets « franc contre franc », ce qui permettra aux spéculateurs et aux profiteurs du marché noir de préserver l'essentiel de leur fortune. Quant à la Banque de France, dont il a, depuis longtemps, réclamé la nationalisation, il la rend responsable de son échec. « La Banque de France, déclare-t-il, a exercé sur le gouvernement une pression... indécente qui s'est révélée efficace. »

L'article paru dans *Le Populaire* du 7 avril, sous la signature de Henri Noguères, a été surtitré : « Alors, toujours le mur d'argent », et, le lundi 9 avril, l'éditorial de Marcel Bidoux comprend ce paragraphe : « Comment et par qui le chef du gouvernement est-il renseigné ? Quelles sont les modalités de ses contacts avec le peuple — en dehors de ces manifestations de caractère national qui, si excellentes qu'elles soient, n'ont pas d'objectif politique, social et économique défini ? »

14

LE FER DANS L'ENTREPRISE CAPITALISTE

Marcel Bidoux a mis en cause, dans *Le Populaire,* les modalités (mot étrange en la circonstance) des « contacts » de De Gaulle avec le peuple.

Dans ses *Mémoires de guerre,* De Gaulle, qui vient d'achever, le 6 octobre, à Grenoble — « Grenoble [qui], dès qu'elle le put, par ses propres moyens, est apparue libre, au grand soleil » —, la « première série » de ses voyages en province commencés le 14 septembre à Lyon, apporte la réponse.

Même s'il doit reprendre bientôt la route pour d'autres villes, d'autres discours, d'autres acclamations, le moment lui paraît venu — réponse indirecte à l'article de Bidoux, qu'il n'a sans doute jamais lu, mais il n'ignore rien des critiques de la classe politique — de faire le point.

Une page lui suffira pour rassembler les images parfois contradictoires d'une France contrastée ; ses jugements sur les Français, ce terreau sur lequel, avec l'espoir qu'ils germent, il a lancé des mots lourds de sens ; l'idée qu'il se fait, lui, Charles de Gaulle, de sa mission de guide et de rénovateur, qu'il s'agisse de son ampleur, dont il n'avait jamais douté, qu'il s'agisse de sa durée, dont il laisse entendre, dans une phrase où il n'entre rien de prophétique, puisqu'elle a été écrite bien après son départ du pouvoir, qu'elle sera brève.

« Ainsi avais-je, en quelques semaines, parcouru une grande partie du territoire, paru aux yeux de 10 millions de Français dans l'appareil du pouvoir et au milieu des démonstrations de l'adhésion nationale, ordonné sur place d'urgentes mesures d'autorité, montré aux gens en fonction que l'État avait une tête, fait sentir aux éléments épars de nos forces qu'il n'y avait pour elles d'autre avenir que l'unité, d'autre devoir que la discipline. Mais combien paraissait cruelle la réalité française ! Ce que j'avais constaté, sous les discours, les hourras, les drapeaux, me laissait l'impression de dégâts matériels immenses et d'un éclatement profond de la structure politique, administrative, sociale, morale du pays. Il était clair que, dans ces conditions, le peuple, pour ravi qu'il fût de sa libération, aurait à subir longtemps de dures épreuves que ne manqueraient pas d'exploiter la démagogie des partis et l'ambition des communistes.

Mais, aussi, j'avais pu voir, en province comme à Paris, quelle ferveur se portait vers moi. La nation discernait, d'instinct, que, dans le trouble où elle était plongée, elle serait à la merci de l'anarchie, puis de la dictature, si je ne me trouvais là pour lui servir de guide et de centre de ralliement. Elle s'attachait aujourd'hui à de Gaulle pour échapper à la subversion comme elle l'avait fait, hier, pour être débarrassée de l'ennemi. De ce fait, je me sentais réinvesti par les Français libérés de la même responsabilité insigne et sans précédent que j'avais assumée tout au long de leur servitude. Il en serait ainsi jusqu'au jour où, toute menace immédiate écartée, le peuple français se disperserait de nouveau dans la facilité.

Cette légitimité de salut public, clamée par la voix du peuple, reconnue sans réserve, sinon sans murmure, par tout ce qui était politique, ne se trouvait contestée par aucune institution. »

Que l'on ne croie pas cependant, comme l'a écrit en avril 1945 Marcel Bidoux, que de Gaulle, se complaisant en « manifestations de caractère national » qui lui permettent — il l'écrira — d'établir le « contact » entre « le peuple et son guide », se désintéresse absolument, dans les mois qui suivent la Libération, des problèmes sociaux et économiques.

La grande affaire de l'automne et de l'hiver, à travers l'opposition des politiques soutenues, l'une par Mendès France, l'autre par Pleven, est l'indispensable réforme monétaire et financière. On sait le choix, peut-être résigné, du général de Gaulle en faveur des thèses de Pleven.

L'autre grande affaire sera celle des nationalisations. Elles ne débuteront officiellement que le 14 décembre 1944 avec la publication au *Journal officiel* de l'ordonnance instituant les Houillères nationales du Nord et du Pas-de-Calais. Mais elles étaient inscrites dans le programme du Conseil national de la Résistance, qui exigeait « le retour à la nation de tous les grands moyens de production monopolisés, fruits du travail commun, des sources d'énergie, des richesses du sous-sol, des compagnies d'assurances et des grandes banques ».

De Gaulle allait reprendre, développer et traduire dans la réalité les vœux du Conseil national de la Résistance.

A Paris, lors de son discours au Palais de Chaillot, le 12 septembre, puis à Lille — j'y reviendrai —, il devait prendre avec éclat position en faveur des nationalisations. Cependant l'on ignore généralement *ET* que de Gaulle s'était prononcé, dès le 23 juin 1942, en dénonçant, dans un texte publié par les journaux clandestins, la « tyrannie du perpétuel abus », *ET* que des « nationalisations » de fait, opérées immédiatement après la Libération, soit à l'initiative du Parti communiste, soit à celle de certains commissaires de la République, rendaient indispensables l'intervention de l'État.

De Gaulle ne découvre donc pas la nécessité des nationalisations en 1944.

Le 28 avril 1943, c'est à la radio de Londres qu'il a affirmé sa volonté « qu'aucun monopole et aucune coalition ne puissent peser sur l'État, ni régir le sort des individus », ce qui supposera le contrôle, par la nation, des « principales sources de la richesse commune ».

Thème qu'il a repris à Alger, le 14 juillet 1943, avec les mots, les images, les références que fait naître la célébration de la fête nationale : « S'il existe encore des bastilles, qu'elles s'apprêtent de bon gré à ouvrir leurs portes ! Car, quand la lutte s'engage entre le peuple et la Bastille, c'est toujours la Bastille qui finit par avoir tort ! »

Lors de la séance inaugurale de l'Assemblée consultative provisoire, le 3 novembre 1943, à Alger toujours, il a dénoncé « le régime économique » qui interdisait à la nation la possession « des grandes sources de la richesse », le contrôle « des activités principales de la production et de la répartition », tandis que « la conduite des entreprises excluait la participation des organisations de travailleurs et de techniciens dont, cependant, elle dépendait ».

Et le 18 mars 1944[1], devant l'Assemblée consultative, il a annoncé que, dans une France libérée, le gouvernement « ne toléra[it] pas les coalitions d'intérêts, les monopoles privés, les trusts » non plus qu' « aucune concentration d'entreprises susceptible de diriger la politique économique et sociale de l'État et de régenter la condition des hommes ».

Dans le tome II de ses *Mémoires de guerre*, évoquant son intervention du 18 mars 1944, énumérant les projets précis qu'elle était censée contenir[2] (alors qu'elle était surtout riche de principes), de Gaulle écrit que, si rien n'était fait pour changer la condition humaine, on rendrait « inévitable le glissement des masses vers le totalitarisme communiste ».

Il reviendra sur cette idée dans le tome III[3]. Examinant la possibilité pour le Parti communiste de « prendre la tête du pays grâce à la surenchère sociale », il ajoutera : « A moins, toutefois, que de Gaulle, saisissant l'initiative, ne réalise des réformes telles qu'il puisse regrouper les esprits, obtenir le concours de travailleurs et assurer, sur de nouvelles bases, le démarrage économique. »

On le voit, le passage du discours du 12 septembre, au Palais de Chaillot, dans lequel le général de Gaulle affirmait qu'il était du domaine du gouvernement, « comme la loi lui en donn[ait] d'ailleurs, dès à présent, le droit, de placer par réquisition ou par séquestre à la disposition directe de l'État l'activité de certains grands services publics ou de certaines entreprises, en attendant que la souveraineté nationale règle la modalité des choses », se trouvait inscrit dans la logique d'une pensée politique déjà ancienne.

Mais c'est à Lille, le 1er octobre, qu'il sera amené à aller le plus loin. Il se sent proche de ces hommes « qui regardent en face les vérités plus qu'ils ne goûtent les formules » ; il est heureux et fier, bien qu'il n'ait

---

1. Dans ses *Mémoires de guerre*, t. II, p. 182, le général de Gaulle date du 15 mars 1944 le discours prononcé le 18.

2. De Gaulle parle ainsi dans les *Mémoires* de la nécessité de faire acquérir par la nation « la propriété des principales sources d'énergie : charbon, électricité, gaz ». Or, cette précision ne se trouvait pas dans le discours du 18 mars.

3. P. 95.

vécu que peu de temps à Lille, de pouvoir dire « ma ville natale », « nous autres Lillois ». Plus tard ne se définira-t-il pas « petit Lillois de Paris » ?

Dans ses *Mémoires,* il fait de la foule lilloise qui l'entoure, le presse, l'escorte, et lui inspire le discours du lendemain, une description émue et sans pareille dans toute son œuvre.

Aux Français vus à Lyon, à Marseille, à Toulouse, à Bordeaux, il n'avait consacré, lorsqu'ils n'étaient ni F.F.I., ni colonels, ni colonels F.F.I., que bien peu de mots. Il s'était contenté de les survoler. Dans ses *Mémoires de guerre,* la foule de Lyon est « enthousiaste » et ne médite « nullement de bouleverser la vie nationale ». Celle de Marseille, « ravitaillée à grand-peine et très mal, [végète] dans la misère ». Celle de Toulouse manifeste par ses acclamations une adhésion qui, de Gaulle l'espère, permettra d'empêcher « soit la dictature de certains, soit l'anarchie générale ». Celle de Bordeaux n'apparaît pas dans le récit. L'on serait en droit de se demander si le « *J'ai eu l'honneur de vous voir, vous m'avez vu* », qui achève presque chaque discours, correspondait à autre chose qu'à une formule habile lancée à la foule, partout anonyme et partout identique, par un orateur qui aurait surtout *VU* de tout neufs officiels et des officiers plus neufs encore, s'il n'y avait eu le voyage à Lille et le récit que de Gaulle en a laissé.

Certes, à Lille, pas plus qu'ailleurs, les autorités n'ont manqué au rendez-vous.

Ce sont trente-neuf délégations qu'il saluera dans les salons de la préfecture. La hiérarchie établie par les services préfectoraux a placé la délégation des syndicats ouvriers en vingt-sixième position, après le directeur régional des Assurances sociales, avant la délégation des employés de la mairie de Lille.

Et, cependant, c'est aux ouvriers que de Gaulle s'adressera le 1er octobre dans un discours, plus long que tous les autres, annonçant des transformations sociales d'importance, appelé à des retentissements dépassant les échos obligatoirement louangeurs de la presse régionale.

« A peine arrivé [à Lille], écrit de Gaulle, je fus saisi par ce que le problème de la subsistance ouvrière avait, dans la région, de dramatique et de pressant. Les masses laborieuses s'étaient vues, pendant l'occupation, condamnées à des salaires que les ordres de l'ennemi tenaient bloqués au plus bas. Et voici que beaucoup d'ouvriers se trouvaient en chômage au milieu d'usines sans charbon et d'ateliers sans outillage. En outre, le ravitaillement était tombé au-dessous du minimum vital. En parcourant ma ville natale où les Lillois me faisaient fête, je voyais trop de visages dont le sourire n'effaçait ni la pâleur ni la maigreur.

Le sentiment et la réflexion m'avaient d'avance convaincu que la libération du pays devrait être accompagnée d'une profonde transformation sociale. Mais, à Lille, j'en discernai, imprimée sur les traits des gens, l'absolue nécessité [1]. »

Le dimanche 1ᵉʳ octobre, après que le général de Gaulle eut assisté, en l'église Saint-Michel, à l'office célébré par le cardinal Liénart, eut été reçu à l'hôtel de ville, puis eut salué les Forces françaises de l'intérieur, il prononça ce discours qui devait soulever une « espèce de houle passionnée », et lui fit comprendre que les mots, les promesses « touchaient au vif la multitude ».

Quels mots, quelles promesses ?

De Gaulle, à Lille comme ailleurs, évoque les réalités « dures et rigoureuses » qui font de la France « une grande nation appauvrie » ; parle de la guerre proche, puisque les Allemands se sont enfermés dans Dunkerque, des combats qui, déjà, s'éloignent, combats au cours desquels les forces françaises, présentes aux côtés des Alliés, ont capturé 120 000 prisonniers [2] ; annonce enfin les débuts de la reconstruction. Exigeant d'autant plus d'ardeur et de volonté que sont et seront rudes les conditions matérielles, cette reconstruction, ajoute de Gaulle, ne devra pas ramener les Français « au point d'où ils sont partis ».

C'est avec une force de conviction sans doute inspirée par les souffrances lues sur les visages, par les espoirs découverts dans les

---

1. *Mémoires de guerre*, t. III, p. 18.
2. De Gaulle, après avoir remarqué, non sans une ironie à peine dissimulée, que « les communiqués communs... probablement pour des raisons stratégiques » ne parlaient pas souvent de l'effort militaire français, donnera des précisions sur le chiffre des prisonniers : 60 000 capturés par l'armée B (de Lattre) ; 25 000 par la 2ᵉ D.B., plus de 35 000 par « nos braves troupes constituées spontanément à l'intérieur, sorties de l'espérance et de la volonté nationale ».
On trouvera le discours de Lille dans *Lettres, Notes et Carnets* (juin 1943-mai 1945).

yeux de ses compatriotes, que son discours explose alors et, de magistralement banal, devient politiquement capital pour l'avenir.

Voulant que l'État soit bientôt maître des grandes décisions économiques, de Gaulle parle à une foule qui, si elle ne comprend pas toute la philosophie du propos, partage les idées de l'orateur, qu'il s'agisse de l'élimination des trusts, de l'association entre dirigeants et travailleurs, et surtout de l'amélioration de la condition ouvrière.

Ce discours de Lille, même s'il reprend bien des thèmes utilisés, et plus ou moins parfaitement mis en forme par de Gaulle depuis 1942, n'a sans doute pas eu le retentissement national qu'il aurait mérité, tant l'information circule difficilement et touche peu des Français tourmentés par leurs problèmes de vie quotidienne. Mais il se trouve, pour le bien et le moins bien, à l'origine de si grandes et définitives réformes qu'il faut en citer les passages essentiels.

« Nous ne voulons pas retourner à cette situation politique, sociale et morale qui nous a mis au bord de l'abîme. Nous en voulons une autre, tous ensemble et fraternellement. Nous voulons des choses simples et fortes, dont, aujourd'hui, je vais dire un mot devant mes concitoyens et concitoyennes de Lille...

. . . .

Nous voulons... la mise en valeur en commun de tout ce que nous possédons sur cette terre et, pour y réussir, il n'y a pas d'autre moyen que ce qu'on appelle l'économie dirigée.

Nous voulons que ce soit l'État qui conduise, au profit de tous, l'effort économique de la nation tout entière, et faire en sorte que devienne meilleure la vie de chaque Français et de chaque Française.

Au point où nous en sommes, il n'est plus possible d'admettre ces concentrations d'intérêts que l'on appelle, dans l'univers, les trusts, qui ont pu correspondre à une période donnée de la mise en valeur des ressources de la terre mais qui ne répondent plus aujourd'hui aux nécessités d'une organisation économique moderne...

Pour cette économie dirigée, pour cette mise en valeur en commun de toutes les ressources du pays, il y a des conditions à remplir dont la première est, évidemment, que la collectivité, c'est-à-dire l'État, prenne la direction des grandes sources de la richesse commune et qu'il contrôle certaines des autres activités, sans, bien entendu, exclure aucunement les grands leviers que sont, dans l'activité des hommes, l'initiative et le juste profit.

A l'intérieur de ce système, il est nécessaire que chacun soit, désormais, moins plié à sa tâche qu'associé à l'œuvre à laquelle il prend part, et c'est pourquoi, bien que le mode et le degré de la collaboration entre ceux qui travaillent et ceux qui dirigent puissent être différents suivant la nature et l'importance des entreprises, il faut que cette collaboration soit établie d'une manière organique entre les uns et les autres, sans naturellement contrarier en rien ceux qui ont la responsabilité de leur direction. »

« Système national d'économie française », « association organisée à l'intérieur des entreprises », afin que chacun puisse « avoir une vie meilleure dans une plus grande dignité et dans la sécurité de son travail et de sa vie », de Gaulle, à Lille, rassemble ses idées, leur donne une logique politique, économique et sociale, beaucoup plus qu'il n'innove.

Les communistes seront-ils satisfaits par le discours de Lille ?

Non ! *L'Humanité* du 3 octobre ne commente pas l'allocution du chef du gouvernement provisoire, mais publie, sous la signature de Florimond Bonte, un violent éditorial intitulé « Contre les trusts », éditorial dont les conclusions dépassent naturellement celles de De Gaulle.

C'est qu'il existe deux manières d'être contre les trusts : celle de De Gaulle, celle infiniment plus radicale de Florimond Bonte qui écrit :

> « Il n'y a pas de meilleur moyen que l'arrestation et le châtiment des traîtres, la confiscation de leurs biens, *l'appropriation de leurs usines, sans aucune indemnité*[1], et l'organisation rationnelle de ces entreprises avec des directeurs et administrateurs désignés par l'État et des comités de gestion où participeront, en plus de ces représentants du gouvernement, des représentants des techniciens et des ouvriers. »

---

1. Je souligne intentionnellement.

Les communistes ne l'avouaient certes pas, mais ils avaient parfaitement compris que, tout en étant désireux de faire régner davantage de justice sociale, de Gaulle souhaitait également allumer un contre-feu.

Que l'État se mêle — selon le vœu que de Gaulle vient d'exprimer à Lille — de « conduire... l'effort économique... », de désigner les « grandes sources de la richesse » qu'il choisira de contrôler, voilà qui ne fait pas l'affaire des communistes qui avaient, depuis septembre, mis en route d'expéditives procédures d' « appropriation » des usines et de transfert du pouvoir patronal et souhaitaient que les « confiscations », plus encore que les nationalisations, fussent largement étendues.

Voici quelques exemples, d'importance bien différente, des méthodes alors employées par (ou pour) les communistes.

A Paris, le 6 septembre, soixante-dix membres du personnel de la sellerie H... sont réunis dans une salle de café située 67, boulevard Bessières.

Le représentant de la C.G.T., qui prend la parole, les invite à occuper l'usine qui a travaillé pour les Allemands.

> « N'ayez aucune crainte, nous sommes autorisés par le ministre de la Production industrielle [1] à agir ainsi afin de remettre cette usine en marche ; les ouvriers pourront ainsi toucher la paye qu'ils n'ont pas perçue. Nous nommerons un directeur, et la maison sera gérée par nous. Dans ce but, nous allons immédiatement constituer une section syndicale [2]. »

Il y a infiniment plus sérieux.

A Lyon, c'est une véritable campagne de presse que le quotidien communiste *La Voix du Peuple* mènera contre Jean, René et Charles, les trois frères propriétaires de l'entreprise Brondel, spécialisée dans la fabrication de matériels de câblage, d'étirage et de tréfilage, mais aussi de matériel de guerre.

Après la défaite, Brondel fabriquera des appareils de chauffage. La

---

1. Alors le socialiste Robert Lacoste, dont il paraît douteux qu'il ait été sollicité de donner une semblable autorisation.
2. Document inédit. Les projets de la C.G.T. seront mis en échec par l'intervention de F.F.I. qui, « d'ordre du général Koenig », viendront à leur tour prendre possession des locaux.

zone libre envahie, l'entreprise mettra tardivement à l'étude, à la demande des Allemands, des roues d'avion, ainsi qu'un support de mitrailleuse.

Selon les frères Brondel, la libération de Lyon interviendra avant qu'aucune livraison de matériel de guerre n'ait été faite à la Wehrmacht[1]. Aussi bien, les attaques portaient-elles beaucoup moins sur des faits de collaboration que sur des attitudes jugées antisociales.

Incompréhensibles aujourd'hui, en plein cœur de la société de consommation, les violentes critiques de *La Voix du Peuple* avaient, en 1944, au début d'un terrible hiver, une portée considérable lorsqu'elles mettaient en cause Charles Brondel qui aurait utilisé les camions de l'usine pour aller chercher sa belle-mère à Saint-Étienne[2] ; les trois frères pour avoir prélevé, au détriment du chauffage des ateliers, du charbon au profit de quelques-uns de leurs amis[3].

Le 1er novembre, *La Voix du Peuple* accusera les Brondel d'avoir, en 1939, « saboté la défense nationale » car, pour eux, « la qualité importait peu lorsqu'il s'agissait de défendre la France ». Accusation plus que surprenante lorsque l'on se souvient de l'attitude défaitiste du Parti communiste au lendemain de la signature du pacte germano-soviétique ! Certains ne l'ont pas oubliée ; mais qui, en novembre 1944, oserait écrire qu'il se la rappelle ?

Le 2 novembre, à la Bourse du travail de Villeurbanne, 264 des 280 ouvriers présents signent, à l'intention du commissaire de la République Yves Farge, un texte précisant « qu'ils prennent l'engagement » de travailler « de tout leur cœur pour la reconstruction, lorsque l'entreprise sera débarrassée des saboteurs de la cinquième colonne par sa mise sous séquestre ».

Le 4 novembre, *La Voix du Peuple* insiste sur ce qui est l'objectif véritable des meneurs : « Il faut que l'usine Brondel soit mise sous séquestre et administrée par son propre personnel... Il faut que les Brondel soient dépossédés. »

Le 3 janvier 1945, au terme d'une « grève patriotique », une

---

1. *La Voix du Peuple* publiera toutefois la photocopie du reçu (daté du 28 janvier 1943) de six mitrailleuses dont deux maquettes.
2. *La Voix du Peuple*, 30 octobre 1944.
3. *La Voix du Peuple*, 31 octobre. Article paru sous un titre de trois colonnes : « *MM. Brondel détournent le charbon de l'usine pour leurs parents et amis.* » Le journal communiste cite les dates auxquelles le charbon a été prélevé ainsi que les noms et adresses des personnes à qui il a été livré.

délégation ouvrière se rend à la préfecture du Rhône pour exiger « l'arrestation immédiate des frères Brondel et la mise sous séquestre de l'usine ».

Le 1ᵉʳ février 1945, la réussite politique acquise, *La Voix du Peuple* peut triompher : « JEAN ET RENÉ BRONDEL SONT EN PRISON », annonce le quotidien sur trois colonnes. Dans le commentaire, les responsabilités sont clairement revendiquées : « Cette mesure de salubrité économique et politique est l'aboutissement d'une campagne énergique engagée par notre journal et par le syndicat des ouvriers métallurgistes. » Par ailleurs, un arrêté du préfet du Rhône, en date du 25 janvier, a placé l'usine sous séquestre.

Quelques mois passeront. *La Voix du Peuple* s'indignera successivement de la libération de René Brondel en mai 1945, de la mise en liberté provisoire de Jean Brondel en décembre de la même année, du non-lieu intervenu, de la décision du Conseil d'État qui, le 25 juillet 1947, annule l'arrêt de mise sous séquestre de l'entreprise par le préfet du Rhône et celui de mise sous administration provisoire qui a été signé le 28 avril 1946 par Marcel Paul, ministre communiste de la Production industrielle.

Mais, le 25 août 1947, devant l'hostilité de la C.G.T. et les menaces de grève illimitée, les Brondel abandonneront « leurs prétentions à la direction de l'usine ».

Dans cette affaire, les communistes ont réussi à éliminer des chefs d'entreprise qui leur déplaisaient, à obtenir, grâce à la pression de grèves nombreuses, des salaires dont *La Voix du Peuple* reconnaîtra qu'ils sont parmi les plus élevés de la région... Ils ne réussiront pas, ce qui eût été l'essentiel, à sauver l'entreprise.

L'éviction des Brondel demande du temps à la C.G.T., qui a trouvé, le moment venu, l'appui de la préfecture et du commissariat de la République.

L'éviction des Berliet est l'œuvre d'Yves Farge, commissaire de la République. Elle ne demande que quelques jours, Farge désirant entreprendre, à Lyon, la première expérience de « démocratie ouvrière », par la dépossession des dirigeants capitalistes au bénéfice des ouvriers eux-mêmes.

Ces dirigeants, qui sont-ils ? Marius Berliet, le président-directeur général, fondateur de la maison, homme d'autorité et de décision, voulant tout voir et tout savoir d'une affaire qui demeure la passion de sa vie ; patron d' « Ancien Régime », comme, petits et grands, il en existait bon nombre à une époque où, « partis de rien », ils renâclaient à abandonner fût-ce une parcelle de leur pouvoir, et plus encore à laisser discuter leurs ordres.

Depuis une dizaine d'années, Marius Berliet — qui a soixante-dix-neuf ans en 1944 — a toutefois, tout en leur tenant la bride serrée, délégué des responsabilités à ses quatre fils : Paul, Henri, Jean, Maurice[1], ainsi qu'à Thibaudon, directeur général des services financiers et administratifs.

En juillet 1942, il a pris la décision de transformer sa société anonyme en une société en commandite par actions, dont le capital, divisé en 62 000 actions, sera réparti entre ses sept enfants : quatre fils et trois filles. Jaloux de son autorité, Marius ne l'est pas de son argent.

C'est donc un homme *qui ne possède plus rien dans son entreprise* qui est arrêté le 4 septembre 1944, c'est-à-dire quelques heures après la libération de Lyon, par un groupe d'Espagnols ayant à sa tête un délégué communiste de l'entreprise, puis, sous les quolibets, mais aussi sous les menaces, transféré au fort Montluc.

Dès sa prise de fonction, Farge, que sa vie jusque-là chaotique et désordonnée, son instabilité foncière, son enthousiasme touche-à-tout, son caractère autoritaire n'auraient sans doute conduit qu'à des impasses, mais qui a trouvé, dans une courageuse résistance, l'occasion de mettre au service de son ambition des traits de caractère qui, en d'autres circonstances, l'eussent desservi, rêve de marquer son passage à Lyon — son « règne » serait un mot plus exact — par une mémorable action de transformation de la société.

Anarchiste de tempérament, mais politiquement proche du Parti communiste, journaliste grisé par les mots qu'il a écrits ou qu'il a lus dans la presse clandestine, épris de justice sociale, il a sous la main, avec Berliet, alors l'un des grands de l'automobile, le champ d'expérience rêvé.

---

1. Paul, directeur général des services techniques et de fabrication, et Jean, directeur du personnel, avaient manifestement plus de responsabilités que Maurice et Henri.

C'est à Paul que, par testament, Marius Berliet demandera à ses autres enfants de faire confiance, « dans l'intérêt de tous et dans la pensée de respecter ma mémoire et de continuer mon œuvre ».

D'ailleurs, à partir de septembre 1944, dans certains milieux politiques et syndicaux de Lyon, il ne sera plus question de Berliet mais de l' « Expérience », le plus souvent avec un grand E. « Expérience », mot paré, pour un temps du moins, de toutes les vertus, de toutes les espérances, et offert en exemple à Paris.

Le 7 septembre, s'appuyant sur une loi de Vichy — celle du 10 septembre 1940 — ... qui avait été prise notamment contre les juifs et contre les « fuyards », Farge, constatant la vacance de la direction, puisque Marius Berliet se trouve en prison, nomme un membre de son cabinet, le communiste Marcel Mosnier, ancien V.R.P. d'Électrolux, au poste d'administrateur séquestre.

C'est après avoir découvert que Marius ne possédait aucune action que Farge décide de faire arrêter *sans mandat* Paul, Henri, Jean et Maurice Berliet, qui attendront en prison de dix à quatorze mois un premier interrogatoire.

Pour Farge, il s'agit, en effet, beaucoup moins de savoir si les Berliet, au même titre que bien d'autres chefs d'entreprise français, ont « collaboré » — et dans quelles proportions ils ont dû satisfaire les commandes allemandes — que de tenter, comme il l'écrira la « première expérience de démocratie ouvrière au sein d'une entreprise industrielle ».

Mosnier, l'administrateur séquestre, ira plus loin encore lorsqu'il déclarera, le 15 septembre 1945 : « La suppression de l'exploitation des travailleurs ne peut être obtenue que par la dépossession *par un quelconque moyen*[1] des possesseurs capitalistes. »

Dans l'affaire Berliet, le « quelconque moyen » ne sera pas la suite logique d'un procès, qui n'aura lieu, devant la cour de justice, qu'au mois de juin 1946 et dont les conclusions, assortissant les condamnations de Marius Berliet et de deux de ses fils de la confiscation totale des biens passés, présents et à venir, seront considérées comme illégales, par le Conseil d'État, le 22 juillet 1949, mais — puisque le temps presse pour mettre en route l' « Expérience » — d'un véritable « hold-up ».

Que Berliet ait livré aux Allemands un nombre infiniment moins important de véhicules que ses concurrents, tout en devant obéir aux ordres de la Commission d'armistice de Wiesbaden transmis par

---

1. Je souligne intentionnellement.

Vichy, notamment pour l'achèvement de 90 camions-citernes ; que l'entreprise ait tantôt « saboté » en ne fabriquant aucun des 3 000 tracteurs commandés — il s'agit naturellement de tracteurs à usage militaire —, tantôt fait « le dos rond » et, pour obtenir des articles introuvables ailleurs qu'en zone occupée, livré aux Allemands « en compensation » du matériel automobile a d'autant moins d'importance qu'en septembre 1944 *tout* est *évidemment incontrôlable* [1].

Pour les épurateurs du moment, il ne s'agit pas, en effet, d'établir un juste bilan du passé, mais de réaliser sans tarder un transfert de propriété suivi d'une transformation radicale des rapports sociaux.

Définissant l' « Expérience », M. Mosnier dira que ce n'est nullement « une nationalisation, ni une gestion de l'État, mais l'essai d'une gestion directe du personnel, fruit de la collaboration de tous et pour le bénéfice de tous ».

Afin de prouver « que l'on peut s'engager sans crainte vers la nationalisation des industries », il s'agit de démontrer « qu'une grande entreprise peut être dirigée sans patron », ce qui suppose — et d'ailleurs les nouveaux responsables le demandent — une modification des comportements ouvriers.

A la suppression des fouilles épisodiques effectuées pour repérer ceux qui détournent du matériel, à l'autorisation de fumer dans les ateliers où il n'existe aucun danger, à la liberté d'affichage dans l'entreprise, devra correspondre une attitude nouvelle. « Nous saurons prouver que nous sommes dignes de la confiance qui nous est faite et que la liberté ne dégénère pas en licence », peut-on lire dans le journal d'entreprise *Contact*.

La sortie du premier camion « libre » a lieu le 20 septembre à 13 heures. Il porte le nom de *Grégoire*, pseudonyme de Farge dans la Résistance. Hommage à celui qui a permis l' « Expérience ». Au cours

---

1. Pour leur défense, les dirigeants de Berliet diront, notamment, avoir livré pendant l'occupation 2 239 véhicules, essentiellement des camions, aux Allemands et 6 548 aux Français, quand Peugeot en livrait 3 309 aux Français et 26 658 aux Allemands ; Citroën 2 052 aux Français, 33 248 aux Allemands ; Renault 1 697 aux Français, 32 887 aux Allemands.

Ces chiffres sont évidemment peu vérifiables. On sait tout de même que, lors de la décision de classement rendue le 30 avril 1949 en faveur du directeur général de la société Renault, M. de Peyrecave, il fut établi que Renault avait livré 32 232 véhicules aux Allemands et 3 460 aux Français.

Il faut toutefois faire remarquer que Berliet se trouve en zone non occupée, donc moins soumis que ses concurrents aux pressions allemandes.

de la manifestation qui suit, Longchambon, préfet du Rhône, explique « les raisons pour lesquelles Marius Berliet, industriel travailleur, entreprenant, organisateur tenace, s'étant peu à peu séparé de la nation par une manifestation d'indépendance égoïste, venait de voir ses biens placés sous séquestre ».

Comme il n'en dit pas davantage — ou du moins comme le numéro de *Contact* du 5 décembre n'en dit pas davantage —, sa déclaration n'éclairera pas l'Histoire qui sera bien forcée de conclure que cet « industriel travailleur, entreprenant, organisateur tenace » avait été arrêté, emprisonné et dépossédé parce qu'il déplaisait à Farge et à ceux qui disaient alors — et le diront bruyamment, c'est un discours que l'on retrouvera — représenter la volonté de la nation.

Qu'il y ait eu, dans les premières semaines, enthousiasme et volontaire compétition, cela semble évident.

Dans un texte de *Contact*, intitulé « Au tableau d'honneur du travail », l'équipe Gyullet, qui comprend vingt-huit ouvriers, est citée en exemple pour avoir, le dimanche 19 novembre, travaillé à la reconstruction d'un bâtiment touché par le bombardement allié du 2 mai. *Contact* apprend également à ses lecteurs que MM. Bachelon, Depardy, Mamolet, Gorbala ont décidé de travailler le samedi 11 et le dimanche 12 pour réparer les paliers d'une presse de 1 500 tonnes et que vingt-huit ouvriers de l'usine de Lyon-Monplaisir sont venus travailler le samedi 18 novembre à la fonderie de Vénissieux en « n'acceptant pour tout paiement que le repas de midi à la cantine ».

Les rapports avec les cadres demeurés en place, qui évitent toute intervention trop raide, tout rappel à l'ordre et, à défaut de se faire aimer, s'efforcent de se faire oublier, paraissent idylliques ; les rapports avec l'argent ne posent, en apparence, pas de problèmes, puisque le fonds de roulement représente, en septembre 1944, quatorze mois de caisse et plus du double des sommes exigibles à court terme[1] ; la production — 20 camions en septembre, 70 en octobre,

---

1. Le 15 novembre 1949, ils ne représenteront plus qu'un mois de caisse et seulement un tiers de l'exigible à court terme.

Entre le 1er septembre 1944 et le 15 novembre 1949, le fonds de roulement a été multiplié par 2,2 ; la masse salariale — il est vrai que de nombreuses embauches ont été effectuées — par 26.

150 en novembre —, si elle dégringole en décembre, le mauvais temps et l'arrêt des transports, à la suite de l'offensive des Ardennes, expliquant d'ailleurs cette chute, donne lieu à des bulletins de victoire.

Le stakhanovisme à la lyonnaise n'aura toutefois qu'un temps.

Dans le numéro 3 de *Contact*, M. Marcel Mosnier, avec cette vigueur moralisatrice qu'ont alors les communistes (Maurice Thorez, par exemple, réprimandant les mineurs qui, au lendemain du bal, se présentent en retard à l'embauche), clouera « au pilori » ceux qui trichent, dérobent et n'abandonnent pas les mauvaises habitudes de la veille.

Londres et les journaux clandestins ayant prêché le sabotage et l'absentéisme ; le marché noir ayant bousculé tous les principes ; les restrictions miné toutes les énergies ; le patronat et bon nombre de « petits chefs » cru pouvoir prendre, grâce à Vichy, leur revanche sur 1936 ; les derniers mois d'occupation porté au rouge les passions, il pouvait d'autant moins en aller autrement que, dans la misère de l'hiver 1944, les grands rêves sont comme des drapeaux sans vent et que, du romantisme de la Résistance, on est passé aux réalités de la politique vulgaire.

Avec son nom et son prestige, ses milliers d'ouvriers, son poids dans l'économie régionale, les possibilités financières et les occasions de placement que l'entreprise offrait, Berliet, dont, à onze reprises entre 1944 et 1949, des parlementaires réclameront la nationalisation, était devenu très vite l'enjeu d'une féroce bataille entre communistes et socialistes. Ces derniers avaient perdu la première manche lorsque M. Émile Parfait, directeur provisoire nommé par Robert Lacoste, ministre de la Production industrielle, avait été prié par M. Marcel Mosnier de regagner Paris par le premier train.

Le communiste Marcel Paul ayant, en novembre 1945, succédé à Robert Lacoste, les communistes se trouvaient assurés de conserver la haute main sur Berliet. Il en ira ainsi jusqu'à l'automne de 1947 où, socialistes et communistes ayant rompu — c'est le temps de la guerre froide —, les cadres de Berliet se révolteront à l'initiative d'Alfred Bardin, l'un des hommes qui, en 1944, s'étaient trouvés étroitement associés par Farge et Mosnier au démarrage de l' « Expérience ».

Comme ils l'écriront dans l'un de leurs tracts, « la coupe se remplissait ». Elle débordera lorsque *Le Mécano*, bulletin de la section communiste de l'entreprise, parlera des cadres comme « d'anciens larbins de Berliet essayant de restaurer les façons de faire chères au traître Marius ».

Le conflit s'envenimant, les cadres se mettront en grève.

L' « Expérience » Berliet se déroulait déjà sans patron.

M. Mosnier annonce qu'elle se déroulera désormais sans cadres.

Mais, au bout de six semaines de grève, c'est lui qui devra céder la place. A Paris, il n'y a plus de ministres communistes au gouvernement, et Marcel Paul s'est vu remplacé à la Production industrielle par le socialiste Robert Lacoste. C'est donc M. Ansay, un socialiste, qui sera nommé administrateur provisoire.

Que ce jeu des « chaises musicales » ait servi l'entreprise et l' « Expérience », voulue par Farge en septembre 1944, est une tout autre histoire.

Si Yves Farge a été le premier à porter le fer dans l'entreprise capitaliste, Jacques Bounin, commissaire de la République pour la région Roussillon-Languedoc, ira beaucoup plus loin, puisque, le 25 septembre 1944, il décidera — de sa propre initiative... et en vertu des pouvoirs... qui ne lui sont pas conférés — la première nationalisation qui ait eu lieu en France après la Libération : celle des mines d'Alès.

Que le gouvernement soit tenu dans l'ignorance totale de ce qui va se passer à Alès n'arrête pas le commissaire de la République, bien au contraire. Il met joyeusement à profit l'isolement dans lequel se trouvent encore les provinces pour agir révolutionnairement.

Bounin parle en présence du nouveau sous-préfet, du nouveau maire, du président du C.D.L., des représentants des ingénieurs et des ouvriers.

Que dit cet ancien député des Alpes-Maritimes, apparenté, avant la guerre, au Parti social français du colonel de La Rocque et qui, après avoir voté les pleins pouvoirs au maréchal Pétain le 10 juillet 1940, a adhéré au Front national en novembre 1941, s'assurant ainsi, sans le savoir, car en novembre 1941 nul ne pouvait connaître son avenir, l'un des plus beaux postes de l'après-Libération ?

Avec une logique d'ingénieur des Arts et Manufactures — ce qu'il est —, il annonce que tous les programmes politiques ayant réclamé, par le passé, la nationalisation des grandes entreprises, et le gouvernement du général de Gaulle ayant promis des mesures d'étatisation, sa décision de réquisitionner les « sept mines du bassin d'Alès pour les restituer à la nation » répondra donc « à la fois au vœu de la nation et à l'intention du gouvernement ».

> « Mineurs, poursuit-il avant de signer les arrêtés de réquisition, techniciens, agents de maîtrise, demain vous travaillerez chez vous. Vous êtes les maîtres de votre travail.
> Comment les mines seront-elles gérées ?
> Chacune des mines aura à sa tête un directeur. L'exploitation des sept mines sera concentrée entre les mains d'un directeur général qui sera l'un des sept directeurs. Il sera assisté d'un comité consultatif de gestion qui comprendra des représentants des ouvriers et des techniciens désignés par l'arrêté qui va être pris. »

Jusqu'à cet instant, il est vraisemblable que les mineurs n'ont pas dû trouver enthousiasmante la nationalisation Bounin. Elle maintient, en effet, en place le directeur général et les directeurs adjoints des mines du Gard, de l'Hérault et de l'Aude, ainsi que sept autres directeurs, innovant seulement en hissant à des postes de direction un ingénieur, un agent de maîtrise et deux ouvriers.

Aussi le commissaire de la République s'empresse-t-il d'ajouter que le comité nommé à l'instant est destiné à être remplacé par un comité de production et de gestion dont les membres seront choisis par les mineurs.

> « Demain, poursuit-il, vous exploiterez une entreprise qui appartient à la nation, qui vous appartient.
> Le 25 septembre 1944, les mines sont restituées aux travailleurs. C'est une date dans l'histoire des mines d'Alès. C'est une date dans l'histoire des mines de France. »

Les initiatives de Farge, à Lyon ; celles de Bounin à Alès ; celles d'Aubrac à Marseille, réquisitionnant le 10 septembre 1944 les

Aciéries du Nord et les dotant d'un directeur général assisté d'un comité consultatif, en attendant d'agir de même avec une quinzaine d'autres entreprises ; les décisions du Comité de libération de Montluçon, dont on sait[1] qu'il a, en quelques jours de septembre, pourvu de « comités de gestion et de contrôle », devant s'adjoindre un gérant responsable ayant la direction effective, les six plus grandes entreprises du département, d'autres encore inspireront-elles le discours de Lille ou, tout au moins, précipiteront-elles la décision de De Gaulle d'ouvrir sans plus tarder le chantier des nationalisations ?

En ce domaine comme en tout autre, il est certain que de Gaulle n'entend ni se laisser prendre de vitesse ni se trouver face à des initiatives régionales désordonnées. Il ne saurait admettre qu'il existât en France, suivant les réactions personnelles ou les penchants politiques des différents commissaires de la République, *des* nationalisations de type différent, pas plus qu'il ne saurait admettre qu'il y ait *des* milices, *des* justices ou toute autre manifestation dans l'ordre administratif, judiciaire, militaire d'un pouvoir parallèle donc dissident.

D'ailleurs, le 29 septembre 1944, avant le voyage à Lille, un conseil des ministres a rappelé qu' « aucune autorité ou organisme n'avait qualité pour modifier, en dehors de la prescription de la loi, les fondements au régime des entreprises ».

Selon les *Mémoires de guerre*[2], c'est en constatant à Lens « les dégâts des installations [minières], l'absence d'une moitié des mineurs, l'agitation du personnel », mais aussi en prenant conscience de l'immensité des travaux de modernisation à accomplir, travaux nécessitant des crédits tels que « seule la collectivité nationale était en mesure de les fournir », que de Gaulle aurait pris sa décision : « Que celle-ci [la collectivité nationale] devînt propriétaire des charbonnages, c'était l'unique solution. »

Mais, plus encore que la remise en état des puits de mine, grâce à l'afflux de crédits publics, de Gaulle attend des nationalisations qu'elles constituent une « réforme de principe propre à changer l'état des esprits ».

---

1. *Cf.* chapitre 7 : *les atouts du Parti.*
2. T. II, p. 182.

En s'entretenant à Lille avec Closon, commissaire de la République, dont il apprécie le sang-froid et le jugement, il a pris la mesure du fossé qui s'était creusé pendant l'occupation, moins entre les mineurs et une direction toujours lointaine qu'entre mineurs et porions ou ingénieurs. Closon lui a dit que, dans la semaine qui a suivi le départ des Allemands, de nombreux ingénieurs et porions s'étaient trouvés « chassés de leurs fonctions par les ouvriers et abandonnés sans défense par leurs employeurs ». Leur retour se révélait d'autant plus difficile qu'on leur en voulait non seulement d'avoir maintenu une étroite discipline, d'avoir manifesté leur anticommunisme dans une région où les communistes, nombreux, avaient multiplié les actes de sabotage et les attentats, mais encore, toutes les vieilles rancœurs remontant à la surface, de s'être comportés de façon hautaine, en « ne disant pas bonjour » ou en « méprisant le peuple ».

Dans la plupart des régions et même dans celles qui ont connu peu d'exécutions sommaires, la Libération fut ainsi, au même titre que la reconquête du territoire, la reconquête de la liberté de parole, la brutale affirmation d'une volonté de changement dans les rapports sociaux, l'émergence de jeunes hommes face aux notables souvent ralliés à Vichy, en somme un nouvel épisode, mais particulièrement vigoureux, de la longue lutte des classes.

Des nationalisations, auxquelles, on l'a vu, de Gaulle est fondamentalement favorable — son éducation, ses lectures, sa vocation militaire l'ayant écarté des grands milieux d'affaires et d'argent, égoïstes et interlopes, milieux qu'il tient d'ailleurs, comme beaucoup d'intellectuels et d'officiers, en piètre estime — il attend d'abord un choc psychologique.

Dès le 27 septembre, le Conseil des ministres avait bien décidé de constituer sous l'autorité de l'État un « groupement national des Houillères du Nord et du Pas-de-Calais ».

Mais les voyages du général de Gaulle vont précipiter les choses. Une ordonnance du 11 octobre, suspendant les présidents et directeurs généraux des compagnies houillères du Nord et du Pas-de-Calais, les remplacera par des administrateurs provisoires. L'ordonnance instituant les « Houillères nationales du Nord et du Pas-de-Calais », prise le 13 décembre, fera des Houillères un établissement de caractère industriel et commercial, doté de la personnalité civile et de l'autonomie financière, placé sous l'autorité du ministre chargé des Mines.

Les Houillères nationales, qui prenaient possession des biens et installations des concessionnaires, étaient initialement dirigées par un président-directeur général, nommé par décret — ce sera M. Duhameaux, qui n'est pas communiste —, assisté d'un directeur général adjoint[1] et d'un comité consultatif de vingt-quatre membres. D'un maniement trop difficile, ce comité consultatif, appelé à se réunir mensuellement, transférera en réalité ses pouvoirs à une section permanente de six membres, composée de trois représentants du personnel, un représentant des utilisateurs, un représentant du ministre chargé des Mines et un représentant du ministre de l'Économie nationale. Les nationalisations n'échappant pas à une très vive politisation, cette section permanente sera, à partir de novembre 1945, dominée par le Parti communiste[2], qui, avec M. Thiébault, maire communiste de Liévin, président des Houillères du Nord et du Pas-de-Calais, et M. Victorien Duguet, également communiste, président des Charbonnages de France, aura ainsi la haute main sur les charbonnages français, au moins jusqu'aux grandes grèves de novembre 1947, grèves encouragées et prêchées dans le Nord... par M. Delfosse, directeur général adjoint des Houillères du Nord et du Pas-de-Calais, communiste et secrétaire général de la Fédération du sous-sol.

Si la volonté de De Gaulle de faire contrôler par la nation les « principales sources de la richesse commune » entre pour beaucoup dans les nationalisations, il ne faut pas sous-estimer l'importance de la

---

1. En février 1946, Auguste Lecœur, sous-secrétaire d'État communiste à la Production industrielle, nommera sans consultation trois directeurs généraux adjoints cégétistes. Il faudra trois semaines pour qu'à la demande du chef du gouvernement, qui n'est plus de Gaulle mais Félix Gouin, le décret soit annulé. *Cf.* Georgette Elgey, *La République des illusions.*

2. Après qu'en novembre 1945 le communiste Marcel Paul eut remplacé le socialiste Robert Lacoste à la Production industrielle, sur les six membres de la section permanente, quatre seront communistes : deux des trois représentants du personnel, le représentant des utilisateurs, qui n'est autre que le secrétaire du syndicat C.G.T. de la S.N.C.F., ainsi que le représentant du ministre chargé des Mines.

pression populaire et des partis politiques, au premier rang desquels le Parti communiste, ses journaux et ses orateurs.

On le constatera notamment dans le cas des usines Renault, à l'intérieur desquelles, sous prétexte d'épuration, la C.G.T. mène campagne pour affaiblir l'autorité de la direction et surtout de la maîtrise, tandis que, dès le 22 août, *L'Humanité* a demandé l'arrestation des dirigeants de « chez Renault » qui devront payer « pour les soldats des Nations Unies ; ... pour les centaines d'innocents tués dans les bombardements... pour les ouvriers livrés aux bourreaux ». Le 19 septembre *L'Humanité* revient à la charge. Sous la signature de Georges Cogniot paraît un article dont voici les premiers mots : « Renault n'est pas arrêté ! Renault est soi-disant en fuite ! On a laissé échapper Renault ! »

Louis Renault est arrêté le 23 septembre.

Mais il est juste d'écrire que la C.G.T., le Parti communiste et *L'Humanité* ne sont pas seuls à réclamer — chez Renault et ailleurs — de profondes, voire de révolutionnaires réformes de structure.

Le 4 octobre, l'arrêté du ministre de la Production industrielle annonçant la mise sous séquestre des biens de la société des usines Renault ; leur confiscation le 15 novembre ; la nationalisation des usines, annoncée au *Journal officiel* le 14 janvier 1945[1], trois mois après la mort suspecte de Louis Renault[2], ne provoqueront donc aucune autre réaction que d'approbation[3].

---

1. L'exposé des motifs se fondait sur « la situation qui résulte pour la Société anonyme des usines Renault et le vaste ensemble industriel qu'elle contrôle, d'une part, de l'attitude de ses dirigeants envers l'envahisseur et, d'autre part, du décès de son chef responsable et principal animateur, Louis Renault, survenu au moment où celui-ci devait rendre compte de ses actes devant la justice française ».

Le 30 avril 1949, la cour de justice rendra une ordonnance de non-lieu dans les poursuites intentées pour collaboration avec l'ennemi contre la direction générale des usines Renault.

2. Arrêté le 23 septembre, conduit et enfermé à Fresnes, Louis Renault sera sorti de sa cellule le 22 octobre pour être transporté à la clinique des Frères Saint-Jean-de-Dieu où il décédera le 24 octobre. A-t-il été sauvagement battu dans sa cellule ? Ce fut affirmé, jamais prouvé, mais il est bien évident que les mauvais traitements étaient loin d'être rares dans les prisons de l'automne 1944 et que, même si Louis Renault ne se trouvait pas en excellente santé lorsqu'il fut arrêté, sa vie ne semblait nullement en danger... médicalement parlant.

3. L'État devenu actionnaire principal de Renault et de toutes les entreprises satellites, la formule de gestion retenue s'inspirera des doctrines de participation ouvrière : la Régie nationale des usines Renault, placée sous le contrôle du ministère de la Production industrielle — le socialiste Robert Lacoste puis le

Un député communiste ayant, devant l'Assemblée consultative provisoire, énuméré tous les groupes et partis favorables aux nationalisations, mais n'ayant pas fait mention du M.R.P., on entendra une voix crier : « Le M.R.P. aussi ! »

Combien trouvera-t-on dans cette assemblée, forte de 248 membres, de délégués hostiles aux nationalisations ? Moins d'une dizaine, avec pour chef de file Joseph Desnais.

Quant à la presse, elle acquiesce ou se tait. A une remarquable exception près.

Le 1er février 1945 paraît dans *Le Monde* un article non signé, qui, sous le titre « Les réformes de structure », est consacré, par-delà les nationalisations récemment décidées, à l'examen d'un problème infiniment plus vaste.

> « Le gouvernement provisoire, demande l'auteur du texte, est-il qualifié pour procéder à des réformes de structure ? Ne faut-il pas attendre le vote d'une Assemblée régulièrement élue au suffrage universel ?
> . . . .
> L'unanimité de la Résistance, à l'égard des moyens techniques à prendre, ne constitue qu'une illusion. Le vote intervenu à l'Assemblée, le 28 décembre, en fin de session, a traduit moins une volonté qu'une équivoque, celle de l'unanimité à tout prix, qui a porté les adversaires des nationalisations à joindre leurs voix à celles de leurs collègues plus nombreux, pour ne pas avoir à se séparer d'eux. (...) L'unanimité apparente de la Résistance recouvre une simple majorité qui, dans le pays, s'effiloche peut-être en minorité.
> Le fait est là : la grande masse de la nation, si hostile à Vichy, si antiallemande qu'elle ait été, s'est toujours immédiatement montrée réticente à l'égard des mouvements de résistance et a refusé de se laisser embrigader.
> Bien des causes, dont toutes ne sont pas parfaitement honorables, expliquent cette abstention. L'une d'elles serait parfaite-

communiste Marcel Paul —, sera dirigée par un président-directeur général nommé par décret — ce sera M. Lefaucheux —, assisté d'un conseil d'administration de quinze membres, dont sept représentants des ministères, deux des usagers de l'automobile et six du personnel, choisis par le ministre parmi des délégués du comité central d'entreprise où, jusqu'au début de l'année 1991, la C.G.T. possédera toujours la majorité.

ment claire. Le caractère passionné et partisan de trop de propagandistes, le programme révolutionnaire qu'ils développaient ont mis en méfiance tous ceux qui ne sont jamais parvenus à se persuader que la lutte contre l'Allemagne impliquait nécessairement un bouleversement de notre vie sociale. »

L'auteur de l'article est de ceux-là.

Mais ce n'est pas n'importe qui.

Il s'appelle René Courtin.

Avec Christian Funck-Brentano et Hubert Beuve-Méry, il a été, le 11 décembre 1944, l'un des trois fondateurs du *Monde*. Ce jour-là, comme chacun de ses deux associés, il a versé 40 000 francs devant Me Blanchet, notaire à Paris, pour la constitution de la société à responsabilité limitée « Le Monde ».

Courtin, « huguenot libéral », suivant la définition de Laurent Greilsamer, qui s'est fait avec bonheur l'historien de Beuve-Méry et, à travers lui, de la première époque du *Monde*, est un résistant incontestable. Il fut, à Montpellier, responsable du mouvement *Combat*, a appartenu, avec Bastid, Lacoste, de Menthon, Parodi, Pierre-Henri Teitgen, au Comité d'études chargé de définir quelques-unes des orientations du régime nouveau et, lors de la libération de Paris, a assuré le secrétariat général à l'Économie nationale.

Mais très vite ce professeur d'économie a été atterré par la liberté avec laquelle sont abordés par des « propagandistes » — c'est le mot qu'il emploie — et traités par des incompétents les sujets les plus lourds de conséquence pour l'avenir du pays. Il n'a pu entendre sans réaction le socialiste Jules Moch déclarer le 27 décembre 1944 : « Dans le domaine de la politique intérieure du gouvernement... il est un champ immense, celui de la vie financière et économique, où la guerre contre le fascisme doit, comme dans tous les autres, être menée avec la plus extrême rigueur », puis faire suivre cette déclaration antifasciste d'une proposition économique de socialisation, comme si, tout naturellement, elle en découlait.

« Je le dis tout net : pour nous, les socialisations comportent la disparition de la propriété privée, mais aussi l'absence de toute participation du capital privé à la gestion de l'entreprise, l'administration générale des secteurs ainsi rendus autonomes par des délégués des ouvriers et des employés d'une part, des techniciens de l'autre, des représentants de l'intérêt général enfin, à l'exclusion de tous autres, la direction des ateliers et des usines par des chefs responsables assistés de conseils d'entreprise, un budget autonome et la socialisation de toute l'entreprise et non pas seulement de son outillage. »

Courtin a également été choqué par la façon dont, « à l'esbroufe », a été voté, le 28 décembre 1944, à la fin de la session, un ordre du jour de confiance fourre-tout, présenté par Emmanuel d'Astier de La Vigerie, dont les affinités communistes étaient connues.

Dans le quatrième paragraphe de cet ordre du jour, l'Assemblée consultative provisoire souhaitait, en effet, « qu'en vue de porter au plus haut l'effort industriel et le réarmement du pays, et en application du programme du Conseil national de la Résistance, [le gouvernement] réalise, en première urgence, le retour à la nation, c'est-à-dire la socialisation, des grands moyens de production monopolisés, fruits du travail commun, des sources d'énergie, des richesses du sous-sol, des compagnies d'assurances et, en premier lieu, des grandes banques ; et que ces premières applications procèdent d'un plan général ».

Joseph Desnais, qui représente presque seul la droite libérale, a beau s'étonner que l'ordre du jour dépasse de beaucoup les débats « si copieux qu'ils aient été » ; qu'il vise des questions dont l'Assemblée n'a pas discuté ; a beau dire : « Croyez-vous que le pays ait besoin de tels panneaux-réclame… Il nous demande essentiellement d'abord de finir la guerre ; il réclame le maximum de libertés, toutes les libertés publiques, tout ce qu'il est possible d'accorder en matière économique », il n'est pas entendu.

L'ordre du jour de D'Astier de La Vigerie est adopté à l'unanimité des 141 votants.

Cette unanimité de 141 membres dans une Assemblée qui en compte 245 fera écrire, on le sait, à René Courtin : « L'unanimité apparente de la Résistance recouvre une simple majorité qui, dans le pays, s'effiloche peut-être en minorité. »

Voilà un article, voilà des phrases sacrilèges qui, le 2 février 1945 et les jours suivants, provoqueront avalanche de critiques et levée de boucliers de tous ceux qui détiennent le pouvoir et tiennent la plume.

Les lecteurs du *Monde* ignorent cependant que René Courtin avait écrit « Les réformes de structure » au lendemain de la nationalisation des Houillères du Nord et du Pas-de-Calais, c'est-à-dire à la fin de décembre 1944.

Ils ignorent que Beuve-Méry, conscient de l'orage politique et journalistique qu'allait fatalement susciter un texte à contre-courant des sentiments profonds et des modes du temps, conscient également des menaces qu'il représentait pour son journal qui, après moins de un mois d'existence, était dénoncé comme « l'organe des trusts » non seulement par les communistes mais encore par un homme comme Albert Camus[1], a classé l'article de Courtin au fond d'un tiroir. Ils ignorent que Courtin, à bout d'arguments et de patience, devra menacer de donner sa démission, le 30 janvier... pour qu'après quelques atténuations son texte paraisse enfin le 1er février[2].

Beuve-Méry ne s'était pas trompé sur les réactions politiques qui suivront l'article de Courtin. Elles seront si violentes qu'elles paraîtront, un moment, mettre en cause l'existence même du *Monde*.

S'il ne faut pas négliger l'influence de la presse, la force que représentent encore certains Comités de libération ; s'il faut tenir compte de la facilité avec laquelle le Parti communiste rassemble des dizaines de milliers de manifestants prompts à épouser les mots d'ordre qu'il leur souffle, on ne peut sous-estimer la portée des discours qui se tiennent à l'Assemblée consultative provisoire.

Que de Gaulle n'ait jamais pris goût aux débats parlementaires, on le sait. En 1927, évoquant dans ses carnets le livre que Poincaré vient de consacrer sous le titre *L'Invasion* aux premiers jours de la guerre, il accuse le président de la République de parler « uniquement ministres, diplomates, Sénat et Chambre, quand ces falotes entités ne signifiaient plus qu'une figuration... »

Ce ne sont ni les événements de 1935 — lorsque, repoussant la

---

1. Le 13 janvier 1945, Camus, dans *Combat,* accuse *Le Monde* de « faire du travail " sérieux ". Discréditer la Résistance, par exemple ».

2. Sur cette crise, la première crise grave du *Monde, cf.* Laurent Greilsamer, *Hubert Beuve-Méry,* p. 271 et suiv.

Le 10 janvier, René Courtin, signant de ses initiales un article intitulé « Les prix industriels », avait expliqué que « la hausse considérable des salaires intervenue depuis septembre, de 35 pour 100 à 105 pour 100 selon les régions et les professions, pas plus que la réduction, souvent énorme, du coefficient d'activité (n'ayant) été retenues comme un motif de hausse », beaucoup d'entreprises se trouvaient dans une situation intenable.

proposition de loi de Paul Reynaud sur le « corps spécialisé à base de chars modernes », la Chambre des députés rejetait en vérité le projet du lieutenant-colonel de Gaulle ; ni les événements de 1939-1940 — au cours desquels les parlementaires ne s'étaient jamais montrés à la hauteur du drame français —; ni les rapports qu'il avait eus à Alger avec les membres de l'Assemblée consultative, qui auraient pu le faire changer d'opinion.

« Falotes entités », « figuration », certes, aux yeux — et aux oreilles — de l'homme qui, le 7 novembre 1944, entend le doyen d'âge, le radical Cuttoli, qui préside, au Palais du Luxembourg, la première séance de l'Assemblée consultative provisoire, demander à des hommes et des femmes, *qui ont tous été désignés par le gouvernement,* de ne pas se considérer comme de « simples gérants d'affaires investis d'une mission purement consultative », mais bien « comme les mandataires de la nation ». A ces prétentions, il répondra le 9 novembre que les « libres débats et avis » de l'Assemblée consultative provisoire auront de l'importance « dans la mesure où ils seront constructifs ».

Cependant, il ne saurait tenir pour rien, même s'ils sont chimériques, des débats qui ont leur répercussion dans la presse et, plus encore, dans d'innombrables meetings, alors distraction pour un peuple sans distractions.

L'Assemblée consultative provisoire est une caisse de résonance.

« Faire des phrases, n'y pas croire, les admettre cependant, est le principal caractère de ce temps. » En 1927, de Gaulle avait inscrit sur ses carnets ces mots désabusés.

Faire des phrases... On en fera beaucoup, dans l'hiver, au sein de cette Assemblée consultative provisoire dont un décret d'avril 1944 pris à Alger avait prévu la réunion dans les territoires libérés et dont le gouvernement avait, le 10 octobre, fixé à 248 le nombre des membres.

La Résistance métropolitaine bénéficie dans l'Assemblée de 148 sièges[1] ; la Résistance extra-métropolitaine de 28 ; les représentants de la France d'outre-mer de 12 ; les parlementaires de 60 qui devront être répartis entre députés et sénateurs ayant refusé les pleins

---

1. Le C.N.R. a droit à 19 sièges ; l'Alliance démocratique à 3 ; les Démocrates populaires à 4 ; la Fédération républicaine à 3 ; le Parti communiste, le Parti radical et le Parti socialiste chacun à 6 ; *Combat* à 6, ainsi que *Franc-Tireur, Libération-Nord, Libération-Sud* et l'O.C.M.

Le Front national obtient 12 sièges, ainsi que la C.G.T. Quatre sièges iront à la C.F.T.C. et 6 aux Forces unies de la jeunesse patriotique.

pouvoirs au maréchal Pétain le 10 juillet 1940, s'étant « rachetés » par leur participation à la Résistance, ou bien appartenant le 3 septembre 1939 — date de la déclaration de guerre — au groupe communiste que Daladier a dissous à la suite de la signature du pacte germano-soviétique, ce qui leur avait interdit de se prononcer à Vichy[1].

Possédant une plus grande expérience de la parole que la plupart de leurs collègues, exercés aux joutes violentes de la IIIe République, forts d'une immunité que leur assure la résistance proche, les communistes auront la maîtrise des débats.

Ils savent ne pas se cantonner dans la théorie, le dogmatisme ou le lyrisme, mais illustrer, quand il le faut, leurs propos d'exemples choisis dans une vie quotidienne alors aussi difficile pour les membres de l'Assemblée que pour la majorité des Français.

Ainsi, M. Martel, parlant, le 28 novembre, de la perquisition effectuée par les gardes civiques républicaines de Liévin (on voit qu'elles existent toujours malgré l'ordre de dissolution) dans une coopérative patronale, déversera-t-il des chiffres qui, de mémoire de parlementaire, n'étaient jamais tombés de la tribune. Il évoquera la découverte et la confiscation de 2 500 kg de confitures, de 1 000 kg de savon mou, de 11 803 boîtes de sardines, de 650 boîtes de fricadelles, de 9 000 kg de petits pois et de pois cassés, de 1 300 paquets d'allumettes, 800 paquets d'allume-feu, 400 paquets de farine !... A ce bilan incomplet : « L'inventaire se poursuit », déclarera-t-il, il ajoutera 271 litres de rhum, 80 litres d'eau-de-vie, 1 200 litres de vin et 152 litres de Cinzano, cette dernière évocation arrachant des exclamations à l'Assemblée.

Les communistes excellent également, en se « renvoyant la balle », à doubler leur temps de parole et surtout à donner au débat un tour particulièrement passionné.

Le président de séance littéralement asphyxié et n'intervenant que timidement, un communiste interrompra ainsi l'orateur communiste,

---

1. Les 60 sièges seront ainsi répartis : 15 pour les socialistes, 7 pour les communistes, 21 pour les radicaux, démocrates populaires, etc., 17 pour le centre droit et la droite.

Le 8 novembre l'assemblée ainsi constituée portera le socialiste Félix Gouin à la présidence. Au premier tour, il avait obtenu 92 voix contre 78 à M. Justin Godard, radical et maire provisoire de Lyon, 19 à Louis Saillant, président du C.N.R. et communiste.

Félix Gouin avait déjà présidé aux travaux de l'Assemblée à Alger.

un troisième communiste prenant alors la parole pour approuver, ou compléter, ce que viennent de dire ses deux camarades communistes.

Voici un exemple tiré du *Journal officiel* du 23 novembre 1944. La séance est consacrée au problème, alors capital, du ravitaillement.

A la tribune, M. Gaston Monmousseau s'exprime au nom du groupe communiste. Il dénonce les services de ravitaillement où, d'après lui, trop d'hommes de Vichy sont demeurés en place. En quelques minutes, il sera « interrompu » par Marcel Cachin et Florimond Bonte, également communistes, qui relaieront et prolongeront son indignation. L'extrait qui suit permet de comprendre la méthode.

> *M. Gaston Monmousseau.* — Le problème du ravitaillement peut se passer des formes parlementaires.
>
> Même s'il faut prononcer les noms de quelques hommes, j'entends apporter les précisions nécessaires pour mettre de l'ordre dans les affaires du ravitaillement.
>
> J'ai dit et je le répète que M. Miné est le beau-frère de M. Vincy, mis en place par Vichy au comité de répartition du poisson et chassé par les poissonniers, mais remplacé par M. Miné dans les services du ravitaillement.
>
> Cela, on ne l'a pas encore démenti.
>
> *M. Florimond Bonte* (communiste). — Est-ce vrai ou non ? Voilà la question.
>
> *M. le président.* — Monsieur Bonte, vous n'avez pas la parole. Laissez parler l'orateur de votre groupe.
>
> *M. Gaston Monmousseau.* — Quant à M. Ollive, directeur de l'approvisionnement, créateur de la Société automobile de transports routiers, il a été placé là par le traître Chasseigne.
>
> Ce trust avait un crédit de 80 millions, il a aujourd'hui un déficit de 135 millions ; mais on a transformé l'organisation en faillite en Comité d'organisation des transports routiers. M. Ollive et ses hommes sont toujours à la tête de cet organisme. Est-ce vrai ? Où est la place de M. Ollive ?
>
> Voilà M. Sigot, ex-intendant régional du ravitaillement de Vichy, mis en place par M. Giacobbi comme directeur général du ravitaillement. Ses états de service ? Les voici : M. Raynal, directeur départemental du ravitaillement de la Seine, homme de la Résistance, a été dessaisi de ses pouvoirs et mis en demeure de

transférer ses services au cabinet de M. Sigot, le 13 novembre dernier.

Voilà des précisions qui permettront à M. le ministre d'examiner les services du ravitaillement et, le cas échéant, de frapper où il faut et de faire du neuf avec des éléments sains, non suspects et méritant la confiance.

Mais qu'est-ce que tout cela signifie, en somme? Que les services du ravitaillement, comme les services des transports, sont, à part quelques réorganisations de détail, dirigés par les mêmes personnes qui étaient au service de l'ennemi, qui ont fait le mal que chacun connaît...

M. Marcel Cachin (communiste). — Qui se sont enrichies scandaleusement.

M. Gaston Monmousseau. — ... qui se sont enrichies, en effet, et qui continuent à s'enrichir en utilisant leur situation...

M. Marcel Cachin. — Chacun ici le sait.

M. Gaston Monmousseau. — ... qui dressent les villes contre les campagnes en tirant leur épingle du jeu. Cette opération « fait le beurre » des trusts, mais ne donne pas de beurre aux Parisiens. *(Applaudissements.)*

Pourquoi insister maintenant? J'ai cru devoir dire ce qu'il fallait dire...

M. Marcel Cachin. — Ce que chacun dit ici.

M. Gaston Monmousseau. — ... ce que tout le monde dit dans le pays.

M. Florimond Bonte. — Il y a un ministre qui défend les spéculateurs et les affameurs. C'est un fait.

M. le président. — Monsieur Bonte, vous n'avez pas la parole.

M. Gaston Monmousseau. — Allons-nous tolérer tout cela?

M. Marcel Cachin. — Voilà le problème.

M. Gaston Monmousseau. — La France a combattu et souffert pendant ces quatre années. Elle souffre encore, par le fait des mêmes personnages, au moins dans un domaine important de la vie nationale et dans d'autres également.

Nos morts, nos héros, nos malheureux torturés ne nous commandent-ils pas d'apporter du changement dans ces domaines?

Nous avons plusieurs millions de prisonniers en Allemagne.

Leurs foyers, leurs petits, leurs vieux, leurs veuves, n'avons-nous pas, d'abord, le devoir de penser à eux ? *(Applaudissements.)*

S'agit-il ici de ménager quelques personnalités suspectes ? *(Nouveaux applaudissements.)*

M. *Cachin.* — Voilà la vérité !

On a certainement remarqué que les communistes multipliaient les citations de noms de responsables de grands secteurs administratifs. Dans le passage que l'on vient de lire, celui de M. Miné.

Or, Paul Ramadier, ministre du Ravitaillement[1], a dit quelques minutes plus tôt que M. Miné « avait été digne de la confiance que le Conseil national de la Résistance lui [avait] témoignée ». Qu'importe pour l'orateur communiste Monmousseau que M. Miné ait été résistant ! N'est-il pas le « beau-frère de M. Vincy, mis en place par Vichy au comité de répartition du poisson » et ceci n'a-t-il pas plus d'importance que cela ?

Le nom de M. Miné sera donc à nouveau cité de façon désobligeante par les communistes au cours de la séance du 29 novembre. Gaston Tessier, qui représente les syndicats chrétiens, ayant dit, à son tour, que Pierre Miné avait été révoqué par Vichy, traqué par la Gestapo, Jacques Debu-Bridel (cet homme de droite, dont le lecteur sait qu'il est proche des communistes) fera diversion : « Et que pensez-vous de M. Baron ? » demande-t-il à Tessier.

M. Baron sera ainsi, bien malgré lui, la vedette d'une partie de la séance du 29 novembre.

A Paul Ramadier, le ministre du Ravitaillement, qui explique qu'il ne s'agit nullement d'un personnage important : « C'est, si vous voulez, non pas un " lampiste ", mais un " chef lampiste " », Jacques Debu-Bridel réplique : « Un " général lampiste " », puis demande : « Combien de contrôleurs dépendent de M. Baron ? »

Dans la suite du débat, avec la complicité communiste, il harcèlera Ramadier. Comme le ministre a justement déclaré qu'il faut donner aux fonctionnaires qui continuent leur besogne le sentiment qu'ils ne sont pas « à chaque instant, à chaque mot, à chaque acte, suspectés », qu'il ne faut pas que « leur nom puisse être jeté au hasard d'une

---

1. Il a été nommé ministre du Ravitaillement, à la place de M. Giacobbi, le 14 novembre lors du remaniement ministériel de faible ampleur qui a suivi la mort de M. Lepercq.

dénonciation dans un débat public », Jacques Debu-Bridel réplique : « Il ne s'agit pas de dénonciations, nous avons apporté des faits. » Le débat se poursuit alors en ces termes :

> *M. le ministre du Ravitaillement.* — Les faits incriminés doivent, je le répète, être soumis aux commissions responsables.
> *M. Tollet* (qui est communiste). — Le public tout entier doit les connaître.
> *M. le président.* — Vous prendrez encore la parole tout à l'heure, si vous le désirez, monsieur Tollet. En attendant, je vous prie d'écouter en silence.
> *M. Jacques Debu-Bridel.* — Faites confiance au peuple !
> *M. le ministre du Ravitaillement.* — Je pense que la confiance au peuple exige tout d'abord le respect de la loi. *(Applaudissements sur divers bancs.)*
> *M. Jacques Debu-Bridel.* — Quelle loi ?
> *Un délégué.* — La loi de Vichy.

Paul Ramadier avait demandé que le nom des fonctionnaires ne fût pas jeté en pâture à l'opinion lors des séances de l'Assemblée consultative privisoire.

Il ne comprenait pas que la stratégie du Parti communiste commandait précisément que des noms, autant de noms que possible, fussent cités. On l'a vu à l'occasion du débat sur le ravitaillement, du débat sur l'épuration et, en vérité, dans tous les débats portant sur des sujets sensibles.

Ceux qui se trouvent ainsi mis en cause ne sont pas des « collaborateurs » internés. Ce ne sont pas davantage des fonctionnaires chassés ou rétrogradés par les commissions d'épuration qui fonctionnent dans tous les ministères. Non, ce sont des fonctionnaires en place, et parfois proches du ministre.

Lors de la séance du 5 décembre 1944, consacrée à l'épuration, Auguste Gillot, orateur communiste, s'adressant à François de Menthon, garde des Sceaux, lui dira : « C'est ainsi qu'au cabinet même de M. le garde des Sceaux les hommes qui ont les plus hautes responsabilités ne sont pas, à nos yeux, complètement irresponsables. »

Cette frénésie de pureté correspond à un but précis : déstabiliser les fonctionnaires qui, par la force des choses, ont dû appliquer, en en atténuant souvent les conséquences, voire en les sabotant, les textes allemands et les lois de Vichy ; faire en sorte que, cité à dix reprises à la tribune de l'Assemblee, le nom du fonctionnaire que les communistes désirent éliminer soit repris dans les journaux, qu'il circule dans les couloirs et bureaux des ministères, que celui qui le porte se trouve, sinon banni, du moins isolé ; créer, à côté des coupables, une catégorie de suspects, suspects à leurs inférieurs, suspects à leurs supérieurs, suspects à eux-mêmes ; enfin, à la place de ceux qui, montrés du doigt et désignés de la voix, se seront effacés ou auront été mis à l'index, installer des « camarades » ou des compagnons de route.

Un seul domaine dans l'automne de 1944 échappe au flot montant des critiques. Il s'agit — déjà — d'un domaine réservé : celui de la politique étrangère.

15

LE RANG RETROUVÉ...
STRASBOURG POUR PREUVE

— Pourriez-vous donner vos impressions sur la reconnaissance du gouvernement français par les Alliés et ses conséquences ?

— Je puis vous dire que le gouvernement est satisfait qu'on veuille bien l'appeler par son nom.

Le 25 octobre 1944, lorsqu'il reçoit pour la première fois, à Paris, les journalistes de la presse française et de la presse alliée, de Gaulle s'attendait à la question. Les représentants soviétiques, britanniques, canadiens et américains ne sont-ils pas venus ensemble, deux jours plus tôt, notifier à Georges Bidault, ministre des Affaires étrangères, la reconnaissance du gouvernement provisoire par leurs gouvernements respectifs ?

Il se peut donc que de Gaulle ait médité sa réponse en forme de coup de fouet. Réponse ironique, réponse chargée d'amertume. « Les susceptibilités du président des États-Unis et les griefs du premier ministre anglais avaient tenu en suspens la décision jusqu'à l'extrême limite », écrira-t-il dans ses *Mémoires de guerre*.

Londres et Washington, Churchill et Roosevelt s'étaient, en effet, longtemps demandé s'ils pouvaient, sans péril, transmettre au nouveau gouvernement français l' « autorité » que leurs armées exerçaient, ou étaient censées exercer, sur le territoire libéré, sur les Français délivrés. Et quelle portion de ce territoire pourrait être considérée, par opposition à la « zone des armées », comme « zone de l'intérieur » que de Gaulle, la « recevant » des mains du général Eisenhower, aurait la responsabilité d'administrer !

Cette fiction d'un transfert des pouvoirs exaspérait de Gaulle pour qui Eisenhower, commandant en chef, n'avait, « fût-ce une seule minute », jamais exercé son autorité sur d'autres que sur ses soldats.

Il faut lire les télégrammes échangés entre Churchill et Roosevelt pour mieux mesurer les difficultés de ce qui nous paraît, aujourd'hui, comme « allant de soi ». La France de De Gaulle avance vers la reconquête de son identité et de sa souveraineté internationale entre deux censeurs sourcilleux et peu disposés à lui lâcher la main.

Le 28 août, c'est-à-dire après la libération de Paris, après la manifestation d'enthousiasme des Champs-Élysées, Winston Churchill mettait comme condition à la reconnaissance du « gouvernement » présidé par de Gaulle, qui n'était toujours pour lui que « le Comité français de la Libération nationale » ou encore « l'administration de Gaulle », l'émergence « d'une entité qui puisse vraiment être considérée comme parlant au nom du peuple de France — de tout le peuple de France ».

Il aurait souhaité attendre que l'Assemblée consultative d'Alger, élargie grâce à l'adjonction de membres élus dans les départements libérés, votât la confiance à un gouvernement de Gaulle remanié. C'eût été repousser loin dans le temps la reconnaissance du gouvernement français.

Il évoluera cependant sous la pression de Duff Cooper, son représentant auprès de De Gaulle. Depuis Paris, Duff Cooper l'informe des difficultés qui rendent momentanément les élections impossibles et de la proposition française d'ajouter aux délégués de l'Assemblée siégeant à Alger des représentants de la Résistance métropolitaine.

Duff Cooper, et c'est important, lui fait part également de l'appui que la majorité du peuple semble accorder au gouvernement provisoire.

Dans ses *Mémoires sur la Deuxième Guerre mondiale*, le Premier ministre britannique écrit d'ailleurs qu'il avait observé « avec attention », dans les semaines suivant la libération de Paris, « le ralliement des maquis et de l'opinion publique autour du général de Gaulle ».

Ne doutons pas que les rapides voyages de reprise en main de De Gaulle, ses discours, ses décisions immédiates — qu'il se soit agi de l'intégration des F.F.I. à l'armée régulière, de la dissolution des Milices patriotiques, de l'entrée dans son gouvernement d'hommes aussi rassurants que le président Jules Jeanneney —, étaient destinés aux étrangers qui observaient le cours des choses au moins autant qu'aux Français qui attendaient et espéraient un prompt retour à l'ordre.

Parlant le 12 septembre devant la foule des résistants rassemblés au Palais de Chaillot, de Gaulle, après avoir rappelé que la France avait, la première, tiré l'épée le 3 septembre 1939, s'était élevé contre cette « sorte de relégation officielle » dont elle souffrait toujours, et il avait manifesté l'espoir qu'elle ferait bientôt place « à la même sorte de relation que nous avons, depuis quelques siècles, l'honneur et l'habitude d'entretenir avec les autres grandes nations ».

12 septembre-23 octobre, près d'un mois et demi s'écoulerait encore avant la reconnaissance de « l'administration de Gaulle », alliée, amie, alors qu'Anglais et Américains avaient déjà reconnu le gouvernement italien d'Ivanoe Bonomi, personnage difficilement comparable à de Gaulle, qui avait pris la tête, en septembre 1943, d'un Comité de libération nationale, n'ayant ni les antécédents historiques, ni les titres, ni les soutiens populaires du Comité de libération français.

Près d'un mois et demi... Encore, le 20 octobre 1944, Roosevelt câblait-il à Churchill :

> « Je pense que nous ne devrions faire aucun pas vers la reconnaissance d'un gouvernement provisoire tant que les Français n'auront pas établi une véritable zone de l'intérieur. L'élargissement de l'Assemblée consultative, qui a déjà été agrandie et rendue plus représentative, est presque aussi important, et j'inclinerai à faire dépendre la reconnaissance de la réalisation effective et totale de ces deux mesures. *Le fait que de Gaulle se contente de déclarer qu'il va y procéder ne me suffirait pas.* »

La méfiance de Roosevelt remontait loin. Tout en ayant refusé de répondre favorablement, en juin 1940, aux appels de Reynaud le suppliant de déclarer la guerre à l'Allemagne, ce qui, tout en ne changeant rien immédiatement sur le terrain, aurait tout changé dans les âmes, il « en voulait » à notre pays de sa soudaine et imprévisible défaite[1]. Ayant cru tout d'abord que la France de 1939 était militairement demeurée la France de 1918, ses désillusions l'avaient conduit à la rayer définitivement du nombre des grandes puissances.

Aussi n'accordait-il qu'un intérêt mineur et que peu de crédit aux efforts de De Gaulle, efforts contrecarrés d'ailleurs, à Washington même, par un clan d'émigrés influents.

Le personnage lui déplaisait. Il mettait sur le compte d'une insupportable et puérile prétention ce qui était la réaction d'un patriote blessé, puisant dans le passé de sa patrie, autant que dans sa connaissance des ressorts de l'Histoire, la force de ne pas désespérer de l'avenir.

Ses initiatives l'irritaient. Et il lui arrivera d'écrire : « J'en ai assez de ce de Gaulle, il a causé et continue à causer le plus grand tort à notre effort de guerre... Nous devons nous séparer de [lui][2]. » Voyant la guerre accoucher d'un monde qui n'aurait plus que deux parrains : l'américain et le soviétique, comment aurait-il accepté que le chef d'une « France libre », réduite à quelques milliers de soldats, quelques bases et quelques territoires africains désolés, vînt contrarier sa politique qui, sous couvert de généreuse décolonisation, visait à étendre l'influence américaine ?

Avait-il lu la remarquable et très longue lettre que de Gaulle lui avait adressée le 26 octobre 1942[3], quelques jours avant ce débarquement américain en Afrique du Nord, qui, par le soutien précaire concédé à Darlan, comme par l'aide constante apportée à Giraud, contribuera à creuser presque définitivement, entre de Gaulle et Roosevelt, le fossé des incompréhensions ?

On en doute, Roosevelt n'ayant jamais répondu à un texte historiquement prémonitoire et psychologiquement passionnant.

Deux ans avant octobre 1944 — et alors que les armées allemandes,

---

1.   Harry Hopkins, envoyé spécial du président Roosevelt, le dira d'ailleurs à de Gaulle le 27 janvier 1945. Déplorant (avant Yalta, conférence à laquelle la France n'est pas invitée) la persistance du malaise franco-américain, il répondra au général de Gaulle, qui lui a demandé de préciser les raisons du malaise : « Il remonte à la défaite des armées françaises en 1940, défaite qui a stupéfié le public américain, et à la politique adoptée à cette époque par le gouvernement américain à l'égard du gouvernement de Vichy. »
2.   A Churchill le 17 juin 1943.
3.   Elle occupe quatre pages et demie dans la partie *Documents* du tome II des *Mémoires de guerre*, p. 381 et suiv.

loin d'être vaincues, se battaient dans Stalingrad —, de Gaulle écrivait en effet, s'agissant de la France, ce qu'il ne cessera d'écrire, de répéter, puisque là se trouvait le moteur de toute son action.

> « Si la France, fût-elle libérée par la victoire des démocraties, se faisait à elle-même l'effet d'une nation vaincue, il serait fort à craindre que son amertume, son humiliation, ses divisions, loin de l'orienter vers les démocraties, l'inciteraient à s'ouvrir à d'autres influences. Vous savez lesquelles. Ce n'est pas un péril imaginaire, car la structure sociale de notre pays va se trouver plus ou moins ébranlée par les privations et les spoliations... Il faut donc que la victoire réconcilie la France avec elle-même et avec ses amis, ce qui n'est pas possible si elle n'y participe pas.
>
> Voilà pourquoi, si l'effort de la France combattante se limitait à grossir de quelques bataillons les forces du parti de la liberté ou même à rallier une partie de l'Empire français, cet effort serait en lui-même presque négligeable, *en face du problème essentiel : remettre la France tout entière dans la guerre* [1].
>
> Vous me direz : " Pourquoi vous êtes-vous assigné ce but ? Et à quel titre y êtes-vous fondé ? " »

Suivait l'explication des circonstances qui avaient placé le général Charles de Gaulle « dans une situation proprement inouïe ». Suivait surtout un long mémoire en défense, qu'il n'entre pas dans notre propos d'analyser, mais qu'il faut signaler. Informé des traits de caractère et des grandeurs de vocabulaire qui lui nuisaient auprès de Roosevelt, de Gaulle niait vouloir, le jour venu, imposer à la France son pouvoir personnel. Afin de prouver au président américain qu'il n'était nullement un quelconque aspirant dictateur, il avançait la caution de « M. Jouhaux, président de la Confédération générale du travail, [de] M. Édouard Herriot, chef du Parti radical, [de] M. Léon Blum, chef du Parti socialiste » et même des chefs du Parti communiste qui « se sont mis à notre disposition et nous ont fait savoir que nous pouvions compter sur eux dans notre effort, dont ils approuvent sans réserve la tendance et les buts [2] ». Il ajoutait que ses adversaires,

---

1. Je souligne intentionnellement.
2. Ce qui, s'agissant du Parti communiste, est beaucoup s'avancer.

ceux de Vichy, « mais aussi les Doriot et les Déat », lui reprochaient et reprochaient à ceux qui le suivaient « d'être des mercenaires à la solde des démocraties. Ils ne nous ont jamais reproché de vouloir instaurer en France un pouvoir personnel et antidémocratique [1] ».

Ainsi, avant de pouvoir s'introduire dans le débat « dissimulé et discordant, où l'Amérique, la Russie, l'Angleterre traitaient [sans la France] ce qui était en jeu [2] », de Gaulle avait-il d'autant plus d'efforts à accomplir, de préventions à vaincre qu'il partait de bien bas.

Ses représentants n'avaient pas été invités à siéger à la conférence européenne qui, à Londres, étudiait depuis plus d'un an les solutions à apporter au problème allemand, non plus qu'à la conférence de Dumbarton Oaks [3], destinée à préparer la future « Organisation des nations unies », et au cours de laquelle il avait été décidé que le Conseil de sécurité serait composé des « quatre grands » d'alors : États-Unis, Grande-Bretagne, Russie et Chine [4].

Lui-même n'avait pas été tenu au courant des résultats de cette conférence de Québec au terme de laquelle, le 15 septembre 1944, Roosevelt et Churchill avaient donné leur accord — un accord sur lequel ils devaient plus tard revenir — à l'extravagant plan Morgenthau [5] qui prévoyait une Allemagne privée d'industries lourdes et légères, réduite à l'état de nation purement agricole. Et, bien entendu, il n'avait rien su des récents entretiens Staline-Churchill, qui, à Moscou, avaient, de façon tout à la fois cynique et fantaisiste, réparti les zones d'influence en Europe orientale [6], scellé pratiquement le destin de la Pologne dans le sens voulu par Staline [7], étudié une fois

---

1. En vérité, en octobre 1942, ni Marcel Déat ni Jacques Doriot n'imaginaient que le général de Gaulle pût venir un jour au pouvoir.
2. *Mémoires de guerre*, t. III, p. 48.
3. Propriété située à Washington dans le cadre de l'université de Harvard. La conférence aura lieu en août et septembre 1944.
4. C'est à cette occasion que le sénateur Connoly, président de la Commission des Affaires étrangères américaines, déclara : « C'est très bien ainsi ! Car les États-Unis, l'Angleterre, la Russie et la Chine sont les quatre nations qui ont versé leur sang pour le reste du monde, tandis que la France n'a eu dans cette guerre que la part d'un petit pays. »
5. Ami de Roosevelt, Henry Morgenthau devait, entre 1934 et 1945, occuper le poste de secrétaire d'État au Trésor.
6. *Cf.* p. 275.
7. Même si c'est après Yalta que Hopkins, proche de Roosevelt, apporte à Staline les concessions exigées par le maître du Kremlin, Churchill a déjà accepté le principe de la ligne Curzon et, pour la Pologne, celui d'un gouvernement à forte majorité communiste.

encore, et sans aboutir, le sort qu'il fallait réserver à l'Allemagne vaincue.

L'absence de la France à ces conférences alliées où, inévitablement, se posait, avec une acuité toujours plus grande, le problème de savoir comment serait traitée l'Allemagne, ne pouvait pas ne pas se faire sentir au fur et à mesure qu'approchait l'heure des choix.

La géographie faisait de la France et de l'Allemagne d'indissociables voisines ; une armée française s'apprêtait à pénétrer en territoire allemand ; les Américains avaient l'intention de retirer rapidement leurs troupes d'Europe ; les Anglais, épuisés par leur victoire, n'éprouvaient ni le désir ni la possibilité d'entretenir des contingents importants sur le continent. Dans ces conditions, à moins de laisser la Russie seule puissance militaire, il fallait bien compter sur les soldats français, ce qui supposait que l'on ne tînt pas la France plus longtemps à l'écart.

Que toutes ces raisons aient précipité la décision de Roosevelt — elle prendra Churchill de court [1] —, ou que le président américain, qui allait solliciter des électeurs un renouvellement de son mandat [2], ait cédé à la pression d'une partie de la presse, le même homme qui, le 20 octobre, hésitait à reconnaître le gouvernement provisoire [3] envoie le 23, à 17 heures, Jefferson Caffery, son ambassadeur, qu'accompagnent l'ambassadeur britannique, le canadien, le soviétique, notifier à Georges Bidault, ministre des Affaires étrangères, que leurs gouvernements reconnaissent le « gouvernement provisoire ».

Selon Bidault, ils regardaient le ministre français « comme une bête curieuse, perdue dans le décor immense et suranné d'un palais désert [4] ».

---

1. Churchill, qui se trouvait à Moscou, télégraphiera à Roosevelt le 23 octobre 1944 pour se plaindre du « virage brutal pris par le State Department ». « Nous prendrons, ajoute-t-il, des mesures identiques et simultanées. Il y a de fortes chances, à mon avis, pour que les Russes en soient vexés. Molotov m'a dit, au cours d'une conversation, qu'on allait leur donner [aux Russes] l'apparence d'avoir fait de l'obstruction, alors qu'ils étaient prêts depuis longtemps à procéder à cette reconnaissance, mais qu'ils avaient déféré aux desiderata des Américains et des Britanniques. »
2. L'élection aura lieu le 7 novembre. Roosevelt sera réélu pour un quatrième mandat, qu'il n'accomplira pas, sa mort intervenant le 12 août 1945.
3. D'après un télégramme de René Massigli, notre ambassadeur en Grande-Bretagne, la décision américaine aurait été prise par le Département d'État le 21 au matin.
4. *D'une Résistance à l'autre.*

Ce palais n'allait pas tarder à se peupler ; la machine à se remettre en route. Alliés et neutres se pressaient de gagner Paris. De son côté, la France complétait et remaniait — avec plus ou moins de bonheur — sa représentation dans les capitales étrangères.

Pour de Gaulle « reconnu », voici le temps de se vouer à ce qu'il appelle le « problème capital », le « problème central de l'univers » et, « pour la France, une question de vie ou de mort [1] » : la solution du problème allemand.

Concernant l'Allemagne, écrit Bidault, il y avait, « dans la pensée du général de Gaulle, beaucoup de Jacques Bainville, un peu d'Albert Malet, d'Albert Sorel, du Péguy des dernières années et des cours de l'École de guerre... L'ennemi était l'Allemagne de génération en génération. Pour porter remède à la récurrence du danger, pour dissiper enfin le cauchemar qui sans cesse hantait la frontière, l'Histoire et la géographie lui procuraient la rassurante image de l'Allemagne d'après les traités de Westphalie [2] ».

Que ce jugement soit exact, il suffit pour s'en convaincre de lire ce que de Gaulle, se souvenant du grand Empire napoléonien aux 127 départements, dont quatre sur la rive gauche du Rhin, écrivait en janvier 1919 sur son carnet.

> « Département de la Roer, chef-lieu Aix-la-Chapelle.
> Département du Rhin et de la Moselle, Coblence.
> Département de la Sarre, Trèves.
> Département du Mont-Tonnerre, Mayence.
> Département de la Moselle, Metz.
> Haut-Rhin, Colmar.
> Bas-Rhin, Strasbourg. »

Il suffit de lire ce qu'il écrit — de façon prémonitoire — à sa mère le 25 juin 1919.

> « Au fur et à mesure des années, l'Allemagne, se redressant, deviendra plus arrogante et, finalement, ne nous paiera pas, à

---

1. Devant l'Assemblée consultative le 22 novembre 1944.
2. *D'une Résistance à l'autre.*

beaucoup près, ce qu'elle nous doit. Il faut craindre du reste que nos alliés ne soient, d'ici à très peu de temps, nos rivaux et ne se désintéressent de notre sort. *La rive gauche du Rhin doit nous rester*[1]. »

« La rive gauche du Rhin doit nous rester... » Le temps a passé, les épreuves se sont succédé. Temps, épreuves ont convaincu le général de Gaulle de la justesse du raisonnement du capitaine de Gaulle. Parlant devant l'Assemblée consultative, le 22 novembre 1944, il évoque « la sécurité élémentaire que la nature même a placée sur les bords du Rhin, pour nous, comme pour la Belgique, la Hollande et, dans une large mesure, l'Angleterre ».

A l'annonce de la conférence qui (sans lui) se tiendra à Yalta, il déclare devant la presse, le 25 janvier 1945 :

> « La France n'entend pas finir cette guerre sans être assurée que la force française sera installée en permanence d'un bout à l'autre du Rhin... La France est la principale intéressée dans cette affaire parce que, faute de tenir le Rhin comme il faut qu'elle le tienne, elle est envahie à chaque occasion et, cette fois-ci, a manqué de périr. »

Le peuple allemand, « un grand peuple, mais qui, perpétuellement, tend à la guerre parce qu'il ne rêve que de domination, capable, pour écraser les autres, de fournir d'extraordinaires efforts et d'endurer d'extrêmes souffrances[2] », doit donc être mis, pour toujours, hors d'état de retrouver sa capacité d'agression.

Pour qu'il en aille ainsi, encore faut-il que la Prusse, la Saxe, la Bavière, le Wurtemberg, le pays de Bade, la province rhénane, accédant à l'indépendance, s'administrent et s'orientent chacun à sa manière ; que « l'immense arsenal de la Ruhr » soit placé sous contrôle international ; que l'Oder et le Rhin déterminent à tout jamais les frontières derrière lesquelles la Pologne et la France se trouveraient en sécurité. Alors, l'Allemagne serait réduite aux Allemagnes[3], un

---

1. Je souligne intentionnellement.
2. Assemblée consultative, le 21 décembre 1944 ; de Gaulle revient de Moscou.
3. Le 5 octobre 1945, à Strasbourg, depuis le balcon de l'hôtel de ville, de Gaulle, s'adressant à la foule, dira notamment : « Puisque ont disparu dans les deux Allemagnes les attractions prussiennes qui les rassemblaient pour le mal... »

ensemble fédéral dont aucun empereur, aucun dictateur ne pourrait...
« recoller les morceaux » en vue de sanglantes revanches.

Irréaliste — les événements n'allaient pas tarder à le prouver —,
cette politique de démembrement de l'Allemagne, de dynamitage du
corps unique, loin d'être impopulaire, trouvait en France un accueil
favorable. Les Français avaient appris la même histoire que Charles de
Gaulle ; de leurs parents, ils avaient entendu les mêmes récits
d'invasion ; ils s'étaient battus dans les mêmes guerres, leur cœur était
habité du même désir d'en finir avec une Allemagne à qui ses vertus
militaires autorisaient trop de folles ambitions politiques[1].

Avec quelque ironie — mais il écrit en 1965[2] —, Georges Bidault a
souligné, s'agissant de la politique allemande de De Gaulle,
l'archaïsme dont elle était marquée. Archaïsme dont rien ne prouve
d'ailleurs qu'il ne l'ait pas partagé lorsque, après avoir été professeur
d'histoire, puis président du Conseil national de la Résistance, il était
devenu ministre des Affaires étrangères du Général.

> « Donc, écrit Bidault, on ne savait plus très bien où se
> trouverait le morceau d'Allemagne qui serait l'Allemagne, entre
> la Russie qui l'amputait à l'est et de Gaulle qui l'éparpillait à
> l'ouest. Comment aurait bien pu vivre l'Allemagne sans la Ruhr
> et sans la Haute-Silésie ?
>
> Mais, du moment que les Russes n'avaient pas trouvé d'opposi-
> tion à s'approprier la Haute-Silésie, pourquoi la France en
> trouverait-elle pour la Ruhr ? Raisonnement irréprochable
> auquel il ne manquait que les appuis nécessaires. »

Les appuis, c'est en direction de la Grande-Bretagne et de la Russie
que de Gaulle — sachant qu'il ne pouvait compter sur les États-Unis
— les cherchera.

---

1. Les esprits clairvoyants étaient rares. En écrivant, le 4 avril 1945 : « Nous,
Français, nous restons obsédés par la seule question allemande, comme si l'univers
continuait à pointer autour de l'Europe », Raymond Aron allait contre l'opinion.
2. *D'une Résistance à l'autre.*

Avec Churchill, quatre années d'une très orageuse amitié avaient laissé des traces. Mais de Gaulle, s'il n'oubliait ni les humiliations subies ni les égards omis ; s'il reprochait à l'Angleterre d'être l'Angleterre comme à l'Allemagne d'être l'Allemagne, savait ne pas avoir de moins mauvais allié que Winston Churchill, comme lui nourri d'histoire, comme lui ambitieux de faire l'histoire ; comme lui, dans la tragédie plus encore que dans la victoire, fier de hisser les couleurs de son pays ; comme lui visionnaire, romantique et sans illusions ; comme lui plus porté à s'écouter qu'à écouter, mais toutefois sensible à une certaine qualité de chaleur humaine[1].

Les derniers mots de Churchill à de Gaulle, le 4 juin 1944, quelques heures avant que ne débute le débarquement, ont été d'un logique et consternant égoïsme.

> « Nous allons libérer l'Europe, mais c'est parce que les Américains sont avec nous pour le faire. Car, sachez-le ! chaque fois qu'il nous faudra choisir entre l'Europe et le grand large, nous serons toujours pour le grand large. Chaque fois qu'il me faudra choisir entre vous et Roosevelt, je choisirai toujours Roosevelt. »

C'est vers l'Europe qu'il faut ramener Churchill.

De Gaulle va s'y employer tout au long de ces journées de séduction et de travail des 11, 12 et 13 novembre 1944, où le Premier ministre britannique, qui avait sans doute souhaité venir incognito à Paris[2] —

---

1. Avait-il su qu'en décembre 1942, au plus fort de la crise provoquée par le débarquement allié en Afrique du Nord, Churchill s'était écrié lors d'une séance secrète de la Chambre des communes : « Je ne puis croire que de Gaulle incarne la France, et encore moins que Darlan et Vichy incarnent la France. La France est quelque chose de plus grand, de plus complexe, de plus imposant que toutes ces expressions isolées. » ?

2. A la fin d'octobre, ou dans les premiers jours de novembre, de Gaulle (*cf. Lettres, notes et carnets*, t. V, p. 349) exige de Bidault et du ministère des Affaires étrangères, de Diethlem et du ministère de la Guerre, du général Juin, du général Kœnig, du préfet de la Seine et du préfet de police que, « si M. Churchill venait à passer à Paris, aucune démarche, ni démonstration, ni présence d'aucune sorte ne [soit] accomplie du côté français » sans son accord.

« Spécifier à tous, ajoute-t-il dans sa note, que j'attache à cela une importance absolument capitale. »

ce qui aurait privé de Gaulle de le prendre au piège des acclamations, des musiques et des souvenirs —, sera reçu dans une atmosphère de liesse et d'unanimité qui ridiculisent les sombres pronostics de son entourage.

Car Churchill avait quitté Londres muni de graves informations sur les menaces qui pesaient sur sa vie[1]. Certains de ses amis s'étaient proposés pour lui servir de gardes du corps.

Or, que trouve-t-il en arrivant à Paris dans l'après-midi du 10 novembre ? Rien qui permette de craindre quelque soulèvement révolutionnaire ou quelque attentat milicien. Rien surtout — à l'exception des bâtiments et du paysage immuable — qui rappelle ces tragiques jours de mai 1940 où, dans l'éprouvante succession des batailles perdues, tout s'effondrait, les volontés et les courages.

Dans les mêmes salons du quai d'Orsay, il y avait un peu plus de quatre ans, une éternité, il s'était efforcé de redonner confiance à Reynaud, Daladier, Gamelin, personnages d'ombre que la défaite avait emportés. Et, aujourd'hui, on venait lui dire que sa chambre serait celle qu'avait occupée Sa très Gracieuse Majesté le roi George VI, à l'occasion de son séjour en France, quelques mois avant la guerre... puis Goering, il est vrai, lors des passages du maréchal du Reich à Paris. Et, le matin, il se prélassait dans cette merveilleuse baignoire où l'adipeux Goering avait certainement clapoté, et c'est avec une joie enfantine qu'il criait à Eden : « Venez, venez ! Tout au moins si vous pouvez supporter de me voir dans une baignoire en or, vous qui n'en avez qu'une en argent[2]. »

Sur ces mêmes Champs-Élysées où filaient, en mai 1940, des fuyards aux uniformes fatigués et des Parisiens anxieux, sa voiture était escortée de plusieurs centaines de gardes républicains, étincelant sous le soleil et dont les chevaux martelaient joyeusement les pavés. Les fenêtres étaient ourlées de spectateurs, fleuries de drapeaux britanniques et français. Après avoir déposé une couronne sur la tombe du soldat inconnu, Churchill s'était rendu devant la statue de Clemenceau. Là, de Gaulle avait eu la galanterie de faire jouer *Le Père la Victoire* et de lui dire « *For you !* », parce qu'il se souvenait qu'à

---

1. « De nombreux rapports signalaient que des collaborateurs essaieraient d'attenter à ma vie, et des précautions extrêmement poussées furent prises. » Churchill, *Mémoires sur la Deuxième Guerre mondiale*, t. VI, p. 258.
2. Anthony Eden, *Mémoires*, t. III, p. 499.

Londres, un « soir de mauvais jour », le Premier ministre avait « chanté la chanson de Paulus sans en manquer un seul mot[1] ». On lui avait même remis la médaille militaire, et il s'en était montré particulièrement enchanté, quelqu'un lui ayant fait croire « que tout porteur de la médaille militaire, trouvé dans la rue en état d'extrême gaieté, avait le droit d'être reconduit gratuitement à son domicile par la police ».

Comme le temps avait passé!

Après le déjeuner au ministère de la Guerre, c'est donc tout naturellement qu'à de Gaulle qui lui demandait : « Voudriez-vous m'indiquer ce qui vous a le plus frappé? » Churchill avait répondu : « Oh! C'est l'unanimité. Après de tels événements, où nous avons été, vous et moi, si attaqués et outragés en France par tant d'écrits et de paroles, j'ai constaté que seul l'enthousiasme se levait à notre passage. C'est donc qu'au fond de son âme le peuple français était avec vous qui l'avez servi, et avec moi qui vous y ai aidé. »

Ce n'étaient pas là paroles de circonstance.

Lorsqu'il télégraphiera longuement à Roosevelt, le 16 novembre, pour lui rendre compte du « voyage Paris-de Gaulle », Churchill dira qu'il a été accueilli « de façon merveilleuse par un demi-million de Français » et ceci, qui est infiniment plus important : « D'une façon générale, j'ai eu l'impression de me trouver devant un gouvernement organisé, appuyé sur une large base et qui prend rapidement de la force. Je suis certain qu'il serait extrêmement imprudent de faire quoi que ce soit pour l'affaiblir aux yeux de la France ; en cette période difficile, critique, j'ai éprouvé une impression de stabilité très grande, en dépit des menaces communistes, et jugé que nous pourrions en toute sécurité les mettre [les Français] davantage dans notre confidence. Vous ne penserez pas, je l'espère, en lisant ceci, que je chausse les bottes françaises. »

Ces phrases font allusion à la conférence franco-anglaise de l'après-midi qui a eu lieu tandis que se déroulait, sur les Champs-Élysées, l'immense manifestation populaire à laquelle le Front national et le Parti communiste avaient convié les Parisiens[2].

---

1. De Gaulle, *Mémoires de guerre*, t. III, p. 49.
2. *Cf.* p. 256 et suiv.

Eden, Alexander Cadogan, Duff Cooper, ambassadeur de Grande-Bretagne, sont auprès de Churchill ; Bidault, Palewski et Massigli, notre ambassadeur à Londres, auprès de De Gaulle.

« Il s'agissait d'affaires et non plus de sentiment. Aussi trouvâmes-nous nos interlocuteurs réticents », écrit de Gaulle dans les *Mémoires de guerre*. Ce n'est pas tout à fait l'impression que laisse la note établie par le cabinet du Général à la fin de la conférence. Si le débat a parfois été serré, Churchill, qui, selon un aveu fait à Roosevelt, « a rétabli des rapports personnels amicaux avec de Gaulle », donne l'impression d'être ouvert aux revendications françaises... dans la mesure, peut-être, où, n'ayant pas la possibilité de les satisfaire, il se fera d'autant plus volontiers aimable intermédiaire.

Il le marque d'entrée de jeu lorsque de Gaulle évoque ce qui est, à ses yeux, l'essentiel : l'armement de la nouvelle armée française. Dans l'esprit du Général, il ne saurait y avoir de grande politique étrangère et de véritable politique allemande sans une puissante armée.

Or, en novembre 1944, l'armée française n'a reçu des États-Unis aucun équipement qui lui permette de faire entrer en ligne, à côté des huit anciennes divisions, huit divisions nouvelles formées en grande partie de ces F.F.I. que l'on ne peut ni envoyer se battre contre l'Allemand avec leurs mitraillettes et fusils-mitrailleurs du maquis, ni laisser dans leurs cantonnements, proies faciles pour tous les agitateurs.

Le problème de l'armement moderne d'une armée aux effectifs doublés concerne d'ailleurs moins le présent que l'avenir. A Churchill qui dit que la guerre peut être achevée dans six mois — elle le sera effectivement —, délai trop bref pour mettre sur pied de grandes unités convenablement entraînées, de Gaulle répond : « Une victoire remportée sur l'Allemagne sans l'armée française serait d'une exploitation difficile. L'armée française doit prendre sa part de la bataille pour que le peuple français ait, comme ses alliés, conscience d'avoir vaincu l'Allemagne. » Il reviendra à plusieurs reprises sur cette idée : « Si la France, dira-t-il encore, n'a pas le sentiment d'avoir pris part à la victoire, elle sera dans de mauvaises conditions pour pratiquer l'occupation. »

Georges Bidault complétera heureusement la pensée du chef du gouvernement provisoire en évoquant l'impossible face-à-face d'occupants français qui ne seraient que les « héritiers des vainqueurs » et d'Allemands occupés par des soldats trop semblables aux vaincus de 1940.

Occupation ?... Le 11 novembre 1944, alors que les Français parlent d'occuper l'Allemagne, ils ignorent encore de quelle façon Anglais, Américains et Russes envisagent le partage des dépouilles. A la question de De Gaulle, Churchill répond qu' « il y aura deux zones d'occupation : une zone russe, et une zone occidentale dont le nord sera occupé par les Britanniques et le sud par les Américains ». Eden ajoute que les Britanniques sont d'accord pour qu'une partie de leur zone soit rétrocédée aux Français, ce qui, psychologiquement et politiquement, ne plaît ni à de Gaulle ni à Bidault. Un « morceau » d'Allemagne, offert en quelque sorte en pourboire par l'Angleterre, serait humiliant pour la France.

Churchill et Eden en étant convenus, de Gaulle mettra à profit l'entretien pour interroger les Britanniques, qui se présentent comme les « commis voyageurs de la sagesse et de la camaraderie », sur les propos échangés, les décisions prises récemment aussi bien à Téhéran qu'à Québec et Moscou.

Propos, décisions concernant avant tout le destin de la Pologne.

En 1939, la France et l'Angleterre avaient déclaré la guerre pour empêcher l'Allemagne de s'emparer du corridor de Dantzig et de porter ainsi atteinte à l'intégrité du territoire polonais. Après cinq années de la plus effroyable et de la plus meurtrière des guerres — entre 40 et 52 millions de morts —, Anglais et Américains acceptaient que la volonté de Staline fût faite ; ce qu'accepteront bientôt les Français. Pays historiquement mobile, la Pologne sera donc poussée en direction de l'ouest, « gagnant » imparfaitement sur l'Allemagne ce qu'elle abandonne à l'U.R.S.S.

Relisant aujourd'hui le compte rendu de la conférence de Gaulle-Churchill, on demeure frappé par la désinvolture avec laquelle les deux hommes évoquent remodelages de territoires et transferts de populations.

> « *Churchill :* Nous sommes résolus à rendre à la Pologne un espace vital équivalant à son territoire d'avant guerre [ce qui est inexact, puisque la nouvelle Pologne perdra 70 000 kilomètres carrés, soit près de 20 % de sa superficie de 1939]. Mais nous ne nous sommes jamais engagés à la restaurer dans ses anciennes frontières... Ce projet consacre l'annexion de territoires peuplés

de 7 millions d'Allemands. Un certain nombre d'entre eux trouveront leur place dans les contingents à déplacer pour participer à la reconstruction des pays alliés dévastés. D'autres pourront être recasés en Allemagne où les travaux de reconstruction susciteront un appel de main-d'œuvre. »

De Gaulle ne voit, lui aussi, que les « bons côtés » d'une « expérience de transfert de population, qui, ajoute-t-il, peut valoir aussi pour l'ouest de l'Europe ». Lorsqu'il prend conscience que la Pologne remodelée perdra non seulement des territoires mais aussi deux millions de citoyens, chiffre qui s'ajoute à celui, énorme, des victimes de la guerre, il s'en tire par cette remarque : « Quant aux problèmes de population, la prolificité polonaise les atténuera à la longue. »

Parlant comme s'ils étaient maîtres d'un jeu qui leur échappe, de Gaulle et Churchill évoluent parfois en plein irréalisme. Lorsque de Gaulle déclare : « Nous voulons une Pologne indépendante », Churchill répond en effet : « J'ai reçu des Russes des assurances formelles. Le bolchevisme ne doit pas traverser la ligne Curzon[1]. Les Russes nient toute prétention de panslavisme. Ils ne désirent pas porter atteinte à l'indépendance des pays balkaniques. Je les crois sincères aujourd'hui. Peut-être, dans dix ans, lorsque Staline sera aussi vieux que je le suis[2], les choses changeront-elles. »

Pour nous, qui savons la suite de l'histoire, imaginer que l'expansion du bolchevisme ait pu être arrêtée par une quelconque frontière relève d'une naïveté d'autant plus grande qu'il n'est pas possible d'ignorer que, pour les armées soviétiques, la frontière délimitée par la ligne Curzon ne saurait en aucun cas en être une. « Indépendante », la Pologne demeure et demeurera le couloir d'accès à l'Allemagne, un couloir dans lequel aucune entrave physique ou psychologique ne sera admise par la Russie. Cette naïveté, qui consiste à accorder crédit aux

---

1. Le tracé de la ligne Curzon — du nom de son « inventeur », Lord George Nathaniel Curzon, chef du Foreign Office en 1919 — date de la guerre soviéto-polonaise de 1919-1921. Dans l'espoir de mettre un terme au conflit, Lord Curzon, en accord avec les Alliés, et notamment avec Clemenceau, avait proposé aux belligérants le tracé d'une frontière qui laissait à l'U.R.S.S. l'Ukraine et la Biélorussie. Ayant vaincu l'armée soviétique, les Polonais obtinrent en 1921, par le traité de Riga, une frontière située à 150 kilomètres à l'est de la ligne définie par Lord Curzon. A Yalta, il fut décidé que la ligne Curzon serait la frontière soviéto-polonaise, ce qui demeure vrai aujourd'hui.
2. Dans dix ans, Staline sera mort (5 mars 1953).

promesses des Soviétiques, ne saurait étonner de la part des opinions occidentales habilement mises en condition ; elle surprend davantage de la part d'un homme aussi lucide que Churchill...

La conférence se poursuit par l'évocation de l'avenir des territoires coloniaux, avenir menacé par la rapide évolution psychologique des peuples et, plus encore peut-être, par la propagande rooseveltienne, qui donne à ceux qui n'en auraient pas des idées d'indépendance et de révolte. Au nom de l' « expérience » et de la sagesse des vieilles nations, de Gaulle souhaiterait établir une « sainte alliance » franco-britannique.

> « C'est un service à rendre [aux Américains], dit-il à Churchill, que de les mettre en garde contre la tentation de bouleverser ce qui existe. Nous sommes, vous et nous, depuis longtemps installés aux Indes ou en Indochine et dans certaines positions en Extrême-Orient. Nous connaissons bien ces pays. Nous savons qu'il ne faut pas y procéder par remaniements inconsidérés. »

Mais il s'entend répondre mélancoliquement par Churchill que « les colonies ne sont plus aujourd'hui un gage de bonheur, ni un signe de puissance ». C'est la conclusion que le Premier ministre britannique donne à un échange à fleurets à peine mouchetés où Français et Anglais viennent de s'affronter à propos du statut de la Syrie et du Liban.

On se souvient sans doute qu'avant de pénétrer, dans la nuit du 7 au 8 juin 1941, sur des territoires sous mandat français, et tenus alors par Vichy, les forces anglo-gaullistes avaient été précédées d'un appel du général Catroux, porte-parole de De Gaulle, proclamant Libanais et Syriens « libres et indépendants ». Mais à quel moment cette indépendance prendrait-elle totalement effet ? Appuyés par les Anglais, les autochtones l'avaient exigée immédiate et ne s'étaient pas satisfaits des transferts de pouvoirs progressivement effectués. Les gaullistes, qui avaient vu partir vers Marseille et Tunis les quatre cinquièmes environ des troupes qu'ils avaient combattues, alors que plus rien ne le justifiait[1], s'étaient trouvés sans moyens ni grande influence face aux Britanniques qui dominaient l'Égypte, la Palestine, la Transjordanie, l'Irak, entretenaient 700 000 hommes dans la zone, maîtrisaient le ciel et la mer, contrôlaient les finances et dispensaient les approvisionnements.

En novembre 1944, nationalistes arabes et agents britanniques, les uns impatients d'arracher leur totale indépendance, les autres désireux de « rester seuls maîtres en Orient[2] », prenaient encore, selon le mot de De Gaulle, « quelques précautions », dans la mesure où la guerre se poursuivait. C'est donc avec toutes les apparences de la bonne foi qu'Eden et Churchill affirmeront à de Gaulle qu'ils « ne contesteraient pas à la France la place que les traités lui fer[aient] au Levant »... Ils travaillaient à ce qu'elle fût réduite.

Ironie diplomatique répondant à un mensonge diplomatique, à Churchill qui venait de dire : « Écartez donc de votre esprit toute idée d'ambition de notre part en Syrie et au Liban », Bidault avait répliqué : « Nous ne prêtons pas aux Anglais le noir dessein de nous supplanter au Levant. Mais nos représentants locaux croient parfois que les vôtres s'accommoderaient volontiers de notre élimination pure et simple et s'attendent à nous voir faire place nette. »

Ainsi mûrissaient les orages qui éclateront en mai 1945, lorsque, en Syrie, Churchill, soutenant les nationalistes révoltés, menacera de faire intervenir les troupes anglaises contre les Français et que de Gaulle déplorera de n'avoir, pour répliquer, d'autres armes qu'épistolaires[3].

---

1. Les avions allemands qui, avec l'accord de Vichy, ont fait escale en Syrie pour soutenir une révolte irakienne dirigée contre la présence britannique sont en effet repartis après l'échec de la révolte. Mais il est vrai que Vichy avait accepté d'aider l'entreprise allemande et que Darlan avait signé avec le Reich des accords compromettants. *Cf. Les Beaux Jours des collabos,* p. 169 et suiv.

2. De Gaulle, *Mémoires de guerre,* t. III, p. 184.

3. Il dira le 4 juin 1945 à Sir Duff Cooper : « Nous ne sommes pas, je le reconnais, en mesure de vous faire actuellement la guerre. Mais vous avez outragé la France et trahi l'Occident. Cela ne peut être oublié. » En décembre 1942 Churchill, s'exprimant devant la Chambre des communes, à l'occasion d'une réunion secrète, avait accusé de Gaulle de jouer les « matamores » au Caire et de « fomenter des troubles contre les troupes britanniques » présentes en Syrie.

En novembre 1944, de Gaulle n'était pas dupe même s'il feignait de l'être.

Évoquant la rencontre avec Churchill, il écrira d'ailleurs : « Sous la prudente courtoisie des réponses de Churchill et d'Eden, on sentait qu'ils se considéraient comme les participants d'un jeu auquel nous-mêmes n'étions pas admis, et qu'ils observaient vis-à-vis de nous une réserve imposée par d'autres[1]. »

A l'heure même où Churchill lui apportait l'invitation conjointe de l'Angleterre, des États-Unis et de la Russie soviétique à faire partie, à leurs côtés, de la « Commission européenne » de Londres, la méfiance de De Gaulle était confortée par le télégramme que Roger Garreau venait d'envoyer depuis Moscou. Le chargé d'affaires informait en effet son gouvernement que, si la question de l'admission de la France à la Commission consultative pour les Affaires européennes était sur le point d'être résolue, l'Angleterre y avait longtemps fait obstacle. Le ministre des Affaires étrangères soviétique lui avait, en effet, confié que le gouvernement britannique souhaitait que la participation française fût limitée aux seules affaires allemandes. En insistant (avec succès) pour que le représentant de la France fût installé à la Commission sur un pied de complète égalité, la Russie l'avait finalement emporté.

Cependant, il s'agissait de faire du voyage de Churchill à Paris un succès complet.

---

1. *Mémoires de guerre*, t. III, p. 50. Dans cette même page, de Gaulle écrit que Churchill fit confidence à de Gaulle de l'accord conclu à Moscou avec Staline sur le partage des zones d'influence.

« En Roumanie, dit Churchill, les Russes auront 90 pour 100 ; nous autres, Anglais, 10 pour 100. En Bulgarie, ils auront 75 pour 100, nous 25 pour 100. Mais, en Grèce, nous aurons 90 pour 100, eux 10 pour 100... »

Or, il n'y a pas trace de pareilles précisions chiffrées dans le compte rendu de la réunion établi par le cabinet du général de Gaulle. Il est simplement question de répartition des zones d'influence. *Cf. Mémoires de guerre*, t. III, p. 350-359.

Le 12 novembre, à sa demande, le Premier ministre britannique rencontrera donc à l'hôtel de ville de Paris, non seulement le conseil municipal mais aussi le Conseil national de la Résistance, le Comité parisien de libération et beaucoup de combattants du mois d'août.

— J'y vais, dira-t-il à De Gaulle, pour voir les hommes de la révolte !

« Peut-être aussi, ajoute de Gaulle dans ses *Mémoires,* caressait-il l'idée de rencontrer parmi eux des opposants à de Gaulle. »

Il n'y parut pas. D'ailleurs Churchill cherchait moins des opposants à de Gaulle que des « insurgés bouillonnants et tumultueux » lui rappelant par leurs mots, et leurs gestes, cette imagerie révolution-naire — outrée jusqu'à la caricature — dont, comme chez tout bon Anglais, sa mémoire était pleine.

Il trouvait des parlementaires « ou des gens qui en avaient l'air », des hommes au langage ardent mais à l'attitude si raisonnable qu'au retour de cette visite dans la gueule du lion il n'établit pas la comparaison avec Danton, Robespierre, Marat, non plus qu'avec les effrayants personnages de cire qu'exposait Mme Tussaud, mais avec les travaillistes anglais. Il le dit à de Gaulle, ajoutant : « C'est tant mieux pour l'ordre public. Mais c'est dommage pour le pittoresque. »

Dans la soirée du 12, après un dîner à l'ambassade, Churchill partit avec de Gaulle pour Besançon, dans un « luxueux train spécial », notera-t-il plus tard, car il se montre attentif au faste dont fait étalage un pays momentanément appauvri.

> « Le général [de Gaulle], écrit-il dans ses *Mémoires,* était fort désireux de me montrer l'attaque de grande envergure que l'armée française devait exécuter sous le commandement du général de Lattre de Tassigny... Nous devions gagner un observa-toire situé dans la montagne, mais la neige et le froid très vif rendaient les routes impraticables, et toute l'opération dut être ajournée. »

Après avoir passé les troupes en revue au camp de Valdahon — troupes qui défilaient « en chantant des chansons célèbres avec un enthousiasme émouvant [1] » —, Churchill avait dit à de Lattre : « Vous

---

1. Churchill, *Mémoires sur la Deuxième Guerre mondiale.*

n'allez tout de même pas faire attaquer par un temps pareil ? » « Il n'en est pas question, monsieur le Premier », avait répondu de Lattre, bien décidé à conserver le secret sur une opération qu'il préparait depuis le 17 septembre et qu'il entendait déclencher dès que la neige, dont les flocons serrés bouchaient l'horizon, s'arrêtait de tomber...

Par une offensive dans le secteur du Doubs, de Lattre voulait, en effet, forcer la trouée de Belfort et pénétrer en haute Alsace.

L'attaque, qui n'a pu débuter le 13 sous les yeux de Churchill et de De Gaulle, sera lancée le 14 novembre, au début de l'après-midi, par la 9ᵉ division d'infanterie coloniale du général Magnan et la 2ᵉ division d'infanterie marocaine du général Carpentier. Dès les premières minutes elle bénéficiera d'un hasard heureux, comme il s'en produit parfois à la guerre. Dans le bois du Cédrier, près de Bretignay, les Marocains du 8ᵉ régiment de tirailleurs tuent le général Oschmann, commandant la 338ᵉ *Volksgrenadiere Division* qui, de la frontière suisse à la nationale 83, tient les lignes sur 30 kilomètres. Oschmann avait quitté son P.C. de Vieux-Charmont pour inspecter ses avant-postes. Les Français ne manifestaient aucun signe anormal d'activité, et les avant-postes n'avaient « rien à signaler », lorsque, à 11 h 20, un bombardement d'une violence inouïe avait forcé Oschmann et son officier d'ordonnance à se terrer dans un trou. Ils n'en étaient sortis que pour tomber entre les mains des Marocains. Le général Oschmann tué, son officier d'ordonnance capturé, les hommes du colonel de Berchoux étaient entrés en possession de documents précieux : la carte renseignée du dispositif de la 338ᵉ *Volksgrenadiere Division* et la copie des derniers ordres donnés.

A l'offensive française, dont le mauvais temps avait retardé le départ dans certains secteurs, ce qui avait condamné nos troupes à attaquer des Allemands en alerte, participaient à la fois des régiments endurcis et des unités arrivées depuis quelques mois seulement du maquis.

Les combats seront violents. Le 15 novembre le 1ᵉʳ bataillon du 9ᵉ zouaves perdra ainsi 39 tués et 69 blessés dans l'attaque d'Ecurcey ; le 16, le colonel Desazars de Montgaillard, commandant le *Combat Command 5,* sera tué devant le village de Sainte-Marie transformé en forteresse. Mais le 15 au soir, de part et d'autre du Doubs, la ligne de résistance allemande est finalement brisée. La manœuvre de De Lattre qui visait, en longeant au plus près la frontière suisse, à faire tomber, au terme d'une difficile manœuvre d'encerclement, la région indus-

601

trielle Montbéliard-Sochaux-Héricourt[1], tout en épargnant population et installations, est réussie.

L'entrée en ligne des chars le 16 rendra possible la transformation de la bataille de rupture en bataille d'exploitation.

Le 18 novembre trois actions simultanées peuvent donc démarrer.

La première vise à la réduction du camp retranché de Belfort. La ville tombera, quartier après quartier, le 21, au terme de violents combats où s'illustrent commandos d'Afrique du colonel Bouvet, commandos de France du commandant de Foucaucourt, bataillon de choc du lieutenant-colonel Gambiez, tankistes du *Combat Command 6* ainsi que des F.F.I. locaux (parmi lesquels de Lattre distinguera Edmond Auguié) qui s'empareront des ponts sur la Savoureuse.

La deuxième a pour ambition, en glissant le long de la frontière suisse, d'atteindre le Rhin. Le 18 à 14 heures, les coloniaux du colonel Le Puloch entreront dans Seppois, *premier village alsacien libéré.* « De fouler le sol alsacien, écrit de Lattre dans ses *Mémoires,* nos chars s'emballent. » Ressuscitant ce que fut « la charge » du détachement de pointe, commandé par le lieutenant de Loisy, il montre cette petite troupe — un peloton de Sherman, une section du 1er zouaves — bousculant des Allemands surpris à Helfranzkirch, Kappelen, Bartenheim, Rosenau.

> « Encore 500 mètres, écrit de Lattre. Un rideau d'arbres... le Rhin ! Quelques instants plus tard, le gros du groupement Gardy arrive à son tour, tous phares allumés dans la nuit maintenant tombée, et la batterie du capitaine Caire du 2e groupe du 68e régiment d'artillerie n'attend pas davantage pour envoyer joyeusement de l'autre côté du fleuve les premières salves d'obus qui tombent en Allemagne depuis 1940.
>
> « Ah ! en cet instant — *19 novembre*[2] 1944, 18 h 30 —! que de misères vengées ! En tête de toutes les armées alliées, la 1re armée française est arrivée au Rhin. »

---

1. De violents combats auront lieu cependant devant Héricourt qui commande Belfort, combats au cours desquels s'illustreront les hommes du 2e bataillon du régiment de marche de la légion étrangère (commandant Charton).
2. En italique dans le texte de De Lattre.

La troisième action concerne la 5ᵉ D.B. à qui de Lattre a donné Dannemarie, Altkirch et Mulhouse pour objectifs[1]. Objectifs qui lui seront vivement disputés par les Allemands, notamment à Altkirch, et surtout à Montreux, où les légionnaires de la 3ᵉ compagnie du régiment de marche de la légion étrangère et les hommes du commando du « peloton spécial » de la 5ᵉ D.B. seront durement éprouvés le 20 novembre. C'est en vain que le colonel Miquel, qui commande le groupement et s'est enfermé dans Bretagne, réclame des renforts à la division. L'encombrement des routes, bloquées par de nombreux véhicules français favorise le rétablissement que va opérer le général Wiese. Reprenant les choses et les hommes en main « avec une intelligence indiscutable[2] », prélevant dans les Vosges ses deux meilleures divisions, bénéficiant de l'appui d'une brigade de chars Panther, Wiese peut alors lancer depuis Dannemarie une contre-offensive menaçant, si elle atteint la frontière suisse, de couper nos forces en deux et ambitionnant, par ailleurs, de prendre Mulhouse en tenaille.

Le général commandant la 19ᵉ armée allemande échouera certes dans ses projets, mais ses efforts auront freiné sérieusement l'offensive française qui se déroule dans le froid et la boue sur un terrain détrempé par les inondations.

---

1. Mon propos n'est pas d'entrer dans une polémique entre généraux, mais je dois signaler que, sous le titre *Autopsie d'une victoire morte* (livre presque introuvable aujourd'hui), a paru, en 1970, à Colmar, un ouvrage qui, rédigé « sous la surveillance » du général de Vernejoul, commandant la 5ᵉ D.B. en 1944, préfacé par le général de Langlade, pose en principe que « l'Alsace tout entière pouvait et devait être libérée au 3 décembre 1944 ». Selon les généraux Vernejoul et Langlade, le général de Lattre « qui n'était pas un cavalier » n'aurait pas saisi la chance qui s'offrait à lui le 28 novembre lorsque, la 2ᵉ D.B. (Leclerc) tenant Sélestat et Benfeld, la 5ᵉ D.B. n'étant plus qu'à 35 kilomètres de Colmar, les deux unités pouvaient se joindre, prenant au piège l'armée allemande défendant le Haut-Rhin. Selon le général de Langlade, le général de Montsabert aurait — sur ordre de De Lattre — refusé de faire l'aumône « d'un ou deux bataillons » grâce auxquels la 2ᵉ D.B., libérée des tâches tactiques, aurait pu foncer à la rencontre de la 5ᵉ D.B.

2. De Lattre : *Histoire de la première armée française*, p. 299.

Churchill n'a pu assister, le 14 novembre, au départ de l'attaque qui devait, en quinze jours de combats acharnés, conduire à la libération de Montbéliard, Sochaux, Belfort, Mulhouse, Huningue, Altkirch, Dannemarie, Masevaux[1], mais à défaut de contempler, depuis un observatoire, le matraquage des lignes allemandes, le Premier ministre britannique a passé une grande partie de la journée du 13 novembre en tête à tête avec de Gaulle.

A Churchill, qui a proposé une alliance franco-britannique, classique et de principe, le chef du gouvernement provisoire suggère que l'Angleterre et la France « s'accordent et agissent ensemble dans les règlements de demain[2] ». Ainsi, l'Amérique et la Russie étant « entravées par leur rivalité[2] », rien ne se fera que les deux pays, faibles s'ils demeurent séparés, puissants si leurs diplomaties se mettent d'accord, n'aient accepté ou voulu.

Que Churchill ne consente pas à lier le jeu anglais au jeu français ; qu'il s'estime en mesure d'être, entre Moscou et Washington, un obligeant intermédiaire, il n'en demeure pas moins que les trois journées passées en France par le Premier ministre auront sensiblement modifié l'image qu'il avait de notre pays et de son chef, ce de Gaulle qu'il avait pratiqué en mille circonstances difficiles mais qu'il découvre dans un rôle nouveau : celui de chef de gouvernement et de chef des armées.

Cela se marque immédiatement dans le télégramme qu'il adresse le 15 novembre à Roosevelt (et dont il communique un double à Staline). Sans doute Churchill rassure-t-il Roosevelt qui possède « et de loin les effectifs les plus importants en France » ! Rien, écrit-il en substance, rien n'a été décidé entre Anglais et Français, concernant notamment l'occupation de la Ruhr et de la Rhénanie, malgré les affirmations d'un télégramme Reuter[3]. Même si le texte du Premier ministre donne

---

1. Entre le 14 et le 28 novembre, ces combats auront coûté 1 300 morts et 4 500 blessés — ainsi que 4 515 hommes évacués pour gelures ou maladies — aux troupes de De Lattre. Elles perdront 72 chars dont 55 Sherman et 50 half-tracks. Du côté allemand les pertes s'élèveront — d'après de Lattre — à 10 000 morts, 17 000 prisonniers, 60 Jagdpanther et Panther.

2. De Gaulle · *Mémoires de guerre*, t. III p. 52.

3. La radio française annonce, le 13 novembre, qu'au cours de la conférence franco-britannique M. Churchill « s'est déclaré d'accord sur le principe d'une zone française d'occupation en Allemagne » ainsi que sur la démilitarisation de la Sarre avec contrôle français des mines.

l'impression, constamment irritante, d'avoir été rédigé par quelqu'un qui craint d'être pris en faute, pour avoir trop parlé et trop promis, il n'en reste pas moins que Churchill explique correctement et favorablement la position de De Gaulle, qu'il s'agisse du réarmement de l'armée française comme de l'occupation par la France d'une partie de l'Allemagne, et qu'il se montre partisan d'une prochaine réunion à quatre, à cette réserve près — insupportable pour de Gaulle — que les Français seraient tenus à l'écart d'un certain nombre de débats.

Bien que troublée par le mauvais temps, la visite aux troupes françaises a également porté fruit. Churchill a été impressionné par l'intelligence de De Lattre — « J'ai une très haute opinion du général de Lattre de Tassigny », télégraphiera-t-il à Staline le 25 novembre — et par l'allant des soldats français dont il dira, toujours à Staline, qu'ils « se montrent dignes de la magnifique possibilité qui s'offre à eux de délivrer tout le territoire de la France ».

Il entre cependant beaucoup plus de réalisme que de sentimentalité dans la prise de position de Churchill en faveur des thèses françaises. S'il se dit partisan d'attribuer une zone d'occupation à la France et de favoriser le réarmement français (encore, dans son esprit, s'agirait-il, pour la France, de mettre sur pied des divisions peu motorisées), c'est afin de libérer l'armée britannique des tâches de l'occupation.

Il l'écrit à Roosevelt en lui rendant compte de son entretien avec de Gaulle : « Je m'y suis déclaré favorable [à l'attribution d'une zone d'occupation aux Français] en sachant fort bien que dans un avenir pas très lointain les armées américaines seront rapatriées et que les Britanniques éprouveront de grandes difficultés à entretenir outre-mer des forces importantes, ce qui est contraire à [leur] façon de vivre et hors de proportion avec [leurs] ressources. »

Parlant devant la Chambre des communes, Anthony Eden sera encore plus net. Il faut « reconstruire » la France, dira-t-il, pour éviter qu'elle n'entre — et avec elle d'autres pays du continent — dans une alliance défensive avec les Russes. Il faut la réarmer et organiser une défense en commun, une défense « en profondeur » pour éviter le péril que les progrès des engins balistiques viennent de révéler.

Pareille situation, poursuit Eden, ne se renouvellera pas[1] si nous

---

1. Eden vient de faire allusion à l'avantage qu'a donné à Hitler l'occupation de la majeure partie de l'Europe. Il a pu ainsi disposer du travail de millions

mettons sur pied un système tel que la France d'abord, les autres nations alliées européennes ensuite, acceptent d'organiser leur défense en commun.

> « Rien ne me laisse à craindre qu'un arrangement de ce genre nous oblige à entretenir une immense armée permanente, quoique, à mon avis, nous devrions accepter de fournir à la défense terrestre une contribution supérieure aux deux fameuses divisions que nous avions à offrir pour tout potage la dernière fois... »

La dernière fois, c'est-à-dire en septembre 1939, lorsque la Grande-Bretagne, après la déclaration de guerre à l'Allemagne, avait envoyé « pour tout potage », sur le sol français, un corps expéditionnaire initialement composé non pas de deux mais de quatre divisions...

Le 13 novembre, avant le début de l'offensive de De Lattre, à laquelle Churchill et de Gaulle souhaitaient assister, la 79ᵉ et la 44ᵉ division U.S., qui appartiennent à la VIIᵉ armée — celle de Patch —, attaquent, sous les obus et dans la neige, les positions allemandes entre Hervébiller et Montigny, sur la route qui conduit de Paris à Strasbourg.

La VIIᵉ armée a pour objectif de border le Rhin de Strasbourg à Lauterbourg. Pour les Français de la 2ᵉ D.B. — rattachée à l'armée Patch —, il semble impensable, impossible, que Strasbourg ne soit pas le but. Leur but.

Tous se souviennent du serment prêté à Koufra, le 2 mars 1941, par le colonel Leclerc, au terme du raid victorieux de 1 650 kilomètres qui lui avait permis de se saisir de l'oasis et de sa garnison italienne : « *Nous ne nous arrêterons que lorsque le drapeau français flottera sur Metz et Strasbourg.* »

Metz, objectif du XXᵉ corps américain, sera libéré après plus de

---

d'Occidentaux, « ce qui lui a considérablement facilité l'entretien des effectifs de l'armée allemande », cependant que « l'Angleterre réduisait ses ressources jusqu'aux limites ».

quinze jours de durs combats ; mais, qui aura l'honneur de libérer Strasbourg ?

Dans la guerre de coalition, c'est Eisenhower et non de Gaulle qui décide.

Cependant, dans la lettre qu'il a adressée le 21 septembre à Eisenhower, le général de Gaulle, après avoir énuméré les unités françaises laissées à la disposition du commandant en chef, avait écrit ces mots : « Je dois appeler votre attention sur *la grande importance que j'attache à voir des troupes françaises participer directement à la libération de Strasbourg*[1]. » Le moment venu Eisenhower saura se souvenir de cette requête.

Dans la soirée du 12 novembre, Leclerc a réuni les chefs de ses grandes unités. Soucieux de préserver le secret, il ne possédait pas de plans de Strasbourg, n'ayant pas voulu en demander au service géographique du ministère de la Guerre. A Saverne, plus tard, le lieutenant Riff[2] devra faire du porte-à-porte pour obtenir des habitants qu'ils veuillent bien arracher d'un guide, publié avant la guerre par le « Club vosgien », le plan de la ville qui redeviendra bientôt chef-lieu du Bas-Rhin.

Mais Saverne est loin encore. Et il s'agit bien de plan ! Le nom de Strasbourg suffit pour faire entrer les colonels présents « dans un état de surexcitation contenue ». Massu l'écrit, ajoutant que ses camarades et lui-même sortirent de la réunion « passablement survoltés ».

Leur excitation allait être partagée par leurs subordonnés, commandants et capitaines, à qui ils annonçaient qu'une fois la percée de la première ligne allemande réalisée par l'infanterie américaine il leur appartiendrait d'exploiter et de conclure.

Badonviller pris le 17 par le commandant La Horie, qui sera tué le lendemain[3] ; Parux par les tankistes de Le Goasguen et de Philippe de Gaulle, Leclerc s'est installé à Cirey-sur-Vezouze conquis par les spahis du commandant Morel-Deville. Debout sur la terrasse d'une maison, impassible, il observe, dans le grondement des chars, le passage de soldats à qui il a donné pour mot d'ordre : « *Foncez comme des brutes !* »

---

1. Je souligne intentionnellement.
2. Riff est « dans le civil » avocat à Strasbourg ; il servira bien souvent de guide lors des opérations du 22-23 novembre.
3. A Badonviller, La Horie et ses hommes ont tué 200 Allemands et en ont capturé 300. Au butin également 12 pièces antichars.

Dans la légende de la 2ᵉ D.B., les cinq jours qui séparent le début de l'offensive de la libération de Strasbourg s'appelleront, à juste titre : « *la charge sur Strasbourg* », comme s'il s'agissait d'un fabuleux raid de cavaliers d'Empire.

« Charge », le mot est mérité. Mais, dans l'esprit du lecteur, peut-être masque-t-il les difficultés de routes tourmentées, accrochées à flanc de montagne, boueuses ou verglacées déjà ; peut-être diminue-t-il le courage des soldats de la 553ᵉ et de la 708ᵉ division allemande qui, leur première ligne enfoncée, se battent encore en se protégeant par d'énormes abattis d'arbres, en sacrifiant des tireurs d'élite juchés dans les sapins ou en risquant quelques-uns de ces chars qui leur font tant défaut.

Mais « charge », le mot convient, puisque les Français bousculent tout sur leur passage et que l'on verra Massu, comme « aspiré par le vide », heurter le cul d'une colonne d'artillerie lourde allemande en retraite. A Rethal, c'est une voiture de liaison ennemie qui viendra innocemment se jeter contre le half-track du lieutenant Riff. A Reinhardsmunter, une compagnie allemande sera capturée alors qu'en toute quiétude elle préparait son cantonnement... Un capitaine de la Wehrmacht partait en permission pour Dabo... Massu y est passé avant lui. Le capitaine ira rejoindre les prisonniers que nul n'a le temps de recenser encore — ils seront finalement 9 000 — et qui se gardent (presque) eux-mêmes.

Les Français vont trop vite pour les Allemands de 1944 comme les Allemands allaient trop vite pour les Français de 1940. Du moins en la circonstance.

Leclerc avait joué la carte de la surprise, qui était aussi celle de la difficulté, des itinéraires les plus inattendus, des routes les moins praticables serpentant jusqu'au col de Dabo et à Obersteigen à travers l'admirable, sombre et propice aux embuscades forêt d'Abreschviller.

Mais Phalsbourg et Saverne, qui offriront à la division l'axe routier indispensable — la RN 4 — pour conduire à la plaine d'Alsace, sont les objectifs qui ont été donnés, au terme de leur manœuvre, aussi bien aux hommes du groupement Langlade qu'à ceux du groupement Dio.

Le 22 novembre, Minjonnet, du groupement Langlade, a pénétré en trombe dans les faubourgs sud-ouest de Saverne pour aller prendre à revers Phalsbourg... et capturer, avec 800 de ses hommes, le général Bruhn, commandant la 553ᵉ division.

Strasbourg s'offre désormais aux vainqueurs.

Le 23, à 7 h 15, cinq colonnes de blindés prennent le départ. Les itinéraires passent par Schiltigheim, Mittelhausbergen, Cronenbourg, Kœnigshoffen, Lingolsheim.

« *Qui arrivera le premier?* » demande Massu. Ils se le demandent tous au début de cette compétition, de cette course au clocher, à la flèche de l'une des plus belles cathédrales de France, que plusieurs ne verront ou ne reverront jamais... car des Strasbourgeois, qui accompagnaient Leclerc depuis le Tchad, seront tués devant leur ville.

Tandis que Massu, Cantarel, Debray, Putz sont bloqués, et subissent des pertes, devant les forts « Foch », « Joffre », « Pétain », « Kléber » qui protègent la ville, le colonel Rouvillois, passant par Schiltigheim, pénètre à 10 h 10 dans Strasbourg.

Étonnante entrée. Chars et tramways chargés de voyageurs se trouvent nez à nez; dans les rues, des soldats sans armes et des fonctionnaires allemands vaquent à leurs affaires en toute tranquillité[1].

Les chars de Rouvillois sèment la panique mais ils ne s'arrêtent pas. Ils ont, en effet, pour mission de foncer en direction du pont de Kehl qu'une défense, qui s'est ressaisie, leur interdira toutefois de franchir[2].

Au passage le colonel Rouvillois a lancé par radio le fameux « *Tissu est dans iode* » qui signale à Leclerc et à tous les commandants d'unité, à tous les hommes en réalité, Strasbourg est libérée... sinon encore tout à fait libre d'ennemis. Car les 800 ou 900 hommes qui ont pris la ville doivent, le premier jour, se contenter de cerner les Allemands de la garnison réfugiés dans des casernes, des abris anti-aériens ou encore — avec le général Von Vatterodt — dans le fort Ney[3] en attendant le reste de la division qui « nettoiera » la ville assez rapidement pour qu'une prise d'armes puisse avoir lieu le 26 sur la place Kléber — rebaptisée — et devant des Strasbourgeois étonnés, enthousiastes, inquiets encore.

Le général Leclerc s'est installé pour déjeuner dans un salon du Kaiserpalatz. Comment ne penserait-il pas à Koufra, au chemin

---

1. De Gaulle, *Mémoires de guerre,* T. III, p. 137, écrira qu'ils étaient les premiers 12 000, les seconds 20 000.
2. Leclerc regrettera toujours que des renforts — il aurait suffi d'une division d'infanterie — assurant la garde de la ville ne lui ait pas donné la possibilité de rompre les défenses de Kehl et de pénétrer en Allemagne.
3. Le général Von Vatterodt capitulera dans l'après-midi du 25.

parcouru depuis un serment qui semblait alors du domaine du rêve, à tant de compagnons tombés. Il les évoquera demain, comme il évoquera le serment de Koufra, dans l'ordre du jour qu'il adressera à ses troupes. Pour l'instant il est heureux de voir le colonel Dio pénétrer dans la pièce. Dio, rallié à lui le 25 août 1940 avec sa compagnie méhariste de Douala, ce qui a permis la conquête rapide de tout le Cameroun, a vécu une aventure parallèle à la sienne. Il pourrait être son double. Il sera son successeur à la tête de la 2e D.B.

Leclerc l'accueille avec ces mots : « Hein, mon vieux Dio ! on y est cette fois !... Maintenant on peut crever tous les deux ! »

Par l'un de ces hasards qui plaisent aux chroniqueurs, c'est l'instant choisi par le grand lustre de la salle — ébranlé par l'explosion d'un obus proche — pour s'écraser au sol. Le rire des deux hommes accompagne le tintement de toute la verroterie.

De Gaulle a suivi heure après heure, et sans doute avec le secret regret de ne pas être à la tête de la 2e D.B., la charge de Leclerc. Il sait combien Strasbourg tient aux cœurs français. La libération de cette ville « pas comme les autres » sera, au même titre que celle de Paris, plus qu'un fait d'armes, un événement historique. Encore fallait-il, pour le symbole, que Strasbourg capitale de l'Alsace — comme Paris capitale de la France — soit libérée par des Français.

L'intervention auprès d'Eisenhower aura permis à Leclerc de tenir le serment de Koufra.

Dans le troisième tome de ses *Mémoires de guerre,* de Gaulle écrit : « Un message du général Leclerc m'apprend l'entrée de ses troupes à Strasbourg à peine y ont-elles pénétré. Au début de la séance tenue, ce jour-là, par l'Assemblée consultative, je viens annoncer la nouvelle. Un frisson parcourt l'assistance, élevée soudain tout entière au-dessus d'un quelconque débat. Les armes ont cette vertu de susciter, parfois, l'unanimité française. »

La phrase est belle mais les choses ne se sont pas déroulées comme le Général, regrettant sans doute qu'il n'en eût pas été ainsi, les raconte.

C'est en effet à 17 h 40, le 23 novembre — et non au début de leur séance — que les membres de l'Assemblée consultative provisoire ont appris la libération de Strasbourg. La nouvelle ne leur a pas été donnée par le général de Gaulle mais par son président de séance M. Félix Gouin, qui interrompit M. Monmousseau, orateur communiste, alors que celui-ci dénonçait le marché noir, pour lui demander la permission d'annoncer à l'Assemblée « une bonne et grande nouvelle ».

> « Mesdames, messieurs, le général Leclerc fait connaître que les premiers éléments des troupes françaises viennent de pénétrer dans Strasbourg (*Vifs applaudissements prolongés*, peut-on lire au *Journal officiel*, — *Mmes et MM. les délégués se lèvent et chantent* La Marseillaise. »

Au nom du groupe de la France combattante, Maurice Schumann demande alors la parole pour déposer sur le bureau de l'Assemblée une motion enthousiaste, adoptée naturellement sans vote. Après une intervention de M. Giaccobi, ministre des Colonies, et une suspension de séance, les débats reprendront, à dix-huit heures dix minutes, sur cette phrase de M. Monmousseau : « Je disais, mesdames et messieurs, qu'il y a une marge étonnante entre les prix à la production et les prix à la consommation. »

Si le général de Gaulle n'assistait pas à la séance de l'Assemblée consultative, un « frisson » a bien parcouru l'assistance et, comme il l'écrit, « les armes » ont effectivement suscité l' « unanimité française ».

On est le 23 novembre.

Le lendemain 24, de Gaulle part pour la Russie.

C'est une belle et bonne chose que d'arriver chez Staline, dont les maréchaux raflent ville après ville, précédé du nom de Strasbourg, victoire française...

« Aucune épreuve, écrit de Gaulle en conclusion du récit des jours passés en compagnie de Churchill, ne change la nature de l'homme ;

aucune crise celle des États. » Constatation mélancolique d'une vérité banalement éternelle.

Il a rencontré Roosevelt et l'a trouvé « drapé d'idéalisme » mais ambitieux d'étendre, avec des moyens plus subtils, et finalement plus efficaces que ceux de la vieille Europe, l'influence de la jeune Amérique.

Au foyer du peuple britannique il s'est assis, résistant solitaire et intransigeant. En face de lui il a trouvé Churchill compatissant à sa solitude, impérieux lorsque sa fierté venait contrarier les desseins et les ambitions d'une Angleterre affaiblie mais qui se voulait conquérante aux dépens de ses fragiles alliés.

Il lui restait à rencontrer Staline.

Certes il ne doutait pas que le maître du Kremlin — dans ses *Mémoires* il utilise un pluriel, il parle des « maîtres » du Kremlin, alors qu'il n'en existe qu'un seul — servît uniquement les intérêts de la Russie soviétique. Mais le voyage à Moscou est, sans doute, de tous, celui qu'il entreprend avec le plus de curiosité intellectuelle, et le moins d'appréhension s'agissant du résultat politique.

La Russie, il parle rarement de la « Russie soviétique », ne confondant pas le vieux pays et le régime, la Russie n'a jamais, à ses yeux, fondamentalement contrarié la politique française. Bien au contraire.

Il savait d'expérience de soldat que les accords secrets négociés à partir de 1892 entre le général de Boisdeffre et le général Obroutchev avaient joué un rôle capital en 1914. Sans eux, les troupes françaises, accablées, auraient été vaincues et, sans doute, plus rapidement encore qu'en 1870.

Aussi s'était-il montré favorable au pacte franco-soviétique signé en 1935 par Staline et par Laval. Il l'écrira à sa mère : « Nous allons rapidement à la guerre contre l'Allemagne, et, pour peu que les choses tournent mal pour nous, l'Italie ne manquera pas... de nous donner le coup de pied de l'âne. Il s'agit de survivre, tout le reste est littérature. [...] Nous n'avons pas les moyens de refuser le concours des Russes, quelque horreur que nous ayons pour leur régime. C'est l'histoire de François Ier allié aux musulmans contre Charles Quint. »

Le pacte germano-soviétique de 1939, en délivrant l'Allemagne de la hantise de la guerre sur deux fronts, avait incité Hitler à tenter hardiment sa chance et à envahir la Pologne qu'il savait devoir partager bientôt avec son complice russe.

Mais entre le 18 juin 1940 et le 22 juin 1941 de Gaulle ne prend parti ni contre Moscou ni contre les communistes français, qui, eux, critiquent systématiquement « les impérialistes anglais » et « leurs mercenaires gaullistes ». Dans ses discours, comme sur *Ici Londres,* Hitler et l'hitlérisme sont attaqués, Staline et le communisme constamment épargnés. Il a dit, le 18 juin : « Cette guerre est une guerre mondiale » ; il ajoute le 22 : « Nul ne peut prévoir si les peuples qui sont neutres aujourd'hui le resteront demain et si les Alliés de l'Allemagne resteront toujours ses alliés. » Peut-être songeait-il alors qu'il était dans la nature des choses et de l'évolution du conflit que l'Allemagne, un jour, se précipitât sur la Russie[1].

Comme tous, il voit le répit et le profit que l'Angleterre et ses alliés tireront du retournement de la situation. « Nous sommes très franchement avec les Russes puisqu'ils combattent les Allemands », câble-t-il, le 24 juin, depuis Damas, afin d'orienter la propagande de la France libre.

Sans doute a-t-il fait précéder cet ordre des mots : « sans discuter actuellement les vices et même les crimes du régime soviétique », mais il se tient à la position qui était la sienne lorsque, écrivant à sa mère, il lui disait, à propos du pacte Staline-Laval de 1935 : « Il s'agit de survivre, tout le reste est littérature... » On retrouve l'écho de cette philosophie réaliste du moyen terme dans ses *Mémoires :* « Je ne doutais évidemment pas qu'une victoire à laquelle les Soviets auraient pris une part capitale pourrait, de leur fait, dresser ensuite d'autres périls devant le monde. On devrait en tenir compte tout en luttant à leurs côtés, mais je pensais qu'avant de philosopher il fallait vivre, c'est-à-dire vaincre. »

L'essentiel n'est pas là mais dans les mots qui suivent.

> « *D'autre part,* écrit de Gaulle, *la présence* [de la Russie] *dans le camp des Alliés apportait à la France combattante, vis-à-vis des Anglo-Saxons, un élément d'équilibre dont je comptais bien me servir.* »

---

1. Le 6 avril 1941, parlant à Alexandrie, il déclare : « Enfin je crois que la Russie est moins éloignée qu'on ne le pense de comprendre la cause des Alliés », mais la prophétie n'est pas éclatante, car toutes les chancelleries savent qu'il existe, à la suite des événements des Balkans, des raisons de tension entre l'Allemagne et l'U.R.S.S.

La phrase est de 1954. Elle reflète cependant la réaction immédiate de De Gaulle. L'entrée en guerre de la Russie peut l'arracher au difficile tête-à-tête avec l'Angleterre. Du moins l'espère-t-il et y travaille-t-il dès les premiers moments en faisant proposer à M. Maïsky, ambassadeur soviétique à Londres, et malgré l'énorme disproportion des forces — mais, s'il s'était arrêté à pareille considération, de Gaulle jamais n'eût rien entrepris —, que des « relations militaires » soient établies entre la Russie aux 4 207 000 soldats et la France combattante.

Avant d'établir des « relations militaires », il sera toutefois nécessaire d'attendre quelques semaines la rupture des « relations diplomatiques » qui existent toujours entre Moscou et Vichy, rupture décidée par Vichy, sous la pression des Allemands comme du clan ardent des anti-bolcheviques.

Plus rien ne faisant obstacle, et M. Bogomolov, d'ambassadeur auprès du maréchal Pétain, devenu ambassadeur... auprès du général de Gaulle ainsi qu'auprès des gouvernements en exil à Londres, Moscou reconnaîtra, le 26 septembre, de Gaulle pour chef de tous les Français libres.

Avec deux fers au feu, de Gaulle, de son côté, peut amorcer une politique, non point de renversement, mais de diversification des alliances. Aux Soviétiques il fait indirectement savoir, en août 1941, qu'il les considère comme mieux à même que les Anglo-Saxons de traiter un jour avec les Français du problème allemand[1]. C'est imprudemment sous-estimer les ambitions d'un Staline vainqueur ; grandement surestimer le contrepoids que représentera la France après la victoire alliée. Comme l'écrit Jean Laloy, « les dirigeants soviétiques s'intéressent plus aux alliés puissants qu'aux alliés convalescents[2] ».

Mais les Russes entraient dans le jeu des coquetteries. Le pion français n'était pas négligeable, et il leur semblait à la fois peu coûteux et profitable d'être toujours en avance, par rapport aux Anglo-Saxons,

---

1.   Au cours d'une conversation qu'il eut le 10 août avec Serge Vinogradov, ambassadeur d'U.R.S.S. à Ankara, Géraud Jouve, journaliste et représentant des Forces françaises libres, fit cette déclaration aux Soviétiques, qui la rapportèrent dans un ouvrage consacré aux relations franco-soviétiques publié en 1959 à Moscou. Sur ce point, *cf.* Jean Lacouture, *De Gaulle,* T. I, p. 510.

2.   Jean Laloy, *Yalta.*

de l'un ou l'autre de ces gestes flatteurs dont de Gaulle était heureux pour lui-même comme pour l'image de la France libre. On vit ainsi Molotov — l'homme du pacte germano-soviétique —, en visite à Londres, en mai 1942, proposer à de Gaulle une « alliance indépendante », distincte de celle, classique, qui lierait la Russie aux Américains et aux Anglais, une alliance « sentimentale » en quelque sorte. On entendit le même Molotov affirmer que son gouvernement attachait une « grande importance » à la proposition de De Gaulle d'envoyer au Caucase « une des deux divisions » dont il disait disposer en Syrie. En réalité, en Syrie, ne se trouvaient qu'un peu plus de 5 000 hommes [1], et les Anglais faisaient obstacle à ce qu'ils fussent en totalité, ce qui était impensable, ou en partie, envoyés sur le front de l'Est.

A défaut de troupes terrestres, ce sont les aviateurs du « groupe de chasse n° 3 », appelé à devenir groupe « Normandie » puis régiment « Normandie-Niemen », qui partiront en 1942 pour la Russie, où, opérationnels à partir de mars 1943, ils s'illustreront jusqu'à la fin de la guerre.

A défaut de troupes terrestres, de Gaulle enverra à Moscou des « représentants » : le général Petit, l'ambassadeur Garreau, qui succomberont assez rapidement aux flatteries soviétiques pour que chacun suive sa pente : Petit en devenant un compagnon de route des communistes, Garreau en soutenant, jusque dans des émissions diffusées par « Radio Moscou », la cause des Polonais de ce comité de libération dont on sait qu'il se trouve entre les mains de Staline [2].

Ont-ils influencé de Gaulle (Petit est son ancien condisciple de

---

1. Ce chiffre de 5 000 est fourni par le général de Gaulle dans un télégramme en date du 6 juillet 1941 adressé depuis Le Caire au professeur Cassin qui se trouve à Londres. Ces forces seront certes quelque peu augmentées par les ralliements qui interviendront après « l'affaire de Syrie », mais, comme il était nécessaire de maintenir, ne fût-ce qu'en face des Britanniques, des troupes au Levant, il était chimérique de proposer l'envoi d' « une division » sur le front de l'Est.

2. En 1944, Massigli, commissaire aux Affaires étrangères, en fera grief à l'ambassadeur Garreau. Il lui demandera de limiter ses interventions aux relations franco-soviétiques.

Au titre des dérapages intellectuels, on peut signaler l'extravagant rapport envoyé par Pierre Cot à Alger le 6 juillet 1944. Cot qui se trouve en U.R.S.S. annonce non seulement qu'en 1971 la capacité de production industrielle globale de l'U.R.S.S. sera égale ou supérieure à celle des États-Unis, mais il affirme que « l'humanisme est à la base de la puissance soviétique ».

Saint-Cyr) par des rapports systématiquement optimistes, ou de Gaulle s'est-il pris à son propre piège de la chimérique interchangeabilité des alliances ? Quoi qu'il en soit, en juin 1942, après la très grave crise de Madagascar, née de la décision des Anglais d'attaquer l'île, alors colonie française, sans prévenir de Gaulle et de traiter sans lui avec généraux et fonctionnaires de Vichy, le chef de la France libre accomplira une démarche inouïe. *A Bogomolov, l'ambassadeur soviétique, il demandera, en effet, le 6 juin 1942, si l'U.R.S.S. serait prête à l'accueillir, lui, les membres du Comité national français et les forces qui sont les siennes.*

Cette démarche, qui traduisait l'exaspération d'un homme prêt à rompre bruyamment [1] tous ses rapports avec les « puissances anglo-saxonnes », eût-elle été couronnée de succès, de Gaulle, à Moscou, se fût vite trouvé réduit, comme tous les autres exilés, au dérisoire et inacceptable rôle de marionnette au service de la propagande soviétique. Cette disgrâce, qui l'aurait très vite fait sortir de l'histoire de France et de la mémoire des Français, lui fut heureusement épargnée.

S'il renonce au transfert à Moscou, il persiste à croire qu'après la guerre la Russie et la France détermineront l' « avenir de l'Europe ». Il le dit à Harriman le 15 octobre 1943. Il le dit le 26 mai 1944 — ce qui, politiquement, est encore plus important —, à Bogomolov, l'ambassadeur d'U.R.S.S., au cours d'un déjeuner en tête à tête près d'Alger. « Nous n'avons pas confiance dans l'Angleterre, même quand elle nous parle d'une alliance avec la France. (...) La France a besoin d'une alliance avec la Russie... Le but de cette alliance est de régler le problème allemand. » Sensible aux mirages d'une Russie lointaine avec qui, n'ayant que très peu de rapports, il n'avait aucune occasion de conflit, de Gaulle entretenait bien des illusions sur la véritable nature de Staline, personnage aux ambitions combien plus vastes que

---

1.   Dans le même temps le général de Gaulle, ulcéré par l'attitude anglaise à Madagascar, et craignant d'être écarté d'une prochaine opération contre Dakar, adresse aux généraux Catroux, Larminat, Leclerc, à l'amiral d'Argenlieu, au gouverneur Éboué un télégramme dans lequel se trouvaient ces mots : « Si mes soupçons [concernant les manœuvres britanniques] se réalisaient, je n'accepterais pas de rester associé aux puissances anglo-saxonnes... J'estime que ce serait une forfaiture de leur continuer notre concours direct... » Il poursuivait en envisageant le repli de la France libre « dans les territoires que nous avons libérés », ajoutant qu'il faudrait alors « tenir ces territoires, n'entretenir avec les Anglo-Saxons aucune relation... avertir le peuple français et l'opinion mondiale. »

celles de Roosevelt, aux ruses et aux colères combien plus redoutables que celles de Churchill.

Aussi le verra-t-on avoir, pour les combattants soviétiques, des mots plus flatteurs que pour les soldats anglais et américains, tandis que la propagande de la France libre expliquera aux Français occupés l'innocuité politique du communisme.

Il est vrai que ce qu'il perdait dans la bourgeoisie française, inquiète d'une trop visible alliance avec Moscou, de Gaulle faisait plus que le regagner (provisoirement) du côté des communistes et que, dans leur majorité, les Français, établissant, comme lui, une hiérarchie des périls, plaçaient d'ailleurs le péril allemand bien avant le péril soviétique.

Le voyage de novembre et décembre 1944 s'inscrit donc dans une double logique.

Au nom des relations nouées depuis juillet 1941, de Gaulle entend mettre à profit la rencontre avec Staline pour une opération de politique intérieure qui obligera les communistes français, qui le critiquent déjà, à une volte-face.

Au moment où le règlement du problème allemand va se poser, non plus dans les nuées, mais sur le terrain, il est d'autant moins possible de laisser Américains et Britanniques le régler avec les Soviétiques et sans la France que de Gaulle espère trouver en Staline un allié dans sa lutte pour la maîtrise de la rive gauche du Rhin. C'est le problème du rang. Si les séjours de De Gaulle à Londres appartenaient à la routine, le voyage à Moscou constitue un couronnement.

Un homme comme Louis Marin, archétype du parlementaire de droite, ne s'y trompe pas. Le 22 novembre 1944, devant l'Assemblée consultative provisoire, il déclare : « L'importance de ce voyage est immense parce que le gouvernement, officiellement reconnu, use de ce fait pour que la France reprenne sa place de grande puissance, et parce que le chef du gouvernement use de tous les privilèges que confère à la France ce rôle récent. »

Autant de raisons qui font que de Gaulle — quoi qu'il ait écrit, par volonté de ne jamais se présenter en solliciteur [1] — est demandeur.

---

1. Dans ses *Mémoires de guerre* le général de Gaulle écrit : « Aussitôt après la visite en France de MM. Churchill et Eden, [M. Bogomolov] fit d'actives démarches pour me presser de me rendre à Moscou. » On l'a vu, les choses se sont

Les textes sont indiscutables. Le 8 novembre, donc avant la visite de Churchill et d'Eden, de Gaulle déclare à l'ambassadeur Bogomolov que « lui et certains de ses ministres voulaient se rendre en Union soviétique, pour étudier les relations mutuelles entre les deux pays » Le 13 novembre Molotov écrit à son ambassadeur que le gouvernement soviétique « approuve cette initiative du général de Gaulle et l'invite à venir en visite en Union soviétique », invitation qui sera transmise par Bogomolov le 14 novembre, au lendemain du jour où de Gaulle — en compagnie de Churchill — a inspecté les troupes de De Lattre prêtes pour l'offensive.

Sur le voyage lui-même et les rencontres Staline-de Gaulle, nous possédons le récit de trois témoins directs : le général de Gaulle ; le ministre des Affaires étrangères, Georges Bidault ; Jean Laloy, diplomate, interprète du général.

Nous possédons également les notes abondantes — elles s'étendent sur seize pages dans la partie « Documents » des *Mémoires de guerre* — établies par Roger Garreau et Maurice Dejean. Ces notes présentent l'intérêt d'avoir été rédigées dans les heures suivant les conversations et d'en restituer le mot à mot ; l'inconvénient de ne s'intéresser ni à la psychologie des partenaires ni à l'atmosphère des débats.

Le texte de Bidault, écrit bien après sa rupture avec de Gaulle, est une bonne mais aigre analyse des ambitions des deux protagonistes ; de Gaulle souhaitant le concours de Staline pour que « la sécurité élémentaire [de la France] que la nature même a placée sur les bords du Rhin[1] » soit garantie ; Staline attendant des Français qu'ils cautionnent ce comité (communiste) de Lublin, dont il exigeait qu'au rebours des vœux de la population il lui assurât la libre circulation de ses troupes, le triomphe absolu de sa politique et une frontière fixée sur la Neisse.

De ce texte il faut toutefois retenir un passage qui éclaire les

---

passées différemment, et ce n'est pas le voyage de Churchill qui incite les Soviétiques à inviter de Gaulle.

1. Discours du général de Gaulle le 22 novembre 1944 devant l'Assemblée consultative provisoire.

sentiments de l'époque et prouve combien la Russie pouvait apparaître différente de ce qu'elle était.

> « Sous l'effet d'un combat immense et sanglant, écrit, en effet, l'ancien ministre des Affaires étrangères, l'Union soviétique semblait se rapprocher des valeurs traditionnelles... On avait mis une sourdine à la campagne des sans Dieu. L'*Internationale* n'était plus l'hymne national. S'il y eut une période au cours de laquelle on a pu rêver d'une réintégration des Slaves dans une Europe fraternelle, c'est cette période-là[1]. »

Cela rapporté pour montrer qu'il est des moments où l'illusion a toutes les apparences de la réalité et que les plus habiles, les mieux renseignés, peuvent s'y laisser prendre.

Les vingt-deux pages que de Gaulle consacre, en 1959, au voyage à Moscou ont certainement été, pour lui, occasion d'une grande volupté d'écriture. C'est tout naturellement qu'il se trouvera à la hauteur d'un personnage aussi mystérieusement excitant que Staline. Encore s'agis-sait-il que le portrait qu'il allait en faire pût entrer dans les anthologies et que l'on vît désormais le maître du Kremlin tel que l'avait vu de Gaulle, « rompu, par une vie de complots, à masquer ses traits et son âme, à se passer d'illusions, de pitié, de sincérité..., communiste habillé en maréchal, dictateur tapi dans sa ruse, conquérant à l'air bonhomme[2]. »

Portrait de Staline, portrait de la Russie éternelle « recrue de souffrance et de tyrannie, mais brûlant d'ambition nationale... plus forte et plus durable que toutes les théories et que tous les régimes... [qui] supporte le bolchevisme pour s'en servir comme d'un instrument ».

Peinture de l'atmosphère qui enveloppe choses et gens lors de cette réception, à l'ambassade de France, du « Tout-Moscou officiel » (il n'y

---

1. *D'une Résistance à l'autre*, p. 75.
2. *Mémoires de guerre*, t. III, p. 60 et 61.

en a pas d'autre). « En fait de cordialité, rien ne manquait dans les propos. Mais on sentait peser sur l'assistance une inquiétude diffuse. Par système, la personnalité de chacun s'estompait dans une grisaille qui était le refuge commun. »

Fresque, lorsqu'il s'agit du banquet final où, derrière une table étincelant d'un « luxe inimaginable », au terme d'un repas « stupéfiant », Staline, se levant trente fois pour boire à la santé des Russes présents, interpellant les uns et les autres, mêlant éloge et menace, disant par exemple à Novikov, chef d'état-major de l'air, « nos avions, c'est toi qui les emploies. Si tu les emploies mal, tu dois savoir ce qui t'attend » et, désignant à l'attention inquiète de tous le directeur des arrières : « A lui d'amener au front le matériel et les hommes : qu'il tâche de le faire comme il faut ! Sinon, il sera pendu, comme on fait dans ce pays. »

Du voyage à Moscou Jean Laloy a laissé, lui aussi, un long récit publié, en 1982, dans la *Revue des études slaves*, récit offrant un double avantage : celui d'avoir été rédigé en janvier 1945, c'est-à-dire quelques semaines à peine après un événement qu'il serre ainsi au plus près ; celui de faire voir et vivre non seulement Staline mais aussi de Gaulle, en homme — il est le seul avec Garreau, mais Garreau se cantonnera dans des rapports à la sécheresse obligée — qui comprend non seulement la langue des deux vedettes, mais connaît — il fut en poste à Moscou — la psychologie des Russes presque aussi bien que celle des Français.

Observateur que sa mission d'interprète tient, plus que tout autre membre de la délégation française, constamment en éveil ; excellent écrivain, précédant de quatorze ans de Gaulle dans le portrait des protagonistes, rivalisant avec bonheur dans celui de Staline dont il fait une peinture totale, physique . « le teint est jaune, pâle, les joues tirées, l'œil brillant mais un peu corné, les cheveux en brosse argentés et diaphanes, la moustache soigneusement coupée, grise, la voix légère, légère, à peine perceptible » et psychologique : « sultan conservé au creux du sérail, loin de la lumière et des foules, enfermé dans ses calculs, ses combinaisons, sa méfiance », Jean Laloy est aussi bon guide que fin analyste.

Le lisant, on comprend mieux ce voyage à Moscou, très long déplacement, finalement décevant sur le plan diplomatique, plus enrichissant pour de Gaulle dans le domaine de la politique intérieure.

Les Français : de Gaulle ; Bidault ; le général Juin ; Dejean, directeur politique au ministère des Affaires étrangères, plus tard ambassadeur à Moscou ; Palewski, que les Russes ont refusé d'accréditer comme ambassadeur, à cause, sans doute, de ses origines polonaises ; Jean Laloy, Gérard de Charbonnière, directeur du cabinet de Bidault, le lieutenant Guy, quittent Paris le 24 novembre. Ils ne reviendront que le 17 décembre. Vingt-quatre jours d'absence pour quinze heures d'entretien (y compris le temps des banquets) avec Staline ! Le moment de l'avion à réaction n'est pas encore venu. Les escales — Le Caire, Téhéran — ne sont certes pas nombreuses, mais elles donnent occasion à de Gaulle de prendre des contacts aussi bien avec le jeune roi Farouk qu'avec Mohammed Reza Pahlavi et de rencontrer, ici comme là, les colonies françaises.

Enfin Bakou, le 27 novembre. Que les Soviétiques ne soient pas pressés de rencontrer le Général, on le voit aux lenteurs calculées avec lesquelles depuis Bakou se déroule alors le voyage. Churchill, lorsqu'il se rend à Moscou, ne traîne pas en route. Mais de Gaulle est traité moins en chef de gouvernement qu'en notable provincial à qui l'on n'épargne rien des discutables beautés des villes traversées. A Bakou les Français apprennent en effet que, aucun avion ne pouvant prendre l'air, un train spécial — celui que le grand-duc Nicolas avait utilisé pendant la Première Guerre mondiale — les transportera... en cinq jours, « brouettera » écrit Laloy, jusqu'à Moscou en passant par Stalingrad.

En attendant de quitter Bakou le 28 novembre, les Français doivent visiter une ville pauvre et à demi déserte, passer en revue quelques troupes, assister à une représentation au théâtre municipal, prendre connaissance des dépêches de l'agence Tass, participer à des repas « où se déployaient un luxe et une abondance incroyables [1] ». Contrastant avec la misère visible de la population, ces ripailles gargantuesques surprendront les Français. Alors que, pour George VI d'Angleterre, régner signifie partager la condition des ses concitoyens, jusqu'à faire servir à Eleonor Roosevelt, dans un palais sans chauffage, le

---

1. De Gaulle, *Mémoires de guerre,* t. III, p. 59.

menu que seules permettent les cartes de rationnement, pour Staline et les siens, personnages de ce que l'on n'appelle pas encore la « nomenklatura », régner c'est être en tout différent du peuple, et notamment s'empiffrer quand il meurt de faim.

Cinq jours. Quelques haltes nocturnes permettent à de Gaulle de se délasser le long de la voie. C'est au cours de l'une de ces haltes que, d'une voix sans inquiétude, il dira à Laloy et à Guy : « C'est très bien, ce voyage, mais il ne faudrait pas que la France se mette en révolution pendant ce temps-là. »

En vérité — mais on l'a peu remarqué —, par ce long voyage de trois semaines effectué seulement *trois mois* après son arrivée triomphale à Paris, mais alors que rien, dans le pays, n'est encore parfaitement stabilisé, de Gaulle fait un pari sur son autorité comme sur la qualité de ceux qui, en France, le représentent. Pari également sur la sagesse d'un Parti communiste qui a naturellement applaudi au voyage à Moscou.

Halte à Mosdok où, devant les murs calcinés et les débris de tanks et d'avions, de Gaulle fait à son entourage français cette réflexion que la légende situera à Stalingrad : « N'oublions jamais que les Allemands sont venus jusqu'ici. Et voyez comme ils se battent maintenant. C'est un grand peuple, un très grand peuple. En Belgique, Eisenhower n'arrive à rien. Son affaire est ratée. La guerre est loin d'être finie[1]... »

A Stalingrad où, sur les ruines, ont poussé des cabanes misérables, les Français visitent l'usine *Octobre rouge,* qui, deux mois durant, en octobre et novembre 1942, avait été avec les usines *Barricade* et *Mameiev Kourgan* au cœur de la bataille. L'usine est toujours éventrée, les ateliers demeurent sans toits, du sol gelé on tire « chaque jour[2] » des cadavres de quelques-uns des 147 000 Allemands tombés au cours du siège, mais « six hauts fourneaux déjà en marche crachent la fonte en fusion[2] ». Les ouvriers — parmi lesquels de très nombreuses femmes —, mal vêtus, ont « l'air fermé et hostile », remarque Laloy. De Gaulle leur fait transmettre le salut des travailleurs français.

---

1. Rapporté par Jean Laloy, qui précise que la phrase n'a jamais été dite à Stalingrad en présence de Molotov (absent) mais bien à Mosdok et devant les seuls Français.
2. Jean Laloy.

Il obtient certes une réponse d'un préposé aux réponses, mais la petite foule restera muette... comme elle restera muette en d'autres occasions, à Moscou, par exemple, ce qui fera dire à de Gaulle : « Ce n'est pas un régime populaire, il n'y a pas d'enthousiasme dans cette ville. Le 11 novembre à Paris, c'était autre chose, un peuple libre[1]. »

C'est à 12 h, le 2 décembre, que le train arrive enfin à Moscou ; à 21 heures qu'a lieu au Kremlin la première rencontre entre le maréchal Staline et le général de Gaulle[2].

Après les banalités d'usage sur le voyage et les impressions que les Français conservent de leur visite à Stalingrad, le Maréchal ayant demandé dans quel état matériel se trouvait la France après sa libération, de Gaulle met à profit la question pour refaire l'histoire de ces années 1919-1939 qui, privant son pays du contrôle de la rive gauche du Rhin, l'avaient condamné à ne pouvoir résister à l'assaut allemand. Lorsque Staline demande si le général de Gaulle a envisagé un plan qui éviterait la répétition des erreurs de l'entre-deux-guerres, le Général répond que, la frontière géographique et militaire de la France étant constituée par le Rhin, l'occupation de cette ligne est nécessaire à sa sécurité. « Il est bon, en effet, que la France soit sur le Rhin, répond Staline. Il est difficile de faire objection à cela. »

Partie gagnée ? Non, car après un moment de réflexion Staline reprend la parole pour expliquer que ni la France, ni la Russie, « ni même ces deux pays ensemble », la première guerre l'a bien montré, n'étant assez forts pour venir à bout de l'Allemagne, seule une « solide entente » entre l'Union soviétique, la France, la Grande-Bretagne et l'Amérique pourrait garantir une paix durable. « Le Général a-t-il déjà abordé avec Londres et Washington la question du Rhin que l'Union soviétique et la France ne peuvent régler seules ? »

De Gaulle répond qu'il est conscient de la nécessité d'obtenir l'accord des États-Unis et de l'Angleterre, mais qu'en venant à Moscou il espérait obtenir l'appui de l'Union soviétique à une demande dont, mieux que tout autre pays, la Russie est géographiquement et historiquement placée pour comprendre le bien-fondé.

Puis il tente ce qui pourrait paraître comme une opération de « donnant-donnant », s'il avait affaire à tout autre interlocuteur que

---

1. Jean Laloy.
2. C'est Roger Garreau qui, à ce moment-là, sert d'interprète. Le texte de sa note se trouve dans le tome III des *Mémoires de guerre,* p. 364-366.

Staline. Faisant observer que jusqu'à présent il n'a été question que de la frontière occidentale de l'Allemagne, il dit à Staline qu'il serait heureux de connaître les vues et les projets du gouvernement soviétique à l'égard de sa frontière orientale.

La réponse vient, brutale.

— Les anciennes terres polonaises de la Prusse orientale, de la Poméranie, de la Silésie doivent être restituées à la Pologne.

— En somme, la frontière de l'Oder.

— L'Oder et la Neisse. En outre, des rectifications sont à faire en faveur de la Tchécoslovaquie [1].

Après avoir fait remarquer que la France n'élèverait aucune objection de principe à ces changements territoriaux (qu'elle ne peut d'ailleurs empêcher), changements bénéfiques à l'Union soviétique, de Gaulle, avec quelque amertume, constate que si, aux yeux du maréchal Staline, la question du Rhin ne saurait être dès à présent tranchée en faveur de la France, celle de l'Oder l'est déjà en faveur de la Pologne.

Tout en traçant, à son habitude, des barres et des ronds sur une feuille blanche, Staline, un instant, conserve le silence. Lorsqu'il reprend la parole il a décidé de changer de sujet :

— Étudions ensemble, dit-il, un pacte franco-russe afin que nos deux pays se prémunissent en commun contre une nouvelle agression allemande.

Comment répondre défavorablement à pareille proposition ?

Revenir en France avec, dans son bagage, un pacte franco-soviétique, c'est être assuré — quel que soit le crédit que l'on porte intimement à pareil accord — d'un excellent accueil de la part de la quasi-totalité des Français.

Comme de Gaulle croit bon d'évoquer l'alliance de 1892 et le pacte de 1935, Staline et Molotov, « piqués au vif [2] » s'écrient que, du fait de Laval, ce pacte n'a jamais été appliqué dans son esprit, ni dans sa lettre.

De Gaulle fait observer « qu'il n'est pas Pierre Laval et que s'il désire conclure un pacte avec l'Union soviétique c'est pour en assurer la pleine application... » ; mais l'ombre de Laval (si fier, cependant,

---

1. De Gaulle, *Mémoires de guerre*, t. III, p. 61-62. Le général de Gaulle reprend dans ses *Mémoires*, en la personnalisant, la note établie par Garreau.
2. De Gaulle, *Mémoires de guerre*, t. III, p. 62.

d'avoir rencontré Staline) continuera à inquiéter les Russes, puisque, le 3 décembre, à la fin du premier déjeuner officiel dans les salons de la Spiridonovka[1], à l'heure des toasts, Staline reprendra Molotov qui vient de dire : « Je bois à notre amitié, à notre alliance... » De l'autre côté de la table on l'entendra, en effet, dire de « sa voix éteinte » : « Et pas un pacte à la Laval, une véritable alliance[2]... ».

C'est au cours de ce déjeuner que Staline interrogea de Gaulle sur les Français : « Ce doit être bien difficile de gouverner la France où tout le monde est si remuant ! » « Oui, répliqua de Gaulle, sans être assuré que la part critique de sa réponse fût comprise, oui ! Et pour le faire, je ne puis prendre exemple sur vous, car vous êtes inimitable. »

C'est également au cours du même repas que Staline parla de Maurice Thorez, qui, amnistié, venait de quitter Moscou, et que de Gaulle répondit en termes que l'on sait[3].

Le lundi 4 et le mardi 5 décembre, tandis que Bidault et Molotov se retrouvent pour échanger des projets de traités, de Gaulle et sa suite sont conduits au mont des Moineaux d'où Napoléon découvrit Moscou ; à l'exposition des trophées où s'accumulent chars et canons pris aux Allemands ; dans les profondeurs du métro où de Gaulle, après avoir refusé de monter dans un train, adresse, par l'intermédiaire de Laloy, quelques mots à la petite foule silencieuse et passive des usagers. Au repas et aux réceptions à l'ambassade de France succèdent des repas et réceptions dans les palais soviétiques, cependant que les discussions entre Bidault et Molotov traînent en longueur.

Ce pacte — qui sera d'ailleurs, pour l'essentiel, copié sur le pacte soviéto-tchécoslovaque de décembre 1943 — dont la rédaction semblait si aisée, est-il possible, comme l'ont laissé entendre les Soviétiques, qu'il achoppe sur un problème de ratification puisque le gouvernement français n'est que provisoire[4] ?

---

1. Ancienne résidence moscovite, affectée aux grandes réceptions.
2. Jean Laloy, op. cité.
3. *Cf.* p. 387.
4. Mais, ainsi que le fera remarquer de Gaulle à Molotov, le gouvernement tchécoslovaque est, lui aussi, un gouvernement provisoire, installé de surcroît à Londres, ce qui n'a nullement empêché les Soviétiques de signer un pacte avec lui en décembre 1943.

Non, la raison est ailleurs. Le « véritable enjeu du débat[1] » — pour reprendre les mots du général de Gaulle — est autre. Il s'agit de la Pologne. Mais les Russes — aussi désireux soient-ils d'obtenir l'adhésion de la France à l'installation en Pologne d'un régime dominé par les communistes — se gardent bien de se manifester, laissant au général de Gaulle le soin de réclamer une nouvelle rencontre avec Staline. Elle aura lieu le mercredi 6 décembre à 18 heures.

De quoi s'agit-il ?

Pour de Gaulle, qui a toujours eu d'excellents rapports avec le gouvernement polonais réfugié en Angleterre après la défaite de la France, et qui admire le courage des soldats polonais successivement engagés en Italie et en France, d'obtenir que la Pologne libérée ne soit pas asservie et que, géographiquement située dans la zone d'influence soviétique, elle bénéficie toutefois d'un minimum d'indépendance politique et religieuse, sous un gouvernement issu d'élections libres dans lequel — des exilés de Londres aux communistes — les hommes les plus différents seront représentés.

Des frontières, de Gaulle ne fera qu'à peine mention. Sans doute se souvient-il de sa participation à cette guerre russo-polonaise de 1919 qui se déroulait dans d'immenses espaces, ainsi que d'un article de la *Revue des deux mondes* lu alors, et dans lequel l'auteur évoquait l'impossibilité d'offrir à la Pologne « de rigoureuses frontières ethniques. » Il sait surtout la résolution de Staline. Au maître du Kremlin qui a dit, et sur un ton sans réplique : « La frontière orientale de la Pologne a été confirmée par Clemenceau, c'était la ligne Curzon », il se contentera de répondre : « Nous ne ferons aucune objection contre la ligne Curzon si la Pologne reçoit à l'ouest des compensations. »

Staline, dont on sentait, à l'entendre « grondant, mordant, éloquent[2] », que « l'affaire polonaise était l'objet principal de sa passion et le centre de sa politique[2] », semblait avant tout occupé de la reconnaissance du gouvernement qu'il s'apprêtait à installer à Varsovie.

Pour lui, tandis que « les hommes politiques réfugiés à Londres — ces hommes dont il parlait avec " haine et mépris[2] " — jouaient aux ministres, un autre groupe à Lublin fais[ait] le travail ». C'est ce

---

1. *Mémoires de guerre*, t. III, p. 65.
2. De Gaulle, *Mémoires de guerre*, t. III, p. 66.

groupe, dont les chefs ont d'ailleurs été présentés deux mois plus tôt à Churchill et à Eden [1], comme ils seront présentés, le 9 décembre, à de Gaulle, sur qui, perroquets de Moscou, ils firent une « impression médiocre », c'est ce groupe que Staline entendait non seulement placer à la tête du pays mais faire reconnaître de l'Occident.

La population polonaise, affirme-t-il à de Gaulle, a vu et voit son territoire libéré par des troupes soviétiques auxquelles sont associées des troupes polonaises dépendant du comité de Lublin ; elle reproche vivement aux Polonais de Londres la hâtive et désastreuse insurrection de Varsovie ; elle apprécie le partage des terres auquel, réalisant « ce que la France avait accompli elle-même à la fin du xviiie siècle », le comité de Lublin a procédé.

Ce dialogue Staline-de Gaulle ressemble fort à la lutte du chat et de la souris.

Lorsque de Gaulle déclare : « Nous croyons que la Pologne doit rester un État indépendant, comme d'ailleurs le maréchal Staline l'a toujours dit » et que le maréchal Staline répond : « *Certainement. Il n'y a pas le moindre doute à ce sujet* » ; lorsque Staline dit encore que, pour fermer la route aux invasions allemandes, « une Pologne *forte, indépendante et démocratique* » est indispensable, le mot « *indépendance* » n'a pas et ne peut avoir le même sens dans la bouche de l'un et de l'autre. En réalité, dans la bouche de Staline, il n'a aucun sens. Aussi est-ce avec une mauvaise foi totale que Staline — à qui de Gaulle vient de demander son opinion sur la situation dans les Balkans — répond que « l'indépendance bulgare [ne] sera pas affectée » par les conditions d'armistice ; que la Roumanie « sera punie sur la base des conditions d'armistice, mais [qu'] elle restera indépendante » ; et que, s'il se forme un gouvernement « démocratique » en Hongrie, la Russie l'aidera contre l'Allemagne qui occupe encore le pays.

« Pour nous, réplique de Gaulle, qui enregistre le désir de l'Union soviétique de voir évoluer les états balkaniques » dans le sens de l'amitié pour la Russie et pour [la France], « la base du régime démocratique réside dans des élections. Dans la mesure où nous le

---

1. A Moscou les représentants du Comité de Lublin ont non seulement rencontré Churchill et Eden mais aussi M. Mikolajczyk, chef du gouvernement polonais de Londres, et plusieurs de ses ministres, qui ont accepté, sous la pression des Anglais, de se rendre dans la capitale soviétique afin de tenter de jeter les bases d'un (impossible) accord.

pouvons, nous réclamons de telles élections pour les États asservis par l'Allemagne et qui recouvrent leur liberté ».

Staline s'abstient de répondre. Il sait bien que les élections ne seront qu'un trompe-l'œil et qu'à l'exception de la Grèce — pour la Grèce, déclare-t-il à de Gaulle, il faut interroger les Anglais — la Pologne et les pays balkaniques seront, plus ou moins rapidement, mais totalement placés sous tutelle soviétique.

De Gaulle a cru embarrasser Staline en lui parlant du futur statut de la Pologne, Staline l'a embarrassé en lui demandant : « Qu'est-ce qu'un bloc occidental ? » Il n'ignore pas que certains milieux — à Londres notamment — méditent de regrouper un jour prochain autour de la France, et avec le soutien de l'Angleterre, les petites nations de l'Ouest, en un bloc politique et militaire pouvant faire obstacle à l'expansionnisme soviétique.

L'idée est suffisamment plausible pour que Georges Bidault, ministre des Affaires étrangères, ait jugé nécessaire, le 21 novembre, à trois jours du départ pour Moscou, de la repousser : « Jamais, a-t-il déclaré, la France n'acceptera de constituer un bloc occidental » ; pour que l'assemblée consultative vote, le lendemain, un ordre du jour allant dans le même sens[1], et surtout pour qu'à Paris *L'Humanité,* qui a naturellement applaudi tout ce qui se passait jusqu'alors à Moscou, fasse la grosse voix, le 5 décembre, à la pensée que la constitution d'un « bloc occidental » ait pu être évoquée par le *Times* et dénonce, le 8, alors que les négociations piétinent, « les vieilles passions haineuses, les pauvres mensonges, l'aggravation des malentendus contre l'Union soviétique et contre les communistes ».

« Je crois, tout de même, que nous pourrons nous entendre », a dit Staline, à la fin d'un échange de propos aigres-doux avec de Gaulle.

---

1. Le troisième point de l'ordre du jour précise que « la France doit accorder son amitié à tous ses alliés au même titre et ne pourrait adhérer à des blocs comme le bloc occidental »

Mais l'entente prendra de plus en plus l'allure d'un troc : le pacte *contre* la reconnaissance du comité de Lublin.

Bidault parlera plus tard de « ces marchandages qui sont inlassablement, sous des formes pédantes ou brutales, la méthode ordinaire des Soviets au cours des négociations » ; de Gaulle d' « escrime diplomatique ».

Avec des mots différents, c'était décrire la même atmosphère, troublée par des complications de dernière heure, Churchill se jetant en travers de l'opération en proposant soudain un pacte franco-anglo-soviétique, par des détails non négligeables, de Gaulle voulant bien envoyer un représentant à Lublin, pour régler notamment le sort des prisonniers français, nombreux en Pologne libérée, mais refusant tout échange diplomatique avec un comité fantoche[1], et surtout refusant de rompre avec le gouvernement polonais de Londres ; par des échanges feutrés entre diplomates sur la place et le choix des adjectifs, si bien qu'à quelques heures du départ de De Gaulle, à qui Staline a offert la joie de rencontrer, saluer, décorer les aviateurs du régiment *Normandie-Niémen*[2], rien encore n'est signé.

Rien n'étant réglé lorsque commence le dernier dîner officiel, rien, naturellement, ne le sera au moment des toasts, occasion pour Staline d'une « scène extraordinaire », destinée « à faire étalage de la force soviétique et de la domination de celui qui en disposait[3] ».

Le 9 décembre, un peu avant minuit, il fallut une fausse sortie de De Gaulle, son salut à Staline : « Je prends congé de vous. Le train va m'emmener tout à l'heure... au revoir, monsieur le Maréchal », pour que la machine diplomatique se remît en route. A quatre heures du

---

1. Christian Fouchet sera ce premier représentant. De Gaulle lui a dit : « Vous serez un délégué " de facto " et non un véritable ambassadeur à chapeau à plumes », mais il sera accueilli comme tel par les Polonais du comité de Lublin et par la Diète polonaise qui, le 31 décembre 1944, acclame « Pan Commandor Ambassador Fouchet ». Dans ses premiers rapports, Fouchet se montrera d'ailleurs très favorable à la Pologne sous direction communiste, avant d'évoluer assez rapidement.
2. Le général de Gaulle devait inspecter le régiment dans la région d'Interburg. Le mauvais temps rendant ce déplacement impossible, le maréchal Staline fit amener par train tout le régiment. Sous les commandements successifs des commandants Tulasne, Poujade, Delfino, *Normandie-Niémen* obtint 273 victoires officielles et 37 probables mais perdit, en deux années de campagne, 15 tués, 31 disparus et 6 blessés.
3. De Gaulle, *Mémoires de guerre,* t. III, p. 78.

matin — une fois acquis qu'un représentant français se rendrait à Lublin... mais discrètement — le pacte franco-soviétique était signé par Bidault et Molotov sous l'œil fatigué de De Gaulle et de Staline.

Pacte banal s'il n'avait comporté — Laloy le fera remarquer dans son *Yalta* — deux articles (les 3 et 4) particulièrement dangereux, puisqu'ils rendaient obligatoire l'assistance entre les parties contractantes, non seulement si l'une des parties était attaquée par l'Allemagne, mais encore si elle se trouvait impliquée dans un conflit pour avoir pris « toutes mesures nécessaires pour éliminer toute nouvelle menace provenant de l'Allemagne ».

C'était accepter le principe d'une guerre préventive, que seule l'U.R.S.S. avait intérêt à déclencher.

Par ailleurs, la France était le premier pays démocratique à envoyer « auprès de l'autorité politique installée par l'U.R.S.S.[1] », à Lublin d'abord, à Varsovie ensuite, un représentant officieux, ce qui créait un précédent, peut-être inévitable, évidemment fâcheux. Que Fouchet, notre représentant, qui se trouvait déjà en Pologne, arrivât à Lublin le 10 décembre, comme le voulait Molotov, ou le 28, comme le désirait de Gaulle, n'avait strictement aucune importance. Sa présence était hautement symbolique. A Yalta, « quand Churchill se plaindra » de ne pouvoir envoyer en Pologne quelque observateur, Staline répliquera : « De Gaulle a un représentant là-bas, pourquoi n'en faites-vous pas autant[2] ? »

Réfléchissant à la nécessité d'un pacte largement inspiré par les souvenirs de l'histoire, Jean Laloy, sans prétendre reconstruire le passé, estime que l'on aurait pu, « après des échanges de vues moins tendus », achever la rencontre sur un communiqué annonçant l'ouverture prochaine de négociations en vue d'un système de sécurité pour l'après-guerre.

Sans grand effet du point de vue de la politique extérieure (la France ne sera pas conviée à Yalta), le pacte, conclu pour vingt ans et qui sera dénoncé en 1955, lors de l'entrée de la République fédérale d'Allemagne dans l'Alliance atlantique, sert incontestablement de Gaulle dans le domaine de la politique intérieure.

Sa préparation a été suivie avec une attention sourcilleuse par les

---

1. Jean Laloy, *Yalta*.
2. Jean Laloy, *Yalta*.

communistes ; *L'Humanité* ne s'est pas fait faute de souligner qu'il devait être « sans réserves[1] », exclusif de tout regroupement de caractère fédéral relevant de l'idée d'un « bloc occidental » isolant l'U.R.S.S. ; qu'il ne fallait surtout pas reculer « devant de très importantes rectifications de frontières à l'est et à l'ouest[2] », les dirigeants de l'U.R.S.S. étant des « réalistes qui ne s'arrêtent pas aux demi-mesures ». Le quotidien communiste s'est inquiété du prolongement du séjour du général de Gaulle à Moscou et de la lenteur mise à conclure, mais que de joie lorsqu'il peut annoncer la signature !

C'est un titre sur huit colonnes qui barre la première page de *L'Humanité* du mardi 12 décembre :

VIVE L'ALLIANCE FRANCO-SOVIÉTIQUE

SCELLÉE PAR STALINE AVEC LE GÉNÉRAL DE GAULLE

Dans son éditorial, Cogniot écrit même que l'alliance « est la promesse implicite que nos droits à des garanties sur nos frontières de l'est et à l'organisation de ces garanties seront admis, comme doivent être admis à l'orient de l'Europe les exigences légitimes de la sécurité de l'Union soviétique ».

Concernant l' « organisation » de nos frontières de l'est, c'est-à-dire notre présence sur le Rhin, rien n'était garanti par l'alliance, et de Gaulle n'allait pas le prétendre dans son discours du 21 décembre. Mais, devant une Assemblée consultative unanime, il parle en termes si chaleureux de cet « acte d'union scellé entre les *deux grandes puissances*[3] du continent, non seulement pour mener la guerre jusqu'à la victoire totale, mais encore pour faire en sorte que l'Allemagne, une fois vaincue, demeure hors d'état de nuire » que l'on peut imaginer l'alliance plus riche de promesses qu'elle ne l'est en réalité.

Le 21 décembre, pour parler de l'alliance, de Gaulle avait évoqué « ces sentiments de sympathie qui viennent de l'Histoire » et, après avoir rappelé 1892 et 1914, il n'avait pas manqué de souligner que « les siècles passés » avaient apporté, de l'amitié franco-soviétique, « mille motifs et témoignages ».

---

1. Marcel Cachin, *L'Humanité* du 23 novembre 1944
2. *L'Humanité,* 1er décembre 1944.
3. Je souligne volontairement.

Dans la compétition aux références historiques, le chef du gouvernement provisoire avait cependant été battu par l'agrégé de lettres Georges Cogniot, qui, dans *L'Humanité* du 12 décembre, était allé chercher fort loin les raisons justifiant l'alliance avec Staline.

> « Depuis qu'un roi de France épousait la princesse Anne, fille du duc de Russie Iaroslav, près de neuf cents ans se sont écoulés[1]. Les mêmes lois de l'histoire et de la géographie ont agi au cours des siècles. La France a besoin d'une alliée robuste à l'est de l'Europe. »

En vérité, à l'exception de quelques diplomates américains, dont les messages n'influençaient personne[2], et de Churchill qui s'était toujours méfié des ambitions soviétiques, mais qui, contrarié par la russophilie de Roosevelt, ne manifestera réellement son inquiétude qu'en avril 1945[3], nul n'imaginait avec quelle rapidité se dégraderaient les rapports entre alliés de 1944 et combien le statut de l'Allemagne s'en trouverait modifié.

S'essayant à définir ce qu'apportait le pacte, Georges Bidault aura raison d'écrire plus tard qu'il avait « évité un échec de prestige qui serait résulté d'un long voyage inutile et d'une sollicitation — même implicite — repoussée ».

De Gaulle, heureux d'avoir fait pièce aux Anglais, et surtout aux

---

1. Née en 1024, Anne de Kiev, fille de Iaroslav Ier, épousa, en effet, en 1051 Henri Ier de France, veuf depuis sept ans. Elle en eut quatre enfants, dont le futur Philippe Ier. Veuve en 1060, enlevée quelques années plus tard par le comte de Crépy, Raoul de Péronne, Anne, épousée puis répudiée (son amant était déjà marié), devait revenir en Russie pour y finir ses jours.
2. Charles E. Bohlen notamment, assistant du secrétaire d'État, expert en affaires soviétiques, interprète de Roosevelt lors de ses rencontres avec Staline. Au retour de la rencontre de Téhéran (28 novembre-1er décembre 1943), Bohlen avait mis en garde Harriman, ambassadeur à Moscou, en lui signalant notamment que, l'Allemagne divisée, l'Europe ne pouvant se grouper ni en fédération ni en association, la France dépouillée de ses colonies et bases stratégiques d'outre-mer et ne disposant pas de forces armées appréciables, l'Union soviétique serait la seule puissance militaire et politique du continent. *Cf.* Jean Laloy, *Yalta*, p. 64-65.
3. Le 29 avril 1945 Churchill écrit à Staline : « Il est pénible d'envisager un avenir où vous et les pays que vous dominez, plus les P.C. dans de nombreux États, se trouveraient tous d'un côté, tandis que ceux qui se rallient aux pays de langue anglaise (...) seraient de l'autre. »

Américains, en rencontrant, comme eux, Staline, en traitant, comme ils l'avaient fait, avec l'U.R.S.S., et en donnant, ou croyant donner, à la France un rôle de premier plan dans le règlement allemand ; l'opinion troublée par les contre-attaques allemandes de l'hiver, espérant (on en revenait à 1914) qu'une offensive russe viendrait soulager à temps le front occidental ; les journaux unanimes célébrant avec des mots à peine différents les vertus de l'alliance, tout se liguait pour que les Français fussent atteint de myopie.

Comment aurait-il pu en aller autrement ?

L'Allemagne n'était pas encore écrasée que déjà — mémoire de ce qui s'était passé entre 1919 et 1933 — elle semblait ressuscitée, menaçante.

L'article par lequel *Le Monde,* daté du 19 décembre, se félicite d'une alliance conclue pour vingt ans est caractéristique d'un état d'esprit général.

> « C'est justement dans vingt ans que le Reich, redevenu puissant, sera probablement de nouveau dangereux. C'est à ce moment-là que l'alliance franco-soviétique prendra sa véritable valeur. »

En 1964 tout était changé dans la répartition des cartes.

Dans le Reich, déjà redevenu puissant, de Gaulle, après avoir évoqué [1] la « solidarité entre l'Allemagne et la France », dont dépendaient non seulement la « sécurité immédiate des deux peuples » mais encore le « destin de l'Europe tout entier, depuis l'Atlantique jusqu'à l'Oural », avait reçu, un an plus tôt, un accueil enthousiaste, et signé avec Adenauer un traité [2] qui faisait figure de défi à la toute-puissance américaine... Le pacte de décembre avec Staline avait-il été signé dans un autre esprit ?

Le général de Gaulle est de retour à Paris le 17 décembre. Immédiatement le voici repris par les affaires militaires.

---

1. Le 15 mai 1962, au cours d'une conférence de presse.
2. Le 22 janvier 1963.

L'offensive allemande dans les Ardennes date de la veille. Certes, elle a surpris le 14ᵉ groupe de cavalerie américain; enfoncé la 28ᵉ division U.S. sur la Sure, atteint Stavelot, Trois-Ponts, Verbomont, mais il était possible, le mauvais temps empêchant les observations aériennes et les Allemands ayant remarquablement camouflé leurs préparatifs, qu'il ne s'agît là que d'un fort coup de poing, pour déstabiliser l'adversaire, attirer ses réserves, l'empêcher d'agir sur quelque autre secteur du front.

A Paris de Gaulle doit se pencher d'abord sur le moral de l'armée française. Le 18 décembre il reçoit une longue lettre ainsi qu'une note du général de Lattre.

Lettre et note font état du désintérêt évident de la nation pour les batailles qui se poursuivent à l'est et pour les combattants qui périssent dans des engagements ignorés d'une population tout entière à ses soucis quotidiens, ici de reconstruction, là d'épuration, partout de ravitaillement. « Le combattant venu d'Italie ou d'Afrique du Nord, écrit de Lattre, voit ses camarades tomber autour de lui sans que jamais un Français de France ne vienne combler les vides creusés par la bataille... Cette sensation, ajoute-t-il, en mettant, avec prescience, l'accent sur l'une des causes de la future révolte algérienne, cette sensation peut être particulièrement grave de conséquences chez l'indigène nord-africain qui a de plus en plus l'impression de se sacrifier *seul*[1] pour la Métropole. »

De Gaulle rassure de Lattre : « Vous êtes comme toutes les armées alliées dans un moment difficile. Vous en sortirez à votre gloire », et donne l'ordre d'incorporer 10 000 jeunes soldats à l'instruction dans les dépôts.

Il ira voir et de Lattre et Leclerc et leurs hommes.

Leclerc d'abord chez qui il passe la soirée de Noël et à qui, parlant de Strasbourg, où, dans une ambiance de siège, il a reçu un accueil chaleureux, il dit, ce qui sera répercuté, « qu'aucune grande unité, d'aucun pays, en aucun temps, n'aurait fait mieux »; de Lattre ensuite. Un de Lattre ulcéré par le refus de Leclerc de combattre sous ses ordres, ainsi que l'avait décidé le général américain Devers. La querelle entre les deux généraux ira s'envenimant, sera publique, connue des armées française et américaine, Leclerc écrivant au général

---

1. Souligné par le général de Lattre.

Juin, le 13 janvier : « Arrivé à un certain échelon, encore faut-il qu'existe un minimum de confiance et d'estime : confiance en le commandement du général de Lattre, j'en ai peu après le spectacle [le mot n'a certes pas été choisi au hasard] auquel nous venons d'assister depuis quatre mois ; estime, je n'en ai pas. En outre, la réciproque est vraie, car je connais le point de vue du général de Lattre à mon égard. »

Ces conflits de tempéraments, de méthodes, s'ils agacent de Gaulle, l'inquiètent moins que l'allure dramatique prise par les événements sur le terrain. L'attaque allemande, qui mettait en jeu vingt-quatre divisions dont dix Panzer, a été bien autre chose qu'une offensive locale. Elle s'est développée avec vigueur en direction de la Meuse, près d'être atteinte le 25 décembre, de part et d'autre de Dinant. La Meuse franchie, tout le front allié aux Pays-Bas comme en Belgique se serait effondré. Pour éviter la catastrophe, il a naturellement fallu déplacer des unités et dégarnir des secteurs calmes.

Bloqués dans les Ardennes les 25, 26 et 27 décembre, les Allemands, qui n'étaient encore ni à bout de forces ni à bout de courage, vont lancer, dans la nuit du 31 décembre, sept divisions entre Sarreguemines et Beuhoffen, avec Saverne pour premier objectif.

La VIIe armée américaine s'attendait depuis quelques jours au choc, mais elle n'avait aucun moyen sérieux d'y parer, ses troupes ayant dû s'étendre en direction du nord pour permettre à l'armée Patton de contre-attaquer sur Bastogne.

Aussi le général Devers, commandant le VIe groupe d'armées dont dépendait de Lattre, ordonnait-il, le 24 décembre, au général français d'organiser d'urgence des défenses en profondeur pour protéger la route de Belfort ; transportait-il, le 27, son poste de commandement de Phalsbourg à Vittel (120 kilomètres à l'arrière) ; adressait-il, le 28, aux forces sous ses ordres, une instruction leur prescrivant de se replier sur les Vosges en cas d'attaque ennemie.

C'eût été abandonner Strasbourg à l'Allemand.

Pour de Gaulle, qui n'est informé officiellement de rien, mais qui sait presque tout, et soupçonne aisément les conséquences des ordres américains, « logique[s], écrira-t-il, au point de vue de la stratégie alliée », la chute sans combat de Strasbourg est inacceptable.

« Que l'armée française abandonne une de nos provinces, et surtout cette province-là, sans même avoir livré bataille pour la défendre, que les troupes allemandes suivies de Himmler et de sa Gestapo rentrent en triomphe à Strasbourg, à Mulhouse, à Sélestat, voilà une affreuse blessure infligée à l'honneur de la nation et de ses soldats, un affreux motif de désespoir jeté aux Alsaciens à l'égard de la patrie, une profonde atteinte portée à la confiance que le pays place en de Gaulle. Je n'y consens évidemment pas. »

Écrit au temps des *Mémoires de guerre,* cela dit incomplètement le combat que de Gaulle dut livrer parfois contre les siens, qui se sentent, se savent et sont liés par les ordres américains, surtout contre les Américains et contre Eisenhower, aux yeux de qui Strasbourg n'a évidemment aucune valeur politique.

A de Gaulle qui le presse, le 3 janvier 1945, d'accepter ce que lui, de Gaulle, a décidé : c'est-à-dire qu'*en tout état de cause* Strasbourg et l'Alsace seront défendues par les troupes françaises, dussent-elles se battre en enfants perdus, et de l'accepter de bonne grâce, en modifiant ses ordres afin qu'il n'y ait pas rupture de la coalition, Eisenhower déclare : « Pour que je change mes ordres militaires, vous invoquez des raisons politiques. » « *Les armées,* répond de Gaulle, *sont faites pour servir la politique des États*[1]. Personne, d'ailleurs, ne sait mieux que vous que la stratégie doit embrasser non seulement les données de la technique militaire, mais aussi les éléments moraux. Or, pour le peuple et les soldats français, le sort de Strasbourg est d'une extrême importance morale. »

C'est une très rude partie qu'avec l'appui de Churchill, accouru à Versailles, quartier général d'Eisenhower, de Gaulle livre et gagne. J'en dirai les épisodes dans le tome X.

Mais la victoire arrachée par de Gaulle sur le prudent et logique Eisenhower ; Strasbourg et l'Alsace préservées du retour d'Allemands brutalement et triomphalement revanchards, tout n'a été possible que dans la mesure où il existait un gouvernement, et surtout un chef de gouvernement capable de parler avec force, assuré d'être suivi, dans la mesure enfin — la visite de Churchill à Paris, le voyage de De Gaulle à Moscou n'avaient pas été inutiles — où la France, très vite, marchait à la reconquête de son rang.

---

1. Je souligne intentionnellement.

QUATRIÈME PARTIE

L'HIVER LE PLUS DUR

16

LES GRÂCES EXPLIQUENT-ELLES
LES ATTAQUES DE PRISON ?

C'est en novembre et en décembre 1944, mais aussi dans les premiers mois de 1945, qu'auront lieu, dans plusieurs villes de province, des attaques de prison, des enlèvements et des exécutions de détenus qui prolongent l'épuration sauvage.

Le 16 novembre 1944, une vingtaine de garçons « apparemment F.F.I. », selon le rapport établi le 2 septembre 1948 par le service des renseignements généraux, force les portes de la maison d'arrêt d'Annecy « et, sous la menace de ses armes », oblige le personnel du service à lui livrer le colonel Lelong, ancien chef des troupes du maintien de l'ordre en Haute-Savoie, déjà condamné à mort, notamment pour l'aide qu'il a apportée aux miliciens et aux Allemands lors de l'attaque du plateau des Glières, et le général Pierre Marion, nommé préfet du même département le 12 décembre 1943, placé en résidence surveillée à Thônes à la Libération, puis transféré à la prison d'Annecy le 16 octobre en attendant de passer en jugement [1].

Conduits jusqu'à la carrière de la Puya, sur la route de Sévrier, les deux hommes sont fusillés par un peloton dont l'enquête, effectuée « en son temps » — ce qui est sans doute une « explication » —, se révélera incapable de connaître la composition.

A Lyon, où l'ancien préfet régional Angeli a été condamné à mort, le 29 novembre, par la cour de justice, dans des conditions expéditives choquantes, par un jury ruisselant de partialité et sous la pression

---

1. Sur l'activité de Lelong et de Marion, *cf. Un printemps de mort et d'espoir*, p. 221-305.

« populaire », des tracts et des affichettes apposés sur la faculté de droit ont appelé à une manifestation, place Bellecour, contre une peine jugée excessive, l'avocat général Thomas ayant voulu, à travers Angeli, faire juger « le gouvernement de Vichy ». « C'est lui, ou le gouvernement, a-t-il même dit, qui est déféré devant vous. »

La parade à cette manifestation avortée... dont on ignore les initiateurs, allait être rapidement organisée.

Devant le journal communiste *La Voix du peuple*, 12, rue de la Charité, 400 à 500 F.F.I. en armes et trois fusils-mitrailleurs en batterie. Après avoir scandé : « A mort Angeli » la petite troupe, ne voyant paraître aucun partisan de l'ancien préfet régional, va s'ébranler.

> « Tous ces individus, précise le rapport inédit du commissaire central, ont alors défilé rue de la République jusqu'à la place de la Bourse, puis sont revenus, et cela en plusieurs fois. De nombreuses personnes étaient venues se joindre à eux, et le cortège devait alors comprendre environ un millier de partici-pants. Une banderole portant l'inscription : " A mort tous les traîtres " était promenée par les mêmes. Je signale que des groupes militaires dont certains étaient armés de mitraillettes et de fusils vérifiaient l'identité des passants et notamment de jeunes gens porteurs d'une serviette d'écolier[1]. Il est à noter qu'une mitrailleuse légère est restée en batterie devant l'immeuble de la place Bellecour durant la manifestation. Les servants, des F.F.I. étaient à côté. »

Les manifestants se regroupent ensuite pour aller — vers 17 h 30 — briser les vitres de la faculté de droit, lacérer les affiches qui protestaient contre la rigueur de la peine infligée à Angeli, inscrire sur les tableaux noirs : « A mort Angeli », « A mort Maurras », « A mort Cussonac ».

La manifestation va changer de caractère à partir de 19 h 30. De symbolique elle deviendra révolutionnaire puisque

> « 200 à 300 manifestants, la plupart en tenue militaire, après avoir tiré quelques coups de revolver en l'air, enfonc[ent] à coups

---

1. Dans la mesure où les affichettes protestant contre la condamnation d'Angeli semblaient provenir de milieux étudiants.

de masse les portes de la maison d'arrêt (il s'agit de la prison Saint-Paul), en [font] céder les grilles intérieures et parviennent jusqu'aux cellules où étaient incarcérés Angeli, l'ex-intendant de police, Cussonac, et l'agent de la Gestapo, Max Payot. Ayant réussi à s'emparer des clefs de leur cellule, les manifestants en firent sortir les détenus qu'ils frappèrent violemment à plusieurs reprises[1] ».

Le rapport, envoyé le 5 décembre au procureur de la République à Lyon, précise qu'à la suite de l'intervention des autorités administratives[2] — Farge, commissaire de la République, Justin Godart, maire de Lyon, Lautier, membre du Parti communiste — les manifestants se sont dispersés vers 21 h 45 en chantant « *La Marseillaise* et *L'Internationale* après avoir obtenu l'assurance que les cas de MM. Angeli et Cussonac seraient solutionnés dans les 48 heures ».

A Béziers, entre le 20 décembre 1944 et le 1er janvier 1945, les choses se dérouleront de façon très différente, puisque la maison d'arrêt sera attaquée *à quatre reprises* et que neuf prisonniers, tirés de leurs cellules, seront exécutés par des hommes tenant leurs assises « chez Ginette », l'une des maisons closes de la ville.

C'est après une nuit de libations qu'ils décident d'opérations qui, sous couvert de « Résistance », ont pour objectif — selon les termes du communiqué officiel qui relatera, le 15 février 1945, l'arrestation de leur bande — « de rançonner les familles de certains collaborateurs détenus ou d'abattre les gêneurs[3] ».

---

1. Le lendemain, Payot sera abattu dans sa cellule par le caporal-chef qui le « gardait » ; Cussonac sera fusillé le 11 décembre 1944. Le jugement condamnant à mort Angeli ayant été cassé, l'ancien préfet régional comparut de nouveau devant la cour de justice : cette fois à Paris et le 6 mai 1946. Le temps avait passé, le dossier avait été examiné, Angeli fut condamné à quatre années de prison et 12 000 francs d'amende.

2. Les forces de police composées de gardes mobiles et de F.F.I. ne sont pas intervenues et n'ont procédé à aucune arrestation.

3. Selon les rapports officiels, la population se montrera très heureuse d'être débarrassée de cette « bande d'individus » qui rançonnait, pillait, tuait, volait au nom de la Résistance. Sous l'oreiller de la plupart des vingt personnes arrêtées dans la nuit du 14 au 15 février (il est 3 h 30), la police devait découvrir une arme.

Le 20 décembre 1944, Alexandre et Alexandrine D..., Charles L... et Clotaire G..., dont la demande de grâce avait été rejetée par le commissaire de la République mais se trouvait soumise à l'appréciation du général de Gaulle, sont exécutés par les hommes de Gaston E... qu'accompagne, dans l'enceinte de la prison, une foule surexcitée[1].

Le lundi 25 décembre 1944, Edmond M..., âgé de dix-huit ans, Armand T... et trois de leurs camarades de beuverie quittent « chez Ginette » pour se présenter à 6 heures du matin devant la porte de la maison d'arrêt. Comme ils exhibent des cartes de la police militaire — plus de *mille cartes* ont été distribuées en quelques jours, selon le témoignage du colonel Zeller —, les gardes civiques les laissent entrer.

Une fois dans la place, ils menacent les gardiens et tirent de sa cellule le P.P.F. Jean Mounier qu'ils abattent devant la façade de la prison.

Le 29 décembre, la même bande récidive et se fait remettre par des gardiens, qui ne s'étonnent décidément de rien, Pierre Sagnes, un cocher de fiacre récemment condamné à mort par la cour de justice, ainsi que Gouhaud et Bernard, qui sont en instance de jugement. Traînés sur la place Saint-Nazaire, les trois hommes sont abattus par des rafales de mitraillette.

Dans la nuit du 31 décembre, Edmond M..., son frère Edgar, âgé de seize ans, venu « en curieux » assister à l'opération, Armand T..., Charles M..., Justin T... s'emparent, à l'hôpital de la ville, du jeune Jean Bernard, dont ils ont tué le père la veille, et l'assassinent à l'extérieur du bâtiment.

Quelques heures plus tard, des « inconnus » — mais ne s'agit-il pas des mêmes tueurs ? — tentent une nouvelle attaque de la prison. Ils seront repoussés, mais, le lendemain, abattront Galinier, l'un des témoins du meurtre de Jean Bernard[2].

---

1. Le commissaire de la République signalera que les fusillés « avaient vraiment trahi » et que la population était exaspérée par les grâces trop nombreuses.
Les responsables de l'exécution du 20 décembre disposaient d'armes nombreuses et variées : deux mitraillettes, cinq pistolets mauser, deux pistolets colts, un parabellum, six revolvers, trois caisses de grenades, un fusil de chasse, une carabine, un fusil à répétition.
2. S..., un agent de la Gestapo, sera épargné. Il s'agit, il est vrai, d'un ami d'Armand T..., responsable, avec Edmond M..., de la plupart des exécutions sommaires.

A Rodez, le 20 décembre, c'est l'explosion, sans doute accidentelle, d'une bombe dans la caserne Rauch qui servira de prétexte à l'attaque de la prison, menée le 22 décembre par une trentaine d'hommes du 5e bataillon F.F.I.

L'attaque échouera le 22, elle réussira le 3 janvier 1945. A 1 h 15 du matin, ce sont cinquante hommes qui montent à l'assaut, après avoir pris la précaution de couper les fils téléphoniques qui relient la prison (gardée par cinq hommes) à la gendarmerie et à la poste.

S'étant fait conduire dans la salle commune où une centaine de détenus sont étendus sur de la paille, leurs chefs — dont un instituteur communiste — appellent trois prisonniers : Antoine Randeynes ; Pierre Fau, ancien rédacteur en chef de *L'Union catholique* et de *La Croix de l'Aveyron ;* Verdier, dont le nom résonne en vain dans la cellule. Quelqu'un finit par dire que Verdier a été transféré à Nîmes. Gaston Vanucci, un ouvrier métallurgiste de vingt-cinq ans, condamné à mort le 7 décembre 1944 et dont le pourvoi en grâce n'a pas été examiné à Paris, est choisi pour remplacer Verdier. Placés à 1 h 45 devant le mur de la prison, Antoine Randeynes et Pierre Fau tombent sous les balles de mitraillette et de mousqueton, cependant que Vanucci, blessé grièvement, fait le mort[1].

Cette attaque a eu lieu après qu'eut paru dans *Résistance*, hebdomadaire F.F.I. de Rodez, publié le 1er janvier 1945, un article du commandant *Charles* qui, sous le titre « Colère du peuple », fait l'amalgame entre l'offensive allemande des Ardennes et l'explosion de la bombe à la caserne Rauch.

> « *Ainsi,* écrit-il, *les deux offensives boches sont simultanées, on attaque à Aix-la-Chapelle, à Indimbourg (?), à Colmar. Au même instant, on porte la terreur à l'intérieur du pays*[2]. »

---

1. Transporté à l'hôpital de Rodez, Vanucci sera sauvé le lendemain par la résistance du médecin-chef, le docteur Bonnefous, et par celle de la supérieure qui feront reculer les hommes envoyés pour l'achever.
Pierre Fau et Verdier n'étaient pas encore jugés.
2. Je souligne intentionnellement.

Le commandant Charles, après avoir regretté l'échec de l'attaque de la prison dans la nuit du 22 décembre, déplore que « les maquisards n'aient point accompli jusqu'au bout leur action… Je suis tranquille, la Justice du peuple sera terrible ».

Dans la nuit du 3 janvier ce qu'il appelle la « Justice du peuple » est, en effet, passée.

A Alès, c'est en apprenant que Marcel Farger, ancien maire de la ville, condamné à mort le 22 novembre 1944, vient d'être gracié par le général de Gaulle que des affiches fleurissent sur les murs de la ville dans la matinée du 27 décembre.

PATRIOTES ALÉSIENS

« La rumeur publique nous apprend que le complice des Waffen S.S., Farger, vient d'être gracié.

C'est un défi à la justice. Les victimes du puits de Célas, les milliers de patriotes tombés sous les balles des Boches, toutes les victimes de l'ennemi exécré réclament le châtiment des traîtres. Tous ce soir, à 16 h 30, place de la Mairie, pour exiger que justice soit faite. »

Bien avant l'heure prévue, plusieurs centaines d'Alésiens acclament les orateurs qui réclament la mort immédiate des collaborateurs. C'est alors que la nouvelle du transfert de Farger, de la prison d'Alès à celle de Montpellier, se répand. Frustrée, la foule, entraînée par quelques meneurs, se porte en direction du fort Vauban, gardé par dix-sept gendarmes, bientôt menacés non seulement par les cinq à six mille personnes maintenant présentes qui hurlent : « Les gendarmes au poteau », mais aussi par des militaires en armes venus de la caserne Toiras.

Le sous-préfet, qui a donné l'ordre aux gendarmes de ne pas ouvrir le feu, arrive en compagnie du nouveau maire d'Alès, du major de garnison, du juge d'instruction près la cour de justice. Impuissantes, les autorités, après avoir palabré, se retirent. Huit militaires et civils vont alors, en compagnie d'un surveillant et d'un gendarme, tirer de leur cellule quatre condamnés à mort : Brousse, Chassez, Herbin, Trouillas. Après avoir été exposés à la foule, les hommes seront exécutés deux par deux entre 18 h 55 et 19 h 5 derrière le poste de garde et le château d'eau.

Rendant compte de l'exécution, *Le Patriote,* organe du Front national, titrera le lendemain :

> *Il ne faut pas se moquer du monde.*
> *Les Alésiens fusillent quatre condamnés à mort.*

Cependant, sur la route qui mène à Montpellier, la chasse a été donnée à la voiture transportant Marcel Farger et sa petite escorte policière.

C'est à l'entrée de la ville, en face du palais de justice, qu'elle sera rejointe par une automobile qui la dépasse et l'oblige à s'arrêter. Quatre hommes armés, parmi lesquels il se trouve des fils de notables de la région, en descendent. Tandis que deux d'entre eux désarment les trois policiers présents, les deux autres exécutent Farger.

A Dijon, en février 1945, c'est la pendaison publique de Jacques Marsac qui secoue la ville.

Qui est Marsac ? Le 14 février 1945, *Le Bien public,* évoquant la carrière de cet homme de vingt-neuf ans, de cet ancien commissaire principal de police, écrit à l'instant où il va comparaître devant la cour de justice : « De 1941 à 1944, la carrière " éblouissante " de Marsac est jalonnée de fusillés, de déportés, de disparus. »

Parmi les faits reprochés à l'ex-commissaire Marsac, l'arrestation, en octobre 1941, de plusieurs distributeurs de tracts communistes qui seront déportés ; la capture de Lucien Dupont et de plusieurs de ses camarades, responsables, dans la nuit du 10 au 11 janvier 1942, d'un attentat contre le Soldatenheim de Dijon[1] ; les perquisitions et rafles effectuées à Clerval, Nevers, Dijon[2], Remilly-sur-Tille, Montceau,

---

1. On trouvera le récit de l'action du jeune communiste Lucien Dupont dans le tome IV de *La Grande Histoire des Français sous l'occupation : Le Peuple réveillé,* p. 389-390. Capturé le 15 octobre 1942, Lucien Dupont sera fusillé le 26 février 1943. J'ai publié sa dernière lettre écrite à l'intention de celle dont il attendait un enfant. Quatre autres jeunes Français devaient être fusillés par les Allemands le 26 février au stand de Montmuzard.

2. Le 20 mai 1943, Alexandre Truchot, qui a vingt et un ans, sera arrêté par Marsac. Il sera fusillé le 6 septembre.

cette dernière opération ayant été suivie de cent dix-sept arrestations, « victoire » dont Marsac se fera gloire auprès de ses supérieurs. « Notre enquête, écrira-t-il, nous a permis d'arrêter la majorité de l'organisation terroriste de Montceau, secteur le plus contaminé au point de vue de la criminalité. »

Le 14 février, lorsque, à 9 heures, débute l'audience dans une salle trop petite pour contenir un public impatient qui stationnait, depuis une heure déjà, devant le palais de justice, le sort de Marsac paraît réglé.

Lecture faite de l'acte d'accusation, c'est au tour de l'avocat commis d'office, Me Vieillard-Baron, de prendre la parole. Après avoir rappelé que, sous l'occupation, il a défendu de nombreux communistes, Me Vieillard-Baron demande à la cour de renvoyer l'affaire jusqu'au jour où les débats pourront avoir lieu sans que des résistants dijonnais, encore captifs dans des camps de concentration, puissent être soumis à ces représailles dont les Allemands ont agité quelques semaines plus tôt la menace[1]. Si la cour ne se ralliait pas à cette conclusion, qu'elle prononce du moins le huis clos.

A la stupéfaction générale, stupéfaction qui se muera bientôt en violente colère, la cour de justice, se rangeant aux conclusions de la défense, décide, à 16 h 15, que Marsac sera jugé « au moment, qui ne peut plus être bien éloigné, où les hostilités de fait auront cessé avec l'Empire allemand ».

C'est l'explosion ! Tandis que la cour se retire, que Marsac est entraîné par ses gardes, des imprécations : « A mort Marsac, à mort Marsac ! » éclatent, des groupes se forment qui débattent passionnément, et le Comité départemental de libération prend, dans la soirée, la décision de convoquer « la population dijonnaise ainsi trompée » à un meeting prévu pour le 15 février à 14 h 30.

La C.G.T. ayant, de son côté, appelé « toute la classe ouvrière » de Dijon à manifester, il n'y a rien d'étonnant à ce que, bien avant 16 heures, la place de la Libération soit envahie par une foule dense, fiévreuse et sur laquelle flottent des pancartes réclamant la mort pour Marsac.

Les journaux du lendemain écriront qu'il y avait là vingt-cinq mille personnes, trente mille, écrira même M. Guyot, président du C.D.L., dans le rapport qu'il adressera le 20 février au ministre de l'Intérieur.

---

1. *Cf.* p. 230.

Dijon comptant alors environ cent mille habitants, il se peut que ces chiffres soient exagérés, mais les photos montrent toutes une foule extrêmement compacte dont on imagine que, s'ébranlant, rien ne pourra l'arrêter.

Des haut-parleurs ont été hâtivement installés, et c'est juchés sur des tables que les orateurs prennent la parole. Tous s'élèvent contre le renvoi du procès. Pour M. Connes, maire de Dijon, il s'agit « d'une décision de justice inique ». M. Guyot, le président du C.D.L. s'indigne ensuite que l'on ait osé « renvoyer le procès du plus grand criminel de la région qui a à son actif une centaine d'exécutions et plusieurs centaines d'arrestations ».

M. Dupré, au nom du Parti communiste ; le chanoine Kir ; M. Brantus, délégué départemental du M.L.N. ; M. Petit, de la C.G.T. ; Mlle Paquet, de l'Union des femmes françaises ; M. Billard, des Syndicats chrétiens ; M. l'abbé Dayet, du Front national ; M. Paillet, du C.D.L. de la Meuse ; M. Thomas, du Parti socialiste ; M. Bigot, enfin, expriment, avec des mots à peine différents, les mêmes sentiments d'indignation.

Lorsque le douzième orateur a terminé, M. Guyot demande aux assistants de se rendre en cortège, dans le calme, d'abord devant le palais de justice, puis devant la prison. Mais, avant le départ de l'immense fleuve des hommes en colère, il invite la foule à répéter après lui : « Nous jurons de venger nos morts. »

A 15 h 30, poussant des cris hostiles à l'adresse des magistrats, les manifestants stationnent un moment devant le palais de justice. Par les rues Chabot, Charny et d'Auxonne, ils se dirigent ensuite vers la prison dont ils n'ont aucune peine à envahir la cour intérieure... puisque la porte est ouverte. Que se passe-t-il alors ?

Dans son rapport du 20 février au ministre de l'Intérieur, M. Guyot, président du C.D.L., explique ainsi des événements à la conclusion tout à la fois dramatique et prévisible.

« Le cortège devait défiler devant la prison sans y pénétrer et s'apprêtait à le faire lorsque, en arrivant devant la cour de la prison, nous vîmes que la cour de l'enceinte extérieure était ouverte et qu'un millier de manifestants se tenaient à l'intérieur de la cour, près de la porte principale.

Qui étaient ces gens ? D'où venaient-ils ? Pourquoi étaient-ils là ? A qui avaient-ils obéi ? Nous ne le savons pas encore et ne le saurons sans doute jamais. Ils étaient là pour s'emparer de Marsac. Un assez grand nombre avaient des armes : revolvers et mitraillettes, des grenades, d'autres avaient des échelles, des rondins, bref, tout ce qu'il fallait pour un siège en règle de la prison[1]. »

M. Guyot s'efforce bien d'apaiser ces inconnus déterminés. Il leur demande de chanter avec lui *La Marseillaise,* mais sa voix se perd dans le tumulte et les manifestants ne sont nullement venus pour écouter des discours.

Utilisant un tronc d'arbre comme bélier, ils enfoncent la porte intérieure de la prison, submergent les policiers présents — une trentaine d'hommes —, brisent une autre porte, s'engouffrent dans la galerie du rez-de-chaussée, extraient de la quatrième cellule Jacques Marsac, l'assomment, le lynchent, le traînent derrière eux, pantin dérisoire.

Marsac est mort.

A 16 h 30, c'est un cadavre qui est pendu, rue d'Auxonne, à un poteau de signalisation routière. C'est un cadavre que des excités décrochent pour aller le pendre ensuite aux grilles de la mairie. C'est un cadavre que l'on traîne dans plusieurs rues de la ville avant de l'abandonner sur le territoire de la commune de Neuilly-lès-Dijon, d'où une camionnette de la police le ramènera à la morgue[2].

Annecy, Lyon, Béziers, Rodez, Alès, Dijon... Six attaques de prison. Il y en eut plusieurs autres dans l'automne et l'hiver 1944-1945.

Dans les Hautes-Alpes, les corps criblés de balles de dix détenus,

---

1. Je souligne intentionnellement.
2. La mort de Jacques Marsac, « plaie toujours vive dans l'inconscient collectif des Dijonnais », selon la formule d'*Hebdo-Lyon,* qui a réouvert le dossier en 1973, continuera à passionner l'opinion. Le 8 décembre 1973, Me Vieillard-Baron, ancien défenseur de l'ex-commissaire de police, interviendra dans un débat qui vaudra à *Hebdo-Lyon* un abondant courrier. L'avocat de Marsac se bornera, écrit-il, « à citer trois faits bruts », sur lesquels il dira ne craindre « le démenti d'aucune personne de bonne foi connaissant le dossier ».
D'après lui, il ne figurait dans le dossier « aucun témoignage imputant à Marsac d'avoir usé de tortures au cours des interrogatoires » ; Marsac n'aurait été pour rien dans l'opération qui devait conduire à l'exécution de Lucien Dupont et de quatre de ses camarades ; enfin — et c'est une notation importante, car elle coïncide avec ce qui fut dit dans d'autres cas —, Marsac « aidait et renseignait les réseaux de résistance que j'appellerai de droite par opposition à ceux d'obédience communiste ».

enlevés de la caserne Régnier à Gap, seront découverts, en février, sur les bords de la Durance.

A Valence, où, pendant qu'Yves Farge exhortait un millier de jeunes au calme, d'autres garçons déchaînés, après avoir envahi la prison, exécutaient cinq détenus au pont de l'Épervier et, sur le cadavre de l'un d'eux, apposaient cet écriteau : « Voilà comment meurent les traîtres. Les autres sont dans les îles, à l'Épervierie. La justice. »

Mais les six cas cités plus longuement présentent des caractéristiques différentes et permettent d'étudier les réactions des autorités officielles ou officieuses.

Six attaques, des acteurs dissemblables.

A Annecy, il s'agit de résistants toujours habités du souvenir sanglant de ce qui s'est passé dans le département ; à Lyon, de quatre à cinq cents F.F.I. qui, après s'être opposés à une inexistante manifestation de « collabos », prennent d'assaut la prison mais se rendent assez vite aux raisons de Farge ; à Béziers, de truands ; à Rodez, comme à Alès, de partisans politiques ; à Dijon, d'une foule anonyme aux meneurs ignorés. Autant de villes et d'attaques, autant de réactions.

Dans *L'Armée nouvelle*[1], hebdomadaire des F.F.I. de Haute-Savoie, Pierre Maréchal dénonce et légitime tout à la fois l'enlèvement d'Annecy, comme les exécutions qui ont eu lieu dans diverses localités du département. Mais ce sont les lenteurs de la justice qu'il rend responsables d'excès pour lui aussi regrettables que compréhensibles.

« Le peuple, écrit-il, craint de voir ses efforts, ses sacrifices vains. Il craint de se voir frustrer de sa victoire. »

Ce sont des sentiments identiques qui ont été exprimés par le docteur Voisin dans *La Résistance savoisienne*[2]. Voisin pose d'ailleurs la question que beaucoup se sont certainement posée dans un département où la justice a été expéditive et où l'on n'a pas oublié les soixante-seize miliciens fusillés au Grand-Bornand[3].

« Si les condamnés à mort ont droit à un recours en grâce, qu'on l'accorde à tous, gros et petits ! S'ils n'y ont pas droit, qu'on ne l'accorde à aucun ! L'homme de la rue se demande pourquoi

---

1. Numéro du 25 novembre 1944.
2. Numéro du 22 novembre 1944.
3. *Joies et douleurs du peuple libéré*, p. 514-527.

Lelong qui, au contraire de Marion, en instance de jugement, avait été condamné à mort en a bénéficié, alors que d'autres ont été exécutés le soir même de leur condamnation. Il s'interroge, ne comprend pas et est scandalisé. »

Quant à la réaction des autorités officielles, elle a parfois été prompte. Au terme d'une réunion qui a eu lieu à Lyon, dans le bureau d'Yves Farge, commissaire de la République, le directeur de la prison d'Annecy a été destitué, et le lieutenant-colonel Salin, commandant la subdivision de la Haute-Savoie, remplacé par le commandant Roux.

Il n'en va pas toujours ainsi.

Passons sur l'attaque de la prison de Béziers. Elle est, je l'ai écrit, le fait de truands qui seront finalement arrêtés... puis acquittés, mais que nulle voix — à ma connaissance — ne défend publiquement[1].

Il n'en va pas de même en ce qui concerne les agresseurs de la prison de Rodez qui ont exécuté, je le rappelle, deux personnes. A la suite de leur arrestation se développera toute une campagne de protestation. Elle se transformera en campagne de télégrammes à l'approche du jour — le 27 avril 1945 — où les juges militaires de Montpellier doivent rendre leur verdict. Voici l'un des plus caractéristiques. Il arrive — avec quatre autres — de Mur-de-Barrez, petite localité de l'Aveyron. Il est signé du syndicat de Truyères, « des cellules communistes et tous honnêtes gens ».

> « Comment ose-t-on juger soldats F.F.I. ayant exécuté traîtres Vanucci[2], Fau et Randeynes ? Acquittez-les, la justice du pays le réclame. »

Les « *cinq courageux patriotes impliqués dans l'affaire de Rodez* », c'est ainsi que les appelle un télégramme en provenance d'Espalion, seront donc acquittés le 27 avril 1945 par le tribunal militaire de Montpellier, au motif qu'ils ont agi « *dans l'intérêt de la libération du territoire* »... un territoire, en ce qui concerne Rodez, libéré depuis quatre mois au moment des faits[3].

---

1. Le sous-préfet de Béziers sera relevé par le ministre de l'Intérieur pour « faiblesse ».
2. Vanucci n'a été que blessé.
3. Le jugement du tribunal militaire de Montpellier n'a rien que de banal au début de l'année 1945.

Trois mois plus tôt — le 16 janvier 1945 —, le tribunal militaire d'Orléans avait

... Mais le préfet de l'Aveyron sera relevé de ses fonctions par le ministre de l'Intérieur.

Quant aux tumultueux événements de Dijon qui ont conduit à l'attaque de la prison, à la pendaison de Marsac et à l'exhibition de son cadavre dans les rues de la ville, ils sont immédiatement dénoncés par Jean Mairey, commissaire de la République ; Désiré Jouanny, préfet de la Côte-d'Or ; Claude Guyot, président du C.D.L. ; Georges Connes, maire de la ville — ces deux dernières personnalités revendiquant la responsabilité de la manifestation initiale, mais en critiquant les débordements.

Étaient-ils évitables dès lors qu'une foule passionnée, n'ayant rien oublié des souffrances de l'occupation, se trouvait réunie et chauffée à blanc par douze discours ?

Pierre Brantus exprimera le sentiment général lorsqu'il écrira dans *La République :*

> « Il y a peut-être eu un manque de psychologie d'aller à la prison, quoique, à notre avis, si nous n'y étions pas allés, cela n'aurait pas changé le cours des événements. Ces incidents sont dus à la carence totale de la justice, de laquelle on attendait tout depuis la Libération. Le procès de Marsac a été l'abcès de fixation qu'accumulaient en lui toutes les rancœurs amassées depuis six mois. »

« Carence totale de la justice. » La phrase de Brantus se retrouve sous bien des plumes qui toutes ne sont pas communistes, même s'il est vrai que les communistes, on l'a vu, mènent le jeu et sont à la pointe du combat pour une épuration plus sélective, choisissant mieux et punissant plus vite et plus rudement ceux que le Parti désigne pour coupables.

« *Enfin des coupables* », titre, le 17 avril 1945, *La Liberté de*

---

acquitté les assassins (ils appartenaient au 1er régiment populaire berrichon) de la milicienne Louise Holmgren et du franciste Aimé Péron, qu'ils avaient arrachés, le 22 novembre 1944, à la prison de Bourges dont, par ruse et intimidation, ils avaient obtenu les clefs.

Normandie, journal modéré, publié à Caen, en annonçant la condamnation aux travaux forcés à perpétuité des époux L..., coupables d'avoir dénoncé plusieurs habitants d'Hamars, dont trois n'ont toujours pas donné de nouvelles, et la condamnation à cinq ans de travaux forcés de Gustave C..., qui avait sollicité[1] l' « honneur de rentrer au service de la Gestapo », ajoutant qu'il « était prêt à prouver [sa] fidélité au Führer pour ce service et à répondre à tout ce [qu'on] lui demander[ait] ».

« *Enfin des coupables* »... Que s'était-il donc passé — dans un département où il n'y avait eu ni cours martiales ni tribunaux militaires[2] — entre le dimanche 15 décembre 1944, jour où, pour la première fois, la cour de justice de Caen s'est réunie sous la présidence du premier président Biby, et ce 17 avril 1945, jour où *La Liberté de Normandie* laisse éclater sa satisfaction ? Seuls des « lampistes », pour reprendre un terme familier à l'époque, avaient-ils été condamnés ? Non, mais il est certain que les véritables procès politiques avaient été rares. J'ai consulté les comptes rendus de toutes les séances de la cour de justice de Caen entre le 15 décembre 1944 et le 1er septembre 1945. On ne découvre que dix affaires relevant de la politique de collaboration, les plus importantes étant celles qui mettent en cause D..., qui, après avoir aidé deux jeunes gens à fuir vers l'Angleterre, s'était fait le complice des Allemands et leur avait livré un parachutiste, qui devait être fusillé par les occupants, ainsi que M. Frémont, le maire de Lasson[3] chez qui il se cachait ; Pascal B..., condamné à mort, non pour avoir, par écrit, dès le mois de novembre 1940, manifesté « aux autorités françaises [sa] haine irréductible et [son] profond mépris », mais pour avoir, dans sa prison, servi de « mouton » aux Allemands ; enfin celle de Charles L..., membre de la L.V.F., chargé par l'occupant de franchir les lignes, en juillet 1944, puis de le renseigner sur les concentrations de chars anglais dans la région de Milly[4].

---

1. Alors qu'il se trouvait emprisonné pour vol à Pont-l'Évêque.
2. Et où, il faut le rappeler, une longue bataille avait provoqué d'importants dégâts et des morts en nombre, dégâts et morts faisant passer au second plan les problèmes d'épuration.
3. D... sera condamné aux travaux forcés à perpétuité.
4. Pour être complet sur la période 15 décembre 1944-1er octobre 1945, il faut également noter la condamnation aux travaux forcés à perpétuité d'un Alsacien, qui aurait utilisé dans un sens favorable à la propagande allemande les messages familiaux qu'il transmettait depuis Caen bombardé ; celle de Gustave C..., l'admirateur du Führer dont j'ai parlé (cinq ans de travaux forcés) ; celle d'Émile

Les inévitables lenteurs de la justice — dès lors qu'elle n'est plus entre les mains d'expéditives cours martiales — expliquent les réactions de la presse et de l'opinion.

Les grâces accordées par de Gaulle, depuis Paris et sur examen des dossiers, expliquent parfois, si elles ne les justifient pas, les attaques de prison et la poursuite des exécutions sommaires.

Ranimant les troubles intérieurs, défigurant l'image de la France que de Gaulle s'efforce de donner aux étrangers sceptiques, ce qui se passe ne peut qu'exaspérer le chef du gouvernement provisoire.

Il veut — il l'a encore répété à la radio le 14 octobre — que cessent « toutes les improvisations d'autorité », que le devoir d'administrer soit l'apanage « des administrateurs que le gouvernement a nommés », que le droit de « commander quelque force armée que ce soit » appartienne uniquement « aux chefs désignés par les ministres responsables », que « le pouvoir de rendre la justice revien[ne] exclusivement aux magistrats et aux juges commis pour le faire par l'État », et voilà sérieusement ébranlé cet édifice idéal dans lequel charges, devoirs, droits et pouvoirs ne devaient jamais se confondre !

Il a intégré les F.F.I. dans l'armée, mais à Annecy, à Lyon, à Rodez, ce sont les F.F.I. qui ont mené l'assaut des prisons ; il imaginait que l'ordre se rétablissait graduellement dans les provinces au profit des administrateurs qu'il avait nommés, or, civils et militaires, ces administrateurs sont bousculés par des « justiciers » qui arrachent aux prisons les hommes qu'il vient de gracier et dont ils affirment très haut

---

L..., agent de renseignements (travaux forcés à perpétuité) ; enfin celle de quatre anciens de la L.V.F., dont deux avaient déserté et avaient été internés dans des camps de concentration allemands.

Quant à Julien Lenoir, commerçant en meubles, ancien adjoint au maire, sur qui pesait l'accusation d'avoir entretenu des rapports étroits avec la Feldkommandantur et appuyé les mouvements de collaboration, il sera arrêté à son retour d'Allemagne, transféré à Caen en juillet 1945. Avant d'être traduit devant la cour de justice du Calvados, il se suicidera le 17 août 1945.

Le procès de trois de ses fidèles : Robert F..., directeur des Assurances sociales, le docteur C... et le professeur Louis M..., se déroulera le vendredi 31 août. Les peines seront relativement faibles.

que la radio gaulliste de Londres en lançant « Miliciens, futurs fusillés » les leur avait désignés et promis.

Aussi la note que, le 30 décembre, de Gaulle adresse aux ministres de la Justice, de l'Intérieur et de la Guerre est-elle d'une particulière sévérité.

> « Les odieux incidents qui se sont produits récemment dans les prisons de Maubeuge, Annecy, Bourges, Alès révèlent, de la part des ministres de la Justice, de l'Intérieur et de la Guerre, une sorte d'hésitation à exercer leur autorité, un défaut de prévoyance et une confusion quant à leurs attributions respectives, qui risquent de compromettre gravement à la fois l'ordre public et le prestige du gouvernement. Les mêmes défauts apparaissent à l'échelon des commissaires de la République, préfets, procureurs généraux, commandants des régions militaires intéressés. »

Moins soucieux des assassinés que de la fragilité du jeune État que ces assassinats ébranlent (et sans doute de la détestable image qu'ils en donnent aux Anglo-Saxons), de Gaulle poursuit en multipliant les recommandations : si la commutation de la peine capitale est susceptible de provoquer quelque agitation populaire lourde de risques, que procureurs généraux, gendarmes, gardes mobiles, armée au besoin, à l'initiative des ministres de la Justice, de l'Intérieur et de la Guerre, invités à établir « en commun » un plan précis dans chaque cas particulier, prennent des mesures rendant impossibles « des crimes tels que ceux qui viennent d'être commis sur la personne d'inculpés ou de condamnés ».

Tixier, ministre de l'Intérieur, répondra le 8 janvier 1945 à la note du général de Gaulle. Il insistera sur la faiblesse des effectifs de police, l'indocilité de bataillons régionaux souvent prêts à faire cause commune avec les assaillants, ce que confirment tous les rapports[1], comme sur le manque d'armement et de moyens de transport de la gendarmerie, mais le premier point de sa réponse est le suivant :

---

1. Notamment un rapport de Claude Serreules en date du 5 janvier 1945 qui précise que, faute d'avoir à leur disposition des moyens nécessaires, les autorités « doivent composer avec les éléments de désordre » et qu'elles connaissent toutes « une situation qui est non seulement difficile mais parfois humiliante ».

« 1. La foule, surtout à Alès et à Nîmes, est spontanément et sincèrement exaspérée par la lenteur de la répression judiciaire et des condamnations et par la grâce accordée à Farger (l'ancien maire d'Alès) qui fut certainement un abominable collaborationniste. »

Tout en s'abstenant de répondre sur ce qui s'est passé à Maubeuge, Annecy, Béziers et Valence, Tixier, pour expliquer attaques de prison et exécutions illégales, met donc immédiatement en avant les deux arguments les plus souvent utilisés par ceux qui dénoncent la justice de la Libération : la lenteur de la répression officielle succédant aux brutales et rapides actions d'août et de septembre ; la multiplication des grâces, ce qui est — sans le dire — mettre en cause, dans une réponse à de Gaulle, la responsabilité de De Gaulle.

Le 14 novembre 1944, Tixier a en effet rappelé aux commissaires de la République que le général de Gaulle avait décidé d'exercer lui-même « la prérogative qui lui est personnelle de gracier ou de rejeter les recours en grâce ».

Jusqu'à cette date, les délégués du gouvernement provisoire, qui, à l'exception de Le Troquer, ne l'exercèrent pas, et les commissaires de la République, avaient reçu, par l'ordonnance du 16 juin 1944, le droit de gracier les condamnés « dans les cas où l'ordre public exigerait une décision immédiate ».

Ils devaient faire de ce droit un usage différent, réagissant suivant leur caractère, les dossiers, la situation politique de leur région et les souffrances endurées par la population. Aucune règle donc.

A Angers, à peine installé, Michel Debré se manifestera en arrêtant l'exécution d'un « supplétif français de la Gestapo » qui vient d'être condamné à mort par une « cour martiale improvisée », puis, après examen du dossier, en ordonnant que le jugement suive son cours.

A Poitiers, le commissaire de la République gracie trois condamnés à mort. A Lyon, Yves Farge, qui dira : « Je n'ai rien connu d'aussi dur que les heures durant lesquelles on décidait de la vie d'un homme et, une fois, d'une femme », graciera plusieurs jeunes et la plupart des femmes. A Marseille, entre le 11 septembre et le 10 octobre, Aubrac, qui a institué les premières cours de justice de France le 11 septembre, mais a supprimé momentanément les pourvois en cassation, accordera la vie sauve à six condamnés à mort.

Quant à Closon, commissaire de la République à Lille, il écrira qu'il ne s'est « jamais senti autorisé à exercer le droit de grâce, attribut, au sens le plus fort du mot, du chef du gouvernement, chef de l'État ».

Le commissaire de la République, lorsqu'il acceptait de se prononcer, le faisait sur présentation d'un dossier étudié par une commission de trois membres.

J'ai pu examiner, pour une région du midi de la France, plusieurs de ces dossiers. La commission, composée d'un sous-préfet, président, d'un haut magistrat et d'un représentant de la Résistance, étudiait cinq ou six dossiers par séance et se prononçait — en moyenne — en faveur de la grâce une fois sur cinq[1]. Les dossiers de recours en grâce, qui faisaient état le plus souvent d'arguments « sentimentaux » : jeunesse de l'accusé, situation de famille, misère, influence de l'entourage, étaient assez sérieusement examinés, la commission se montrant toutefois impitoyable pour ceux qui avaient dénoncé des résistants ou « vendu » des juifs.

C'est ainsi qu'elle rejettera — et le commissaire de la République la suivra — le recours de Lucien P..., qui appartient à une famille de onze enfants, dont deux fils ont été tués pendant la campagne de France en juin 1940, dont un autre s'est engagé dans les troupes du général de Gaulle, mais qui, pour 200 francs par semaine, servait d'indicateur à la Gestapo.

A partir des premiers jours de novembre 1944, c'est au général de Gaulle seul qu'il appartiendra de se prononcer.

A la grande stupeur, d'ailleurs, puis à la grande colère de résistants indiscutables, comme Pannequin, l'un de ces communistes qui, dans le Pas-de-Calais, n'ont pas attendu le 22 juin 1941 pour lutter contre l'occupant. Dans son livre *Adieu camarades,* les mots « graciés par de Gaulle » jaillissent, en effet, comme un crachat, s'agissant des juges de la section spéciale de Douai, de ceux qu'il appelle les « criminels en robe », R..., avocat général, et A..., président de la section spéciale ; s'agissant également de l'adjudant-chef H..., responsable de l'arresta-

---

[1]   Proportion bien inférieure à celle qui résultera de l'examen des dossiers par le général de Gaulle.

tion de son ami, l'intrépide Charles Debarge[1], tous condamnés à mort, tous « graciés par de Gaulle ».

Pannequin, devenu vice-président du Comité de libération du Pas-de-Calais, a raconté sa « confrontation », dans la prison de Béthune, avec l'ancien lieutenant de gendarmerie Fleurose, contre qui Maugain, commissaire du gouvernement, vient de lui dire qu' « il n'y a pas grand-chose ».

Face à face, dans une cellule, Fleurose, celui qui hier arrêtait, et Pannequin, qui hier encore était un homme traqué. L'un tremble. L'autre — « très calmement », écrit-il, mais, en la circonstance, est-on forcé de le croire ? — lui donne son identité de communiste et de résistant, qui, connue quelques mois plus tôt, aurait valu arrestation, déportation ou mort.

Alors débute le dialogue :

— Je vous accuse d'avoir arrêté et torturé Abel Boulet et de l'avoir livré au peloton d'exécution allemand.

L'assassin tremblait de plus en plus. J'insistai :

— Vous n'avez pas de chance ! Vous avez cru tous les témoins morts, mais, vous voyez, il en reste.

L'homme réussit à sangloter :

— Je regrette. Je regrette.

— Et les enfants d'Abel Boulet, que regrettent-ils ?

Brusquement, je me plantai devant lui et essayai de le regarder dans les yeux :

— Mais ce n'est pas pour la mort d'Abel Boulet que vous serez fusillé. C'est pour l'assassinat d'Ignace Humblot.

Une secousse électrique l'agita.

— Vous l'avez livré mort aux Allemands, et ils vous ont injurié parce que vous n'aviez pas été capable de le faire parler.

Alors, il parut rassembler toute son énergie.

— Non ! Ignace Humblot, je ne voulais pas le tuer. Il est mort comme ça...

— Son frère a reconnu le corps. Il avait les reins brisés !

— Oui, mais je ne voulais pas le tuer.

L'homme s'effondrait.

---

1. J'ai raconté la fin de Charles Debarge dans *Le Peuple réveillé*, p. 346-352.

La main de Gustave Maugain me tira hors de la cellule que le gardien referma vite. Le commissaire du gouvernement me dit :

— Celui-là est bien coupable, il faut rassembler les témoignages.

Quand le lieutenant de gendarmerie Fleurose comparut devant la cour de justice de Béthune, il fut condamné à mort à l'unanimité. On le fusilla vite. Closon n'eut pas le temps de le faire gracier par de Gaulle.

Closon est commissaire de la République pour le Nord-Pas-de-Calais.

Pannequin lui voue la même inimitié — le mot est faible — qu'à de Gaulle. Et pour les mêmes raisons.

On peut suspecter la passion d'un partisan, qui a vu ses camarades de combat arrêtés, a su qu'ils étaient morts sous les tortures, mais Pierre Bertaux, commissaire de la République à Toulouse, réagit de la même façon. Ces grâces, où il entre une part de loterie, car de Gaulle, à Paris, gracie sur dossiers, et il y eut effectivement, tout à la fois, des coupables trop rudement frappés et des coupables trop légèrement sauvés, dans la mesure où la décision se prenait loin des lieux qui gardaient mémoire de leurs tristes exploits, ces grâces l'indignent.

Bertaux cite ainsi[1] la grâce accordée à Rouzaud, accusé d'avoir participé à l'assassinat du sénateur Laffont ; celle qui sauva Paul Leroy, agent de la Gestapo, responsable de la déportation de mille deux cents personnes ; celle dont bénéficia Ricaud, qui, le 3 juin 1944, dans le centre de Montauban, avait tué Etcheverlepo, militant des syndicats chrétiens. Et Bertaux d'ajouter qu'il eut bien de la peine à dissuader ses amis de la Résistance d'accomplir, en envahissant les prisons, l'acte que de Gaulle refusait de faire. Bien de la peine... et « un certain regret », écrira-t-il.

Cependant, de Gaulle ne cédera jamais devant ceux qui lui refusent ce droit de vie et de mort, dans lequel ils voient soit la survivance d'un privilège monarchique, soit un moyen d'éviter à des collaborateurs condamnés par des cours de justice relativement indulgentes la peine, en principe méritée, pas plus qu'il ne cédera à ceux qui, sachant combien le choix pèse souvent à sa conscience, lui suggèrent de déléguer.

---

1. *La Libération de Toulouse et de sa région.*

« Comment, dira-t-il à l'un de ses collaborateurs, comment avez-vous pu ne pas être spontanément attentif à ce fait que l'exercice du droit de grâce est la prérogative la plus haute d'un chef de l'État ? Cette responsabilité, elle pèse sur moi seul. Moi seul aurai à en rendre compte à Dieu. »

De quelle façon de Gaulle exerçait-il un droit dont il entendait demeurer seul maître ? M. Patin, directeur des affaires criminelles et des grâces au ministère de la Justice, où allaient se succéder François de Menthon et Pierre-Henri Teitgen, l'a dit à Robert Aron[1].

Son remarquable témoignage doit être enregistré et retenu. Il n'a certes pas été témoin unique, les gardes des Sceaux l'ont également été ainsi que les avocats reçus par le Général, lorsqu'il leur fallut plaider une dernière fois la cause de leurs clients, mais le président Patin fut le témoin le plus constamment en rapport, et en rapport étroit, personnel, avec le général de Gaulle qui le reçut pour la première fois le 26 septembre 1944, dans le courant de l'après-midi.

Un mois donc après la libération de Paris, de Gaulle, dont le bureau se trouve au ministère de la Guerre, rue Saint-Dominique — où il s'est installé, on ne l'a pas oublié, dès les premières heures de son entrée dans Paris —, reçoit pour la première fois ce directeur des affaires criminelles et des grâces, qu'il aura, dans les mois qui viennent, de nombreuses occasions de revoir seul pour écouter ses avis et, dans la solitude de sa conscience, décider ensuite de la vie ou de la mort[2].

Les dix premiers dossiers étudiés le 26 septembre ne sont pas des dossiers politiques. Il s'agit d'affaires concernant, pour la plupart, des militaires qui ont déserté, trahi ou refusé d'obéir devant l'ennemi. Mais Patin n'en remarque pas moins l'attention avec laquelle de Gaulle se penche sur chaque cas, sollicite et suit le plus souvent son avis, gracie enfin plusieurs soldats ayant abandonné leur poste et conclut sur ce mot de fantassin de 1914 : « C'est un coup de cafard ! »

Les audiences changeront bientôt de sujet. Les hommes dont le sort dépendra du général de Gaulle seront des politiques, beaucoup plus

---

1. *Histoire de l'épuration*, t. II.
2. Robert Aron, *Histoire de l'épuration*, t. II, signale (p. 23) que le bureau des grâces compta bientôt vingt-six magistrats et il fournit d'intéressantes précisions sur le fonctionnement de ce bureau.

souvent que des soldats en uniforme. De dix, les dossiers qui lui seront soumis passeront alors à vingt ou à trente, et les audiences se multiplieront : quatre entre le 12 et le 22 décembre 1944 ; six ou sept en janvier 1945, quatre en février, cinq en mars, trois en avril, quatre en mai, trois en juin, deux en juillet, deux en août, trois en septembre, quatre en octobre, dont celle du 13 octobre au cours de laquelle fut décidée l'exécution de Pierre Laval, deux en novembre, une en décembre et une enfin le 2 janvier 1946, c'est-à-dire à quelques jours de la décision du Général d'abandonner le pouvoir[1].

Au total, sur 1554 condamnés à mort dont le cas lui fut soumis, le général de Gaulle en gracia 998, soit 64 pour 100. Parmi ces 998, tous n'avaient pas été condamnés au titre de la collaboration. C'est ainsi que, sur 98 condamnés à mort par des tribunaux militaires pour des crimes de droit commun, 48 seront graciés et que 29, sur les 81 qui avaient été condamnés à mort par des juridictions coloniales, voient, eux aussi, leur peine commuée. Mais ce sont naturellement les dossiers des condamnés des cours de justice — de Gaulle ne pouvait pas grand-chose pour les condamnés des cours martiales qui passaient générale-ment de vie à trépas en quelques heures[2] — qui allaient occuper l'essentiel des audiences accordées au président Patin. Sur 1212 condamnés à mort par les cours de justice, 833, soit près de 70 pour 100, allaient devoir la vie à de Gaulle.

Le général de Gaulle graciait-il *systématiquement* les femmes et les mineurs ainsi que les comparses ayant agi sur ordre[3] ?

On l'a écrit. Mais, le 24 décembre 1944, deux femmes seront fusillées à Arras. Pour les mineurs, il y eut également des exceptions parmi les condamnés des cours de justice.

Quant aux comparses, aux gens du second rang qui avaient suivi des chefs et obéi à des ordres, il est vrai que de Gaulle manifesta plus d'indulgence à leur égard que pour certains fonctionnaires d'autorité, pour des chefs militaires, pour des écrivains de talent. C'est ainsi qu'il dira, après avoir pris la décision de ne pas faire grâce à Brasillach :

---

1. Ces chiffres sont cités par Robert Aron.
2. Sur 112 condamnés à mort par des cours martiales, antérieures aux cours de justice, le général de Gaulle devait toutefois en gracier 43.
3. *Cf.* Aron, *Histoire de l'épuration*, tome II, qui rapporte un propos du président Patin.

« Brasillach a joué. Il a perdu. Il paiera. A son degré d'intelligence, il ne pouvait ignorer le choix qu'il faisait. La trahison d'intellectuel. Le choix contre l'esprit. »

Très rapidement, le président Patin ne fut plus reçu au ministère de la Guerre mais dans la villa que le général de Gaulle occupait au bois de Boulogne. C'est la multiplicité des problèmes quotidiens qui avait incité le Général à déplacer le lieu et l'heure des audiences. Elles débutaient le plus souvent à 22 h 15 et pouvaient se poursuivre pendant plusieurs heures, dans un silence troublé seulement par quelques questions brèves du Général, qui feuilletait le dossier en allant à l'essentiel, et par quelques réponses aussi brèves du président Patin. Songeant à cette économie de mots, Patin dira :

> « Le Général était d'une intelligence à la fois très aiguë et très droite. Un seul mot suffisait là où, pour d'autres, il eût fallu des phrases entières. »

Sur l'attitude *morale et politique* du général de Gaulle dans les mois troubles qui suivirent la Libération, le témoignage du président Patin est irremplaçable, même s'il est discutable.
Voici ce qu'il écrit[1] :

> « En ma présence, le Général a statué sur le sort de centaines de condamnés à mort, avec une sûreté de jugement, une clairvoyance et une hauteur de vues qui m'impressionnaient, à quoi se mêlait une sensibilité qui se dissimulait mal sous une apparente rigueur. Du premier jour, il comprit que le devoir du chef d'une république renaissante était de mêler aux rigueurs de la loi une certaine clémence. Aussi, dans bien des cas, gracia-t-il des condamnés dont la Commission des grâces, dans sa majorité, et le ministre lui-même proposaient l'exécution... Il ne se décidait que d'après sa conscience, et sa conscience était telle qu'à plusieurs reprises, après avoir signé dans la nuit l'ordre de fusiller un condamné, il me pria le lendemain de surseoir à l'exécution et de lui rapporter le dossier pour un nouvel examen...
> Enfin, et c'est peut-être ce qui, dans le comportement du

---

1. *Mémoires* inédits, mais dont une partie a été publiée par Robert Aron, *Histoire de l'épuration*, t. II.

Général, contribuera le plus aux sentiments d'admiration respectueux que j'ai gardés pour lui, le Général ne fit jamais de concessions, dans ses décisions, aux passions du moment et aux passions de l'opinion publique. C'est toujours dans le calme et dans la sérénité de sa conscience qu'il chercha ses inspirations, et ce n'est jamais que dans le dossier de l'affaire qu'il recueillit les éléments de sa conviction[1]. »

Pierre-Henri Teitgen, garde des Sceaux en 1945 et, lui aussi, placé pour bien observer, porte un témoignage quelque peu différent. Si le président Patin pouvait, non certes discuter, mais influencer, et avait, avec le Général, des rapports humains qui lui laissaient parfois deviner la décision finale, décision qu'il lui arrivait d'orienter par un mot ou une réflexion de juriste, Pierre-Henri Teitgen a surtout été sensible à l'impassibilité du Général.

« Jamais, écrit-il[2] (je dis bien jamais), le Général ne m'a laissé soupçonner ce que pouvait être son opinion sur les procès en cours, fussent-ils les plus graves. Tels ceux de Pétain ou de Laval. Je lui rendais compte, comme je croyais devoir le faire, de l'état des procédures ; il m'écoutait attentivement mais gardait un total silence. »

Cette impassibilité, qui fait l'admiration des uns, blesse ou scandalise les avocats des condamnés à mort qui tentent un dernier effort en faveur de leur client.

Arrivés dans la voiture du président Patin, ils sont introduits dans le bureau du Général, salués d'un mot, invités à s'asseoir, à parler, ce qu'ils font sans jamais être interrompus, sans jamais avoir le fragile bonheur de lire sur le visage de Charles de Gaulle un signe qui leur

---

1. Phrase contredite cependant par Claude Mauriac (*Aimer de Gaulle,* p. 183) dont on sait qu'il allait, dès les premiers jours de la Libération, se trouver proche (secrétaire particulier) du général de Gaulle. « Certes, le général de Gaulle n'est pas responsable des passions déchaînées sur la France, et nul ne saurait lui tenir rigueur, puisqu'il assume la responsabilité du gouvernement, d'en tenir compte. C'est là le prix dont il faut payer le pouvoir, et sans doute n'y eut-il jamais d'homme d'État qui ne fût obligé de se faire plus ou moins complice de crimes. »
2. *Faites entrer le témoin suivant.*

permettrait d'espérer qu'un de leurs arguments, au moins, a touché l'homme de marbre.

Ayant achevé, ils sont courtoisement reconduits à la porte du bureau, après avoir entendu tomber, de la bouche du Général, cette simple formule : « Je vous remercie, maître. »

Même si, pour l'avocat de Robert Brasillach, de Gaulle, sollicité à deux reprises par François Mauriac[1], est quelque peu sorti de son mutisme, Mᵉ Isorni devait conserver de cette entrevue un détestable souvenir.

Il est 23 heures le 3 février 1945 lorsqu'il est introduit dans le bureau du chef du gouvernement provisoire qui, dans une semi-obscurité — une seule lampe éclaire la pièce —, « tire de grosses bouffées de son cigare ».

Pas plus que ses confrères, Isorni n'arrivera à saisir le regard du Général qui fixe une ligne au loin, mais, lorsqu'il remettra la pétition en faveur de Brasillach, pétition signée par douze académiciens français et cinquante-huit écrivains, peintres, auteurs dramatiques, dessinateurs, il entendra de Gaulle faire quelques réflexions sur Paul Claudel et sur Albert Buisson et lui demander si Abel Hermant, alors emprisonné à Fresnes — ce qu'il peut ignorer, mais ce qui choque Isorni —, a, lui aussi, signé.

Enfin, lorsque Isorni demandera au Général si, après l'avoir entendu, il souhaite quelque éclaircissement[1], il s'entendra répondre : « Non », avant les derniers mots qui, pour lui comme pour les autres, seront un banal : « Je vous remercie, maître. »

Lorsqu'il évoquera le stérile face-à-face, Isorni se souviendra d'un « mutisme rigide aussi décourageant que l'indifférence ».

Cependant, et mieux encore que les commentaires du président Patin, les chiffres cités plus haut prouvent qu'il n'y avait pas eu systématiquement « indifférence » de la part de De Gaulle.

Le président Patin a insisté sur l'attention scrupuleuse avec laquelle le général de Gaulle examinait les recours en grâce.

Il existe au moins un cas — celui de Robert Brasillach — dans lequel

---

1. Sur le procès de Robert Brasillach, *cf.* p. 240 et suiv.

le refus de la grâce a été vraisemblablement dû à l'examen trop rapide par de Gaulle d'une photo de presse et, si tel est le cas, à son refus, par excessive confiance en soi, de réclamer à Isorni éclaircissement et précisions.

Malgré ses très violentes campagnes antisémites d'avant la guerre et durant l'occupation, malgré sa germanophilie militante et son constant anticommunisme, en un moment où l'anticommunisme n'était plus simple échange d'arguments journalistiques entre droite et gauche, Brasillach, condamné à mort, avait, grâce à François et Claude Mauriac, à Jean Anouilh et Thierry Maulnier, infatigables quêteurs de signatures, rassemblé autour de son nom un réseau d'amitiés littéraires venues des horizons les plus divers.

Avaient signé un texte de quelques lignes, qui demandait « respectueusement au général de Gaulle, chef du gouvernement, de considérer avec faveur le recours en grâce que lui a adressé Robert Brasillach », des hommes aussi différents que Jean Effel, dont les sympathies communisantes étaient connues, et Henry Bordeaux ; que Jean Paulhan, engagé dans la Résistance dès juin 1940, et Louis Madelin ; que Camus, hostile à Brasillach, l'homme comme l'écrivain, mais adversaire de la peine de mort, et Marcel Aymé ; que Jean-Louis Barrault, Cocteau, Gustave Cohen et les académiciens Paul Valéry, Georges Duhamel, de Broglie ou encore Paul Claudel aux sincérités politiques successives mais toujours empreintes de la même grandiloquente majesté d'écriture.

Était intervenu, à titre personnel, un proche du général de Gaulle : Maurice Schumann. Quant à Albert Bayet, alors président de la Presse française, c'est sans doute dans sa requête au général de Gaulle que se trouvaient les mots les plus justes :

> « Ah ! Mon Général, permettez à un jacobin de vous rappeler que la Révolution française ne s'est jamais lavée du sang d'André Chénier. Faites en sorte que la Libération de 1944 ne soit pas condamnée à porter devant l'Histoire le cadavre d'un poète de trente-quatre ans. »

François Mauriac, qui s'était le plus activement dépensé, avait cru toucher au but : la grâce, lorsqu'il avait entendu, le 3 février au matin, de Gaulle, qui le recevait en audience, lui dire : « Mais non, on ne fusillera pas Brasillach. »

Que s'était-il passé qui ait pu faire changer d'avis le Général ?

La pression d'un clan hostile à la grâce ? Parmi les ministres, beaucoup n'étaient pas favorables à l'indulgence. François de Menthon, garde des Sceaux, Georges Bidault, ministre des Affaires étrangères, étaient, on l'a laissé entendre, du nombre. Ils se souvenaient de *Je suis partout* et avaient oublié (l'avaient-ils lu ?) *Comme le temps passe.* Peut-être redoutaient-ils un déchaînement sincère, ou provoqué, de fureurs populaires. Le « sacrifice » de Brasillach, plus que les exécutions de Suarez, premier fusillé à Paris, et de Paul Chack, pouvait paraître sanctionner le « péché contre l'esprit ».

C'était le : « Jetons-leur une tête de roi » des révolutionnaires, puisque Brasillach — et ses confrères, amis ou ennemis, le proclamaient — était un roi en son royaume : l'écriture. Écriture responsable, certes — M. Reboul l'avait dit et le jury en avait décidé ainsi —, combien plus responsable que les méprisables millions d'un constructeur du Mur de l'Atlantique ou d'un trafiquant de marché noir, puisque c'est de l'écriture et du talent de Brasillach qu'étaient nés bien des engagements militants.

Mais de Gaulle, écrivain de race, aurait pu, en un autre temps, à une autre place, signer la pétition en faveur de Brasillach.

Se voulant d'ailleurs insensible aux pressions, s'est-il alors déterminé, sur une photo parue, pendant l'occupation, dans le périodique *Ambiance,* et sur laquelle les jurés de la cour de justice avaient cru voir Brasillach revêtu de l'uniforme allemand ?

Cette photo, prise sur le front russe, montrait, en réalité, Jacques Doriot[1] en uniforme allemand — puisqu'il appartenait à la L.V.F. — encadré par deux civils : Robert Brasillach et Claude Jeantet, venus l'interviewer. Entre Doriot et Brasillach, la ressemblance était légère : un visage également rond, des lunettes d'écaille. « Les a-t-on pris ou a-t-on voulu les faire prendre l'un pour l'autre ? » demande Robert Aron[2].

Il n'est pas impossible que la confusion ait été volontairement entretenue. Le climat de l'époque est responsable de bien d'autres supercheries.

Mais s'il est vrai que de Gaulle ait dit à Louis Vallon, qui l'a

---

1. Jacques Doriot, alors en Allemagne, sera tué le 22 février 1945 par un avion britannique qui mitraillait une route sur laquelle circulait sa voiture.
2. *Histoire de l'épuration,* t. II, p. 350.

rapporté à Mᵉ Isorni : « Je ne peux gracier Robert Brasillach. Il a porté l'uniforme allemand. Il y a une photo de lui dans le dossier, en officier... », comment se fait-il qu'en recevant Mᵉ Isorni, dans ce moment pathétique où l'avocat et le juge suprême de la vie et de la mort se trouvent face à face, comment se fait-il non seulement qu'il n'ait pas posé une seule question, mais encore qu'il n'ait pas posé la question de l'uniforme si, dans son esprit, elle déterminait tout ?

On ne pouvait lui demander de distinguer, sur une médiocre photo de journal, des personnages qu'au demeurant il connaissait peu, mais cette ignorance n'aurait-elle pas dû l'inciter à interroger Isorni ?

D'un mot, l'avocat de Brasillach pouvait lever ses doutes, et il eût été facile de faire très rapidement vérifier ses dires.

A moins... à moins que François Mauriac, admirable plaideur d'une cause perdue, ait versé dans une illusion fréquente : croire qu'il avait convaincu, imaginer qu'il avait entendu ce qu'il voulait, de toutes ses forces, entendre ce : « Mais non, on ne fusillera pas Brasillach » que l'événement démentira bientôt.

Il faut se méfier, non de l'honnêteté, mais du cœur de certains témoins. Ils entendent avec le cœur.

En laissant mourir Brasillach, de Gaulle avait fait fusiller l' « influence intellectuelle ». Il avait agi de même en refusant, quelques jours plus tôt, la grâce du capitaine de corvette Paul Chack, écrivain de bien moindre talent, mais qui, par ses récits de guerre sur mer, avait enthousiasmé des générations de jeunes garçons.

C'est bien l' « influence », revendiquée par Paul Chack dans une affiche violemment anti-anglaise, comme l'ordre donné au Comité d'action antibolchevique de s'inscrire à la Milice, que de Gaulle sanctionnera.

Il dira à Claude Guy : « S'il n'y avait eu que des articles, jamais je ne l'aurais fusillé. Mais il s'agit de faire comprendre à ces garçons qui *ont été tentés de lui obéir* où était le crime et où le devoir. »

Pour les « garçons tentés », de Gaulle, effectivement, fait preuve d'indulgence.

Claude Mauriac, scrupuleux témoin, peu porté à hurler avec les loups et qui, secrétaire particulier de De Gaulle en 1944, écrira même, en évoquant l'épuration : « Je me *sens*[1] beaucoup moins honoré par la gloire du régime que je ne me *sais*[1] souillé par ce qui l'entache », montre de Gaulle lui suggérant que deux jeunes miliciens en fuite, dont la situation difficile est signalée par une lettre de la mère adoptive du résistant Honoré d'Estienne d'Orves[2], continuent à se cacher en attendant le moment « où les esprits seront calmés ».

Claude Mauriac lui ayant fait remarquer que pareille suggestion ne saurait officiellement venir de lui, de Gaulle, sur le résumé de la lettre qui doit être adressée à Mme d'Estienne d'Orves, écrira : « Lui répondre que j'ai lu sa lettre et que je recommande la patience... »

Écrites, la plupart du temps, par des femmes ou des mères de condamnés à mort, ce sont d'ailleurs de nombreuses demandes de grâce qui sont adressées au général.

> « J'ai 6 enfants, écrit Mme T..., dont le mari était médecin de la Milice, l'aîné, 21 ans, s'engage au régiment de France, passe aux F.F.I. avec son bataillon, depuis est sur le front de l'Ouest... Je ne l'ai pas revu depuis un an et n'ai pas encore osé lui faire connaître le sort réservé à son père.
>
> Ma maison pillée, mes meubles brûlés, je suis en ce moment à la charge de mes vieux parents qui ont élevé une famille de 6 enfants et ont maintenant 21 petits-enfants.
>
> Il me faudra encore beaucoup de courage pour élever mes plus jeunes enfants qui ont de 14 à 2 ans, mais, avec l'aide de Dieu et de votre généreuse bonté, j'espère y arriver.
>
> Je fais appel à vos sentiments de père de famille et de chrétien pour solliciter de votre bienveillance de vouloir bien m'accorder la grâce de mon mari[3]... »

Cette lettre est-elle venue à la connaissance du Général ? Je l'ignore. Le docteur T..., condamné à mort pour avoir — ce qu'il niera à l'audience de la cour de justice de la Haute-Saône — participé à l'exécution d'un résistant ainsi qu'à plusieurs arrestations qui devaient conduire à des déportations, sera fusillé le 13 mars 1945.

---

1. Je souligne ces deux mots essentiels dans la structure de la pensée de M. Claude Mauriac.
2. Sur l'exécution d'Honoré d'Estienne d'Orves, *cf. Le Peuple réveillé.*
3 Le texte que l'on vient de lire est le brouillon (inédit) de la lettre adressée en février 1944 par Mme T... au général de Gaulle.

En vérité, et la chose est normale, les lettres ne parvenaient au général de Gaulle qu'après être passées par son secrétariat et par son secrétaire particulier Claude Mauriac, que l'on verra le plus souvent pencher en faveur de l'indulgence.

Le 10 octobre 1944, il note ainsi que de Gaulle lui a promis (assuré serait plus exact) que Charles Maurras, arrêté à Lyon le 8 septembre, ne passerait pas devant la cour de justice de Lyon, suspecte de partialité, mais devant la Haute Cour..., « et on peut compter sur elle, aurait ajouté de Gaulle, pour qu'elle ne lui fasse pas de mal... L'indulgence est dans l'habitude des Hautes Cours[1] ».

De Gaulle téléphonera même à François de Menthon, alors garde des Sceaux, et Claude Mauriac a retenu et noté l'essentiel de la conversation.

> « Il importerait qu'il [Maurras] ne fût pas jugé dans un coin : le pays ne comprendrait pas... C'est un procès politique. Il s'agit du promoteur de la révolution nationale. Lyon n'existe pas ! A Lyon, il ne pourrait pas s'expliquer... Il faut qu'il s'explique... Il relève de la Haute Cour, ne trouvez-vous pas ?... »

De Gaulle se trompait doublement.

Lyon existait bel et bien. C'est au palais de justice de cette ville que Charles Maurras sera jugé entre le 24 et le 27 janvier 1945, date de sa condamnation à la réclusion perpétuelle et à la dégradation nationale[2].

Les grâces accordées par le général de Gaulle allaient être dénoncées d'abord par ceux qui se souciaient moins de justice que

---

1. Claude Mauriac ajoute : « Il [de Gaulle] avait compris ce qui, pour moi, est si évident : que le sang de Maurras le priverait à tout jamais de l'adhésion d'une masse de Français » *(Aimer de Gaulle)*.

2. Sur le procès de Charles Maurras, *cf.* tome X.
Après avoir été détenu à la maison centrale de Riom, puis à celle de Clairvaux, Charles Maurras fut transféré à l'Hôtel-Dieu de Troyes en août 1951, puis placé, en mai 1952, en résidence surveillée à la clinique Saint-Grégoire de Tours où il acheva ses jours le 16 novembre 1952.

d'exploitation politique de passions, légitimes, et de haines, qui l'étaient moins.

Insidieuses d'abord, ces dénonciations se feraient de plus en plus nettes. Visant à remettre en cause le droit de grâce du président du gouvernement provisoire, elles prouvaient combien dérangeait la volonté du général de Gaulle de dépassionner désormais un débat qu'il avait jusqu'alors souvent passionné.

Les communistes étaient naturellement hostiles au droit de grâce.

Le 10 novembre 1944, le communiste Auguste Gillot, formulait en quelques phrases devant l'Assemblée consultative provisoire sa conception de la justice. « Comment expliquer à la nation, déclarait-il notamment, que des individus traîtres au pays, des miliciens armés, parviennent à échapper au châtiment *alors qu'ils devaient être fusillés le jour même de leur comparution devant la cour de justice ?* »

Le 20 février 1945, alors qu'il est président de la Commission de la justice et de l'épuration, le même Auguste Gillot s'écriera, aux applaudissements d'une partie de l'Assemblée consultative :

> « Il ne s'agit pas encore d'écrire l'Histoire mais de faire justice. »

Et aussi :

> « Pas de pitié pour ceux qui préparèrent et accomplirent la trahison de la patrie[1]... Pas de pitié pour ceux qui livrèrent deux millions de soldats français à l'ennemi, pour ceux qui déportèrent nos frères et nos sœurs en Allemagne. Pas de pitié pour ceux qui firent guillotiner des patriotes français comme le député Jean Catelas, Bréchet, Woogt, *d'autres encore, et qui livrèrent au peloton d'exécution ennemi 120 000 des nôtres*[2]. »

120 000. Ce chiffre de « 120 000 fusillés » sera repris le lendemain par le communiste Pierre Le Brun.

---

1. Aucun député ne fit remarquer que, le 17 juin 1940, *L'Humanité* clandestine réclamait l'armistice et que, pendant près d'un an, la feuille communiste allait systématiquement dénoncer la « guerre impérialiste » menée par les Anglais et par de Gaulle, « ce général à particule... »
2. Je souligne intentionnellement.

Déjà, et je l'ai signalé dans un chapitre précédent, *L'Humanité* du 10 novembre 1944 avait ouvert la voie à la légende en écrivant : « *A-t-on oublié que Paris a eu 75 000 fusillés " identifiés " ?* »

C'est avec exaspération que le Parti devait entendre le général de Gaulle minimiser le nombre des collaborateurs, « une poignée de misérables et d'indignes[1] », « un nombre infime de malheureux[2] », prendre soin de distinguer « misérables, indignes et malheureux » de tous les autres, ceux nombreux qui « furent parfois égarés sur le chemin[3] ».

Lui que l'on avait vu et entendu si souvent statufié dans l'infaillibilité, jusqu'à faire du 16 juin 1940 la frontière entre la légalité gaulliste et l'illégimité pétainiste, n'ira-t-il pas jusqu'à déclarer : « Je me demande même qui n'a jamais commis d'erreur. »

A l'Assemblée consultative provisoire, le 20 et le 21 février 1945, jour où François de Menthon, garde des Sceaux, allait être si violemment attaqué — et de Gaulle, à travers lui — qu'il cédera bientôt son poste à Pierre-Henri Teitgen[4], des modérés et des socialistes avaient employé le ton et les arguments des communistes.

> « Nous nous attendions, en de telles circonstances, dira le modéré Georges Oudard, à réentendre, pour affirmer la volonté du peuple français et l'éclairer sur la portée des actes qui allaient suivre, la voix autoritaire et enflammée d'un Mirabeau ou d'un Danton. Nous n'avons vu venir que Brid'Oison. »

---

1. 14 octobre 1944.
2. 31 décembre 1944.
3. 31 décembre 1944. La phrase exacte, intéressante, est la suivante : « La masse immense des Français n'a jamais voulu autre chose que le bien de la patrie, alors même que beaucoup furent parfois égarés sur le chemin. »
4. Teitgen deviendra garde des Sceaux en juin 1945. Attaqué par *L'Humanité,* il écrira qu'à trois ou quatre reprises il n'avait pu pénétrer au ministère que sous la protection de la police. « Le Parti communiste, qui regrettait sans doute le temps de l'épuration sauvage, avait convoyé et transporté par camions jusqu'à la place Vendôme une centaine de militants de banlieue qui, hurlant et tendant le poing, prétendaient m'interdire l'entrée de la Chancellerie. »

Au cours de la même séance, le socialiste Depreux évoquera à son tour les grands ancêtres guillotineurs qui n'ont jamais été aussi fort à la mode puisque, je le rappelle, le communiste Wurmser signe « Docteur Guillotin » sa chronique du quotidien toulousain *Le Patriote.*

> « Si les victoires de Fleurus et de Jemmapes ont été possibles, c'est parce qu'à l'arrière on avait su châtier d'une manière inexorable les traîtres et les trafiquants du marché noir. Nous ne demandons pas d'établir la guillotine en permanence sur la place de la Concorde. Autre temps, autres mœurs... Seulement, nous n'avons pas l'impression que cette vigueur soit décisive dans l'épuration, ni qu'elle corresponde à un plan précis. »

Cette évocation de Danton, mais aussi de Robespierre, quotidienne dans une partie de la presse, hebdomadaire sur les tribunes, fréquente à l'Assemblée, sera sans doute à l'origine de la phrase d'une éloquence exaspérée et d'une vérité historique fort approximative que Pierre-Henri Teitgen lancera un jour [1] à ceux des députés qui, estimant trop faible le chiffre de 150 000 arrestations, lui reprochent son indulgence.

> « Vous pensez sans doute que, par rapport à Robespierre, Danton et d'autres, le garde des Sceaux qui est devant vous est un enfant. Eh bien ! dira-t-il, ce sont eux qui sont des enfants, si l'on en juge par les chiffres. »

Et Teitgen — à qui cette phrase devait être longtemps reprochée par ses adversaires de droite — de poursuivre, pour justifier son action, en affirmant, qu'il avait relevé, dans le bilan « de l'épuration de la grande Révolution réalisée en France » entre 1789 et 1793, « 17 000 condamnations », « à des peines variables », allait-il ajouter. Or, il s'était agi non point de condamnations à des peines *variables,* mais de 16 600 exécutions capitales [2] à la suite d'un jugement, ce chiffre ne tenant

---

1. Le 6 août 1946.
2. Chiffres cités par François Furet et Mona Ozouf, *Dictionnaire critique de la Révolution française.* Les exécutions capitales seront les plus nombreuses en décembre 1793 et janvier 1794 (3 500 par mois).
Le Dictionnaire d'histoire de France, publié aux éditions Perrin, précise que,

d'ailleurs aucun compte des exécutions par fusillades, noyades, décimation de population, canonnades de la guerre de Vendée et de la répression en province, exécutions estimées à plusieurs centaines de milliers pour une population française qui s'élevait alors à 27 millions d'habitants.

Danton et Robespierre avaient très nettement dépassé Teitgen... Mais, après la Libération, et lorsque l'on était au gouvernement, peut-être se trouvait-on dans l'obligation de plaider le contraire.

François de Menthon avait été mis en cause.

Pierre-Henri Teitgen le serait.

Le général de Gaulle l'avait été le 2 mars 1945.

Après que le Général eut évoqué, pour la première fois publiquement, devant l'Assemblée consultative, la démarche de conciliation, ou de réconciliation, pour laquelle l'amiral Auphan avait, le 27 août 1944, remis au général Juin, chef d'état-major de l'armée française de la Libération, une lettre personnelle à l'intention du général de Gaulle [1], ainsi qu'un mémoire précisant les conditions de la mission

---

pendant la Terreur, de 35 000 à 40 000 personnes ont été guillotinées. Dans ces chiffres ne sont pas comprises les victimes de la guerre de Vendée, estimées entre 300 000 et 400 000, si l'on prend en compte les paysans morts de froid et de faim, ainsi que les prisonniers blessés et exécutés.

1. Lettre contenant un appel à l'union des Français et insistant « sur la nécessité d'une transmission légitime du pouvoir » entre le maréchal Pétain, dont « la légitimité des pouvoirs ne [pouvait] être sérieusement mise en doute » et le général de Gaulle. « Mais la question, ajoutait ce texte, dépasse le plan juridique et doit être posée sur le terrain de la politique de demain et du redressement du pays. »

Auphan demandait que, à l'exception de ceux qui avaient « trahi politiquement, dénoncé leurs compatriotes ou trafiqué indignement avec les Allemands », de Gaulle s'efforçât de souder les deux France, et il évoquait « la grande masse qui a gardé le sol de la Patrie derrière le pouvoir légal, malgré la souffrance de l'occupation ».

Achevant, l'amiral Auphan préconisait, en conclusion de la « réconciliation » du maréchal Pétain et du général de Gaulle, « la constitution d'un gouvernement d'union nationale, souhaitée par la masse des Français ». Le général de Gaulle ne répondit jamais à cette lettre, d'ailleurs sans objet le 27 août, le maréchal Pétain ayant été entraîné par les Allemands dans leur retraite.

dont l'avait chargé, le 11 août, le maréchal Pétain[1], Daniel Mayer, secrétaire général du Parti socialiste, était monté à la tribune.

> « L'épuration est imparfaite, elle est trop lente ; elle donne une impression d'injustice... Injustice des verdicts, inégalités aussi d'une région à l'autre et, parfois, lorsque les sentences prononcées répondent certainement à l'attente du pays, à son souci ou, en tout cas, à son instinct de justice, l'exercice d'un droit de grâce, contre le principe duquel, au demeurant, je tiens à le souligner solennellement, nous ne nous élevons nullement, vient confirmer l'impression désagréable qu'il y a deux justices. »

Daniel Mayer, ayant fait une pause pour jouir convenablement d'une vague d'applaudissements enregistrée par le *Journal officiel*, mais irritant de Gaulle qui, selon Claude Mauriac, « se tortille de plus en plus sur son banc », poursuit en évoquant « un seul exemple », la grâce accordée à l'écrivain et grand polémiste Henri Béraud, grâce que, selon lui, « le pays [n'avait] pas comprise ». Il allait poursuivre, lorsque le général de Gaulle l'avait interrompu d'un ton las et désabusé : « Vous savez, avait-il déclaré, que je ne peux pas vous répondre en la matière. Peut-être vaudrait-il mieux que vous n'en parliez pas... »

> « *M. Daniel Mayer.* — Alors, j'abandonne ce passage de mon exposé pour ne pas vous obliger à ne pas me répondre (*sourires*).
> *M. le président du gouvernement provisoire.* — Vous savez quels sont les responsabilités et le caractère du droit de grâce, vous savez quels sont ses fondements. Je vous répète qu'il est impossible à celui qui joue provisoirement le rôle du chef de l'État de s'expliquer sur la façon dont il emploie ce droit de grâce en regard de sa conscience.

---

1. Par l'acte constitutionnel n° 3 du 27 septembre 1943, le maréchal Pétain avait institué un collège de sept membres (amiral Auphan, MM. Bouthillier, Caous, Gide, Porché, Noël, le général Weygand) chargé d'exercer provisoirement le pouvoir en cas d'empêchement du chef de l'État. Or, en août 1944, Weygand et Bouthillier sont prisonniers en Allemagne ; l'ambassadeur Noël a refusé « l'honneur qui lui était fait » et ne se trouve d'ailleurs pas à Paris ; MM. Porché et Gide seront absents le 21 août au rendez-vous que leur a fixé l'amiral Auphan. Auphan et Caous, seuls présents, ne pourront que constater l'impossibilité où ils se trouvent de remplir leur mission.

M. Daniel Mayer. — Mon général, je n'ai pas voulu vous gêner...

M. le président du gouvernement provisoire. — Vous ne me gênez aucunement. Je tiens seulement à vous répéter qu'étant donné ce qu'est le droit de grâce peut-être auriez-vous pu vous épargner ce dialogue sur un sujet à propos duquel je ne dois pas discuter. »

L'alerte devait être plus sérieuse le 27 décembre 1945, lorsque Pierre Cot, député radical, qui s'apparenterait bientôt au groupe communiste, soutint un amendement retirant le droit de grâce au chef du gouvernement, dans la mesure, précisait-il, où, « au cours de ces derniers mois, l'usage du droit de grâce a été transformé par la pratique en une véritable procédure de révision [...] qui aboutit à une véritable parodie de justice quand il s'agit de véritables criminels ».

Pierre-Henri Teitgen, ministre M.R.P. de la Justice, allait lui répondre en opposant à la thèse de l'infaillibilité de juges, se prononçant assez souvent encore dans un climat passionné et sous la pression journalistique et politique de la Résistance, la thèse de l'erreur humaine possible, probable, et qui, fût-elle rare (ce qui n'était pas le cas), fût-elle unique, ouvrait au condamné la possibilité d'un recours en grâce et donnait au chef du gouvernement le droit de lui accorder cette grâce.

> « Si vous êtes sûrs, allait-il dire à ses collègues, que toutes les sentences rendues... depuis un an ont été l'expression exacte de la justice sereine, qu'il n'y a pas eu une seule exception... alors, prenez votre décision. Mais si, une fois, une seule fois, une seule juridiction a pu, peut-être, faire preuve d'excès de sévérité, alors je vous dis que vous n'avez pas le droit, en conscience et malgré votre qualité d'Assemblée souveraine, de supprimer le droit de grâce. »

Le socialiste Édouard Depreux, président de la commission de la Justice, devait appuyer le ministre en reconnaissant que, s'il y avait eu « incontestablement des grâces abusives », tous connaissaient — le mot « *tous* » s'appliquant aux députés — « *au moins, un, deux ou dix cas d'innocents qui ont été condamnés* [1], et ce fut pour nous, ajoutait-il,

---

1. Je souligne intentionnellement.

une satisfaction de voir que le droit de grâce s'exerçait sur ces cas-là ».

Le nombre des députés étant de 583, il y aurait donc eu, si la logique oratoire de M. Depreux (un, deux, dix cas) pouvait être traduite en chiffres (ce qui est, bien entendu, historiquement impossible) soit 583, soit 1 166, soit 5 830 « innocents condamnés »...

5 830... Les mesures de grâce ayant naturellement été sollicitées par d'autres condamnés que des condamnés à la peine capitale, on peut simplement — et sans tirer de cette rencontre de hasard une impossible conclusion — faire remarquer que, sur les 33 349 recours en grâce dont la chancellerie fut saisie, 6 579 devaient faire l'objet d'une décision favorable, qui consistait souvent en remises de peine permettant d'avancer le jour de la libération [1].

Quoi qu'il en soit, Pierre Cot ayant renoncé à son amendement, le chef du gouvernement, puis le président de la République, devaient continuer, jusqu'à la suppression de la peine de mort, à assumer l'une des responsabilités morales les plus lourdes à porter [2].

---

1.   Déclaration de M. Pierre-Henri Teitgen le 6 août 1946 devant l'Assemblée nationale. Ce jour-là, le garde des Sceaux déclarera : « Il y a des grâces — assez nombreuses, toutes proportions gardées — qui sont accordées parce que de faux témoignages sont découverts. »
Et il citera le cas d'un homme condamné à mort par la cour de justice de Brive le 19 avril 1945. L'arrêt ayant été cassé pour grave vice de forme, l'affaire avait été renvoyée devant la cour de justice de Limoges qui avait prononcé la dégradation nationale.
2.   Dans son livre, *Faites entrer le témoin suivant* (p. 274), Pierre-Henri Teitgen rapporte (documents à l'appui) que, Félix Gouin ayant succédé en janvier 1946 au général de Gaulle, démissionnaire, le nouveau président du gouvernement allait, sans examen des dossiers, rejeter 31 mesures de grâce auxquelles la Commission des grâces s'était cependant déclarée favorable.
Alertant le garde des Sceaux, M. Patin devait écrire, le 5 février, que, parmi les condamnés dont Félix Gouin avait refusé la grâce, se trouvait « le policier Giot, qui a cependant tenté de racheter ses crimes en s'engageant dans l'armée française où sa conduite héroïque lui a valu plusieurs citations et qui est amputé des deux jambes à la suite d'une blessure de guerre ».
En conclusion, M. Patin offrait sa démission au garde des Sceaux qui, lui-même, dans une lettre datée du 6 février 1946, annonçait au chef du gouvernement qu'il était également démissionnaire, ce qu'il lui confirmait oralement le lendemain.
Au terme de l'entretien Teitgen-Gouin, le président du gouvernement allait revenir sur ses premières décisions et gracier finalement 177 des 297 condamnés à mort dont les dossiers lui avaient été transmis.

17

FROID, FAIM, MÉCONTENTEMENT

Le ciel n'est pas avec les malheureux. Il pleut en abondance en octobre.

Dans les maisons atteintes par les bombes mais non totalement détruites, la pluie imbibe et délite le carton bitumé qui remplace le plafond, dévale les escaliers, inonde les caves, souille les quelques vêtements échappés aux flammes, ronge des pans de murs dont elle provoque l'écroulement, ruine les ruines et détruit ce que les sinistrés, patiemment, s'étaient acharnés, depuis un mois ou deux, à remettre en état.

Il pleut en novembre.

A Pont-l'Évêque, où les digues du champ de courses ont été rompues au cours des opérations militaires, la Calonne a inondé, le 12 novembre, le quartier du Calvaire. Aux eaux de la Calonne, les eaux de la Touque et de l'Yvie sont venues se joindre, si bien que la rue centrale n'est plus qu'un fleuve bouillonnant dans lequel plongent les camions et les chars des convois américains dont le passage fait jaillir un liquide boueux bien au-delà des premiers étages.

Il pleut en décembre.

Marie-Madeleine Davoult, qui a regagné son domicile de Dozulé (près de Lisieux), et, deux ou trois fois par semaine, écrit à sa sœur, domiciliée à Saint-Vaast-la-Hougue, lui parle, dans une lettre du 10 décembre 1944, de « la misère des gens qui vivent dans l'eau. Les femmes sont jambes nues dans la boue, et les queues s'allongent devant les magasins qui vendent de quoi s'habiller. Nos ruines de la rue Haute (à Caen) ont trouvé des locataires, depuis huit jours ils constatent des progrès dans l'effondrement ; s'il vient un peu de gelée, il y aura encore des malheurs [1] ».

La gelée viendra, persistante et paralysante. En attendant, il pleut toujours, et les crues provoquent des drames. C'est ainsi qu'au barrage de l'Aigle, dont la construction s'achève, Mme Dauvisis et son père, que l'on retrouvera, morts au grenier, juchés sur un poêle, ont été noyés par l'eau qui dépasse le faîte du toit de la maison qu'ils s'étaient refusés à abandonner [2].

A Brive, il n'y aura pas de morts, mais plus de cinq cents sinistrés [3]. Le maire, qui se plaindra de n'avoir pas été informé par le service hydraulique de Tulle de l'importance de la crue, et qui n'a été réveillé qu'à 3 h 10 dans la nuit du 7 au 8 décembre, a réussi cependant à faire ravitailler par les fourragères du 126e régiment d'infanterie les riverains bloqués par l'inondation.

A Périgueux, dès le vendredi 8 décembre, la cote de 4 mètres — celle de 1913 — est atteinte à 17 h 30, et, bientôt, dans la ville dont tous les quartiers bas sont inondés, on comptera cinq mille sinistrés. Le 10 décembre, la Dorgogne, l'Isle, la Corrèze et la Vienne débordent. A Beynac, l'eau dépasse le premier étage des maisons ; à Annesse-et-Beaulieu, des habitants ont dû se réfugier sur les toits ; à Confolens, le Pont-Vieux, qui date du XIIIe siècle, est fortement endommagé, mais celui de Saint-Jean-de-Blaignac, qui venait d'être reconstruit, est emporté, comme sont emportés les ponts de Coulaures et de Laurière et bien d'autres en France, ouvrages datant de plusieurs siècles ou constructions provisoires édifiées pour réparer les dégâts de la bataille et qui ne résistent pas à la fureur des eaux.

L'Yonne et la Marne ont débordé. A Paris, où le 4 décembre les arches des ponts sont noyées, la Seine atteint 6 mètres.

A Lyon, la situation est critique dans plusieurs quartiers où l'eau, « couleur de *mauvais* café au lait », écrira un journaliste local, à l'intention de lecteurs ignorant depuis des années ce qu'est « un *bon* café », atteint le premier étage des maisons ouvrières.

Doyen des sauveteurs de Croix-Luizet, le « père Mellet » raconte les crues les plus fameuses du Rhône : celles de 1912, de 1918 et de

---

1. Témoignage inédit de Mme Cécile Zachar-Davoult.
2. Des épaves et des branches ayant bouché les évacuateurs de crues, la mise en eau du barrage s'est, en quelque sorte, opérée bien avant la date prévue.
3. La presse parisienne du 14 décembre en annonce 8 000.

1928. « Ce n'est pas encore tout à fait 1928 », disent ceux qui se souviennent, mais, au cœur même de Lyon, la rue Chevreul, les carrefours des rues Renan et Saint-Jérôme, la grande rue de la Guillotière ne se peuvent franchir que sur d'incertaines passerelles. Le parc de la Tête d'Or est inondé. En banlieue, à Oullins, Vaulx, Villeurbanne, où des centres d'accueil ont été ouverts dans des écoles, mille cinq cents familles environ ont été chassées de leurs foyers, et le service des eaux demande à tous les Lyonnais de faire bouillir l'eau destinée à la boisson.

Le journaliste J.-H. Debarge, qui pénètre dans Gérardmer, où les incendies allumés par les Allemands, qui ont ravagé 1 307 des 2 005 immeubles, sont à peine éteints, décrit, le 28 décembre[1], le spectacle d'une ville morte, d'une ville que les eaux dévalant des collines ont entourée d'un fleuve de boue, « où tout s'enlise dès qu'on sort de la route ». « Et, pour achever, poursuit-il, il pleut. Cela ne suffit pas que la misère soit ici, que les gens n'aient pas d'abri, pas à manger ; il faut encore que le temps s'acharne sur eux. Tout s'en mêle[1] ».

Des pommes de terre — 300 000 tonnes en Bretagne, 100 000 dans le Nord — pourrissent dans les champs inondés ; sur les routes submergées, les rares camions ne passent plus ; aux victimes de la guerre viennent s'ajouter les victimes de l'eau, moins dangereuse, mais qui souille, dégrade, lorsqu'elle n'emporte pas, en refluant, linge, meubles, provisions.

A la pluie bientôt succède le froid. Les hivers d'occupation avaient été rudes. Celui de 1944-1945 sera le plus rude de tous. Le 5 janvier, le thermomètre est descendu à − 20° en région parisienne, à − 26° en Auvergne. Dix jours plus tard, il sera à − 24° en Franche-Comté, à − 30° en Lorraine et dans les deux Savoies.

Bien qu'elles aient été entourées de chiffons, les conduites d'eau crèvent ; l'eau des bénitiers gèle ; des villes comme Lille, Rouen, Rennes, Angoulême, Montluçon, Tulle, Aurillac, Gap, Annecy,

---

1. Dans *La Gazette vosgienne,* bihebdomadaire de l'arrondissement de Saint-Dié.

Toulouse même sont, pendant plusieurs jours, privées de communications routières et ferroviaires. Les rivières prises, les péniches de charbon, déjà immobilisées par l'inondation, le sont par la glace. Les routes et chemins sont transformés en patinoires.

Voici, pour un département que l'on pourrait croire relativement préservé — l'Hérault —, les conséquences du froid en janvier 1945.

Les stocks de farine sont tombés à trois jours de consommation ; le département devait recevoir 77 tonnes de viande de l'Aveyron, il n'en recevra que 40 ; 990 tonnes de la Lozère, il n'en recevra que 90 ; seules 30 des 81 tonnes promises par la Corrèze arriveront. Quant à la Dordogne, qui devait expédier 450 bovins et 200 porcs, soit 117 tonnes, elle ne livrera pas un seul kilo. La Dordogne se distingue, semble-t-il, par son égoïsme, mais les producteurs se sont retranchés, en la circonstance, derrière le mauvais temps qui aurait empêché *tous* les paysans d'amener *une seule tête* de bétail sur les marchés !

Dans le Gard — département voisin de l'Hérault —, la situation n'est pas meilleure. De Haute-Vienne, d'Aveyron, du Cantal, les pommes de terre promises ne sont arrivées qu'en insignifiantes quantités ; il n'y a pas de légumes frais, les sols gelés n'ayant pas permis la récolte, mais une distribution de 250 grammes de châtaignes sèches, d'oranges et de dattes a pu être faite à Nîmes et Alès.

Le commissaire de la République conclut son rapport en écrivant qu'il fait tous ses efforts « pour éviter des troubles », mais, poursuit-il, « il eût fallu qu'avant l'arrivée des gros froids des trains entiers de pommes de terre et de blé pour plusieurs semaines de consommation me fussent envoyés. La population souffre et ne s'explique pas que cela n'ait pas été fait. Si seulement 5 kg de pommes de terre avaient pu être distribués en janvier à tous les ayants droit, la situation eût été moins mauvaise ».

A l'autre bout de la France, dans les régions sinistrées, le froid rend la situation infiniment plus pénible.

Mme Davoult écrit à sa sœur, le 10 janvier 1945, qu'en Normandie, où il fait − 10°, où il fera bientôt − 16° et où la neige est abondante, « les convois militaires ne passent plus. Il y a des sinistrés qui habitent dans des espèces de niches à chiens »... Et le 4 février : « La maison sans carreaux est bien froide, et on aurait cru que le fourneau était gelé... On manque de sel, et les pommes de terre sont rares. Les 200 à 300 tonnes qui restaient dans la plaine de Caen gèlent dans les bâtiments à découvert ».

Pas de carreaux aux fenêtres dans la majorité des maisons normandes. Des carreaux à Paris, mais, malgré cette protection, une température qui, dans le salon de la famille Bourgain, ne dépasse pas 1° 5 le 29 janvier 1945 et 9° 5 dans la salle à manger, la pièce la mieux — la moins mal — chauffée. « C'est charmant ! note Nicole dans son journal. Naturellement, nous sommes autant vêtus que pour aller dehors alors que nous sommes dedans. »

Encore les Bourgain ne sont-ils pas au nombre des Français les plus défavorisés. On lutte contre le froid en enfilant vêtements sur vêtements. On lutterait plus efficacement grâce à du charbon. Mais le charbon fait si cruellement défaut qu'un chansonnier peut faire rire avec cette histoire :

> « En raison de la crise du charbon et de la crue de la Seine, les mines du Nord envoient pour Paris un sac de 50 kilos de charbon. Nos plus célèbres coureurs à pied sont partis du nord de la France pour Paris avec le sac sur le dos au pas de course, naturellement. C'est Lalanne[1] qui arrive à 15 h 30 à l'Étoile où une gigantesque foule l'accueille et hurle de joie. Après un court arrêt, un autre coureur prend le sac et l'emporte jusqu'à l'Hôtel de Ville où le sac de 50 kilos de charbon doit être réparti entre la population parisienne. »

---

1. Célèbre champion de course à pied dans les années de l'immédiat avant-guerre.

Pas de charbon, car aux difficultés de transport s'ajoute une baisse considérable de la production. A partir d'avril 1944, la chute a été telle que, pour l'année entière, la production ne sera que de 26 millions de tonnes contre une moyenne annuelle de 40 millions. Alfred Sauvy fait remarquer que c'est paradoxalement à l'instant où le charbon pourrait servir « en totalité aux Français » que « les mineurs réduisent ou cessent leurs efforts et même désertent la mine ».

Accusation grave, mais fondée sur des chiffres. En 1942, l'absentéisme dans les mines était de 15,2 pour 100, en 1943 de 17,8 pour 100, en décembre 1944 de 19,5 pour 100. Il atteindra 23 pour 100 en avril 1945. La production horaire individuelle était de 167 kilos en 1940. Elle tombe à 120 kilos au début de 1945[1]. Cette chute de production, explicable par des raisons techniques (le matériel s'est détérioré) et physiologiques, car les mineurs, comme les autres ouvriers, ont souffert des restrictions[2], mais aussi par des raisons politiques contre lesquelles Maurice Thorez réagira[3], est d'autant plus grave que le nombre des effectifs au fond passe de 171 300, en avril 1944, à 140 530 en avril 1945.

Des jeunes qui avaient préféré le travail dans la mine à l'envoi en Allemagne au titre du S.T.O. ont regagné leurs foyers ; d'autres se sont engagés dans les armées de la Libération ; enfin, toujours difficile, parfois dangereux, le travail du mineur de fond n'attire plus les vocations, et les appels à la production tombent dans le vide, puisqu'il est admis que, pour le charbon comme pour tous les autres produits de première nécessité, les importations américaines suppléeront aux carences françaises.

Si les incitations verbales à la production sont de peu d'effet, les mesures de police se révèlent déplorables. Lorsque le commandant Janvier, chef départemental F.F.I. de l'Hérault, envoie, le 20 novembre, une trentaine de soldats « contrôler et activer » le travail des six cent quarante mineurs de Graissessac, ceux-ci se mettent immédiatement en grève, ainsi que tout le personnel des bureaux, et le travail ne reprendra qu'après le départ de la troupe.

---

1. Chiffres cités à Périgueux par Robert Lacoste, ministre de la Production industrielle (presse du 6 août 1945).
2. Bien que les mineurs de fond aient reçu des rations supplémentaires qui seront augmentées à partir de l'été 1945.
3. *Cf.* chapitre 9 : « *Le retour de Thorez* ».

Peu ou pas de charbon donc. Pas de bois. Si peu de bois que, lorsque, le 1ᵉʳ septembre, une explosion se produit dans un train de munitions stationné entre Choisy-le-Roi et Vitry, explosion qui fait 27 morts et 105 blessés, il est dit et il est *écrit*[1] que l'accident aurait été provoqué par des malheureux cherchant à récupérer pour leur poêle ou leur cheminée le bois des caisses à munitions !

« *Aura-t-on du charbon ?* » *Le Parisien libéré* du 18 octobre pose la question. Au fil des semaines, l'interrogation se fera plus pressante. Les administrations responsables ne répondront qu'évasivement, l'optimisme relatif d'un jour se trouvant démenti le surlendemain.

Pas de charbon avant la fin de l'année, écrivent les quotidiens parisiens du 26 novembre ; du charbon... tout au moins 50 kilos pour les enfants de moins de un an, annoncent-ils le 6 novembre ; trois péniches de charbon sont parties de Longueil-Annel, voici la nouvelle publiée le 14 novembre, mais que représente pour Paris la cargaison de trois péniches ?

Des vieillards font savoir qu'ils abandonneraient volontiers les « sucreries » auxquelles leur âge leur donne droit contre un peu de charbon. Une maman s'indigne. Oui, c'est vrai, les enfants de moins de un an ont droit à 50 kilos de charbon, mais que va devenir son bébé qui n'a droit à rien puisque, né le 23 novembre 1943, il a un peu plus de douze mois ?

Le 15 décembre, le ministre de la Production décide de réquisitionner les stocks de charbon dissimulés dans les « administrations privées »... ce qui ne donnera pas un gramme de charbon supplémentaire aux écoles non plus qu'aux hôpitaux.

A Paris — où les stocks font défaut[2] —, des arrivages quotidiens de 20 000 tonnes seraient nécessaires. Le 1ᵉʳ janvier 1945, ils ont été de 16 000, le 11 de 7 000, le 13 de 3 000, le 14 de 12 000.

A Lyon, en décembre, chaque foyer devrait recevoir au minimum

---

1. *Cf. Le Parisien libéré* du 3 septembre 1944.
2. 30 000 tonnes contre 250 000 avant la guerre. Déclaration du ministre Robert Lacoste (presse du 18 janvier 1945).

450 kilos de charbon... 25 seulement, c'est-à-dire moins de un kilo par jour, seront attribués[1].

On comprend l'exaspération d'une population, déjà privée de nourriture, qui se voit privée de chauffage dès l'instant qu'elle ne dispose ni d'argent ni de « combines ». « Ouvriers, petits employés, bourgeois plus cossus, tous souffrent, écrit *La Voix du peuple*[2] du 25 novembre 1944. Évidemment, il y a ceux qui se débrouillent. Il y a des foyers où l'on a chaud : ceux où l'on a stocké du charbon à n'importe quel prix, ceux où le cousin ou le neveu a " des combines ", ceux où l'on a quelque chose à troquer contre quelques stères de bûches. »

L'exaspération populaire peut prendre des formes violentes... surtout lorsque le combustible se trouve à portée de la main. C'est ainsi qu'au milieu du mois de janvier 1945 plus d'un millier d'habitants de Denain envahiront le carreau de la mine d'Anzin et s'empareront de 150 tonnes de charbon[3].

Vols collectifs. Vols individuels dont les maigres rubriques de faits divers dans les journaux régionaux portent trace et qui vont du détournement de camions chargés de charbon au vol de fagots-bûches destinés aux boulangeries, en passant par le rapt de sacs d'anthracite dans des dépôts mal gardés, ou même par l'attaque, à Toulon, d'un livreur que deux ouvriers assassinent pour s'emparer des six sacs de charbon empilés sur sa voiture à bras. Aux policiers qui les arrêtent, le 7 janvier 1945, ils diront avoir agi l'un pour chauffer son logement où deux petits enfants grelottent, l'autre pour permettre à ses vieux parents d'avoir un peu de feu[4].

Et c'est vrai.

---

1. Les besoins sont estimés mensuellement à 25 000 tonnes. Or, la ville ne reçoit que 14 000 tonnes, dont 11 000 devraient être réservées aux laiteries, hôpitaux, écoles, etc. C'est donc en « rognant » sur les besoins vitaux que moins de 5 000 tonnes (soit moitié moins qu'au cours de l'hiver 1943-1944) pourront aller aux ménages.
2. Quotidien communiste paraissant à Lyon.
3. *Le Monde,* 20 janvier 1945.
4. Cité par Ruffin.

Les privilégiés de la fortune ne sont pas, d'ailleurs, les seuls privilégiés. Ont du bois les ouvriers employés sur les innombrables chantiers de démolition des villes bombardées. Chaque jour, ils emportent, au moins, 10 à 15 kilos de bois qu'il leur arrive souvent de vendre, puisque le maire de Rouen pourra dire que, durant l'hiver 1944-1945, la population « s'est chauffée presque entièrement avec du bois de démolition [1] ». Ont du bois les volontaires, envoyés bûcheronner dans les squares [2], les allées, comme dans les forêts proches des villes. Ils sont généralement incompétents, mal nourris (un repas chaud par jour), mal payés (16 francs de l'heure), mais, s'ils mettent peu de bois à la disposition de la population — le mauvais temps, il est vrai, ne facilite pas leur travail —, ils ne rentrent jamais mains (ou charrettes) vides.

Ont du bois — semble-t-il — les administrations. A Rouen, lors de la séance du conseil municipal du 17 novembre 1944, séance consacrée, comme plusieurs autres l'ont été et comme beaucoup d'autres le seront, à l'angoissant problème du chauffage, voici les propos échangés sur un ton de colère désabusée.

> « *M. Gaston Peona.* — Les grosses administrations sont approvisionnées en bois pour l'hiver.
>
> *M. le maire.* — Toutes les administrations ont du bois, sauf la mairie !
>
> *M. Pierre Sevestre.* — Sauf les hôpitaux.
>
> *M. Gaston Peona.* — J'ai constaté que du bois est livré aux grandes administrations. Moi, je suis sans bois depuis six mois.
>
> ....
>
> *M. Marcel Morel.* — Dans la cour du palais de justice, il y a un millier de tonnes de bois. Que fait-il là ? Où va-t-il aller ?
>
> *Diverses voix.* — Les Ponts et Chaussées sont un " drôle " de trust ! »

Les Ponts et Chaussées sont à nouveau pris à partie au cours de cette séance du 30 novembre 1944 où le maire de Rouen déclare : « Quand vous aurez froid, allez aux Ponts et Chaussées, vous aurez chaud. C'est

---

1. Qui est également vendu ou distribué officiellement.
2. A Rouen, par exemple, on abattra les arbres du square Martainville qui doit devenir un terrain de sport.

un État dans l'État! Des fonctionnaires tout-puissants! Contre les fonctionnaires, il n'y a rien à faire. »

A ceux qui sont chauffés on oppose les familles sans feu, les mères « qui ne peuvent changer leurs gosses par manque de chauffage », les enfants qui souffrent du froid, et c'est au cours d'une réunion de la délégation spéciale de Rouen que M. Émilien Taté s'écriera · « Il y a du bois à abattre ; à quatre kilomètres d'ici, vous avez des arbres qui peuvent être sacrifiés. Il vaut mieux sacrifier la vie des arbres que celle des enfants. Je constate avec peine qu'on a sacrifié la vie des enfants au lieu des arbres. »

La Libération, lorsqu'elle a eu lieu en juin, en juillet ou en août, a laissé aux sinistrés le temps, non de reconstruire, mais d'aménager les ruines et de trouver des solutions de fortune à leur infortune. Mais, lorsque la Libération est effective en novembre, comme ce fut le cas pour Saint-Dié, et que, dans la ville libérée, il reste environ un seul immeuble intact sur vingt-cinq, on imagine mal le drame quotidien des habitants qui s'accrochent aux ruines[1].

---

1. Le 1ᵉʳ novembre 1944, quelques obus étaient tombés sur la rue Thiers et la rue Stanislas, faisant 5 morts. Le 7, les Allemands réquitionnaient les hommes de 16 à 65 ans (âge ramené le lendemain à 45 ans) et les envoyaient construire des fortifications dans la région de Provenchères.

Le 9, dès 6 heures du matin, la population de la rive droite reçut l'ordre d'évacuer immédiatement en direction de la rive gauche, ce qui se fit sous la neige et dans le plus grand désordre, chaque famille expulsée s'efforçant d'emporter sur des brouettes et des carrioles le maximum de vêtements, de provisions et de literie. Dans l'après-midi du lundi 13 débutait l'incendie volontaire de la ville. Les Allemands, d'après les renseignements recueillis dans les jours qui suivirent la libération de la ville, qui eut lieu le 21 novembre, incendièrent méthodiquement tous les quartiers entre le 13 et le 16 novembre.

Plusieurs bâtiments importants, dont la cathédrale, devaient par ailleurs être dynamités. Selon les services municipaux (presse locale du 3 mars 1945), sur 3 339 immeubles existant à Saint-Dié en 1939, 1 347 étaient sinistrés à 100 pour 100 ; 12 à 75 pour 100, 50 à 50 pour 100, 1 785 à 25 pour 100, seuls 145 n'ayant pas été touchés.

Enfin, le 19 novembre, à la suite d'un incident, une patrouille allemande fusillait 10 Déodatiens, tandis que 970 étaient envoyés travailler en Allemagne. Après le Calvados et la Seine-Inférieure, le département des Vosges fut le plus cruellement atteint par la guerre. En décembre 1944, on estimati à 60 000 le nombre des sinistrés totaux et à 30 000 celui des sinistrés partiels. Parmi les cantons les plus touchés, ceux de Gérardmer, Fraize, Corcieux, Raon-l'Étape, Brouvelieures et, bien entendu, Saint-Dié.

Le sous-préfet Jean Bauman a ordonné, le 14 décembre, aux patrons et ouvriers du bâtiment, aux agriculteurs, aux commerçants de l'alimentation, aux fonctionnaires et agents des services publics, de demeurer sur place pour reconstruire.

Aux autres, à ceux « dont la présence sur ces terres brûlées n'est pas indispensable à la reprise économique », il demande de quitter la ville avant le 25 décembre.

« Votre exil sera court, leur promet-il, car, moins nombreux, nous qui restons, mieux ravitaillés, mieux logés et plus facilement équipés, nous pourrons réaliser notre programme : *Reconstruire.* »

Ceux qui l'ont écouté — mais sans doute étaient-ils contraints au départ — et qui ont quitté Saint-Dié sous la neige se plaindront d'être toujours sans secours quatre mois après leur expulsion[1]. Dispersés dans plusieurs petites communes du département ; ignorés des pouvoirs publics ; n'ayant pour toute indemnité que 20 francs par jour, soit le prix de quatre œufs ; supportant de plus en plus mal la vie en commun dans des logements trop étroits et au milieu de populations indifférentes ; ne bénéficiant d'aucun des dons en argent et en vivres envoyés par des villes plus heureuses aux habitants des villes les plus maltraitées par la guerre, ces femmes chargées d'enfants, ces veuves, ces hommes âgés, que l'on a chassés parce qu'ils ne pouvaient servir à rien, ont l'impression d'être, déjà, morts aux autres.

Il est vrai que, pour ceux qui n'ont pas quitté Saint-Dié, les plus nombreux — car « on ne déracine pas un Vosgien », déclarera le maire —, la liaison avec le reste de la France et du département demeure particulièrement difficile. C'est ainsi qu'un arrêté pris le *18 décembre* à Épinal par le préfet des Vosges n'arrivera que le *10 janvier à Saint-Dié* où le seul autocar à gazogène ne peut circuler... faute d'autorisation !

Cependant, le 17 février 1945, Raoul Dautry, ministre de la Reconstruction, visite Saint-Dié. Il dit ce qu'il dit dans toutes les villes sinistrées : que la reconstruction prendra beaucoup de temps. Il entend ce qu'il entend dans toutes les villes sinistrées : que la mise en place rapide d'habitations provisoires est indispensable.

Mais avant de rétablir fût-ce du provisoire, un provisoire qui, on le verra, durera longtemps, il faut démolir, et l'arasement des ruines, qui, pour Saint-Dié, débute en mars 1945, provoque chez les sinistrés,

---

1. *La Gazette vosgienne*, 10 mars 1945.

qui se rendaient en pèlerinage sur « leurs » ruines comme sur « leurs » tombes, le sentiment d'une catastrophe peut-être plus absolue que la première.

« *Nous n'aurons même plus nos ruines !* » titre *La Gazette vosgienne* du 31 mars. Et l'auteur anonyme de l'article écrit avec une émotion non feinte :

> « Nos ruines...
> Elles étaient les vestiges de notre chère cité, l'évocation des jours heureux ou malheureux, qui avaient marqué notre vie et le souvenir d'un bonheur et d'un bien-être à tout jamais perdus.
> Nous nous y rendions souvent, en pieux pèlerinage, comme nous allons sur la tombe de parents ou d'amis qui nous furent chers ; devant elles, parfois, nos yeux se mouillaient de larmes... Dans notre détresse, elles étaient devenues nos confidentes... Demain, elles ne seront plus ; demain, nous qui avons sauvé si peu de la catastrophe, nous n'aurons même plus nos ruines !... »

Le 12 avril 1945, lors de sa première réunion, l'Association des sinistrés s'indignera de ce que le plan de déblaiement de Saint-Dié ait été établi à Épinal sans aucune consultation des Déodatiens. Selon ce plan, Saint-Dié ne serait donc plus qu'une « grande place bien damée » où tout ce qui dépasserait du sol, murs, cheminées, cloisons, aurait été soigneusement effacé[1].

Lorsque l'État promet aux habitants de Saint-Dié, comme à tous les sinistrés, des habitations provisoires — c'est le nom flatteur que l'on donne aux baraquements —, l'hiver fait sentir ses rigueurs. On pourrait imaginer que, dans les Vosges plus que dans tout autre département français, la construction de ces baraques ne poserait

---

1. L'association obtiendra que les murs maîtres soient conservés pour faciliter le travail de levée des plans, ainsi que les vérifications cadastrales.
A Saint-Dié, comme dans la plupart des villes sinistrées, les projets des architectes chargés de la reconstruction seront fortement critiqués par la population.

aucun problème : le bois, en effet, est abondant, les scieries sont nombreuses. Très vite, il faudra déchanter. Les scieries sont en mauvais état, et l'exploitation des coupes est rendue dangereuse par la présence d'innombrables mines.

Terminée, la guerre se prolonge... Le même numéro de *La Gazette vosgienne*, celui du 4 janvier 1945, annonce la mort de onze personnes tuées par l'explosion de mines à Corcieux, Fraize, Saint-Rémy [1]. Parmi les morts, de nombreux enfants : le petit Claudel, qui se promenait en forêt ; René Prince et Bernard Mac-Guinesse, qui avaient douze et sept ans et qui ont été tués à Fraize, rue de la Costelle, par l'explosion de mines antichars.

A Raon-l'Étape, quelques semaines plus tard, ce sont trois hommes, Jean-Marie Veryer, Paul-Aimé Gobert et Jean-Baptiste Mary, qui périront alors qu'ils viennent d'indiquer à une équipe de déminage l'emplacement d'engins à demi enfouis sur les bords de la Meuse.

Ce qui est vrai pour les Vosges l'est pour toutes les régions où des combats ont eu lieu et même pour des régions où ils n'ont pas eu lieu, puisque, pour prévenir l'invasion, l'armée allemande a implanté sur le sol français des millions de mines dont rien le plus souvent n'indique la présence.

Comment Mme Sillère, qui ramassait des pommes de terre dans l'herbage de Mme Goupil, à Vieux-Pont, près de Lisieux, aurait-elle soupçonné la présence d'une mine près du pommier où jouaient Gérard et Robert, ses deux petits-enfants ? Ils ont six et quatre ans. Tous les deux vont mourir atrocement déchiquetés.

Comment Joseph Vial, chercheur de champignons dans un bois près d'Antibes, et Joseph Cabanne, de Mèze, acharné à remettre en état son champ, et les frères Lavigneur, chassant dans les environs de Bény-sur-Mer, et des centaines d'autres auraient-ils pu imaginer que la guerre oubliée les rattraperait ?

Les mines tuent hommes et enfants. Elles tuent également le bétail. Elles rendent périlleux les travaux dans les champs et les forêts. Elles ralentissent la reprise de la vie. Or, pour ne retenir que l'exemple du Calvados, c'est en mars 1945 seulement qu'a débuté le déminage de 18 000 hectares minés [2]. Encore tout va-t-il bien lentement. En juin

---

1. Dans les Vosges.
2. Dans le Calvados, les Allemands avaient miné la côte sur une profondeur de dix kilomètres, ainsi qu'Évrecy, Villers-Bocage, Thury-Harcourt, Betteville, Bourguébus, Troran et la plaine au nord de Caen.

1945, seules six équipes de volontaires français sont au travail. Disposant d'un détecteur électromagnétique par équipe, obligées de fouiller méthodiquement le sol avec une tige d'acier enfoncée dans la terre tous les dix centimètres, elles ont cependant retiré et détruit 10 000 mines.

Combien en reste-t-il ? Vingt fois, cent fois plus, davantage [1] ? Nul ne le sait.

Des champs de mines, surtout le long de la côte, ont été signalés grâce à des entourages de fils barbelés et à des pancartes « Achtung, Minen ! ». Mais combien d'autres ont été posées au hasard des combats et sont demeurées sans repère ?

Le déminage sera accéléré à partir de l'été 1945, lorsque Raoul Dautry, ministre de la Reconstruction, en aura confié la responsabilité à Raymond Aubrac [2].

Aubrac, qui a créé une École normale de déminage à Septeuil, près de Mantes-la-Jolie, a demandé 100 000 prisonniers de guerre. Il en obtiendra 50 000 environ. Et ce sont ces 50 000 hommes (non volontaires) qui, sous la direction de 3 200 démineurs français travaillant sur 1 200 chantiers, enlèveront plusieurs millions de mines, au prix de 2 500 morts — chiffre sans doute sous-estimé —, 500 démineurs français étant tués [3].

Parmi ces démineurs il y eut des héros. En Moselle, qui fut sans doute le département le plus meurtri de France, les Allemands ont miné 50 000 hectares. Le lieutenant, puis capitaine, Louis Robardet, qui, en 1939-1940, avait été responsable de la pose de mines françaises dans le secteur de Faulquemont, en avant de la ligne Maginot [4], déminera avec son équipe, en février et mars 1945, 706 hectares et enlèvera 2 801 mines dans le seul triangle Amanvillers-Talange-Maizières-les-Metz.

---

1. A la fin du mois d'août, 104 000 mines auront été enlevées.
2. Raymond Aubrac qui n'est plus commissaire de la République a été affecté au ministère de la Reconstruction.
3. *Cf.* Danièle Voldman : *Attention, mines !*
4. En 1941 les Allemands ramenèrent Robardet en Moselle afin qu'il procède à l'enlèvement des mines qu'il avait posées. Après avoir constaté que des soldats français, victimes de la bataille, avaient été enfouis dans le sol sans avoir fait l'objet d'une identification, le lieutenant Robardet obtiendra des Allemands l'autorisation de donner à ces « oubliés » une sépulture décente. Le groupe constitué à l'initiative du lieutenant Robardet procédera à 2 500 exhumations.

Il fera beaucoup plus. Lorsque le petit Albert Hittinger, qui a quatorze ans, saute sur une mine, près de Talange, personne n'accepte de s'engager dans le champ miné pour tenter de sauver l'enfant blessé. Le lendemain matin, 18 mars, c'est Robardet qui, en rampant, et en sondant le sol devant lui avec sa baïonnette, ira le chercher[1].

Dix jours plus tard dans le même secteur, les frères Étienne et Louis Huppert sautent à leur tour. Et c'est encore le capitaine Robardet qui, après avoir neutralisé les 28 mines qui lui barraient la route, sauvera les deux blessés.

Le 8 février 1946, le général Dody pourra écrire au ministre de la Guerre : « Grâce au dévouement et aux connaissances techniques du capitaine Robardet, plus de 600 000 mines ou engins ont été enlevés à ce jour pour une faible proportion d'accidents mortels. »

Autre département où pullulent les mines : le Calvados, qui, à la fin du mois d'août 1945, a reçu 480 prisonniers allemands, chiffre porté à 2 000 en septembre. Les Allemands sont répartis dans les communes par commandos de 20 à 25 hommes. Ils travaillent par équipes de 10, sous les ordres d'un démineur français — on en compte alors 170 dans le département — et sous la garde d'anciens prisonniers de guerre français qui reçoivent une prime de 1 500 francs pour tout évadé repris vivant, de 1 000 pour tout évadé tué ou gravement blessé.

C'est au moment d'aborder les haies, nombreuses dans la campagne normande et qui n'ont pas été taillées depuis juin 1944, que la tâche se révèle la plus périlleuse. Il faut brûler la haie au lance-flammes, puis détecter, déminer le cas échéant et, naturellement, vérifier qu'il ne reste plus d'explosif. Cette opération de contrôle particulièrement dangereuse, *La Liberté de Normandie* la décrit ainsi :

> « S'il s'agit d'un herbage, celui-ci est fauché, toujours par les Allemands, bien entendu. S'il s'agit d'une pièce en labour, le cultivateur reçoit des propositions pour confier un attelage à un prisonnier allemand qui retournera le terrain à la charrue. Si un accident matériel n'aura pu être évité, du moins une vie française aura été épargnée[2]... »

---

1. L'enfant ne survivra pas à ses blessures.
2. Plus crûment encore, *L'Avenir du Havre* écrira, le 10 mai 1945 : « Les Boches ont semé des mines pour tuer des Havrais, des Français. C'est à eux de les enlever. Tant pis s'ils sautent avec. »

En juin 1945, M. Chapron, chef de cabinet du préfet du Calvados, annonçait que le déminage serait achevé en 1947 ou 1948. C'est exact pour l'essentiel, mais, un demi-siècle après la fin de la Seconde Guerre mondiale, des obus et des mines font toujours des victimes[1].

M. Chapron indiquait également que les démineurs avaient « nettoyé » en priorité la ligne électrique de Caen à Dives, les abords des ponts, les points névralgiques indispensables aux P.T.T., et enfin « assaini » les emplacements utilisés pour la construction des baraques.

Ces baraques, présentées comme une « solution d'attente » et qui resteront près — ou plus — de dix ans en place, encore faut-il qu'elles arrivent. Fabriquées le plus souvent dans les Landes et dans la région parisienne[2], envoyées par rames complètes, réparties non seulement aux sinistrés mais également, et parfois en priorité, aux administrations, elles sont reçues en petit nombre au début de 1945.

A Mortain, détruite à 80 pour 100, où, en décembre 1944, dans des caves, des hangars, des locaux ouverts à tous les vents, de petites guérites, habitants et commerçants se sont réinstallés, les premières baraques feront leur apparition en janvier 1945. Réparties par l'Union commerciale et implantées dans un champ de l'hospice, elles seront l'ébauche de la cité commerciale qui subsistera pendant plus de dix ans.

A Marigny, où les combats ont été tragiques et où la reconstruction durera quinze ans, les premières baraques seront élevées en mars 1945 ; à Dunkerque, où, sur les 3 479 immeubles que comptait la ville en 1939, seuls 10 sont intacts à la Libération, l'explosion d'une partie

---

1. Le 18 juillet 1990, cinq démineurs étaient tués près de Chalon-sur-Saône alors qu'ils opéraient dans un dépôt allemand de 3 000 obus de D.C.A. qui, jusqu'en mai 1990, n'avait pas encore été découvert.

A l'occasion de ce drame, on apprenait que, le long du chantier du T.G.V. Nord, deux tonnes d'obus, roquettes, grenades étaient dégagées *quotidiennement,* et qu'à la Roque-de-Thau, près de Bordeaux, les artificiers avaient encore 250 mines marines à désamorcer.

Des explosifs de la Première Guerre mondiale se trouvant également enfouis dans les lieux où se déroulèrent les principales batailles, il est bien évident que le sol de France est loin d'être débarrassé de tous les explosifs, malgré l'amélioration du déminage à distance et le courage des démineurs (108 d'entre eux ont péri entre 1963 et 1990).

2. Celles qui sont fabriquées dans le Jura sont réservées aux besoins des armées et de la population locale.

du dépôt allemand de munitions, le 9 juillet 1945[1], ruine les quelques maisons en voie de rénovation, brise les vitres neuves, fait voler les tuiles fraîchement posées et, jetant à la rue ceux qui croyaient avoir retrouvé un toit, rend l'implantation des baraquements encore plus urgente.

Nul ne discute l'urgence. Il n'y a malheureusement rien pour la satisfaire. Et, les baraquements existeraient-ils en nombre suffisant — ce qui n'est pas le cas[2] —, leur implantation demanderait de longs délais. L'exemple de Rouen, où 5 000 immeubles — soit le quart de la ville — ont été détruits et où l'on dénombre 32 000 sinistrés, le prouve.

La première tâche n'est pas en effet de construire, mais de déblayer. Or, les transports pour évacuer des milliers de mètres cubes de ruines font défaut. Font défaut également, sinon les bâtiments pour loger les ouvriers venus de l'extérieur, du moins les installations indispensables. C'est ainsi que les 43 couvreurs parisiens et les 300 employés des entreprises de reconstruction, s'ils ont bien un lit et un matelas dans les dortoirs du lycée de Rouen, ne disposent toujours pas de draps... en décembre 1944.

On ne peut rebâtir d'ailleurs, fût-ce légèrement, sur des ruines plus ou moins bien dégagées. Comment serait-il possible, en effet, de refaire la voirie, de reconstituer les réseaux d'égouts et de canalisations d'eau, de gaz et d'électricité, si le sol est occupé par des baraquements ?

A Rouen, ces baraquements, ainsi que les constructions prévues pour les commerçants sinistrés, seront donc élevés à l'extérieur de la ville, notamment place du Boulingrin, jadis réservée aux manèges de la foire Saint-Romain. En novembre sortent de terre les soubassements du premier des pavillons provisoires. Il mesure 30 mètres sur 6 et comprend quatre logements de 50 mètres carrés. Dix, puis trente pavillons étaient prévus. Dans un premier temps, trois seulement seront construits... Et ce chiffre, bien que le nombre des sinistrés soit de 32 000, sera tenu pour un grand succès !

Guy Montier, maire de Rouen, a dû, en effet, « se battre » contre les bureaux parisiens pour obtenir le déblocage des bons matières

---

1. L'explosion, qui fit 5 morts et plusieurs blessés, eut lieu lors du transfert d'une caisse de fusées de tranchées. Sur les 700 tonnes de munitions abandonnées par les Allemands dans la caserne Jean-Bart, 600 avaient déjà été évacuées.
2. On en importera des États-Unis, de Suède, de Finlande.

permettant d'acheter ciment, plâtre, ardoises ; faire le siège de Raoul Dautry, ministre de la Reconstruction ; convaincre le conseil municipal du bien-fondé d'une implantation, place du Boulingrin. Cependant, à peine achevé — le toit n'est pas encore posé —, le premier pavillon ne trouvera pas grâce devant la presse locale.

Sous le titre « Contrastes », *Normandie parle français* du 12 décembre offre à ses lecteurs deux photos mélancoliquement légendées.

> « A Rouen, angle de la rue Eugène Richard et de la rue du Clos-des-Marqueurs.
>
> Quel contraste avec cette vieille maison à colombage que le soleil est venu inonder de ses rayons entre les averses quotidiennes... et la blancheur crue des pavillons provisoires en fibrociment que des ouvriers montent sur la place du Boulingrin pour les sinistrés !
>
> Contraste entre ce que l'on appelle " sa maison " et ce qui ne sera, pour les sinistrés, que le moyen d'avoir un toit.
>
> Contraste entre celui qui retrouve chaque soir l'intimité et la personnalité de son home et celui qui doit reconstituer la douceur d'un foyer dans un baraquement standard. »

« Intimité », « personnalité », « standardisation », le problème est bien là. Problème de cohabitation, problème sentimental. Comment retrouver un jour ce que le feu vous a volé, ce que les bombes ont détruit, c'est-à-dire l' « intimité » du foyer ? Il a bien été prévu qu'un espace vide entre murs extérieurs et murs intérieurs des pavillons rendrait les logements « aussi isothermes que possible ». Ils le seront peu. Des massifs fleuris et des petits jardins doivent « égayer ces ensembles provisoires ». Mais durant l'hiver 1944-1945, il n'y a que boue, que neige. Et il faut se couvrir chaudement pour se rendre à la buanderie commune installée dans un baraquement à la limite nord de la place du Boulingrin.

Le 1er mars 1945, les six premiers pavillons du Boulingrin, dont la construction a été interrompue par le gel, sont en voie d'achèvement. Deux baraquements en bois ont été édifiés boulevard de Verdun. Sur la contre-allée du boulevard de l'Yser, six baraques construites avec des matériaux de récupération sont destinées à quarante-huit commerçants sinistrés.

A la même date, Rouen a reçu 206 baraques, mais, sur le lot, 149

694

sont des baraques « catastrophe », simples abris de planches de 1 m 30 de haut, commandés par les Allemands pour couvrir des tranchées et que l'on ne peut utiliser qu'en les montant sur un soubassement d'un mètre. Une fois de plus, face à ces chiffres misérables, il faut inscrire celui des sinistrés : 32 000 pour la seule ville de Rouen, sans oublier qu'en décembre 1944 le chiffre des immeubles ruinés atteint 1 000 000 pour la France, dont 180 000 ont été totalement détruits. Chiffres provisoires, la guerre se poursuivant à l'est, mais qui donnent une idée de l'ampleur des besoins, comme donne une idée de l'ampleur du dénuement de la *seule Normandie* la demande de Dautry, qui n'est pas encore ministre de la Reconstruction, mais directeur du Secours national, réclamant *d'urgence,* en novembre 1944, 200 000 lits, 150 000 meubles, 30 000 rouleaux de carton bitumé, 500 000 mètres de verre synthétique, 530 000 vêtements, 6 000 baraquements.

530 000 vêtements... pour la seule Normandie, oui, car le mot « sinistré total » signifie non seulement que le sinistré a perdu son logement, mais également *tout* ce qui se trouvait dans son logement : vêtements, chaussures, linge, lits, draps, chaises, armoires et contenu des armoires, vaisselle, provisions, qu'avec sa vie il n'a sauvé que les seuls habits qui le vêtaient à l'instant des bombardements — un pyjama, parfois, sur lequel il avait endossé un pardessus — et le contenu de cette valise que les habitants des régions bombardées gardaient à portée de la main.

A un demi-siècle de distance, il est difficile d'imaginer le dénuement dans lequel se trouvent les sinistrés totaux.

A un habitant de l'Aude, désireux de répondre à un appel lancé par la presse en faveur des populations en détresse, qui lui demande « Je vous prie de me faire connaître au plus tôt l'état de vos besoins », le maire de Caen écrit, le 18 novembre 1944 : « Nous manquons de tout, sauf de produits alimentaires, du moins solides. »

Dans les ouvrages sur l'occupation, il est rarement fait état de la « charité ordinaire ». L'héroïsme exalté, alors que l'héroïsme n'est pas quotidien; la collaboration dénoncée; le récit, une fois encore, ramené au seul combat entre le Bien et le Mal, il n'est guère prêté attention aux morts moins glorieux que les fusillés, à la misère des uns et à la générosité des autres, également anonymes.

Lorsque le maire de Caen répond que ses administrés « manquent de tout », il ne fait aucune littérature. La lecture de la correspondance entre les donateurs et la mairie permet de découvrir des drames que tout destinait à demeurer enfouis.

Un Français résidant à Marrakech envoie-t-il un chèque de 5 000 francs, le maire de Caen le répartit entre Mme G..., veuve d'un résistant fusillé par les Allemands, mère de deux petites filles et sinistrée totale, et une autre femme de fusillé, également sinistrée totale, et mère, elle, de quatre enfants. Lorsque, de Casablanca, parvient, en janvier 1945, une lettre proposant des « marrainages », la mairie indique les noms de quatre familles, toutes sinistrées, ayant au total vingt-trois enfants, ainsi que le nom de Jacqueline B..., une enfant de onze ans, dont le père, la mère et les deux sœurs ont été tués dans les bombardements.

Les propositions d'hébergement et d'adoption sont relativement nombreuses. Ainsi, cette veuve, mère de quatre enfants et qui abrite déjà sa mère, sinistrée de la Somme, propose-t-elle d'héberger, dans le Pas-de-Calais où elle habite, une petite fille de six ans. Sa lettre s'achève sur ces mots : « Il me semble que cette façon de pratiquer la solidarité contribuerait grandement à la fraternité et à l'amour entre Français. »

Le directeur d'un magasin parisien, après avoir envoyé sept colis de vivres, propose « deux fauteuils encore assez confortables », et offre également de recevoir une jeune fille de quinze à dix-sept ans, « de la campagne et catholique », qui pourrait aider sa femme aux tâches du ménage.

A Mme Paul J..., d'Ivry, qui se dit prête à accueillir une enfant de quatre ans, le maire parle de Renée G..., qui a cinq ans, mais dont les parents, sinistrés totaux, vivent avec leurs trois enfants dans une seule pièce ! Au couple de Maromme, en Seine-Inférieure, qui, ayant quitté Caen depuis de longues années, souhaite s'intéresser à une enfant « de préférence sinistrée de Vaucelles », leur ancien quartier, on signale la jeune B..., dont le père a été tué dans le bombardement du 6 juin, dont la mère, sinistrée totale, n'a droit à aucune retraite.

Aux demandes d'adoption, il est toutefois systématiquement

répondu par la négative. Les enfants dont les parents ont disparu sont généralement recueillis par de proches parents ou des voisins.

Les dons en argent, lorsqu'ils atteignent une certaine somme, c'est le cas d'un chèque de 7 000 francs envoyé par M. Jean C..., qui a également fait parvenir à Caen 500 kilos de pommes de terre, font l'objet d'un communiqué dans la presse. Les dons de vêtements : un Parisien envoie, le 6 novembre, un pardessus, un chandail neuf, un cache-nez, six paires de chaussettes, une couverture de coton ; une institutrice de Seine-et-Marne propose de la layette qui ira à une mère de sept enfants dont le mari a été tué le 15 juin ; les dons de meubles, il en arrive de Toulouse où ils ont été collectés par le Secours catholique [1], sont également reçus avec reconnaissance.

Lettre de Georges C..., 21 ans :

> « Monsieur le Maire,
> Je vous accuse réception du mandat de 2 000 F que vous m'avez fait parvenir en faveur de mon petit frère Noël et vous en suis profondément reconnaissant. Cette somme a été accueillie avec joie d'autant plus qu'inattendue.
> En effet, les bombardements du 6 juin nous ont cruellement enlevé notre mère, infirmière de la Croix-Rouge française, et notre sœur (20 ans), assistante sage-femme, laissant une sœur de 18 ans, un grand-père de 75 ans et un petit frère de 10 ans à ma charge... J'écris par ce même courrier à Mademoiselle B..., de l'École libre de Mirabeau-sur-Bèze (Côte-d'Or). »

Mais jamais les envois faits par des Français charitables ne seront assez nombreux pour vêtir ceux qui sont nus, nourrir ceux qui, ayant tout perdu, sont sans travail et sans argent, puisqu'un sinistré total, chargé de famille, touche 400 francs de premier secours et 750 francs de prime de réinstallation [2].

Le 24 janvier 1945, Mme L..., rue de Geôle, écrit au maire de Caen « au sujet d'une attribution de laine » :

---

1. Le camion à gazogène, où se trouvent les dons du Secours catholique, quitte Toulouse le vendredi 29 décembre 1944, à 10 heures, et arrive à Douvres-la-Délivrande (20 kilomètres de Caen) le mardi 2 janvier. Cet horaire donne au lecteur une idée de la difficulté des transports.
2. Exemple de Saint-Malo.

« Voilà plusieurs fois que nous faisons des démarches à la Croix-Rouge, rue Saint-Laurent, sans aucun succès.

Je suis sinistrée totale et sans aucun lainage. Je suis atteinte, depuis le mois dernier, d'un voile au poumon droit. Mon docteur m'a particulièrement recommandé l'emploi de sous-vêtements, de tricots chauds et m'a délivré à cette intention un certificat dont je suis en possession.

Plusieurs personnes se trouvent en ce moment dans le même cas que moi.

Nous ne demandons pas la gratuité. Mais ne pourrait-on pas seulement avoir des points nécessaires à l'achat de laine indispensable à la confection de vêtements chauds pour combattre les rigueurs de l'hiver que vous n'ignorez pas ? »

Les points de textile nécessaires à l'acquisition de vêtements — qui sont l'équivalent des tickets nécessaires à l'achat de pain, de viande, de matières grasses, etc. — sont distribués avec une telle parcimonie que, lors de la séance du 13 novembre 1944 de la délégation spéciale de Caen, il a été affirmé que le Service des réfugiés ne donnait à chaque sinistré que « 100 points, avec lesquels on ne peut rien acheter ».

Ainsi, pendant de longues années, plus d'un million, puis des centaines de milliers de sinistrés, vêtus et parfois nourris par charité [1], se trouveront condamnés, dans des logements de fortune, des locaux

---

1. J'ai insisté sur l'aide apportée aux sinistrés de Caen. Il est évident que ce qui fut vrai pour Caen l'a été pour les autres villes sinistrées. A l'origine des secours, on trouve souvent l'action d' « expatriés ». Ainsi, les Malouins de Paris prendront-ils la tête d'une action en faveur de leur ville d'origine. Par ailleurs, les arrondissements parisiens parrainent plusieurs cités dévastées (le XVIe, Saint-Dié ; le XIIe, Mortain, etc.). Autun, en février 1945, se mobilisa en faveur de Saint-Dié, et une affiche de la J.O.C., signée de l'évêque, du maire, du président du Comité de libération, annonçant l'envoi de camions chargés de vêtements, meubles, vaisselle, comprenait ces mots : « Du plus pauvre au plus riche, les habitants de notre cité se sont dépouillés spontanément de ce qui, au regard de votre indigence, leur paraissait être du luxe. »

Par ailleurs, Auxerre fit parvenir le 20 janvier à Saint-Dié 7 437 pièces de vêtements, 70 pièces de mobilier, 300 paires de chaussures, 2 876 pièces de vaisselle.

difficilement réquisitionnés[1], à une cohabitation responsable de tensions sociales, familiales et, parfois, de drames. Trop de Français l'ont ignoré hier, oublié aujourd'hui.

Lorsqu'il s'agira de donner la mesure des années de misère vécues dans les ruines, le docteur Gilles Buisson, qui exerçait à Mortain, racontera l'histoire de quatre accouchements.

Le 22 janvier 1945, par une nuit très froide, c'est dans une ancienne bergerie qu'il met au monde Daniel V... ; le 5 octobre de la même année, Pierre D... naît dans un grenier, au-dessus d'une écurie transformée en garage. Le 30 mars 1951, un châlit de la prison désaffectée de Mortain reçoit Martine C... Le 17 juin 1952, enfin, huit ans après la Libération, c'est dans un fournil que Mme L... donne naissance à Claudine[2].

Il faudra attendre 1957 pour pouvoir écrire qu'à Mortain la reconstruction est achevée.

Qu'il n'y ait pas de farine à Caen en novembre 1944 ; que les Rouennais aient seulement droit, pour le mois de mai 1945, à cinq grammes de margarine, un œuf et dix grammes de charcuterie, soit un morceau de cinq centimètres de long sur un de côté, ration qu'un charcutier de la rue Saint-Vivien expose au milieu d'un grand plat et près d'une loupe ; que les habitants de Douvres-la-Délivrande, dans le Calvados, privés d'électricité entre le 6 juin 1944 et le 8 mai 1945, n'aient ni bougies, ni pétrole, ni charbon, qu'ils vivent d'oiseaux de mer, de haricots rouges et de biscuits canadiens rancis ; que les soupes populaires soient, pour un temps, le rendez-vous de presque toutes les classes sociales ne paraît sans doute pas anormal aux Français épargnés par la guerre. Avec les immeubles détruits et les vies sacrifiées, les restrictions ne sont-elles pas le prix à payer pour la Libération ?

Mais que des villes et des régions à peine effleurées par les combats

---

1. Les propriétaires d'appartements réquisitionnés n'acceptaient pas toujours de bonne grâce les locataires qui leur étaient imposés. Certains convoquaient des amis pour faire croire aux services municipaux que la place était déjà occupée, mais, au terme d'enquêtes de voisinage, ils devaient finalement accepter l'inévitable.
2. Témoignage du docteur Buisson, maire honoraire de Mortain.

— ce qui est le cas de plus de la moitié du territoire — souffrent d'une trop longue privation de vivres, voilà qui surprend puis scandalise des consommateurs qui s'imaginaient que, les Allemands partis par une porte, l'abondance reviendrait par l'autre.

Oubliant les exigences de la guerre qui continue loin d'eux et sans eux ; ignorant la misère, inégalement répartie mais bien réelle, dans laquelle se trouve plongé le pays ; ne prenant en compte ni l'égoïsme des uns, ni le constant appétit de profit des autres, ni la politisation d'une administration traumatisée qui ne saurait être plus efficace sous de Gaulle qu'elle ne le fut sous Pétain, ils mettront très vite en accusation ce gouvernement dont ils attendaient trop et ces libérateurs alliés dont ils attendaient tout.

Dans *Le Parisien libéré,* Jean Auger, titulaire de la rubrique du ravitaillement, lorsqu'il veut expliquer aux consommateurs de la capitale ce à quoi les tickets de rationnement d'octobre 1944 leur donneront droit, précise qu'il n'y aura pas de vin « avant plusieurs semaines. Il y avait bien, écrit-il, le vin de la Libération. On ne l'a ni vu ni bu ». Pour le beurre, il indique que « le ravitaillement se heurte à la mauvaise volonté des producteurs » ; pour le fromage, il suggère que « des mesures sévères soient prises contre les producteurs adeptes du marché noir » ; le lait arrive à peu près normalement, mais pour les seuls enfants ; l'huile sera sévèrement rationnée ; quant au sucre, la prochaine distribution aura lieu vraisemblablement... en avril 1945, dans six mois.

Depuis la fin de l'an 1940, la rubrique du ravitaillement a été la plus scrupuleusement lue des journaux français de l'occupation. Elle sera la plus lue des journaux de la Libération. Rubrique bien pauvre cependant en bonnes nouvelles.

A Paris, peu de viande (180 à 250 grammes suivant les arrivées de bétail), vingt grammes de fromage par semaine, peu de légumes, pas de poisson depuis plusieurs mois... On se lasse vite, en vérité, d'énumérer tout ce qui fait défaut. Il se trouve des propos et des chiffres tristement révélateurs.

Des propos, ceux de Ramadier, ministre du Ravitaillement, annonçant aux Français, en janvier 1945, que leur ration de matières grasses est inférieure à celle des Britanniques et des Allemands.

Des chiffres : alors qu'il faudrait 2 400 à 3 500 calories par jour, suivant le travail effectué, les calories quotidiennement fournies par la répartition tombent de 1 722 en juillet à 1 425 en novembre, 1 418 en décembre 1944, 1 200 en janvier 1945, mois où, entre le 1ᵉʳ et le 22, les consommateurs parisiens toucheront 500 grammes de viande, deux kilos de pommes de terre, 250 grammes de pâtes, 250 grammes de sel... et s'entendront promettre un œuf.

Il est vrai que le nombre des calories est encore plus bas (1 050) dans plusieurs villes françaises, mais le malheur des uns n'atténue pas le malheur des autres.

Les différences entre chiffres *officiels* et chiffres *réels* sont importantes, qu'il s'agisse des quantités qui arrivent sur la table familiale et des prix payés, qui sont fonction d'un réseau de relations établi et renforcé au fil des années de guerre — réseau dont nous n'avons aucune idée aujourd'hui et qui serait impossible à reconstituer si les événements se répétaient, puisque les structures qui liaient la moitié d'une France citadine à la moitié d'une France encore paysanne n'existent plus.

Nicole Bourgain, cette jeune Parisienne de seize ans, dont le journal fidèle, sincère, est précieux, note aussi bien, dans l'automne et l'hiver 1944-1945, les chutes de V1, les raids aériens sur l'Allemagne, les fluctuations de la bataille de l'Est, les films vus par la famille — films américains, libérés par la Libération, *L'extravagant Mr Deeds,* par exemple, films russes, *Un jour en U.R.S.S.,* français, *Salut à la France,* auquel elle préférera *2ᵉ Bureau contre Kommandantur —,* que l'achat de papier hygiénique [1] « avec recommandation de ne pas en user en grande quantité, c'est un article rare », l'arrivée d'un ami de province porteur de « bon café d'avant-guerre », de fromage, de fruits, de porc ou encore l'installation d'un poêle à sciure de bois dans le salon.

Quelles sont, dans le domaine de la vie quotidienne et du ravitaillement, les informations qu'apporte le journal de Nicole ?

Celle-ci tout d'abord, qui n'est pas sans intérêt, car elle montre combien a été grande la crainte des Parisiens de manquer d'eau. C'est le 2 octobre seulement que les Bourgain vident définitivement l'eau stockée dans leur baignoire depuis le 10 août...

Le 1ᵉʳ novembre 1944, Nicole note : « En ce moment, il y a

---

1. Le 22 octobre 1944.

distribution de porc dans Paris ; un monsieur, passant devant la vitrine de Potin, place Saint-Augustin, s'arrête et tire son chapeau : geste de Parisien admiratif. »

Le 14 novembre 1944, grande nouvelle : pour la première fois depuis le 29 décembre 1943, les Bourgain auront droit à une distribution de volaille du « ravitaillement ». Car, pour la volaille, comme pour le poisson, le beurre, les pommes de terre, le café, le sucre, il faut toujours distinguer entre les apports (faibles) du « ravitaillement » et les apports plus conséquents du « marché noir » ou, mieux, de « la campagne », définition imprécise qui laisse supposer des « prix d'amis » variant suivant le degré de l'amitié.

Ils ne viennent certainement pas du « ravitaillement », les « délicieux gâteaux à la crème et au chocolat !!! » enregistrés par Nicole, le dimanche 26 novembre, avec trois points d'exclamation de surprise autant que de satisfaction.

Pas plus que le foie gras et les éclairs au chocolat du réveillon de Noël[1]. Une dinde en provenance de la Mayenne, « la campagne », était attendue. Elle n'arrivera que le 27 décembre, mais n'en sera pas moins appréciée. Le 8 janvier 1945, toujours de « la campagne », sont reçus un lapin, un poulet, du jambonneau, un pâté, du lard et des haricots.

A côté de ces bonheurs, Nicole n'omet pas de mentionner le manque de beurre (15 février), le pain « horriblement noir » (16 février), le ravitaillement qui « va de mal en pis » (13 mars) et, le 14 mars, cette information (fausse d'ailleurs[2]) selon laquelle deux navires « pleins de beurre » seraient partis pour l'Angleterre. « Ainsi, une Anglaise écrit à quelqu'un comment ils sont ravis de l'arrivée de beurre français, car ils manquent de beurre français depuis trois semaines ! Les pauvres malheureux Anglais ! »

---

1. A Lyon, le commissaire de la République, Yves Farge, mettra à profit la nuit de Noël pour faire perquisitionner 152 établissements où les menus de réveillon évoluaient entre 1 800 et 2 600 francs, soit la moitié ou les deux tiers d'un salaire mensuel.
2. Mais si répandue que Mendès France jugera bon de la démentir dans l'une de ses allocutions radiophoniques.

Dans le journal de Nicole Bourgain, les Anglais ne sont jamais mentionnés, mais Américains et Canadiens tiennent une place non négligeable.

Soldats prompts à déclencher, bien avant chaque village, la puissance de l'artillerie ; chauffeurs de ces énormes camions qui sillonnent la « red ball road[1] » ; noctambules éméchés : « Il paraît que les dames et demoiselles risquent à sortir seules la nuit à cause des Américains », écrit Nicole ; touristes amoureux de Paris ; blancs, noirs, mulâtres parlant un anglais qui n'est pas tout à fait l'anglais ; différents des Allemands par leur allure décontractée ; différents des Français par l'apparent désintérêt — apparent, car certains trafiqueront sur une grande échelle — avec lequel ils considèrent cigarettes, essence, chocolat, café, corned-beef, et tant d'autres richesses, ils font, il est vrai, partie du paysage quotidien.

Mais comment des Américains se retrouvent-ils au sein d'une famille française ? Le plus simplement du monde. Dès le 29 septembre 1944, M. Bourgain est allé au Grand Hôtel et « y a déposé sa carte » pour le cas où un soldat souhaiterait visiter Paris et être reçu par des Français. La radio lancera d'ailleurs de nombreux appels afin que se multiplient les rencontres franco-américaines. C'est un aumônier protestant qui, le 11 octobre, sera le premier Américain reçu chez les Bourgain. « Il parle peu français. Ça va très bien. Nous demande s'il pouvait revenir (Oui). Il s'est excusé de ne pas avoir apporté quelque chose. Il promet du café. Il est très gentil. »

« Il s'est excusé de ne pas avoir apporté quelque chose... » Les Américains ne sont pas reçus simplement comme des libérateurs mais aussi comme des Pères Noël ou des Rois mages par des Français appauvris, et pour qui tout ce qui vient d'outre-Atlantique illumine un triste hiver.

Le 25 novembre, William Leroy et Virgile Peterson, deux soldats américains invités, ont « apporté beaucoup de délicieuses friandises ». Les filles de la maison, Arlette et Nicole, iront dîner avec eux au

---

1. « Red ball road », route où les convois militaires alliés, signalés par un énorme phare rouge à éclairage intermittent sur le véhicule de tête, ont priorité absolue. Toute circulation non militaire doit stopper, et les véhicules (mais aussi les piétons) ont obligation de se ranger sur le bas-côté.

Cercle américain, et dîner à l'américaine : « Jambon sucré avec de l'ananas et des raisins de Corinthe, café en boisson pendant le repas, pie, etc. ».

Le 27 janvier 1945, M. Bourgain, qui a fait connaissance de trois Américains, échange avec l'un d'eux du parfum contre des cigarettes et du chocolat. Le lendemain, il revoit cet Américain, devenu, dans le journal de Nicole, « son » Américain. Au chocolat offert, l'Américain ajoute un savon.

Le 8 février, Michel Bourgain — qui a quinze ans — se trouve, à son tour, favorisé.

> *Journal de Nicole :* « Michel, ce matin, après avoir conduit deux Américains dans le métro pour République, a reçu, en allant chez le boulanger, une orange d'un autre Américain. Michel lui avait préalablement souri, l'Américain l'a rattrapé puis lui a dit : « Comment ça va ? » Michel lui a répondu et le remercie, et, en échange, l'Américain lui donne une orange. »

Le 14 février, Michel, toujours lui, « a encore reçu de deux Américains deux cubes de chocolat Suchard ».

Le 25 février, ce sont deux soldats canadiens qui rendront visite aux Bourgain, puis deux autres le 10 mars. Ils resteront de 18 heures à minuit. « Causeries, dîner, cigarettes, liqueurs, danses. »

Ils reviendront — Gordon et Dock — le 25 février : « Après goûter, nous nous sommes promenés (Saint-Lazare, Opéra, rue de la Paix, Rivoli, Concorde, Champs-Élysées, Arc de triomphe, Friedland, Haussmann). Après dîner, les deux filles ont dansé avec eux tandis que Michel se dévouait à mettre les disques. Durant cette soirée, nous avons bu café, liqueur et fumé je ne sais pas combien de cigarettes !! »

Gordon et Dock seront remplacés, le 10 mars, par Robert et Jacques ; le 28, par Edgar et Francis, qui n'aiment pas les Anglais et « ne pardonnent pas à l'Angleterre sa tentative de débarquement, à Dieppe, d'un corps expéditionnaire, uniquement constitué de Canadiens, comme par hasard, et qui se termina par un massacre sans survivant[1] ».

---

1. Le débarquement eut lieu le 19 août 1942. Les forces de débarquement (6 086 hommes) étaient essentiellement constituées par la 2e division d'infanterie canadienne. Les Canadiens devaient perdre 907 morts, 568 blessés, 1 306 prisonniers, soit près de la moitié de leurs forces.

Le 10 avril, dernière rencontre notable. Deux soldats américains rendent visite aux Bourgain ; l'un, Arthur Caputo, étudiant en droit, parle uniquement de ses études, cependant que le second explique à Nicole, horrifiée, que « la France serait pour dix ans sous le contrôle de l'Amérique !!! ».

Ne quittons pas le journal de Nicole avant de lire le jugement qu'elle porte, le 13 décembre, sur les Américains, jugement qui reflète sans doute les conversations familiales, elles-mêmes influencées par les réactions de l'opinion : « En groupe, au point de vue politique, commercial, industriel, etc., ils sont " rosses ", font leur guerre à eux et ne s'occupent aucunement des Français, arrêtent un train pour faire passer des dizaines des leurs, prennent Marseille rien que pour eux, etc. Individuellement, le soldat U.S. est très agréable, gentil, amusant et sympathique. Peut-être sont-ils mécontents de nous voir si peu malheureux. Hélas ! ils ne se fient qu'aux apparences ! »

Et le 31 janvier 1945 : « Combien nous, Français occupés, nous avons espéré des arrivages américains. Que sont devenus tous nos produits coloniaux ? Pourquoi ne voit-on ni orange, ni banane, ni huile, ni vin d'Algérie, ni cacao, ni coton, etc. ? Les Américains nous avaient bien promis des livraisons, mais, aujourd'hui, on lit dans le journal : " Les livraisons américaines prévues pour février ne seront pas faites à la France. " C'est charmant ! Vraiment, ces Anglais et ces Américains se rendent insupportables ! A ce train-là, ça ne va plus aller du tout ! »

Après avoir si souvent répété que les « Boches prenaient tout », en arrivera-t-on, dans l'hiver 1944-1945, à dire que « ça va plus mal qu'hier » ou encore, comme Nicole Bourgain, qu'Anglais et Américains se rendent « insupportables » et qu'à « ce train-là ça ne va plus aller du tout » ? Aussi extraordinaire que cela paraisse aujourd'hui, il faut répondre par l'affirmative.

La réaction de Nicole, petite jeune fille de seize ans, est celle de

Mme Davoult qui, devant les incohérences du ravitaillement, écrit à sa sœur : « C'était pas la peine de crier sur le régime précédent pour en arriver à des âneries pareilles. »

Elle est celle de M. Émilien Taté, adjoint au maire de Rouen, qui, refusant les explications de l'administration, s'écrie : « Hier, c'étaient les Boches, demain, ce sera autre chose ! »

Elle est celle de la plupart des journalistes. Par exemple, celui du *Progrès de Lyon* qui, scandalisé d'apprendre que les Lyonnais recevront, en décembre 1944, *la moitié du lait qu'ils recevaient en décembre 1943*, écrit : « Le consommateur ne peut s'expliquer que, les Allemands n'exerçant plus leur pillage organisé, nous soyons, pour certaines denrées, plus mal partagés que lorsqu'ils prélevaient leur lourd tribut. »

Elle est celle des fonctionnaires du ravitaillement eux-mêmes, qui, dans une motion votée le 26 mai 1945[1], déclarent que « les travailleurs français étaient en droit d'exiger que la Libération leur apportât autre chose qu'*un prolongement de leur condition matérielle et alimentaire* ».

Elle est celle des plus hautes autorités locales, régionales ou nationales.

Du maire de Rouen qui s'exclame : « Quand je parle à un officiel, je ne manque pas d'attirer son attention sur les comparaisons qui pourraient être faites entre l'occupation et la Libération[2] » ; de Pierre-

---

1. En Corrèze, mais également dans les autres départements français.
2. Bien que cette note semble sortir du cadre chronologique de ce livre, il faut mentionner qu'en 1946 la situation à Rouen (mais ce qui est vrai pour Rouen l'est pour bon nombre de villes françaises) est toujours désastreuse. Si désastreuse que M. Chastellain, maire de Rouen, pourra parler de la « misère physiologique » de la population, et que le docteur Marcel Delahaye évoquera, le 1er juillet 1946, au cours d'une délibération du conseil municipal, l'augmentation constante du nombre des malades (jeunes ganglionnaires, tuberculeux, etc.). Il ajoutera : « La France, qui, pendant cinq ans, a pu nourrir — chichement peut-être — tous les Français malgré les réquisitions d'un occupant vorace, ne peut aujourd'hui nourrir tous les Français. Il y a là, je crois, une politique du ravitaillement qui a fait faillite. On raconte partout qu'on a gagné la bataille du charbon, la bataille de l'essence. Il y a une bataille que nous sommes en train de perdre : celle de la vie humaine ! »
En 1946, par suite d'une stricte application des circulaires ministérielles limitant les prix officiels, les arrivages de bestiaux, qui étaient de 412 sur le marché de Rouen le 1er janvier et de 845 le 15 janvier, tomberont à 92 le 26 février et à 64 le 5 mars.
Quant aux arrivages de légumes, qui avaient été de 2 697 771 kilos pour la période allant du 15 janvier au 15 mars 1945, c'est-à-dire quatre mois après la

Olivier Lapie, l'un des premiers compagnons de De Gaulle, qui déclare, le 23 novembre 1944, devant l'Assemblée consultative provisoire : « La Lorraine a le sentiment qu'elle a plus froid et plus faim maintenant que pendant les quatre années d'occupation » ; du préfet de l'Aude qui, dans son rapport du 28 décembre 1944, décrit en termes désabusés la situation d'un département que l'on aurait pu croire relativement heureux.

> « Dans les rapports précédents, je me suis efforcé de dégager, après la libération du territoire, *la progression agressive* de l'esprit populaire. D'abord, le manque d'enthousiasme s'est révélé, puis, très vite, des critiques se sont élevées ; elles étaient assez confuses et semblaient le résultat d'une irritation latente, mais générale quant à son objet. »

Que « ça allait mieux du temps des Allemands », de Gaulle lui-même apprendra qu'une partie du peuple en juge ainsi à la lecture d'une lettre que Claude Mauriac lui remet le 22 janvier 1945.

Mauriac n'ayant lu que la première ligne : « Mon cher Charles », et les dernières : « enfin je te quitte, mon cher petit ; j'espère que cette lettre te trouvera en bonne santé et que, malgré tes multiples occupations, tu ne seras pas trop impatienté par les bavardages de ta tante qui t'embrasse de tout cœur ainsi que ta femme et tes enfants » a cru à une lettre familiale.

Le Général, après avoir lu le texte avec « lenteur et application », regarde ironiquement Claude Mauriac :

Libération, ils seront en diminution de 350 000 kilos pour la même période de 1946.

Entre le 1er octobre 1945 et le 1er avril 1946, les habitants de Rouen n'ont touché que 8 kilos de pommes de terre, la dernière distribution remontant au 5 décembre.

Cette pénurie a pour origine le fait que tous les préfets et directeurs départementaux du contrôle économique n'appliquent pas avec la même rigueur les circulaires ministérielles ; les prix sont plus élevés dans certains départements vers lesquels se dirige naturellement la production. Ils sont en tout cas plus élevés (et de façon officielle) à Paris.

— On s'est fichu de vous, je ne connais pas d'Élisa...

— Pourtant, mon Général...

— On s'est fichu de vous, vous dis-je... C'était pour que cette lettre me soit remise...

— Je ne sais pas alors quel intérêt avait cette personne...

— Mais si ! Écoutez : " Ce matin j'ai été faire la queue une heure chez le boucher pour avoir 125 grammes de saucisson pour 1 kilo 250 de tickets. Qu'en penses-tu ? Les gens n'étaient d'ailleurs pas contents et les langues étaient bien montées. J'ai même entendu la réflexion suivante : ' Du temps des Allemands, on était largement aussi heureux, sinon plus. On voudrait nous faire regretter les Allemands qu'on ne ferait pas mieux[1]'. Ton Ramadier[2] devrait faire la queue, il saurait à quoi s'en tenir. " Voilà, c'était un truc pour qu'on me remette sûrement la lettre et que je lise cela...

— Ce n'était pas bête...

— Ma foi, non...

Nous rîmes et passâmes à un autre sujet[3]. »

Les raisons du mécontentement populaire sont nombreuses mais le ravitaillement demeure le souci dominant.

Ce désappointement, qui bientôt se muera en colère, et que la propagande allemande exploite dans une feuille destinée à ses soldats — « A Paris, les conditions de vie empirent de plus en plus. Rien ne fonctionne plus. On ne peut même pas obtenir les denrées auxquelles

---

1. Dans *Le Monde* du 21-22 janvier 1945, l'éditorial est consacré à une comparaison de la vie sous l'occupation à la vie après la Libération, mais dans un souci d'explication. « " Cela ne va pas mieux que sous les Allemands ". Cette parole qui révolte ainsi prononcée exprime une vérité. Pour ne prendre qu'un exemple, notre réseau ferroviaire disposait " sous les Allemands " de trois fois plus de locomotives qu'aujourd'hui. »

2. Ministre du Ravitaillement, cible favorite des caricaturistes... et des consommateurs.

3. Claude Mauriac, *Aimer de Gaulle*.

les cartes de rationnement donnent droit[1] » —, ne doit rien à l'imagination. Il est fondé sur des chiffres que les Français de 1945 ignorent, mais que nous connaissons.

De toutes les années de guerre, l'année 1945 a véritablement été la plus mauvaise pour la production agricole : 42 millions de quintaux de blé contre 64 en 1944 ; 61 de pommes de terre contre 65 en 1943 et 76 en 1944 ; 28 millions d'hectolitres de vin contre 41 en 1943 et 44 en 1944 ; 15 pour cent environ de viande de plus qu'en 1944, mais moins qu'en 1943 ; enfin deux fois moins de sucre qu'en 1943.

La production industrielle, très basse, ne dépassera que rarement les plus mauvais chiffres des années d'occupation. En ce qui concerne la houille, le ciment, l'aluminium, l'acier brut, les résultats seront inférieurs — et souvent dans d'importantes proportions — à ceux des années 1941-1943. A peine dépassent-ils ceux de 1944[2], année troublée par les bombardements et le déroulement des hostilités.

Autant de chiffres désastreux qui se traduiront par une forte poussée de la mortalité infantile. « En 1945, écrit Alfred Sauvy, le taux de 10,5 pour 100, très supérieur à celui de la plus mauvaise année de l'occupation (7,6 pour 100), nous ramène avant la guerre de 1914 ! »

La dégradation de la situation alimentaire incite au ricanement les partisans de Vichy[3], consterne les résistants et — sans même que des mots d'ordre soient donnés — lance des ménagères, exaspérées par la montée des prix (5 pour 100 en moyenne par mois) et par la diminution de la marchandise sur les marchés, dans des manifestations dont l'ampleur surprend les autorités.

Une manifestation a lieu le 25 janvier 1945 à Narbonne. Voici les réactions qu'elle provoque de la part d'autorités préfectorales d'autant plus inquiètes que, dans l'arrondissement de Narbonne et dans le

---

1. *Die Ostfront,* 15 décembre 1944. Le journal allemand affirme reproduire un texte du *Daily Express.*
2. Ce qui est vrai pour l'aluminium et le ciment, mais ne l'est pas pour la houille non plus que pour l'acier brut.
3. Le 9 août 1945, lors du procès du maréchal Pétain, M. Charles Donati, ancien préfet et témoin à décharge, dira : « Si l'on en juge par les résultats acquis par nos successeurs depuis un an, je constate, à entendre les propos de l'homme de la rue et à lire la presse quotidienne, que le ravitaillement n'est pas si facile à assurer, puisqu'on dit même qu'il n'y a pas de progrès. » Phrase qui sera ainsi relevée par le juré Pierre-Bloch : « C'est un ancien préfet [M. Donati a été révoqué le 31 mars 1945] qui vient faire ici le procès du nouveau gouvernement. »

canton de Sigean, les maires récemment installés ont menacé de démissionner.

Les manifestations ont tout d'abord été spontanées. A Montpellier, le 20 novembre 1944, pillage par 500 femmes de plusieurs magasins d'alimentation ; bris de vitres de quelques restaurants de marché noir à Paris le 31 janvier ; vols dans les boulangeries à Lyon le 3 février, à Angoulême le 4 ; attaque à Meaux, le 9 février, d'un dépôt de charbon.

Mais comment ces réactions de mécontentement brèves et ponctuelles, que l'on enregistre dans de nombreuses villes françaises, ne donneraient-elles pas lieu, au début de 1945, à des mouvements populaires organisés et politiquement récupérés ?

A Lyon, par exemple, tout commence par une manifestation des militantes de l'Union des femmes françaises — organisation placée sous la tutelle du Parti communiste — qui réclament l'épuration des services du ravitaillement hérités de Vichy, l'abolition des « frontières » départementales, qui gênent, il est vrai, ou empêchent la circulation des vivres, un « contrôle des ménagères et des syndicalistes auprès des collecteurs de campagne », la réquisition des transports, la lutte contre le marché noir et les restaurants de luxe, la suppression des intermédiaires, toutes revendications qui se traduisent par des motions déposées à la mairie, à la préfecture et surtout reproduites dans la presse.

Aisément exploitée, cette colère des femmes du VIᵉ arrondissement servira de préface à une manifestation d'une ampleur peu ordinaire puisque, selon les organisateurs, 100 000 personnes — chiffre énorme, peut-être surévalué, peut-être exact, car le mécontentement est plus réel encore que ne l'imaginent les autorités — se seraient rassemblées, le 2 mars, place Bellecour.

Quoi qu'il en soit, la C.G.T. du Rhône, dans son communiqué, confirme ce que dit la majorité de la population : « Les Français sont moins bien nourris aujourd'hui que lorsqu'ils étaient pillés par les Allemands. »

A cette crise de janvier-mars 1945, il existe plusieurs raisons. Le mauvais temps, tout d'abord, qui ralentit considérablement, on l'a vu, les transports ferroviaires et routiers. Des villes comme Nice, Toulouse, Lille, Clermont-Ferrand resteront sans ravitaillement pendant plus de deux semaines. En banlieue parisienne — les banlieusards se plaindront toujours d'être défavorisés par rapport à la capitale —, la situation est dramatique, et les nourrissons seront privés de lait entre le 13 et le 19 janvier. Mais, à Paris même, les annonces de distribution faites dans la presse n'ont aucun sens, puisque les arrivages sont inexistants, les Halles ne recevant, en effet, ni légumes ni fruits entre le 9 et le 30 janvier. La situation du gaz et de l'électricité s'était améliorée. Elle se dégrade brutalement le 15 janvier 1945 dans la région parisienne et plus encore en province.

C'est ainsi qu'à Nantes, en janvier 1945, le gaz n'est distribué qu'entre 7 h 15 et 7 h 30, 11 h 45 et 12 h 45, car les 2 000 tonnes de charbon attendues ne sont pas arrivées[1].

Le mauvais temps et le manque de matériel ralentissent la reconstruction des ponts, donc le rétablissement des liaisons ferroviaires et routières, ruinant ainsi des espoirs trop vite entretenus après la Libération.

Lit-on certains journaux, on découvre à la page locale un véritable feuilleton : celui de la reconstruction des ponts. Reconstruction... qui commence par l'édification d'une simple passerelle.

Ainsi *La Nouvelle République* entretient-elle presque semaine après semaine ses lecteurs de l'avancement des travaux de la passerelle jetée à Tours sur la brèche du pont Wilson, passerelle en bois qui sera remplacée, en octobre 1945, par une passerelle métallique. Elle évoque longuement les travaux que la crue de la Loire a retardés à Blois ; les réparations du pont de Buzançais qui traînent, car 10 tonnes d'acier spécial font toujours défaut : l'aventure advenue au pont de Châtillon, situé à 600 mètres de la gare de Châteauroux, et qui a été partiellement saboté les 22 juin et 3 août 1944, puis définitivement rendu inutilisable par les maquisards le 5 août ; le désenclavement des

---

1. *La Résistance de l'Ouest* du 23 janvier 1945. Cinq personnes sont toutefois asphyxiées en vingt-quatre heures pour avoir laissé les robinets ouverts en permanence et, dans la nuit, avoir été surprises par l'accumulation du gaz qui s'échappe toujours en très faible quantité des brûleurs.

habitants de Saumur, ville totalement entourée d'eau, et dont, pendant plus de deux mois, on ne put sortir que grâce à un bac.

Chaque réfection achevée est occasion d'« inauguration », de manifestations d'enthousiasme. A Blois, le 1er septembre 1945, un bal populaire, une retraite aux flambeaux et un feu d'artifice — « qui parut trop court aux Blésois privés de cette coûteuse distraction depuis plus de six ans[1] » — précédèrent l'« *inauguration* officielle » par le secrétaire général de la préfecture, le maire de Blois, le général commandant la subdivision, l'évêque et de nombreuses personnalités, que le journal s'excuse « de ne pouvoir toutes citer », de la passerelle qui devait permettre le passage des véhicules de 10 tonnes.

On comprend cette joie. Un pont rétabli — fût-ce provisoirement — c'est la vie qui reprend.

Si le pont de chemin de fer sur la Loire est remis en état le 21 novembre 1944 et que les voyages Paris-Limoges et Paris-Toulouse peuvent ainsi s'effectuer désormais sans transbordement à Orléans, ce n'est pas vrai pour les voyages de Montpellier à Marseille, la destruction du pont sur le Rhône exigeant des manœuvres de transbordement telles que le déplacement — en janvier 1945 — exige au moins onze heures.

Aux réfections des innombrables ponts détruits — 1 900 ouvrages d'art d'intérêt stratégique, chiffre qui ne prend pas en compte les ponts d'intérêt local —, travaillent certes des soldats et ouvriers français[2]. Y travaillent en plus grand nombre, et avec des moyens supérieurs, les soldats américains, dont les ponts Bailey resteront parfois vingt-cinq ans en service.

Le général de Gaulle rendra hommage à leurs efforts dès les premières lignes du tome III de ses *Mémoires de guerre*. « Il est vrai, écrira-t-il, que les Alliés s'empressent de nous apporter le concours de leur outillage pour rétablir routes et voies ferrées sur les axes stratégiques : Rouen-Lille-Bruxelles et Marseille-Lyon-Nancy. » Mais, ajoutera-t-il, « les trains et les camions qui

---

1. *La Nouvelle République,* 3 septembre 1945.
2. Près de Saint-Dié, le pont provisoire rétabli sur la Meurthe par une compagnie d'un régiment du génie de la 1re armée sera appelé pont de Brugnac, en mémoire de la mort d'un jeune soldat tué pour la défense du sol vosgien le jour même où débutaient les travaux de reconstruction.

roulent... sont destinés essentiellement aux forces en opérations ». Comment aurait-il pu en être autrement ?

Cependant, si, le 17 décembre 1944, la cérémonie d'inauguration du viaduc reconstruit de Darnétal — dédié par l'armée américaine à la mémoire de deux de ses soldats — donne lieu à une impressionnante prise d'armes, le premier convoi qui passe est un train de charbon à l'intention de la population de Rouen. Mais ce n'est pas avant la fin du mois de mai 1945 que les viaducs de Tourville et d'Oissel, remis en état, permettront d'aller directement de Rouen à Paris. Encore faut-il savoir ce que les mots veulent dire. Parce qu'ils n'ont pas le même sens en 1945 qu'aujourd'hui, voici, sous la plume de M. Jean Mouchet, qui tient quotidiennement son journal, le récit d'un « voyage » qui eut lieu le 8 avril 1945. Il s'agit de se rendre de Pont-l'Abbé à Paris en passant par Le Mans.

« Nous prenons le train pour Quimper, où nous avons aussitôt une correspondance pour Landerneau. Là, une foule dense attend le train de Brest. Il arrive déjà plein à craquer de voyageurs. Sans perdre une seconde, Marie-Louise [sa femme] se déchausse et entre dans un compartiment par une fenêtre ouverte. Je lui passe Yvonne [elle a onze ans et demi] et les bagages et j'emprunte le même chemin. Des personnes restent sur le quai. A Guingamp, un soldat ivre, qui accompagnait sa femme et son enfant, brise à coups de crosse une vitre qu'on n'avait pas voulu baisser pour lui. Nous nous arrêtons au Mans après quatre heures du matin... Nous repartons la nuit suivante à 2 heures du matin. Le train pour Paris a pris deux heures de retard ; quelque part en Bretagne une femme est restée accrochée à une portière quand le convoi s'ébranlait. Elle a poussé des cris, on a tiré le signal d'alarme. Le train s'est arrêté brutalement. Deux voitures se sont décrochées et des voyageurs qui se tenaient dans les soufflets ont été blessés... Quand le train arrive, il est, quoique très long, bourré de bout en bout. Impossible d'ouvrir une portière, et personne ne consent à baisser une vitre. Nous le parcourons vainement de la tête jusqu'à la dernière voiture. Enfin, comme il va partir, aidé d'un cheminot compatissant, je force une porte, empoigne les bagages qui restent un moment supportés par des corps, je tire par un bras et par une jambe Yvonne, hurlant parce que son nez est accroché je ne sais où, puis

Marie-Louise qui est encore sur le marchepied quand est donné le signal du départ[1]... »

Le grand nombre d'ouvrages d'art détruits en mai et juin 1944, leur dispersion sur tout le territoire, le déficit en matériaux dans un pays qui, tout en étant soumis aux réquisitions allemandes, a dû et pu, en quatre ans, réparer presque toutes les destructions provoquées par la bataille de 1940, le manque de wagons et de locomotives, le froid et les inondations, tout cela explique beaucoup mieux que je ne sais quelle volonté maligne de la S.N.C.F., mise en avant par la presse communiste[2], les incontestables lenteurs dans la remise en état et la reprise des transports.

La contre-offensive dans les Ardennes des Ve et VIe armées blindées allemandes, ainsi que de la VIIe armée, explique mieux encore et légitime la crise du ravitaillement et du chauffage. C'est le 16 décembre 1944 que débute une attaque qui enfoncera profondément les lignes américaines, menacera Liège et Anvers, mettra Strasbourg en péril et ne prendra fin sur le terrain qu'en début de janvier. Comment cet assaut inattendu, que Hitler voulait stratégiquement aussi décisif que le fameux « coup de faux » de mai 40, n'aurait-il pas, du côté allié, mobilisé toutes les ressources, tous les camions, presque tous les wagons, presque toutes les locomotives et, fatalement, réduit les possibilités de ravitaillement, de chauffage, comme de déplacements des populations, puisque, à partir du 16 janvier, tous les trains à vapeur seront interdits aux civils[3].

Pour ne pas ajouter à la panique qui rôde pendant quelques jours, et parce que la situation militaire est assez rapidement rétablie, les exigences de la bataille ne sont que fort mal expliquées à des Français affamés. Et, lorsqu'elles sont expliquées, elles sont mal comprises par

---

1. Inédit.
2. *Cf. La Voix du Peuple*, journal communiste publié à Lyon, qui, dans son numéro du 15 novembre 1944, met en parallèle les « tours de force » accomplis dans l'été 1940 « pour rétablir ponts et installations détruits » et ce que le quotidien appelle « la paralysie actuelle ». Pour expliquer ce qui lui paraît inexplicable, *La Voix du Peuple* met en avant la malfaisance des trusts et les lenteurs de l'épuration. Je cite cet exemple. On en trouverait bien d'autres.
3. Les transports sont à ce point désorganisés que, le 17 janvier, sept sur huit des affaires inscrites au rôle de l'audience de la cour d'appel de Nantes doivent être renvoyées, les prévenus n'ayant pu se déplacer.

une population relativement indifférente à tout ce qui n'est pas son quotidien et qui admet mal que, les Allemands une fois tenus en échec, il faille durant des semaines encore, ces semaines si rudes de janvier et de février, donner la priorité absolue aux transports militaires sur les transports civils, afin de réarmer et réapprovisionner le front.

Non seulement la presse se fait l'écho de toutes les lamentations des lecteurs, mais elle proteste vivement contre les restrictions de format et de tirage qui l'atteignent[1] et dont elle rend responsable directement le gouvernement, indirectement de Gaulle, qui se plaindra que, « pour soutenir [sa] politique, celle de l'ambition nationale, [il] devait de moins en moins compter sur les voix, les plumes, les influences[2] ».

Les restrictions de papier ont évidemment la même explication que celles de sucre, de viande, de pommes de terre : froid exceptionnel, pénurie de charbon, suites de la contre-offensive allemande.

Lorsque Pierre-Henri Teitgen, ministre de l'Information, rend visite, le 9 février 1945, aux directeurs de journaux et aux membres du Comité de libération des Alpes-Maritimes, il dit, sans être entendu parfaitement de ceux qui se plaignent :

> « Savez-vous qu'en une nuit tragique nous avons failli perdre l'Alsace et la Lorraine ? Et que c'est un miracle, le rétablissement que l'on a fait à ce moment-là. Cela nous a pris nos wagons, 400 par jour, qui ne sont jamais revenus faute d'outillage et de plaques tournantes... Il n'y pas de charbon, il n'y en a eu pour personne. Il nous a fallu raréfier le gaz, l'électricité et le papier qui restait. Nous avons dit : chaque journal baissera de 50 pour 100, mais il sera libre de le faire sur le format, le tirage ou la périodicité. Il y a des sacrifices qui sont inévitables et qui sont le prix de la victoire. »

---

1. Les wagons faisant défaut pour transporter le papier journal, les quotidiens du Sud-Ouest seront, à partir du 26 décembre 1944, imprimés sur papier kraft provenant des Papeteries de Gascogne, de Mimizan, dans les Landes.
2. *Mémoires de guerre*, t. III, p. 90.

La pénurie est aggravée par les bureaucrates. Compliquant les circuits, retardant les livraisons, se réfugiant derrière des règlements faits pour un autre temps, ne prêtant aucune attention aux suggestions des autorités locales, petits rois de l'autorisation, dictateurs des tampons, ils ne font pas mieux après qu'avant la Libération.

Qu'en décembre 1944 quatre mille œufs soient « oubliés » dans un entrepôt lyonnais jusqu'à l'instant où ils sont devenus impropres à la consommation ; que 380 kilos de porc frais, saisis chez un trafiquant de Saint-Étienne, soient jetés à la décharge parce qu'un contrôleur, campant sur les textes, a interdit leur distribution aux cantines scolaires ; que neuf tonnes de volailles doivent être détruites à Toulouse ; qu'entre la Saône-et-Loire et Lyon un wagon de vingt tonnes soit occupé seulement par un taureau et une vache et que, les bêtes n'étant pas attachées, le taureau tue la vache ; qu'un industriel nantais, qui doit livrer cinq tonnes de matériel dans le Nord, se voie refuser l'autorisation de ramener une quantité égale de sucre ; que 1 900 tonnes de charbon, parties des mines du Nord, puissent « se perdre [1] » ; que les paysans, vendant au « ravitaillement » 16 000 francs — prix de la taxe — une paire de bœufs de boucherie, doivent débourser 35 000 francs pour racheter une paire identique, tous ces faits, et bien d'autres, ne diffèrent guère de ce qui se produisait « sous Vichy » et dont l'administration, déjà, était rendue responsable.

Les choses ont d'autant moins de chances de s'améliorer rapidement qu'aux inerties, aux lenteurs, aux erreurs de l'administration se superposent l'égoïsme et parfois la malhonnêteté des administrés.

Dans *La Vie économique des Français de 1939 à 1945,* Alfred Sauvy a écrit : « La Libération permet de démasquer ceux qui habillaient d'une parure de résistance leurs habitudes de marché noir. » La phrase est discutable, car les masques furent arrachés à bien peu, tandis que

---

1. En janvier 1945. Ce charbon était destiné à la Loire-Inférieure.

beaucoup se masquaient, mais Sauvy ajoute ceci qui est parfaitement exact : « Le retour à la démocratie n'améliore en rien leur civisme. »

Un civisme dégradé par les événements qui ont précédé la Libération, lorsque la lutte contre l'Allemand et Vichy avait servi de prétexte à certains pour affaiblir une société bourgeoise attachée à une certaine morale traditionnelle et qui avait longtemps hésité avant de franchir la ligne de démarcation du « ce qui ne se fait pas ».

Aujourd'hui, presque tout « se fait », et, du paysan périgourdin qui abat clandestinement 50 bovins et 500 moutons, entre le 15 octobre et le 31 décembre 1944[1], à l'épicier de Carcassonne chez qui l'on saisit 529 kg de sucre, 1 855 kg de pâtes, 463 boîtes de lait, 780 kg de sel... ainsi qu'un kilo de berlingots de Carpentras illégalement stockés[2], en passant par le « livreur » qui, tous les matins, sa valise chargée de 750 petits pains briochés au lait, fait la tournée de douze cafetiers nantais[3], par la « brave femme » qui, chaque semaine, depuis dix-huit mois, « sort » de la manufacture de tabacs où elle est employée deux kilos de tabac et soixante « niñas[4] », par ceux qui, après avoir trafiqué avec les Allemands, trafiquent sur bien plus grande échelle encore avec des Américains presque assurés de l'impunité[5], puisque l'armée la plus riche du monde n'attache guère d'importance à la « disparition » de cent ou de mille caisses de cigarettes, de cent ou de mille jerricans d'essence, et par ceux qui, partis de rien, mais colossalement enrichis en travaillant pour l'ennemi, ont eu l' (heureuse) idée, comme l'écrira pudiquement un Comité de libération qui plaide, le 27 décembre 1944, en faveur d'un certain D..., de « subventionner largement l'œuvre de solidarité (aide aux familles des déportés politiques) qui était si chère aux résistants[6] » ; ils sont ainsi des

---

1. Il sera condamné le 5 janvier 1945 à trois mois d'internement.
2. En octobre 1944.
3. Février 1945. Les petits pains qui valent trois francs sont vendus neuf francs aux cafetiers qui les revendent quinze francs pièce au consommateur. Les douze cafés seront fermés pour un mois par arrêté préfectoral.
4. Soit, au total, environ 160 kg de tabac et 4 680 « niñas ». Nantes, janvier 1945.
5. Presque... En janvier 1945, des condamnations assez lourdes frapperont des officiers américains coupables d'avoir trafiqué avec des Français. Le lieutenant Marvin Davis sera condamné à dix ans de travaux forcés.
6. Je garantis l'authenticité du document suivant, si je ne précise pas, pour des raisons compréhensibles, son origine. Voici en quels termes, le 27 décembre 1944, un Comité local de libération « défendait » un homme que l'on aurait pu, à juste

centaines de milliers les Français qui « se débrouillent » au détriment des millions qui ne se débrouillent pas et, ne pouvant pas trouver de pommes de terre à 3 F 86, prix de la taxe, ou du lait à 4 F 60, sont incapables de les payer respectivement 13 et 22 francs, prix demandés en octobre 1944 par ceux qui n'ont rien en boutique, mais tout ce que l'on souhaite en réserve.

Veut-on savoir comment, sur cent kilos de poisson ramenés par un pêcheur marseillais rentrant au Vieux Port, il n'en arrive que cinq sur le « marché normal » ? L'opération se déroule le plus simplement du monde. Un rapport préfectoral, en date du 30 décembre 1944, en démonte le mécanisme.

> « Au retour de la pêche, une part du poisson comprenant les plus belles qualités est dissimulée dans le bateau, l'autre partie est rentrée en criée, et, à ce moment-là, on pourrait croire que ce poisson est destiné au marché normal. Il n'en est rien, le pêcheur a le droit de prélever une part de 20 kilos, dite " part du bateau ",

---

titre, considérer comme un collaborateur économique. Je précise que M. D..., résidant en zone occupée, avait travaillé pour les Allemands pendant toute la durée de la guerre.

« *Affaire D...* — Cet entrepreneur aux moyens plus que modestes en 1940 s'est acquis une *grosse fortune* [souligné dans le texte] en travaillant exclusivement pour les Allemands. Alors qu'il employait en 1940 quatre ou cinq ouvriers, il effectuait les travaux pour le compte de l'ennemi avec plusieurs centaines d'ouvriers (aménagement du camp de X..., construction du poste de radio-repérage d'Y..., réparation de cantonnements allemands et aussi camionnage pour l'ennemi).

Par contre, le sieur D... subventionnait largement l'œuvre de solidarité (aide aux familles de déportés politiques) qui était si chère aux résistants. Il camouflait pas mal de réfractaires dont il connaissait la fausse identité en les employant, ce qui leur permettait d'échapper à la déportation. Il encourageait ses ouvriers à saboter le travail qui lui était demandé par l'ennemi en leur demandant de *faire peu* et *lentement* [souligné dans le texte]. Il a participé quelque peu à la fabrication de fausses cartes d'identité.

Il vient d'être condamné à un mois d'internement.

Le comité local aurait demandé au moins le sursis [je souligne intentionnellement].

D'autre part, la Commission des bénéfices illicites va s'occuper spécialement de cette affaire. Nous sommes entièrement d'accord et nous ne trouverons jamais l'amende trop élevée. »

une deuxième part " alimentaire " égale à la première et ensuite une troisième part, dite " réservataire "... Résultat : un bateau apporte 100 kilos de poisson, le pêcheur en retire 90 à 95 kilos, il en reste 5 kilos au ravitaillement, c'est-à-dire quelques poissons épineux, un rebut de pêche qu'il faudra vendre très cher au consommateur[1]. »

Ces quantités ridicules (pour le premier trimestre de 1944 les parts « réservataires » ont représenté 20 717 kilos sur les 26 225 kilos officiellement pêchés) étant réparties aux détaillants par secteurs, certains poissonniers marseillais sont restés pendant l'occupation treize mois sans recevoir de poissons !

Avec la Libération, la situation ne s'est pas améliorée. « Le marché noir du poisson est le plus honteux de tous », affirme le rapport que j'ai cité. Son rédacteur accuse les autorités de faire preuve « de faiblesse, de bienveillance même à l'égard des pêcheurs qui, en retour, approvisionnent largement en poisson les personnalités politiques et policières chargées du service d'ordre ».

Absence de civisme individuel. Absence de civisme collectif. Les troupes — qu'il s'agisse des F.F.I. ou de l'armée régulière — vivent — en dehors de la zone d'opérations — avec un sans-gêne qui exaspère les populations.

Le Midi libre du 18 octobre s'élèvera contre les privilèges dont bénéficient « toute une série de popotes et de mess qui arrivent à recevoir journellement un approvisionnement quotidien plus que suffisant ».

Quelques chiffres donneront une idée des avantages dont jouissent les militaires. En Dordogne, le préfet estime que leurs besoins en ravitaillement se montent à 30 pour 100 de ceux des civils[2] ; en Saône-

---

1. Inédit. Ce même rapport précise que des pêcheurs remettent en état de vieux bateaux abandonnés et que ceux qui ne pouvaient amortir un crédit de 300 000 F commandent des chalutiers valant jusqu'à un million.
2. Conférence de presse du 4 décembre 1944.

et-Loire, F.F.I. et F.T.P., au nombre de 12 000, réquisitionnent la viande à raison de *250 grammes par jour, quand, dans les villes, les citadins les plus heureux ont droit à 250 grammes par semaine;* aux abattoirs de Lyon, sur onze bouveries, quatre sont utilisées pour l'armée française, quatre pour l'armée américaine, une pour un commando de prisonniers allemands... deux pour la population de la ville; Jean Chairtron, préfet de la Corrèze (et avec lui bien d'autres préfets), se plaint des résistants qui « occupent indûment des locaux et s'installent dans la facilité[2] », cependant que mille familles de Limoges attendent toujours un logement; enfin, les réquisitions plus ou moins légitimes des camions, pour ne pas parler des réquisitions d'automobiles, privent le ravitaillement de moyens de transport. En novembre 1944, Lyon ne reçoit quotidiennement que 80 000 litres de lait... *contre 300 000 en novembre 1943.* Les enfants de la ville pourraient bénéficier chaque jour de 50 000 litres supplémentaires... si les F.F.I. voulaient bien restituer les camions à leurs propriétaires.

Égoïsme municipal. En novembre 1944, la délégation spéciale de Béziers décide de procéder sans autorisation à une distribution de pâtes alimentaires, pâtes prises sur les stocks entreposés certes à Béziers, mais destinés à d'autres villes du département. La réaction du Comité départemental de libération de l'Hérault est prompte. Dénonçant « l'égoïsme communal, aussi détestable que l'égoïsme individuel et le marché noir », le C.D.L. demande au préfet, qui accepte, que la prochaine distribution de matières grasses et de pâtes soit supprimée aux Biterrois.

Égoïsme départemental. Dans sa conférence de presse du 4 décembre 1944, le préfet de la Dordogne s'efforce de faire honte à ses administrés : « Les producteurs, leur dit-il, qui n'ont pas permis l'envoi d'un kilo de viande à la Savoie ne peuvent pas s'étonner que la Dordogne n'ait pas reçu un gramme de beurre de la Vienne. » Il leur dira encore : « La Dordogne, qui a été à la tête de la Résistance, qui a

---

1. Allocution du 24 novembre 1944.

fait tout son devoir pour la Libération, ne fait pas preuve de solidarité. »

Il ira plus loin dans la sévérité, le 31 janvier 1945. Après avoir rappelé que les livraisons de blé avaient été de 355 495 quintaux pour 1942 et qu'elles n'ont été que de 208 141 quintaux pour 1944, il ajoutera, s'adressant à des paysans qui ont officiellement droit à 650 grammes de pain par jour[1] : « Je ne peux pas croire que les agriculteurs périgourdins, qui ont livré leur blé alors que notre département était encore sous l'oppression allemande, n'auront pas à cœur de redresser une situation qui s'avère déjà grave. »

Dans l'arrondissement de Saint-Dié, où il n'arrive que 250 litres de lait par jour pour le chef-lieu et 200 pour Gérardmer, le sous-préfet Bauman n'hésite pas à dénoncer l'« esprit de lucre de quelques malfaiteurs ruraux », et son appel du 17 janvier au respect des règles du ravitaillement s'achève sur cette menace : « Je frapperai dur et fort, soyez-en sûrs, et, lorsque je serai dans l'obligation d'intervenir, je vous assure qu'il sera trop tard, bien trop tard pour gémir et exprimer des regrets. Je serai alors aussi insensible que vous l'êtes actuellement pour les 5 000 enfants et vieillards de l'arrondissement privés de lait. »

Certains ne se contentent pas de comparer ce qu'ils reçoivent du ravitaillement et ce que reçoivent les habitants des villes voisines. Étant entendu que, pour les Français, Paris est *toujours* privilégié, même s'il n'en est rien[2], ils comparent ce que *prenaient hier les Allemands* et ce que réclame aujourd'hui Paris.

Cette image choquante, je la trouve dans *Normandie parle français* du 23 novembre 1944, qui apprend aux populations qu'en octobre 1943 les Allemands avaient pris 1 400 bêtes, alors qu'en octobre 1944 Paris en demande 2 200 !

---

1. Dans certains départements producteurs de blé, le pain, dont le prix sera volontairement maintenu bas jusqu'en avril 1945, est gaspillé, parfois, donné aux bêtes.

2. Entre décembre 1944 et janvier 1945, les rations ont été les suivantes :
Pour Paris : viande et charcuterie, 980 g ; matières grasses, 275 g ; fromage, 60 g.
Pour Lyon, les quantités sont respectivement et pour la même période de 1 140 g, 150 g et 40 g ; pour Marseille, de 1 530 g, 250 g et 260 g ; pour Saint-Étienne, de 860 g, 300 g et 260 g ; pour Clermont-Ferrand, de 500 g, 300 g et 20 g.

La jalousie s'exerce également au détriment des prisonniers de guerre allemands.

A partir de novembre 1944, en effet, une véritable campagne de presse, campagne indignée, avait fait connaître aux Français les rations des Allemands prisonniers en France, rations dont le général Milton A. Rickord reconnaissait, le 21 novembre, dans une interview donnée au *Figaro*, qu'elles étaient celles des soldats américains au repos.

Le général Rickord avait ajouté que, lorsqu'ils étaient mal vêtus, les prisonniers recevaient imperméables, passe-montagnes et gants, et il avait justifié ce qui semblait à beaucoup de Français une scandaleuse faveur par la stricte observation de la Convention de Genève, par la scrupuleuse application des promesses contenues sur les millions de tracts lancés au-dessus des lignes. Des tracts qui appelaient les Allemands à la désertion en leur promettant des rations égales à celles des troupes américaines et des repas « préparés selon la coutume de leur pays ».

Le général américain n'avait pas convaincu les journalistes qui, plus ou moins ouvertement, avaient montré leurs réticences.

> « Le général M. A. Rickord, peut-on lire dans *Le Figaro*, a conclu en disant qu'il comprenait le mécontentement des Français qui se contenteraient fort bien pour vivre de se voir appliquer le même traitement que celui des P.G. allemands, mais il a ajouté que c'était un devoir patriotique de favoriser les redditions.
>
> ... N'ajoutons aucun commentaire à cette mise au point officielle. »

Le 28 novembre, dans le journal bordelais *France libre,* Georges Grosjean s'indignera de la position américaine.

> « Cette attitude est peut-être conforme aux conventions internationales, mais nous ne vivons pas dans l'absolu. Nous nous débattons dans le relatif. Quand les soldats allemands bâfraient le beurre de Normandie, les gigots de pré-salé, les bœufs du Charolais et les mille fromages de France, est-ce que les prisonniers français dans les stalags recevaient des rations équivalentes ? Alors ? »

Un mois plus tard, plusieurs quotidiens publieront le menu des prisonniers allemands pour le 23 décembre 1944. Comment les consommateurs français, misérablement nourris, n'auraient-ils pas réagi en apprenant que, pour le petit déjeuner, leurs anciens occupants s'étaient vu offrir dans les camps américains pêches cuites, porridge, lait, œufs brouillés, lard, pain, marmelade et café ; pour le déjeuner, viande, pommes de terre et tomates, fromage, pudding au raisin, beurre, pain et thé ; pour le dîner, bœuf braisé, pommes de terre bouillies et choux de Bruxelles, pruneaux, pain, beurre et café ?

Ces différences entre le sort des Français et celui des prisonniers allemands donneront prétexte à un « reportage » humoristique. A la radio, un chansonnier raconte, en effet, qu'il vient de visiter un camp de P.G. plus ou moins dévêtus.

> « Il faut dire, poursuit-il, qu'il fait chaud dans cette baraque-là : le chauffage est fort. Approchons d'un grand blond aux yeux de faïence : " Vous vous trouvez bien ici ?... " Pas de réponse. Bon, en voici un autre, un brun, farouche peut-être. Même question, pas de réponse. Bon, j'ai compris. Ah ! vraiment, il fait chaud ! Celui vers lequel nous approchons a le torse nu : " Il y a longtemps que vous êtes ici ?... " Bon, chers auditeurs, vous penserez que mon reportage est idiot, plutôt raté. Mais il faut que je vous dise que mes interlocuteurs étaient polis et qu'ils ne voulaient pas parler la bouche pleine ! Sur ce, je me retire de cette baraque U.S., en ayant soin de ne pas glisser sur une peau d'orange. »

On rit. Mais l'on rit jaune[1].

---

1. Dans le tome X, j'évoquerai la situation des prisonniers de guerre allemands dans les camps français, situation souvent lamentable. Au cours de sa conférence de presse du 12 octobre 1945, le général de Gaulle sera amené à commenter la décision américaine de ne plus envoyer de prisonniers allemands en France pour y concourir à la reconstruction de notre pays.

La presse quotidienne fait écho, on le sait, aux revendications populaires mieux et plus abondamment qu'elle n'explique les raisons des restrictions. Les commissaires de la République dénoncent donc « ces campagnes d'énervement qui produisent le plus fâcheux effet[1] » ou encore ces journaux qui « cherchent à attirer le lecteur par tous les moyens en flattant ses instincts de revendication[2] ».

Il est vrai qu'après des manifestations de ménagères, qui ont eu lieu les 17 et 20 novembre 1944 à Montpellier, manifestations au cours desquelles des femmes, conduites par des porteuses de pancartes sur lesquelles on lisait : « *Nous avons faim* », « *Nous voulons le rétablissement de la cour martiale* », ont pillé des magasins[3], *Le Midi libre* a pu écrire que, *seul* « de toute la presse du Languedoc-Roussillon », il avait publié « intégralement » les explications de M. Jacques Bounin, commissaire de la République, ainsi que celles du secrétaire général des Affaires économiques et de l'intendant régional au Ravitaillement, et qu'à cette occasion il avait « mis en relief toutes les raisons milit[ant] en faveur d'une attitude de stricte discipline nationale pour tout ce qui a trait au ravitaillement ».

Les commissaires de la République, qui ne trouvent guère d'appui dans la presse, se manifestent en prenant la parole à la radio : c'est le cas de Bertaux à Toulouse, de Boursicot à Limoges, de Grégoire à Châlons. En Corrèze, Jean Chaintron, l'un des deux préfets communistes, s'efforce de créer un choc psychologique. Le 24 novembre, il n'hésite pas à fustiger « ces pantouflards sans vergogne [qui] s'empressent de revendiquer haut et fort les bénéfices de la Libération, à laquelle ils n'ont pas participé. " La guerre est finie, disent-ils : je veux mon logement, je veux ma viande, je veux mon lait, j'exige mes droits imprescriptibles et sacrés ", et, si l'on ne peut leur accorder, ils vont maudissant la République, clamer qu'il n'y a rien de changé, voire que c'est pire qu'avant. Ils ne songent pas un instant que, sans les Forces françaises de l'intérieur, les Boches seraient encore là... qu'ils

---

1. Commissaire de la République de Rennes, 1ᵉʳ et 16 novembre 1944.
2. Rapport du directeur de l'Information au commissaire de la République de Rennes, 16 août 1945.
3. Six arrestations seront opérées. Le Parti communiste de Montpellier désavouera, dans un communiqué, les « irresponsables » et les « provocatrices ».

subiraient l'oppression allemande ; qu'ils seraient constamment tenaillés par la peur de voir leurs villes ou leurs villages subir le sort d'Oradour-sur-Glane et d'être eux-mêmes brûlés vifs ou assassinés ».

L'aggravation de la crise alimentaire — cause essentielle du mécontentement — coïncide avec le moment où, les liaisons officielles avec Paris ayant été rétablies, l'on assiste, selon le mot de Michel Debré, « au retour des mauvaises habitudes de l'excessive centralisation[1] ».

Pour Debré, commissaire de la République à Angers, ses homologues avaient sur les ministres et leurs bureaux l'incontestable avantage de juger sainement les problèmes locaux et, connaissant des populations dont ils étaient connus, d'agir aussi efficacement que possible en fonction de situations particulières, en fonction aussi d'hommes dont ils savaient le passé et avaient pu mesurer le caractère.

Malheureusement, à partir de février-mars 1945, « la nécessité de l'application rigoureuse des arrêtés nationaux en matière de ravitaillement ou de prix sera réaffirmée. Le respect de la centralisation, sous peine de sanctions, réduit [donc] fortement les possibilités d'initiative du commissaire de la République[2] ».

Il ne s'agit pas simplement, en la circonstance, de l'éternelle querelle Paris-province, mais d'un conflit nouveau entre bureaucrates parisiens coupés, pour un temps encore assez long, des réalités provinciales fragmentaires et fluides, et ces hommes de terrain que sont les préfets et les commissaires de la République.

Le fait, pour les autorités régionales, de ne pouvoir fixer aux produits agricoles que des prix *inférieurs à ceux décidés à Paris* conduit à des récessions et à des crises qui aggravent les restrictions.

Nul ne discutera l'intelligence de Pierre Mendès France, alors ministre de l'Économie. Son information, en revanche, est médiocre.

Lorsqu'il envoie à Bertaux, commissaire de la République à Toulouse, un télégramme très sec lui intimant « l'ordre formel de

---

1. *Trois Républiques pour une France.*
2. Ch. Foulon

ramener immédiatement » le prix du lait au prix fixé par Paris, il ignore, en effet, ce que sait le plus humble des paysans. Payant le kilo de foin cinq francs, les cultivateurs, obligés de vendre leur lait à un prix fixé trop bas, ont tout intérêt, pour ne pas acheter ce foin coûteux, soit à donner le lait aux cochons, soit à vendre à la boucherie leurs vaches laitières. Ainsi, une décision parisienne, en apparence de saine gestion, se traduit-elle, en Haute-Garonne et ailleurs, par une diminution de la collecte du lait.

Répondant au télégramme de Mendès, Bertaux lui fera savoir, le 10 janvier 1945, qu'il est « volontiers prêt à renoncer à intervenir dans [le] domaine économique », mais que, dans le cas où « toute interprétation [en fonction des] circonstances régionales » serait refusée par Paris, il appartiendrait au secrétaire général aux Affaires économiques d'exécuter mécaniquement les instructions ministérielles.

Il signifie ainsi à son ministre que la formule : « Obéis et tais-toi » est, en période difficile, voire révolutionnaire, la plus inefficace des formules. Mais ni Bertaux ni ses collègues ne seront entendus. L'esprit et *la lettre* des instructions gouvernementales doivent toujours être strictement respectés[1].

Et de Gaulle, quelle est donc son action sur la vie quotidienne des Français ?

Dans le chapitre 4 de ce livre, j'ai dit que, tout occupé à rétablir l'ordre pour contrôler les factions, à mobiliser les Français pour élargir, à l'est, le créneau de nos armées ; à mettre au travail le gouvernement en prenant des mesures de circonstance qui puissent s'accorder avec les « principes de rénovation que la Résistance a, dans son combat, rêvé de voir réaliser[2] » ; à reconquérir auprès des Alliés le rang perdu lors de la défaite de juin 1940, de Gaulle, à sa place, à son

---

1. Que le prix trop bas de la taxe décourage les livraisons, on en a mille preuves. Le préfet du Cantal ayant fixé le prix des lentilles à 1 950 F le quintal, la collecte avait été de 8 765 quintaux au 1er février 1945 contre 3 934 quintaux au 1er février 1944. Le prix du quintal ayant été ramené à 1 450 F sur instructions du ministère du Ravitaillement, les livraisons s'effondrèrent.

2. *Mémoires de guerre,* t. III, p. 7.

poste, n'avait pas le temps de se préoccuper de l' « intendance ». Il n'en avait pas davantage le goût. Georges Bidault l'entendra grommeler, pendant l'hiver 1944-1945, qu'il n'est pas revenu pour « distribuer des rations de macaronis[1] ».

S'engager à résoudre des problèmes, dont il voyait bien qu'ils étaient momentanément insolubles, aurait d'ailleurs inutilement gâté son prestige, affaibli son pouvoir. Du reste, il était en droit d'espérer que l'état des choses se modifierait graduellement et que, les Alliés tenant leurs promesses, l'hiver n'étant point trop rude, « l'azur du ciel », pour reprendre sa formule, apparaîtrait, de mois en mois, plus visiblement aux Français.

Les rigueurs d'un hiver exceptionnel, la contre-offensive allemande de décembre, les retards importants dans l'arrivée du matériel et des vivres américains, tout devait se liguer pour faire reculer l'espérance.

Octobre et novembre avaient marqué de lents, mais visibles, progrès, alors que le peuple vivait encore dans le bonheur et les illusions de la Libération.

A partir de décembre, et pour des mois, les Français entrent dans une période de régression plus visible, plus sensible que ne l'avait été la période de progrès : moins de nourriture, moins de chaleur... et beaucoup moins d'illusions. Les jours de la Libération n'auraient-ils donc été qu'une légère ivresse après laquelle les privations, les fatigues et les souffrances de quatre années d'occupation reviendraient plus nombreuses et plus rudes ?

Informé par les rapports des commissaires de la République et des ministres de l'Intérieur, de l'Économie, du Ravitaillement, comment de Gaulle, sensible aux évolutions psychologiques et politiques plus qu'aux misères physiologiques, ne verrait-il pas que le mécontentement nourrit désormais des manifestations nombreuses, bruyantes et fort habilement récupérées par le Parti communiste ?

Comment ne saurait-il pas que les « ventres creux », bientôt, ne prêteront plus l'oreille à ses discours qui célèbrent le retour de la France sur la scène diplomatique, font déjà de notre pays l'un des trois pôles — avec Moscou et Londres — de la construction européenne[2] et, après la rencontre de décembre 1944 avec Staline, rencontre qui

---

1. Cité par Jean Lacouture, *De Gaulle.*
2. Discours devant l'Assemblée consultative le 22 novembre 1944.

semblait un privilège réservé à Roosevelt et à Churchill, glorifient « l'association particulière entre la Russie et la France... étape de base de l'édifice de la victoire et, demain, de la sécurité[1] » ?

Aussi est-ce pour rompre avec le désenchantement grandissant, pour montrer aux Français qu'il n'ignore rien de ce qui les atteint, et qu'il n'a pas le cœur sec, que de Gaulle prononce, le 17 janvier 1945, à la radio, un long discours tout entier consacré — ce sera bien le seul — aux problèmes de la vie quotidienne, du pain de chaque jour, de l'électricité et du gaz, du chauffage (de l'absence de chauffage) des ateliers, bureaux, magasins, de la santé des enfants et de l'inquiétude des mères.

Il n'hésite pas à entrer dans des détails dont on le croyait éloigné, parlant des pouponnières — le mot s'est-il en d'autres occasions trouvé sous sa plume, dans sa bouche ? —, des rations alimentaires « très étroitement calculées », du manque d'engrais dont pâtit l'agriculture, du manque de matériaux dont souffrent les populations des villes ruinées par la guerre.

S'efforçant de n'oublier personne, il s'implique, dit : « Je sais. »

> « Je sais, en particulier, quelles épreuves traversent en ce moment nos mères de famille françaises, hantées par le souci de l'existence et de la santé de ceux et de celles qui les entourent et surmenées par les perpétuels et pénibles problèmes que leur pose leur ménage dont, cependant, tout dépend. »

De Gaulle dit aussi — et c'est peut-être la phrase à laquelle l'auditoire se sera montré le plus sensible — : « Je me garderai d'ailleurs d'affirmer que tout aille au mieux dans le meilleur des mondes. » Mais son discours — il ne pouvait en aller autrement — est à plusieurs faces.

Constat, certes, d'une situation difficile, parfois dramatique, explication des raisons climatiques et militaires de cette situation[2].

Bilan de l'action déjà accomplie[1] et surtout, oui, surtout — mais qui

---

1. Discours devant l'Assemblée consultative le 21 décembre 1944.

2. « Quand, dans l'espace de vingt-quatre heures, les barrages d'où provient la force électrique se trouvent gelés, quand, le long des canaux, les péniches sont bloquées par la glace, quand, dans les dépôts et ateliers détruits, l'entretien et la réparation des locomotives deviennent soudain plus difficiles en raison de la bise

aurait pu en douter ? — appel à l'effort de chaque homme, de chaque femme, de chaque enfant de France, dont le « travail accompli », la « douleur acceptée », le « sacrifice subi » « contribuent au salut et à la grandeur de la patrie, tout comme la blessure et la souffrance du soldat ».

L'allocution s'achève sur cette exhortation de très belle venue :

> « Français, Françaises, voici l'étape suprême ! Dans le monde, chacun aujourd'hui regarde vers la France, y compris ceux qui auraient voulu qu'on pût, à la fin, l'oublier. Allons ! Suivons notre route ! Vous le savez comme moi, le meilleur est au bout du chemin. »

Quelles seront les répercussions du discours du général de Gaulle ? Dans les journaux personnels envoyés par mes lecteurs, il n'y est pas fait allusion.

C'est ainsi que M. Paul Gaumme, qui a noté le lundi 15 janvier : « La situation alimentaire est tellement mauvaise que de violentes manifestations ont lieu à Lyon. Les trains ne circulent presque plus », ne reprend la plume que le 20 pour écrire : « Victime de la sous-alimentation, un de mes camarades meurt à l'hôpital Édouard-Herriot des suites de la tuberculose. »

Quant à Nicole Bourgain, elle signale, le 17 janvier : « Les pannes d'électricité que nous avions perdues de vue (si l'on peut dire) reviennent maintenant. De nouvelles restrictions sont annoncées (beurre). Le pain est difficile à avoir. Beaucoup de boulangers sont

---

et du gel, quand cependant il faut à tout prix que nos trains continuent à transporter pour les batailles de Belgique ou d'Alsace les renforts et les ravitaillements, de dures restrictions s'imposent, en ménageant toutefois les hommes et les entreprises qui contribuent le plus directement à faire et à abréger la guerre, c'est-à-dire les soldats au front et les usines d'armement. »
1. De Gaulle n'ignorant pas que l'administration se trouve placée en première ligne et qu'elle attire toutes les critiques, tient à lui rendre un particulier hommage : « Je déclare au pays que ceux qui ont l'honneur de servir l'État le servent aujourd'hui avec ardeur et discipline et qu'ils méritent d'être encouragés par l'estime des citoyens. »

fermés. » Et, pour le 18, au lendemain du discours, elle se contente d'écrire : « Le dégel amène une dégringolade d'eau partout. Monsieur L... a su qu'on ne le libérerait qu'en échange de 1 000 000 de francs. Ainsi, beaucoup d'arrestations, dites d' " Épuration ", ne sont que pour attraper des sous. »

La presse — dont une fois encore je rappelle qu'elle paraît sur demi-format — ne s'attarde guère au discours du général de Gaulle. C'est la guerre à l'est et la fabuleuse avance des troupes soviétiques en Allemagne qui retiennent son attention. Mais enfin l'allocution du chef du gouvernement provisoire est plus ou moins largement citée dans les journaux du 18 janvier. C'est *Le Monde* qui, reproduisant le texte dans son intégralité, se montre le plus généreux ; c'est *L'Humanité* qui fait preuve de la plus grande réserve en citant des passages de l'allocution, mais en « l'écrasant » journalistiquement et typographiquement sous un article consacré à la démarche effectuée par les élus communistes auprès du préfet de la Seine. Au préfet ils ont demandé la distribution des stocks de charbon qui se trouvent dans les entrepôts ; la réquisition du charbon dissimulé dans les caves des boîtes de nuit et des hôtels de luxe ; l'autorisation de larges coupes de bois dans les forêts voisines, coupes auxquelles ils proposent d'employer collaborateurs et prisonniers allemands.

Peu de commentaires. Anticipant sur ce qu'allait dire de Gaulle en faveur d'une administration mise sans cesse en accusation, l'éditorialiste du *Monde* a écrit, le 16 janvier, qu'il était « simpliste » de répéter que tout allait mal par la faute « des fonctionnaires pétainistes, des industriels collaborateurs et de la cinquième colonne ». Il a ajouté, ce qui est de bon sens : « Si les canaux gèlent après que les fleuves ont débordé, ce n'est tout de même pas la faute du gouvernement français. »

Dans *L'Humanité* du 20 janvier, Georges Cogniot, sans jamais écrire le nom de De Gaulle, mais prenant le contrepied de ses propos, dénonce « l'attentisme, la lâcheté qui fait ajourner à six mois la tâche d'aujourd'hui ; c'est la complicité avec l'incurie administrative et c'est enfin la tolérance du sabotage qui s'exerce sur le ravitaillement des travailleurs ! ».

Quant au *Figaro,* le discours de De Gaulle, qui a eu droit à 75 lignes seulement, se trouve commenté, le 20 janvier, par Wladimir d'Ormesson. Comme Cogniot — mais le rapprochement n'est évidemment qu'artificiel —, Wladimir d'Ormesson reproche au gouvernement de manquer d' « autorité ». Pour *Le Figaro* et pour *L'Humanité,* le mot « autorité » n'a pas le même sens.

Wladimir d'Ormesson, après avoir écrit que le gouvernement « donne trop souvent l'impression de ne pas gouverner », dénonce le règne des Comités locaux, la médiocrité de beaucoup de préfets, l'excès de démagogie. Sa conclusion est la suivante :

> « Ils gardent, ces Français, une confiance absolue en le général de Gaulle qui a sauvé la patrie d'un mal à côté duquel tous ceux dont nous parlons ne sont rien. Ils demandent simplement que l'on ne se borne pas à se réclamer du premier résistant de France mais qu'on l'écoute. »

« Ils gardent, ces Français, une confiance absolue en le général de Gaulle »... Est-ce certain en janvier 1945 ?

Le 27 janvier, par un temps exécrable, de Gaulle visite la banlieue sud : Boulogne, Montrouge, Sceaux, Ivry, Saint-Maur, Nogent-sur-Marne. Le 28 janvier — le temps est plus mauvais encore —, c'est la banlieue nord qui le reçoit : Asnières, Saint-Denis, Aubervilliers, Montreuil, Vincennes.

Il se trouve alors en territoire communiste. Devant la mairie, à Ivry, où il est reçu par le maire Georges Marrane, de Gaulle rencontre pour la première fois Maurice Thorez qu'il a fait revenir de Moscou mais qu'il ne connaît pas encore

> « — Vous voilà revenu dans votre fief, constate de Gaulle.
> — Mais ce n'est pas mon fief, réplique Thorez.
> — Vous en voulez plus[1] ? »

Thorez ne répondra pas...

---

1. Récit fait par Thorez à Georgette Elgey, *La République des illusions.*

Mais il faut remarquer que *L'Humanité,* rendant compte en 34 lignes de la visite effectuée le 27 janvier par le général de Gaulle, ne signale nulle part des applaudissements, fussent-ils de politesse, alors que *Le Monde* parle, en évoquant l'accueil de Boulogne-Billancourt, de l' « immense acclamation qui monte de la foule » lorsque de Gaulle, sans manteau, sans képi, paraît au balcon.

Changement de style dans le récit que fait *L'Humanité* du 30 janvier de la visite effectuée la veille dans la banlieue nord où les représentants communistes sont fort nombreux : de ville en ville, de Gaulle sera reçu par Étienne Fajon, Auguste Gillot, Fernand Grenier, Joanny Berlioz, et, à Aubervilliers, c'est en compagnie de Charles Tillon, alors ministre de l'Air, qu'il parcourt les rues de la ville.

L'Humanité, avec élégance, souligne cette fois que « la foule se pressait pour applaudir le chef du gouvernement ». Mais une bonne partie de ces applaudissements ne sont-ils pas le fait de militants qui, autant (ou plus) que le chef du gouvernement, acclament le maire communiste d'une ville communiste ?

Et comment réagissent-ils, ceux qui se trouvent au quatrième, cinquième ou sixième rang ?

Je possède, daté du 1er février, un rapport, sur ces visites en banlieue.

Ce texte — inédit —, après avoir précisé que les milieux officiels et diplomatiques « ont vu là un geste de bonne opportunité faisant honneur aussi bien au courage qu'à la volonté du Général », donne des visites elles-mêmes, notamment à Saint-Denis, un récit qui contredit celui des journaux.

> « Par un souci de complète objectivité, il faut noter que l'accueil rencontré par le Général auprès des populations ouvrières de la banlieue a été ce qu'on pouvait en attendre en ce moment, franchement mauvais.
>
> Circulant dans les groupes de Saint-Denis, un de nos informateurs n'a entendu que des propos amers, ponctués çà et là de déclarations hostiles ou ironiques, auxquelles le public faisait écho. Quelques propos entendus pour donner le ton. " Allez donc entendre et acclamer celui qui nous apporte du ravitaillement et du charbon. " (Ceci prononcé à très haute voix et approuvé par l'assistance.)
>
> Dans les autres localités, même réflexion d'un autre informa-

teur, qui, en nous contant quelques scènes particulièrement violentes, conclut : " Si vous aviez entendu ça, ce n'était vraiment pas beau. "

Dans les marchés de la périphérie, mécontentement violent mais très particulier contre le gouvernement. Il est incontestable que les déclarations par T.S.F., loin de calmer les gens, les ont au contraire surexcités. D'une façon très générale, la population suburbaine est en réaction violente contre le gouvernement qu'elle rend responsable de la misère actuelle, et, malgré la peine que nous en éprouvons, et par souci de justice, et par sentiment personnel, nous devons ajouter que le crédit du Général est profondément atteint. »

Excès de pessimisme ?

Si de Gaulle a parlé le 17 janvier, c'est parce qu'il était informé de la montée du mécontentement.

A Mendès France qui avait prononcé devant lui le mot ravitaillement — et l'on peut faire remarquer que le discours du 17 janvier précède de quelques heures la (première) lettre par laquelle Mendès remit sa démission de ministre de l'Économie nationale [1] — de Gaulle avait répliqué : « Ravitaillement, encore ! Évidemment, cela va mal, mais tôt ou tard, il y aura une bonne récolte, puis une autre, et cela s'arrangera ! D'ici là... »

D'ici là... il ne semble pas que son allocution ait eu tout l'effet souhaité. Décrivant Paris en ce sixième hiver de guerre, *Die Weltwoche* de Zurich écrit, le 19 janvier 1945 :

> « Pour manger " à peu près " dans un restaurant, il faut compter 75 à 150 francs, prix inabordable pour l'ouvrier chargé de famille. Jamais l'abîme n'a été plus grand entre la fortune et la misère. Tandis que des professions intermédiaires aussi nombreuses que mal définies rendent la vie facile à ceux qui les exercent, des milliers de chômeurs [2] et même de salariés végètent dans la misère.
>
> Une famille ouvrière dispose d'un budget moyen de

---

1. *Cf.* le chapitre 13 « De Gaulle choisit Pleven, Mendès s'en va. »
2. Il y en aurait 400 000 à Paris, en janvier 1945.

2270 francs par mois, somme nettement insuffisante. Son sort est inévitablement : sous-alimentation, manque de vêtements, impossibilité de soins en cas de maladie. »

L'analyse du journal suisse rejoint celle de tous les journaux — des plus violents aux plus modérés — ceux qui demandent au général de Gaulle de « s'inspirer résolument des Grands Comités » et citent Mathiez[1], comme ceux qui supplient le gouvernement de remettre de l'ordre en restreignant le pouvoir d'intervention des C.D.L. Elle rejoint l'analyse mensuelle des autorités préfectorales.

Voici — mais on pourrait citer bien d'autres textes —, en date du 10 février 1945, l'extrait d'un rapport émanant de la préfecture de l'Aude.

> « Un problème domine et de haut l'activité générale de ce département : celui du ravitaillement... Le présent est sombre, les perspectives d'avenir angoissantes... Voici un peuple qui a faim, qui a froid, qui se défend mal contre les maladies consécutives à la sous-alimentation, et qui a le sentiment (car telle est la cruelle réalité) de ne pas se sentir protégé par ses protecteurs naturels... La déception est profonde, l'ardeur de la Résistance faiblit... Le découragement est réel. »

Ce découragement, qui ira en s'accentuant, même après le 8 mai, dans la mesure où la victoire sur l'Allemagne n'apporte pas plus d'amélioration à la vie quotidienne que n'en a apporté la Libération, explique peut-être la molle réaction des Français désabusés lors du départ du général de Gaulle, le 20 janvier 1946.

Froid, faim, ... Mais que sont ces misères comparées aux malheurs des déportés qui, dans les camps d'Allemagne et sur les routes de Pologne affrontent le plus terrible des hivers ?

---

1. « La Terreur prenait un caractère imprévu et grandiose. Il ne s'agissait plus de comprimer momentanément par la force un parti hostile, il s'agissait de le déposséder à tout jamais, de l'anéantir dans ses moyens d'existence et d'élever à la vie sociale, au moyen de ses dépouilles, la classe des éternels déshérités. »

18

JANVIER 1945, AUSCHWITZ

Empâtée et fine tout à la fois, les lettres emboîtées les unes dans les autres, car il faut écrire à l'économie sur des bouts de papier de dix à treize centimètres, qui ne doivent en aucun cas tomber sous les yeux des Allemands, l'écriture d'Alfred Balachowsky, chef de laboratoire à l'institut Pasteur, déporté à Buchenwald avec le numéro matricule 40449, est presque illisible[1].

---

1. C'est en 1988 seulement que Mme Balachowsky devait découvrir, dans un vieux cahier, des notes, écrites le plus souvent au crayon, dont son mari ne lui avait jamais parlé.
Alfred Balachowsky, qui avait pris une part active à la Résistance, fut déporté tout d'abord à Dora, puis à Buchenwald en janvier 1944. Sa qualité de biologiste le fit affecter à l'Institut d'Hygiène du camp qui poursuivait, pour l'armée allemande, des recherches sur un vaccin antityphique. Balachowsky mit à profit sa situation relativement « privilégiée » non seulement pour aider nombre de ses camarades déportés, mais également pour sauver de la mort trois agents secrets alliés dont les Allemands n'avaient pas percé l'identité (cf. *Un printemps de mort et d'espoir*, p. 330 et suiv.).
Le 29 février 1946 Alfred Balachowsky devait déposer pendant près de quatre heures devant la Cour suprême internationale de juristes de Nuremberg où il avait été appelé à témoigner au nom de la France avec sept autres déportés politiques. Sa déposition allait notamment porter sur les expériences à caractère « scientifique » effectuées sur les détenus utilisés comme « cobayes », notamment dans le block 46 de Buchenwald. Le registre des expériences put être caché avant la libération du camp par le déporté autrichien Eugène Kogon, qui se trouvait interné depuis sept ans. Les notes prises par le professeur Balachowsky donnent de très nombreuses indications tant sur la vie à Buchenwald que sur les recherches « scientifiques » allemandes. Je remercie Mme Balachowsky d'avoir bien voulu me les confier.

« 24.1.45 — Hier soir convoi, train entier de femmes venant d'Auschwitz, ont voyagé 4 jours sur des plates-formes de wagon sans toit ni bâches après 4 jours de marche. Polonaises, Ukrainiennes, Tchèques, qq. Françaises. Amenées hier après-midi gare de Buchenwald, complètement à bout, celles qui sont mortes jetées par-dessus le wagon au cours du voyage, 40-50 cm de neige, vent glacial, − 20 souvent la nuit, − 12 durant le jour, déchet considérable. »

Dix lignes. Une tragédie.

A Auschwitz, le plus grand camp allemand d'extermination pour juifs, l'année 1944 s'est achevée, le 30 décembre, sur la pendaison de cinq détenus qui, sous la direction de l'Autrichien Ernst Burger, avaient tenté de s'évader pour prendre contact avec des résistants polonais. Rattrapés, interrogés, martyrisés, les trois Autrichiens, Burger, Friemel, Wessely, et les deux Polonais, Tadeck et Pionteck, condamnés à la pendaison publique, seront exécutés — comme le veut la coutume — face aux cuisines et devant tous les prisonniers réunis pour l'appel du soir.

Alignés sous leurs cordes respectives, qui se balancent au portique dressé depuis le 27 décembre, c'est sans aide qu'ils allaient monter sur le tabouret qu'un détenu, du même Kommando qu'eux, renverserait du pied lorsqu'ils auraient engagé leur cou dans le nœud coulant.

Ils ne verraient pas l'année nouvelle. Mais, avant de mourir, les Autrichiens crièrent : « Vive Staline ! vive l'Armée rouge ! »

L'Armée rouge approchait. Et ceux qui allaient périr comme ceux qui les regardaient sans trouble, tant la mort, ici, était ordinaire, ne doutaient pas de sa victoire.

Apporté, en effet, par le vent d'est, le vent de Sibérie, le vent de l'espoir, le bruit de la canonnade se faisait entendre. A partir du 12 janvier — vent d'est ou vent d'ouest —, le bruit ne cessera plus. A l'horizon la nuit ne sera qu'une immense et dansante lueur blanchâtre.

Le premier front biélorusse, commandé par Joukov, et le premier front ukrainien, commandé par Koniev — 2 200 000 hommes, 32 143 canons, 6 460 chars, 4 772 avions —, viennent de s'ébranler, avec pour objectif, les Allemands une fois chassés de Pologne, d'atteindre, sur l'Oder, des positions favorables à l'assaut contre Berlin.

A cette marée d'hommes et de matériel les Allemands ne peuvent opposer que les 400 000 soldats[1] de l'armée du colonel-général Schörner.

La décision — criminelle — d'évacuer Auschwitz est prise le 14 ou le 15 janvier. Elle est annoncée aux déportés dans la nuit du 17 au 18 janvier ou dans la matinée du 18 par les S.S., alors que les Russes ont délivré Cracovie, à 60 kilomètres seulement du camp.

A l'infirmerie des femmes, le docteur Mengele, tristement célèbre par ses expériences sur les jumeaux et sur les nains, se fera donner tous les papiers, y compris les feuilles de température des malades, et dira en sortant : « Toutes celles qui peuvent marcher doivent partir... »

Que deviendront les autres ?

Prisonniers et prisonnières sont sans illusion. Depuis plusieurs semaines le bruit court que, s'il leur faut évacuer le camp, les Allemands extermineront celles et ceux qui ne pourront prendre la route.

Aussi verra-t-on des malades, des vieilles et des vieux, ou du moins qui paraissaient tels, se mettre difficilement en marche, enveloppés dans des lambeaux de couverture, souvent en chemise, sans bas et parfois les pieds nus dans la neige, alors qu'il fait moins 20 degrés.

Beaucoup n'iront pas loin, soit que saisis par le froid ils s'écroulent, morts, soit encore qu'avant même d'atteindre la porte d'entrée du camp ils reviennent en titubant vers les bâtiments où des infirmières sont demeurées, par conscience ou inconscience, elles ne savent pas.

C'est ainsi que Mira Honel, désireuse tout à la fois d'attendre les Russes et de s'occuper des malades les plus atteintes, Mira à qui ses camarades ont dit : « Tu es folle ! Il s'agit bien des malades, vous serez exterminées toutes ensemble. Viens, nous allons essayer de fuir en route », s'est décidée à sortir du block après avoir beaucoup tardé mais a trouvé la porte du camp fermée. Son hésitation l'a sauvée.

Albert Grinholtz ignore si son choix sera le bon. Mais lui est bien décidé à ne pas quitter Auschwitz où, parti en convoi de Compiègne, il est arrivé le 27 juin 1942. « Il y avait des copains qui me disaient : les

---

1. Disposant de 4 603 canons, 1 136 chars et 270 avions.

Allemands vont tout brûler, mais je ne me sentais pas capable de faire des centaines de kilomètres dans ce froid. Et puis on entendait l'artillerie russe à tout va [1]. » Alors Albert Grinholtz, qui a repéré les lieux avec d'autant plus de facilité que, coiffeur des pompiers du camp, il peut se déplacer facilement, s'est aménagé une cachette dans la cuisine. Il a « organisé » quelques provisions : du pain, du saucisson, de la marmelade. L'eau est coupée ; comme des dizaines de milliers d'autres, il boira de la neige fondue.

André Malamart, résistant arrêté à Lyon par la Gestapo un an plus tôt, le 17 janvier 1944, s'est glissé, lui, dans un trou sous une baraque du camp de Jawischowitz, situé à huit kilomètres d'Auschwitz. Car ce n'est pas seulement Auschwitz qui est évacué mais toute sa « couronne » de camps secondaires, dont Birkenau et Monowitz [2] sont les plus connus.

Malamart est réveillé dans l'après-midi par des cris, des coups de feu, des galopades. Puis le silence retombe. L'évacuation a pris fin.

La colonne dans laquelle se trouve, solidaire de quelques amis qui se sauveront mutuellement la vie, le docteur Marc Klein, arrêté à Saint-Étienne le 5 mai 1944, a quitté le camp dans la soirée du 18 janvier. Les hommes avancent par rangs de cinq, sous la surveillance des S.S. Soldats placés là pour encadrer, harceler les déportés ; certains pour tuer les retardataires. Ceux qui traînent, trébuchent, distribuent leur pain, laissent tomber leur couverture et s'écroulent dans la neige, ceux-là sont condamnés. Une balle dans la tête règle leur sort.

La colonne de Klein — mais c'est le destin de toutes les colonnes de déportés — marchera la nuit entière sur une route semée de gamelles, de couvertures, puis de sabots, dont les femmes qui les ont précédées se sont délestées en croyant ainsi, plus légères, pouvoir faire quelques pas encore, alors qu'elles se condamnaient plus sûrement à mort.

Avant l'aube les hommes traversent la petite ville endormie de Pless, où ils n'ont pas le droit de faire halte, et poursuivent leur route à travers une région vallonnée. Depuis le sommet des côtes, ils aperçoivent, aussi loin que leur regard porte, d'interminables files

---

1. Témoignage de M. Albert Grinholtz.
2. Connus aussi sous le nom d'Auschwitz II (Birkenau) et Auschwitz III (Monowitz). Monowitz est un camp de travail annexé à une usine de l'I.G. Farben dont dépendent plusieurs camps annexes qui s'étendent à 100 kilomètres à la ronde.

d'hommes en tenue rayée qui avancent de plus en plus lentement, et, comme un blessé perd son sang, perdent tous les dix mètres l'un ou l'autre d'entre eux, petite tache noire sur la neige.

L'unique halte — ils sont en marche depuis le 18 au soir — aura lieu le 19 à midi. L'escorte les arrête près d'un groupe de fermes, d'où, malgré les injures d'un S.S., une femme se détachera pour leur donner du thé chaud. C'est dans la neige qu'ils doivent s'asseoir et dormir jusqu'à la nuit.

Il leur faut repartir pour une nouvelle nuit coupée d'hallucinations collectives. Au petit matin ils avancent mécaniquement, comme un troupeau indifférent, montant et descendant la route qui conduit à Loslau... la gare promise.

Plus encore que les hommes, les femmes ressentent fatigue et douleur. Nadine Hefter, qui a quitté Auschwitz enveloppée de la tête aux pieds dans un gros édredon, espère, à chaque tournant, découvrir les lumières camouflées de la gare promise. Prendre le train... PRENDRE LE TRAIN : ces trois mots ont envahi le champ de sa conscience.

Se traînant nuit et jour sur des routes bordées de cadavres sans chaussures et souvent à demi nus ; traversant des villages où de charitables paysans polonais leur lancent du pain et des pommes de terre, Nadine et ses compagnes n'ont au cœur qu'un espoir : monter dans un train qui leur épargnera la fatigue de cette marche à la mort.

Des trains attendent bien les déportés en gare de Loslau, mais, la plupart du temps, ils sont composés de wagons destinés au transport du charbon, tombereaux hauts de 1 mètre 50, dans lesquels les meilleures places, celles où, enveloppée dans une couverture, l'on peut se coller contre la paroi, sont prises d'assaut.

Le voyage de Nadine et de ses compagnes durera plus de trois jours. Pour toute nourriture elles recevront une betterave gelée. Pour toute boisson de la neige fondue. Trois jours, ce n'est pas un record. Maxime Antelin, qui a quitté, le 21 janvier, avec 3 000 déportés juifs et non juifs l'usine de Schwientochlovic, près de Katowice, « voyagera » une semaine dans un wagon découvert avant d'arriver le 7 février à Mauthausen.

Le froid mord et tue, mais Antelin, qui a eu la « chance » de trouver « un gros manteau avec un col de fourrure qui pesait des tonnes », s'il est très relativement épargné par le froid, n'a rien à manger. Les autres ne sont pas mieux partagés.

Les hommes ont reçu leur dernière ration de pain à Loslau, au moment où ils se hissaient dans les wagons.

Trois jours, sept jours..., certains convois de déportés erreront dix-huit jours depuis les camps de haute Silésie !

La marche est un enfer. Le transport en wagon, où, la nuit, les hommes doivent s'accroupir les uns contre les autres, les genoux ramenés au corps, en proie aux menaces du S.S., en proie à la faim qui provoque des pugilats pour un quignon de pain, en proie au délire qui précède parfois la mort, est un enfer puant car il n'est pas question de halte pour vider ses intestins ou sa vessie.

Les camps où arrivent ceux qui ne sont pas morts en route sont tous des camps surpeuplés. C'est le cas de Mauthausen où sont conduits Antelin et ses camarades.

René Gille, un policier de Périgueux, déporté à Mauthausen, se souviendra avoir vu (et avec lui ses compagnons de misère) « d'un mauvais œil cette installation de nouvelles bouches, alors qu'on parlait d'une raréfaction des vivres par suite des difficultés de communication[1] ». Gille ajoute que, dans les blocks, « on dut se serrer pour faire place à cette foule, où la mort allait pourtant faire des coupes sombres ». Antelin a gardé dans la mémoire une tout autre vision : celle des nouveaux arrivants obligés de dormir à même le sol devant la baraque des pompiers. Dormir et mourir par − 20 ou − 25°[2].

Mauthausen surpeuplé ; Ravensbrück surpeuplé : Nadine Hefter et ses compagnes devront dormir dix nuits durant sur le ciment d'une baraque du Jugendlager ; Grossrosen, non loin de Breslau, surpeuplé. Marc Klein conservera un souvenir atroce de ce camp où survit et règne toute la lie d'Auschwitz des premiers temps. Dans chaque

---

1. Souvenirs inédits.
2. Témoignage de M. Maxime Antelin.

740

baraque aux vitres brisées, faite pour trois cents hommes, ce sont treize cents qui s'entassent. La journée et la nuit se passent en querelles pour une place assise ou couchée, bagarres que le « vert » de service — un droit commun allemand le plus souvent — règle à coups de bâton. Des coups dans bien des cas mortels, lorsqu'ils sont assénés sur des hommes sous-alimentés et malades qui ne pèsent plus que quarante kilos [1].

Au cours de la semaine qu'ils passeront à Grossrosen, les déportés d'Auschwitz, nourris quotidiennement d'une soupe de rutabagas et de 200 grammes de pain, n'auront rien d'autre à faire qu'à traîner les cadavres jusqu'au petit crématoire qui brûle nuit et jour.

Le 7 février, devant l'avance soviétique qui se précise, tous les détenus de Grossrosen seront expédiés en direction de Buchenwald. A la porte du camp, des S.S. pratiquent à coups de gourdin l'élimination rapide de ceux qu'ils jugent incapables de marcher jusqu'à la gare et, plus encore, de supporter un voyage de trois nuits et deux jours sans arrêt, sans nourriture [2], sans boisson, sur des plates-formes où, à cent, ils devront se tenir pendant toute la nuit, avec interdiction de se lever mais non interdiction de voler le voisin, d'arracher à l'agonisant le pain qu'il conserve mécaniquement dans sa main repliée sur sa poitrine, de dépouiller le mort de ses hardes.

Buchenwald où ils arrivent est également surpeuplé. Depuis le mois de novembre, les Allemands entassent dans ce camp des « reliquats de juifs hongrois et polonais », primitivement promis à Auschwitz, c'est-à-dire à l'extermination immédiate, et qui dès l'arrivée s'écroulent sans force sur le sol gluant de déjections et grouillant de vermine. « C'est ainsi, selon moi, écrit Edmond Michelet [3], que les porteurs de poux de Varsovie et de Budapest nous firent cadeau du typhus qui, durant les cinq mois de la fin, transforma le camp de Dachau en une permanente vision d'horreur. »

Partis de Grossrosen le mercredi 7 février, Marc Klein et ses

---

1. J'ai connu, écrit Robert Weitz, professeur à la faculté de médecine de Strasbourg, un Kapo polonais qui avait sur la conscience la mort d'au moins 1 200 détenus, juifs pour la plupart, battus et tués de ses propres mains, ou harassés de travail et achevés, ou envoyés dans la chaîne des sentinelles S.S. qui les abattent (*cf. De l'Université aux camps de concentration. Témoignages strasbourgeois*).
2. Avant le départ les déportés ont reçu une seule ration de pain.
3. Dans l'admirable *Rue de la liberté*.

camarades — ceux du moins qui ont survécu au transport et à l'effroyable bagarre devant le bâtiment des douches, bagarre au cours de laquelle plusieurs sont morts étouffés ou sous les coups des Kapos — « toucheront » leur première soupe, qui sera leur première nourriture et leur première boisson, le lundi 12.

A Auschwitz, où il ne reste environ que trois mille déportés malades et quelques dizaines de médecins et d'infirmières, des cadavres, que plus personne ne ramasse, s'amoncellent devant les blocks.

Le 20, selon Mira Honel, le 23 dira Albert Grinholtz, des S.S. venant de Cracovie sont entrés dans le camp à la recherche de juifs et de juives. Comme personne ne bouge, ils ont menacé de mettre le feu aux bâtiments dans lesquels des juifs se cacheraient. Mais, par crainte du typhus, ils n'oseront ni pénétrer dans les chambres ni passer l'inspection des lits[1]. Les S.S. ne s'attarderont pas ; ils abandonneront l'immense camp à quelques milliers de fantômes et d'agonisants. Parmi eux une quarantaine d'enfants, misérables petits êtres qui ont servi parfois de jouets aux Kapos homosexuels, ou encore ont eu pour tâche d'explorer le vagin des femmes mortes afin d'y rechercher les bijoux qui pourraient s'y trouver[2] et ne sont plus aujourd'hui que des squelettes étendus sur des paillasses souillées, recouverts de couvertures puantes et auxquels on ne peut apporter qu'un peu de neige fondue et des vêtements d'adultes trop larges.

« Ma petite morte de sept ans.
Une petite fille, raconte Odette, qui ressemblait à une vieille. Chaque jour elle devenait plus maigre, plus suppurante, plus diarrhéique ; aussi plus autoritaire, plus méchante, plus misérable, plus moribonde.

---

1. Selon Mira Honel, ils emmèneront cependant avec eux huit cents femmes dont ils fusilleront une dizaine sur la route de Birkenau.
2. Exemple cité par le professeur Robert Weitz, arrêté pour résistance par la Gestapo à Clermont-Ferrand le 3 juillet 1943, déporté à Monowitz le 3 octobre 1943, évacué sur Buchenwald le 18 janvier 1945.

Elle est morte.

Personne n'a voulu m'aider à porter son petit corps. On est lourd, mort, à sept ans, quand on a trop grandi. Je l'ai emportée, sur un traîneau, dans la neige, jusqu'à l'amoncellement des cadavres [1]. »

Les jours et les nuits coulent dans le silence et le froid. Bienheureux froid qui maintient gelés les cadavres, semblables à des bûches. Les Russes sont entrés à Cracovie le 19 janvier. Ils mettront une semaine pour franchir les 60 kilomètres qui les séparent d'Auschwitz, où ne passeront plus d'Allemands, à l'exception d'un détachement égaré de la Luftwaffe, dont le capitaine en quête de nourriture s'entendra répondre par Grinholtz qu'il ne se trouve nullement dans un dépôt de l'armée, mais dans un camp d'extermination où tout fait défaut, et d'abord le pain.

Le 27 janvier un calme étrange règne sur le camp. Il semble que le bruit du canon s'éloigne ; il se murmure même que les Russes ont reculé de quatre kilomètres. Soudain dans l'après-midi un cri éclate : « Les Russes sont là ! Les voilà, les Russes ! Ruski ! Ruski ! » Vêtus de longues capotes, coiffés de bonnets de fourrure, fusil à la main, ils avancent lentement, précautionneusement, dans ce camp qu'ils ont investi par l'arrière.

Pour la plupart ce sont des Mongols, des troupes de choc. Après avoir distribué les provisions qu'ils portent sur eux, ils s'éloignent : « Nous allons sur Berlin », disent-ils, mais des camarades les relayeront. Ceux-là distribueront des biscottes, tueront un porc, feront cuire de l'avoine, donneront trop et trop vite à manger à des hommes et des femmes sous-alimentés qui vont mourir d'une brutale surcharge alimentaire.

A Buchenwald Alfred Balachowsky prend toujours des notes. Entre les déportés politiques de Buchenwald et les juifs qui arrivent d'Auschwitz et de tous ces camps, où ils étaient promis à l'extermination, existent malgré tout, oui, malgré tout, des années-lumière de souffrance, de déchéance physique et morale.

---

1. Wladimir Pozner, *Descente aux enfers.*

Habitué à beaucoup d'horreurs, Balachowsky découvre alors d'impensables horreurs. De sa même petite écriture économe, il note ce qu'il apprend.

« Tous détenus Ausw. tatoués sur le bras droit (N°) afin de numéroter sur les cadavres *nus*

En dedans faim souffrent intensément *soif;* en hiver s'abreuvent avec de la neige mais quand elle disparaît soif intense. Kutcheva, officier tchèque, finit par boire urine étant assoiffé par fièvre.

....

A Buchenwald il est mort en février 5 400 h la plupart au petit camp et venant de transport ext. notamment de Pologne et Silésie. Meurent tous les jours 200-300 au block 61 ou amenés malades et ne durent pas une heure. Piqués (?) Beaucoup de dysenterie. Juifs amenés dans un état cadavérique extrême. [...] Jeune garçon 15 ans a demandé au block d'arracher les dents en or de son père qui était mourant pour ne pas les perdre — scènes affreuses — saleté repoussante des juifs complètement abrutis ;

....

Pour les femmes [à Auschwitz] le transport vers les chambres à gaz se faisait nu, rassemblées nues sur la place d'appel, défilaient jusqu'aux wagons devant les S.S. ; le transport était souvent trop massif pour que toutes les femmes soient gazées, attendaient dans un camp spécial près de Birkenau où il y avait 5 000-6 000 en permanence, en chemise même en janvier (juives mais aussi Polonaises et Tchèques), les femmes savaient le sort qui leur était réservé. »

Mais la France ne sait pas encore.

C'est avec le retour des déportés — en avril, mai et juin 1945 — qu'elle découvrira l'horreur des camps et du système concentrationnaire nazi. Ce drame, ce choc psychologique moral et politique durent toujours...

REMERCIEMENTS

Ce neuvième tome doit beaucoup à mes lecteurs. On trouvera ici la liste de celles et de ceux qui, par leur information, ont contribué à enrichir ce volume.

Mais je tiens à remercier tout particulièrement ma femme Colette pour le soutien qu'elle n'a cessé de m'apporter par son affectueuse présence et son efficace collaboration.

Que mes chers confrères Maurice Schumann, de l'Académie française, René Brouillet, Gaston Desfossé, Jean Laloy, de l'Académie des Sciences morales et politiques, trouvent ici mes remerciements pour les souvenirs dont ils ont bien voulu me faire part, les informations et les documents qu'ils ont bien voulu me communiquer.

Je tiens aussi à remercier chaleureusement Mme Agnès Claverie et mon ami Robert Coudry.

Ainsi que M. le sénateur Jean Cluzel, M. le bâtonnier Mollet-Vieville, Mme Garnier-Rizen, Mme Antoine, M. Jacques Robert, et Mlle France Mongabure dont l'aide depuis 1976 m'est toujours précieuse.

A la bibliothèque du Sénat, j'ai trouvé — et il en va ainsi depuis de longues années — une atmosphère particulièrement sympathique et dont je mesure presque quotidiennement le prix.

Grâce à l'amitié de mon confrère Jean Favier, inspecteur général des Archives de France, membre de l'Académie des Inscriptions et Belles-Lettres, l'accueil qui m'a été réservé par Mmes et MM. les conservateurs des Archives départementales des Alpes-Maritimes, Bouches-du-Rhône, Corrèze, Gard, Hautes-Alpes, Haute-Garonne, Haute-Savoie,

745

Hérault, Ille-et-Vilaine, Loire-Atlantique, Manche, Rhône et Vaucluse a été particulièrement chaleureux.

Mmes et MM. les directeurs des archives municipales de Caen, Dijon, Saint-Dié, Saint-Malo, Rouen, ainsi que M. le directeur du Centre de documentation du Mémorial de Caen ont répondu aimablement à toutes mes demandes, comme l'ont fait MM. les maires de Comblanchien, Dompaire, Mouthe, Rom, Rouffignac, Saint-Amand-Montrond, Seynod, Troarn et Trondes.

Je serais ingrat si je ne signalais pas l'œuvre capitale réalisée par l'Institut d'histoire du temps présent qui a succédé au Comité d'histoire de la Deuxième Guerre mondiale et accueille généreusement les chercheurs, comme le font l'Institut Charles de Gaulle, le secrétariat d'État aux Anciens combattants et la bibliothèque de Documentation d'histoire contemporaine.

On trouvera dans ce livre des références nombreuses à la presse de l'époque, mais je veux remercier MM. les directeurs et archivistes de la Dépêche de Toulouse, *du* Midi libre, *de* La Nouvelle République, *de* Sud-Ouest *et de* La Voix du Nord *pour leur aide confraternelle. Les remerciements qui précèdent et ceux qui suivent comportent peut-être quelque omission. Dans ce cas, un malencontreux hasard en serait seul responsable.*

Mes remerciements, donc, pour leur témoignage à :

MM. André Advenier, Édouard Alexander, Antoine Allibert, Louis Allier, Jean Amet, Mme Agnès Anne, MM. Maxime Antelin, Pierre Antoine, Joseph Apostle, Guy d'Arcangues, R. Archain, Jean Astruc, Aimé Aubert, Raymond Aubrac, Jean-Louis Audebert, M. Aurat.

MM. Pierre Bailly, Baju, Mme Solange Balachowsky, MM. Rémy Banliat, Jean Bannier, Yves Baquet, Dante Barbieri, Serge Barcellini, M. le chanoine R. Baret, M. Henri Baud, Mmes Madeleine Baudoin, Denise Baumann, M. Gilbert Beaubatie, Mme Lucien Beaudoin, MM. Paul Berliet, Jacques Besson, Bevillard-Caron, MM. Roger Biais, Hugues Binet M. le Dr Jean Bizien, MM. Bernard Bléhaut, Boellinger, Bois, Robert Boizard, Mme Chantal Bonazzi, MM. Marcel Bonnet-Voisin, Louis Bothorel, Gilbert Bouchet, Jean-Pierre Bougaud (maire de Comblanchien), Mme Nicole Bourgain, MM. Gérard Bourliout, Noël Boursier, Lucien Boutineau, M. et Mme Bout-

REMERCIEMENTS

tier, MM. Felix Bouvier, Léopold Bouzat, Bramoulé, Gérard Brault, Bernard Briais, Frédéric Brissaud, Jacques Britsch, G. Brochard, M. le Dr Gilles Buisson, M. Maurice Bujon, Mme Simone Bureau, M. Jean Burel.

MM. Fernand Caire, René Camuzard, M. le général Louis Candille, MM. Marc Canova, René Cararo, Pierre Cardot, Caron, Me William Caruchet, MM. Henri Casabianca, Jacques Casalonga, M. le colonel Maurice Catoire, MM. Alfred Caton, Alex Cazalis, Mme Madeleine Chabrolin, MM. Charles Chaine, U. Chapelle, M. le colonel René Chapon, MM. Félix Charon, Ferdinand Charon, J. Charpy, Chartier, Y. Chatelin, Chatton, Philippe Chausserie-Laprée, Mmes Marianne Chevalier, Madeleine Chevalier, MM. Albert Choain, André Chrétien, Louis Christol, Mme Odile Christophe, MM. Yann Clerc, Louis Closon, M. Collombel, M. le Dr André Cotillon, M. Claude Courouve.

MM. Pierre Dabat, Dangé, M. le lieutenant-colonel Robert Darnault, MM. Alexandre David, Dean, Mme C. Debaecker, MM. Robert Deban, Debussy, Mme Marie-Hélène Degroise, M. Jean-Claude Delafon, M. le Dr Louis Delezenne, MM. Pierre-Célestin Delrieu, H. Deschamps, Pierre Desbiolles, André Dewavrin (colonel *Passy*), Daniel Didier, Mmes Jacqueline Dordron, Du Beaudiez de Messières, M. Georges Dubos.

M. le préfet Paul Escande.

MM. Max Fantino, Robert Fareng, Mme Yvette Farreras, M. le général Fayard, MM. J. Fenasse, Gérard Fiori, Paul Flecher, Jacques Force, Sello Frenkel, Francis Friscourt.

MM. Pierre Gaillard, Adrien Gaillot, Jean Galabert, Roger Garcin, Robert Gaud, M. le colonel Paul Gaujac, M. Paul Gaume, Mme Nicole Gauthier-Turotoski, M. le colonel Maurice Geminel, M. Michel Gendrot, M. le Dr F. Ghestin, MM. Jean Gil, René Gille, Marcel Gilles, Mme Yvonne Giraud, MM. Pierre Girod (maire de Dompierre), Pierre Gounand, Daniel Granade, Albert Grinholtz, René Guenzi, G. Guidollet, Mme Madeleine Guyot.

MM. Jacques Habert, Hayez, Mme Nadine Heftler, MM. P. Hervet, Marcel Houdart, Patrick Hubert, André Hugel, Yany Hureaux, Jean Hurstel.

MM. Jean Icart, Imbert, Jean-Paul Imboden.

747

MM. André Jacquot, Claude Jeandet, M. le Dr Charles Jeangeorge.

M. Richard Kaempf, M. le Dr J. Koenigsberg.

MM. J. Laborey, Joseph Lafond, Paul Lagleyze, Joseph Lambroschini, Mmes Xavier Lamothe, Michèle Langlois, MM. Bertrand Laroche, Louis Larquier, Laspougeas, Mme Catherine Laurent, MM. Joseph Laurenti, Yves Lavaire, Mmes Lebeltel, Françoise Le Boulanger, MM. Bernard Lecornu, Pierre Lefranc, Mme Jacqueline Legrand, MM. R. Lemire, Raymond Lepers, J.-Ph. Lepetre, Alexandre Le Roux, Mme Lise Lesèvre, MM. André Lévy, René Lobre, de Loisy, Émile Losson, M. le Dr Lowys, Mme Claire Lucques, M. Antoine Luutt.

M. Bernard Maisonneuve, Mme P. Malberte, M. Raymond Mallet, Mme R. Malveau, MM. A. G. Manry, Pierre Marais, M. le Dr J. Marmasse, MM. Léon Martel, Martigne-Briand, Jacques Mathieu, Pierre Maurange, Mgr Jean-Marie Maury, M. G. May (maire de Busy), M. Christian Mebkout, Mme B. Meheust, Mme Denise Mermoux, M. Jacques Mesnard, M. le colonel Mollans, MM. Raymond Mollard, Pierre de Monneron, Jean-Claude Morand, Bertrand Morel, Mme Geneviève Mouchel, MM. Jean Mouchet, Paul Moulin, Charles Muller, Fernand Musso.

MM. Yves Nédelec, Nicault, Mme Danièle Nicoud, M. J. Noblet.

M. Christian Ossola.

MM. René Paira, Jean-Louis Panicacci, Henri Pedemay, Mme Pendariez-Rey, MM. Pierre Peré, Jean Pernin, père Henri Perrin, MM. Georges Pescadère, Charles-Yves Peslin, Louis Petitjean, Jean Peyrade, Fernand Picard, Marcel Pierron, Gaston Pillet, Michel Plessis, Daniel Porret, M. le Dr Claude Pot, MM. J. M. Pouplain, Pierre-Lucien Pouzet, Pons Prads, Pré, Michel Proutchenko, M. le Dr Jean-Paul Pundel.

MM. Gabriel Quencez, G. Quincy.

Mme Élizabeth Rabut, M. Norbert Ravyts, Mme Catherine Raynaud, MM. Jean Renac, André Rene, Aimé Requet, Pierre Revol, Claude Reynaud, Marcel Ribera, Riblet-Buchmann, J. Richomme (maire de Troarn), Charles Rickard, Paul Rigoulot, Mme C. F. Rochat, MM. Jacques Romain, Albert Ronsin,

REMERCIEMENTS

Henri Roques, Albert Roussel, A. Rozier, J. P. Rudin, Mme Marie-Catherine Ruscica.

M. René Sadrin (maire de Saint-Amand-Montrond), Jacques Saint-Cricq, Mme Marthe Salbet, MM. Félix Salvant, Bernard Sandraps, Sappey de Mirebel, M. le Dr Pierre Saumande, MM. Jean Sauvonnet (maire de Mouthe), Y. Schleiter, René Schleiter, Étienne Schricke, Secondy, Jacques Sidos, Yves Soulignac.

M. H. Tardivon, M. et Mme Jean Tibaut, M. le colonel Albert Tibodo, MM. Louis Tisserand, Roger Tisseyre (maire de Signes), Mme Tissier, MM. Tolley de Prevaux, Paul Tranchand, Mme Catherine Trouillet, M. Dominique Truchot.

M. le comte de Valicourt, Mme Monique Vallois, M. Henri de Vesvrotte, Mme Marie-Thérèse Viaud, MM. Maurice Vidrequin, Gaston Vincent, Jacques Vincent.

M. Gérard Weil, Mme le Dr Marcelle Wetzlar, MM. Gaston Wiessler, Marcel Wittmer.

Mme Cécile Zachar-Davoult.

BIBLIOGRAPHIE

ABEL (Jean-Pierre) : *L'Age de Caïn* (Les Éditions nouvelles, 1947).

AGULHON (Maurice) : *Histoire vagabonde. II. Idéologies et politique dans la France du XIXᵉ siècle* (Gallimard, 1988).

ALPHAND (Hervé) : *L'Étonnement d'être. Journal 1939-1973* (Fayard, 1977).

AMORETTI (Henri) : *Lyon, capitale 1940-1944* (France-Empire, 1964).

AMOUROUX (Henri) : *La Vie des Français sous l'occupation* (Fayard, 1961).

— *La Grande Histoire des Français sous l'occupation*. 8 volumes déjà parus (Robert Laffont).

ANDRIEU (Claire) : *Le Programme commun de la Résistance* (Les Éditions de l'Érudit, 1984).

ANGELI (Claude) et GILLET (Paul) : *La Police dans la politique. 1944-1954* (Grasset, 1967).

Année (L') politique 1944-1945 (Éditions du Grand Siècle).

ARON (Raymond) : *Mémoires* (Julliard, 1983).

ARON (Robert) : *Histoire de Vichy* (Fayard, 1954).

— *Histoire de la libération de la France* (Fayard, 1959).

— *Histoire de l'épuration. Tome I. De l'indulgence aux massacres* (Fayard, 1967).

— *Les Grands Dossiers de l'histoire contemporaine* (Librairie académique Perrin, 1962).

ASTIER DE LA VIGERIE (Emmanuel d') : *Les Dieux et les Hommes* (Julliard, 1952).

AUBRAC (Lucie) : *Nous partirons dans l'ivresse* (Seuil, 1984).

AUDIAT (Pierre) : *Paris pendant la guerre* (Hachette, 1946).

AUGER (Jack) et MORNET (Daniel) : *La Reconstruction de Caen* (Ouest-France).

AUPHAN (Amiral) : *Histoire élémentaire de Vichy* (France-Empire, 1971).

Autopsie d'une victoire morte (impr. S.A.E.P., Colmar, 1970).

AYMÉ (Marcel) : *Uranus* (Gallimard, 1946).

AZEMA (Jean-Pierre) : *La Collaboration* (P.U.F., 1975).

AZIZ (Philippe) : *Au service de l'ennemi* (Fayard, 1972).

— *Les Criminels de guerre* (Denoël, 1974).

— *Tu trahiras sans vergogne* (Fayard, 1970).

751

BAILLY (Robert) : *Occupation hitlérienne et Résistance dans l'Yonne* (A.N.A.C.R.-Yonne, 1984).

BARENX (Serge) : *Mouleydier, village martyr* (Bière-Bordeaux, 1945).

BARTHELEMY (Joseph) : *Mémoires, Vichy, 1941-1943* (Pygmalion, 1989).

BAUDOIN (Madeleine) : *Histoire des groupes francs (M.U.R.) des Bouches-du-Rhône de septembre 1943 à la Libération* (P.U.F., 1962).

BAUDOT (Marcel) : *L'Opinion publique sous l'occupation. L'exemple d'un département français, 1939-1945* (P.U.F., 1960).
— *Libération de la Bretagne* (Hachette, 1973).
— *Libération de la Normandie* (Hachette, 1974).

BEAUVOIR (Simone de) : *La Force de l'âge* (Folio, 1989).

BECAMPS (Pierre) : *Libération de Bordeaux* (Hachette, 1974).

BECHAUX (Antoine) et LAFUMA (Michel) : *Le 2ᵉ CHOC Bataillon Janson-de-Sailly* (France-Empire, 1988).

BERGOT (Erwan) : *La Deuxième D.B.* (Presses de la Cité, 1980).

BERTAUX (Pierre) : *Libération de Toulouse et de sa région* (Hachette, 1973).

BESSE (Jean) : *La Répression à la Libération dans le département de la Corrèze* (Comité d'histoire de la Deuxième Guerre mondiale).

BIDAULT (Georges) : *D'une Résistance à l'autre* (Les Presses du Siècle, 1965).

BIGEARD (Marcel) : *Pour une parcelle de gloire* (Plon, 1975).

BILLOTTE (Pierre) : *Le Temps des armes* (Plon, 1972).

BINOCHE (Jacques) : *De Gaulle et les Allemands* (Éditions Complexe, 1990).

BIZIEN (Jean) : *Sous l'habit rayé* (Édition de la Cité, 1987).

BLUM (Suzanne) : *Vivre sans la patrie, 1940-1945* (Plon, 1975).

BLUMENSON (Martin) : *Duel pour la France, 1944* (Denoël, 1963).

BOISSIEU (général Alain de) : *Pour combattre avec de Gaulle* (Plon, 1981).
— *Pour servir le Général* (Plon, 1982).

BONNECARRERE (Paul) : *Qui ose vaincra* (Fayard, 1971).

BONNY (Jacques) : *Mon père, l'inspecteur Bonny* (Robert Laffont, 1975).

BOTHOREL (Jean) : *Bernard Grasset* (Grasset, 1989).

BOTHOREL (Louis) : *Plouvien. Août 1944* (Skolig al Louarn, 1989).

BOUDARD (Alphonse) : *Les Enfants de chœur* (Flammarion, 1982).
— *Le Corbillard de Jules* (La Table Ronde).

BOUNIN (Jacques) : *Beaucoup d'imprudences* (Stock, 1974).

BOURDAN (Pierre) : *Carnet de route avec la division Leclerc* (Éd. Pierre Trémois, 1945).

BOURDET (Claude) : *L'Aventure incertaine* (Stock, 1975).

BOURDREL (Philippe) : *L'Épuration sauvage, 1944-1945* (Perrin, 1991).

BRASILLACH (Robert) : *Lettres écrites en prison* (Les sept couleurs, 1965).

BRIAIS (Bernard) : *Le Lochois pendant la guerre 1939-1945* (Éd. Briais, 1988).

BRITSCH (Jacques) : *Nous n'accepterons pas la défaite* (s.l.n.d.).

BRUNET (Jean-Paul) : *Jacques Doriot* (Balland, 1986).

Bulletin de la société philomatique vosgienne.

BUTON (Philippe) : *Le Parti communiste français à la Libération.* Thèse. Université Paris I. U.E.R. d'histoire

CABOZ (René) : *La Bataille de la Moselle. 25 août-15 décembre 1944* (Éd. Pierron, 1981).

BIBLIOGRAPHIE

CADARS (Louis) : *Et le port de Bordeaux ne fut pas détruit* (Éd. Raymond Picquot, 1960).

CANAUD (Jacques) et BAZIN (Jean-François) : *La Bourgogne dans la Deuxième Guerre mondiale* (Ouest-France, 1986).

Carnets (Les) du lieutenant-colonel Brunet de Sairigné, présentés et annotés par André-Paul Comor (N.E.L., 1990).

CATTAUI (Georges) : *Charles de Gaulle, l'homme et son destin* (Arthème Fayard, 1960).

CAZAUX (Yves) : *Journal secret de la Libération* (Albin Michel, 1975).

CERNY (Philip G.) : *Une politique de grandeur* (Flammarion, 1980).

CERONI (général M.) : *Le Corps franc Pommiès. T. II : La lutte ouverte* (Éd. Amicale du corps franc Pommiès, 1984).

CHABAN-DELMAS (Jacques) : *Charles de Gaulle* (Paris-Match, Édition n° 1, 1980).

CHAUDIER (Albert) : *Limoges 1944-1945, capitale du maquis* (Lavauzelle, 1980).

CHAUVY (Gérard) : *Lyon des années bleues* (Plon, 1987).

CHEVANCE-BERTIN (général) : *Vingt Mille Heures d'angoisse, 1940-1945* (Robert Laffont, 1990).

CHURCHILL (Sir Winston) : *Mémoires sur la Deuxième Guerre mondiale. T. V : L'étau se referme* (Plon, 1952). *T. VI : Triomphe et tragédie* (Plon, 1954).

Cinquante ans d'une passion française : De Gaulle et les communistes, sous la direction de Stéphane Courtois et Marc Lazar (Balland, 1991).

CLANCHE (abbé) : *La Fin tragique du maquis de Voisines* (s.l.n.d.).

CLOSON (Francis-Louis) : *Commissaire de la République du général de Gaulle* (Julliard, 1980).

— *Le Temps des passions. De Jean Moulin à la Libération* (Presses de la Cité, 1974).

CODOU (Roger) : *Le Cabochard. Mémoires d'un communiste* (François Maspero, 1982).

Colmar au lendemain de la Libération (Impr. Braun et Cie, 1947).

CONTE (Arthur) : *Yalta ou le Partage du monde* (Robert Laffont, 1964).

Cordée (La) de Belledonne. Souvenirs et témoignages de la vie du groupement 12 « Belledonne » des Chantiers de la jeunesse française (1988).

COTTA (Michèle) : *La Collaboration* (Armand Colin, 1964).

COUPIREAU (André) : *Histoire de l'École militaire d'Autun* (s.l.n.d.).

COURTOIS (Stéphane) : *Le P.C.F. dans la guerre* (Ramsay, 1980).

DAIX (Pierre) : *J'ai cru au matin* (Robert Laffont, 1976).

DEBRÉ (Michel) : *Trois Républiques pour une France* (Albin Michel, 1984).

DEBU-BRIDEL (Jacques) : *De Gaulle et le C.N.R.* (France-Empire, 1978).

DEFRASNE (Jean) : *Histoire de la collaboration* (P.U.F., 1982).

DELARUE (Jacques) : *Histoire de la Gestapo* (Fayard, 1962).

— *Trafics et Crimes sous l'occupation* (Fayard, 1968).

DELPERRIE DE BAYAC (Jacques) : *Histoire de la Milice* (Fayard, 1969).

— *La Guerre des ombres* (Fayard, 1975).

DENIS (général Pierre) : *La Libération de Metz* (Éditions Serpenoise, 1986).

Derniers (Les) jours de Brest vus par un soldat allemand. Les cahiers de l'Iroise, n° 4, 1989.

753

DESGRANGES (abbé) : *Les Crimes masqués du « Résistantialisme »* (L'Élan, 1948).

DESTREM (Maja) : *Les Commandos de France. Les volontaires au béret bleu* (Fayard, 1982).

— *L'Aventure de Leclerc* (Fayard, 1984).

Dictionnaire de la Seconde Guerre mondiale. 2 vol. (Larousse, 1979).

DINFREVILLE (Jacques) : *Le Roi Jean. Vie et mort du maréchal de Lattre de Tassigny* (La Table Ronde, 1964).

DODIN (Robert) : *La Résistance dans les Vosges* (Éd. du Sapin d'or).

DOUCERET (Serge) : *Paul Gandoët, général* (Éd. Lavauzelle, 1987).

DREYFUS (François-Georges) : *Histoire de Vichy* (Perrin, 1990).

DROIT (Michel) : *Le Rendez-Vous d'Elchingen. T. II : Le fils unique* (Plon, 1990).

DRONNE (Raymond) : *La Libération de Paris* (Presse de la Cité, 1970).

— *Carnets de route d'un croisé de la France libre* (France-Empire, 1984).

DUCLOS (Jacques) : *Mémoires. T. III : Dans la bataille clandestine, 1943-1945* (Fayard, 1970).

DUQUESNE (Jacques) : *Les Catholiques français sous l'occupation* (Grasset, 1966).

DURAND (Pierre) : *Qui a tué Fabien ?* (Éd. Messidor-Temps actuels, 1985).

DUROSELLE (Jean-Baptiste) : *Histoire diplomatique de 1919 à nos jours* (Dalloz, 1978).

DUTRIEZ (Robert) : *La Seconde Guerre mondiale en Franche-Comté* (Cetre).

EISENHOWER (général Dwight D.) : *Les Opérations en Europe du corps expéditionnaire allié* (Berger-Levrault, 1947).

— *Croisade en Europe* (Robert Laffont, 1949).

ELGEY (Georgette) : *La République des illusions 1945-1951* (Fayard, 1965).

Entourage (L') et de Gaulle. Ouvrage collectif présenté par Gilbert Pilleul (Plon, 1979).

Épuration (L'). Ouvrage collectif (Les sept couleurs, 1957).

ESTAGER (Jacques) : *Ami, entends-tu ? La Résistance populaire dans le Nord-Pas-de-Calais* (Éditions sociales, 1986).

FABRE-LUCE (Alfred) : *Vingt-cinq Années de liberté. T. 2. L'épreuve* (Julliard, 1963).

Fault pas y craindre. Histoire du commando de Cluny, 4e bataillon de choc, racontée par ses anciens (Éditions Bourgogne-Rhône-Alpes, 1975).

FAURE (Edgar) : *Mémoires. T. I : Avoir toujours raison est un grand tort* (Plon, 1982).

FAUVET (Jacques) : *Histoire du Parti communiste français* (Fayard, 1965).

FERRO (Maurice) : *De Gaulle et l'Amérique : Une amitié tumultueuse* (Plon, 1973).

FIGUERAS (André) : *Faux résistants et vrais maquisards. La Résistance mise à nu* (Éd. Figueras, 1974).

— *Les Résistants à la « popaul »* (Éd. Figueras, 1982).

FONDE (Jean-Julien) : *Les Loups de Leclerc* (Plon, 1982).

FOUCHET (Christian) : *Au service du général de Gaulle* (Plon, 1971).

FOULON (Charles-Louis) : *Le Pouvoir en province à la Libération. Les commissaires de la République, 1943-1946* (Armand Colin, 1975).

Françaises (Les) à Ravensbrück (Denoël, 1971).

BIBLIOGRAPHIE

FRED (capitaine) : *Bataillon Violette* (Imprimerie Fabrègues, 1975).
— *La Brigade RAC Armée secrète Dordogne Nord* (Éd. Capitaine Fred, 1977).
FRITSCH-ESTRANGIN (Guy) : *New-York entre de Gaulle et Pétain. Les Français aux États-Unis de 40 à 46* (La Table Ronde, 1969).
Front (Le) de la Vilaine et la tentative du duc Alain de Rohan pour libérer Saint-Nazaire en octobre 1944 (N.E.L., 1987).
FROSSARD (André) : *La Maison des otages. Montluc 1944* (Fayard, 1983).
GANDOUET (Paul) : *Serge Douceret* (Lavauzelle, 1987).
GAUCHER (Roland) : *Histoire secrète du Parti communiste français* (Albin Michel, 1974).
GAULLE (général Charles de) : *Mémoires de guerre* (Plon, 1959).
— *Discours et Messages pendant la guerre* (Plon, 1970).
— *Lettres, Notes et Carnets* (Plon, 1983).
GENET (Christian) : *La Libération des deux Charentes. Soldats en sabots* (Aubin, 1965).
GEORGES (colonel) : *Le Temps des partisans* (Flammarion, 1978).
GILLOIS (André) : *Le Mensonge historique* (Robert Laffont, 1990).
GIRAUD (Henri-Christian) : *De Gaulle et les communistes. T. II : Le piège, mai 1943-janvier 1946* (Albin Michel, 1989).
GMELINE (Patrick de) : *Commandos d'Afrique* (Presses de la Cité, 1980).
GODEFROY (Georges) : *Le Havre sous l'occupation* (Imprimerie de la Presse, Le Havre).
GOUNAND (Pierre) : *La Côte-d'Or en images, 1940-1944* (Éd. Libro-Sciences S.P.R.L. Bruxelles, 1978).
— *Une ville française sous l'occupation, Dijon : 1940-1941*. Thèse de doctorat d'État, 1989.
Grands Reportages. 43 prix Albert-Londres (Arlea, 1986).
GREILSAMER (Laurent) : *Hubert Beuve-Méry* (Fayard, 1990).
GRENIER (Fernand) : *Ce bonheur-là* (Éditions Sociales, 1974).
GROS (Henri-Jacques) : *Août et septembre 44 à Tonnay-Charente et Surgères* (Éd. H.-J. Gros, 1985).
GROSSER (Alfred) : *Affaires extérieures. La politique de la France, 1944-1989* (Flammarion, 1989).
GUINGOUIN (Georges) : *Quatre Ans de lutte sur le sol limousin* (Hachette, 1974).
— *Libération du Limousin* (Hachette).
GUIRAL (Pierre) : *Libération de Marseille* (Hachette, 1974).
GUITTON (Jean) : *Un siècle, une vie* (Robert Laffont, 1988).
GUN (Nerin E.) : *Le Secret des archives américaines. T. II : Ni de Gaulle, ni Thorez* (Albin Michel, 1983).
HAMON (Léo) : *Vivre ses choix* (Robert Laffont, 1991).
HANGOUET (Alfred) : *L'Affaire Lecoze* (C.L.D. Normand et Cie, 1978)
HART (Liddell) : *Histoire de la Seconde Guerre mondiale* (Fayard, 1973).
HERUBEL (Michel) : *La Bataille des Ardennes* (Presses de la Cité, 1979).
— *La Bataille d'Arnhem. Le défi et la tragédie. Septembre 1944* (Presses de la Cité, 1990).
HETTIER DE BOISLAMBERT (Claude) : *Les Fers de l'espoir* (Plon, 1978).
HILLEL (Marc) : *Vie et Mœurs des G.I.'s en Europe (1942-1947)* (Balland, 1981).

HISARD (Claude) : *Histoire de la spoliation de la presse française* (La Librairie française, 1955).

Historique des Forces françaises navales libres (Marine nationale, 1989).

HOLBAN (Boris) : *Testament* (Calmann-Lévy, 1989).

HOSTACHE (René) : *Le Conseil national de la Résistance* (P.U.F. 1958).

— *De Gaulle 1944. Une victoire de la légitimité* (Plon, 1978).

INGRAND (Henry) : *Libération de l'Auvergne* (Hachette, 1974).

IKOR (Roger) : *Pour une fois mon enfant* (Albin Michel, 1975).

ISORNI (Jacques) : *Le Procès de Robert Brasillach* (Flammarion, 1946).

JACQUELIN (André) : *La Juste Colère du Val d'Enfer* (Promotion et Édition, 1970).

— *Lettres de mon maquis* (Éditions Roblot, 1975).

JOANNON (Henri) : *Remember! Souviens-toi* (Imp. moderne, 1947).

JONCHAY (colonel R. du) : *La Résistance et les communistes* (France-Empire, 1968).

JOUANNEAU (Michel) : *La Fin des illusions. La capitulation de la colonne Elster* (Imprimerie Badel, 1984).

Journal de marche. 5ᵉ Cie. 9ᵉ DIC. 23 RIC. (s.l.n.d.).

Journal de marche. 5ᵉ RCA. (s.l.n.d.).

KAHN (Annette) : *Robert et Jeanne* (Payot, 1990).

— *Personne ne voudra nous croire* (Payot, 1991).

KASPI (André) : *La Deuxième Guerre mondiale. Chronologie commentée* (Perrin, 1990).

KERSAUDY (François) : *De Gaulle et Churchill* (Plon, 1982).

KEEGAN (John) : *La Deuxième Guerre mondiale* (Perrin, 1990).

KESSELRING (maréchal) : *Soldat jusqu'au dernier jour* (Lavauzelle, 1956).

KLARSFELD (Serge) : *Vichy-Auschwitz. Le rôle de Vichy dans la solution finale* (Fayard, 1983).

KRIEGEL (Annie) : *Les Communistes français. 1920-1970.* Avec la collaboration de Guillaume Bourgeois. (Seuil, 1985).

— *Ce que j'ai cru comprendre* (Robert Laffont, 1991).

KRIEGEL-VALRIMONT (Maurice) : *La Libération. Les archives du C.O.M.A.C.* (Éd. de Minuit, 1964).

KUPFERMAN (Fred) : *Les Premiers Beaux Jours 1944-1946* (Calmann-Lévy, 1985).

LACHAUD (Jacques-Louis) : *Mussidan en Périgord* (Pierre Fanlac, 1978).

LACIPIERAS : *Au carrefour de la trahison* (Chez l'auteur, 1950).

LACOUTURE (Jean) : *De Gaulle. T. I : Le rebelle. T. II : Le politique. T. III : Le souverain* (Seuil).

— *Pierre Mendès France* (Seuil).

— *De Gaulle* (Seuil, 1969).

LACOUTURE (Jean) et MEHL (Roland) : *De Gaulle ou l'éternel défi* (Seuil, 1988).

LALOY (Jean) : *Yalta* (Robert Laffont, 1988).

LANGLADE (général Paul de) : *En suivant Leclerc* (Au fil d'Ariane, 1964).

LANTIER (Maurice) : *Saint-Lô au bûcher* (Impr. Jacqueline, 1969).

LANVIN-LESPIAU (lieut.-col.) : *Liberté provisoire* (Impr. nationale en occupation, Voralberg, 1945).

BIBLIOGRAPHIE

LAUNAY (Jacques de) : *Les Grandes Décisions de la Deuxième Guerre mondiale 1939-1942* (Ergo-Press, 1990).

LECHEVREL (Jean) : *Les dés sont sur le tapis. Caen et les environs. Été 1944* (Impr. spéciale de la Seine, 1984).

LECLERC (Louis) : *Mémoires de guerre d'un Français libre* (Éd. La Bruyère, 1984.)

LECORNU (Bernard) : *Un préfet sous l'occupation allemande* (France-Empire, 1984).

LE DOUAREC (François) : *Félix Gaillard, 1919-1970* (Economica).

LEDWIGE (Bernard) : *De Gaulle* (Flammarion, 1982).

LEFRANC (Pierre) : *La France dans la guerre. 1940-1945* (Plon, 1990).

LEGRAND (Jacqueline) : *Abbeville* (s.l.n.d.).

LE MAREC (Bernard) et LE MAREC (Gérard) : *Les Années noires. La Moselle annexée par Hitler* (Éd. Serpenoise, 1990).

LE MAREC (Gérard) : *Lyon sous l'occupation* (Ouest-France, 1984).

LEMOIGNE (Louis) et BARBANCEYS (Marcel) : *L'Armée secrète en Haute-Corrèze (1942-1944)* (Édit. Association amicale des maquis A.S. de Haute-Corrèze, 1979).

Libération (La) de l'Est de la France. Le département de la Moselle (1975).

LIMAGNE (Pierre) : *Éphémérides de quatre années tragiques* (Bonne Presse, réédité en 3 volumes par les éditions de Candide en 1987).

LORMIER (Dominique) : *L'Épopée du corps franc Pommiès des Pyrénées à Berlin* (Jacques Grancher éditeur, 1990).

LOTTMAN (Herbert R.) : *L'Épuration, 1943-1953* (Fayard, 1986).

LUIRARD (Monique) : *La Région stéphanoise dans la guerre et dans la paix* (Centre d'études corréziennes, 1980).

MADELAINE (Marcel) : *44 jours en 44.* (Impr. Nory, 1984).

MADJARIAN (Grégoire) : *Conflits, Pouvoirs et Société à la Libération* (Union générale d'Éditions, 1980).

MAGGIAR (amiral) : *Les Fusiliers marins de Leclerc* (France-Empire, 1984).

MAIREY (Jean) : *Libération de la Bourgogne* (Hachette).

Maquis Conty-Freslon par quatre des siens (Société française d'imprimerie et de librairie et imprimerie Marc Texier réunies).

MARTEAUX (Jacques) : *Les Catholiques dans la tourmente* (La Table Ronde, 1959).

MARTELLI (Roger) : *Communisme français. Histoire sincère du P.C.F. 1920-1984* (Messidor. Éditions Sociales, 1984).

MASSU (Jacques) : *Sept Ans avec Leclerc* (Plon, 1974).

MASSU (Suzanne) : *Quand j'étais Rochambelle* (Grasset, 1969).

MAUCLÈRE (Jean) : *Marins de France au combat* (Berger-Levrault, 1945).

MAURIAC (Claude) : *Aimer de Gaulle* (Grasset, 1978).

MAURIAC (François) : *De Gaulle* (Grasset, 1964).

MAYER (Daniel) : *Les Socialistes dans la Résistance* (P.U.F., 1968).

MAYER (René) : *Études, Témoignages, Documents* (P.U.F., 1983).

MENDÈS FRANCE (Pierre) : *Œuvres complètes. T. II : Une politique de l'économie, 1943-1954* (Gallimard, 1985).

MERCADET (Léon) : *La Brigade Alsace-Lorraine* (Grasset, 1984).

MEYNIER (Jean) : *La Justice en Limousin au temps de la Libération* (Éd. René Dessagne).

MICHEL (Henri) : *Histoire de la Résistance en France* (P.U.F., 1950).
— *Les courants de pensée de la Résistance* (P.U.F., 1962).

MOLINARI (Pascal) et PANICACCI (Jean-Louis) : *Menton dans la tourmente, 1939-1945* (Annales de la Société d'art et d'histoire du Mentonnais, 1982-1983. Édité en 1984).

MONNET (colonel Henri) : *Mémoires d'un éclectique* (Garnier, 1980).

MONTANGON (Jean de) : *Un Saint-Cyrien des années quarante* (France-Empire, 1987).

MONTERGNOLE (Bernard) : *La Presse grenobloise de la Libération, 1944-1952* (Presses universitaires de Grenoble).

MONTGOMERY (maréchal) : *De la Normandie à la Baltique* (Lavauzelle, 1948).

MORDREL (Olier) : *Breiz Atao* (Alain Moreau, 1973).

Moselle et Mosellans dans la Seconde Guerre mondiale. Ouvrage collectif (Éd. Serpenoise, 1984).

MOULIN DE LABARTHETE (Jean du) : *Des marins dans la tourmente* (N.E.L., 1990).

MUELLE (Raymond) : *Le Premier Bataillon de choc* (Presses de la Cité, 1977).

MUSSO (Fernand) : *Après le raz de marée* (Pierre Gauthier éditeur, 1980).

NOBECOURT (R.G.) : *Rouen désolé* (Éditions Médicis, 1948).

NOGUERES (Henri) en collaboration avec DEGLIAME-FOUCHÉ (Marcel) : *Histoire de la Résistance en France*. 5 volumes (Robert Laffont, 1961-1985).

Nouveau Dictionnaire des girouettes (1948).

NOVICK (Peter) : *L'Épuration française, 1944-1949* (Balland, 1985).

ORY (Pascal) : *Les Collaborateurs, 1940-1945* (Seuil, 1976).

OUZOULIAS (Albert) : *Les Fils de la nuit* (Grasset, 1975).

PALEWSKI (Gaston) : *Mémoires d'action, 1924-1974* (Plon, 1988).

PANICACCI (Jean-Louis) : *Le(s) Pouvoir(s) dans les Alpes-Maritimes à la Libération (6 juin 1942-22 octobre 1945)* (I.H.T.P.-C.N.R.S., 1986).

PANNEQUIN (Roger) : *Ami, si tu tombes* (Sagittaire, 1976).
— *Adieu, camarades* (Sagittaire, 1977).

PASSY (colonel) : *Missions secrètes en France* (Plon, 1951).

PAXTON (Robert O.) : *La France de Vichy* (Seuil, 1976).

PAYON (abbé André) : *Un village martyr, Maillé* (Tours Arrault, 1945).

PELLETIER (Paul) : *Le Calvaire de Peixonne* (U.N.A.D.I.F., section de Badonville-Peixonne).

PELLISSIER (Pierre) : *Brasillach le maudit* (Denoël, 1989).

PENNAUD (Guy) : *Histoire de la Résistance en Périgord* (Pierre Fanlac, 1985).

PERRET (C.) : *Étobon : village de terroristes* (Imprimerie Marcel Bon, Vesoul, 1945).

PEYTAVI (R.) et COLLIGNON (F.) : *Journal de marche du camp de l'École d'Autun dans les maquis de l'Ain. 20 mars-3 septembre 1944.*

PIANTA (Georges) : *Au service de ma ville natale* (s.l.n.d.).

PICARD (Fernand) : *L'Épopée de Renault* (Albin Michel, 1976).

PIERQUIN (Bernard) : *Journal d'un étudiant parisien sous l'occupation, 1939-1945* (1983).

BIBLIOGRAPHIE

PIERROT (A.) : *Incendie volontaire de Saint-Dié par les Allemands* (Ad. Weick éditeur, 1945).

Prisons de l'épuration (L'épuration vécue. Fresnes 1944-1947) (Le Portulan, 1947).

POZNER Vladimir : *Descente aux enfers* (Julliard, 1980).

RAPHAËL-LEYGUES (Jacques) : *Chroniques des années incertaines, 1935-1945* (France-Empire, 1977).

RÉMOND (René) : *Notre siècle, 1918-1988* dans : *Histoire de France* sous la direction de Jean Favier (Fayard, 1988).

RICKARD (Charles) : *La Savoie sous l'occupation* (Ouest-France, 1985).

— *La Savoie dans la Résistance* (Ouest-France, 1986).

— *Vérités sur la guerre, 1943-1945* (Éd. Jean-Paul Gisserot, 1990).

— *La Justice du maquis* (Éd. Jean-Paul Gisserot, 1988).

RIMBAUD (Christiane) : *Pinay* (Perrin, 1990).

RIOUX (Jean-Pierre) : *La France de la Quatrième République. T. I : L'ardeur et la nécessité, 1944-1952* (Seuil, 1980).

RIST (Charles) : *Une saison gâtée* (Fayard, 1983).

ROBICHON (Jacques) : *Le Débarquement de Provence* (Presses de la Cité, 1962).

ROBRIEUX (Philippe) : *Histoire intérieure du Parti communiste. T. I : 1920-1945* (Fayard, 1980).

— *Thorez, vie secrète et vie publique* (Fayard, 1975).

RODRIGUES (Georges) : *La Poche de Royan 1940-1945* (Imprimeur I.C.R.T., 1991).

ROMANS-PETIT (Henri) : *Les Maquis de l'Ain* (Hachette, 1974).

ROUSSEL (Éric) : *Georges Pompidou* (Jean-Claude Lattès, 1984).

RUBY (Marcel) : *La Résistance à Lyon* (Hermès, Lyon, 1979).

RUDE (Fernand) : *Libération de Lyon et de sa région* (Hachette, 1974).

RUFFIN (Raymond) : *La Vie des Français au jour le jour, 1944-1945* (Presses de la Cité, 1986).

— *Résistance P.T.T.* (Presses de la Cité, 1983).

— *Journal d'un J 3* (Presses de la Cité, 1979).

SAGNES (Jean) avec la collaboration de MAURIN (Jules) : *L'Hérault dans la guerre, 1939-1945* (Éd. Horvath, 1986).

SAINT-GERMAIN (Philippe) : *Les Prisons de l'épuration* (Librairie française, 1975).

SAINT-LOUP : *Renault de Billancourt* (Éd. du Trident, 1987).

SAUVY (Alfred) : *De Paul Reynaud à Charles de Gaulle, scènes, tableaux et souvenirs* (Casterman, 1972).

— *La Vie économique des Français de 1939 à 1945* (Flammarion, 1978).

SCHNEIDER (colonel) : *Le Sens de leur combat* (Librairie Jacques, Dôle).

SCHUMANN (Maurice) : *Honneur et Patrie* (Éditions du Livre français, 1946).

— *Les Voix du couvre-feu* (Plon, 1964).

SEMBLAT (Daniel) : *Robert Muller, une page de la résistance à Aubusson.*

SEMPE (Abel) : *Au service de l'économie et de la liberté en Gascogne* (Imprimerie Castay, 1980).

SERANT (Paul) : *Les Vaincus de la libération* (Robert Laffont, 1964).

SERMAIN (Michel) : *La Liberté au bout du chemin* (Le Cercle d'or).

LES RÈGLEMENTS DE COMPTES

SHIPLEY WHITE (Dorothy) : *Les Origines de la discorde : de Gaulle, la France libre et les Alliés* (Trévise, 1967).

SILVANI (Paul) : *Corse des années ardentes (1939-1976)* (Éd. Albatros).

SIMIOT (Bernard) : *De Lattre* (Flammarion, 1953).

STEINBERG (Lucien) : *Les Allemands en France* (Albin Michel, 1980).

TCHAKARIAN (Arsène) : *Les Fusillés du Mont-Valérien* (Messidor, 1986).

TEITGEN (Pierre-Henri) : *Faites entrer le témoin suivant* (Ouest-France, 1988).

THUCYDIDE : *Les Mensonges d'une génération* (N.E.L., 1986).

TILLON (Charles) : *Les F.T.P.* (Julliard, 1962).

— *On chantait rouge* (Robert Laffont, 1977).

TOESCA (Maurice) : *Cinq Ans de patience* (Émile Paul, 1975).

TOULAT (Jacques) : *L'Été tragique. Récit des événements survenus à Chauvigny aux mois de juin, juillet et août 1944* (Éd. des Cordeliers, 1946).

TOURNOUX (Jean-Raymond) : *Pétain et de Gaulle* (Plon, 1964).

Tragédie de Guérry (La) (Comité berrichon du souvenir et de la reconnaissance).

Tragédie de la déportation, 1940-1945. Témoignages de survivants (Hachette, 1954).

TRIBOULET (Raymond) : *Un gaulliste de la IVᵉ* (Plon, 1985).

TROUSSARD (Raymond) : *L'Armée de l'ombre. Le maquis Bir-Hakeim* (Angoulême, 1981).

TUQUOI (Jean-Pierre) : *Emmanuel d'Astier, la plume et l'épée* (Arlea, 1987).

Un village martyr au cœur de la poche de Colmar Bennwihr du 3 au 24 décembre 1944 (Réalisé par le Club des retraités).

VENDROUX (Jacques) : *Cette chance que j'ai eue* (Plon, 1974).

VIANNEY (Philippe) : *Du bon usage de la France* (Ramsay, 1988).

VIELZEUF (Aimé) : *Ardente Cévenne* (Chez l'auteur, 1973).

— *Les Bandits* (Édition le Camariguo, 1982).

VILLIERS (Georges) : *Témoignages* (France-Empire, 1978).

VILLON (Pierre) : *Résistants de la première heure* (Éditions Sociales, 1958).

VISTEL (Alban) : *La Nuit sans ombre* (Fayard, 1970).

VOLDMAN (Danielle) : *Attention, mines, 1944-1947* (France-Empire, 1945).

WINGEATE-PIKE (David) : *Jours de gloire, Jours de honte. Le Parti communiste d'Espagne en France (1939-1950)* (S.E.D.E.S., 1984).

TABLE DES MATIÈRES

761

Mauriac intervient – Les Allemands menacent de prendre des mesures de représailles – L'offensive allemande des Ardennes et la réaction de certains collaborateurs – Les gestapistes de la bande Bonny-Lafont condamnés à mort – Brasillach devant ses juges – Le poète et le polémiste – Combien d'arrestations dans les mois qui ont suivi la Libération ? – La vie quotidienne dans les camps d'internement – L'histoire de Michel Caron – Les Chambres civiques et l'indignité nationale – Une sanction rétroactive qui frappe surtout les pétainistes.

II. LE PARTI COMMUNISTE A-T-IL VOULU PRENDRE LE POUVOIR ?

Prise de pouvoir ? L'avis des communistes et celui de De Gaulle – Il n'y a pas eu 75 000 fusillés – Une suite de falsifications historiques – L'afflux des adhésions – Le rôle du Front national dans la stratégie communiste – Les « potiches » dont se sert le Parti – Les Comités de libération et leurs ambitions – De Gaulle refuse l'invitation des C.D.L. et les ramène à l'ordre – *L'Humanité*, plus fort tirage de la presse parisienne – Les quotidiens et hebdomadaires communistes, instruments de conquête du pouvoir local.

Les milices patriotiques : un instrument entre les mains du Parti – De Gaulle décide leur dissolution... ce qui provoque de violentes réactions – *L'Humanité* fait silence sur de Gaulle – L' « affaire de Maubeuge... » : un montage politique qui tourne au drame – Attentats ou accidents ? – En Belgique, des incidents éclatent entre gouvernement et communistes... – En Grèce, la guerre civile fait rage – La France est épargnée.

En 1939, Thorez déserte et gagne la Russie – En 1944, les communistes réclament son retour en France – De Gaulle décide d'amnistier le leader communiste : ses raisons – Thorez, inquiet, retrouve un Parti communiste qui a beaucoup changé – Le meeting du Vel' d'Hiv' lui prouve qu'il demeure le maître – Thorez approuve la dissolution des milices patriotiques et la disparition des Comités de libération – L'Indignation de Pannequin devant un révolutionnaire devenu « homme de gouvernement ».

III. DE GAULLE : GRANDS DESSEINS, FAIBLES MOYENS

Beaucoup d'espoirs déçus – De Gaulle et les problèmes de vie quotidienne – L'immensité des destructions : l'exemple de Brest – La chasse aux rats à Saint-Lô – Un ravitaillement anarchique mécontente tous les Français – Nice : l'une des villes les plus malheureuses de France – Peu de trains et peu de camions – L'aide des Américains s'avère moins importante que prévu et surtout qu'imaginé.

La guerre pouvait-elle être terminée en septembre 1944 ? De Gaulle pense que la poursuite du conflit renforcera l'unité nationale – Comment « amalgamer » armée d'Afrique et F.F.I. ? Deux conceptions s'affrontent – De Gaulle intègre les F.F.I. dans l'armée régulière – Un climat de rébellion – Deux hommes : Billotte et de Lattre vont faciliter l'amalgame – De Lattre évoque constamment l'aide apportée par les F.F.I. – L'histoire de la « colonne Fabien » et de son chef – De Lattre : « Ma plus belle victoire : l'amalgame. »

De Lattre, en septembre, livre une course de vitesse contre les Allemands – Pourquoi les ponts de Lyon ont-ils sauté ? – Comme à Paris gaullistes et communistes sont entrés en conflit – Le combat de Mouthe et la... « non-exécution » du maire de la ville – Les Allemands retraitent depuis le Sud-Ouest – Victoire disputée sur la colonne Elster... les Américains ramassent la mise – La prise d'Autun et la libération de Dijon – Retour sur la 2e D.B. de Leclerc –

Elle quitte Paris avec pour objectif la Moselle – Le combat de Dompaire : 59 chars allemands sont détruits – Les marins récompensés – La jonction entre la 2ᵉ D.B. et la 1ʳᵉ armée française – La poursuite freinée par la pénurie de carburant et la résistance allemande – Ce qui se passe sur le front de l'Atlantique.

Le gouvernement provisoire arrive à Paris – De Gaulle le modifie – Une place éminente accordée à Jules Jeanneney, président du Sénat en 1940 – La façon de travailler de De Gaulle – Mendès France préconise dès février 1944 l'échange des billets et le blocage des comptes en banque – Son plan mal accueilli, il veut démissionner de son poste de ministre de l'Économie – Qui était Aimé Lepercq que de Gaulle nomme en septembre 1944 ministre des Finances et qui meurt en novembre dans un accident d'auto ? – Pleven le remplace et entre en conflit avec Mendès – L'emprunt de la Libération – Le conflit Pleven-Mendès – Le choix de De Gaulle – Le départ de Mendès.

De Gaulle évoque les nationalisations dès 1943 – Le discours de Lille – Les communistes n'en sont pas satisfaits – Deux manières d'être contre les trusts – A Lyon, l'affaire Brondel... et l'affaire Berliet – Diriger une grande entreprise sans patron... – La nationalisation des Houillères du Nord et du Pas-de-Calais – Les communistes réclament l'arrestation de Louis Renault – Un article du *Monde* contre les trop rapides « réformes de structure » – Mise en cause par les communistes des fonctionnaires du ravitaillement et des magistrats.

IV. L'HIVER LE PLUS DUR

La reconnaissance par les Alliés du gouvernement de De Gaulle – La longue méfiance de Roosevelt – De Gaulle veut, pour la France. la rive gauche du Rhin – Ramener

Churchill vers l'Europe – Le voyage à Paris du Premier
ministre britannique, le 11 novembre 1944 – De Gaulle lui
parle de la nouvelle armée française et de la Pologne –
Difficultés pour la Syrie – Churchill et de Gaulle rendent
visite à l'armée de Lattre – L'offensive française en
direction de Belfort – Et l'offensive de la 2ᵉ D.B. en
direction de Strasbourg – Leclerc à Strasbourg – Le
24 novembre, le Général part pour Moscou – Comment
avaient été noués, dès juin 1941, les premiers contacts
entre gaullistes et Soviétiques – De Gaulle aurait été prêt à
s'installer à Moscou... – Trois témoins directs pour parler
du voyage – La rencontre avec Staline – Le sacrifice de
l'indépendance polonaise – Un voyage qui a des conséquences sur la politique intérieure – De Gaulle s'oppose à
l'évacuation de Strasbourg.

L'attaque de la prison de Lyon – Les « justiciers » de
Béziers : des truands – Les événements d'Alès – L'ancien
commissaire de police Marsac pendu à Dijon – La justice
en Normandie – De Gaulle s'émeut des exécutions sommaires – Les commissaires de la République et le droit de
grâce – A partir de novembre 1944 de Gaulle décide seul de
la vie ou de la mort des condamnés – Comment le Général
étudie-t-il les dossiers ? – Sur 1 554 condamnés à mort, de
Gaulle en gracie 998 – Le refus de la grâce pour Brasillach
– Socialistes et communistes jugent trop nombreuses les
grâces accordées par de Gaulle – L'incident du 2 mars
1945.

Les inondations de l'automne – De tous les hivers de
guerre, l'hiver le plus froid – Le charbon fait défaut – Le
drame de Saint-Dié – Les mines blessent et tuent –
L'implantation de quelques baraquements ne résout pas le
problème du logement : l'exemple de Rouen – La charité
des Français – Américains et Parisiens – « Ça allait mieux
du temps des Allemands » – La mortalité infantile aug-
mente – Prendre un train : une grande aventure Les
raisons de la pénurie : offensive allemande et bureaucratie
– Le manque de civisme – Les prisonniers allemands, bien

nourris par les Américains, excitent la jalousie – Quand de
Gaulle parle des pouponnières – Le Général en banlieue.

Les notes du professeur Balachowsky – L'Armée rouge
approche d'Auschwitz – Les Allemands décident d'évacuer
les déportés – Ceux qui restent et ceux, plus nombreux,
qui partent sur les routes – Les traînards sont exécutés –
Trois jours sur des wagons découverts – Tous les camps de
recueil sont surpeuplés – La dysenterie fait des ravages –
L'armée russe libère Auschwitz.

Achevé d'imprimer le 16 octobre 1991
sur presse CAMERON,
dans les ateliers de B.C.A.
à Saint-Amand-Montrond (Cher)
pour le compte des éditions Robert Laffont
6, place Saint-Sulpice, 75279 Paris Cedex 06

N° d'édition : 33609. N° d'impression : 2346 91/30.
Dépôt légal : novembre 1991.

Imprimé en France